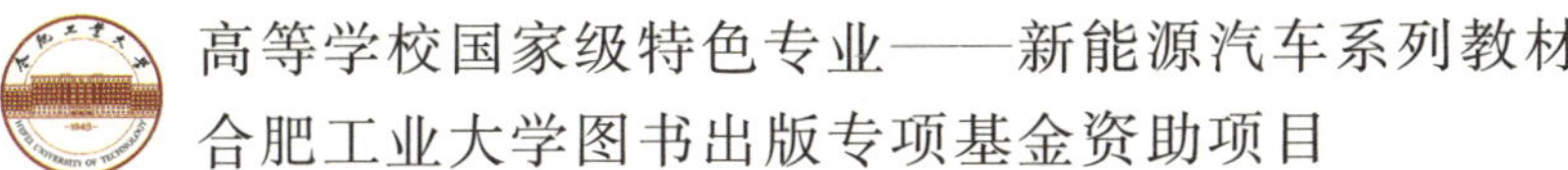

高等学校国家级特色专业——新能源汽车系列教材

合肥工业大学图书出版专项基金资助项目

新能源汽车概论

主　编　张冰战

副主编　姜俊昭　杨　洋　张荣芸

主　审　张　希

合肥工业大学出版社

图书在版编目(CIP)数据

新能源汽车概论/张冰战主编.—合肥:合肥工业大学出版社,2022.11
ISBN 978-7-5650-5713-7

Ⅰ.①新… Ⅱ.①张… Ⅲ.①新能源—汽车—概论 Ⅳ.①U469.7

中国版本图书馆 CIP 数据核字(2019)第 186358 号

新能源汽车概论

XINNENGYUAN QICHE GAILUN

张冰战 主编　　　　责任编辑 刘 露

出 版	合肥工业大学出版社	版 次	2022 年 11 月第 1 版
地 址	合肥市屯溪路 193 号	印 次	2022 年 11 月第 1 次印刷
邮 编	230009	开 本	787 毫米×1092 毫米 1/16
电 话	理工图书出版中心:0551-62903004	印 张	24
	营销与储运管理中心:0551-62903198	字 数	540 千字
网 址	www.hfutpress.com.cn	印 刷	安徽联众印刷有限公司
E-mail	hfutpress@163.com	发 行	全国新华书店

ISBN 978-7-5650-5713-7　　　　定价:80.00 元

如果有影响阅读的印装质量问题,请与出版社营销与储运管理中心联系调换。

前　言

PREFACE

能源短缺和环境污染问题是当前汽车工业面临的重大挑战。节能减排技术日益受到各国重视，交通能源转型也势在必行，新能源汽车的突出优点是对环境的污染小，降低汽车对石油资源的依赖程度。因此，新能源汽车已成为当今汽车领域研究与开发的热点。本书先简要介绍了发展新能源汽车的意义和新能源汽车的发展概况，随后介绍了电动汽车用的蓄电池和电动机，再对纯电动汽车、混合动力汽车和燃料电池汽车的结构类型、工作原理、设计要点、关键技术及存在问题等做了详细的介绍，最后介绍了电动汽车充电技术，以及混合动力汽车的评价与仿真体系。

本书立足于电动汽车的基本原理、结构类型、性能特点循序渐进地介绍和解析新能源汽车的相关技术，帮助读者为各种类型的新能源汽车方案设计和结构设计打好基础，并介绍了新能源汽车控制技术所涉及的较为前沿的相关控制理论。既有作者几年对新能源汽车技术的研究成果，又有搜集到的国内外相关文献资料中的研究成果。

本书由合肥工业大学车辆工程系张冰战任主编，合肥工业大学汽车与交通工程学院姜俊昭、安徽农业大学杨洋和安徽工程大学张荣芸任副主编，上海交通大学张希教授担任了主审。

本书在编写过程中，李殿凯、蒋通、牛占占、赵国栋、李宏宇等硕士研究生为全书的编写收集了相关的文献资料，在此表示感谢。本书参考了大量相关的资料和文献，在此，编者对引用文献和引用了但没有列出的作者表示深切的谢意，同时也对书中所用图片的拍摄者表示感谢！

鉴于编写的时间较短、资料不足和作者学识有限，且当前新能源汽车技术尚处于飞速发展阶段，因此书中错误和不妥之处在所难免，恳切地期望使用本教材的高校师生和读者不吝指正，以便再版时修改完善。

编　者

2022 年 9 月

目 录

CONTENTS

第1章 概述

1.1 新能源汽车的定义与分类

1.1.1 新能源汽车的定义

2017年，工业和信息化部（以下简称“工信部”）发布了《新能源汽车生产企业及产品准入管理规定》，对新能源汽车进行了定义，即新能源汽车是指采用新型动力系统，完全或主要依靠新型能源（不包括铅酸蓄电池）驱动的汽车，它主要包括纯电动汽车、插电式混合动力（含增程式）汽车和燃料电池汽车，而传统的非插电式混合动力汽车归入了节能汽车的领域。

1.1.2 新能源汽车的分类

从定义可知，新能源汽车大致分为纯电动汽车、插电式混合动力（含增程式）汽车和燃料电池汽车。现阶段，由于受到动力电池性能的制约，纯电动技术尚未成熟，一般厂商推出的纯电动汽车都还存在动力性能较弱、续驶里程较短、电池比能量密度低和充放电时间长与场地限制等缺陷，所以，混合动力汽车成为大众更能接受的新能源汽车车型。因此，混合动力汽车成为汽车行业由传统内燃机汽车向纯电动汽车转型的中间产物。

1）纯电动汽车

纯电动汽车是以电池为储能单元，以电动机为驱动单元，且符合道路交通、安全法规等各项要求的车辆。

纯电动汽车没有排气污染，对环境保护和空气的洁净是十分有益的，具有“绿色汽车”的美称，而且纯电动汽车的噪声相比于内燃机汽车较小，从而可减少城市的噪声污染。研究表明，纯电动汽车的能源效率已超过内燃机汽车，特别是在城市工况下，汽车行驶车速不高，起停频繁，纯电动汽车停车时不消耗电量，制动时又回收能量；如果夜间向蓄电池充电，还可以利用用电低谷，这样也可以减少电网电力的损失。

纯电动汽车完全采用可充电式电池驱动，其结构相对简单，电动/发电动机和车载电池是其关键部件，其中又以车载电池最为关键。纯电动汽车的难点在于电力储存技术，目前的不足之处在于充电速度慢、续驶里程短。

对于电动汽车产业化进程而言，目前最大的障碍就是基础设施建设以及价格。与混合动力汽车相比，纯电动汽车更需要基础设施的配套，而这需要政府投入，相关企业合作共同建设，才有可能大规模普及推广。近年来，我国的蓄电池技术进步很快，制造成本也有所下降。

2）插电式混合动力汽车

插电式混合动力汽车是指由燃油和电力两种能量提供动力且可以外接充电的混合动力汽车。

插电式混合动力汽车按照动力系统的布置形式差异，可分为三类，分别描述如下。

串联式结构由发动机-发电动机组、动力电池、电动机组成动力系统，其中发动机输出单纯用于供给发电动机运行发电，再通过逆变器将电能供给驱动电动机传递给传动系统。串联式混合动力汽车的发动机仅仅作为带动发电动机工作的输出部件，因此对实际运行工况并不敏感，这种布置形式可以极大地降低油耗、减少排放。城市路况中汽车会经常性地起停且保持较低运行速度，采用串联式混合动力结构可以及时灵活地让发动机退出或加入工作，动力电池是唯一动力输出驱动车辆，从而实现零污染、零排放。城市公交多采用这一布置形式。

并联式结构具有两种动力源，可单独或共同提供驱动力。当车辆需求较低车速时，电动机提供驱动力，避免了发动机怠速运行。当车辆需求较高车速时，发动机输出扭矩驱动车辆，工作于发动机高效率区，油耗较低。当发动机输出全部功率尚不够提供整车需求功率时，发动机、电动机都参与动力输出。此外，发动机的一部分功率还可通过逆变器转化为动力电池电量。并联式具有两套动力，可选择小排量的发动机与低功率电动机组合，减轻整车质量。

混联式结构可以使整车工作串/并联模式。当车辆需求较低车速时，工作于串联驱动模式，多余的发动机能量转化为动力电池电量；当车辆需求较高车速时，工作于并联驱动模式。混联式结构是混合动力理想的布置形式，但是传动系统复杂，整车笨重，控制方法繁杂。

根据整车功率分配，定义整车电系统输出与总输出功率的比值混合度 H，依据这一比值可以将混合动力汽车分为三种类型，它们的比较见表 1－1 所列。

表 1－1　混合动力汽车三种混合形式的比较

类型	混合度 H	特点
微混	小于 10%	发动机起停，降低怠速燃油消耗
轻混	10%左右	电动机辅助发动机起停，内燃机扭矩不足时，进行扭矩补充
全混	40%左右	电动机和发动机可分别单独驱动汽车，也可共同驱动

混合动力汽车是传统内燃机汽车和纯电动汽车相结合的产物，与传统内燃机汽车与纯电动汽车相比，混合动力汽车有着显著的优势，它既继承了石油燃料高比能量和高比功率的长处，弥补了纯电动汽车续驶里程短的不足，又发挥了纯电动汽车节能与低排放的特点，明显改善了整车燃油经济性能和排放性能，达到了两种类型车辆优点的折中统一。从推广的角度来看，可以利用现有的加油站设施，投资成本低。

虽然混合动力汽车有着诸多的优点，但是它也存在着动力系统结构和控制复杂、价格高等问题。

3）燃料电池汽车

燃料电池是一种将氢和氧的化学能通过电极化学反应直接转化为电能的装置，其最大的特点是由于反应过程不涉及燃烧和热机做功，因此能量转换效率不受卡诺循环的限制，能量转换效率最高可达 70%。燃料电池汽车（Fuel Cell Electric Vehicle，FCEV）是指利用燃料电池将燃料的化学能直接转化为电能来进行电力驱动的新型汽车。

FCEV 按主要燃料种类可分为以下两类：

（1）以纯氢气为燃料的 FCEV；

（2）以经过重整后产生的氢气为燃料的 FCEV。

FCEV 按复合电源的配置不同，可分为以下四类：

（1）纯燃料电池驱动的 FCEV；

（2）燃料电池与辅助蓄电池联合驱动的 FCEV；

（3）燃料电池与超级电容联合驱动的 FCEV；

（4）燃料电池与辅助蓄电池和超级电容联合驱动的 FCEV。

与混合动力汽车相比，燃料电池汽车完全不进行燃料的燃烧过程，而是通过电池直接将化学能转化为电能，依靠电动机驱动。与纯电动汽车相比，燃料电池汽车的动力源是燃料电池，而不是蓄电池。燃料电池的能量转换效率比内燃机要高 2～3 倍，燃料电池化学反应过程不会产生有害物质，且噪声低。因此从能源的利用和环境保护方面来看，燃料电池汽车是一种理想车辆，代表着清洁汽车的未来发展方向。

燃料电池汽车使用的燃料包括氢、甲醇等，国际上普遍采用的是高能量密度的液态氢。近年来，虽然国际上在燃料电池技术方面取得了重大进展，但在燃料电池汽车开发中仍存在技术性挑战，如燃料电池组的一体化、整车集成与产业化等。在我国，燃料电池汽车领域的研究水平与发达国家相差无几，有关专家指出，我国完全有能力在这一领域赶超世界先进水平。在北京，首条燃料电池公交车路线已经有三辆燃料电池大客车于 2005 年 11 月投入示范运行。

1.2 发展新能源汽车的意义

汽车在国民生产和生活中扮演着极其重要的角色，汽车工业早已成为国民经济的支柱产业。但是，汽车在给人们提供便捷、舒适的同时也带来了很多负面影响，如能源危机和环境污染等。为缓解能源与环境的双重压力，各国相继出台了一系列政策来支持新能源汽车的发展。从当今汽车工业的研究热点来看，新能源汽车已成为汽车工业的发展方向。

1.2.1 汽车与能源及环境的关系

英国工业革命掀开了现代文明的帷幕，而汽车的出现极大地推进了人类文明史的发展。自 1886 年世界上第一辆汽车诞生以来，汽车改变的不仅仅是人类的交通方式，更添加了很多负面影响。目前，世界汽车保有量远超过 10 亿辆，有数据称，到 2050 年世界汽车保有量将达到25亿辆，其中主要增幅来自发展中国家。2016年，中国的石油消费量为5.79亿吨，占全球石油消费总量的13.1%，居世界第二。2016—2020年，我国石油表观消费量从5.57亿吨增至7.02亿吨，年均增速5.4%。中国汽油、柴油消费量统计数据如图1-1所示。但是，现阶段我国面临着石油供给日益紧张的局面，因此，推行交通能源转型势在必行。而发展新能源汽车作为推进我国交通能源转型战略和建设生态文明的重要举措，对社会发展和环境保护都有积极作用。

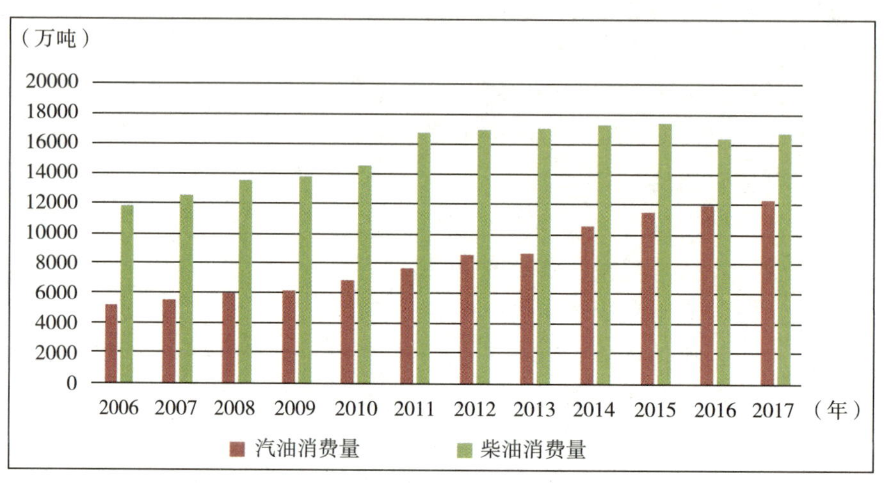

图1-1　中国汽油、柴油消费量统计数据

近年来，在投资和消费的拉动下，我国汽车工业已经步入快速发展阶段。2009年，我国首次超过美国，成为世界汽车产销第一大国。2013年，我国汽车产销量约占全球总产销量的1/4。2020年我国汽车产销量分别达到2522.5万辆和2531.1万辆，已连续11年稳居全球汽车产销量首位。图1-2是我国汽车保有量统计图。

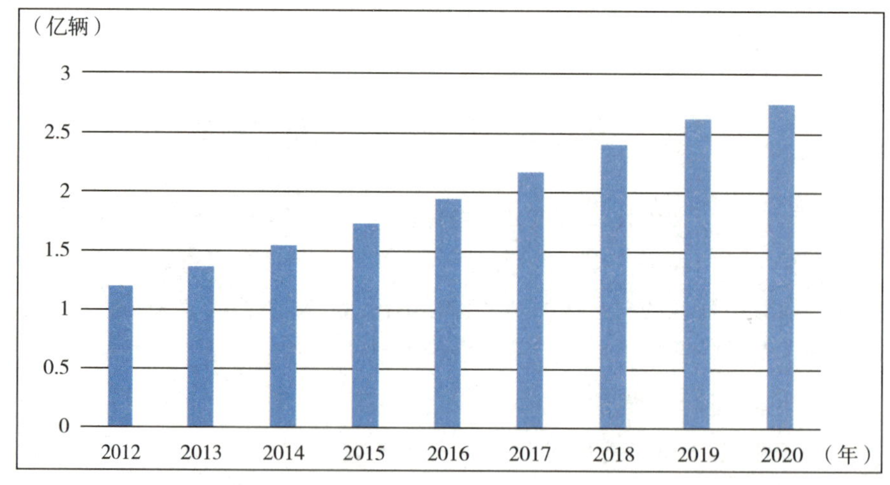

图1-2　我国汽车保有量统计图

然而，我国目前的人均汽车保有量依然很低，据相关数据显示，美国千人保有量达800辆，日本达600辆，欧洲达550辆，世界千人保有量平均水平为160辆，而中国千人保有量只有120辆。大量汽车的使用带来了两大突出问题：能源危机和环境恶化。其中，能源危机已经在国际上引发了多起战争；而汽车在运行时排放的大量一氧化碳、氮氧化物、碳氢化合物、二氧化硫等有害气体以及温室气体二氧化碳，会给人类生存环境带来消极影响。从表1-2可以看到2020年世界主要国家的二氧化碳排放情况，我国已成为世界上的二氧化碳排放大国，而且排放量远超第二名的美国。

表1-2 2020年世界主要国家的二氧化碳排放情况

国家	排放量/百万吨	占比/%	排名
中国	9899.3	30.7	1
美国	4457.2	13.8	2
印度	2302.3	7.1	3
俄罗斯	1482.2	4.6	4
日本	1027.0	3.2	5
伊朗	678.2	2.1	6
德国	604.9	1.9	7
韩国	577.8	1.8	8

数据来源：2020版《BP世界能源统计年鉴》。

因此，在汽车产业快速发展的同时，随之而来的能源问题和环境污染问题等也不容忽视。这些问题对人们的生活甚至国际环境都产生了重大影响。为使我国经济健康发展，必须尽快实现交通能源转型，以实现经济发展和环境保护双赢的局面。

1.2.2 汽车在社会发展中的地位

虽然汽车工业发展面临着能源危机和环境污染两大问题，但是汽车在社会发展中的地位仍然无法被撼动。汽车的普遍使用，改变了经济社会结构，形成了一整套的经济、文化和生活体系，更是改善了人们的生活质量，推动了社会的进步，促进了经济发展。汽车工业在我国经济发展中占据着重要的战略地位，其国民经济支柱产业的地位日益凸显。汽车工业的发展将大力推进高新技术的进步与创新，汽车工业必定在社会进程中起到积极的推进作用。

1）汽车在人们现实生活中的作用

（1）汽车逐渐成为生活必需品。汽车从奢侈品变成了一件日常商品，人们的生活方式、生活观念和生活质量发生了巨大改变，使很多人对时间的概念不再局限于公共交通的时刻表，极大地扩增了人们的活动空间。

（2）汽车增加了劳动就业率，汽车工业的发展能够给社会创造大量的就业岗位。在我国，有数据显示，2004年末，汽车行业及相关行业就业职工总数约3045.8万人，占全国城镇就业人数的16.15%。

（3）汽车加快了公路网和城市化进程。第二次世界大战后，各国高速公路的建设也迎来了快速发展阶段。高速公路网的迅速建立为汽车产业的快速发展提供了条件。汽车在联系城市、城镇中发挥着巨大作用，已成为一种最常见的交通工具。大量汽车的使用促进了公路的建设，而公路网的延伸又进一步增大了汽车需求量。

（4）汽车开拓了汽车服务贸易市场。汽车工业的每个环节，从市场、研发、采购、生产、销售、服务直至后勤，都已经超出了国家范围。由此产生的贸易、法律、环保及产业经济影响已经远远超过了汽车工业本身。同时，与汽车产业发展密切相关的汽车服务贸易市场迅速发展，在发达国家已发展成成熟的二手车置换、保险、维修、保养、租赁和物流等业务。

2）汽车在社会经济中的作用与地位

（1）汽车工业在国民经济增幅中的地位。汽车既是高价值产品，又是批量大的产品，因而它能够创造巨大的产值。2011 年，全国汽车行业累计完成工业总产值 49994.89 亿元，同比增长 16.82%；累计完成销售产值 49219.96 亿元，同比增长 16.72%。2017 年我国汽车行业总产值已超过 8 万亿元。

（2）汽车工业在工业化过程中的作用与地位。在工业化过程中，汽车工业作为龙头产业，不仅极大地促进了其上游产业的发展，如钢铁、有色金属和橡胶等产业，也对其下游产业起到了极大的促进作用，如汽车维修、销售、道路、运输、金融和保险等行业。

（3）汽车工业是国家综合经济实力的体现。汽车工业的繁荣是一个国家工业整体实力提升的综合体现，同时也是国家综合实力增长的重要表现。自新中国成立以来，我国的汽车工业经历了从无到有、从小到大的发展过程。随着我国经济的不断发展、汽车制造水平不断提高，汽车产业的市场占有率也在不断攀升。作为一个新兴的汽车大国，我国拥有全球第一大汽车市场。汽车工业的发展对国民经济的增长具有重要意义，对增强我国的国际核心竞争力也具有重要作用。

3）汽车在当代社会工业崛起中的作用

自 1886 年世界上第一辆汽车诞生至今，汽车的发展已经有 100 多年的历史。在经济全球化的今天，汽车制造业也已经成为全球化的产业。人们的生活越来越依赖汽车，没有汽车，人们“寸步难行”。汽车工业实际上是现代工业的缩影，汽车作为各种高新技术集成的“艺术品”，其发展史实际上就是人类工业的发展史。每一次技术的进步，每一次生产的革新，都极大地促进了汽车行业的发展。现代信息技术、数控技术、涡轮增压技术等一系列现代高新技术已经在汽车制造业中得到了广泛的应用。通过合理运用这些高新技术，现代汽车动力性、经济性、操纵稳定性等得到了极大的提升。

汽车作为各种高新技术结合的产物，其发展与进步要求当前工业水平也要相应地发展与进步。一个国家的汽车发展水平在一定程度上反映了国家的工业发展水平，当前世界各国在汽车领域的竞争，实际上就是各国核心科学技术的竞争。通过新技术、新工艺、新能源、新材料的综合运用，不断抢占科技创新的制高点，开发各种新车型，已经成为我国汽车工业迅速崛起的重要途径之一。

我国作为世界上最大的发展中国家，人口众多，是世界上最大的汽车消费市场。市场需求作为汽车产业发展的强劲动力，也不断刺激推动汽车产业的发展。同时汽车产业新技术的发展与汽车的生产规模有着密不可分的联系，不具有一定的生产规模，就没有开发新技术的可能。国内外的经验表明，不到年产 30 万辆的规模，开发车身就可能得不偿失；没有年产 50 万辆的规模，开发底盘件也养不起开发队伍。作为汽车消费大国，从我国的汽车产量的变化便可以了解到市场的前景：用 39 年的时间实现了汽车生产的第一个百万辆，用 8 年的时间完成了第二个百万辆；用 2 年的时间完成了第三个百万辆。充分利用日益增长的市场需求和已具规模的生产方式，采用新技术，降低开发成本，提升产品的性能，并以新产品的优良品质和高的性价比刺激新的消费需求，使我国汽车工业健康、良性发展，是当务之急。

1.2.3 新能源汽车的优势

新能源汽车与传统内燃机汽车最大的区别在于新能源汽车动力系统引入了电能这一新能源，利用电动机将电能转化为机械能进而通过传动装置将能量传递到车轮，单独或配合传统内燃机动力系统驱动车辆行驶。新能源汽车的突出优势在于它对环境的污染小，对石油资源的依赖较小甚至不依赖石油资源。

1）新能源汽车可以较好地解决汽车对城市污染的问题

新能源汽车的电源（蓄电池、燃料电池、超级电容等）本身不排放有害气体。给蓄电池充电所用的电力可以来自对大气不造成污染的能源，如水能、核能、风能、地热、潮汐等。即使是用煤发电，除了二氧化硫及微粒外，其排放的一氧化碳、氮氧化物、碳氢化合物和二氧化碳等均比内燃机汽车少，而且电厂大多建在远离人口密集的地区，对居民损害较少。此外，电厂煤燃烧是固定集中排放，燃烧过程较易控制，有害物质较易清除。

二氧化硫是造成酸雨的主要原因，降落到地面会摧毁大片农作物、森林和草地，对建筑物也有损害。汽车产生的尾气不仅会对自然环境造成严重污染，还会危害人体健康，见表 1－3 所列。

表 1－3　汽车尾气排放物以及对人体健康危害

汽车尾气排放物	对人体的危害
一氧化碳	降低血液携带氧气能力，引起慢性呼吸系统疾病及心脏功能失效
碳氢化合物	致癌
氮氧化合物	使身体易于被病毒入侵，导致肺炎、支气管炎
铅	破坏脑部组织及中央神经系统，尤其影响儿童的脑发育
臭氧	破坏肺组织，降低身体防疫能力，可引起咳嗽

80％的城市噪声污染源于城市交通，相比于传统内燃机汽车，电动汽车的工作噪声很低，因此，如果全部用纯电动汽车代替内燃机汽车，城市的噪声污染将会明显下降。

2）新能源汽车可以缓解汽车对石油资源的依赖

如前面所述，电动汽车用的蓄电池充电所用的电力可以来自清洁能源，节省下来的

大量石油可缓解依赖石油的化工原料日益匮乏的压力。

3）新能源汽车可以节约大量能源

电动汽车用蓄电池可利用晚间富余的电力进行充电，从而避免大量电力的浪费，提高电网电能的利用率。新能源汽车可以在减速、制动和下坡时，使电动机工作在发电动机模式，实现能量回馈，进一步提高了能量的利用率。

1.3 新能源汽车的发展概况

电动汽车在100多年的汽车发展历史中，大致可分为三个发展阶段。

1）第一个发展阶段

1859年法国著名物理学家普朗特发明了第一块铅酸蓄电池，这给以后电动汽车的实用化创造了必要的条件。由于当时蓄电池和电动机的发展比内燃机成熟，并且蒸汽机汽车的性能和操控也难以让人接受，因而电动汽车成了人们用来取代马车的首选。自1881年法国工程师特鲁夫组装的第一辆电动三轮车在巴黎的街道上出现以后，电动汽车很快就进入了发展的高潮，英、美等国家也先后制造出了电动汽车，电动汽车的性能也逐渐提高。1899年法国人考门·吉纳驾驶一辆以44 kW双电动机为动力的后轮驱动电动汽车，创造了时速106 km/h的记录。19世纪末20世纪初是电动汽车的鼎盛时期。据资料记载，在1890年，电动大客车就已在法国和英国的街道上行驶；1890年全世界共有4200辆汽车，其中有38%为电动汽车，40%为蒸汽车，22%为内燃机汽车；1900年，美国共售出了4200辆车，内燃机车占比22%，电动汽车占比38%；1911年，在巴黎和伦敦的街头已经有运营的电动出租汽车出现；到了1912年，在美国至少有3.4万辆电动汽车在运行；1915年，美国的电动汽车年产量已达到了5000辆。

到了20世纪30年代末，这种以蓄电池为电源，用直流电动机产生驱动力的电动汽车逐渐消失了。其主要原因是当时的蓄电池性能较差，电动汽车的成本太高，而续驶里程太短。在这一时期，由于大量油田的开发，廉价的石油降低了传统汽车的使用成本，加上内燃机技术及汽车底盘技术的不断提升，并采用流水线生产方式大规模批量制造，使内燃机汽车在市场竞争中占据了绝对的优势，所以电动汽车被无情地淘汰了。

2）第二个发展阶段

20世纪70年代，全球性的能源危机和石油短缺使得电动汽车重获生机，人们又想起了可不依赖石油资源的电动汽车。20世纪70年代初，美国、英国、法国、德国、意大利和日本等汽车工业发达国家纷纷开始研发电动汽车。20世纪70年代后期，除上述国家外，澳大利亚、中国、瑞士和苏联等国家也加入了研发和生产电动汽车的队伍当中。但是石油价格在20世纪70年代末开始下跌，在电动汽车还未成为商业化产品之前，能源危机和石油短缺问题已不再严重。因此，电动汽车又遭遇了冷落，电动汽车的发展又陷入了低谷。

3）第三个发展阶段

20世纪80年代以来，随着汽车保有量的不断增加，内燃机汽车排出的有害气体对人类健康及生命的影响日益突出，并且内燃机汽车需要消耗大量有限且不可再生的石油资源。在这一时期，世界各大汽车公司纷纷投入大量的人力和资金，研究与开发新型电动汽车，包括我国在内的许多国家也都纷纷推出相关政策，支持和鼓励电动汽车的开发和使用，使得新的电动汽车不断涌现，不但有以蓄电池为车载电源的电动汽车（纯电动汽车），而且将混合动力电动汽车和燃料电池汽车列为研发的重点。虽然电动汽车还不足以与内燃机汽车相抗衡，但在各国政策的扶持下，电动汽车的保有量也在不断地增加。随着电动汽车关键技术难题的解决、电动汽车技术性能的提高以及电动汽车制造和使用成本的降低，电动汽车必将得到迅速的发展，并最终取代内燃机汽车。

1.3.1 国外发展历史及现状

从20世纪90年代电动汽车重新成为世界性的研发热点之后，世界上各大汽车公司都投入巨资开发自己的电动汽车，以便在未来电动汽车市场中夺得先机。各国政府也纷纷出台政策或制订计划，以促进本国电动汽车的发展。

1）美国的电动汽车研发计划

美国是汽车工业最发达的国家，汽车产量和保有量均位居世界前列。为增强汽车制造业的竞争力，美国政府提出了著名的PNGV计划和FreedomCAR计划。

（1）PNGV计划。PNGV（Partnership for a New Generation of Vehicles）计划于1993年由克林顿政府提出，其组织框架如图1-3所示。PNGV计划主要由商务部（DOC）、国防部（DOD）、能源部（DOE）、运输部（DOT）、环保署（EPA）、宇航局（NASA）及国家科学基金会（NSF）等联邦政府机构和三大汽车公司（通用、克莱斯勒、福特）联合实施。美国商务部代表政府负责PNGV计划的组织协调，PNGV计划的经费

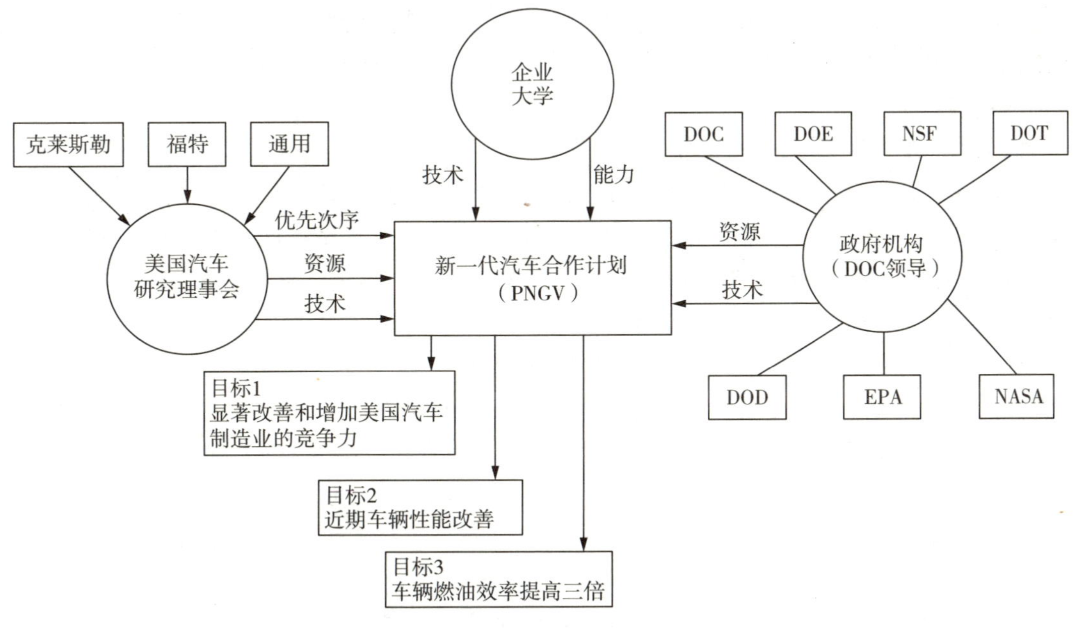

图1-3 美国PNGV计划的组织框架

由联邦政府和三大汽车公司共同负担。

PNGV 计划明确提出了三大目标：

① 要显著改善和增加美国汽车制造业的竞争力。提高各汽车制造厂的制造技术及生产力，降低生产成本及时间，减少对环境的冲击，并提高产品制造品质。

② 尽快地将商业可行性的技术创新成果应用于传统车辆上。在传统车辆上，应用新技术的研发过程中，需要工业界提供最新的商业化技术，以提高车辆的燃油效率及改善废气的排放，但也必须兼顾车辆的安全性能。

③ 开发出燃料效率高于现行汽车三倍的新一代汽车。

PNGV 计划的执行情况为：1997 年完成了新一代汽车的技术选择，确定了轻质材料、混合动力、高性能发动机（四冲程直燃式）和燃料电池（PEMFC）等为 PNGV 计划的主要技术方向。三大汽车公司于 2000 年陆续推出了各自的概念车，2004 年生产出了电动汽车样车。

虽然 PNGV 计划已成为历史，但是该计划所取得的成就对美国乃至全世界的电动汽车发展都具有深远的意义。

（2）FreedomCAR 计划。FreedomCAR（Freedom Cooperative Automotive Research Partner - ship Plan）计划于 2002 年由布什政府提出，用于替代 PNGV 计划。FreedomCAR 计划的重点为：燃料电池动力系统，氢能储存系统，国家氢能基础设施的技术开发，支持有关氢能基础设施法规和标准的研究，用于燃料电池和内燃机/电动机混合动力两类汽车的电驱动系统，新型电能储存装置，新型、轻型结构与材料的开发，内燃机用先进燃料和排放控制系统等。

FreedomCAR 计划由能源部门领导，由汽车制造者协会协调，并且有燃料供应商参与。FreedomCAR 计划的主要目标：开发出无污染、燃料能量转换效率高、成本具有竞争力、燃料添加方便的燃料电池汽车，开发出排放达到或低于排放标准、成本具有竞争力的内燃机/电动机混合动力电动汽车。

2）日本的电动汽车开发计划

日本是汽车生产大国，汽车保有量位居世界第二，而且日本的石油资源匮乏，石油几乎全部依赖进口。因此，日本政府及日本的各大汽车公司对电动汽车的开发也十分重视。日本的混合动力电动汽车技术处于世界领先地位。日本的电动汽车研发计划主要有：低公害汽车开发普及行动计划、JHFC 示范工程和专项研究计划等。

（1）低公害汽车开发普及行动计划。在 2001 年 5 月，日本政府制订了“低公害汽车开发普及行动计划”。该计划包括已处于实用阶段的低公害汽车的普及，燃料电池汽车等下一代低公害汽车的开发。

处于实用阶段的低公害汽车包括压缩天然气汽车、纯电动汽车、混合动力电动汽车、甲醇汽车、低油耗且低排放的认证车等五种。计划目标是使处于实用阶段的低公害汽车在 2010 年前尽快普及，达到 1000 万辆以上。

燃料电池汽车等下一代低公害汽车是指燃料电池汽车和通过技术创新、采用新燃料或新技术而能减轻环境负荷的车辆。该行动计划的目标：在 2010 年一年以内，使燃料电池汽车普及5万辆。

(2) JHFC示范工程。JHFC (Japan Hydrogen&Fuel Cell Demonstration Project) 示范工程由日本经济产业省负责实施，示范期间为2002—2005年，主要包括“燃料电池汽车示范研究”和“燃料电池用氢供给设施示范研究”两大工程。

燃料电池汽车示范研究：用8个汽车公司所制造的燃料电池轿车和公共汽车等进行道路试验，通过试验测得燃料电池汽车的运行、可靠性、环境、燃料消耗及燃料加注站等参数，然后分析评价燃料电池汽车的性能。

燃料电池用氢供给设施示范研究：对不同的燃料重整制氢的方法和氢气的储存方法进行比较分析，计划建造各种燃料（脱硫汽油、LPG、甲醇、石脑油、煤油和城市管道煤气）重整气的氢气站，碱水电解氢气站，液氢氢气站及高压氢气站等9个氢气站，用这些氢气站供给示范燃料电池汽车加氢气使用，以测得相关的应用数据，为燃料电池汽车用氢供给设施的推广提供经验。

(3) 专项研究计划。专项研究计划是针对电动汽车某项技术的研究计划。专项研究计划的主要项目有：燃料电池汽车等电动汽车用锂电池技术开发，专项研究计划的完成时间为2002—2006年；氢能利用技术开发；质子交换膜燃料电池系统的验证研究；质子交换膜燃料电池系统的普及和基础工作，完成时间为2004年；质子交换膜燃料电池系统的技术开发，完成时间为2004年；氢气安全利用等基础技术开发，完成时间为2007年。

3) 欧盟计划

欧盟计划旨在增强欧盟各国工业的竞争力，充分调动欧盟各国的科学技术力量，避免各国科研计划重复，有效利用各国的人力和物力资源。电动汽车相关的发展计划主要有：FP系列计划、欧盟燃料电池研究发展示范计划、欧盟燃料电池巴士示范计划和欧洲电动汽车城市运输系统计划等。

(1) FP5、FP6计划。从20世纪80年代起，欧洲经济共同体投入了大量资金，组织了多方力量，开展了多期FP (Framework Programme) 计划。其中，FP5计划的“能源、环境可持续发展”子项目，对燃料电池和其相关的技术进行了广泛研究，项目实施的时间为1998—2002年。在2002—2006年，实施了FP6计划，继续对能源、环境可持续发展进行了更加深入的研究。

(2) 欧盟燃料电池研究发展示范计划。在欧盟燃料电池研究发展示范计划中，有关燃料电池方面的目标是：0.1～50 MW的电力生产燃料电池、商用燃料电池，1～5 kW的小型燃料电池；各种运输车辆和船舶用燃料电池；各种便携式燃料电池和偏远地区特殊用途燃料电池。

(3) 欧盟燃料电池巴士示范计划。欧盟燃料电池巴士示范计划围绕欧洲清洁城市运输 (Clean Urban Transport for Europe, CUTE) 和欧洲生态城市运输系统 (Ecological City Transport System, ECTS) 两大项目展开。CUTE项目由欧盟提供财政资助，采用奔驰公司EVOBUS子公司生产的Citaro牌低地板大巴改装的燃料电池大客车做示范运行车，选择了不同气候环境和不同使用条件的8个国家中的10个城市进行示范运营。

示范燃料电池大巴的氢源由各示范运营城市因地制宜制取，以进行不同制氢方案的试验，为推广燃料电池大客车和氢能源的可持续发展获取参考数据和经验。

（4）欧洲电动汽车城市运输系统计划。欧洲电动汽车城市运输系统（Electric Vehicle City Distributing Systems，ELCIDIS）以法国雪铁龙 Berlingo 牌电动汽车为基本车型建立城市运输中心，进行货物和包裹的集散运输工作，并选择了欧洲国家的 6 个城市，使用 63 辆纯电动汽车和混合动力电动汽车进行此项评估工作，对电动汽车城市运输系统的效率和环境影响做出评估。

下面列举几种国外典型的纯电动汽车，以大致介绍国外纯电动汽车的发展现状。

① 美国通用汽车公司的 EV1 型电动轿车。EV1 为全新设计的双座电动汽车，该车为前轮驱动，采用一台 102 kW 的三相感应电动机，采用铅酸电池，同时可选装镍氢电池，车身采用纤维复合材料，外形更接近流线型，风阻系数仅为 0.19，后轮采用电动式制动器，每个车轮都有制动能量回收系统。该电动汽车最高车速可达 128 km/h，0～96 km/h 的加速时间小于 9 s，一次充电可行驶 112 km（在市区）或 144 km（高速公路）。实车如图 1－4 所示。

图 1－4　通用 EV1 电动汽车

② 美国福特公司的 Mustang Mach－E 电动汽车。该车搭载 75.7 kW・h 三元锂电池，最大扭矩达到 830 N・m，0～96 km/h 的加速时间仅为 3.5 s，Mustang Mach－E 在 EPA 工况下续驶里程为 370～480 km。实车如图 1－5 所示。

图 1－5　福特 Mustang Mach－E 电动汽车

③ 日产聆风电动轿车。日产聆风电动轿车配备了一套容量为 40 kW・h 的锂电子电池，电动机最大输出功率为 150 kW，峰值扭矩 320 N・m。最大续驶里程可达 400 km。实车如图 1－6 所示。

图 1－6　日产聆风电动汽车

④ 特斯拉 MODEL X。2017 款 MODEL X 100D 为中大型纯电动 SUV，采用双电动机全时四驱的驱动形式，前、后电动机的最大功率均为 193 kW，采用固定齿比变速箱，最高车速为 250 km/h；采用三元锂电池，电池能量为 100 kW・h，慢充时间为 10.5 小时，快充则为 4.5 小时。实车如图 1－7 所示。

图 1－7　特斯拉 MODEL X

下面举两例介绍国外混合动力电动汽车的发展水平。

① 丰田普锐斯混合动力轿车。第一代普锐斯为混联式驱动，采用排量为 1.5 L（45 kW）的汽油发动机、30 kW 永磁无刷直流电动机、密封的镍氢电池，在 10～15 工况下的油耗为 3.57 L/100 km，该车的 CO、NO 和 HC 排放水平仅相当于日本现行法规的 1/10，CO_2 的排放量相当于普通汽车的 1/2。这种五座轿车最高车速为 140 km/h。普锐斯在 1997 年投入商业化生产，2009 年推出第三代，到 2011 年初丰田汽车公司已累计销售普锐斯 200 万辆以上。我国一汽丰田汽车有限公司也引进生产了普锐斯混合动力新车。实车如图 1－8 所示。

图 1-8 丰田普锐斯混合动力汽车

② 通用雪佛兰 Volt 插电式混合动力电动汽车。该车由 120 kW 的电动机驱动，以锂离子电池为电源，配备了 1 L 的 3 缸发动机，工作时主要用于驱动发电动机发电并对蓄电池进行充电，以增加电动汽车的续驶里程。该电动汽车在不进行充电的情况下可行驶64 km，而当发动机持续工作时，其续驶里程则与汽车油箱的容量相关。实车如图 1-9 所示。

图 1-9 通用雪佛兰 Volt 插电式混合动力电动汽车

下面列举几种燃料电池汽车，以说明国外燃料电池汽车的发展现状。

① 戴姆勒·克莱斯勒公司分别在 1999 年、2003 年推出了燃料电池大客车，均采用质子交换膜燃料电池，燃料电池的功率为 205 kW，采用车载高压储氢方式供氢，续驶里程为 250 km。其中，2003 年推出的燃料电池大客车的储气罐最大工作压力为 35 MPa。从 2003 年 3 月到 2007 年 10 月，3 辆奔驰 CITARO 燃料电池客车在北京公交线路上运行了 4 年，共计行驶了约 92100 km，表现良好。实车如图 1-10 所示。

图 1-10 奔驰 CITARO 燃料电池客车

② 福特汽车公司在2000年推出了四门燃料电池电动轿车（P2000）。该车采用质子交换膜燃料电池，以储存压力为25 MPa的氢气瓶作为燃料电池的氢源，其三相交流异步电动机的最大输出功率为67 kW，最大输出扭矩为190 N·m，最高效率为91%。该车的整车质量为1514 kg，最高车速可达128 km/h，续驶里程为160 km。实车如图1-11所示。

图1-11 福特P2000燃料电池汽车

③ 日本丰田公司在2014年正式发售了燃料电池汽车Mirai，该车结构与传统的汽油车或者纯电动汽车均不一样，Mirai的动力系统被称为TFCS（Toyota FC Stack），即丰田燃料电池堆栈，是以燃料电池为核心组件的混合动力系统，在车身后桥部分放置着一个镍氢燃料电池组和前后两个高压储氢罐（70 MPa），燃料电池最大输出功率为114 kW，功率密度为3.1 kW/L，电动机最大功率为113 kW，最大扭矩达到335 N·m，按照日本JC08测试模式，Mirai的最大续驶里程可达650 km。实车如图1-12所示。

图1-12 丰田Mirai燃料电池汽车

④ 戴姆勒-克莱斯勒公司于1997年推出了它的第一辆以甲醇为燃料的燃料电池汽车NECAR3，它采用质子交换膜燃料电池，最大输出功率为50 kW，该燃料电池系统通过一个小型重整装置，从甲醇中直接提取氢气，从而克服了必须在车上安装压缩氢气罐的难题。该车的重整装置、甲醇罐和其控制系统都安装在行李箱内，燃料电池安装在底盘

上，NECAR3 用 38 L 液体甲醇，可以行驶 400 km。2000 年推出的 NECAR5 在 NECAR3 的基础上，将驱动系统的体积减小了一半，整车质量减少了 300 kg，系统功率提高到 75 kW，使得最高车速超过 150 km/h。实车如图 1-13 所示。

图 1-13　奔驰 NECAR5 燃料电池汽车

⑤ 本田 Clarity。本田早在 1996 年就开始了对燃料电池技术的研究，也推出过多款技术验证车型。Clarity 是本田首款正式销售的燃料电池汽车，采用燃料电池和锂电池的复合电源系统，燃料电池的最大功率达到了 103 kW，能量密度为 3.1 kW/L，和丰田的 Mirai 处于同一水平；70 MPa 的储氢罐可以存储 5 kg 的高压氢气，在日本 JC08 工况下的续驶里程达到 750 km。实车如图 1-14 所示。

图 1-14　本田 Clarity

1.3.2　国内发展历史及现状

我国新能源汽车的研究从国家“863 计划”公布电动汽车重大科技攻关项目开始逐渐步入正轨。

1）我国“863 计划”的电动汽车重大科技攻关项目

在国家科学技术部、国家高技术研究发展计划（“863 计划”）中，设立了电动汽车重大专项，选择新一代电动汽车技术作为我国汽车工业自主创新和科技创新的主攻方向，组织汽车企业、高等院校和科研机构，以官（政府部门）、产（汽车企业）、学（高等院校）、研（科研院所）四位一体的方式进行联合攻关，以电动汽车的产业化技术平台为工作重点，力争在电动汽车关键技术、系统集成技术等方面取得重大突破，促进电动汽车

符合现代企业制造和市场经济发展要求以及研发体系和机制的形成。

电动汽车重大专项提出“三纵三横”的研究和开发布局，强调建立符合整车开发规律的开发程序，以燃料电池汽车（包括燃料电池专项）、混合动力电动汽车和纯电动汽车的整车为主导（“三纵”），带动多能源动力总成控制系统、电动机驱动系统、电池和电池管理系统（“三横”），并与相关材料研发紧密结合，与基础设施协调发展，与整车控制技术和电子控制技术的研发同步。电动汽车重大专项提出的“三纵三横”布局及其组织管理模式，如图1-15所示。

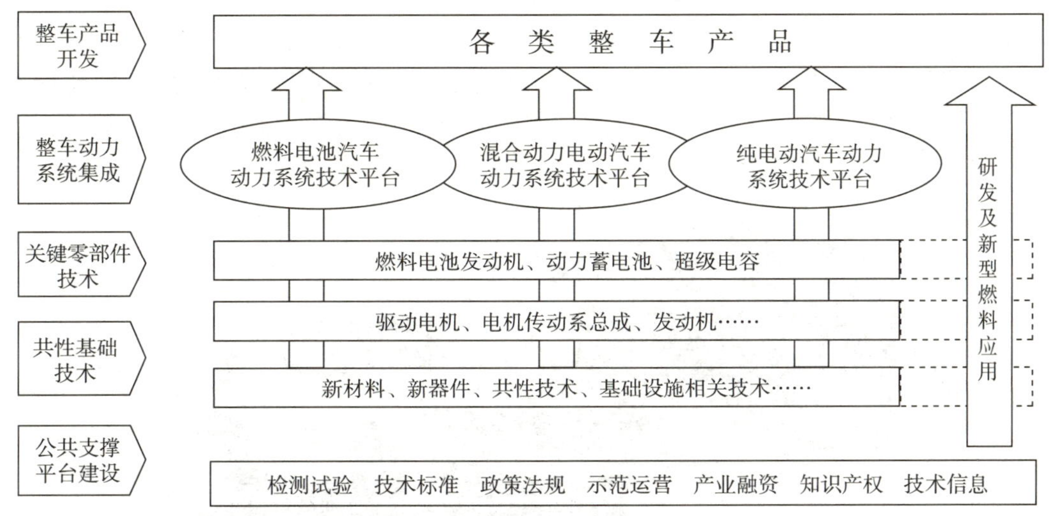

图1-15 电动汽车重大专项提出的“三纵三横”布局及其组织管理模式

2）我国“973计划”的电动汽车专项计划

由国家科学技术部组织实施的国家重点基础研究发展计划（“973计划”）中也设立了电动汽车专项。电动汽车专项包含在“973计划”的能源项目之中，主要涉及氢能的规模制备、储运及相关的燃料电池基础研究。实施专项计划的目标是开发具有自主知识产权的、可持续发展的、可规模化生产的车载制氢和储氢技术，降低燃料电池的成本，有效解决燃料电池汽车产业化的难题，并有利于推广燃料电池的应用领域。

3）“十城千辆”电动汽车示范应用工程

2009年初，国家提出了“十城千辆”计划，用3年左右的时间，每年发展10个城市，每个城市推出1000辆新能源汽车开展示范运行，涉及这些大中城市的公交、出租、公务、市政、邮政等领域。在此期间，中央财政全年对公交系统新能源汽车的补贴达到了10亿元，带动民间资本对电动机、电池规模化生产的投资达到了85亿元。这一示范工程极大地推进了新能源汽车的推广进程，同时也推动了新能源汽车的相关基础设施建设，并且积累了相关的建设和管理经验。

4）国家重点研发计划“新能源汽车”重点专项

国家重点研发计划由原来的“973计划”“863计划”、国家科技支撑计划、国际科技合作与交流专项、产业技术研究与开发基金和公益性行业科研专项等整合而成。国家高度重视新能源汽车的发展，每一年科技部都将新能源汽车作为重点专项列入国家重点研发计划项目申报指南。新能源汽车重点专项按照动力电池与电池管理系统、电动机驱动与电力电子、电动汽车智能化、燃料电池动力系统、插电/增程式混合动力系统和纯电动力系统 6 个技术方向，共部署 38 个重点研究任务，专项实施周期为 5 年（2016—2020 年）。2016 年启动了 18 个研究任务的 18 个项目；2017 年启动了 19 个研究任务的 20 个项目，共拨经费 11.2 亿元；2018 年启动 24 个研究任务的 25 个项目，共拨经费 8.2 亿元。

近年来国内纯电动汽车有了较快的发展，也达到了较高的技术水平，典型实例如下：

（1）荣威 Ei5。荣威 Ei5 搭载一台最大功率为 85 kW（116PS）的电动机，最大扭矩 255 N·m，匹配的是三元锂离子电池组，工信部标注的常规续驶里程为 420 km，为用户带来“长续航、快充电、低阻力＋低能耗”的“三优一最”用车体验，以及“高标准、高防护、高通过性＋超长耐久”的“三高一超”安全保障。实车如图 1-16 所示。

图 1-16　荣威 Ei5 纯电动汽车

（2）奇瑞艾瑞泽 5e 电动汽车。艾瑞泽 5e 是一款紧凑型新能源汽车，电动机最大输出功率为 90 kW，最大输出扭矩为 250 N·m，53.6 kW·h 的电池容量保障了其工况行驶状态下具有 401 km 续驶里程，快充 0.5 小时、慢充 9 小时达到 80%充电量。实车如图 1-17所示。

图 1-17　奇瑞艾瑞泽 5e 纯电动汽车

(3) 奔奔 MINIEV 纯电动轿车。该车采用永磁同步交流电动机，额定功率为 20 kW，最高转速可以达到 9000 r/min，最大扭矩为 160 N·m，最高车速可以达到 110 km/h，续驶里程是 105 km，快速充电 0.5 小时即可，完全充电需要 7 小时。实车如图 1-18 所示。

图 1-18　奔奔 MINIEV 纯电动汽车

(4) 比亚迪 E6。2017 款 E6 400 为 5 门 5 座的 MPV 汽车。采用最大功率为 120 kW、峰值扭矩为 450 N·m 的永磁同步电动机，采用单速变速箱，最高车速 140 km/h，采用磷酸铁锂电池，电池容量 82 kW·h，可实现 400 km 的综合工况续驶里程。E6 可使用 220V 民用电源慢充，慢充时间为 8 小时，快充为 3C 充电，15 分钟左右可充满 80%电量。实车如图 1-19 所示。

图 1-19　比亚迪 E6

(5) 江淮 iEV7S。江淮 iEV7S 是一款 5 门 5 座 SUV 车型，采用最大功率为 85 kW 的电动机和单速变速箱，最高车速达到 130 km/h。采用三元锂电池，电池容量为 39 kW·h，续驶里程达到 280 km。实车如图 1-20 所示。

(6) 宇通新 E6。宇通新 E6 是业内首款 6 米级前中开门车型，电动机最大功率为 100 kW，持续最大爬坡度为 7%，短时最大爬坡度为 13%；电池采用磷酸铁锂电池，容量为 87.85 kW·h，在开启空调的情况下，续驶里程 150 km。实车如图 1-21 所示。

图 1-20　江淮 iEV7S

图 1-21　宇通新 E6

（7）比亚迪 K9。比亚迪 K9 采用了轮边驱动技术，实现后桥两侧电动机驱动、轮边减速功能，轮边电动机采用最大功率为 90 kW 的永磁同步电动机，0～50 km/h的加速时间小于 23 s；动力电池则采用比亚迪自家生产的磷酸铁锂电池，电池容量为 600 A·h，额定电压 540V，续驶里程超过 250 km。实车如图 1-22 所示。

图 1-22　比亚迪 K9

我国混合动力电动汽车的研究与开发比较早，现举两例以大致介绍其发展情况。

（1）奔腾 B50 混合动力汽车。该混合动力轿车由一汽集团生产，配备 1.5 L 发动机、40 kW 永磁式电动机、容量为 30 A·h 的锂离子电池，最高车速可达 191 km/h，0～100 km/h 加速时间为 12.5 s，较同类型内燃机汽车节油 35%，整车排放减少 30%。实车如图 1-23 所示。

图 1-23　奔腾 B50 混合动力汽车

（2）比亚迪宋 DM。该款车属于插电式混合动力汽车，采用 1.5 L 的直列四缸增压发动机，最大功率为 113 kW，同时搭配两个最大功率均为 110 kW 的电动机，变速箱为 6

挡双离合变速器，采用全时四驱的驱动形式，可实现百公里加速 4.9 s，最高车速 180 km/h，等速工况下纯电续驶里程达 80 km，百公里综合油耗 1.4 L。实车如图 1-24 所示。

图 1-24 比亚迪宋 DM

（3）混合动力城市公交车 EQ6121HEV。该车由东风电动汽车股份有限公司生产，已在武汉市公交线路营运多年。该车配备 AMT 机械式自动变速器，采用 CAN 总线通信，可载客 80 人，最高车速达 80 km/h，最大爬坡度达 20%，排放达到“欧Ⅳ”标准，较同类型内燃机汽车减少排放温室气体 30%，降低油耗 20%～30%。实车如图 1-25 所示。

图 1-25 混合动力城市公交车 EQ6121HEV

我国对燃料电池汽车的研究与开发也较早，并已具有较高的技术水平，现列举典型实例进行说明。

（1）上海大众 PASSAT 领驭燃料电池轿车。该车采用 40 kW PEMFC 质子交换膜燃料电池，车载高压氢气供氢，储气压力为 35 MPa，容量为 154 L（3.9 kg），配套的动力电池为 7.5 A·h、375 V（2.812 kWh）锂离子电池，续驶里程为 250 km，最高车速为 128 km/h。实车如图 1-26 所示。

（2）福田欧Ⅴ氢燃料客车。该车最高车速可达到 80 km/h，一次加氢量为 20 kg，每天行驶 5 h，可持续行驶 240 km 以上。在燃料电池车领域，我国与国外的差距不大。由

图 1-26　上海大众 PASSAT 领驭燃料电池轿车

于集中了全国名校、科研院所和大企业的优势，燃料电池汽车的关键技术有所突破。福田欧Ⅴ氢燃料客车已在 2008 年北京奥运会上使用。实车如图 1-27 所示。

图 1-27　福田欧Ⅴ氢燃料客车

1.4　新能源汽车发展展望

1.4.1　技术路线

2020 年，中国汽车工程学会发布了《节能与新能源汽车技术路线图 2.0》，与新能源汽车相关的技术路线主要包括纯电动与插电式混合动力汽车、燃料电池汽车和动力电池三个方面，具体内容如下。

1）纯电动与插电式混合动力汽车

（1）主要思路

① 2035 年，形成自主、完整的产业链，自主品牌纯电动和插电式混合动力汽车产品

技术水平和国际同步，新能源汽车占汽车总销量50%以上，其中纯电动占新能源汽车的95%以上；

② 在纯电动汽车领域，实现纯电动技术在家庭用车、公务用车、出租车、租赁服务用车以及短途商用车等领域的推广应用。

(2) 发展规划与技术路线

纯电动与插电式混合动力汽车的发展规划与技术路线见表1-4所列。

表1-4 纯电动与插电式混合动力汽车的发展规划与技术路线

发展目标	技术路径	发展重点
纯电动乘用车续驶里程： 2025年：400 km 2030年：500 km 公交客车单位载质量电耗水平(kW·h/100 km·t) 2025年：3.2 2030年：3.0 插电式混合动力汽车混动模式油耗： 2025年：比2020年PHEV降低10% 2030年：比2020年PHEV降低20%	纯电动汽车： * 提高动力电池能量密度 * 提高电驱动系统效率 * 底盘电动专用化 插电式混合动力汽车： * 优化混合动力系统构型 * 基于多信息的整车预测控制 * 动力系统集成设计 充电基础设施： * 快速充电技术 * 互联互通技术 * 充电便利性	* 低成本、高效率混合动力总成开发技术 * 动力电动机与底盘集成技术 * 纯电动汽车动力系统集成及其控制技术 * 高性能动力电动机技术 * 新型电动机控制器技术 * 先进充电技术 * 整车智能能量管理技术 * 纯电动和插电式混合动力汽车整车控制技术

(3) 产业化目标

纯电动与插电式混合动力汽车的产业化目标见表1-5所列。

表1-5 纯电动与插电式混合动力汽车的产业化目标

	2025年	2030年	2035年
产业链	形成自主可控完整的新能源汽车产业链	进一步完善新能源汽车自主产业链	成熟、健康、绿色的新能源汽车自主产业链
销量	BEV和PHEV年销量占汽车总销量的15%～25%	BEV和PHEV年销量占汽车总销量的30%～40%	BEV和PHEV年销量占汽车总销量的50%～60%
	BEV占新能源销量的90%以上	BEV占新能源销量的93%以上	BEV占新能源销量的95%以上
安全	新能源汽车的起火事故率小于0.5次/万辆	新能源汽车的起火事故率小于0.1次/万辆	新能源汽车的起火事故率小于0.01次/万辆
质量	新能源汽车购买一年内行业百车故障率平均值降至小于140个	新能源汽车购买一年内行业百车故障率平均值降至小于120个	新能源汽车购买一年内行业百车故障率平均值降至小于100个

(4) 技术创新要求

纯电动与插电式混合动力汽车的技术创新要求见表 1-6 所列。

表 1-6 纯电动与插电式混合动力汽车的技术创新要求

<table>
<tr><th>项目类型</th><th colspan="2">技术创新要求</th><th>优先行动项</th></tr>
<tr><td>基础前瞻</td><td>* 电池系统的安全性和可靠性管理理论与策略
* 下一代电力电子功率器件
* 分布式驱动控制技术
* 制动能量回收系统</td><td>* 多能源动力系统集成技术
* 与车辆互联互通、多能源高度融合智能电网技术
* 无线充电技术
* 插电式混合动力与纯电功汽车动力总成集成控制开发</td><td rowspan="4">* 下一代高性能纯电动和插电式混合动力汽车产业化示范工程
* 关键零部件技术突破与应用示范工程
* 可再生能源发电系统、智能电网、智能社区与新能源汽车互联互通综合示范工程</td></tr>
<tr><td>应用技术</td><td colspan="2">* 一体化、轻量化纯电动汽车底盘开发
* 电池系统的集成优化开发
* 下一代电动机驱动技术开发
* 电动热泵空调技术
* 智能充电技术</td></tr>
<tr><td>示范与产业化</td><td colspan="2">* 下一代高性能纯电驱动整车示范及产业化
* 高性能插电式混合动力汽车动力总成产业化
* 下一代电动机及电动机控制器产业化
* 电池系统产业化
* 可再生能源发电系统、智能电网、智能社区与新能源汽车互联互通示范工程</td></tr>
<tr><td>共性平台</td><td colspan="2">* 纯电动、插电式混合动力汽车标准法规研究平台
* 纯电动、插电式混合动力汽车整车及关键零部件测试评价平台
* 纯电动、插电式混合动力汽车整车、关键零部件及材料行业基础数据库
* 纯电动、插电式混合动力汽车整车及系统安全研究平台
* 智能电网、微网、可再生能源、纯电动与插电式混合动力汽车互联互通
* 智能管理及系统安全运行研究、检测评价和监测平台</td></tr>
</table>

2) 燃料电池汽车

(1) 主要思路

① 将发展氢燃料电池商用车作为整个氢能燃料电池行业的突破口，以客车和城市物流车为切入领域，重点在可再生能源制氢和工业副产氢丰富的区域推广中大型客车、物流车，逐步推广至载重量大、长距离的中重卡、牵引车、港口拖车及乘用车等。

② 2030—2035 年，实现氢能及燃料电池汽车的大规模推广应用，燃料电池汽车保有量达到 100 万辆左右；完全掌握燃料电池核心关键技术，建立完备的燃料电池材料、部件、系统的制备与生产产业链。

（2）发展规划与技术路线

燃料电池汽车发展规划与技术路线见表 1－7 所列。

表 1－7　燃料电池汽车发展规划与技术路线

发展目标	技术路径	发展重点
燃料电池汽车发展规模： 2025 年：5 万辆 2030 年：百万辆 燃料电池堆比功率： 2025 年：2.5 kW/kg 2030 年：2.5 kW/kg 燃料电池堆耐久性： 2025 年：6000 小时 2030 年：8000 小时	* 燃料电池关键材料技术 * 电堆技术 * 系统集成与控制技术 * 动力系统开发技术 * 燃料电池汽车的设计与集成技术 * 提高功率密度 * 提高耐久性 * 降低成本 * 提高载氢安全	* 新型燃料电池核心材料 * 先进燃料电池电堆 * 关键辅助系统零部件技术 * 高性能燃料电池系统 * 混合型燃料电池动力系统 制氢、运氢、储氢及加氢基础设施

（3）产业化目标

燃料电池汽车产业化目标见表 1－8 所列。

表 1－8　燃料电池汽车产业化目标

		2025 年	2035 年
总体要求		基于现有储运加注技术，各城市因地制宜，经济辐射半径 150 km 左右；运行车辆 10 万辆左右	突破新一代储运技术，突破加氢站数量瓶颈，城市间联网跨域运行，保有量 100 万辆左右
		燃料电池系统产能超过 1 万套/企业	燃料电池系统产能超过 10 万套/企业
氢能燃料电池汽车	要求	冷启动温度达到－40 ℃，提高燃料电池功率整车成本达到混合动力的水平	冷启动温度达到－40 ℃，燃料电池商用车动力性、经济性及成本需达到燃油车水平
	商用车	* 续航里程≥500 km * 客车经济性≤5.5 kg/100 km * 寿命≥40 万 km，成本≤100 万元	* 续航里程≥800 km * 重卡经济性≤10 kg/100 km * 寿命≥100 万 km，成本≤50 万元
	乘用车	* 续航里程≥650 km * 经济性≤1.0 kg/100 km * 寿命≥25 万 km，成本≤30 万元	* 续航里程≥800 km * 经济性≤0.8 kg/100 km * 寿命≥30 万 km，成本≤20 万元
氢能基础设施	氢气供应	鼓励可再生能源分布式制氢，氢气需求量 20～40 万吨/年	可再生能源制氢为主，氢气需求量 200 万～400 万吨/年
	氢气运输	高压气态氢、液氢、管道运氢	多种形式并存
	加氢站	* 加氢站≥1000 座 * 加注压力：35/70 MPa * 氢燃料成本≤40 元/kg	* 加氢站 25000 座 * 加注压力：35/70 MPa * 氢燃料成本≤25 元/kg

(4) 技术目标

燃料电池汽车技术目标见表1-9所列。

表1-9 燃料电池汽车技术目标

2025年	2030年
最高效率65% 冷启动温度−40℃ 材料成本500元/kW 乘用车： 额定功率90 kW 寿命6000 h 体积比功率3.5 kW/L 质量比功率3.5 kW/kg 商用车： 额定功率120 kW 寿命20000 h 体积比功率2.5 kW/L	最高效率65% 冷启动温度−40℃ 材料成本150元/kW 乘用车： 额定功率120 kW 寿命8000 h 体积比功率4.0 kW/L 质量比功率4.0 kW/kg 商用车： 额定功率170 kW 寿命30000 h 体积比功率3.0 kW/L

(5) 技术创新要求

燃料电池汽车技术创新要求见表1-10所列。

表1-10 燃料电池汽车技术创新要求

项目类型	2025年	2035年
燃料电池电堆技术	冷启动温度<−40 ℃	
	* 商用车用电堆体积功率密度>2.5 kW/L * 寿命>16500 h，成本<1200元/kW	* 商用车用电堆体积功率密度>3 kW/L * 寿命>30000 h，成本<400元/kW
	* 乘用车用电堆体积功率密度>4 kW/L * 寿命>5500 h，成本<1800元/kW	* 乘用车用电堆体积功率密度>6 kW/L * 寿命>8000 h，成本<500元/kW
基础材料技术	批量化催化剂、质子交换膜、膜电极组件、双极板生产技术及装备	高温质子交换膜及电堆技术应用，非Pt催化剂及电堆技术应用，碱性阴离子交换膜及非贵金属催化剂电堆技术
控制技术	阴极中高压流量压力解耦控制技术、能量综合利用技术、面向寿命优化的动态运行控制技术	无增湿长寿命技术、宽压力流量范围自适应控制技术、阳极引射泵循环泵回流控制技术
储氢技术	供给系统关键部件高可靠性技术、储氢系统高可靠性技术	供给系统关键部件低成本技术、储氢系统低成本技术

3) 动力电池

(1) 主要思路

① 近中期在优化现有体系锂离子动力电池技术满足新能源汽车规模化发展需求的同

时，以开发新型锂离子动力电池为重点，提升其安全性、一致性和寿命等关键技术，同步开展新体系动力电池的前瞻性研发。

② 中远期在持续优化提升新型锂离子动力电池的同时，重点研发新体系动力电池，显著提升能量密度，大幅降低成本，实现新体系动力电池实用化和规模化应用。

（2）发展规划与技术路线

动力电池汽车发展规划与技术路线见表 1－11 所列。

表 1－11　动力电池汽车发展规划与技术路线

<table>
<tr><th>发展目标</th><th>技术路径</th><th>发展重点</th></tr>
<tr><td>单体能量密度（W·h/kg）：<table><tr><td></td><td>2025 年</td><td>2030 年</td></tr><tr><td>EV</td><td>400</td><td>500</td></tr><tr><td>PHEV</td><td>250</td><td>300</td></tr></table>电池系统成本（元/W·h）：<table><tr><td></td><td>2025 年</td><td>2030 年</td></tr><tr><td>EV</td><td>0.9</td><td>0.8</td></tr><tr><td>PHEV</td><td>1.3</td><td>1.1</td></tr></table></td><td>＊加大新体系电池的研发
＊提升关键材料及关键装备水平
＊提高电池的安全性、寿命和一致性
＊加速动力电池标准体系建设和电池回收再利用技术研究</td><td>＊动力电池新材料新体系
＊动力电池安全性及长寿命技术
＊动力电池设计及仿真技术
＊动力电池及其关键材料产业化技术
＊动力电池系统及控制技术
＊动力电池测试分析技术及标准体系
＊动力电池梯级利用及资源回收技术</td></tr>
</table>

（3）技术目标

动力电池汽车技术目标见表 1－12 所列。

表 1－12　动力电池汽车技术目标

<table>
<tr><th colspan="2">EV</th></tr>
<tr><th>2025 年</th><th>2030 年</th></tr>
<tr><td>比能量：
单体 400 W·h/kg
系统 280 W·h/kg
能量密度：
单体 800 W·h/L
系统 500 W·h/L
比功率：
单体 1000 W/kg
系统 700 W/kg
寿命：
单体 4500 次/12 年
系统 3500 次/12 年
成本：
单体 0.5 元/W·h
系统 0.9 元/W·h</td><td>比能量：
单体 500 W·h/kg
系统 350 W·h/kg
能量密度：
单体 1000 W·h/L
系统 700 W·h/L
比功率：
单体 1000 W/kg
系统 700 W/kg
寿命：
单体 5000 次/15 年
系统 4000 次/15 年
成本：
单体 0.4 元/W·h
系统 0.8 元/W·h</td></tr>
</table>

PHEV	
2025 年	2030 年
比能量： 单体 250 W・h/kg 系统 150 W・h/kg 能量密度： 单体 500 W・h/L 系统 300 W・h/L 比功率： 单体 1500 W/kg 系统 1000 W/kg 寿命： 系统 4000 次/12 年 成本： 单体 0.9 元/W・h 系统 1.3 元/W・h	比能量： 单体 300 W・h/kg 系统 180 W・h/kg 能量密度： 单体 600 W・h/L 系统 350 W・h/L 比功率： 单体 1500 W/kg 系统 1000 W/kg 寿命： 系统 5000 次/15 年 成本： 单体 0.8 元/W・h 系统 1.1 元/W・h

(4) 技术创新要求

动力电池汽车技术创新要求见表 1－13 所列。

表 1－13　动力电池汽车技术创新要求

<table>
<tr><th>项目类型</th><th>技术创新要求</th><th>优先行动项</th></tr>
<tr><td>基础前瞻</td><td>* 面向>500 W・h/kg 动力电池的新型储能材料技术研究
* 能量密度>500 W・h/kg 的动力电池技术研究
* 新型动力电池及关键材料仿真技术研究
* 新型动力电池的管理技术研究</td><td rowspan="4">* 储能材料及动力电池测试评价技术平台
* 动力电池产业化技术研究
* 能量密度>400 W・h/kg 的高比能动力电池安全性技术研究
* 动力电池梯级利用及资源回收技术研究
* 动力电池数字化工厂技术研究</td></tr>
<tr><td>应用技术</td><td>* 能量密度>400 W・h/kg 的高比能动力电池安全性技术研究
* 能量密度>400 W・h/kg 的高比能动力电池长寿命技术研究
* 动力电池梯级利用及资源回收技术研究</td></tr>
<tr><td>示范与产业化</td><td>* 动力电池关键原材料产业化技术研究
* 动力电池产业化技术研究</td></tr>
<tr><td>共性平台</td><td>* 储能材料及动力电池测试评价技术平台
* 动力电池标准化技术研究平台
* 动力电池数字化工厂技术研究</td></tr>
</table>

1.4.2 关键技术

关键技术主要分为“三大电”关键技术与整车集成关键技术。

1）电池

以动力电池模块为核心，实现我国以能量型锂离子动力电池为重点的车用动力电池大规模产业化突破。以车用能量型动力电池为主要发展方向，兼顾功率型动力电池和超级电容器的发展，全面提高动力电池输入输出特性、安全性、一致性、耐久性和性价比等综合性能。强化动力电池系统集成与热-电综合管理技术，促进动力电池模块化技术发展；实现车用动力电池模块标准化、系列化和通用化，为支撑纯电驱动电动汽车的商业化运营模式提供保障。瞄准国际前沿技术，深入开展下一代新型车用动力电池自主创新研究，为电动汽车产业中长期发展进行技术储备。重点研究新型锂离子动力电池。研究新型锂离子动力电池设计、性能预测、安全评价及安全性新技术。新体系动力电池方面，重点研究金属空气电池、多电子反应电池和自由基聚合物电池等，并通过实验技术验证，建立动力电池创新发展技术研发体系。

突破燃料电池关键技术和系统集成，推进工程实用化，为新一代燃料电池汽车研发与产业化奠定核心技术基础。重点推进燃料电池的工程实用化，建立小批量生产线，进一步提升燃料电池性能，降低成本，强化电堆与系统的寿命考核，改进提高燃料电池系统控制策略与关键部件性能，提升燃料电池系统可靠性与耐久性，为燃料电池汽车示范运行提供可靠的车用燃料电池系统。加强燃料电池基础材料和系统集成科技创新，研发高稳定性、高耐久性、低成本的关键材料和部件。保证电堆在高电流密度下的均一性，提高功率密度，进一步增强系统的环境适应能力，为下一代燃料电池汽车研发奠定核心技术基础。

2）电动机

面向混合动力大规模产业化需求，开发混合动力发动机/电动机总成（发动机+ISG/BSG）和机电耦合传动总成（电动机+变速箱），形成系列化产品和市场竞争力，为混合动力汽车大规模产业化提供技术支撑。面向纯电驱动大规模商业化示范需求，开发纯电动汽车驱动电动机及其传动系统系列，同步开发配套的发动机-发电动机组（APU）系列，为实现纯电动汽车大规模商业示范提供技术支撑。面向下一代纯电驱动系统技术攻关，从新材料/新结构/自传感电动机、IGBT芯片封装和驱动系统混合集成、新型传动结构等方面着手，开发高效率、高材料利用率、高密度和适应极限环境条件的电力电子、电动机与传动技术，探索下一代车用电动机驱动及其传动系统解决方案，满足电动汽车可持续发展需求。

3）电控

重点开发混合动力专用发动机先进控制算法（满足国Ⅴ以上排放法规）、混合动力系统先进实时控制网络协议、多部件间的扭矩耦合和动态协调控制算法，研制高性能的混合动力系统（整车）控制器，满足混合动力汽车大规模产业化技术需求。重点开发先进的纯电驱动汽车分布式、高容错和强实时控制系统，高效、智能和低噪音的电动化总成控制系统（电动空调、电动转向、制动能量回馈控制系统），电动汽车的车载信息、智能充电及其远程监控技术，满足纯电动汽车大规模示范需要。重点开发基于新型电动机集成驱动的一体化底盘动力学控制、高性能的下一代整车控制器及其专用芯片、电动汽车智能交通系统（ITS）与车网融合技术（V2X：汽车到万物的链接，V2H：汽车到家庭的链接，V2V：汽车到汽车的链接等网络通信技术），为下一代纯电驱动汽车开发提供技术支撑。

4）混合动力汽车（含插电式/增程式电动汽车）

针对常规混合动力汽车大规模产业化需求，开展系列化混合动力系统总成开发，协调控制、能量管理等关键技术攻关和整车产品的产业化技术研发，将节能环保发动机开发与电动化技术有机结合，重点突破产品性价比，形成市场竞争优势。突破混合动力汽车产业化关键技术，构建混合动力汽车零部件配套保障体系，开展批量化生产装备与工艺、质量管理体系以及配套的维修检测设备开发，建成混合动力汽车专用的装配、检测、检验生产线。

中度混合动力方面，突破混合动力汽车关键技术，深化发动机控制技术研究，解决动力源工作状态切换和动态协调控制，以及能源优化管理，掌握整车故障诊断技术，进一步提高整车的可靠性、耐久性和性价比，开发出高性价比、具有市场竞争力、可大规模产业化的混合动力汽车系列产品。

深度混合动力方面，突破混合动力系统构型技术，能量管理协调控制技术，开发深度混合动力新构型。开发出高性价比、可大规模批量生产的深度混合动力轿车和商用车产品。

5）纯电动汽车

以小型纯电动汽车关键技术研发作为纯电动汽车产业化突破口，开发纯电动小型轿车系列产品（包括增程式），并实现大规模商业化示范；开发公共服务领域纯电动商用车并大规模商业示范推广；加强插电式混合动力汽车研发力度，开发系列化插电式混合动力轿车和商用车系列产品。

小型纯电动汽车方面，针对大规模商业化示范需求，开发系列化特色纯电驱动车型及其能源供给系统，并探索新型商业化模式。实现小型纯电动汽车（含增程式）关键技术突破，重点掌握电气系统集成、动力系统匹配和整车热-电综合管理等技术。开发出舒适、安全、性价比高的小型纯电动轿车系列产品。

纯电动商用车方面，重点研究整车NVH、轻量化、热管理、故障诊断、容错控制与电磁兼容及电安全技术。

插电式混合动力汽车方面，掌握插电式混合动力构型及专用发动机系统研发技术；突破高效机电耦合技术、轻量化、热管理、故障诊断、容错控制与电磁兼容技术、电安全技术；开发出高性价比、可满足大规模商业化示范需求的插电式混合动力轿车和商用车系列产品。

6）以燃料电池汽车为代表的下一代纯电驱动汽车

集成下一代高性能电动机与电池系统，突破下一代高性能新型纯电动轿车动力系统技术平台关键技术，到 2020 年左右，完成下一代高性能、纯电驱动动力系统技术平台，完成纯电驱动轿车和下一代高性能大型纯电动客车整车产品开发，技术水平处于国际先进水平。面向高端前沿技术突破需求，基于高功率密度、长寿命、高可靠性的燃料电池发动机技术，突破新型氢-电-结构耦合安全性等关键技术，攻克适应氢能源供给的新型全电气化底盘驱动系统平台技术，研制出达到国际先进水平的燃料电池轿车和客车，并进行示范考核；掌握车载供氢系统技术，实现关键部件的自主开发，掌握下一代燃料电池汽车动力系统平台技术，研制下一代燃料电池轿车和客车产品，并进行运行考核。

1.5　本章小结

本章首先介绍了发展新能源汽车的意义以及新能源汽车的发展历史和国内外研究现状，介绍了国内外比较典型的纯电动汽车、混合动力汽车和燃料电池汽车产品。接着介绍了新能源汽车的类别，并对各类别的车辆进行了简要介绍。最后介绍了新能源汽车的技术路线和关键技术。

思考题

1. 新能源汽车的定义与分类是什么？
2. 按照动力系统构型分类，混合动力汽车有哪几种？各有什么优缺点？
3. 燃料电池汽车的定义与分类是什么？
4. 国外有哪些政策推动新能源汽车发展？
5. 国内有哪些推动新能源汽车发展的措施？
6. 目前发展新能源汽车需要攻克哪些关键技术？

第2章 电动汽车用动力电池

2.1 蓄电池概述

电动汽车用动力电池主要有蓄电池、超级电容、飞轮电池等。蓄电池也称为“二次电池”，是可以通过充电反复使用的化学电池。本章主要介绍蓄电池及其分类、超级电容和飞轮电池。

2.1.1 蓄电池的分类

蓄电池是一种化学电池，其基本组成是正极板、负极板和电解质。应用于电动汽车的蓄电池种类很多，在此，通过不同的分类方法来概括不同类型的蓄电池。

1）按蓄电池电解质分类

按蓄电池电解质的不同，可将蓄电池分为酸性蓄电池、碱性蓄电池、中性蓄电池和有机电解液蓄电池四类。

（1）酸性蓄电池：酸性蓄电池主要以硫酸水溶液作为电解质。电动汽车用蓄电池中属于酸性蓄电池的主要是铅酸蓄电池。

（2）碱性蓄电池：碱性蓄电池主要以氢氧化钾水溶液作为电解质。电动汽车用蓄电池中的锌锰蓄电池、镍镉蓄电池、镍氢蓄电池等均属于此类蓄电池。

（3）中性蓄电池：中性蓄电池以盐溶液作为电解质。这种蓄电池由于稳定性较差，目前在电动汽车上还很少使用。

（4）有机电解液蓄电池：有机电解液蓄电池主要以有机溶液作为电解质。这种蓄电池有锂电池、锂离子电池等。

2）按蓄电池所用正、负极材料分类

按蓄电池正、负极材料的不同，可将蓄电池分为锌系蓄电池、镍系蓄电池、铅系蓄电池、锂系蓄电池及金属空气（氧气）系列蓄电池等。

（1）锌系蓄电池：锌系蓄电池有锌锰蓄电池、锌银蓄电池等。

（2）镍系蓄电池：镍系蓄电池有镍镉蓄电池、镍锌蓄电池、镍氢蓄电池等。

（3）铅系蓄电池：比如铅酸蓄电池，即属于铅系蓄电池。

（4）锂系蓄电池：锂系蓄电池有锂离子电池、锂聚合物电池、磷酸铁锂电池等。

（5）金属空气蓄电池：金属空气蓄电池有锌空气蓄电池、铝空气蓄电池等。

2.1.2 蓄电池的性能参数与常用术语

1）蓄电池的性能参数

（1）电压。蓄电池的电压（高端电压）是指其正极与负极之间的电位差，单位为 V，

是表示蓄电池性能与状态的重要参数之一。

① 开路电压：开路电压是指蓄电池未向外电路输出电流时的端电压。蓄电池在充足电状态下的开路电压最高，随着蓄电池放电程度的增加，蓄电池的开路电压会相应降低。

② 放电电压：放电电压是指蓄电池向外输出电流时的端电压。放电电压也称为工作电压，蓄电池在放电时的放电电流越大，放电电压就越低；在同样的放电电流下，随蓄电池放电程度的增加，其放电电压也会相应降低。

③ 充电电压：充电电压是指在充电电源对蓄电池进行充电时蓄电池的端电压。充电电流越大，蓄电池内的极化（欧姆极化、浓差极化、电化学极化）就越大，充电电压也就越高；在同样的充电电流下，蓄电池充电初期的充电电压较低，当蓄电池充足电时其充电电压达到最高。

(2) 内阻。蓄电池的内阻主要与极板的材质、结构及装配工艺有关。不同的电解质呈现的电阻也不同。因此，不同类的蓄电池，其内阻是不同的。对于某种类型的蓄电池来说，随着放电程度的增加，其内阻会相应增大。蓄电池内阻的单位为 Ω。

(3) 容量。蓄电池的容量是指在允许放电范围内所能输出的电量，单位为 A·h。容量用来表示蓄电池的放电能力。在不同条件下，蓄电池所能输出的电量（容量）是不同的。

① 理论容量：理论容量是指假设蓄电池极板上的活性物质全部参加电化学反应输出电流时，根据法拉第定律计算出的电量。理论容量通常用质量容量（A·h/kg）或体积容量（A·h/L）表示。

② 实际容量：实际容量是指充足电的蓄电池在一定条件下所能输出的电量。其值是在允许放电范围内，放电电流与放电时间的乘积。蓄电池的实际容量小于理论容量，当放电电流和温度不同时，其实际容量也会有所不同。

③ i 小时放电率容量：充足电的蓄电池以某一恒定电流放电，放电 i 小时后将蓄电池电压放电至终小电压，此时蓄电池所能输出的电量称为 i 小时放电率容量，通常用 C_i 表示。

④ 额定容量：额定容量是指充足电的蓄电池在规定的条件下所能输出的电量。额定容量是制造厂标明的蓄电池容量，是蓄电池性能的重要技术指标。在我国的国家标准中，用 3 h 放电率容量（C_3）来定义电动汽车用蓄电池的额定容量，用 20 h 放电率容量（C_{20}）来定义汽车用起动型蓄电池的额定容量。

(4) 能量：蓄电池的能量是指在一定的放电条件下，蓄电池所输出的电能，单位为 W·h 或 kW·h。蓄电池的能量表示其供电能力，是反映电池综合性能的重要参数。

① 标称能量：标称能量是指在规定的放电条件下蓄电池所能输出的电能。蓄电池的标称能量是其额定容量与额定电压的乘积。

② 实际能量：实际能量是指在实际的放电条件下蓄电池所能输出的电能。蓄电池的实际能量是其实际容量与放电过程的平均电压的乘积。

③ 比能量：比能量是指蓄电池单位质量所能输出的电能，单位为 W·h/kg 或 kW·h/kg。蓄电池的比能量越高，汽车充足电后的行驶里程就越长。

④ 能量密度：能量密度即体积比能量，是指蓄电池单位体积所能输出的电能，单位为 W·h/L 或 kW·h/L，蓄电池的能量密度越高，电动汽车的载重量和车内的空间就越大。各种电池指标见表 2-1 所列。

表 2-1 各种电池指标

	比能量（W·h/kg）	能量密度（W·h/L）	比功率（W/kg）	循环寿命（h）	参考价格（US/kW·h）
阀控铅酸	30～45	60～90	200～300	400～600	150
镍-镉	40～60	80～110	150～350	600～1200	300
镍-锌	60～65	120～130	150～300	300	100～300
镍-氢	60～70	130～170	150～300	600～1200	200～350
锌-空气	230	269	105	NAc	90～120
铝-空气	190～250	190～200	7～16	NAc	NA
钠-硫	100	150	200	800	250～450
钠-氯化镍	110	149	150	1000	230～350
锂聚合物	155	220	315	600	NA
锂离子	90～130	140～200	250～450	800～1200	＞200

（5）功率。蓄电池的功率是指在规定的放电条件下，蓄电池单位时间所能输出的电能，单位为 W 或 kW。蓄电池的功率大小会影响电动汽车的加速度和最高车速。

① 比功率：比功率即质量比功率，是指电池单位质量所能输出的功率，单位为W/kg 或 kW/kg。蓄电池的比功率越大，汽车的加速性能和爬坡性能就越好，最高车速也越高。

② 功率密度：功率密度即体积比功率，是指蓄电池单位体积所能输出的功率，单位为 W/L 或 kW/L，蓄电池的功率密度越高，电动汽车的载重量和车内的空间就越大。

（6）使用寿命。蓄电池的使用寿命通常用使用时间或循环寿命来表示。蓄电池经历一次充电和放电过程称为一个循环或一个周期。在一定的放电条件下，当蓄电池的容量下降到某规定的限值时，蓄电池所能承受的充放电循环次数称为蓄电池的循环寿命。

不同类的蓄电池，循环寿命有所不同。对于某种类型的蓄电池，其循环寿命与充电和放电电流的大小、蓄电池的温度、放电的深度等均有关系。

2.2 铅酸蓄电池

2.2.1 铅酸蓄电池的分类

以酸性水溶液作为电解质的蓄电池称为酸蓄电池。由于酸蓄电池电极是以铅及其氧化物作为材料，故又称为铅酸蓄电池。铅酸蓄电池于 1859 年由法国科学家普兰特（G. Plante）发明。1881 年法国人发明的电动汽车就是以铅酸蓄电池作为动力的，铅酸蓄电池广泛用于燃油（气）汽车的起动。铅酸蓄电池按其工作环境的不同可分为移动式和固定式两大类。固定型铅酸蓄电池按电池槽结构的不同可分为半密封式和密封式。半密封式又分为防酸式和消氢式；根据排气方式的不同，密封式铅酸蓄电池可分为排气式和非排气式两种。

铅酸蓄电池的特点是开路电压高，放电电压平稳，充电效率高，能够在常温下正常工作，生产技术成熟，价格便宜，规格齐全。因此，近十年来，国内外开发的第一代电动汽车广泛使用了铅酸蓄电池。在电动汽车上使用的铅酸蓄电池的类型及其主要特点见表 2-2 所列。

表 2-2　在电动汽车上使用的铅酸蓄电池的类型及其主要特点

类型	主要特点
开口管式铅酸蓄电池	有较高的比能量，良好的循环寿命，自动加水，少维护
阀控胶质管式铅酸蓄电池	有较高的比能量和质量比功率，良好的循环寿命，免维护
平板阀控铅酸蓄电池	有较高的比功率，免维护
薄平板阀控铅酸蓄电池	有较高的峰值功率，浅循环放电

电动汽车牵引用动力铅酸蓄电池（简称动力铅酸蓄电池）的性能与起动用铅酸蓄电池的要求是不同的。动力铅酸蓄电池要求有高的比能量和比功率、高的循环次数和使用寿命以及快速充电性能等。目前，已经有很多专业公司研制和开发了多种新型铅酸蓄电池，使得铅酸蓄电池的性能有了较大提高。

2.2.2　铅酸蓄电池的结构

图 2-1 所示为普通铅酸蓄电池的结构。铅酸蓄电池的基本单元是单体电池（Battery cell），每个单体电池都是由正极板、负极板和装在正极板和负极板之间的隔板组成。每个单体电池的基本电压为 2 V，然后将不同容量的单体电池按使用要求进行组合，装置在

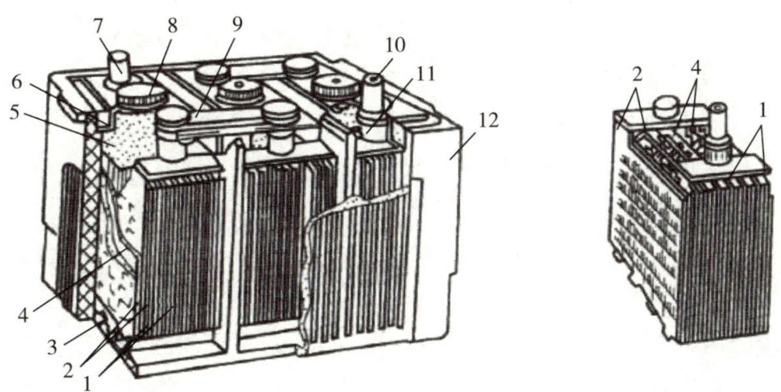

1—正极板；2—负极板；3—肋条；4—隔板；5—护板；6—封料；7—负极柱；8—加液口盖；9—电极连接条；10—正极板；11—极柱衬套；12—蓄电池容器。

图 2-1　普通铅酸蓄电池的结构

不同的塑料外壳中，来获得不同电压和不同容量的铅酸蓄电池。铅酸蓄电池总成经过灌装电解液和充电后，就可以从铅酸蓄电池的接线柱上引出电流。阀控铅酸蓄电池通常采用密封、无锑网隔板等技术措施，并在普通铅酸蓄电池的电解液中加入硅酸胶凝聚剂，使电解质成为胶状物，形成一种“胶体”电解质，采用“胶体”电解质的铅酸蓄电池使用起来更加方便。硅酸胶（Na_2SiO_4）与硫酸的反应如下：

$$H_2SO_4 + Na_2S_iO_3 \rightleftharpoons H_2SiO_3 + Na_2SO_4$$

图 2－2 所示为排气阀式铅酸蓄电池的结构。该种蓄电池的特点是带有催化剂，可以使充电时产生的氢气和氧气发生反应生成水后回到蓄电池，因而可以防止充电时产生的氢气和氧气逸散，控制水的消耗。

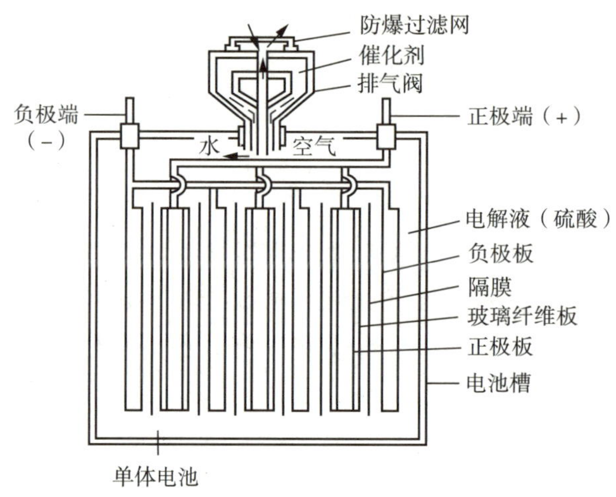

图 2－2 排气阀式铅酸蓄电池的结构

2.2.3 铅酸蓄电池的特点

近十年来，第一代电动汽车广泛使用了铅酸蓄电池，这是因为它具有低成本、成熟的技术、相对的高功率容量和良好的循环性等优点。这些优点对其应用于混合动力电动汽车是有利的，因在混合动力电动汽车中高功率是首要考虑的技术条件。但是铅酸蓄电池有两大缺点：一是比能量和能量密度都比较低（通常为 35 W·h/kg 和 70 W·h/L），自放电率较高（每天降低 1%，环境温度为 25 ℃），因此所占的质量和体积太大，且一次充电行驶里程较短；另一个是使用寿命短，使用成本过高，循环寿命相对较低（约为 500 次），且因硫酸腐蚀电极而不便长期储存。

由于铅酸蓄电池的技术比较成熟，经过进一步改进后的铅酸蓄电池仍将是近期电动汽车的主要电源。其中阀控式密封铅酸蓄电池（VRLA）的比能量已超过 40 W·h/kg，能量密度超过 80 W·h/L，并且可实现快速充电。VRLA 电池的典型代表为美国 Electrosource 公司的 Horizon 电池。VRLA 电池采用了铅丝编制的水平极板，性能得到极大提高，比能量达到 43 W·h/kg，能量密度达到 84 W·h/L，比功率达到 285 W/kg，

应用到电动汽车上的循环寿命超过 600 次，快速充电能力得到极大提高（8 min 充电达 50%，充满电只需不到 30 min），成本低廉（一辆电动汽车的电池成本仅为 2000～3000 美元），机械强度高，免维护以及环保观念设计（绿色生产过程和 98%的可回收材质）。

2.2.4 铅酸蓄电池的工作原理

铅酸蓄电池放电和充电的反应过程是铅酸蓄电池活性物质进行的可逆化学变化过程，可以用下列化学反应方程式表示：

$$P_bO_2+2H_2SO_4+P_b \rightleftharpoons P_bSO_4+2H_2O+P_bSO_4$$

在铅酸蓄电池放电过程中，化学反应由左向右进行，其相反的过程为充电过程的化学反应。由于在放电过程中，铅酸蓄电池中 H_2SO_4 的浓度会逐渐减小，因此可以用比重计来测定 H_2SO_4 的密度，再由铅酸蓄电池电解液的密度确定铅酸蓄电池电解液的放电程度。单体铅酸蓄电池的电压为 2 V，在使用或存放一段时间后，电池的电压可能降低到 1.8 V 以下，或 H_2SO_4 溶液的密度下降到 1.2 g/cm³ 时，铅酸蓄电池就必须充电；如果电压继续下降，则铅酸蓄电池将损坏。

2.2.5 铅酸蓄电池的放电特性

铅酸蓄电池恒流放电时的放电特性如图 2－3所示。在开始放电时，蓄电池的端电压迅速下降（*A*—*B* 段），这是由于放电初期，极板孔隙内电解液的 H_2SO_4 迅速消耗，其密度随之迅速下降所致。随后，极板孔隙外电解液中的 H_2SO_4 向孔隙内渗透，孔隙内的电解液密度下降缓慢，因而蓄电池端电压下降也很缓慢（*B*—*C* 段）。当放电接近终了时，蓄电池电压又会迅速下降（*C*—*D* 段）。其原因是化学反应深入极板的内层，加之放电后生成的 SO_4^{2-} 覆盖在极板表面使孔变得越来越小，使电解液渗透困难，造成极板孔隙内电解液密度迅速下降。*D* 点是蓄电池放电的终止点；若继续放电，则为过度放电，端电压会急剧下降。过度放电会导致极板上形成粗晶体的 SO_4^{2-}，在充电时不易还原成活性物质。

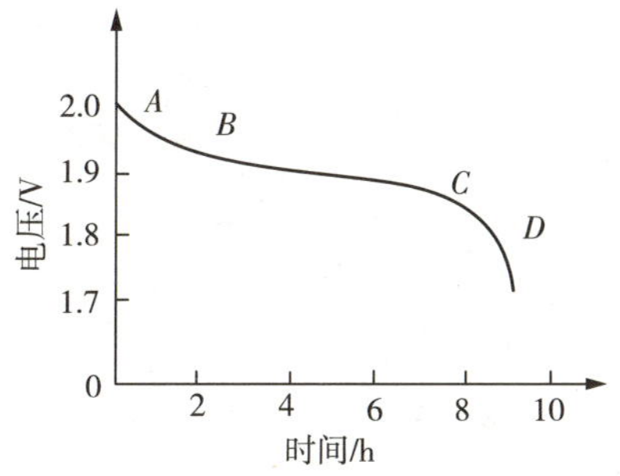

图 2－3 铅酸蓄电池恒流放电时的放电特性

2.3 镍镉蓄电池

镍镉蓄电池是一种碱性蓄电池，是电动汽车首选电池之一。镍镉蓄电池的比能量可达到 55 W·h/kg，比功率可超过 225 W/kg，极板强度高，工作电压平稳，能够带电充电，并可以快速充电。镍镉蓄电池过充电和过放电性能好，有高倍率的放电特性，瞬时脉冲放电率很大，深度放电性能也好。镍镉蓄电池循环寿命长，可达到 2000 次或 7 年以上，是铅酸蓄电池的 2 倍。镍镉蓄电池采用全封闭外壳，可以在真空环境中正常工作，低温性能较好，能够长时间存放。

2.3.1　镍镉蓄电池的结构

图 2-4 所示为镍镉蓄电池的结构。镍镉蓄电池的每个单体电池都是由正极板、负极板和装在正极板和负极板之间的隔板组成。将单体电池按不同的组合装置在不同塑料外壳中，可得到所需要的不同电压和不同容量的镍镉蓄电池总成。在市场上有多种不同型号规格的镍镉蓄电池总成可供选择。在装入电解液并经过充电后，就可以从电池的接线柱上引出电流。

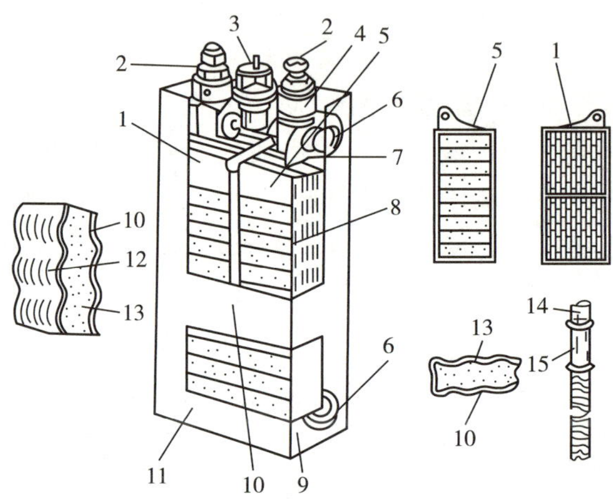

1—正极板；2—接线柱；3—加液口盖；4—绝缘导管；5—负极板；6—吊架；7—单格电池连接条；8—极板骨架；9—绝缘层；10—镀铬薄钢板；11—外壳；12—通孔；13—活性物质；14—正极板导管；15—氢氧化镍。

图 2-4　镍镉蓄电池的结构

2.3.2　镍镉蓄电池的特点

镍镉蓄电池的工作电压较低，单体电池的标称电压为 1.2 V，比能量为 55 W·h/kg，比功率可以超过 225 W/kg，循环使用寿命在 2000 次以上；可以进行快速充电，充电 15 min 可恢复 50%的容量，充电 1 h 可恢复 100%的容量，但一般情况下完全充电需要 6h；深度放电达 100%，自放电率低于 0.5%/天；可以在 −40 ℃～80 ℃的环境温度条件下正常工作；快速充电能力强，充电 18 min 即可从 40%达到 80%的容量。

镍镉蓄电池有记忆效应，镍镉蓄电池中采用的镉是一种有害的重金属，在电池报废后必须进行有效回收，这点在国外已能实现。镍镉蓄电池的成本为铅酸蓄电池的 4～5 倍，初始购置费用较高，但镍镉蓄电池的比能量和循环使用寿命都大大地高于铅酸蓄电池。因此，在电动汽车实际使用时，镍镉蓄电池的总费用不会超过铅酸蓄电池。由于镍镉蓄电池使用性能比铅酸蓄电池好，在电动汽车上得到了广泛应用。克莱斯勒公司的 TE 小型汽车、标致 106 型、雪铁龙 AX-EV 以及日本本田汽车公司、日产汽车公司等生产的电动汽车上都采用了镍镉蓄电池。

2.3.3　镍镉蓄电池的工作原理

镍镉蓄电池以羟基氢氧化镍为正极，金属钢为负极，水溶性氧化钾溶液为电解质。

在镍镉蓄电池充电和放电的化学反应过程中，电解液基本上不会被消耗。为了延长使用寿命和改善高温性能，通常在电解液中加入氧化锂。

镍镉蓄电池的化学反应方程式如下：

$$2Ni(OH)_3+2KOH+Cd \rightleftharpoons 2Ni(OH)_2+2KOH+Cd(OH)_2$$

2.4 镍氢蓄电池

镍氢蓄电池也是一种碱性蓄电池，其标称电压为 1.2 V，比能量可达到 70～80 W·h/kg，有利于延长行驶里程，比功率可达到 200 W/kg，是铅酸蓄电池的 2 倍，能够提高车辆的起动性能和加速性能。镍氢蓄电池有高倍率的放电特性，短时间可以以 3C 放电，瞬时脉冲放电率很大。镍氢蓄电池的过充电性能和过放电性能好，能够带电充电，并可以快速充电，在 15 min 内可充 60％的容量，1 h 内可以完全充满，应急补充充电的时间短。镍氢蓄电池采用全封闭外壳，可以在真空环境中正常工作，低温性能较好，能够长时间存放。镍氢蓄电池中没有 Pb 和 Cd 等重金属元素，不会对环境造成污染，镍氢蓄电池可以随充随放，不会出现镍镉蓄电池在没有放完电后即充电而产生的“记忆效应”。

2.4.1 镍氢蓄电池的结构

镍氢蓄电池正极是活性物质氢氧化镍，负极是储氢合金，用氢氧化钾作为电解质，在正、负极之间有隔膜，共同组成镍氢单格电池。在金属铂的催化作用下，完成充电和放电的可逆反应。镍氢蓄电池的特性与镍镉蓄电池基本相同，但氢气是没有毒性的物质，无污染，安全可靠。镍氢蓄电池使用寿命长，而且不需要补充水分。

镍氢蓄电池的极板有发泡体和烧结体两种，发泡体极板的镍氢蓄电池在出厂前必须进行预充电，且放电电压不能低于 0.9 V，工作电压也不太稳定，特别是在存放一段时间后，会有近 20％的电荷流失，老化现象比较严重。为避免镍氢蓄电池老化所造成的内阻增高，镍氢蓄电池在出厂前必须进行预充电。经过改进的镍氢蓄电池的烧结体极板本身就是活性物质，不需要进行活性处理，也不需要进行预充电，电压平衡、稳定，具有低温放电性能好、不易老化和使用寿命长的优点。

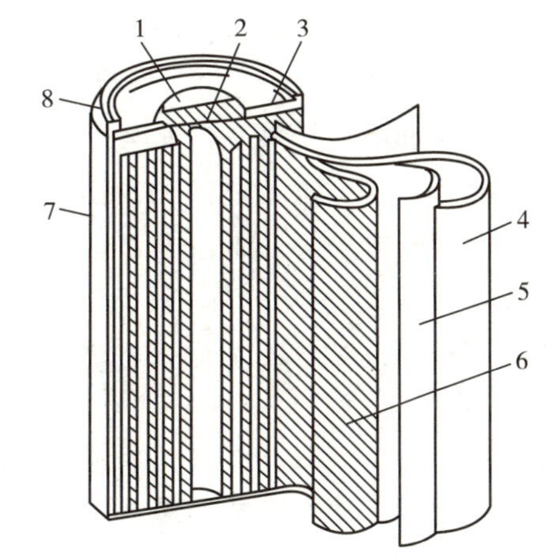

1—帽盖（+）；2—正极；3—密封板；4—负极板；5—隔离膜；6—正极片；7—外壳（−）；8—绝缘环。

图 2－5 美国通用奥旺尼克公司镍氢蓄电池的结构

图 2－5 所示为美国通用奥旺尼克（GM－Ovonic）公司镍氢蓄电池的结构。镍氢蓄电池的基本单元是单体电池，每个单体电池都由正极板、负极板和装在正极板和负极板之间的隔板组成。每节电池的

额定电压为 13.2 V（充电时最大电压为 16.0 V），然后将电池按使用要求组合成不同电压和不同容量的镍氢蓄电池总成。该种镍氢蓄电池比能量达到 70 W·h/kg，能量密度达到 165 W·h/L 上，比功率在 50%的放电深度下为 220 V，在 80%的放电深度下为 200 W/kg，可以更大地提高电动汽车的动力性能。通常镍氢蓄电池的外形有方形和圆形两种。

2.4.2 镍氢蓄电池的特点

镍氢蓄电池单体电池的电压为 1.2 V，3 h 比能量为 75～80 W·h/kg，能量密度达到 200 W·h/L，比功率为 160～230 W/kg，功率密度为 400～600 W/kg；充电 18 min 可恢复 40%～80%的容量，应急补充充电性能好，一次充电后续驶里程长，而且起动加速性能较好。镍氢蓄电池可以在环境温度－28 ℃～80 ℃条件下正常工作，循环寿命可达到 6000 次或 7 年，但在高温条件下使用时电荷量急剧下降，自放电损耗较大，价格较贵。镍氢蓄电池的比功率和放电能力不及镍镉蓄电池。镍氢蓄电池在使用时还应充分注意各个单体电池之间的一致性（均匀性），特别是在高速率、深度放电的情况下，各个单体电池之间的容量和电压差较明显。

镍氢蓄电池的成本很高，为 600～800 美元/kW·h。不同的储氢合金具有不同的储存氢的能力，价格也不相同。我国自行研制了稀土系的储氢合金，已达到世界水平，为我国生产并推广镍氢蓄电池提供了有利条件。

镍氢蓄电池用于电动汽车的主要优点是：起动加速性能好，一次充电后的续驶里程较长，不会对周围环境造成污染，易维护，补充充电时间短。

镍氢蓄电池在充电过程中容易发热，产生的高温会对镍氢蓄电池产生负面影响。高温状态下，正极板的充电效率变差，并加速正极板的氧化，使电池的使用寿命缩短。镍氢蓄电池在充电后期，会产生大量的氧气，在高温的环境条件下，将加速负极储氢合金氧化，并使储氢合金平衡压力增加，使储氢合金的储氢量减少而降低镍氢蓄电池的性能。若用尼龙无纺布做隔膜，在高温作用下会发生降解和氧化。尼龙无纺布隔膜发生降解时，会产生氨离子和硝酸根离子，加速了镍氢蓄电池的自放电；尼龙无纺布隔膜发生氧化时，氧化成碳酸根，使镍氢蓄电池的内阻增加。在镍氢蓄电池充电的过程中，电池温度迅速地升高，会使充电效率降低，并产生大量氧气，如果安全阀不能及时开启，则会产生爆炸的危险。

为此在镍氢蓄电池的制造技术上做一些改进，例如：正极板采用多极板技术，负极板采用端面焊接技术，在电解液中适当加入 LiOH 和 NaOH，采用抗氧化能力强的聚丙烯毡做隔膜等，可以有效提高镍氢蓄电池耐高温能力。在镍氢蓄电池动力电池组的单体镍氢蓄电池之间，加入散热间隙，采取有效的散热措施和建立自动化管理系统，以保证镍氢蓄电池正常工作和延长使用寿命。

2.4.3 镍氢蓄电池的工作原理

镍氢蓄电池的正极是球状氢氧化镍粉末与添加剂钴等金属、塑料和黏合剂等制成的涂膏，用自动涂膏机涂在正极板上，然后经过干燥处理成发泡的氢氧化镍正极板。在正

极材料 Ni（OH）$_2$中添加 Ca、Co、Zn 或稀土元素，对稳定电极的性能有明显的改进。采用高分子材料作为黏合剂或用挤压和轧制成的泡沫镍电极，并采用镍粉、石墨等作为导电剂时，可以提高大电流时的放电性能。

镍氢蓄电池负极的关键技术是储氢合金，要求储氢合金能够稳定地经受反复的储气和放气循环。储氢合金是一种允许氢原子进入或分离的多金属合金的品格基块，用钛、钮、锆、镍、铬五种基本元素，并与钴、锰等金属元素烧结的合金，经过加氢、粉碎、成形和烧结，做成负极板。储氢合金的种类和性能对镍氢蓄电池的性能有直接的影响。负极在充电或放电过程中既不溶解，也不再结晶，电极不会有结构性的变化，在保持自身化学功能的同时，还保证本身的机械坚固性。储氢合金一般需要进行热处理和表面处理，以增加储氢合金的防腐性能，这有利于提高镍氢蓄电池的比能量、比功率和延长其使用寿命。

电解质是水溶性氢氧化钾和氢氧化锂的混合物。在蓄电池充电过程中，水在电解质溶液中分解为氢离子和氢氧离子，氢离子被负极吸收，负极从金属转化为金属氢化物。在放电过程中，氢离子离开了负极，氢氧离子离开了正极，氢离子和氢氧离子在电解质氢氧化钾中结合成水并释放电能，如图 2 - 6 所示。

$$2NiOOH + KOH + H_2 \rightleftharpoons Ni(OH)_2 + KOH + Ni(OH)_2$$

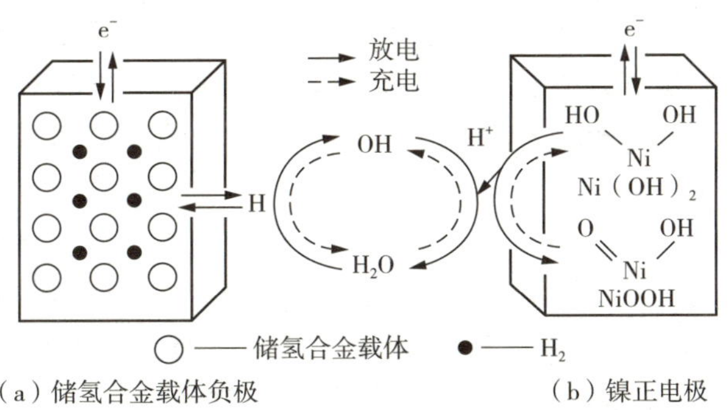

图 2 - 6　镍氢蓄电池在碱性电解液中进行反应的模型

2.4.4　镍氢蓄电池的充放电特性

镍氢电池在不同充电电流下的充电特性曲线如图 2 - 7 所示。

在充电起始阶段，镍氢蓄电池的充电电压迅速上升；在随后的充电过程中，充电电压上升很缓慢；当充电接近结束时，充电电压会有所下降；当停止充电后，镍氢电池内部的极化作用消失，镍氢电池的端电压逐渐下降至开路电压。充电电流越大，充电电压就越高，充电的效率也越低。当温度过高时，也会降低蓄电池在不同放电电流下的放电特性，如图 2 - 8 所示。

蓄电池在放电最初阶段电压迅速下降，随后下降缓慢。当接近放电终了时，蓄电池的端电压下降较快。放电电流越大，放电电压就越低，放电时间也会越短，蓄电池所能放出的电量也相应减小。当温度降低时，蓄电池放电时的端电压也会降低，放电时间也会缩短，蓄电池所能放出的电量也会相应减小。

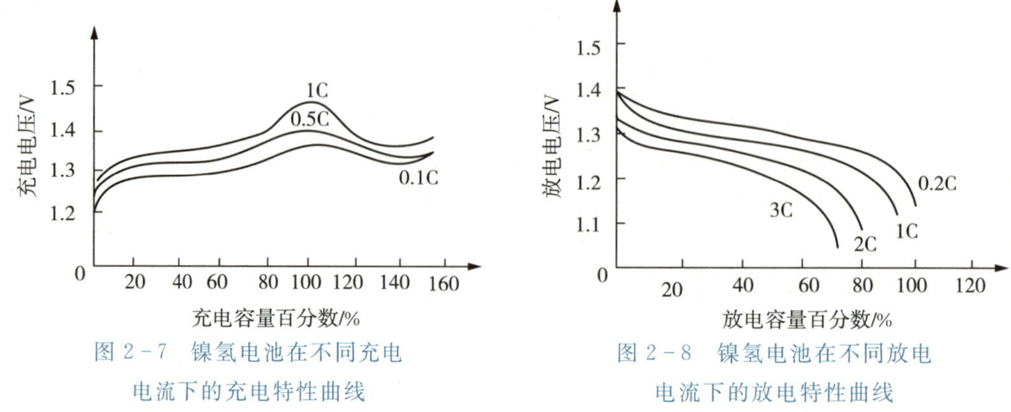

图 2-7　镍氢电池在不同充电电流下的充电特性曲线

图 2-8　镍氢电池在不同放电电流下的放电特性曲线

2.5　锂离子电池

可充电的锂离子电池从 20 世纪 90 年代开始进入应用阶段，由日本的 Sony 公司成功开发，并投放到市场开始产业化。经过几十年的发展，锂离子电池技术取得了跳跃式的发展，随着技术的进步，锂电池容量、循环充电次数、使用寿命和安全性逐步提升，许多厂家和公司都对锂离子电池在汽车、航空航天以及储能等领域显示出的优良性能表现出了浓厚的兴趣，使锂离子电池有了更为广阔的应用空间和市场潜力。目前使用的锂离子电池都是可循环充电使用的二次电池，电池中的锂离子随着电池的放电从电池的负极脱离，通过电池中的隔膜和电解液，转移到正极附近，并与正极材料发生反应附着到正极材料上，通过这个过程释放电能；相反地，随着电池的充电，锂离子从电池正极脱离，通过电池中的隔膜和电解液，转移到负极附近，并与负极材料发生反应附着到负极材料上，通过这个过程储存电能。因此锂离子电池中的反应是可逆的，保证了电池循环使用。

2.5.1　锂离子电池的分类

基于以上优点，目前锂离子电池是国内外各大电动、电子产品生产厂商首选的电池类型。近年来，锂离子电池在汽车领域的应用逐渐加强，由于国内外对环境安全问题的重视和发展电动汽车的政策导向，车用锂离子电池的身影随处可见。锂离子电池的分类方式较多，一般按电池外形可分为圆柱形锂离子电池、方形锂离子电池和扣式锂离子电池。而通常电动汽车用锂离子电池常按照锂离子电池的正极材料来分，一般分为磷酸铁锂电池、锰酸锂电池、钴酸锂电池以及三元锂电池（三元镍钴锰）。这几类电池都有优缺点，三元锂电池的能量密度高，但相比其他锂电池，它的安全性低、不耐高温、循环使用次数低、工作不稳定，易发生安全事故；另外，其还含有有毒元素，从而增加了事故的危险性，但目前三元电池的这些缺点均能得到控制，因此有了一定

的应用。磷酸铁锂电池的循环使用次数高，充放电倍率大，充放电稳定，使用安全性高，生产成本较低，应用较广，但能量密度低，体积较大。锰酸锂电池体积小，生产成本较低，但不耐高温，易发热，热量容易累积，对热管理系统设计要求较高。钴酸锂通常认为安全性较差，工作不稳定，不适合做动力电池。但这种电池功率高、能量密度大，一致性较高，特斯拉（Tesla）已成功将其应用于旗下的 Roadster 和 Model S，并开发了成熟的电池管理系统。

2.5.2 锂离子电池的结构

锂离子电池由正极、负极、隔板、电解液和安全阀等组成。圆柱形锂离子电池的结构如图 2-9 所示。

(1) 正极。在锰酸锂离子电池中正极物质以锰酸锂作为主要原料；在磷酸铁锂离子电池中正极物质以磷酸铁锂作为主要原料；在镍钴锂离子电池中正极物质以镍钴锂作为主要材料；在镍钴锰锂离子电池中正极物质以镍钴锰锂作为主要材料。在正极活性物质中加入导电剂、树脂黏合剂，并涂覆在铝基体上，呈细薄层状分布。

(2) 负极。负极活性物质是由碳材料与黏合剂的混合物加上有机溶剂调和制成糊状，并涂覆在铜基体上，呈薄层状分布。

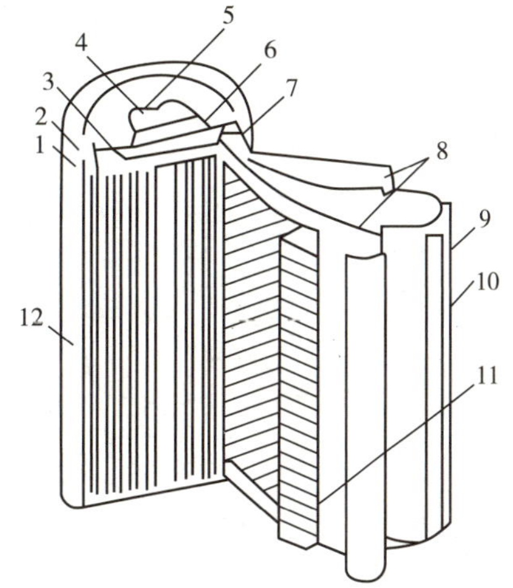

1—绝缘体；2—垫圈；3—PTC 原件；4—正极端子；5—排气孔；6—防爆阀；7—正极引线；8—隔板；9—负极；10—负极引线；11—正极；12—外壳。

图 2-9 圆柱形锂离子电池的结构

(3) 隔板。隔板的功能是关闭或阻断通道，一般使用聚乙烯或聚丙烯材料的微多孔膜。所谓关闭或阻断功能，是指电池出现异常温度上升时，阻塞或隔断作为离子通道的细孔，使蓄电池停止充放电反应。隔板可以有效防止因外部短路等引起的过大电流而使电池产生异常发热的现象。这种现象只要产生一次，电池就不能经常使用了。

(4) 电解液。电解液是指以混合溶剂作为主体的有机电解液。为了使主要电解质成分的锂盐溶解，电解液必须具有高电容率，并且具有与锂离子相容性好的溶剂，以不阻碍离子移动的低黏度有机溶液为宜，而且在锂离子电池的工作温度范围内，必须呈液体状态，凝固点低，沸点高。电解液对于活性物质具有化学稳定性，必须良好地适应充放电反应过程中发生的强烈的氧化还原反应。由于使用单一溶剂很难满足上述严苛条件，因此电解液一般混合不同性质的几种溶剂一起使用。

(5) 安全阀。为了保证锂离子电池的使用安全性，一般对外部电路进行控制或者在蓄电池内部设有异常电流切断的安全装置。即使这样，在使用过程中也有可能因其他原因引起蓄电池内压异常上升，这时，安全阀就会释放气体，以防止蓄电池破裂。安全阀实际上是一次性非修复式的破裂膜，进入工作状态即可保护蓄电池，使其停止工作，因此，安全阀是蓄电池的最后保护手段。

2.5.3 锂离子电池的特点

锂离子电池相比于其他种类的电池有很大的优势，多表现在以下几个方面：

(1) 具有较高的工作电压。锂金属具有高电负性，锂离子电池的正负极材料有大量的锂金属，所以锂离子电池的标称电压可达 3.2 V 以上，高的工作电压有利于减小电池单体的数目，并能提高电池的一致性。

(2) 具有高的能量质量比（能量密度）。锂离子的能量密度是镍氢蓄电池能量密度的 1.5 倍左右，高的能量密度有利于在保证续驶里程的条件下尽可能地降低电池质量。

(3) 具有较低自放电特性。一般来说电池都会发生自放电，由于锂离子电池内部电解质界面膜的存在（只有离子才能通过），使锂离子电池不发生充放电时，几乎不发生自放电，相较于其他电池具有更好的稳定性。

(4) 无记忆效应。镍镉蓄电池的记忆效应非常严重，镍氢蓄电池虽不是特别严重，但也存在一定的记忆效应，而锂离子电池记忆效应很弱，可以随时充放电而不至于影响其容量和循环寿命。

(5) 具有较高循环使用次数。一般的锂离子电池的循环寿命会在 2000 到 4000 次，甚至国外的一些学者已经开发出了循环寿命达到 8000 次以上的锂离子电池，高的循环使用次数有利于降低使用成本，提高其市场竞争力。

锂离子电池也有一些不足，主要表现在以下几个方面：

(1) 成本高。成本高主要是因为正极材料 $LiCoO_2$ 的价格高，但按单位能量的价格来计算，已经低于镍氢蓄电池，与镍镉蓄电池持平，但高于铅酸蓄电池。

(2) 必须有特殊的保护电路，以防止过充电。

2.5.4 锂离子电池的工作原理

锂离子电池正极材料采用锂化合物 $LiCoO_2$、$LiNiO_2$ 或 $LiMn_2O_4$，负极采用锂碳层间化合物 Li_xC_6，电解液为有机溶液。典型的电池体系为

$$(-)\ C \mid LiPF_6 —— EC + DEC \mid LiCoO_2\ (+)$$

式中：C 表示石墨为负极材料；LiC_0O_2（+）表示 $LiCoO_2$（钴酸锂）为正极材料；$LiPF_6$（六氟磷酸锂）为电解质；EC（碳酸乙烯酯）+DEC（碳酸二乙酯）为混合电解液。

图 2-10 所示为锂离子电池的工作原理。电池充电时，锂离子从正极材料的晶格中脱出，通过电解质溶液和隔膜嵌入负极中；放电时，锂离子从负极脱出，通过电解质溶液和隔膜嵌入正极材料晶格中。在整个充放电过程中，锂离子往返于正极与负极之间。

以 $LiCoO_2$ 为正极，电池的正极与负极电化学反应为

$$LiCoO_2 \longrightarrow Li_{1-x}CoO_2 + xLi^+ + xe^-$$

$$6C + xLi^+ + xe^- \longrightarrow Li_xC_6$$

总反应式为

$$LiCoO_2 + 6C \longrightarrow Li_{1-x}CoO_2 + Li_xC_6$$

由于锂离子电池只涉及锂离子而不涉及金属锂的充放电过程，所以从根本上解决了由于锂离子的产生带来的电池循环性和安全性的问题。

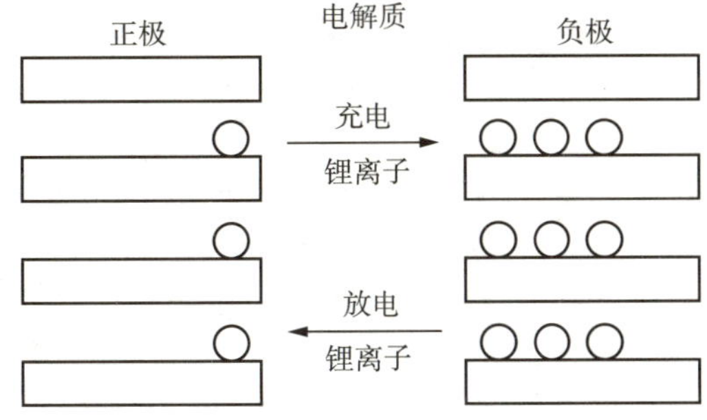

图 2－10　锂离子电池的工作原理

2.5.5　锂离子电池的充放电特性

（1）电压方面。锂离子电池对充电终止电压的精度要求很高，一般误差不能超过额定值的 1%。如果终止电压过高，则会影响锂离子电池的使用寿命，甚至造成过充电现象，从而对蓄电池造成永久性的损坏；如果终止电压过低，则会使充电不完全，导致蓄电池的使用寿命变短。

（2）充电方面。锂电池的充电率（充电电流）应根据电池生产厂的建议选用。虽然某些电池充电率可达 2C，但常用的充电率为 0.5～1C。在采用大电流对锂离子电池充电时，因充电过程中蓄电池内部的电化学反应会产生热，因此有一定的能量损失；同时，必须检测蓄电池的温度，以防过热损坏蓄电池或产生爆炸。此外，对锂电池充电时，若全部用恒定电流充电，虽然可以在一定程度上缩短充电时间，但很难保证蓄电池被充满；如果对充电结束控制不当，还会造成过充电现象。

（3）放电方面。锂离子电池的最大放电电流一般被限制在 2～3C。更大的放电电流会使蓄电池发热严重，对蓄电池的组成物质造成损坏，影响蓄电池的使用寿命。同时，由于大电流放电时，蓄电池的部分能量会转换成热能，使得蓄电池的放电容量降低。在造成过放电（低于 3.0 V）时，还会造成蓄电池的失效。对于过放电的锂离子电池，在充电前需要进行预处理，即使用小电流充电，使蓄电池内部被过放电的单元激活。在蓄电池电压被充电到 3.0 V 后再按正常方式充电，通常将这一阶段的充电称为预充电。

锂电池的充电温度一般应该被限制在 0 ℃～60 ℃。如果电池温度过高，则会损坏电池并可能引起爆炸；如果温度过低，虽然不会造成安全方面的问题，但也很难将蓄电池充满。由于充电过程中蓄电池内部将有一部分热能产生，因此在大电流充电时，需要对蓄电池进行温度检测，并且在超过设定充电温度时停止充电，以保证蓄电池的安全。如图 2－11 和图 2－12 所示分别为放电和充电时电池单体最高电压在不同温度下的变化，时间单位为分钟。

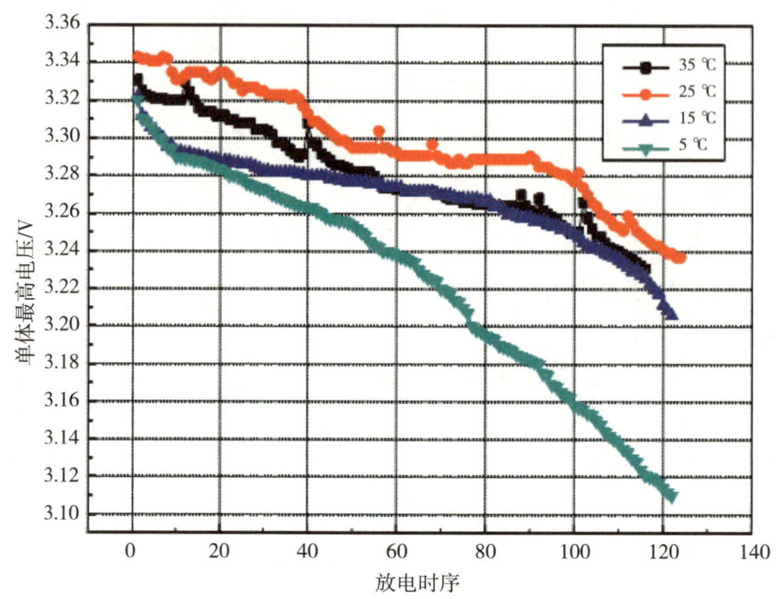

图 2-11 放电时电池单体最高电压在不同温度下的变化

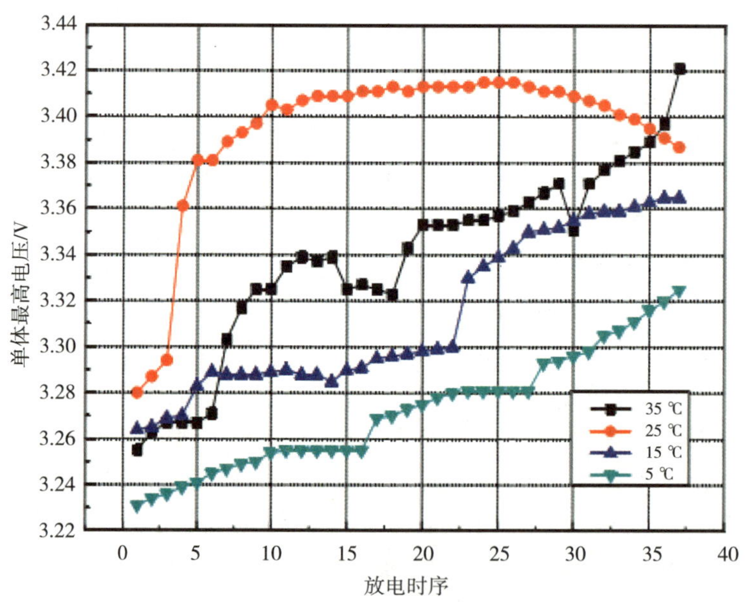

图 2-12 充电时电池单体最高电压在不同温度下的变化

2.6 燃料电池

燃料电池（Fuel Cell，FC）是一种化学电池，它直接把物质发生化学反应时释放出的能量转化为电能，工作时需要连续地向其供给活性物质（起反应的物质）——燃料和氧化剂。由于它是把燃料通过化学反应释放出的能量变为电能输出，所以被称为燃料电池。

燃料电池将成为未来的最佳车用能源，这一观点已受到行业专家及大众的认可。虽然燃料电池可以采用多种燃料，甚至是内燃机用的所有燃料，但是真正起电化学反应的，仅仅是其中的氢和氧化剂中的氧，因此，氢燃料电池在氢燃料制取、储存及携带等方面，以及非氢燃料电池重整系统的效率、体积、质量大小及反应速度等方面的技术还需进一步提高。

2.6.1 燃料电池的分类

目前，实用型燃料电池有多种类型，现以不同的分类方法加以概括。

1）按工作温度分类

根据燃料电池工作温度的不同，可分为低温型（温度低于200 ℃）、中温型（温度为200 ℃～750 ℃）、高温型（温度为750 ℃～1000 ℃）、超高温型（温度高于1000 ℃）。

2）根据燃料来源分类

根据燃料来源不同，燃料电池可分为直接式燃料电池、间接式燃料电池和再生式燃料电池。直接式燃料电池将燃料（氢气、甲醇）直接供给燃料电池的电极，在催化剂的作用下发生电化学反应；间接式燃料电池是将汽油、天然气、二甲醚等能源经过重整或纯化后得到氢气或富氢燃料，再供给燃料电池电极进行反应；再生式燃料电池可将燃料电池生成的水经过适当处理分解为氢气和氧气，输送给燃料电池电极循环使用。

3）根据电解质类型分类

燃料电池依其电解质的性质而分为不同的类型，每类燃料电池需要特殊的材料和燃料，且有其特殊的应用范围。按电解质划分，燃料电池大致上可分为五类，即质子交换膜燃料电池（PEMFC）、碱性燃料电池（AFC）、磷酸燃料电池（PAFC）、溶融碳酸盐燃料电池（MCFC）、固态氧化物燃料电池（SOFC）。表2-3为五种类型燃料电池对比。

表2-3 五种类型燃料电池对比

类型	电解质	导电离子	工作温度/℃	燃料	氧化剂
PEMFC	质子交换膜	H^+	80～100	氢气、重整氢	空气
AFC	KOH	OH^-	80	纯氢	纯氧
PAFC	H_3PO_4	H^+	200	重整气	空气
MCFC	Na_2CO_3	CO_3^{2-}	650	净化煤气、天然气、重整气	空气
SOFC	$ZrO_2-Y_2O_3$	O^{2-}	1000	净化煤气、天然气	空气

（1）碱性燃料电池

碱性燃料电池是技术发展最快的一种电池，电池的设计基本与质子交换膜燃料电池相似，但其使用的电解质为水溶液或稳定的氢氧化钾基质。

（2）质子交换膜燃料电池

质子交换膜燃料电池的关键材料与部件为：电催化剂、电极（阴极与阳极）、质子交换膜、双极板。工作时，氢在阳极被转变为氢离子的同时释放出电子，电子通过外电路回到电池阴极，与此同时，氢离子则通过电池内部高分子电解质膜到达阴极。在阴极，氧气转变为氧原子，氧原子得到从阳极传过来的电子变成氧离子，和氢离子结合生成水。

（3）磷酸燃料电池

磷酸燃料电池是当前商业化发展最快的一种燃料电池，使用液体磷酸作为电解质。燃料电池的工作温度要在 150 ℃～200 ℃，但仍需电极上的白金催化剂来加速反应。由于其工作温度较高，所以其阴极上的反应速度要比质子交换膜燃料电池的速度快，且较高的工作温度也使其对杂质的耐受性较强。磷酸燃料电池的效率比其他燃料电池低，约为 40%，其加热的时间也比质子交换膜燃料电池长。优点是构造简单，稳定，电解质挥发度低等。磷酸燃料电池可用作公共汽车的动力。

（4）溶融碳酸盐燃料电池

溶融碳酸盐燃料电池与上述讨论的燃料电池差异较大，这种电池不是使用溶化的锂钾碳酸盐就是使用锂钠碳酸盐作为电解质。当温度加热到 650 ℃时，这种盐就会溶化，产生碳酸根离子，从阴极流向阳极，与氢结合生成水、二氧化碳和电子。电子通过外部回路返回到阴极，从而完成循环发电。

（5）固态氧化物燃料电池

固态氧化物燃料电池工作温度高，处于 800 ℃～1000 ℃。在这种燃料电池中，当氧离子从阴极移动到阳极时，氧化燃料气体（主要是氢和一氧化碳的混合物）便产生电能量，即在阳极生成电子，电子通过外部电路返回到阴极上，减少进入的氧，从而完成循环发电。

2.6.2 燃料电池的结构

质子交换膜燃料电池（PEMFC）被认为是车用燃料电池的最佳选择，这是由其自身的优点所决定的：环境友好；效率较高，达 60%～80%；对燃料适应性强，既可用纯氢，也可用转化燃料，氧化剂可用空气；工作温度低；比功率与比能量高；可变负荷运转。虽然 PEMFC 具有以上优点，但是其在车辆中的应用仍存在很多技术难关。

质子交换膜燃料电池由质子交换膜、电极催化剂、电极、膜极板、双极板与流场组成，其结构组成如图 2-13 所示。

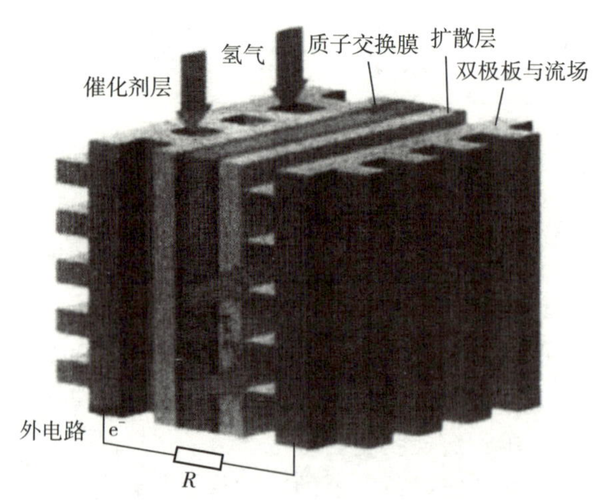

图 2-13　质子交换膜燃料电池结构组成示意图

1）质子交换膜（PEM）

PEM 是 PEMFC 的核心材料，其性能好坏直接影响电池的性能和寿命。PEMFC 中的 PEM 与一般化学电源中使用的隔膜有很大不同，它不只是一种将阳极的燃料和阴极的氧化物隔开的隔膜材料，它还是电解质和电极活性物质（电极催化剂）的基底，即兼有隔膜和电

解质的作用；另外，PEM 还是一种选择透过性膜，在其高分子结构中，含有多种离子基团，它只允许 H^+ 穿过，其他离子、气体及液体均不能通过。

当前，PEM 的研究主要包括提高膜的质子交换容量，降低膜厚度以减小电阻，降低膜的制作成本以及延长其使用寿命等。市场上销售的固体高分子膜的厚度为 30～175 μm，膜太厚则会增大电阻，降低膜的导电性能；膜太薄可降低膜电阻从而提高电池性能，但会引起膜的机械强度降低、电池设计和制造困难、氢气的泄漏和膜的破坏；此外，还有膜的造价高等问题。目前应用最多的是全氟磺酸型离子聚合物材料，如杜邦的 Nafion、日本的 Asahi 等，价格昂贵，达到 800 $/m^2。为了降低膜的价格，部分氟化膜或非氟化膜的研制正在进行中。PEM 的发展方向是降低价格，提高机械强度、稳定性和电化学性能，发展高温（150 ℃～200 ℃）聚合物膜（高温可降低电极对 CO 的中毒灵度），缓解水对质子传导、水平衡的影响程度，利于废热利用、提高效率。

2）电极催化剂

为了加快电化学反应速度，气体扩散电极上都含有一定量的催化剂。PEMFC 的电极催化剂主要有铂系和非铂系两类，目前主要采用贵金属铂（Pt）作为催化剂，它对于电池电压的提高非常重要。Pt 的资源稀少、价格昂贵，使得 PEMFC 成本居高不下，特别是如果在氢气中混杂有 10×10^{-6} 以上的 CO 吸附在金属 Pt 上，会引起 Pt 中毒而失去催化作用。催化剂研究的重点主要在两方面：其一是尽量提高 Pt 的利用率（目前只有 20%），减少单位面积电极的使用量，增大 Pt 与反应物气体的接触面积及提高其抗 CO 中毒、抗衰老能力。目前广泛应用于 PEMFC 和直接甲醇燃料电池（DMFC）中的最具代表性的抗 CO 中毒的阳极电催化剂就是 Pt/Ru（钌）合金催化剂。其二是寻找高效廉价的 Pt 催化剂替代品，在可能的替代催化剂中，引人注目的是过渡金属大环螯合物。

3）电极

PEMFC 的电极是一种多孔气体扩散电极，一般由扩散层和催化剂层构成。扩散层是导电材料制成的多孔合成物，起着支撑催化剂层，收集电流，并为电化学反应提供电子通道、气体通道和排水通道的作用。催化剂层是进行电化学反应的区域，是电极的核心部分，其内部结构粗糙多孔，因而有足够的表面积以促进氢气和氧气的电化学反应。因此电极制作的好坏对电池的性能有重要影响。

4）膜电极

膜电极（MEA）是通过热压将阴极、阳极与质子交换膜复合在一起而形成的。为了使电化学反应顺利进行，多孔气体扩散电极必须具备质子、电子、反应气体和水的连续通道。MEA 性能不仅依赖于电催化剂活性，还与电极中四种通道的构成及各种组分的配比、电极孔分布与孔隙率、电导等因素密切相关。

理想的电极结构必须满足以下条件：反应区必须透气（即高气体渗透性）；气体所到之处需要有催化剂粒子，即催化剂必须分布在能接触到气体分子的表面；催化剂又必须与阳离子交换膜接触，以保证反应产生离子的顺利通过（即高质子传导性）；作为催化剂载体的炭黑导电性要高，这将有利于电子转移（即高导电性），因为催化剂不能连成片（必须有很大的催化活性表面才能提高催化反应速度，而片状金属表面积小），难以作为电导体，所以催化剂粒子上反应产生或需要的电子必须通过导电性物质与电极沟通；催化剂的稳定性要好。高分散、细颗粒的铂催化剂表面自由能大，很不稳定，需要接入一些其他催化剂以降低其表面自由能，或者接入少量含有能与催化剂形成化学键或弱结合力元素的物质。

5）双极板与流场

双极板是电池的重要部件之一，其作用是分隔反应气体，收集电流，将各个单电池串联起来和通过流场为反应气体进入电极及水的排出提供通道。现今 PEMFC 广泛采用无孔石墨板，由于其制造和机械加工工艺复杂，生产成本比较高。双极板的关键技术是材料的选择（应具有耐腐蚀性、导电性好、接触阻力小、重量轻及价格低等性能），流体流动的流场设计与其加工技术。

PEMFC 的流场板一般是指按一定间隔开槽的石墨板，开的槽就是流道，在槽之间形成流道间隔。流场的功能是引导反应气体流动方向，确保反应气体均匀分配到电极的各处流场，经电极扩散层到达催化剂层参与电化学反应。为提高电池反应气体的利用率，通常排放尾气越少越好，流场设计的好坏直接影响电池尾气的排放量。在常见的质子交换膜燃料电池中，有的流场板与双极板是分体的，如网状流场板等；有的流场板与双极板是一体的，如点状流场和部分蛇形流场板等，这样流场除了具有上述流场板的功能以外，还要兼顾双极板的作用。至今已开发点状、网状、多孔体、平行沟槽、蛇形和交指形流场。

通常，PEMFC 的运行需要一系列辅助设备与之共同构成发电系统。质子交换膜燃料电池系统一般由电堆、氢气系统、空气系统、水热管理系统和控制系统等构成。

2.6.3 燃料电池的特点

1）燃料电池的优点

燃料电池与蓄电池相比，具有以下优点。

（1）能量转化效率高。效率高达 50%～60%，通过对余热的二次利用，总效率可高达 80%～85%。

（2）无污染，可实现零排放。工作过程的唯一产物是水。

（3）效率随输出变化的特性好。部分功率下运行效率可达 60%，短时过载能力可达到 200%的额定功率。

（4）运行噪声低，可靠性高。无机械运动部件，工作时仅有气体和水的流动。

（5）构造简单，便于维护保养。模块化结构，组装和维护方便没有运动部件，磨损之类故障少。

（6）燃料氢气来源广泛。制备方法多样，可通过石油、甲醇等重整制氢，也可通过电解水、生物制氢等方法获取氢气。

（7）燃料补充方便。可以采用氢气为燃料，利用现有的加气站系统，采用与汽车加油大体相同的燃料补充方式短时间内完成燃料的补充。

（8）环境适应性强。它的功率密度高、过载能力大、可不依赖空气，因此可两栖使

用，适应多种环境及气候条件。

2）燃料电池的缺点

（1）燃料种类单一。目前，不论是液态氢、气态氢，还是碳水化合物经过重整后转换的氢，它们均是燃料电池的唯一燃料。氢气的产生、储存、保管、运输、灌装或重整，都比较复杂，对安全性要求很高。

（2）要求高质量的密封。燃料电池的单体电池所能产生的电压约为 1 V，不同种类的燃料电池的单体电池所能产生的电压略有不同。通常将多个单体电池按使用电压和电流的要求组合成为燃料电池发动机组，在组合时，单体电池间的电极连接时，必须要有严格的密封，因为如果燃料电池密封不良，氢气会泄漏到燃料电池的外面，降低了氢的利用率，并严重影响燃料电池发动机的效率，还会引起氢气燃烧事故。由于要求严格的密封，使得燃料电池发动机的制造工艺很复杂，给使用和维护带来了很多困难。

（3）价格高。制造成本高，电池价格昂贵。

（4）需要配备辅助电池系统。燃料电池可以持续发电，但不能充电和回收燃料电池汽车再生制动的反馈能量。通常在燃料电池汽车上还要增加辅助电池，来储存燃料电池富余的电能和接收汽车减速时燃料电池再生制动的反馈能量。

2.6.4 燃料电池的工作原理

燃料电池的核心部分是燃料（阳极）、电解质、氧化剂（阴极），其发电原理如图 2-14所示。燃料电池工作时，向阳极供给燃料（氢），向阴极供给氧化剂（空气），在其内部发生电化学反应。

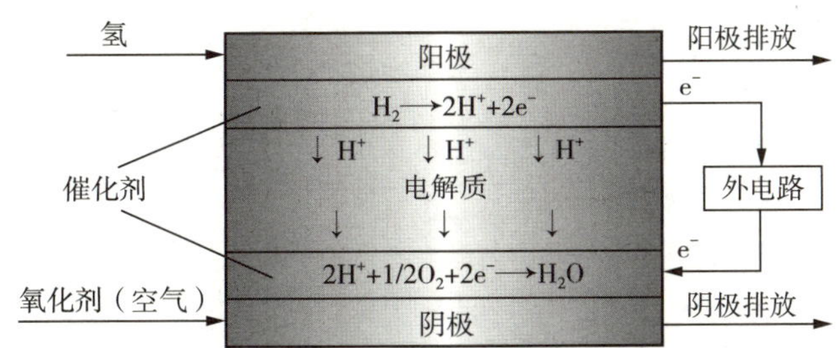

图 2-14 燃料电池的发电原理

（1）阳极进行氧化反应。进入阳极的氢（燃料）在催化剂的作用下分解成氢离子 H^+ 和电子 e^-，H^+ 进入电解质中。其电化学反应为

$$H_2 \longrightarrow 2H^+ + 2e^-$$

（2）阴极进行还原反应。在阴极，进入的空气（氧化剂）进行还原反应，空气中的氧与电解质中的氢离子吸收抵达阴极的电子而生成水。这正是水的电解反应过程。其电化学反应为

$$1/2O_2 + 2H^+ + 2e^- \longrightarrow H_2O$$

(3) 外电路电子运动形成电流。当在正、负极之间连接外电路后，电子就沿外电路移向正极，形成电流，向连接在外部电路中的负载提供电能。

燃料电池的总反应为

$$H_2+1/2O_2 \longrightarrow H_2O$$

2.7 超级电容

2.7.1 概述

电动汽车上，要求储能器的能量密度能够在 200～300 W·h/L，功率密度大于 1000 W/L。目前，即使是高性能的锂离子电池的能量密度也只在 200 W·h/L 左右。

动力电池不仅体积大、质量重，而且在汽车起动、加速和爬坡时，电池会受到大电流放电的冲击，铅酸蓄电池不能在高倍率的条件下重复放电，锂电池在高倍率的条件下重复放电时，电池的寿命将急剧缩短。另外，在汽车下坡长距离制动时，动力电池还不能接受大电流的快速充电，从而降低了制动反馈能量回收的效率。

在近代的电动汽车上，超级电容器被广泛采用。超级电容器的电能与动力电池的电能可以与发动机、发电动机的电能或与燃料电池电力的电能，共同组成“电·电”电力耦合驱动系统，使电动汽车的动力性能得到很大的改善和提高，并出现了单独以超级电容器为电源的超级电容“纯电动汽车”。电容器有普通电容器、超级电容器和电化学超级电容器等。

1）超级电容器

超级电容器（Super Capacitor）又称为“双层电容器”，是一种电荷储存电器，当电源的电压作用在超级电容器的两级时，电源的电荷就储存在超级电容器中，其极限容量超过普通电容器三四个数量级，达到 103 F/g 的大容量，比功率可达到 1 kW/kg 级以上。超级电容器可以承受大电流、大功率的充电和大电流、大功率的放电。它具有较宽的工作电压和温度范围，循环寿命长。三种储能式装备的性能对比见表 2－4 所列。

表 2－4 三种储能式装备的性能对比

项目	单位	动力电池	电解电容器（控制用）	超级电容器
充电时间	h	1～5	10^{-6}～10^{-3}	0.1～30 s
放电时间	h	0.3～3	10^{-6}～10^{-3}	0.1～30 s
比能量	W·h/kg	20～200	＜0.1	5～20
比功率	W/kg	50～300	10000	1000～2500
充放电效率	%	70～85	100	＞90
循环寿命	次	500～1000	＞10^6	＞10^5

2）超级电容器的主要性能术语

（1）超级电容器的电压

超级电容器的主要电压指标为额定电压 U_R（直流 DC）、工作电压和分解电压等。

① 额定电压

超级电容器的额定电压 U_R（直流 DC），是电容器在额定的温度范围内允许连续工作的电压。额定电压 U_R 是确保超级电容器寿命的电压值。

水基电解质超级电容器的额定电压 $U_R=1.4$ V，有机物电解质超级电容器的额定电压随年代发展逐年提高，有 $U_R=2.3$ V、2.5 V 和 2.7 V 等。

② 工作电压

超级电容器的工作电压是指在额定温度范围内允许的连续工作电压，在额定温度范围内，超级电容器可以以 0 V 至额定电压 U_R 之间的任何电压值进行连续工作。超级电容器的寿命随工作电压的上升而缩短。

③ 工作电压与寿命的关系

超级电容器的寿命与工作电压、环境温度的影响如图 2-15 所示，随着超级电容器的电压和温度增高，电解液的挥发和分解速度增加。在相同的温度条件下，电压增加 0.1 V，电容器的寿命将减一半，因此适当地减小超级电容器的工作电压，对电容器的寿命是有重要作用的。

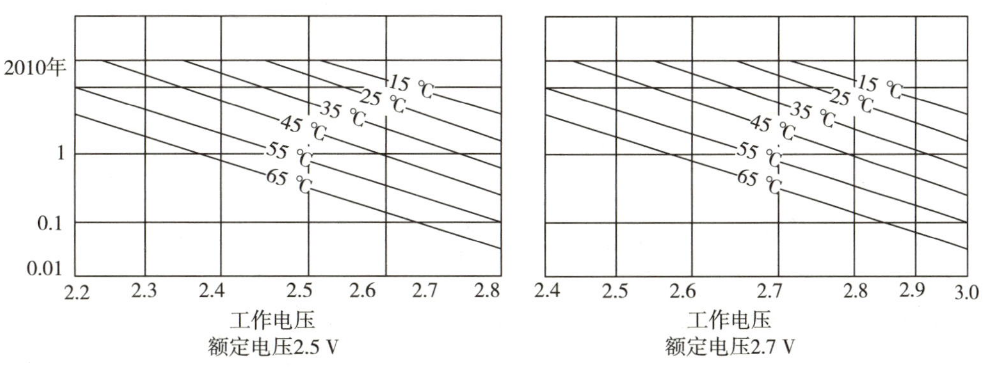

图 2-15　超级电容器的寿命与工作电压和温度的关系

（2）超级电容器的电流

超级电容器需要在高倍率的充放电条件下工作，要求必须能够承受高倍率的充放电的电流冲击，因此，超级电容器的额定电流和峰值电流与其他储能式装置额定值有所不同。

① 额定电流

超级电容器在充电时电压达到额定电压后，保持 30～60 s，在 5 s 时间内将超级电容器的端电压放电降低到额定电压的一半时，所放出的电流为额定电流。

② 峰值电流

超级电容器在充电时电压达到额定电压后，保持 30～60 s，在 1 s 时间内将超级电容器的端电压放电降低到额定电压的一半时，所放出的电流为峰值电流。

③ 漏电流

超级电容器组各个单体电容器保持电荷的能力有所不同，静置时间较长时，保持电荷能力较差的电容器的电荷会发生泄漏。充电时，漏电流小的电容器最先达到充电终点，而漏电流大的电容器仍然需要继续充电。放电时，漏电流大的电容器最先将电荷放完，达到充电终点，而漏电流小的电容器仍然需要保持剩余的电荷。

(3) 超级电容器的电容量

超级电容器容纳电荷的电子器件是由两个彼此绝缘的平板形金属电容板组成，在两块电容板之间用绝缘材料隔开。双层超级电容器储能的容量与其双层的有效面积大小成正比，双层超级电容器比表面面积大，可达到100%。双层超级电容器的容量与电容板之间的间隙大小成反比，为了减小电容板之间的间隙，采用纳米管结晶材料制造的超薄型电容板和隔膜，在电容器两个极板之间的距离仅为纳米级。电解质的双层电荷是以离子形式出现。电容器的电容量为

$$C=\varepsilon A/d \tag{2-1}$$

式中：ε 为电介质的介电常数（F/m）；

A 为电极表面积（m^2）；

d 为电容器间隙的距离（m）。

根据电化学原理，导体与电解质接触时，在电解质界面两侧（一层在电极上，另一层电解质界面外）产生稳定的、对称排列但极性相反的双层电荷。双层超级电容器的电容量的计算公式为

$$C=q/(\Phi_M-\Phi_s)=q/(\Phi_a-\Phi_0) \tag{2-2}$$

式中：q 为界面双面的电荷量（C）；

Φ_M为界面固体侧的电位（V）；

Φ_s为界面液体侧的电位（V）；

Φ_a为电容器充电后的电位（V）；

Φ_0为电容器充电前的起始电位（V）（新电容器起始电位 $\Phi_0=0$）。

(4) 超级电容器的储存能量

当超级电容元件进行充电时，随外电源作用于电容器上的电压增高，超级电容器从电源上获得电能，超级电容器的能量增大。当超级电容器进行放电时，电容器上的电压降低，超级电容器向负载释放电能，电容器的能量减小。在电容器充电时，电容器的储存能量为 E。

$$E=0.5\cdot C\cdot U_0^2 \tag{2-3}$$

式中：U_0 为超级电容器的最大工作电压（V）。

双层超级电容器的电容量从1 F到几千F，工作电压由几十V到几百V，放电电流可高达几千安，功率密度大于1 kW/kg，充放电次数可达十万次，工作温度范围为－35 ℃～75 ℃。当电动汽车在起动和加速，短时间需要大电流时，用超级电容器提供大

电流，就可以大大地减轻动力电池组的负荷，延长动力电池组的寿命。

例如，一个2.7 V、600 F的超级电容器，最大储能量为2187 J，放电到额定电压的一半时的剩余能量为10 J，但超级电容器的尺寸仅为28 mm×60 mm×90 mm。又例如一个2.7 V、5000 F的超级电容器，最大储能量为18225 J，放电到额定电压的一半时的剩余能量为138 J，但超级电容器的尺寸仅为47 mm×60 mm×165 mm。因此，超级电容器储存的能量是非常大的。

（5）超级电容器的比能量与能量密度

超级电容器的储能量除以超级电容器的质量为超级电容器的比能量。超级电容器的储能量除以超级电容器的体积为超级电容器的能量密度。某些超级电容器的比能量仅为5.82 W·h/kg，能量密度仅为7.11 W·h/L。铅酸电池比能量为3 W·h/kg，镍氢电池比能量为80 W·h/kg，锂离子电池的比能量能达到1 W·h/kg，超级电容器的比能量远远低于各种动力电池。

（6）超级电容器的比功率与功率密度

超级电容器在匹配负载时产生的电效应和热效应各半时的放电功率，除以超级电容器的质量为超级电容器的比功率，除以超级电容器的体积为超级电容器的功率密度。某些超级电容器的比功率达到5.24 kW/kg，功率密度达到6.4 kW/L。而镍氢的比功率为200～300 W/kg，锂离子电池的比功率为4 W/kg，超级电容器的比功率远远高于各种动力电池。

由于超级电容器的能量和功率特征与动力电池的不一样，因此在电动汽车上一般采用超级电容器与动力电池组性能互补的策略，在电动汽车起动或加速时，利用超级电容器高倍率的放电特性来释放高倍率电流，保护动力电池组不会因高倍率放电而受到损害。在电动汽车以巡航速度行驶时，用动力电池组的电能供电，并为超级电容器充电，为下一次高倍率的放电储存电能，充分发挥超级电容器和动力电池组的特性和功能。

（7）超级电容器的均压问题

单体超级电容器的电压范围为1～3 V，电动汽车需要高电压和大功率的超级电容器组来提供所需要的电源，一般采用串联和并联来组合实现。超级电容器组的电压是由串联的超级电容器的个数来确定的，超级电容器组的功率则是由并联的超级电容器的个数来确定的。要求每个单体超级电容器的性能应该是“一致性”的。

由于制造误差、自放电率不同，单体超级电容器之间的容量偏差为－10％～30％，上下偏差1.44。与动力电池相似，在超级电容器组充电时，容量偏差最小的超级电容器最早达到额定电压，而容量偏差最大的超级电容器同时只达到69％的额定电压。其储能量只有69％，为最小的储能量。当容量偏差最小的超级电容器最早达到额定电压后，还继续向它充电，会因为电解液的损坏而降低其性能，并影响超级电容器组中其他单体电容器的充电。在超级电容器组放电时，漏电流大的单体超级电容器，最先将电荷放光达到放电终了，而漏电流小的超级电容器，仍然保持较多的电荷，从而影响了超级电容器组中其他单体电容器的放电。因此在使用超级电容器组时，必须选择一致性好的单体超级电容器来组合。

(8) 超级电容器的寿命

① 使用寿命

超级电容器在充放电过程中会发热，其性能对温度比较敏感，温度升高对超级电容器的性能有明显的影响。

超级电容器在 25 ℃的环境温度时工作寿命通常为 90000 h 或 10 年，在 60 ℃的环境温度时工作寿命通常为 4000 h，一般是温度每下降 10 ℃，超级电容器的寿命增加一半。超级电容器的储存温度范围为 40 ℃～60 ℃。影响超级电容器寿命的原因是电解液的流失随温度的增高而增高，当超级电容器的电容量降低到额定容量的 20%时，超级电容器的寿命即达到终了。

② 循环寿命

超级电容器用 20 s 恒压充电达到额定电压，经过间歇 10 s 后，进行放电，当电压降低到一半时，为一个充放电循环。超级电容器的充放电循环一般可达 500000 次。

2.7.2 超级电容器的结构和工作原理

1) 超级电容器

(1) 超级电容器的结构

图 2-16 为双层超级电容器（electric double layer capacitor，EDLC）的基本结构。双层超级电容器的一对电容板上装有固体活性物质，在两个电容板之间，装有电解液以及将正极与负极隔离的绝缘层，电极采用孔径 50～100 μm 的碳粒子多孔材料制成，在电极/电解界面形成的平面作为隔离电荷的屏障。电解界面的两侧带有极性相反的电荷，电荷沿电容板和电解界面成对排列形成一个双层电容器。超级电容器的正、负极上的电荷，在数量上要比普通电容器大得多。

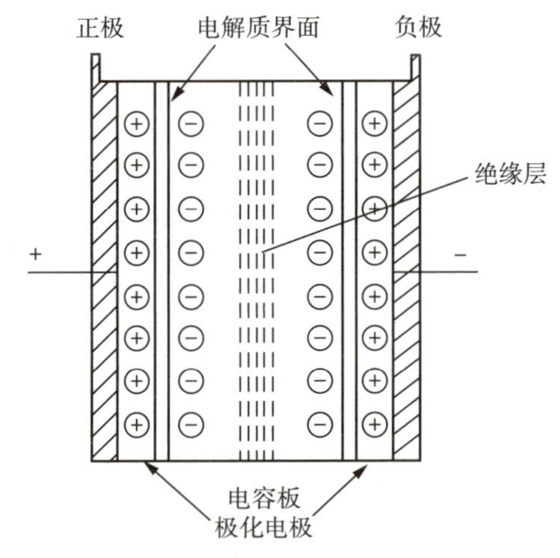

图 2-16 双层超级电容器的基本结构

(2) 超级电容器的工作原理

超级电容器的两个电极浸泡在电解液中。当超级电容器的端电压为 0 时，电极上没有电荷，超级电容器中的离子自由分布。当超级电容器的两个电极施加电压后，在正负电极表面分别聚集了正、负电荷。在正电荷的电力作用下，吸附负极表面和电解液中的阴离子，向正极聚集，并在正极形成与正、负电荷相对称的双电层。同时在负电荷的电力作用下，吸附正极表面和电解液中的阳离子，向负极聚集，并在负极形成与负、正电荷相对称的双电层。超级电容器在充电时用电极界面上发生电吸附来储存电能，在放电时用氧化还原反应来释放电能（图 2-17）。

2) 超级电容器的类型和工作原理

按电极材料的不同，可将超级电容器分为碳电极双层超级电容器、金属氧化物电极

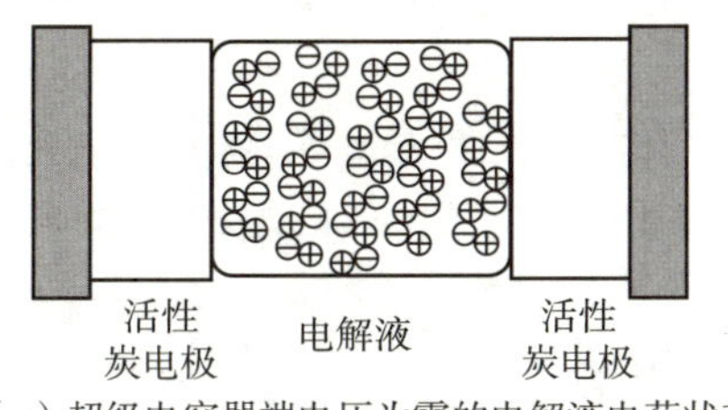

（a）超级电容器端电压为零的电解液电荷状态

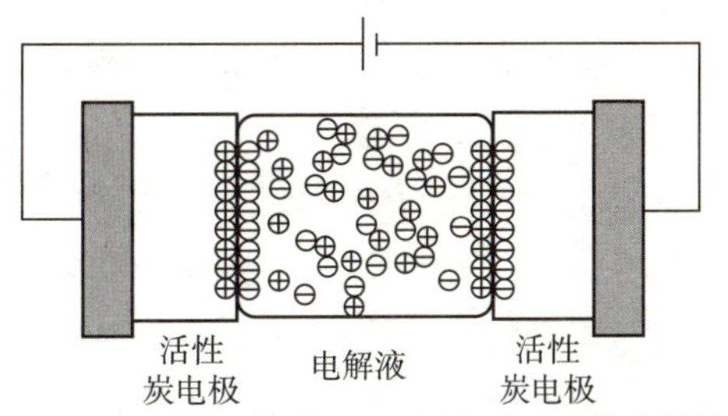

（b）超级电容器被施加电压后电极与电解液电荷状态

图 2－17　超级电容器在外电场力作用时电解液的离子运动规律示意图

超级电容器、高分子聚合物电极超级电容器、碳镍体电极超级电容器、碳金属纤维复合物电极超级电容器、金属氧化物电极超级电容器，以及曾经出现过的黄金电极（金电容器）超级电容器等。

（1）超级电容器的类型

① 碳电极双层超级电容器

碳电极双层超级电容器（Double Layer Capacitor，DLC）采用多孔碳制成的碳纤维或碳布为电极，用碳纤维或碳布作为电极的活性面积层，表面积可以达到 2500 m^2/g。碳电极的容量为 100 F/g。碳电极双层超级电容器的电荷储存在电极与电解质形成的双层结构中，理论上存储的电容大小和电极面积成正比，正负极所存储的电荷大大地超过电解电容器的电荷。碳电极的主要优点是原料广泛、活性面积大、制造技术成熟、价格低廉等，但随着活性面积的增大，其稳定性和导通性会降低，碳电极双层超级电容器充放电曲线如图 2－18 所示。

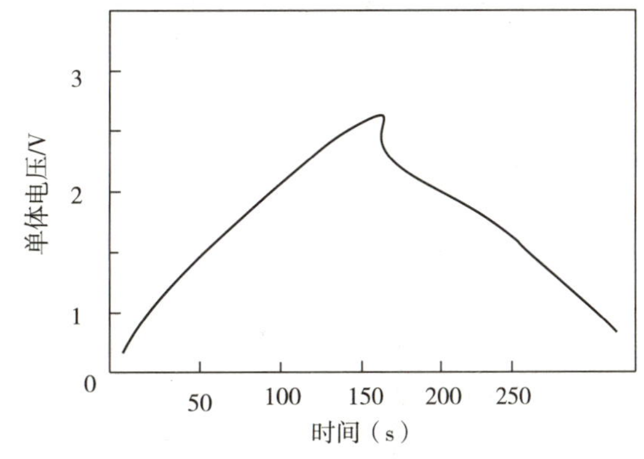

图 2－18　碳电极双层超级电容器充放电曲线

采用纳米碳管制造的碳薄膜电极，厚度仅 25.4m，比电容达到 49～113 F/g，电容密度达到 39.2、90.4 F/cm^3。

② 金属氧化物电极超级电容器

金属氧化物电极超级电容器是以氧化铱（IrO_2）、氧化钌（RuO_2）等作为电极活性物质，应用法拉第效应原理储存电能。在发生氧化还原反应过程中进行电子快速传递。以氧化钌（RuO_2）超级电容器的充电和放电为例，当金属氧化物（RuO_2）超级电容器充电时，一个电极吸附氢离子，另一个电极释放氢离子；当金属氧化物电容器放电时，原来吸附氢离子的电极转为释放氢离子，另一个原来释放氢离子的电极，转为吸附氢离子。超级电容器在充放电过程中，氢离子被吸附/被释放，进入，离开，在氧化钌的晶体内部循环交替进行，无论是充电或放电，电解质中氢离子的浓度总是保持不变。氧化钌（RuO_2）

的化合价在反应过程中会在 3 价到 6 价之间变化，相当于动力电池中的化学反应效应。

因此，金属氧化物电极超级电容器兼有双层电容器和动力电池的效应，电能的储存密度超过双层超级电容器。

金氧化物氧化钌（RuO_2）电极具有高导通率、低衰退率和良好的可逆性，RuO_2电极的容量可达到 750 F/g，远远超过碳电极双层超级电容器 100 F/g 的容量。质量电导率比碳电极双层超级电容器大 2 个数量级，充电性能好、循环寿命长。但金属氧化物氧化钌（RuO_2）超级电容器存在额定电压较低、采用的电解质有限制等缺点（钌在地球上储存量稀少，氧化钌成本太高），因此难以实现大规模产业化生产。金属氧化物电极超级电容器充放电单体电压变化如图 2－19 所示。

③ 导电高分子聚合物电极超级电容器

导电高分子聚合物电极超级电容器中的导电高分子聚合物，经过杂化处理，应用法拉第准电容效应原理储存电能。聚合物在充电和放电时的氧化还原反应过程中，在导电高分子聚合物上快速产生 N 型或 P 型掺杂和去掺杂的氧化还原反应过程，使导电高分子聚合物储存和释放高密度的电荷。因此其储能方式与动力电池类似，被称为“准”电容。导电高分子聚合物电极超级电容器，具有高的工作电压和电能的储存密度、比能量和比功率，超过其他形式的超级电容器。

但高分子聚合物材料在循环充放电过程中，会发生体积膨胀和老化，在长期工作时会出现性能恶化、稳定性较差和寿命较短的缺点。导电高分子聚合物电极超级电容器充放电曲线如图 2－20 所示。

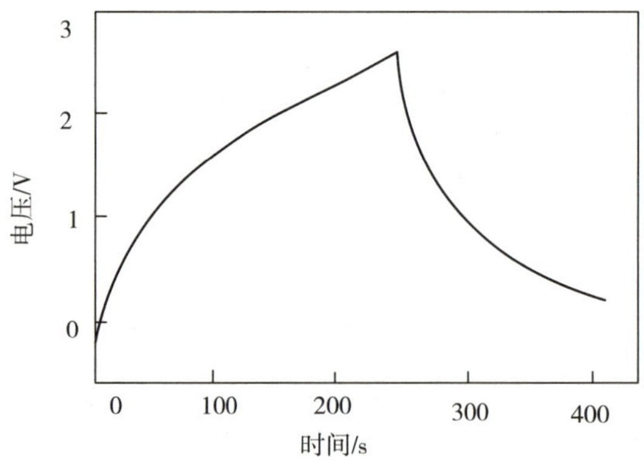

图 2－19　金属氧化物电极超级电容器充、放电单体电压变化

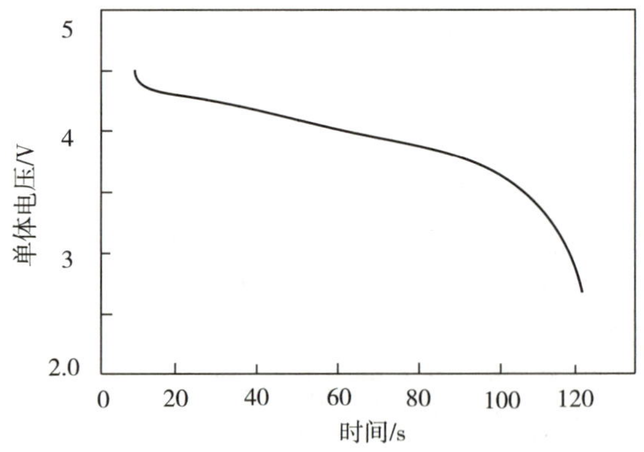

图 2－20　导电高分子聚合物电极超级电容器充放电曲线

④ 碳镍体系电极超级电容器

碳镍体系电极超级电容器与其他超级电容器的不同之处是，它只有一块碳电极，而另外一块为金属电极，所以又被称为“混合电极型超级电容器”。当一块电极的电压发生变化时，另一块电极的极板不会发生极化或发生很小的极化，这样能够充分应用法拉第“准电容”效应原理提高电容器储存的电能，碳镍体系也称为“双电层・准电容器”。碳

镍体系超级电容器采用碳作为一个电极，金属氧化镍作为另一个电极，综合了双层电容器 DLC 和准电容 PC（Pseudo Capacitor）的储能原理，碳镍体系超级电容器的结构如图 2-21 所示。

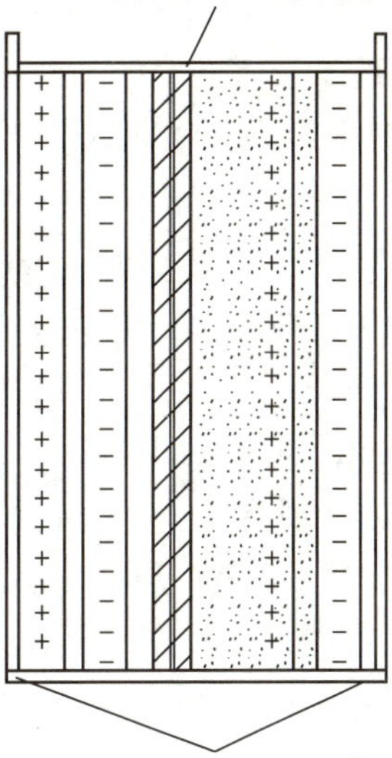

NiOr　正电极　隔膜　C负电极

不锈钢集流板

图 2-21　碳镍体系超级电容器的结构

（2）超级电容器的电解质

按超级电容器的电解质采用材料分类，可分为无机电解液超级电容器、有机电解液超级电容器。

① 水溶液电解质

在超级电容器中一般采用水溶液电解质，水溶液电解质的比表面积可以大于 1000 m^2/g、振实密度大于 0.4 g/cm^3、比电容达到 240 F/g；内阻非常低，导电率高，超级电容器可以获得较高的比功率。水溶液电解质的提纯、干燥等工艺较简单，成本较低廉。

但水溶液电解质的单体电压不超过 1 V，使得采用水溶液电解质的超级电容器的比能量难以提高。

② 有机电解质

有机电解质可以提高超级电容器的电压，以氰化甲烷、碳酸丙烯等为电解质，比表面积可以大于 10 m^2/g、振实密度大于 0.3 cm^3、比电容 150 F/g。单体电压可超过 2 V，并可瞬间达到 2.7 V。超级电容器的储存能量与电压平方成正比（$E=0.5\cdot C\cdot U^2$），采用有机电解质可以提高超级电容器的比能量，使超级电容器的比能量达到 18 W/kg，是较理想的电解质（表 2-5）。

表 2-5　电解液体系电容炭的技术性能

项目	单位	无机电解液体系电容炭	有机电解液体系电容炭
比表面积	m^2/g	＞1000	＞1000
振实密度	g/m	＞0.4	＞0.3
比电容	F/g	240	150

但有机电解质超级电容器的电离较困难，内阻较高，是水溶液电解质的 20～100 倍，因此内阻比较大，内阻高表现为超级电容器的功率会降低（$P=U^2/4R$）。有机电解质对电极材料有腐蚀作用，需要采用特殊净化工艺和对电极涂抹保护层，制造工艺较复杂。

2.8　飞　轮

2.8.1　飞轮储能装置发展现状

现代飞轮储能技术采用高拉伸强度的复合材料，可以承受高速（每分钟几万转至十几万转）旋转产生的离心力，通过电气控制转速来实现能量的存储和释放。高效的电动机/发电动机设计、极低的摩擦系数的接触轴承或非接触的磁浮轴承可以保证飞轮本体的存储效率高于85%。飞轮的安全失效模式是未来的关注焦点之一。在过去的十几年里，技术进步非常迅速。

美国阿贡国家实验室和爱迪生电力公司合作进行了SMB（超导磁力轴承）的飞轮储能实验。在飞轮转子重0.32 kg的情况下，SMB的摩擦系数仅为3×10^{-7}，创造了世界纪录。美国的LLNL（Lawrence Livermore National Laboratory）致力于超高速飞轮的研究，开发出了用于电动车辆的1 kW·h的小型车载飞轮模块和用于固定电站的2～25 kW·h的大型飞轮模块。进行超高速飞轮研发的还有Ashman科技公司、AVCON、PowerR&D、Rocketdyne/Rockwell、TrinityFlywheels和美国飞轮系统公司等。基于目前的技术现状，整体式超高速飞轮系统可达到10～150 W·h/kg的比能量和2～10 kW/kg的比功率。LLNL开发的超高速飞轮（转子直径20 cm，高30 cm）最高转速可达60000 r/min，储能1 kW·h，最大输出功率100 kW。

在奥斯丁得克萨斯大学研究中心（UT-CEM），在城市客车上使用了一种复合材料飞轮（表2-6），采用非接触式的磁轴承。该飞轮机构具有质量小、高性能的特点。使用飞轮后，可节省燃油30%。

表2-6 UT-CEM飞轮参数

储存能量/kW·h	2	峰值功率/kW	150
持续功率/kW	110	循环次数（转速范围在0～40000 r/min）	150000

目前，FIAT公司已经着手进行超高速飞轮的实用性能评价。具体的方法就是把使用超高速飞轮作为铅酸电池辅助能量源的混合能量源系统安装到电动车辆上，并进行试验测试，模拟计算结果表明使用该系统可节能20%。飞轮电池进一步的发展集中在优化飞轮整体的质量、体积和成本上，要达到在电动车辆上应用的水平。但无论如何，由于存在两大问题，即陀螺力矩和预防发生故障，把超高速飞轮应用到电动车辆还有很长的路要走。

1993年成立的加拿大FESI（Flywheel Energy System Inc.）公司，致力于将飞轮技术商品化，从事飞轮组件及部件的设计、制造、组装、试验工作，已开发了用于混合驱动汽车的50 kW飞轮系统。

20世纪80年代初，瑞士Oerlikon工程公司研制成功完全由飞轮供能的第一辆公共汽车。飞轮直径1.63 m，重1.5 t，转速达到3000 r/min。该车可载乘客70名，行程大约0.8 km，在每一车站停车时由电网充电，飞轮需要充电2 min。

超高速飞轮可用于固定储能系统（25 kW·h容量和130 kW的功率输出）为电动车辆充电。原因在于飞轮具有的大功率输出能力，减小了电力系统的峰值功率输出，便于实现对电池系统的快速充电。作为新型的固定储能系方式，超高速飞轮为电动车辆快速充电已经引起了广泛关注，这种方式与用于车载储能系统的方式相比，更容易实现。

德国专家Bornemann等人在1994年制成一台实验样机，在1997年又提出了5 MW·h/

100 MW超导飞轮储能电站的概念设计。电站由10个飞轮模块组成，每个模块储能0.5 MW·h，功率10 MW，重30 t，直径3.5 m，高6.5 m，用同步电动/发电动机进行电能输入输出。

在20世纪90年代初，日本超导工程研究所报道了利用超导磁悬浮飞轮所储存的电能点亮了100 W灯泡的实验。此后，日本逐年扩大超导飞轮的储能规模，并为超导飞轮储能装置的商业化确定了相应的研究计划。1993年，日本四国综合研究所完成了采用高温超导磁浮轴承的立式飞轮储能发电系统的基本设计，该装置储存能量为8 MW·h级。

2.8.2 飞轮储能装置的结构及原理

1）飞轮储能装置结构

飞轮储能装置，也称“飞轮电池”，主要涉及适用于高速工作环境的飞轮技术、实现电能和机械能之间相互转化的高效电动机技术以及实现各种工作模式之间切换的功率变换器技术。飞轮储能装置从动力源获得电能，电动机驱动飞轮旋转，以机械能的形式储存能量，飞轮蓄积能量时转速升高，释放能量时转速降低，减少的机械能由发电动机转换为电能，输出电路把发电动机的电能输出至负载，原理如图2-22所示，图2-23是美国宇航局（NASA）设计的飞轮储能系统结构组成示意图。

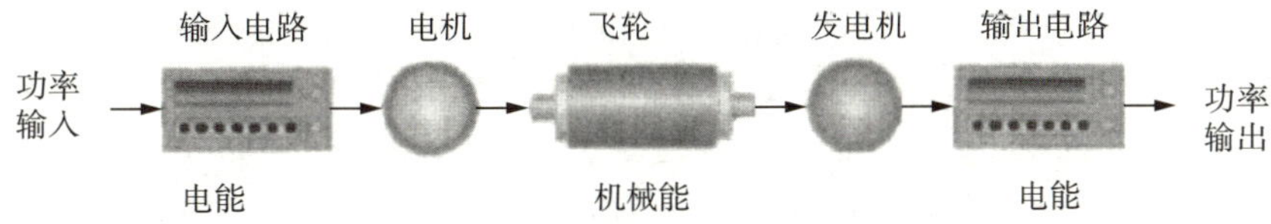

图2-22 飞轮储能装置原理

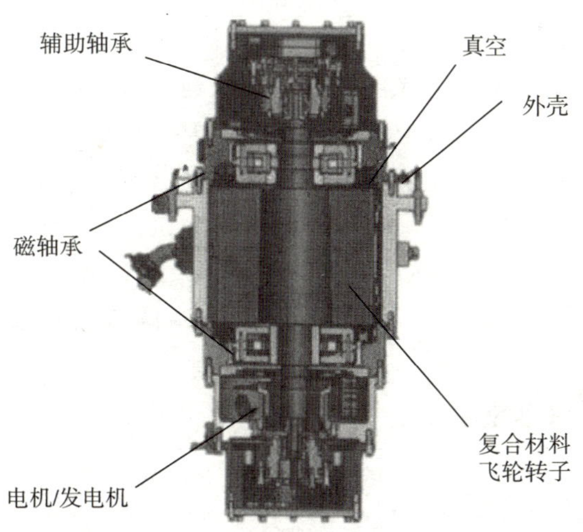

图2-23 美国宇航局（NASA）设计的飞轮储能系统结构组成示意图

目前，飞轮储能系统主要由转子系统、电动机/发电动机、输入/输出电路和真空室四部分组成。

（1）转子系统

转子系统包括飞轮本体与支承两部分。

① 飞轮本体基于飞轮材料要求比强度σ_b/ρ（σ_b为材料强度极限，ρ为材料密度）最大的设计原则，一般选用超强玻璃纤维（或碳纤维等）和环氧树脂复合材料作为飞轮材料，也有少量文献介绍用铝合金或优质钢材制作飞轮。

从飞轮形状看，有单层圆柱状、多层圆柱状、纺锤状、伞状、实心圆盘、带式变惯量与轮辐状等。美国的马里兰大学已经研究成功储能 20 kW·h 的多层圆柱飞轮，飞轮材料为碳纤维-环氧树脂复合材料，具体参数为：外径 0.564 m，内径 0.254 m，厚 0.553 m，重 172.8 kg，最大转速 46345 r/min。

美国休斯敦大学的得克萨斯超导中心致力于纺锤形飞轮开发，这是一种等应力设计，形状系数等于或接近 1，材质同样为玻璃纤维复合材料，储能 1 kW·h，重 19 kg，飞轮外径 30.48 cm。

美国 satcon 技术公司开发伞状飞轮，这种结构有利于电动机的位置安放，对系统稳定性十分有利，转动惯量大。节省材料，轮毂强度设计合理。

伊朗 Shiraz 大学机械工程系研制一种带式可变惯量飞轮，用于电动车，其目的是节能与维持系统平稳。

② 支承飞轮的支承方式主要有超导磁悬浮、电磁悬浮、永磁悬浮和机械支承四种，也有采用四种中的某两种组合。

a. 超导磁悬浮。采用这种方式的研究单位较多，如日本三菱重工、美国阿贡国家实验室等，但最具规模的当数德国，他们正在研制 5 MW·h/100 MW 超导飞轮储能电站。

b. 电磁悬浮。马里兰大学长期从事电磁悬浮储能飞轮开发，采用差动平衡磁轴承，已完成储能 20 kW·h 的飞轮研制，系统效率为 81%。另外，劳伦斯国家实验室也开展了电磁悬浮飞轮的研究工作。

c. 机械支承。这类支承方式的飞轮一般用于快速充放电系统，如美国 Kaman 电磁公司研制的电磁炮、电化学炮，要求在几个毫秒内产生 200 kA 的放电电流，以满足负载的需要。英国纽卡斯尔大学研制了混合动力汽车使用的飞轮电池，美国 Satcon 技术公司开发的先进飞行器姿态控制系统等都采用了这种支承方式。

d. 超导磁悬浮与永磁支承相混合。休斯敦大学采用这种支承方式已使 19 kg 的飞轮转子浮起，永磁轴承提供悬浮力，而超导轴承用于消除系统固有的磁-磁不稳定相互影响。试验表明，在真空 0.93 Pa 下，混合支承每小时功耗小于 5%。

e. 永磁悬浮与机械支承相混合。美国西雅图的华盛顿大学，正在研制 1 kW·h 永磁悬浮和宝石轴承混合支承飞轮。永磁悬浮用在立式转子上支承，并卸载以降低下支承的摩擦功耗；宝石轴承作为下支承，同时引入径向电磁支承，作为振动的主动控制，以确保系统的稳定性。

（2）电动机/发电动机

从系统结构及降低功耗的角度出发，国外研究单位一般均采用永磁同步电动/发电互逆式双向电动机。电动机功耗还取决于电枢电阻、涡流电流和磁滞损耗，因此，无铁定

子获得广泛应用，转子选用钕铁硼永磁铁。

马里兰大学特别设计了磁芯叠片，磁铁材料和磁芯缠绕方式，电动机总效率可达94%。电枢绕线采用三相连接，同时，每相具有1/3极距的交叠；电枢的叠层材料选用CarpenterHymu80，每片用激光切割并用硅石涂层绝缘，定子钕铁硼表面磁感应强度达3.2 kT，大电动机气隙中强磁铁产生0.4 T的磁通密度。

美国劳伦斯国家实验室应用永磁钕铁硼棒料特别排列成定子，产生一旋转偶极区，转子多相缠绕电感低，定子铜损通过冷却加以控制。

(3) 输入/输出电路

输入/输出电路是储能飞轮系统的控制元件。它控制电动机，实现电能与机械能的相互转换。

美国Beacon动力公司采用脉冲宽度调制转换器，实现从直流母线到三相变频交流的双向能量转换。飞轮系统具有稳速、恒压功能，此功能是运用一个不需要指定能量转换方向的专利算法自动实现。

(4) 真空室

真空室作用主要有二：一是提供真空环境，以降低风阻损失；二是屏蔽事故。真空度是影响系统效率的一个决定因素。目前国际上真空度一般可达10^{-5} Pa量级。

典型的飞轮储能系统由飞轮组件（包括转子、支承轴承、电动机/发电动机和外壳）、电子控制设备（主要是电子电路控制器）、辅助运行系统（散热部件等）三部分组成。

2) 飞轮储能装置的原理

飞轮储能的工作过程可分为三个阶段：①飞轮充电阶段。外部电源通过输入电路给电动机供电，此时，电动机就作为电动机使用，它的作用是使飞轮加速，储存能量；②能量保持阶段。飞轮空闲运转，整个装置就以最小损耗运行；③飞轮放电阶段。当负载需要电能时，飞轮给电动机施加扭矩，此时，电动机又作为发电动机使用，通过输出电路给外部设备供电。利用电动机的四象限运行原理，把发电机和电动机合并为一台电动机的方法，不但可以提高效率，还可以减少飞轮的尺寸，使飞轮储能密度大大提高。

飞轮储存的能量E为

$$E=\frac{1}{2}J\omega^2$$

式中，J为飞轮的转动惯量，$J=kmR^2$；m为飞轮质量；R为飞轮半径；k为常数（与飞轮形状有关，圆环为1，厚度均匀的实体盘为1/2，实体球为2/5）；ω为飞轮的角速度。

由上式可知，飞轮储存的能量分别与转速的平方和转动惯量成正比。大直径小轴向尺寸的低速飞轮和小直径大轴向尺寸的高速飞轮可以储存相等的能量。飞轮转速越高，储存能量越大，但受飞轮转速和转子使用的材料强度的限制，转速不能无限提高。

衡量飞轮的储能性能的另一个指标就是储能密度，即飞轮单位质量存储的能量

$$e=E/m=k_s\sigma_b/\rho$$

可见，若要提高飞轮的储能，须选用强度极限高、密度低的材料制作飞轮，碳纤维增强的复合材料成为最佳的选择。

2.8.3 飞轮储能装置与其他储能装置的比较

飞轮储能装置的优点在于：储能效率高（转换效率高），与动力电池相比有很大的比功率潜力，同时，飞轮储能装置的寿命与放电电流大小无关，而且受外界温度影响小。

飞轮储能装置的缺点在于：目前飞轮储能装置的比能量较低，由于转子高速旋转，在断裂时释放能量的方式不可控，由此带来了安全问题。此外，与化学电池相比，飞轮储能技术不太成熟，成本高，影响了在市场上的竞争力。表 2－7 是各种储能技术的性能指标比较。

表 2－7 各种储能技术的性能指标比较

项目	飞轮储能	蓄电池	抽水蓄能	压缩空气	小型超导储能	超导储能
效率/%	90	70	60	<50	90	90
储能容量	高	中	高	高	极低	高
循环寿命	无限	几百	几千	几千	无限	无限
充电时间	分	时	时	时	分	时
地点可用性	极高	中	低	低	高	很低
储能测定	极好	差	极好	极好	极好	极好
建设时间	以周计	以月计	以年计	以年计	以周计	以年计
环境影响	良好	大	极大	极大	良好	很好
事故后果	低	中	高	中	低	高
环境控制	无	显著	有	有	无	无
可用性	正在开发	现在	现在	现在	正在开发	正在开发

2.8.4 飞轮储能装置关键技术

飞轮储能装置的研究跨越了电子、电动机、力学、机械、材料等众多学科，其关键技术主要包括以下几个方面。

1）转子结构和制造工艺

要提高飞轮的极限储能密度有三种方法：采用更高比强度的合金和复合材料；对转子形状结构进行优化，获得更高的飞轮结构形状系数；优化各材料的应力分布，提高材料的利用系数。

2）高速轴承支承技术

高速轴承是制约飞轮储能技术发展的关键因素。由于储能飞轮的质量、转动惯量相对较大，要求超高转速，其陀螺效应十分明显并存在过临界问题，系统属于典型的频变系统，因此，对支承轴承提出了很高要求。超导磁轴承、主动控制电磁轴承、机械宝石轴承等均需考虑转子-支承动力学、陀螺效应和功耗的影响。

3）高速转子动力学技术

高速旋转的飞轮转子有较大的动量矩，其陀螺效应的影响很大，要实现高速转动应解决动平衡及稳定性问题。在汽车上使用飞轮，由于汽车在行驶时飞轮轴方位的改变而引起陀螺效应时，飞轮旋转中在约束上产生附加陀螺力矩，对轴承等机械零件造成过大的附加压力，从而使零件破坏，而且，陀螺效应可能是系统振动的振源。因此，在设计时应予以考虑。陀螺力矩可以表示为

$$T=I\omega\times\Omega$$

式中，I 为飞轮的转动惯量；ω 为飞轮旋转的角速度；Ω 为飞轮轴的进动角速度。

由上式可以发现，当飞轮轴与地面平行时，系统会因为汽车行驶方向的变化使飞轮轴被迫产生陀螺扭矩；当飞轮轴与地面垂直放置时，系统会因为汽车行驶时的前俯后仰而产生陀螺扭矩。汽车在行驶中产生的陀螺效应是不可能完全消除的，只能尽量减少。因此，设法降低陀螺效应的影响将是汽车设计中的一大难题。

4）高速电动机/发动机及能量转换技术

应用于飞轮储能装置的电动机及其控制系统，必须具有可运行速度高、能量转换效率高、功率变换效率高、低损耗、充放电速度快等特点，这对电动机和能量转换系统都提出了很高要求。

5）真空密封技术

高速飞轮必须在真空室内运转，真空度达到 0.1～0.01 Pa 才能尽可能降低摩擦损耗。实现高真空度并不困难，难点在于保持高真空度，因此，解决真空室的高度密封及室内各部件的放气问题，从而达到长时间保持高真空度，仍是难度很大的课题。

2.9　锌空气电池及铝空气电池

金属空气电池是一种用空气作正极活性物质，金属作负极活性物质的蓄电池。常见的金属空气电池有锌空气电池和铝空气电池。

1）锌空气电池

（1）锌空气电池的基本原理。锌空气电池用空气（氧）作正极，以金属锌（Zn）作负极，电解质采用氢氧化钾（KOH）水溶液。锌空气电池的电化学反应与普通碱性电池类似，在放电时，蓄电池负极上的锌与电解液中的 OH^- 发生电化学反应，释放出电子；与此同时，蓄电池正极反应层中的催化剂与电解液及氧气（通过扩散作用进入蓄电池的空气中）相接触而发生电化学反应，吸收电子。锌空气电池放电时的电化学反应方程式如下：

负极反应式为

$$Zn+2OH^- \longrightarrow ZnO+H_2O+2e$$

正极反应式为

$$O_2+2H_2O+4e \longrightarrow 4OH^-$$

总反应式为

$$2Zn+O_2 \longrightarrow 2ZnO$$

锌空气电池充电过程进行得十分缓慢，因此，锌空气电池正极的锌板或锌粒在放电过程中被氧化成氧化锌而失效后，采用直接更换锌板或锌粒和电解质的办法，使锌空气电池完成“充电过程”。

（2）锌空气电池的特点相比于铅酸电池，锌空气电池具有以下优点：

① 比能量高。锌空气电池的理论比能量可达 1350 W · h/kg，目前锌空气电池的实际比能量只达到 180～230 W · h/kg，即便如此，仍然是铅酸电池的 4.35～5.5 倍。能量密度达 230 W · h/L，是铅酸电池的 2 倍。

② 可采用机械式“充电”方式。锌空气电池可采用更换锌板或锌粒的方式恢复其充足电的状态，这种“充电”模式可使蓄电池不再需要花很长的时间来充电，更换一块 20 kW · h的蓄电池块只需要 1 min 40 s。

③ 大电流持续放电的能力强。锌空气电池具有大电流持续放电的能力，能够满足 EV 加速和连续爬坡的要求。

④ 自放电率低。锌空气电池在电化学反应过程中，要与空气中的氧气发生作用，只要阻隔空气进入锌空气电池，就可使锌空气电池的电化学反应无法进行，锌可长时间保持活性。因此，实际使用过程中锌空气电池的自放电率很低（接近于零），可长期保持其电能。

⑤ 性能稳定。成组的锌空气电池具有良好的一致性，没有其他类型蓄电池的充电和放电的不均匀现象；允许深度放电，容量不受放电强度和温度的影响；能在 −20 ℃～80 ℃的温度范围内正常工作。锌空气电池可以完全实现密封免维护，便于蓄电池组能量的管理。

⑥ 安全性好。锌空气电池没有因泄漏、短路而引起蓄电池起火或爆炸的可能性。锌没有腐蚀作用，可以完全实现密封免维护，对人体不会造成伤害和危险。

⑦ 锌可以回收利用。锌的来源丰富，生产成本较低，回收再生方便，且回收再利用的成本也较低，可以建立废蓄电池回收再生工厂。锌在循环使用过程中，不会污染环境。

锌空气电池的上述特点，使得锌空气电池在电动汽车上得到了应用。锌空气电池的比能量较高，但电子释放的速度较低，因而其比功率较低，这对电动汽车的动力性有较大的影响。此外，采用常规的充电方法，其充电时间太长，这也给其使用带来不便。

2）铝空气电池

（1）铝空气电池的原理。铝空气电池以高纯度铝 Al 为负极，以空气（氧）为正极，以氢氧化钾（KOH）或氢氧化钠（NOH）为电解质。铝空气电池的化学反应与锌空气电池类似，铝摄取空气中的氧气，在蓄电池放电时产生电化学反应，铝和氧气相互作用并转化为氧化铝。铝空气电池充放电时的电化学反应方程式为

$$2Al_3+3O_2+3H_2 \rightleftharpoons 2Al_2(OH)_3$$

(2) 铝空气电池的特点相比于电动汽车用的其他蓄电池，铝空气电池具有以下特点。

① 比能量大。铝空气电池的理论比能量可达8100 W·h/kg。目前铝空气电池的实际比能量只达到350 W·h/kg，但这也已是铅酸电池的7～8倍、镍氢电池的5.8倍、锂电池的2.3倍。

② 质量轻。铝空气电池质量仅为铅酸电池质量的12%。由于蓄电池质量大大减轻、车辆的整备质量也大幅度降低，因而可以提高车辆的装载量或延长续驶里程。

③ 铝没有毒性和危险性。铝对人体不会造成伤害，可以回收循环使用，也不污染环境。

④ 生产成本较低。铝的原材料丰富，生产成本较低。铝回收再生方便，回收再生成本也较低。与锌空气电池一样，铝空气电池也可采用更换铝电极的方法来解决铝空气电池充电较慢的问题。由于铝空气电池比功率较低，充电和放电速度比较缓慢，电压滞后，自放电率较大，因此需要采用热管理系统来防止铝空气电池工作时的过热。

2.10 本章小结

电动汽车用动力电池主要有蓄电池、超级电容、飞轮电池等。本章主要介绍蓄电池、超级电容、飞轮电池、燃料电池和空气电池的特点。详细介绍了电池结构、工作原理和放电特性等内容。了解了电池在电动汽车的重要性，以及研究新型电池的必要性。

思考题

1. 国内外车用电池技术的差距体现为哪些?
2. 除文中列举的电池外，目前新型的车用电池有哪些?
3. 燃料电池将成为未来的最佳车用能源，这一观点已受到认可。但是制氢过程比较危险，有哪些安全措施来提高电池的安全系数?
4. 在近代的电动汽车上，超级电容器被广泛采用，超级电容的工作原理是什么?
5. 飞轮储能装置与其他储能装置相比有哪些特点?

第3章 车用驱动电动机

3.1 概　述

3.1.1 电动汽车用电动机的使用环境与要求

1）电动汽车用电动机的使用环境

在电动汽车上，电动机及其控制器是将车载电源的电能转换为机械能，并通过传动机构驱动车轮转动的动力装置。与工业生产机械、家用电器等驱动电动机相比，电动汽车用电动机的工作环境有明显的不同。

（1）电动机工况变化频繁。由于电动汽车运行时工况变化频繁，经常起动/停车、加速/减速、上坡/下坡等，驱动电动机的负载随之而变，因此，电动机作为电动汽车驱动动力，其输出扭矩和功率变化频繁。

（2）电动机在冲击、振动的环境下工作。电动汽车运行时的颠簸与振动都会传递给电动机，此外，电动机还要承受汽车在紧急制动、急转弯、急加速时的惯性力。因此，电动汽车用电动机是在冲击、振动的环境下工作的。

（3）车载电源能量有限。工业生产机械、家用电器等电动机的电源来自电网，电能源源不断，而电动汽车的电源（蓄电池、燃料电池、辅助动力单元）能量是有限的，当能量用尽时，需要停止电动汽车的运行，通过充电、添加燃料来恢复其消耗的能量。

（4）电动机本身也是负载。电动机作为电动汽车行驶的驱动动力源，需要随着电动汽车一起运动。电动机及其控制器本身的质量也是汽车质量的一部分。因此，电动机和控制器本身也是汽车动力装置的负载，需要消耗其输出的机械能量。

2）电动汽车对电动机的要求

由于电动汽车特殊的工作环境，对电动汽车用电动机比普通电动机有更高的要求，其主要体现在以下几个方面：

（1）电动机的过载能力强。从减小电动机自身的质量和确保电动机的工作效率的角度考虑，电动机的功率不宜过大，这就要求电动机的瞬时功率和最大扭矩都要大，即要求电动机短时过载能力要强，以满足电动汽车起步、加速和上坡时的动力需要。

（2）电动机的调节性能好。为适应电动汽车行驶工况的频繁变化，要求电动机有较宽的调速范围和理想的调速特性，可实现低速恒扭矩调速和高速恒功率调速。

（3）电动机的效率高、逆向工作性能好。在电动机的整个运行范围内，均有很高的

效率，以节约电能，提高电动汽车一次充电的续驶里程；电动机可在发电动机状态下高效工作，以实现电动汽车制动能量回馈，进一步提高电动汽车的续驶里程。

（4）电动机工作可靠性好、结构尺寸小。要求电动机在较为恶劣的环境下能长期稳定可靠地工作，并且在使用与维护时方便；电动机的结构尺寸小、质量轻，以利于电动汽车整车的空间布置，减轻车重，提高电动汽车的动力性和经济性。

（5）其他要求。电动机的结构简单，适合于大批量生产，价格低，运行时的噪声低。

3.1.2 电动汽车用电动机的类型及特点

1）电动汽车驱动装置的组成与类型

电动汽车驱动装置包括电动机、电动机控制器及传动机构。一些电动汽车可直接由电动机驱动车轮。在纯电动汽车、混合动力电动汽车及燃料电池汽车上所用的驱动装置均有不同的结构。

（1）按驱动装置的组成形式分类

按照驱动装置的组成形式分，电动汽车驱动装置有机械驱动方式、半机械驱动方式和纯电力驱动方式等。

① 机械驱动方式。这种驱动方式的驱动装置除电动机外，通常还包括变速器、传动轴、后桥和半轴等传动部件。这种驱动方式在并联或混联式混合动力电动汽车上有较多的应用。纯电动汽车采用这种驱动方式的优点是对电动机的调速控制要求相对较低；缺点是机械传动有能量损失，驾驶操作复杂，维修的工作量大。因此，纯电动汽车和燃料电池汽车较少采用机械驱动方式。

② 半机械驱动方式。半机械驱动方式取消了传动效率低、操作烦琐的齿轮变速器，只采用了减速齿轮、差速器、半轴等一部分机械传动装置来传递动力。半机械驱动方式可充分利用电动机的无级变速和调速范围宽的特点。

③ 纯电力驱动方式。纯电力驱动方式无机械传动机构，驱动装置由左右两个双联式电动机或轮毂式电动机组成，分别直接驱动左右两个驱动车轮。纯电力驱动方式的传动效率高，可利用的空间大，驾驶操作简便，但对电动机控制器的要求较高。

（2）按驱动电动机数量分类

按驱动装置所用电动机的数量分，电动汽车驱动装置有单电动机驱动系统和多电动机驱动系统两种。

① 单电动机驱动系统。驱动系统只用一个电动机，能最大限度地减小电动机部分的体积、质量，并降低成本，但必须配备机械传动机构。

② 多电动机驱动系统。采用多个电动机，每个电动机单独驱动一个车轮。多电动机驱动系统能降低单个电动机的电流和额定功率，效率较高，容易均衡电动机的尺寸和质量，但必须安装电子差速器或采用电子控制系统实现差速，因而成本较高。

2）电动汽车用电动机的类型

电动机是电动汽车驱动装置的核心部件。应用于各种电动汽车上的电动机的结构类型有多种，现按不同的分类方法予以概括。

（1）按电动机的工作电源分类

按电动机工作电源的不同，电动汽车用电动机可分为直流驱动电动机、交流驱动电动机和方波驱动电动机三类。

① 直流驱动电动机：输入电动机的电流方向不变。直流驱动电动机有励磁式和永磁式两种。励磁式直流驱动电动机磁极有励磁绕组，通入电流后产生方向不变的磁场；永磁式直流驱动电动机的磁极为永久磁铁。

② 交流驱动电动机：通过控制器将电源的直流电转换为正弦波交流电，输入定子绕组后产生旋转磁场。交流驱动电动机有交流异步电动机和永磁式同步电动机两种类型。

③ 方波驱动电动机：通过控制器将电源的直流电转换为方波交流电或脉冲直流电。由交流方波或脉冲电压驱动的电动机有永磁无刷直流电动机和开关磁阻电动机两种类型。

（2）按电动机的结构与工作原理分类

按电动机的结构与工作原理分，可将电动汽车用电动机分为励磁式直流电动机、交流异步电动机、交流同步电动机、永磁无刷直流电动机、开关磁阻电动机等。

① 励磁式直流电动机：通过电刷将直流电引入转动的电枢绕组，励磁绕组通电产生磁场，电枢产生电磁扭矩。根据磁极励磁方式不同，励磁式直流电动机又分为并励式、串励式和复励式三种。

② 交流异步电动机：定子绕组输入正弦波交流电，转子转动频率与交流电源频率不同步，故称为交流异步电动机。这类电动机根据转子的结构不同又可分为笼型异步电动机和绕线转子异步电动机两种。

③ 交流同步电动机：定子绕组也是输入正弦波交流电，但转子的转动与交流电同频率，根据转子结构不同又可分为永磁式和绕线式两种。

④ 永磁无刷直流电动机：转子是永久磁铁，因此无刷电刷，通入电动机定子绕组中的电流为直流脉冲电流。

⑤ 开关磁阻电动机：转子和定子均为双凸极结构，转子没有绕组，定子有简单的集中绕组，其工作原理与前面几种类型的电动机不同。

目前，纯电动汽车用驱动电动机主要有直流电动机、永磁同步电动机、交流异步电动机和开关磁阻电动机。

驱动电动机运行过程中将电能转化为机械能，同时伴随着能量损耗，这些损耗转化为热量促使电动机各部件温度升高，定转子铁芯、绕组、永磁体作为热源的同时以导热的方式将热量传递给电动机壳体，电动机壳体与其内部循环冷却液和外界空气进行对流带走热量，以此降低电动机温升。损耗转化的热量一部分通过冷却系统带走，另一部分则引起电动机温度升高。过高的温度会给电动机运行带来诸多不良影响：定子绕组绝缘失效，造成电动机击穿；转子永磁体的不可逆退磁；定子硅钢叠片之间绝缘失效，增加定子铁芯损耗；轴承内部润滑性能下降，寿命缩短；转轴高温膨胀，机械强度下降等。因此，准确计算电动机的温度场分布，设计合理的冷却系统，将电动机运行温度控制在安全范围内具有重要意义。

3.1.3 电动汽车用电动机的发展概况

最早在电动汽车上使用的电动机是励磁式有刷直流电动机。这种电动机具有起动扭

矩大、电动汽车的起步与加速性能好、控制电路比较简单等优点。因此，在 20 世纪 80 年代前，几乎所有的电动车辆均采用这种电动机。这种有刷直流电动机的缺点是：机械换向器在高速或大负荷下运行时，换向器表面会产生很强的换向火花，所以电动机的运转速度不能太高。由于直流电动机换向器容易被烧蚀，电动机的工作可靠性较差，而且又不适合高速运转，因此，这种有刷直流电动机在现代电动汽车上已很少采用。

在 20 世纪 80 年代，结构简单、工作可靠的交流异步电动机开始应用于电动汽车。与此同时，永磁式无刷直流电动机也逐渐替代了有刷直流电动机。与原有的有刷直流电动机相比，交流异步电动机和永磁式无刷直流电动机具有明显的优势。其突出优点是体积小、质量轻、效率高、基本免于维护、调速范围广。无刷交直流电动机及其控制技术已成为现代电动汽车技术研究与开发的重点，其在电动汽车上的应用也越来越多。

在 20 世纪 80 年代还出现了开关磁阻电动机。这种电动机打破了传统的电动机设计理论和交流电动机正弦波电压源供电方式。开关磁阻电动机驱动系统具有许多优点，很适合电动车辆工况频繁变化的情况，是很有发展前途的电动汽车用电动机。

随着现代高科技产业的发展，电动机技术已逐渐成熟。例如，功率电子学的发展、材料领域的进步、新型永磁材料和绝缘材料的出现、网络和 IT 技术的发展、有限元等分析工具的发展等，均会促使电动汽车用电动机向着高效率、高功率密度、高可靠性、低噪声以及良好的可维修性和可容换性的方向发展。

电动机控制技术的优劣对电动机的性能影响极大。为了提高电动机的性能，电动机控制技术正向着智能化的方向发展。模糊控制、神经网络控制、学习控制和基于专家系统的控制等，均将广泛地运用于电动机控制系统。这些智能化控制方式的最大优点是：无须将被控对象进行精确的数学建模，而且具有很强的鲁棒性，对电动机的这种非线性、变参数对象的控制非常适用。目前，比较成熟的控制技术有模糊控制，已经在一些交直流电动机调速系统中得到应用，并且取得了很好的效果。

3.1.4 电动汽车用电动机方面中外技术对比

电动机驱动系统是新能源车辆行驶中的主要执行机构，驱动特性决定了汽车行驶的主要性能指标。受益于国内巨大的市场容量，国内驱动电动机产业得以飞速发展，且国内电动汽车匹配的驱动电动机基本为本土生产，基本能满足国内新能源汽车使用要求。表 3-1 为上述几种电动机的主要性能比较。

表 3-1 几种车用驱动电动机的主要性能比较

对比项目	直流电动机		交流异步电动机	开关磁阻电动机	永磁同步电动机
启动性能	较好		较好	较好	好
额定运行点峰值效率	一般		较好	较好	好
恒功率调速比例	理想	无穷	无穷		无穷
	典型	1.5～3	2～3	2～3	3～4
	最优	4	4		>7.5

（续表）

<table>
<tr><th>对比项目</th><th colspan="2">直流电动机</th><th>交流异步电动机</th><th>开关磁阻电动机</th><th>永磁同步电动机</th></tr>
<tr><td>高效运行区
占整个运行区
50%以上</td><td colspan="2">较差</td><td>较好</td><td>较好</td><td>好</td></tr>
<tr><td>重量功率密度</td><td colspan="2">较差</td><td>较好</td><td>一般</td><td>好</td></tr>
<tr><td rowspan="2">扭矩波动</td><td>低速</td><td>较好</td><td>较好</td><td>一般</td><td>好</td></tr>
<tr><td>高速</td><td>较好</td><td>好</td><td>一般</td><td>好</td></tr>
<tr><td>电动机可靠性</td><td colspan="2">较差</td><td>好</td><td>好</td><td>好</td></tr>
<tr><td>NVH 舒适性</td><td colspan="2">一般</td><td>好</td><td>一般</td><td>好</td></tr>
</table>

在驱动电动机功率密度方面，“十三五”国家规划明确提出电动机效率超过 4 kW/kg，国内很多企业的产品已经能够达到此指标，但是相较国际先进产品，在体积、制造工艺等方面相差较多。

目前，我国新能源汽车所使用的电动机多为永磁同步电动机（图 3－1）、交流异步电动机以及其他电动机。从电动机类型市场结构来看，主要以永磁同步电动机为主，2017 年新能源汽车领域永磁同步电动机装机量达到 68.51 万台，占比超过 78%；交流异步电动机装机量近 19 万台，占比 21.4%。

图 3－1　永磁同步电动机

在和国外电动机对比功率密度的时候，有一点要注意的是，特斯拉 Model S 用的是感应电动机，感应电动机和同步电动机在功率密度上直接比较是不妥的，原因至少有两点：一是交流电动机没有永磁体、用料少，这在一定程度上减轻了重量；另一方面交流电动机可以自我励磁，能够建立比同步电动机高的磁场强度。另外特斯拉的铜芯转子专利技术也解决了很大的问题，这使得特斯拉的感应电动机功率密度可以和国内的永磁同步电动机媲美。

功率密度尽管能够在一定程度上代表电动机的性能，但是在有些场合却并不适合，比如在一些要求低转速的场合，就无法通过高转速来提升功率密度，而转速过高对电动机来说又会带来诸如风磨损损耗问题、轴承问题、NVH 问题等。这时候就要用另一个指标表征电动机的性能——扭矩密度。因为在很多时候，和重量及体积正相关的未必是功率，而是扭矩。

提高扭矩密度又有很多方法，像丰田 prius、BMW 等是通过提高磁阻扭矩比例的方法来获得的。还有一种方法是从控制侧出发，通过谐波注入的方式，把电动机产生的谐波扭矩利用起来。还可以通过提高单位体积内的磁场能量的方法来实现。

改善扭矩密度之所以成为一个发展方向，还有另外一个因素的驱动，那就是发展越来越兴旺的独立驱动技术，也叫作“分布式驱动”。

在这种应用中，电动机直接安装在轮子边上，带了减速器的叫轮边电动机，如图 3-2 所示，不带减速器的叫轮毂电动机，轮毂电动机直接驱动车轮，和车轮同步旋转。车轮的转速其实很低，一般也就几百转，在这种情况下，追求功率密度，也就只有扭矩密度这一条路可以选了。

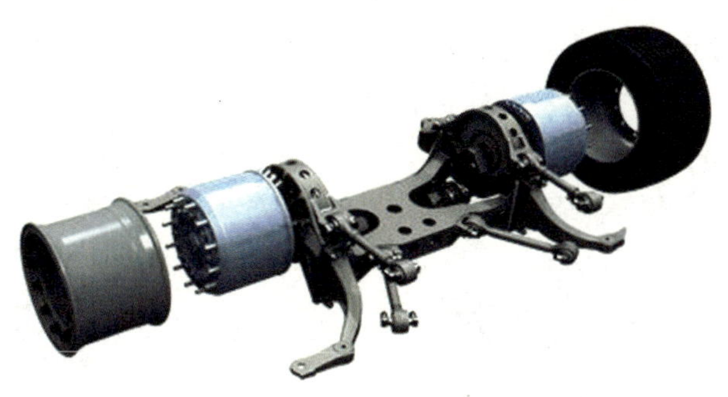

图 3-2　轮边电动机

但是提高扭矩密度也要分应用场合，乘用车多是高速电动机，做成高扭矩密度就比较困难，而要求低速大扭矩的商用车就相对容易一些。目前国内驱动电动机需要在磁路设计时重点加强转子形状和磁阻扭矩利用率的设计；如何既大幅提高导热面积又不影响磁路性能是设计的重点。

3.2　直流电动机

3.2.1　直流电动机的结构类型

1）直流电动机的结构

直流电动机主要由定子、转子及换向器组成，其结构如图 3-3 所示。

（1）定子

直流电动机的定子也称为“磁极”，其主要构成是磁极铁心和磁极绕组。一些直流电动机的磁极采用永久磁铁，故而磁极无须绕组。一些功率较大的直流电动机的定子上还装有换向极，用于改善换向。主磁极和换向极的位置如图 3－4 所示。电动机定子部分还包括电刷组件、机座等附件。

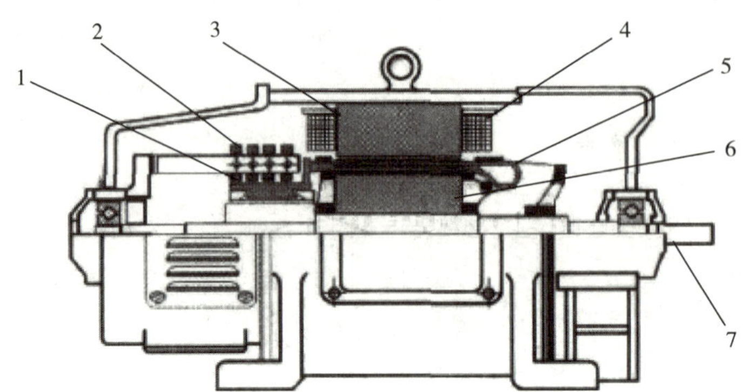

1—换向器；2—电刷组件；3—磁极铁心；4—磁极绕组；5—电枢绕组；6—电枢铁心；7—电枢轴。

图 3－3 直流电动机的结构

① 主磁极。主磁极的作用是在定子与转子之间的气隙中建立磁场，使通电的电枢绕组在该磁场的作用下产生电磁扭矩。主磁极铁心通常由厚度为 0～1 mm 的低碳钢片叠装而成，在磁极铁心上绕有励磁绕组，用螺钉将磁极铁心固定在磁轭上构成定子。主磁极总是成对出现，通电后形成的 N 极和 S 极互相间隔排列。

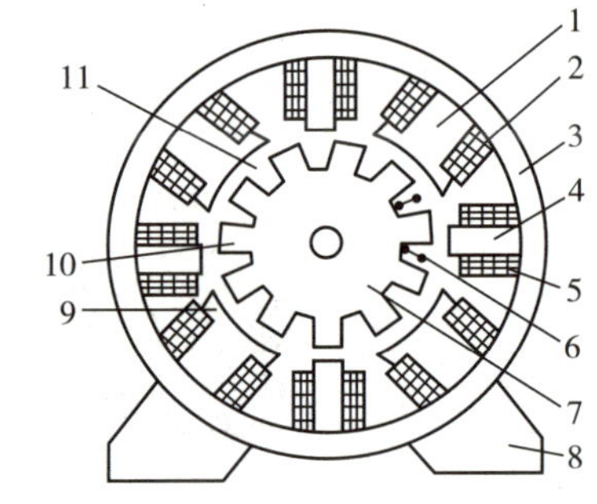

1—磁极铁心；2—励磁绕组；3—定子磁轭；4—换向极铁心；5—换向极绕组；6—电枢绕组；7—电枢铁心；8—底座；9—极掌；10—电枢齿；11—电枢槽。

图 3－4 直流电动机剖面图

② 换向极。换向极又称为“附加极”，其装在两相邻主磁极之间的几何中心线上。增设换向极是为了改善直流电动机的换向，减小或消除电刷与换向器之间的换向火花。换向极的结构与主磁极相似，由换向极铁心和绕在铁心上的绕组组成。换向极铁心一般用整块钢制成，当换向要求较高时，则是用 1.0 mm、1.5 mm 厚的钢片叠压而成。

③ 电刷组件。电刷的作用是将直流电引向转动的电枢绕组，并与换向器配合，使电枢绕组的电流及时换向，以产生方向不变的电磁扭矩。电刷组件由电刷、刷架、电刷弹簧等组成，电刷架固定在端盖上。

④ 机座。机座也称为“机壳”，用于固定主磁极、换向极和端盖等，也是磁极间的磁通路。因此，机座既要有足够的导磁截面积使电机导磁性好，又要有足够的机械强度和刚度。

（2）转子

直流电动机的转子也称为“电枢”，由电枢铁心和电枢绕组构成。转子总成还包括换向器。

① 电枢铁心。电枢铁心由厚度为 0.350 mm 的硅钢片叠装而成，铁心本身构成电动机主磁路的一部分，铁心上面的槽用来嵌装电枢绕组。

② 电枢绕组。电枢绕组在磁场中通电后产生电磁扭矩，转动后则产生感应电动势。电枢有多匝绕组，按一定的绕制方法嵌装在电枢铁心的槽中，每匝电枢绕组都与换向片连接，形成闭合回路。

③ 换向器。换向器的作用是使电枢绕组中的电流及时换向，将从电刷输入的直流电转换为电枢绕组的交流电；当直流电动机工作在发电状态时，换向器则起整流的作用，将电枢绕组产生的交流电转换为直流电输出。换向器是由许多铜片组成的，各铜片之间用云母片绝缘。

2）直流电动机的类型

如前所述，有刷直流电动机的磁极有励磁式和永磁式两种，而电动汽车上所用电动机的功率较大，基本上采用的是励磁式直流电动机。励磁式直流电动机的励磁方式有他励、并励、串励和复励四种，如图 3－5 所示。

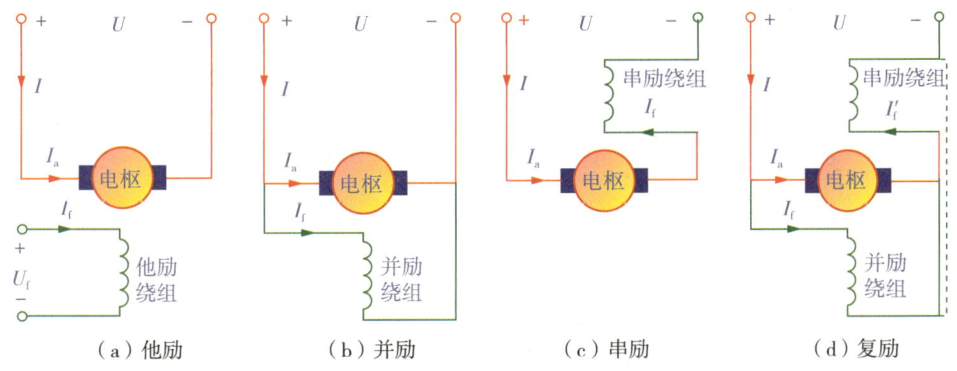

图 3－5　直流电动机的励磁方式

（1）他励直流电动机。他励直流电动机的电路如图 3－5（a）所示。他励直流电动机的励磁绕组与电枢绕组不连接，励磁绕组中的励磁电流由单独的电源提供。他励直流电动机可通过分别控制励磁电流 I_f 和电枢电流 I_a 来实现电动机的各种控制，可以扩大其调速范围，容易实现制动能量回馈控制。

（2）并励直流电动机。并励直流电动机的电路如图 3－5（b）所示。并励直流电动机的励磁绕组与电枢绕组并联，其励磁电流 I_f 随着电压 U 的改变而改变。如果并励直流电动机的电源电压稳定不变，就会有与永磁式直流电动机相似的机械特性。

（3）串励直流电动机。串励直流电动机的电路如图 3－5（c）所示。串励直流电动机的励磁绕组与电枢绕组串联，励磁电流与电枢电流相等。串励直流电动机单位电流下的扭矩大，具有较好的起动特性以及较宽的恒功率调速范围。这种励磁方式被广泛应用于发动机的起动机，但作为电动汽车的驱动电动机则较少采用。

（4）复励直流电动机。复励直流电动机的电路如图 3－5（d）所示。复励直流电动机的主磁极上装有两个励磁绕组，一个与电枢绕组并联，称为并励绕组；另一个与电枢绕组串联，称为串励绕组。若这两个励磁绕组产生的磁动势方向相同，则称为积复励，否则称为差复励。

3.2.2 直流电动机的工作原理

1）电磁扭矩的产生

普通直流电动机为有刷直流电动机，其工作原理如图 3－6 所示。电源的直流电通过电刷和换向片引入可转动的电枢绕组上，电枢绕组的两匝边便受到磁场力 F 的作用而形成电磁扭矩 M，如图 3－2（a）所示。在 M 的作用下，电枢绕组转动，当 ab 匝边转到下半平面、cd 匝边转到上半平面时，a 端换向片与端换向片交换所接触的电刷，使电枢绕组的电流换向，而电枢绕组两匝边受磁场力 F 作用所形成的电磁扭矩 M 的方向保持不变，如图 3－2（b）所示。在方向不变的电磁扭矩 M 的作用下，电枢便可持续转动。

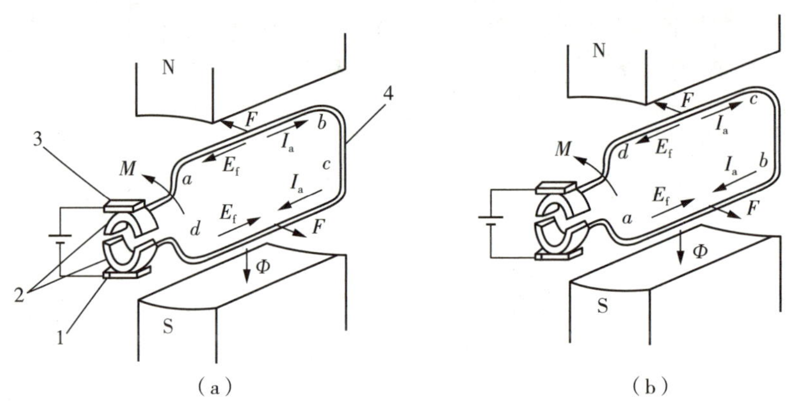

1—负极电刷；2—换向片；3—正极电刷；4—电枢绕组。

图 3－6　普通直流电动机的工作原理

实际的直流电动机为产生足够大且稳定的电磁扭矩，其电枢由多匝绕组串联而成，并由多个换向片组成换向器。根据安培定律，可以推导出直流电动机通电后所产生的电磁扭矩 M 与磁极的磁通量 Φ 和电枢电流 I_a 之间的关系，即

$$M=C_m\Phi I_a \tag{3-1}$$

式中，C_m 为电动机的结构常数，与电动机磁极对数 p、电枢绕组导线总根数 Z 及电枢绕组电路的支路对数 a 有关（$C_m=pZ/2\pi a$）。

2）直流电动机的工作过程

（1）直流电动机工作时的电压平衡方程式。通电的直流电动机的电枢在电磁扭矩 M 的作用下转动起来时，电枢绕组就会因切割磁力线而产生旋转电动势，此电动势与电枢电流的方向相反，故也被称为“反电动势 E_f”。E_f 与磁极的磁通量和电枢的转速成正比，即

$$E_f=C_e\Phi n \tag{3-2}$$

式中的 C_e 也是电动机的结构常数（$C_e=pZ/60a$）。因此，电枢回路的电压平衡方程式为

$$U=E_f+I_aR_a \tag{3-3}$$

式中，R_a 为电枢回路的电阻，它包括电枢绕组的电阻和电刷与换向器的接触电阻。

(2) 直流电动机通电后的工作过程。在直流电动机刚接通电源的瞬间，其电枢转速为 0，电枢反电动势 E_f 也为 0。这时，电枢绕组通过最大电流 ($I_{am}=U/R_a$)，并产生最大的电磁扭矩；如果 M_{max} 大于电动机的阻力矩 M_z，则电枢就开始加速转动起来。随着电枢转速的上升，电枢反电动势 E_f 增大，电枢电流 I_a 便开始下降，电磁扭矩 M 也随之减小。当 M 降至与 M_z 相平衡 ($M=M_z$) 时，电枢就在此转速下稳定运转。

从直流电动机的工作过程可知，直流电动机的起动扭矩大，在用作电动汽车的驱动电动机时，电动汽车的起步和加速性较好。

3.2.3 直流电动机的特性

1) 直流电动机的工作特性

根据式 (3-2)、式 (3-3) 可得到直流电动机的转速特性，即

$$n=\frac{U-I_a R_a}{C_e \Phi} \tag{3-4}$$

再根据式 (3-1) 就可得到直流电动机的机械特性，即

$$n=f(M) \tag{3-5}$$

直流电动机的励磁方式不同，其性能也会有较大的差别。不同励磁方式下直流电动机的机械特性如图 3-7 所示。

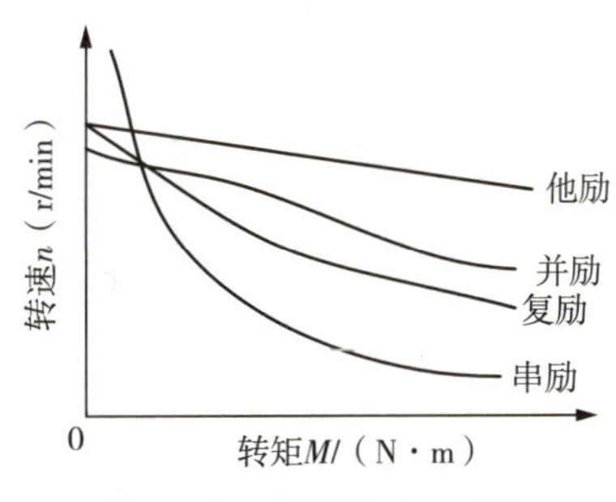

图 3-7 不同励磁方式的直流电动机机械特性

(1) 他励直流电动机的性能特点。他励直流电动机具有良好的线性和工作稳定性。此外，由于他励直流电动机可通过分别控制励磁电流和电枢电压来控制电动机的转速，因而其调速范围大。他励直流电动机的另一个特点是很容易连接发电动机工作电路，实现电动汽车的制动能量回收。永磁式直流电动机可以看成是他励直流电动机，采用永磁体为磁极。虽然电动机的效率较高，质量减轻且体积减小，但是由于磁极磁场固定，电动机的机械特性不理想，在电动汽车起动和加速时，电动机不能产生足够大的扭矩来满足大扭矩的需要。

(2) 并励直流电动机的性能特点。并励直流电动机的励磁电流与电枢电压相关，负载变化时转速比较稳定，具有比较硬的机械特性，与永磁直流电动机很相似。并励直流电动机的调速范围较宽，但提供大扭矩的能力较差。

(3) 串励直流电动机的性能特点。串励直流电动机在低速时有很大的扭矩，即其起动扭矩大，能很好地适应电动汽车起动大扭矩的要求。串励直流电动机的机械特性很软，有较宽的恒功率调速范围。其缺点是加速性能较差，因此，串励直流电动机较少用作电动汽车的驱动电动机。

(4) 复励直流电动机的性能特点。电动汽车上常用复励直流电动机。其特点是负载

变化时转速变化较大，机械特性优于并励直流电动机，适用于负载扭矩变化较大的场合。

2）直流电动机的优缺点

（1）直流电动机的优点与交流电动机、无刷直流电动机及开关磁阻电动机等其他类型的电动机相比较，直流电动机的优点如下：

① 调速性能良好。直流电动机具有良好的电磁扭矩控制特性，可实现均匀平滑地无级调速，且具有较宽的调速范围。

② 起动性能好。直流电动机具有较大的起动扭矩，能适应电动汽车起步驱动特性的需要，可实现快速起步。

③ 具有较宽的恒功率范围。直流电动机恒功率输出范围较宽，可确保电动汽车具有良好的低速起动性能和高速行驶能力。

④ 控制较为简单。直流电动机可采用斩波器实现调速控制，具有控制灵活、高效、质量轻、体积小、响应快等特点。

⑤ 价格较为便宜。直流电动机的制造技术和控制技术都比较成熟，虽然直流电动机本身的价格不低，但是控制装置简单、价格较低，因而整个直流驱动系统的价格较便宜。

（2）直流电动机的缺点。这种有刷直流电动机的缺点主要有：

① 效率较低。总体上，有刷直流电动机的效率低于交流电动机和开关磁阻电动机。

② 维护工作量大。有刷直流电动机工作时电刷与换向器之间会产生换向火花，换向片容易被烧蚀，电刷也容易磨损，因此，电动机的工作可靠性较差，需要经常进行维护。

③ 转速低。有刷直流电动机转速越高，电刷与换向器之间产生的换向火花就越大，严重时形成火花环，这就限制了直流电动机转速的提高。

④ 质量和体积大。有刷直流电动机的结构较复杂，功率密度低，质量大，体积也大。

3.2.4 直流电动机的控制

1）直流电动机的基本控制方法

由于电动汽车的行驶工况、状态经常变化，因此，电动机的扭矩及转速必须经常调整，以满足电动汽车驱动动力的需要。由式（3－1）、式（3－4）可知，直流电动机的控制方式有电枢电压调节法、磁场调节法、电枢回路电阻调节法等。

（1）电枢电压调节法。电枢电压调节法是通过改变电枢电压来控制电动机的转速。他励直流电动机采用电枢电压调节法的转速控制特性如图 3－8 所示。

电枢电压调节法适用于电动机基速以下的调速控制。电动机电枢电压与转速之间近似于线性调节，而电动机的负载扭矩不变，因而也称其为“恒扭矩调节”。该控制方法可使直流电动机在较宽的速度范围内实现平滑的速度控制，调速比一般可达 1∶10，如果配合磁场调节，则调速比可达 1∶30。

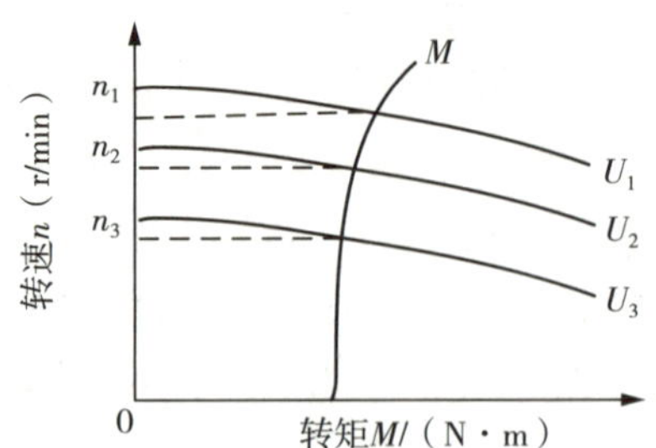

图 3－8　他励直流电动机采用电枢电压调节法的转速控制特性

电枢电压调节法的调速过程是：当降低电枢电压时，在电动机转速、阻力矩还没有来得及改变时，电枢电流必然下降，电枢产生的电磁扭矩下降致使电枢转速下降；随着电枢转速的降低，电枢反电动势减小，电枢电流回升，电枢电磁扭矩增大，直到与电动机阻力矩相一致时，电动机才会在比调压前低的转速下稳定运转。

（2）磁场调节法。磁场调节法是通过调节磁极绕组励磁电流，改变磁极磁通量来调节电动机的转速。他励直流电动机带恒扭矩负载时磁场调节法的转速控制特性如图 3－9 所示。

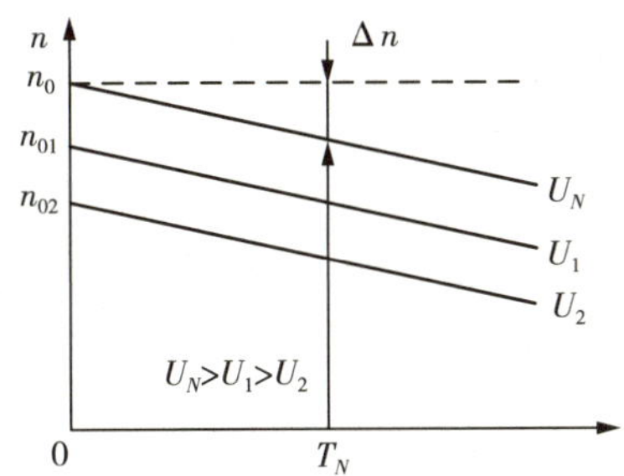

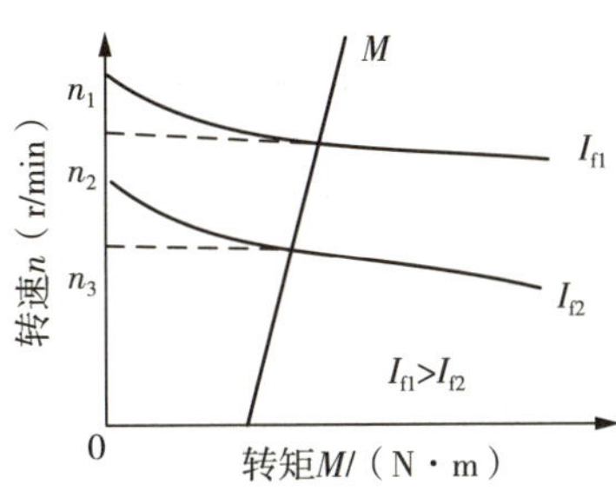

图 3－9　他励直流电动机带恒扭矩负载时磁场调节法的转速控制特性

磁场调节法适用于电动机基速以上的转速控制。当电动机电枢电流不变时，磁场调节法具有恒功率调速的特性。磁场调节法控制效率高，但调速范围较小（一般不超过 1∶3），且响应速度较慢。

磁场调节法的调速过程是：减小磁通量，在机械惯性力的作用下，电枢转速还没有来得及下降，而反电动势随着磁极磁通量的减小而下降，电枢电流随之增大，由于电枢电流增加的影响大于磁极磁通量减小的影响，因而电动机电枢的电磁扭矩增大；如果这时电动机的阻力矩未变，则电枢的转速便会上升；随着电动机转速的上升，电枢的反电动势增大，电枢电流随之减小，直至电磁扭矩与阻力矩平衡时，电动机就在比减小磁通量前高的转速下稳定运转。

（3）电枢回路电阻调节法。电枢回路电阻调节法是在磁极绕组励磁电流不变的情况下，通过改变电枢回路的电阻，使电枢电流变化来实现电动机转速的调节。电枢回路电阻调节法的转速控制特性如图 3－10 所示。

电枢回路电阻调节法的机械特性较软，而且会使电动机运转不稳定，加之电枢回路串入电阻消耗了电能，因而这种方式在电动汽车上很少被采用。

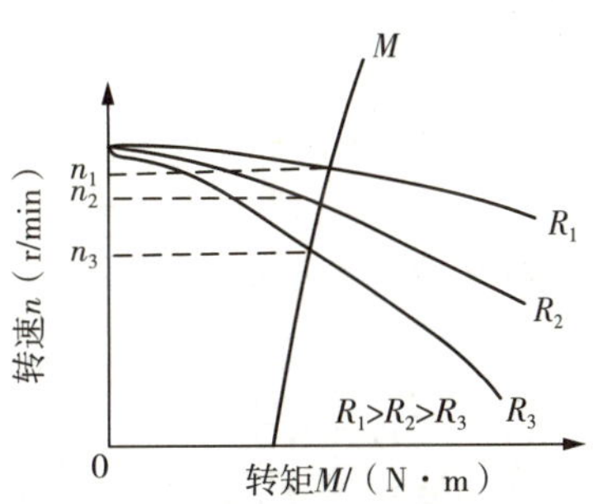

图 3－10　电枢回路电阻调节法的转速控制特性

在实际的直流电动机控制中，通常是电枢电压调节和磁场调节配合应用。在电动机低于基速时，磁极磁场保持稳定，通过调节电枢电压来控制电动机的转速；在电动机高于基速时，电枢电压恒定，通过调节磁极磁通量来改变电动机的转速。直流电动机电枢电压与磁极磁通量配合调节时，电动机的扭矩与功率随着转速变化的情况如图 3－11 所示。

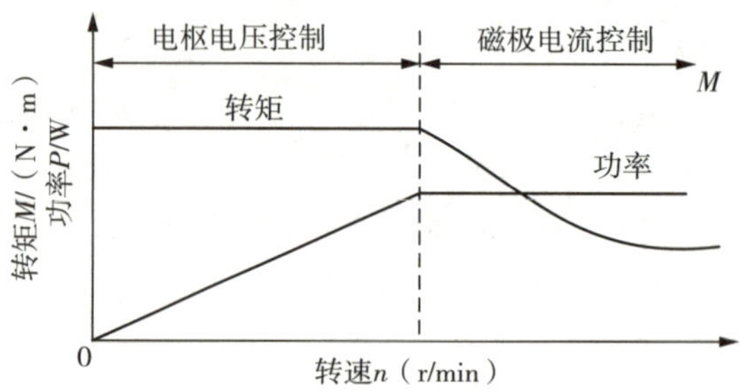

图 3-11 电动机的扭矩与功率随着转速变化的情况

2）直流电动机的控制原理

直流电动机通常采用斩波器（PWM）脉宽调制的方法实现调速控制，其调速控制主电路如图 3-12 所示。

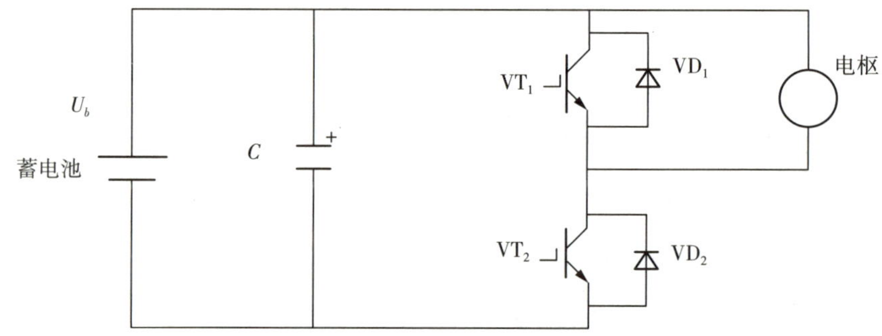

图 3-12 直流电动机调速控制主电路

该电路主要的控制元件是两只绝缘栅双极型晶体管 IGBT（VT_1、VT_2），通过控制 VT_1、VT_2的导通和截止，即可调节电动机的电枢电压，实现电动机的转速控制。该电路通过控制 VT_1、VT_2的导通和截止，还可以实现制动能量回馈控制。

（1）电动机调速控制原理控制 GBT 通断的栅极信号为占空比信号，如图 3-13（a）所示。占空比信号是一个周期 T 恒定，而脉宽可变的电压脉冲信号，占空比为 A/T。

当电动机处于运行状态时，控制器控制 VT_1关断，VT_2栅极输入 PWM 脉冲信号，控制 VT_2的导通与截止。

当 VT_2栅极处于低电位时，VT_2导通，电动机电枢绕组通电，电枢两端加上了电源电压；当 VT_2栅极处于高电位时，VT_2截止，电动机电枢断电。如果电动机电枢通电时间占通断电周期的比值（占空比）增加，则加在电枢上的平均电压就增大。PWM 的占空比信号在 0%～100%范围内连续可调，能使加在电枢上的平均电压在范围内改变，从而实现电动机的转速控制。

续流二极管 VD 在 VT_2截止时通电续流（电枢电流），用以吸收电枢绕组断电时产生的自感电动势，使电枢两端的电压为 0。

（2）电动汽车制动能量回馈控制原理。当电动汽车制动而需要直流电动机实现能量

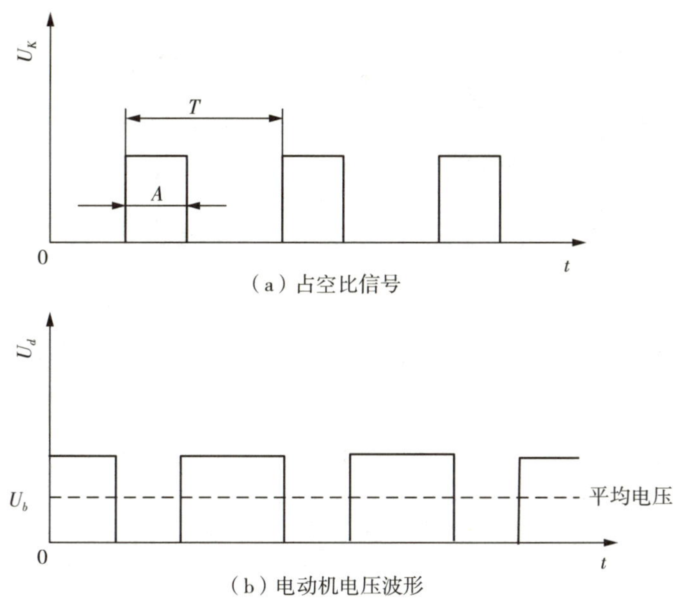

图 3-13　占空比信号及电动机电压波形

回收时，控制器控制 VT_2 关断，栅极输入 PWM 脉冲信号，控制导通与截止。

当 VT_1 栅极在低电位时 VT_1 导通，这时，电动机工作在发电状态，电枢所产生的电动势通过 VT_1 形成感应电流，将汽车的动能转化为磁场能量储存于电枢绕组中；当 VT_1 栅极在高电位时，VT_1 截止，电动机电枢因电流突然消失而产生高于蓄电池电压的自感电动势，并向蓄电池充电，从而实现制动能量的回馈。

当 VT_1 截止时，电枢绕组的自感电动势 e 向蓄电池的充电电路是：$e^+ \rightarrow$ 蓄电池组 $VT_2 \rightarrow e^-$。

3.3　交流异步电动机

3.3.1　交流异步电动机的结构类型

交流异步电动机主要有单相和三相两种形式。家用电器采用单相异步电动机，电动汽车用交流异步电动机则普遍采用三相。三相异步电动机的种类较多，但各类三相异步电动机的基本结构是相似的。三相交流异步电动机的典型结构如图 3-14 所示。

1）定子

定子由外壳、定子铁心和定子绕组构成，其作用是通入三相交流电后产生旋转磁场。定子的构成如图 3-15 所示。

(1) 定子铁心。定子铁心构成电动机磁路的一部分，一般由厚度为 0.35～0.5 mm 的硅钢片叠压而成。硅钢片的内圆冲有均匀分布的槽，用以嵌放定子绕组。

(2) 定子绕组。定子绕组由三个彼此独立的绕组组成，每个绕组又由若干匝线圈绕

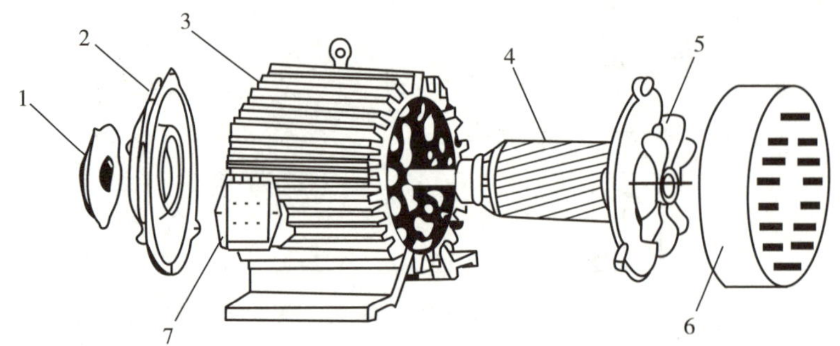

1—轴承盖；2—端盖；3—定子；4—转子；5—风扇；6—机罩；7—接线盒。

图 3-14　三相交流异步电动机的典型结构

制而成。每个绕组即为一相，每相绕组在空间相差 120°电角度，按一定规律嵌入定子铁心槽内。定子三相绕组的六个出线端都引至接线盒上，首端分别标为 U_1、V_1、W_1，末端分别标为 U_2、V_2、W_2，连接方式有星形联结和三角形联结两种。

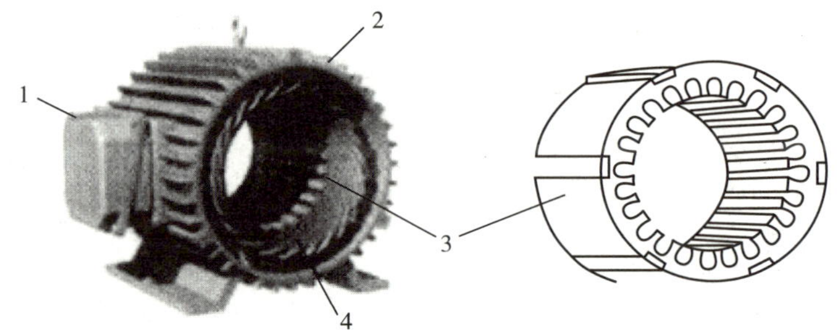

1—接线盒；2—外壳；3—定子铁心；4—定子绕组。

图 3-15　定子的构成

2）转子

交流异步电动机的转子主要有笼型和绕线两种形式。

（1）笼型转子。笼型转子由铁心和绕组构成，如图 3-16 所示。去掉转子铁心，整个绕组外形像一个鼠笼，故称为笼型绕组。小型异步电动机采用铸铝转子绕组，100 kW 以上的异步电动机转子通常采用铜条和铜端环焊接而成。

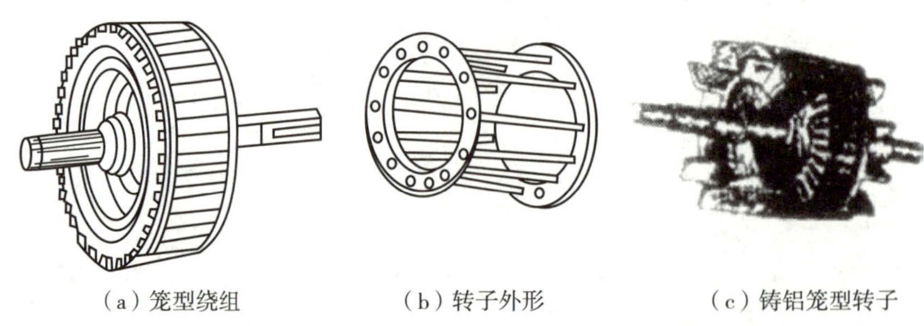
（a）笼型绕组　（b）转子外形　（c）铸铝笼型转子

图 3-16　笼型转子的构成

(2) 绕线转子。绕线转子由铁心和绕组构成。铁心用厚度为 0.5 mm 的硅钢片叠压而成，嵌套在转轴上，作用和定子铁心相同，即铁心本体用作导磁，外圆上均布的槽用于安放转子绕组。转子绕组也有三相绕组，一般接成星形联结，三相引出线分别接到转子轴上与转子轴绝缘的三个集电环上，通过装置与外电路相连（图 3 - 17），可在转子电路中串接电阻或引入电动势，以改善电动机的运行特性。

图 3 - 17　绕线转子绕组的连接

3) 其他部分

其他部分包括端盖、风扇等。端盖除了起防护作用外，在端盖上还装有轴承，用以支撑转子轴。风扇则用来通风，以冷却电动机。三相异步电动机的定子与转子之间的空气隙，一般仅为 0.2～1.5 mm。如果气隙太大，则电动机运行时的功率因数降低；如果气隙太小，则会使装配困难，运行不可靠，过小的气隙还会使高次谐波磁场增强，从而导致附加损耗增加以及使起动性能变差。

3.3.2　交流异步电动机的工作原理

1) 转子电磁扭矩的产生

交流异步电动机的基本组成部件是转子和定子。三相交流异步电动机的工作原理如图 3 - 18 所示。

当三相正弦交流电输入到定子绕组中时，就会在电动机内部形成一个旋转磁场。在这个旋转磁场的作用下，转子绕组切割磁力线而产生感应电动势，并形成感应电流。当转子绕组通电后，在磁场中受电磁力的作用而产生电磁扭矩，并使转子沿着定子旋转磁场的旋转方向转动。

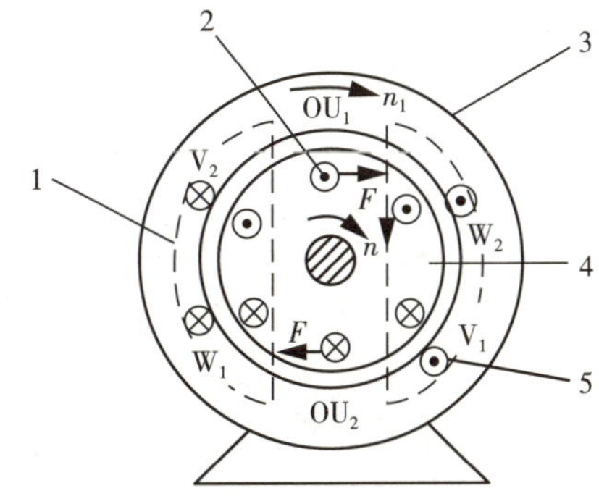

1—磁路；2—转子绕组；
3—定子；4—转子；5—定子绕组。

图 3 - 18　三相交流异步电动机的工作原理

从三相交流异步电动机电磁扭矩产生的工作原理可知，只有当转子的转速低于定子旋转磁场的转速时，转子绕组才会切割磁力线而产生感应电流，才有可能产生电磁扭矩而使转子转动起来。也就是说，电动机能够工作的基本条件是 $n<n_1$。因此，这种电动机被称为异步电动机。n 和 n_1 的差值与 n 的比值称为转差率 S_0，三相异步电动机转子的转速随着负载的变化而改变，因此，电动机工作中的转差率 S_0 随着负载的变化而变化。

2) 定子旋转磁场的产生

交流异步电动机转子产生的电磁扭矩源于定子的旋转磁场，那么，定子的旋转磁场是如何产生的呢？定子绕组通入的是三相交流电（图 3-19），对称布置的三相定子绕组通电后磁场方向的变化如图 3-20 所示。

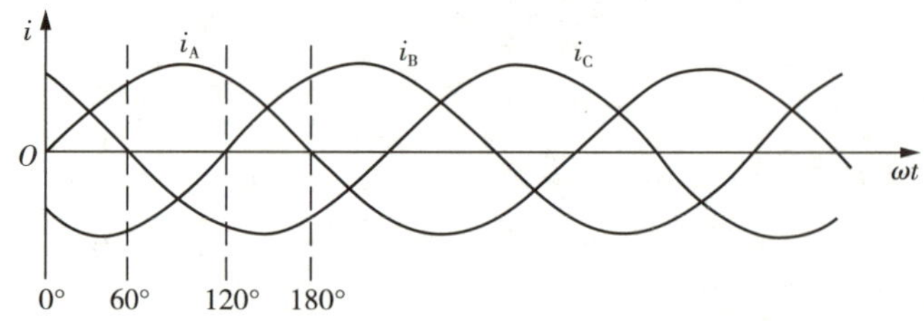

图 3-19 输入定子绕组的三相交流电波形

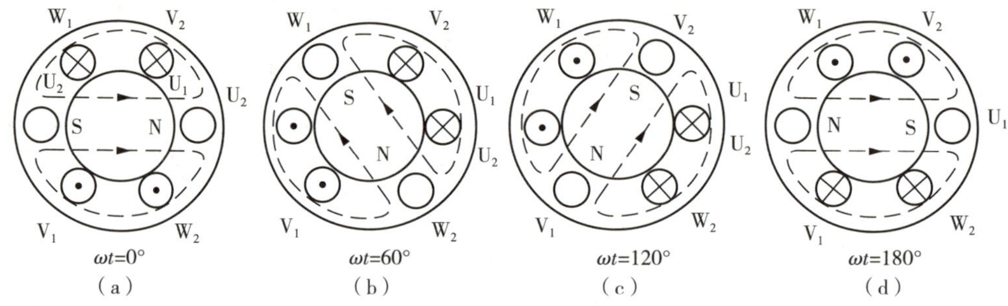

图 3-20 对称布置的三相定子绕组通电后磁场方向的变化

A、B、C 三相交流电分别输入 U、V、W 三相绕组，通过对几个特殊时刻电枢三相绕组形成磁场方向的变化情况进行分析，就可了解定子绕组旋转磁场形成的原理。

当 $\omega t=0°$时，$i_A=0$，U 相绕组电流为 0；$i_B<0$，V 相绕组电流方向为 $V_2 \rightarrow V_1$；$i_C>0$，W 相绕组电流方向为 $W_1 \rightarrow W_2$。于是，三相绕组产生合成磁场的方向如图 3-20（a）所示。

当 $\omega t=60°$时，$i_C=0$，W 相绕组电流为 0；$i_B<0$，V 相绕组电流方向为 $V_2 \rightarrow V_1$；$i_A>0$，U 相绕组电流方向为 $U_1 \rightarrow U_2$。这时，三相绕组产生合成磁场的方向如图 3-20（b）所示。

当 $\omega t=120°$时，$i_B=0$，V 相绕组电流为 0；$i_c<0$，W 相绕组电流方向为 $W_2 \rightarrow W_1$；$i_A>0$，U 相绕组电流方向为 $U_1 \rightarrow U_2$。这时，三相绕组产生合成磁场的方向如图 3-20（c）所示。

当 $\omega t=180°$时，$i_A=0$，U 相绕组电流为 0；$i_c<0$，W 相绕组电流方向为 $W_2 \rightarrow W_1$；$i_B>0$，V 相绕组电流方向为 $V_1 \rightarrow V_2$。这时，三相绕组产生合成磁场的方向如图 3-20（d）所示。

于是，当三相交流电持续输入定子绕组时，就会形成一个按顺时针方向转动的旋转磁场。通过电动机正反转控制电路改变接入三相交流电的相序，就可使磁场旋转的方向改变，实现电动机的反转控制。

3.3.3 交流异步电动机的特性

1）交流异步电动机的工作特性

交流异步电动机的工作特性是指在保持额定电压和额定频率不变的情况下，电动机的转速 n、电磁扭矩 M、定子电流 I_1、效率 η 及功率因数 $\cos\psi$ 等随输出功率 P_2 变化的规

律。交流异步电动机的工作特性可通过理论分析得到（图 3-21），而定量的交流异步电动机工作特性一般是通过负载试验测得。

交流异步电动机的工作特性对正确选择和使用电动机有重要的指导作用。转速特性和扭矩特性关系到电动机与机械负载匹配的合理性；根据定子电流特性曲线可了解电动机的发热情况，这关系到电动机运行的可靠性和使用寿命；效率特性和功率因数特性则可反映电动机运行的经济性。

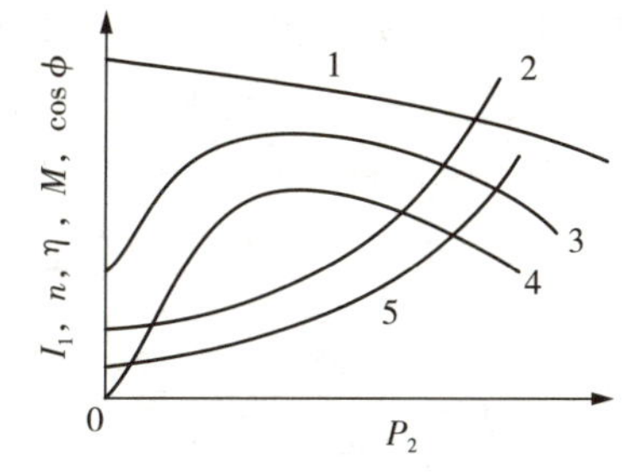

1—转速特性；2—定子电流；3—功率因数；4—效率；5—扭矩特性。

图 3-21　交流异步电动机的工作特性

2）交流异步电动机的机械特性

交流异步电动机的机械特性是指在电动机输入电压和频率均保持不变的情况下，电动机的转速与扭矩之间的关系，如图 3-22 所示。

图 3-22 中，M_q、M_c、M_m分别表示起动扭矩、额定扭矩和最大扭矩，n_e表示额定转速，n_1表示同步转速。

当电动机接通电源，其起动扭矩 M_q大于电动机转轴上的阻力矩时，转子便开始加速转动起来，此时电磁扭矩会逐渐增大（沿曲线 CB 段上升），一直到最大扭矩 M_m。随后，随着转速的继续上升，电磁扭矩反而减小（沿曲线 BA 段逐渐下降）。当电磁扭矩等于阻力矩时，电动机就以某一转速稳定运转。

通常情况下，电动机启动后会很快进入机械特性曲线的 AB 段稳定地运行，所以曲线 AB 段也被称为异步电动机的稳定运行区。电动机在 AB 段工作时，如果负载加大，就会因阻力矩大于电动机的电磁扭矩而使电动机的转速下降，电磁扭矩随之增大，直到电磁扭矩与阻力矩重新保持平衡，电动机才在稍低的转速下稳定运转。如果负载过大，电动机的阻力矩超过了最大电磁扭矩 M_m，电动机的转速将很快下降，直到停止运转。

曲线 AB 段几乎是一条稍微向下倾斜的直线，这说明电动机从空载变到满载时转速下降很少。由此可看出，三相交流异步电动机的机械特性较硬。

3）电源电压对电动机机械特性的影响

当电源电压、电源频率、电动机的磁极对数、定子或转子回路接入的其他附属设备改变时，电动机的机械特性也会有所变化。电源电压改变对电动机机械特性的影响如图 3-23所示。

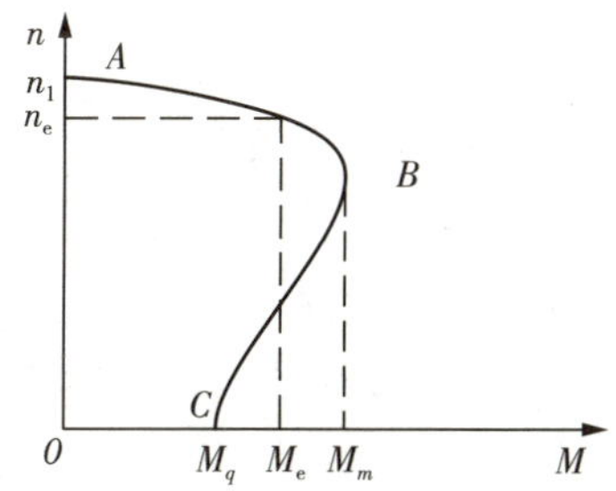

图 3-22　交流异步电动机的机械特性

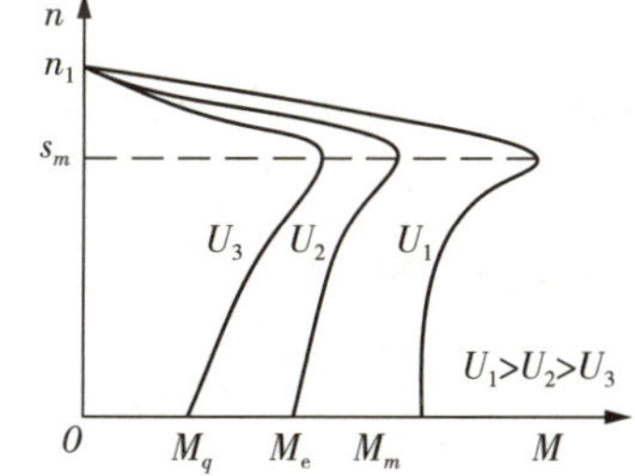

图 3-23　电源电压对电动机机械特性的影响

由于电源频率不变，在各种电源电压下的同步转速也就不变。当电源电压下降时，由于电动机的定子电流减小了，电磁扭矩必然下降。电磁扭矩与电源电压的二次方成正比例关系。随着电源电压的下降，电动机负载改变对转速的影响变大（机械特性变软），但最大电磁扭矩所对应的转差率基本不变。

3.3.4 交流异步电动机的控制

交流异步电动机是多变量输入/输出系统，且各变量之间相互影响，呈非线性关系，因此，其控制较为复杂。交流异步电动机如何实现最优的控制，一直是交流异步电动机应用研究的重点。交流异步电动机最早采用变压变频调速控制技术（VVVF）。由于VVVF系统只是维持电动机内的磁链恒定，并没有解决磁链和电流强耦合的问题，所以其调速范围窄，调速性能也不佳。随后出现的矢量控制（FOC）和直接扭矩控制（DTC）调速系统，控制特性均优于VVVF系统。

1）交流异步电动机的矢量控制

矢量控制理论是在1971年最先由德国学者F. Blachke提出的。直流电动机之所以具有良好的控制特性，其根本原因是被控参量只有磁极磁场和电枢电流，且这两个量互相独立。此外，电磁扭矩与磁通和电枢电流之间均为线性关系。如果能够模拟直流电动机，求出交流电动机电磁扭矩与之对应的磁场和电枢电流，并分别加以控制，就会使交流电动机具有与直流电动机近似的控制特性。为此，必须将三相交变量（矢量）转换为与之等效的直流量（标量），建立起交流电动机的等效模型，然后按直流电动机的控制方法对其进行控制。

（1）交流异步电动机矢量控制方法。交流异步电动机矢量控制是基于磁场定向的方法，常用的控制策略有以下几种：

① 转子磁场定向矢量控制。在此种控制方式中，通过检测定子电流的d轴分量来观测转子磁链的幅值。当转子磁链恒定时，电磁扭矩与电流的q轴分量成正比，忽略反电动势引起的交叉耦合，可以由电压方程的d轴分量控制转子磁通，q轴分量控制扭矩。转子磁场定向矢量控制方式的最大缺点是转子磁通的观测要受转子时间常数的影响。

② 转差率矢量控制。此种方法主要考虑转子磁通的稳态方程式，从转子磁通直接得到定子电流d轴分量，通过对定子电流的有效控制，形成转差矢量控制。这避免了磁通的闭环控制，不需要实际计算转子的磁链，而是用转差率和测量的转速相加后进行积分来计算磁通相对于定子的位置。此种方法主要应用于低速系统中，且系统性能同样也受转子参数变化的影响。

③ 气隙磁场定向矢量控制。气隙磁场定向矢量控制方式比转子磁通的控制方式复杂，但其利用了气隙磁通便于观测的优点，能够保持气隙磁通的恒定，从而使扭矩与q轴电流成正比，可直接对q轴电流进行控制，达到电动机矢量控制的目的。

④ 定子磁场定向矢量控制。由于转子磁通的检测容易受电动机参数的影响，而气隙磁通的检测需要附加额外的检测器件，因此，又出现了定子磁场定向矢量控制方法。此种方法通过保持定子磁通不变，控制与扭矩成正比的q轴电流分量，实现电动机的矢量控

制。定子磁场定向矢量控制也比较复杂，且以定子电压作为检测量，所以容易受电动机转速的影响。转子磁场定向控制方式是应用最多的矢量控制。基于转子磁场定向矢量控制原理的交流异步电动机变频控制系统组成框图如图 3－24 所示。

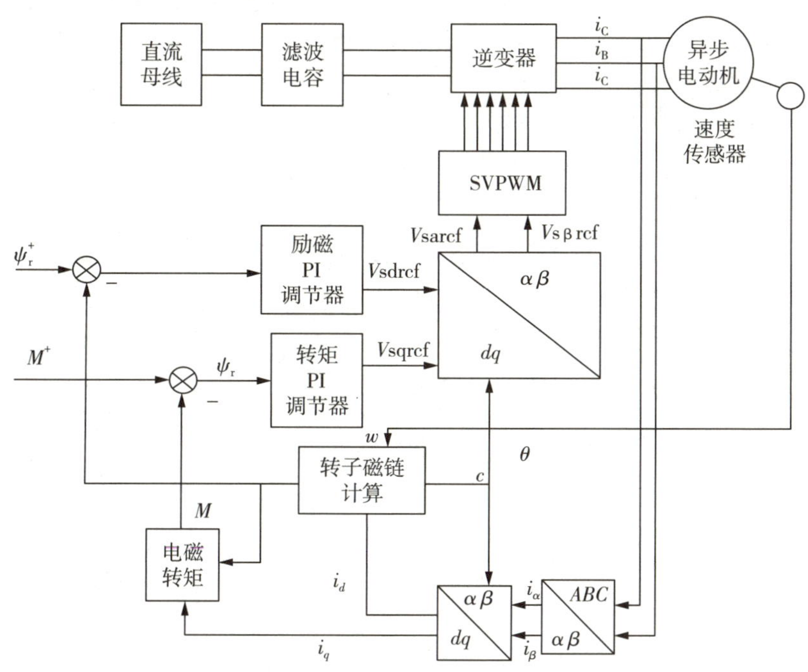

图 3－24　基于转子磁场定向矢量控制原理的交流异步电动机变频控制系统组成框图

（2）交流异步电动机矢量控制的特点。交流异步电动机矢量控制的实质是通过坐标变换重建电动机数学模型，将交流异步电动机等效为直流电动机，从而像直流电动机那样对交流异步电动机进行实时的扭矩和转速控制。基于磁场定向控制原理的调速系统可自动改变电压和频率，使指令值和检测得到的实际值达到一致，从而实现变频调速，提高电动机静态控制精度和动态品质。其主要的特点有以下几个方面：

① 可以从零转速开始进行速度控制，因此，调速范围很宽。

② 转速控制响应速度快，且调速精度较高，低速特性连续。

③ 可以对扭矩实行较为精确的控制，电动机的加速特性也很好。

④ 系统受电动机参数变化的影响较大，且计算复杂，控制相对烦琐。

目前矢量控制理论比较完善，并日趋成熟，已实际应用于交流异步电动机控制器的矢量控制，能实时准确地辨识电动机参数，控制性能良好。由于微处理器运算能力很强，控制器处理复杂算法的实时性也有保障。因此，基于矢量控制的交流异步电动机控制器的控制性能可基本满足电动汽车的动力性要求。

2）交流异步电动机的直接扭矩控制

1985 年，德国学者 M. Depenbmck 教授首次提出了基于异步电动机动态模型的直接扭矩控制理论，随后日本学者 I. Takahashi 也提出了类似的控制方案。直接扭矩控制在定子坐标系下，避开旋转坐标变换，直接控制转子磁链，采用扭矩和磁链的 bang - bang 控制，不受转子参数随着转速变化而变化的影响，简化了控制结构，动态响应快，对转子参数鲁棒性好，因而受到广泛的关注，并且已得到了实际的应用。

（1）交流异步电动机直接扭矩控制方法。直接扭矩控制系统主要由磁链调节器、扭矩调节器、磁链和扭矩观测器、转速调节器等组成。交流异步电动机直接扭矩控制系统框图如图 3 - 25 所示。

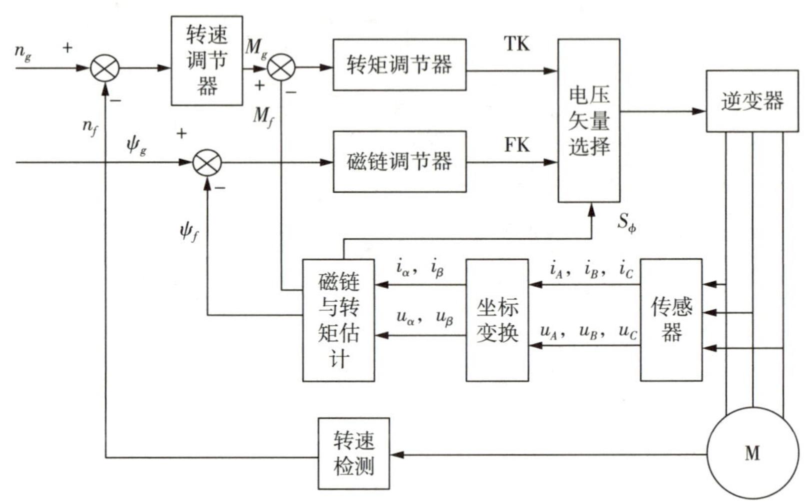

图 3 - 25 交流异步电动机直接扭矩控制系统框图

直接扭矩控制是指在定子坐标系下通过检测电动机定子电压和电流，采用空间矢量理论计算电动机的扭矩和磁链，并根据与给定值比较所得到的差值，实现扭矩和磁链的直接控制。直接扭矩控制过程如下：

① 通过相关传感器获得定子电流和电压的仪 $\alpha - \beta$ 分量信号。

② 传感器的信号输入磁链观测器和扭矩观测器，计算得到定子磁链和扭矩的实际值。

③ 将定子磁链的实际值 ψ_f 与给定值 ψ_g 通过滞环比较器进行比较，并输入磁链调节器实现磁链的自控制。

④ 将转速测量值 n_f 与给定值 n_g 进行比较，通过转速调节器获得扭矩给定值 M_g，再将扭矩给定值 M_g 和实际值 M_f 输入扭矩调节器，实现扭矩的自控制。

（2）交流异步电动机直接扭矩控制的特点。相比于交流异步电动机的矢量控制，直接扭矩控制的特点如下：

① 调速精度较高，响应速度快。

② 计算简便，而且控制思想新颖，控制结构简单，控制手段直接。

③ 信号处理的物理概念明确，动静态性能均佳。

④ 调速范围较窄，低速特性有脉动现象。

从理论上分析，直接扭矩控制具有矢量控制所不及的转子参数的鲁棒性和结构上的简单性。然而在技术层面上，直接扭矩控制往往很难体现出其优良的特性，而相对于矢

量控制的不足，也制约了直接扭矩控制的实用化进程。可以说，直接扭矩控制具有广阔的应用前景，但还需要克服一些技术难题。

3.4　永磁电动机

永磁电动机主要有三种，即定子（磁极）采用永磁体的永磁有刷直流电动机、转子采用永久磁铁的永磁无刷直流电动机和永磁同步交流电动机。

3.4.1　永磁无刷直流电动机

1）永磁无刷直流电动机的工作原理

永磁无刷直流电动机是在有刷直流电动机的基础上发展起来的。它是随着电动机技术的迅速发展而出现的一种新型直流电动机。永磁无刷直流电动机的转子为永久磁铁。其工作原理如图 3 - 26 所示。

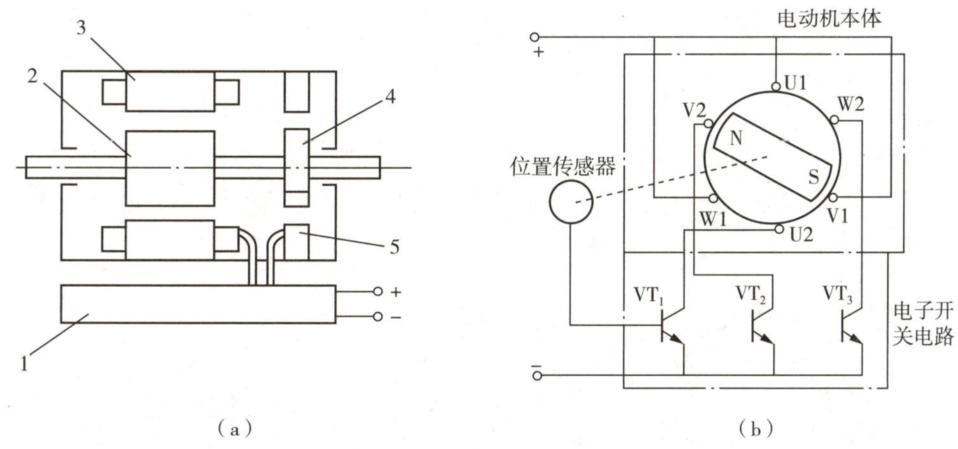

1—电子开关；2—转子；3—定子；4—位置传感器转子；5—位置传感器定子。

图 3 - 26　永磁无刷直流电动机的工作原理

永磁无刷直流电动机的定子有对称布置的三相绕组，并通过电子开关控制三相定子绕组及时换向。在电动机通电后，电子开关使某相定子绕组通电而产生磁场，使转子受电磁力的作用而转动起来；转子位置传感器将转子的位置转换为相应的电信号，并输入电子开关；电子开关根据转子位置传感器的信号控制电枢绕组依次通电，使定子产生的磁场旋转；旋转磁场的磁力作用于转子，使转子持续转动，产生方向不变的电磁扭矩。

从永磁无刷直流电动机定子产生旋转磁场的原理可知，由于定子绕组的相数有限，产生的旋转磁场是跳跃式的，因此，此种电动机产生的电磁扭矩波动比较大。

2）永磁无刷直流电动机的结构

永磁无刷直流电动机主要由电动机本体、转子位置传感器和电子开关构成，如图 3 - 27 所示。

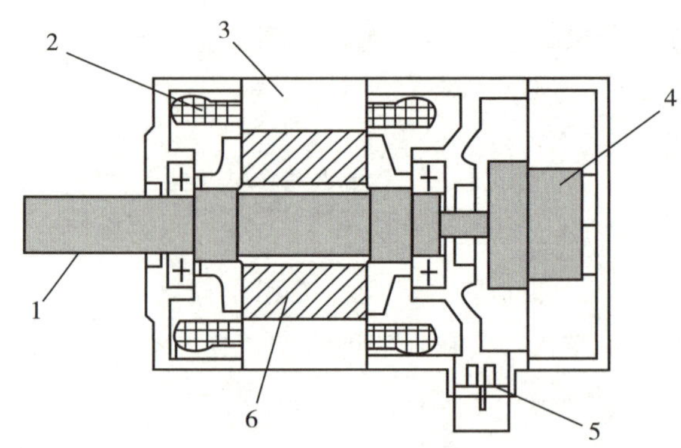

1—电动机轴；2—定子绕组；3—定子铁心；4—传感器转子；5—转子位置传感器；6—转子。

图 3-27 永磁无刷直流电动机的结构

（1）电动机本体。电动机本体主要由转子和定子两部分构成。

① 定子。永磁无刷直流电动机定子的结构与三相异步交流电动机定子的结构相似，也是由定子铁心和三相定子绕组构成，不同的是异步交流电动机通入的是三相正弦交流电，而永磁无刷直流电动机定子绕组通入的电流是方波电压脉冲。

② 转子。转子有瓦片式、嵌入式和内埋式等不同的形式，如图 3-28 所示。瓦片式和嵌入式转子一般是用环氧树脂将永磁体直接粘贴在转轴上。这两种结构可将转子的直径做得较小，惯性较小，电感也较小，有利于改善电动机的动态特性。内埋式转子机械强度高，磁路气隙小，更适用于弱磁。

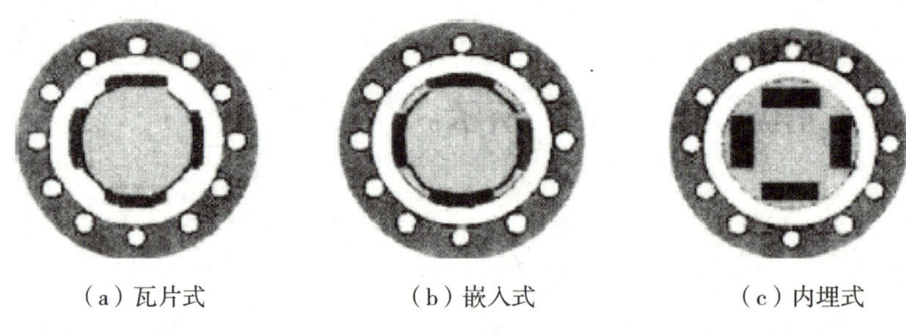

（a）瓦片式　（b）嵌入式　（c）内埋式

图 3-28 永磁转子的结构

（2）电子开关。电子开关也称为“电子换向器”，它与转子位置传感器相配合，起到与机械换向器相似的作用。图 3-29 所示的是三相绕组全控桥电子开关电路。在每个瞬间，上、下桥臂各有一个晶体管导通，使两相定子绕组通电。

图 3-29 中，电子开关触发器的作用是将位置传感器的输出信号进行解调、预放大、功率放大，然后去触发末级晶体管，使电枢绕组按一定的逻辑程序通电，形成旋转磁场，以使电动机转子可靠运转。

（3）转子位置传感器。转子位置传感器用于检测转子的位置，在电动机工作时，将转子的位置转换为电信号，并输送给电子开关，使电子开关适时地通断。转子位置传感器的种类较多，有电磁式、光电式、霍尔效应式等。霍尔效应式传感器具有测量精度高、

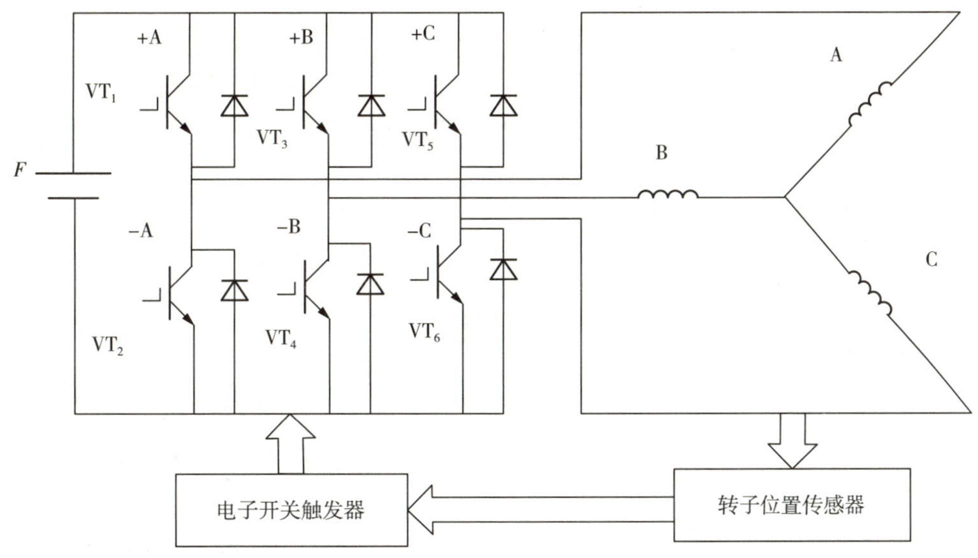

图 3-29 三相绕组全控桥电子开关电路

工作稳定性好、结构简单、体积小、安装灵活方便、易于机电一体化等优点，在电动机上得到了广泛的应用。

3）永磁无刷直流电动机的控制

（1）永磁无刷直流电动机的控制方法。永磁无刷直流电动机的磁场是非正弦的，不能再用类似于交流异步电动机模型变换的矢量控制算法，而是采用与直流电动机相同的控制方法，即通过调节占空比的斩波器（PWM）控制方法实现电动机扭矩与转速的控制。

永磁无刷直流电动机的主控电路如图 3-29 所示。电子开关触发电路每次触发两个晶体管导通时，接通两相定子绕组，每隔一定角度换向一次，每个晶体管导通 120°电角度。各次换向晶体管的导通顺序依次为＋A→B、＋A→C、＋B→C、＋B→A、＋C→A、＋C→B，依次记为状态 S1、S2、S3、S4、S5、S6。在每个状态中，对上桥臂晶体管作用 PWM（占空比信号），控制其导通时间，而相应的下桥臂晶体管则处于常导通状态，见表 3-2 所列。这样，控制器通过占空比信号控制定子绕组的通电时间，实现电动机的转速控制。

表 3-2 三相无刷直流电动机控制的六个换向状态

状态	VT_1（＋A）	VT_2（－A）	VT_3（＋B）	VT_4（－B）	VT_5（＋C）	VT_6（－C）
S1	PWM	OFF	OFF	ON	OFF	OFF
S2	PWM	OFF	OFF	OFF	OFF	ON
S3	OFF	OFF	PWM	OFF	ON	ON
S4	OFF	ON	PWM	OFF	ON	OFF
S5	OFF	ON	OFF	OFF	PWM	OFF
S6	OFF	OFF	OFF	ON	PWM	OFF

（2）永磁无刷直流电动机的控制原理。永磁无刷直流电动机的控制原理如图 3－30 所示。

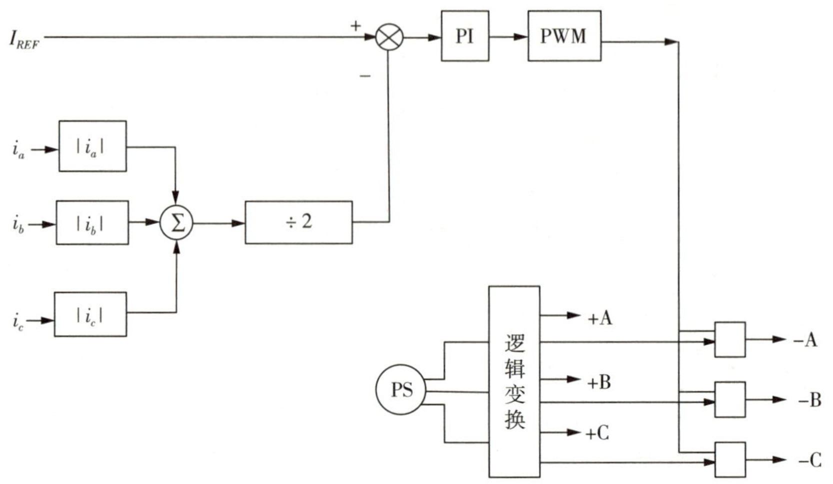

图 3－30　永磁无刷直流电动机的控制原理

三相定子绕组电流 i_a、i_b、i_c绝对值处理后相加并除以 2，得到反馈电流 I_F。I_F与定电流 I_{REF}进行比较，对其误差进行调节（PWM 的脉冲宽度）。调节过程为：当 $I_F < I_{REF}$时，PI 调节器使 PWM 脉冲变宽；当 $I_F > I_{REF}$时，使 PWM 脉冲变窄。由于调节器的响应速度很快，因而反馈电流 I_F始终跟随给定值 I_{REF}，对 PWM 的脉冲宽度及时作出调整。

4）永磁无刷直流电动机的特点

与有刷直流电动机相比，永磁无刷直流电动机具有以下特点：

（1）优点

① 转速高、体积小。由于没有了电刷与换向器之间的换向火花问题，电动机可高速运行，因而体积减小、质量减轻。

② 可靠性高、寿命长。无刷直流电动机由于不存在换向器烧蚀和电刷磨损问题，其工作可靠性高，使用寿命长。

③ 对无线电干扰小。有刷直流电动机电刷与换向器之间的换向火花会造成对无线电的干扰，无刷直流电动机则避免了换向火花对无线电的干扰问题。

④ 功率密度和效率较高。由于发热的绕组安放在定子上，有利于散热、便于温度监控，易得到较高的功率密度，效率也较高。

⑤ 控制简单。相比于异步电动机极为复杂的控制，无刷直流电动机只是离散的六个状态的转子位置控制，控制方法极为简单。

（2）缺点

① 电磁扭矩波动较大。由于定子磁场换向的不连续性，电动机电磁扭矩的波动比有刷直流电动机和交流异步电动机大。

② 成本较高。电动机采用了永磁体，控制器的电子元器件也相对较多，因而电动机

的成本较高。

③ 能耗较大。由于转子为永磁体，无法调节，弱磁调节必须通过增大定子直轴去磁电流分量来削弱磁场，这样就增大了定子的电流，铜损较大。

④ 需要用转子位置传感器。由于需要根据转子位置来控制定子绕组换向，因此，这种电动机必须要有转子位置传感器，这会增加电动机结构的复杂性和发生故障的概率。

3.4.2　永磁交流同步电动机

1）永磁交流同步电动机的工作原理

永磁交流同步电动机的转子为永久磁铁，定子绕有均匀分布的三相绕组，其工作原理如图 3－31 所示。

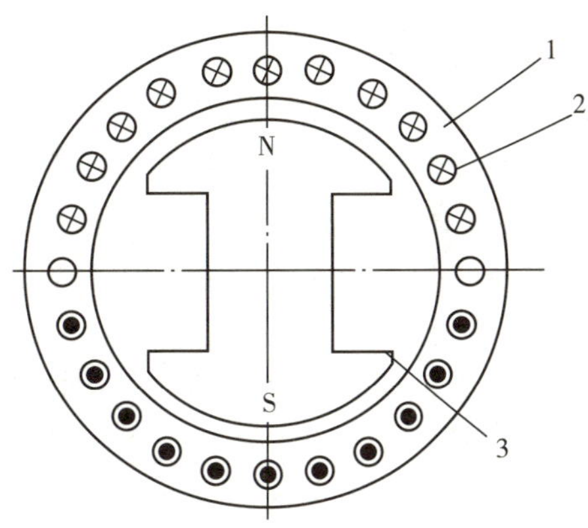

1—定子铁心；2—定子绕组；3—转子。

图 3－31　永磁交流同步电动机的工作原理

与三相异步交流电动机一样，当定子绕组输入三相正弦交流电时，会产生一个旋转磁场，该磁场与转子的永磁体磁场相互作用，使转子产生电磁扭矩，并随着定子的旋转磁场转动，由于转子的转动与旋转磁场同步，故而称之为交流同步电动机。

由于同步电动机的转速 n 与定子的旋转磁场同步，因此，电动机的转速可表示为

$$n=n_1=\frac{60f}{P_n} \qquad (3-6)$$

式中：n_1 为同步转速；f 为电源频率；P_n 为电动机磁极对数。

从式（3－6）可知，对于某一型号的同步电动机来说，其转速只与电源的频率有关。

2）永磁交流同步电动机的结构

永磁交流同步电动机的基本结构与其他类型的电动机相似，如图 3－32 所示。

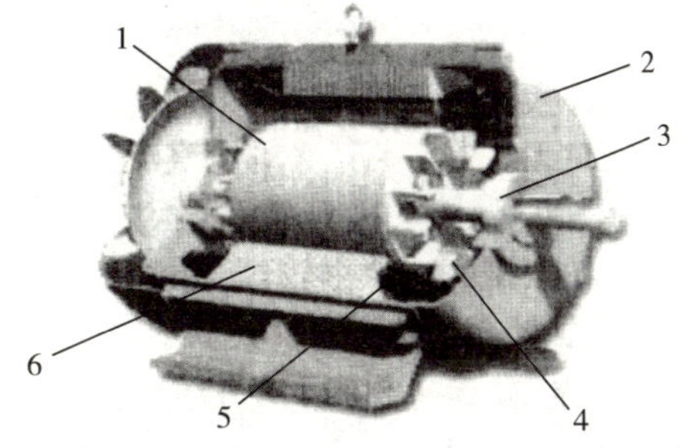

1—转子；2—壳体；3—轴承；

4—风扇；5—定子绕组；6—定子铁心。

图 3－32　永磁交流同步电动机的结构

永磁交流同步电动机的转子与永磁无刷直流电动机相同，其结构也有瓦片式、嵌入式和内埋式等多种。永磁交流同步电动机的定子也是由铁心和三相绕组构成，其结构与无刷直流电动机及交流异步电动机均相同，永磁交流同步电动机无转子位置传感器。永磁交流同步电动机与其他类型的电动机相比，异同点如下：

（1）与永磁无刷直流电动机的异同。两种电动机的转子和定子结构相同，转子为永久磁铁，定子均有三相绕组。所不同的是，永磁交流同步电动机定子绕组输入的是三相

正弦交流电，形成一个连续的旋转磁场作用于转子，而永磁无刷直流电动机输入的是脉冲电流，形成一个跳跃式的旋转磁场使转子转动。

（2）与绕线转子同步电动机的异同。两种同步电动机的定子结构相同，且均输入三相正弦交流电，形成旋转磁场作用于转子而使转子转动；不同点只是转子的结构，绕线转子同步电动机的转子由铁心和绕组构成，工作时，需要通过电刷和集电环使转子绕组通电产生磁场，而永磁交流同步电动机的转子由永磁体产生转子磁场。

（3）与交流异步电动机的异同。相同点是定子的结构和输入的电源，通电后定子绕组均会形成旋转磁场；不同之处是转子的结构和工作方式，交流异步电动机转子有铁心和绕组，通过转子与定子旋转磁场的转速差使转子绕组通电而产生磁场，而永磁交流同步电动机转子是永久磁铁，与定子旋转磁场同步转动。

3）永磁交流同步电动机的特性

（1）永磁交流同步电动机的机械特性。永磁交流同步电动机稳定运行时，始终保持在同步转速，因此，其机械特性为水平的直线，如图 3-33 所示。当永磁交流同步电动机通过调节电源的频率 f 来调节电动机转速时，转速将会随着频率成正比地改变。

（2）永磁交流同步电动机的工作特性。永磁交流同步电动机的工作特性是指在电源电压恒定时，电动机的输入功率 p、定子电流 I_1、效率功率因数 $\cos\varphi$ 等随着输出功率变化的规律，如图 3-34 所示。

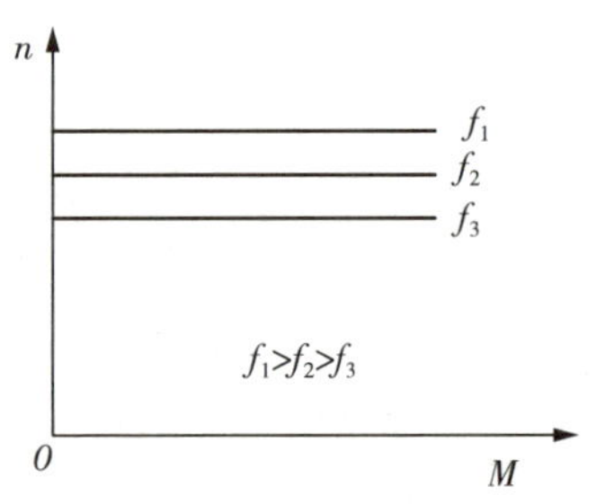

图 3-33　永磁交流同步电动机的机械特性

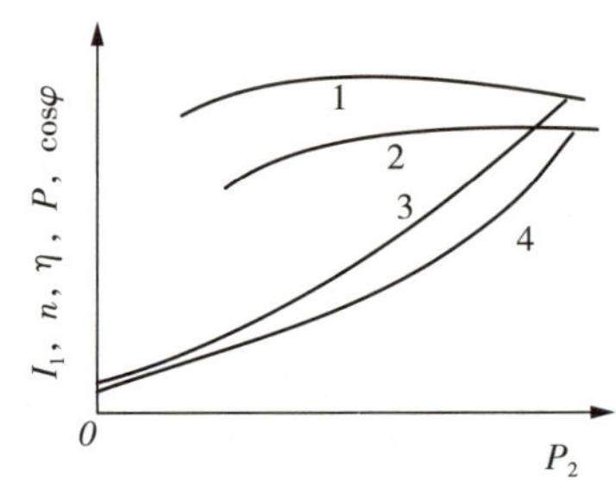

1—功率因数；2—效率；3—输入功率；4—定子电流。

图 3-34　永磁交流同步电动机的工作特性

从永磁交流同步电动机的工作特性可知，在正常工作范围内，电动机的功率因数比较平稳，效率能保持在较高的水平，而电动机的输入功率和定子绕组的电流随着输出功率的变化近似于线性。

4）永磁交流同步电动机的控制

相对于永磁无刷直流电动机，永磁交流同步电动机的控制较为复杂。为了使永磁交流同步电动机有直流电动机那样的优良控制特性，永磁交流同步电动机的控制如同交流异步电动机，先后提出了多种控制方法，比如：恒压频比开环控制、矢量控制、直接扭矩控制、自适应控制、滑模变结构控制、模糊控制、神经网络控制等。

上述电动机控制方法同样应用于交流异步电动机，但由于永磁交流同步电动机和交流异步电动机的转子结构不同，电动机的工作方式也不一样，因而其数学模型也不同，

即使采用同样的恒压频比开环控制、矢量控制、直接扭矩控制等控制方法，其控制的算法及控制器电路也均会有所差别。

与交流异步电动机一样，为了提高电动机的控制性能和控制精度，永磁交流同步电动机也应用了模糊控制、神经网络控制等智能化的控制技术。在智能化的电动机控制系统中，可将控制系统理解为多环结构，智能控制用于外环的速度控制，而内环的电流控制、扭矩控制仍用传统的控制方法。

5）永磁交流同步电动机的特点

永磁交流同步电动机与其他类型的电动机相比具有以下特点：

（1）与绕线转子同步电动机相比，省去了转子的励磁绕组、集电环和电刷，与永磁无刷直流电动机一样，实现了无刷运行，工作可靠性提高，且结构简单。

（2）与异步交流电动机相比，永磁交流同步电动机不需要无功励磁电流，定子电流和定子绕组的铜损小，因而在很宽的功率输出范围内其功率因数和效率都较高。

（3）由于转子无须励磁，电动机可在很低的转速下保持同步运行，调速的范围宽。

（4）永磁交流同步电动机具有较硬的机械特性，对于因负载的变化而引起的电动机扭矩扰动，电动机具有较强的承受能力，瞬间最大扭矩可达到额定扭矩的 3 倍以上，适用于负载扭矩变化较大的工作环境。

（5）结构多样化，转子可以有多种结构，可以内置或外置，不同的结构有不同的性能特点和适用环境，因此，永磁交流同步电动机的应用范围广。

总体上讲，永磁交流同步电动机具有结构简单、体积小、质量轻、损耗小、效率高等优点，但它与异步电动机相比，也有成本高、起动困难等缺点。

3.5　开关磁阻电动机

3.5.1　开关磁阻电动机的结构类型

开关磁阻电动机的基本组成部件有转子、定子和电子开关，如图 3－35 所示。

1）组成部件

（1）开关磁阻电动机的转子开关。磁阻电动机的转子由导磁性能良好的硅钢片叠压而成，转子的凸极上无绕组。开关磁阻电动机转子的作用是构成定子磁场磁通路，并在磁场力的作用下转动，产生电磁扭矩。为了避免转子单边受磁拉力，转子的径向必须对称（双凸极），因此，转子的凸极个数为偶数。实际应用的开关磁阻电动机的转子凸极最少有 4 个（2 对），最多的有 16 个（8 对凸极）。

（2）开关磁阻电动机的定子开关。磁阻电动机的定子铁心也是由硅钢片叠压而成的，成对的凸极上绕有两个互相串联的绕组（称为一相），这与其他电磁感应式电动机完全不同。定子的作用是其绕组按顺序通电，产生的电磁力吸动转子转动。定子凸极的个数也为偶数，最少的有 6 个（3 对凸极），最多的有 18 个（9 对凸极）。

（3）开关磁阻电动机的电子开关（也称为功率转换器）。由晶体管和续流二极管组

1—转子；2—接线盒；3—定子。

图 3-35 开关磁阻电动机的组成

成。其作用是顺序通断各定子绕组，将电源的电能输入电动机，使电动机产生电磁扭矩。电子开关的电路结构与定子凸极的数量相对应。定子具有 4 对凸极的电子开关电路如图 3-36所示。

2）结构类型

根据转子和定子凸极对数的不同，开关磁阻电动机有多种结构，见表 3-3 所列。结构不同，步进角（通电的定子绕组每改变一次转子所转动的角度）也不同。

表 3-3 开关磁阻电动机的结构

绕组相数	3	4	5	6	7	8	9
定子极数	6	8	10	12	14	16	18
转子极数	4	6	8	10	12	14	16
步进/（°）	30	15	9	6	4.28	3.21	2.5

低于 3 相（2 对定子凸极、1 对转子凸极）的开关磁阻电动机一般没有自起动能力，故很少采用。相数多时，电动机的扭矩脉动小，但结构复杂，电子开关器件多，控制电路复杂，成本相应较高。因此，开关磁阻电动机绕组相数一般不超过 9 相。目前运用较多的开关磁阻电动机是 3 相和 4 相。

3.5.2 开关磁阻电动机的工作原理

开关磁阻电动机无论其结构还是其工作原理，与其他类型的电动机相比，都有很大的不同。开关磁阻电动机的定子和转子均为双凸极结构，依据磁路磁阻最小原理使转子转动，产生电磁扭矩。

1）电磁扭矩的产生

开关磁阻电动机的定子双凸极上绕有集中绕组，转子凸极上没有绕组。其电磁扭矩

产生原理如图 3 - 36 所示。

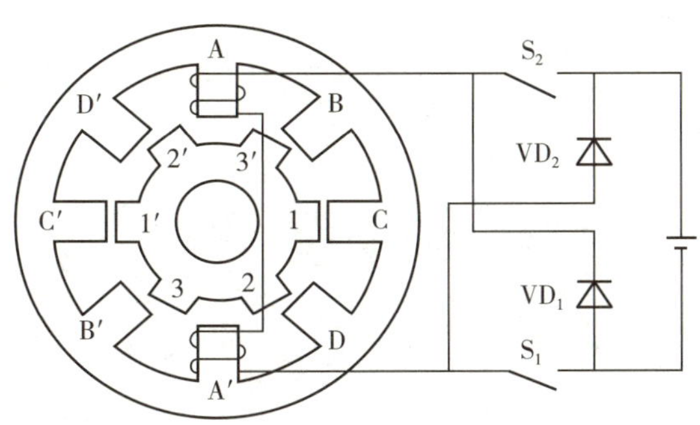

图 3 - 36　开关磁阻电动机电磁扭矩产生原理

图 3 - 36 所示定子有 A、B、C、D 四对凸极，转子有 1、2、3 三对凸极，当电子开关 S_1、S_2 使 A、A′定子绕组通电励磁时，通过转子形成闭合磁路，但电动机定子铁心与磁场的轴线不重合，于是转子就会受到弯曲磁力线切向分力的作用而转动，直到转子 2、2′凸极轴线转至与定子 A、A′凸极轴线重合（闭合磁路的磁阻最小）的位置。可见，开关磁阻电动机是以磁路磁阻最小的原理使转子受电磁力的作用而产生电磁扭矩的。

2）转子的持续转动

从开关磁阻电动机电磁扭矩产生的原理可知，要使转子能持续地转动，就必须按一定的旋转方向逐个改变通电的定子绕组。构成开关磁阻电动机驱动主电路的电子开关用于控制定子绕组按一定的顺序通电。其电路原理如图 3 - 37 所示。

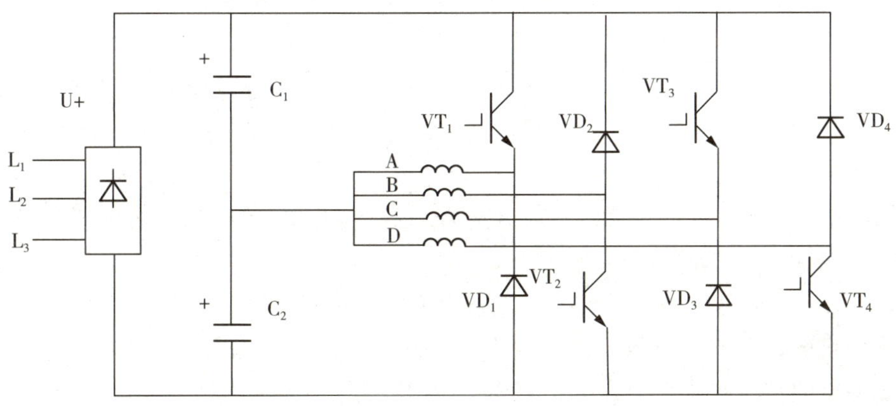

图 3 - 37　电子开关的电路原理

电子开关 VT_1、VT_2、VT_3、VT_4 的导通或截止由电动机控制器内的控制电路控制，当各电子开关依次控制 A、B、C、D 四个定子绕组通电时，转子就会不断地受电磁力的作用而持续转动。如果电子开关控制定子绕组按 D→A→B→C 的顺序通电，则转子就会逆着励磁顺序以逆时针方向连续旋转；反之，若依 B→A→D→C 的相序通电，则电动机转子就会沿顺时针方向转动。

3.5.3 开关磁阻电动机的特性

1）开关磁阻电动机的运行特性

开关磁阻电动机的运行特性可分为三个区，即恒扭矩区、恒功率区和自然特性区，如图 3－38 所示。

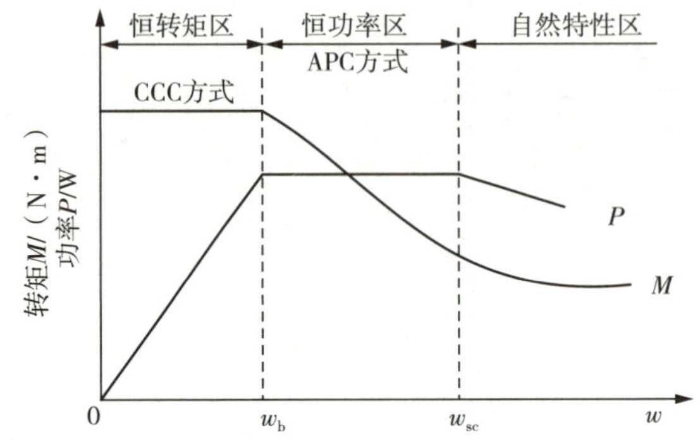

图 3－38　开关磁阻电动机的工作特性

在恒扭矩区，由于电动机的转速较低，电动机的反电动势较小，因此需要对电流进行斩波限幅。也就是说，开关磁阻电动机在低速范围内，通过这种电流斩波控制（CCC）方式，可使电动机在恒扭矩状态下工作。

在恒功率区，电动机的反电动势较大，电子开关晶体管的导通时间较短，因而电流较小。在外加电压和开关角一定的条件下，随着电动机转速的增加，其扭矩会急剧下降，此时，可通过控制电子开关晶体管的导通角来延缓扭矩的下降速度。这种控制过程称为角度位置控制（APC）方式。

在自然特性区，电动机的可控条件都已达到极限，运行特性不再可控，电源电压、开关的导通角均固定，这时，开关磁阻电动机的运行特性与串励直流电动机的特性相似，故也称为“串励特性区”。

开关磁阻电动机一般不在自然特性区运行，通常在恒扭矩区和恒功率区运行。

2）开关磁阻电动机的特点

（1）相比于电磁感应式电动机，开关磁阻电动机的优点如下：

① 电动机的转子没有绕组，定子绕组整体嵌装容易，结构简单，价格便宜。

② 电动机的转子无永磁体，允许较高的温升。由于绕组均在定子上，电动机容易冷却，效率高，损耗小。

③ 电动机扭矩的方向与定子绕组电流的方向无关，只需控制每相绕组通电的顺序即可控制电动机的转动方向，因而功率转换器电路简单，工作可靠。

④ 转子上没有电刷，结构坚固，转子转动惯量小，有较高的扭矩惯量比，适用于高速驱动。此外，转子无明显的热量产生，延长了电动机轴承的使用寿命。

⑤ 调速范围宽，控制灵活，易于实现各种特殊要求的扭矩/速度特性。

⑥ 起动电流小，无电磁感应式电动机在起动时所出现的冲击电流现象，起动扭矩大，

低速性能好，适合频繁起动。

（2）开关磁阻电动机的缺点。开关磁阻电动机的缺点主要表现在以下几个方面：

① 电磁扭矩的脉动较大，在特定频率下会产生谐振，这些都使得开关磁阻电动机的噪声和振动较大。

② 开关磁阻电动机的能量转换密度低于电磁感应式电动机。

③ 当电动机的相数较多时，主接线数就多，电动机的主电路较复杂。

3.5.4 开关磁阻电动机的控制

1）开关磁阻电动机调速的基本原理

开关磁阻电动机通过电子开关控制定子各凸极相绕组的通断和电流的大小，转子本身不产生磁场，只起导磁的作用。在工作中，定子绕组的电流为方波，磁极磁通处于高饱和状态。这些结构特点和工作方式使得开关磁阻电动机的控制方式也有别于电磁感应式电动机。

由电路基本定律可得到开关磁阻电动机包括各相回路在内的主回路电压平衡方程式，其中第 k 相电压平衡方程式为

$$U_k = R_k i_k + \frac{\mathrm{d}\psi_k}{\mathrm{d}t} \tag{3-7}$$

式中：U_k 为加在第 k 相绕组上的电压；i_k 为第 k 相绕组的电流；R_k 为第 k 相绕组的电阻；ψ_k 为第 k 相绕组的磁链。

在开关磁阻电动机中，由于其双凸极结构和磁场饱和效应，电动机各相绕组的磁链 ψ_k 是转子位置角 θ_k 和绕组相电流 i_k 的函数 [$\psi_k = \psi_k(\theta_k, i_k)$]，而电动机的磁链也可用电感和电流的乘积表示，即

$$\psi_k = L_k(\theta_k, i_k)\, i_k \tag{3-8}$$

式中：L_k 为第 k 相的电感。

将式（3－8）代入式（3－7）可得

$$U_k = R_k i_k + \left(L_k + i_k \frac{\partial L_k}{\partial i_k}\right)\frac{\mathrm{d}i_k}{\mathrm{d}t} + i_k \frac{\partial L_k}{\partial \theta_k} \cdot \frac{\mathrm{d}\theta_k}{\mathrm{d}t} \tag{3-9}$$

从式（3－9）可知，当电动机工作时，电源电压与回路中的电阻电压降、由电流变化引起的电动势 q 及由转子位置改变引起的电动势的三部分电压降相平衡。其等效电路如图3－39所示。

通过理论分析得知，电动机的电磁扭矩 M 也是转子位置角 θ 和绕组相电流的函数，其表达式为

$$M(\theta, i) = \frac{1}{2} i^2 \frac{\partial L}{\partial \theta} = \frac{1}{2} i^2 \frac{\mathrm{d}L}{\mathrm{d}\theta} \tag{3-10}$$

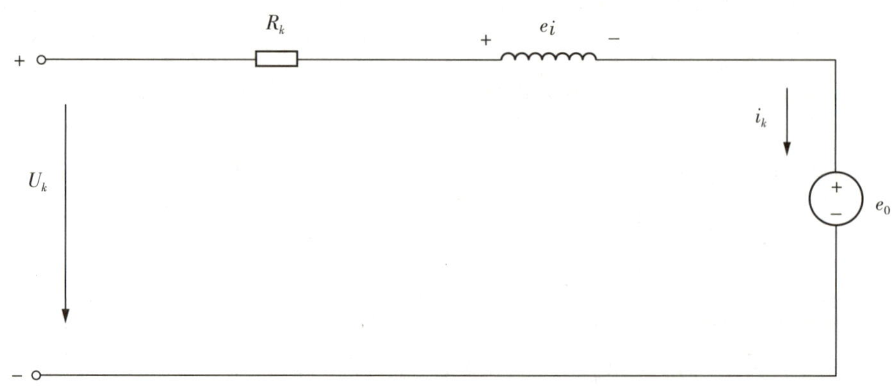

图 3-39　开关磁阻电动机第 k 相等效电路

从式（3-10）可知，电动机扭矩的方向取决于电感随转角的变化，与相电流的方向无关。当 $dL/d\theta>0$ 时，如果有相电流，则产生电动扭矩；当 $dL/d\theta<0$ 时，如果相电流方向不变，则产生制动扭矩。

由此可见，通过控制加在电动机定子绕组上的电流脉冲的幅度和脉宽以及与转子的相对位置，就可控制电动机扭矩的大小和方向，而在扭矩方向不变的情况下，通过调节相电流就可改变电动机的平均扭矩。这就是开关磁阻电动机调速控制的基本原理。

2）开关磁阻电动机驱动控制系统的组成与基本功能

（1）控制系统的基本组成。开关磁阻电动机驱动控制系统主要由功率转换器（电子开关电路）、电子控制器和检测电路三部分组成，如图 3-40 所示。

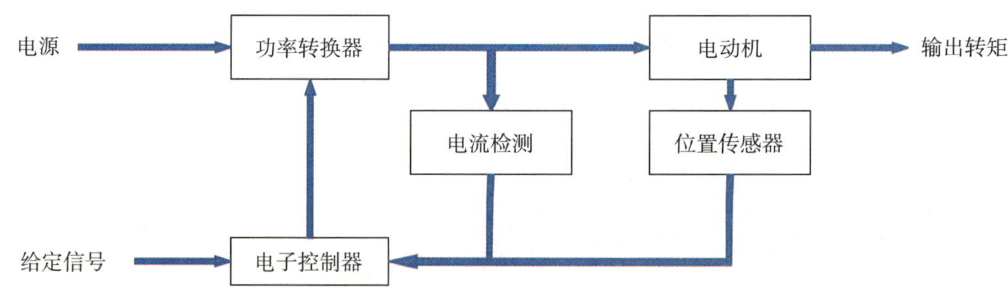

图 3-40　开关磁阻电动机驱动控制系统的基本组成

当电动机运行时，检测电路将定子绕组相电流的大小及转子的位置转换为相应的电信号，并反馈给电子控制器。电子控制器将反馈信号与给定的信号进行比较，然后输出控制信号控制功率变换电路开关管的导通角和关断角的大小，并通过功率转换器控制电动机定子相绕组通电的顺序，从而实现电动机电磁扭矩、转速及转向的控制。

（2）控制系统的基本功能。不同的使用环境，不一样的设计目标，电动机控制系统的性能及具体的结构会有所不同，但一般均应包含以下功能：

① 接收操纵指令功能。控制系统具有接收起动、加速、转向、停机等操作指令的功能，即控制器需要配置操作信号的处理与接收功能电路。

② 检测电动机状态功能。通过相关的传感器及检测电路，检测电动机的转速、角位移、电流及电压等参数，用以判断电动机当前的工作状态，实现对电动机的实时控制。

③ 控制方式选择功能。根据电动机当前的工作状态，自动选择电动机的控制方式，以实现电动机的最佳工作状态控制。

④ 比较控制功能。根据设定的算法将当前状态参量与给定量进行分析和比较，并输出相应的控制信号。

⑤ 驱动控制功能。根据控制器输出的控制信号，产生相应的控制脉冲，以控制功率开关的导通与关断，使电动机运行在控制状态。

⑥ 安全保护功能。当系统中某些物理参量（如电压、电流等）超过极限值时，控制器可自动采取相应的保护措施，以确保电动机和控制电路的安全。

⑦ 显示与报警功能。该功能包括显示系统的工作状态（如转速、电压等），系统极限状态的显示与报警（如高温极限、高速极限和故障报警等）。

3）开关磁阻电动机的控制方法

目前，开关磁阻电动机的基本控制方法有多种，常见的有角度位置控制法（APC）、电流斩波控制法（CCC）和电压控制法（VC）等。

（1）角度位置控制方式。如前所述，角度位置控制方式是在绕组电压不变的情况下，通过控制绕组通断晶体管的导通角度（开通角为 θ_{on}、关断角为 θ_{off}），来改变相电流波形、电流波形与绕组电感波形的相对位置，从而实现电动机的转速闭环控制。角度位置控制方式尤其适用于电动机转速较高、旋转电动势较大、电动机绕组电流相对较小的场合。

由于开通角 θ_{on} 和关断角 θ_{off} 均可调节，因此，角度位置控制方式有调节开通角 θ_{on}、调节关断角 θ_{off}、同时调节开通角 θ_{on} 和关断角 θ_{off} 三种。

① 调节开通角 θ_{on}。在相电压不变的情况下，固定关断角 θ_{off}，调节开通角 θ_{on}，可以改变相电流的波形宽度、电流波形的峰值和有效值大小以及电流波形和电感波形的相对位置，从而实现电动机的转速与扭矩的调节。

② 调节关断角 θ_{off}。固定开通角 θ_{on}，调节关断角 θ_{off}，一般不会影响电流峰值，但可以改变电流波形宽度以及与电感波形的相对位置，使电流有效值随之变化，从而改变相电流的有效值。

③ 同时调节开通角 θ_{on} 和关断角 θ_{off}。在实际应用中，一般采用固定关断角 θ_{off}，改变开通角 θ_{on} 的控制方式。另外，在实际调速系统中，某相的 θ_{on} 和 θ_{off} 值也将决定于与该相相邻相的互感电动势大小，因此，调节某一相的 θ_{on} 和 θ_{off} 时不仅影响该相的电流波形，而且影响相邻两相的电流波形。就一对特定的 θ_{on} 和 θ_{off} 组合而言，也许对某相电流是最优的，但对其他相可能并非最佳。因此，要实现开关磁阻电动机 APC 控制方式的最佳运行，必须对每一相的 θ_{on} 和 θ_{off} 分别进行调节。

根据对式（3-10）的分析可知，当相电流波形主要位于电感的上升区时，电动机电磁扭矩为正，即电动机工作在电动状态（向外输出扭矩）；当电流波形主要位于电感的下降区时，产生的平均电磁扭矩为负，电动机工作在制动状态。由于对 θ_{on} 和 θ_{off} 控制可使相电流波形处在绕组电感波形的不同位置，因此，可以通过控制 θ_{on} 和 θ_{off} 的方式使电动机工作在不同的状态。

角度位置控制方式的特点是：

① 扭矩调节范围大。在角度位置控制下的电流占空比的变化范围几乎是0%～100%。

② 同时导通相数可变。同时导通相数越多，则电动机输出扭矩越大，扭矩脉动也就越小。因此，当电动机的负载变化时，可以通过自动增加或减少同时导通的相数来平衡电动机。

③ 电动机效率高。通过角度优化能使电动机在不同的负载下保持较高的效率。

④ 不适用于低速。在角度位置控制中，电流峰值主要由旋转电动势限制。当转速降低时，由于旋转电动势减小，容易使相电流峰值超过允许值，因此，角度位置控制一般适用于较高的转速。

（2）电流斩波控制方式。在电动机低速运行状态下，尤其是在起动时，由于转速较低，电动机定子导通相绕组中的旋转电动势较小，可能产生过大的冲击相电流，对电动机及电子开关器件造成损害。采用斩波方式可限制可能出现的过电流和较大的电流尖峰。电流斩波控制过程是：将检测到的相电流与给定电流的上限值进行比较，当导通相绕组的电流达到设定的上限值时，使开关关断，相电流下降；当电流降至电流设定的下限值时，再重新导通功率开关，使绕组电流上升。这样反复通断功率开关，从而形成在给定电流峰值附近波动的斩波电流波形。

电流斩波按实际的控制方式，又可分为起动斩波、定角度斩波和变角度斩波三种模式。

① 起动斩波模式。该模式通常是在开关磁阻电动机启动时采用，通过调节开通角 θ_{on} 和关断角 θ_{off} 来控制导通角 θ_c。θ_c 相对较大，以满足电动机启动时的大扭矩，同时又要限制相电流峰值的要求。

② 定角度斩波模式。该模式通常是在电动机启动以后的低速运行状态下采用，将导通角 θ_c 限定在一定的范围内，且保持不变。

③ 变角度斩波模式。该模式通常是在电动机中速运行时采用，此时通过对电流斩波、开通角 θ_{on}、关断角 θ_{off} 的同时调节来对电动机的扭矩进行控制。

电流斩波控制方式的特点：

① 适用于低速和制动运行。电动机在低速运行时，绕组中旋转电动势小，电流上升速率大；在制动运行时，旋转电动势的方向与绕组端电压的方向相同，电流的上升速率比低速运行时更大。电流斩波控制方式可以有效地限制峰值电流，使电动机获得恒扭矩输出的机械特性。

② 电动机的扭矩平稳。电流斩波时电流波形呈较宽的平顶状，因此，电动机产生的扭矩也较平稳，合成扭矩的脉动明显比其他控制方式小。

③ 用作调速系统时，抗负载扰动性的动态响应慢。在电流斩波控制方式中，由于电流峰值被限制，当电动机转速在负载扰动的作用下发生突变时，电流峰值无法自适应，系统在负载扰动下的动态响应十分缓慢。

（3）电压斩波控制方式。电压斩波控制方式是在开通角 θ_{on} 和关断角 θ_{off} 保持不变的前提下，使功率开关按 PWM 方式开通和关断。通过调节 PWM 波形的占空比，使加在绕组

两端的电压平均值发生变化，相应的绕组电流也发生变化，以此实现电动机扭矩和转速的调节。

按照续流方式的不同，电压斩波控制方式可分为单管斩波方式和双管斩波方式两种。

① 单管斩波方式。控制每相绕组通断的上、下桥臂的两个电子开关，使其只有一个处于斩波状态，而另一个电子开关一直导通。

② 双管斩波方式。在双管斩波方式中，连接于每相绕组的上、下桥臂两个电子开关同时工作在斩波状态。

考虑到系统效率等因素，实际应用中以单管斩波方式最为常见。

电压斩波控制方式的特点如下：

① 该控制方式可以控制斩波频率和占空比两个参数，可控性能好。一般情况下，斩波频率是固定的，通过选择适当的斩波频率，也就控制了相电流频率。

② 占空比与相电流最大值之间有较好的线性关系，调节 PWM 的占空比即可调节相电流的最大值。

③ 电压 PWM 控制方式通过 PWM 方式调节绕组电压平均值，间接地调节和限制过大的绕组电流。因此，该控制方式既能用于高速运行，又适合于低速运行。

④ 该控制方式适合于转速调节系统，抗负载扰动的动态响应快。其缺点是扭矩脉动较大，调速范围有限。

(4) 组合控制方式。实际的开关磁阻电动机控制可根据不同的实际情况，结合上述控制方式的优缺点，选用其中的几种控制方式组合，使开关磁阻电动机调速系统的性能更好。目前比较常用的两种组合控制方式是高速角度控制与低速电流斩波控制组合和变角度电压 PWM 控制组合。

① 高速角度控制与低速电流斩波控制组合。高速时采用角度位置控制方式，低速时采用电流斩波控制方式，这有利于发挥两者的优点。这种控制方式的缺点是对中速时的过渡不容易掌握。一般要求在升速时的转换点和在降速时的转换点之间要有一定的回差，应使前者略高于后者，且要避免电动机速度切换点频繁转换控制方式。

② 变角度电压控制组合。通过电压 PWM 来调节电动机的转速和扭矩，通过调节开关角来解决相电流变化滞后的问题。在这种工作方式下，转速和扭矩的调节范围大，高速和低速均有较好的电动机控制特性，且不存在两种不同控制方式互相切换的问题。因此，目前该控制组合得到了广泛应用。

3.5.5　开关磁阻电动机功率转换的结构类型

功率转换器（电子开关）是开关磁阻电动机调速系统的主电路，起着控制定子绕组通断电，并将电源的电能传递给电动机的作用。和其他类型的电动机调速系统主电路一样，功率转换器的性能和形式对电动机调速系统的效率、成本和可靠性均有较大的影响。

1）对功率转换器的要求

为提高开关磁阻电动机调速系统的效率，降低成本，提高系统工作的可靠性，对功率换器的要求如下：

（1）所用的主开关元器件尽可能少，以降低电动机驱动系统的成本。

（2）能实现能量回馈控制，且系统本身的能量损耗小。

（3）电动机驱动系统通过开关器件进行调制，可有效控制相绕组电流的大小。

（4）要具备迅速增加相绕组电流的能力，并且延迟尽可能小。

（5）系统本身的电压降小，使电源电压尽可能地提供给电动机绕组。

2）功率转换器的类型

开关磁阻电动机调速系统的功率转换器的电路结构有多种，较为常见的有双开关型、双绕组型、电容分压型、H桥型等。

（1）双开关型功率转换器。双开关型功率转换器对每相绕组的控制均采用两只主晶体管（VT_1和VT_2）和两只续流二极管（VD_1和VD_2），其电路原理如图3-41所示。

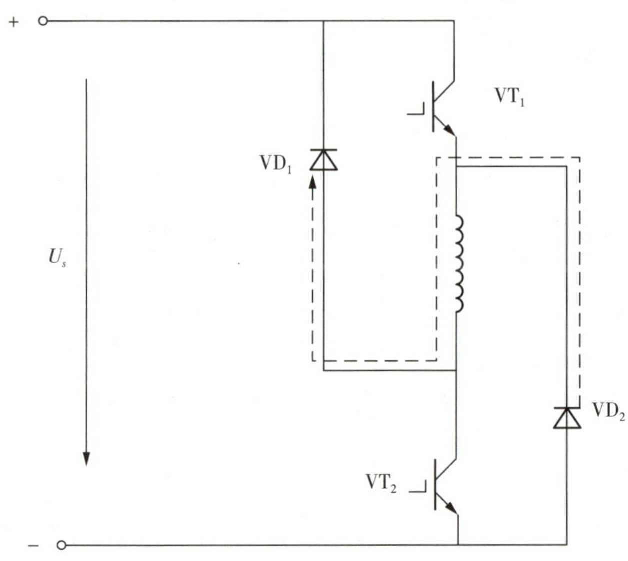

图3-41　双开关型功率转换器电路原理

当VT_1和VT_2同时导通时，电源向定子绕组供电；当VT_1和VT_2同时关断时，该相定子绕组产生自感电动势，相电流沿虚线箭头方向经续流二极管VD_2和VD_1进行续流，向蓄电池充电，将定子绕组的磁场能量以电能的形式迅速回馈给电源。

这种双开关型电路结构的电动机主电路，开关器件对电压容量要求较低，特别适合于高压、大容量的场合，且各相绕组可以独立控制，控制简单。双开关型功率转换器的缺点是所需开关器件数量较多，成本较高。

（2）双绕组型功率转换器。双绕组型功率转换器适用于每相均有主、副两个绕组的电动机。

当主开关VT_1导通时，电源对主绕组供电，形成图3-42中实线方向的电流；当VT_1关电断时，主绕组的电流迅速消失，通过磁耦合使副绕组产生感应电流，通过二极管VD_1续流（虚线箭头方向），向电源回馈电能。

双绕组型功率转换器的电路简单，每相只需要一个晶体管，开关元器件少。此外，

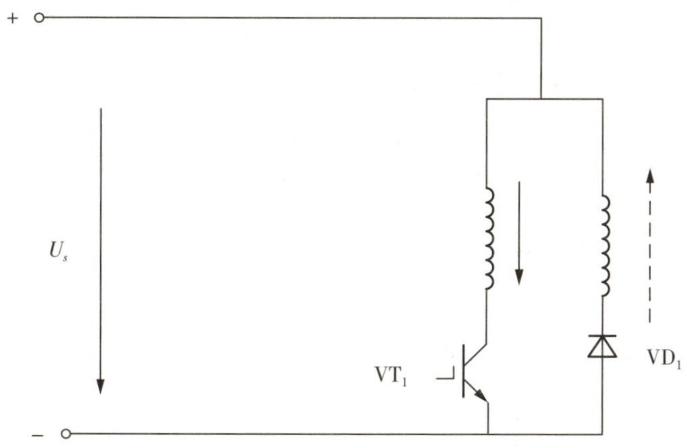

图 3-42 双绕组型功率转换器电路原理

这种主电路可适用于任意相数的开关磁阻电动机，尤其适宜于低压直流电源供电的场合。但是，这种电路结构的主开关除了要承受电源电压外，还要承受副绕组的互感电动势。此外，由于电动机定子凸极上需绕制主、副两个绕组，从而使定子铁心槽及铜线利用率低，铜耗增加，电动机的体积增大。

(3) 电容分压型功率转换器。电容分压型主电路也称为“电容裂相型主电路”或“双电源型主电路”，是在开关磁阻电动机上广泛采用的一种功率变换电路。4 相电容分压型功率转换器的电路原理如图 3-43 所示。

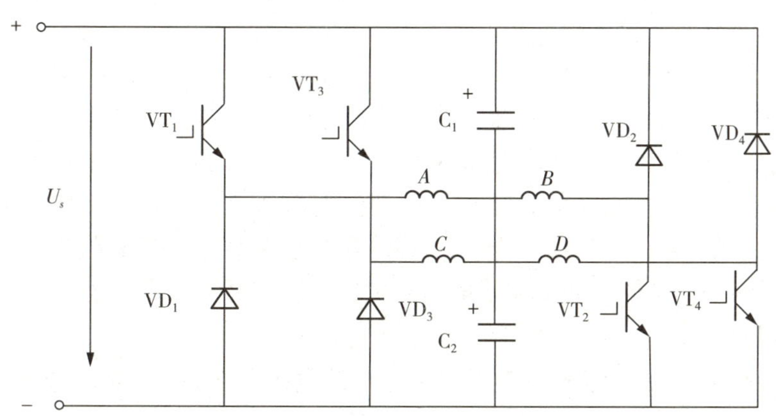

图 3-43 4 相电容分压型功率转换器的电路原理

采用电容分压型主电路的开关磁阻电动机，其每相绕组均连接一个晶体管和一个续流二极管，各相的主开关和续流二极管依次上下交替排列，电源 U_s 通过两个大电容 C_1 和 C_2 进行分压。当 VT_1 导通时，上侧的电容 C_1 对 A 相绕组放电，电源对 A 相供电，经下侧电容 C_2 构成回路；当 VT_1 关断时，A 相产生自感电动势，其感应电流经 VD_1 续流，向下侧电容充电 C_2。当 VT_2 导通时，绕组 B 从 C_2 吸收电能；当 VT_2 关断时，B 相绕组的剩余能量经 VD_2 回馈给 C_1。由此可见，为了保证上、下两个电容的工作电压对称，电容分压型主电路仅适用于偶数相开关磁阻电动机。

（4）H 桥型功率转换器。H 桥型主电路比 4 相电容分压型主电路少了两个串联的分压电容，增设了蓄能电容 C。其电路原理如图 3－44 所示。

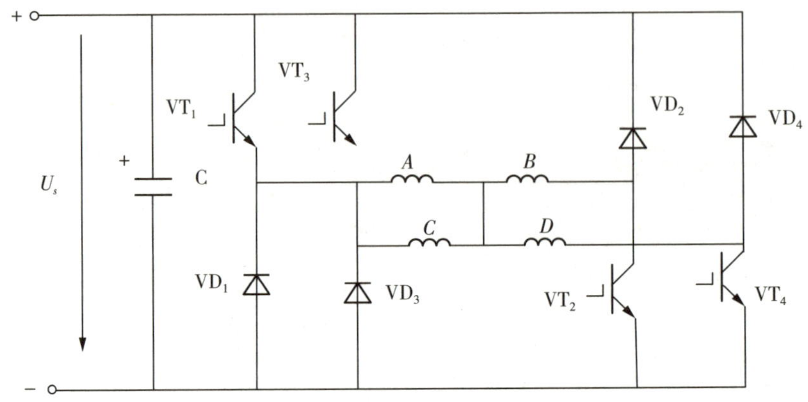

图 3－44　H 桥型功率转换器电路原理

H 桥型主电路由于没有分压电容，当主开关 VT_1 关断时，定子绕组 A 换相的磁场能量中的一部分回馈给电源，另一部分注入导通相绕组，这会引起中点电位的较大浮动。H 桥型主电路要求每一瞬间上、下桥臂必须各有一相导通。H 桥型主电路的特色之处是可以实现零电压续流，从而提高系统的控制性能。但是，H 桥型主电路只适用于 4 相或 4 的倍数相的开关磁阻电动机。这种主电路也是 4 相开关磁阻电动机应用较多的电路形式。

3）功率转换器与开关磁阻电动机的匹配

开关磁阻电动机在实际应用中只有选择合适的主电路与之匹配，才能使其正常工作，并发挥最大的效率。一般情况下，可从以下几个方面来选择功率转换器的类型。

（1）适用的相数。不同类型的主开关电路，适用的电动机相数是不同的。四种常用的功率转换器主电路中，双开关型和双绕组型主电路从理论上可适用于各种相数的开关磁阻电动机，实际应用相配的相数为 3～9；电容分压型只适用于相数为偶数的开关磁阻电动机，如 4 相、6 相、8 相开关磁阻电动机；H 桥型仅适用于相数为 $4K$（$K=1$，2，3，4）的开关磁阻电动机，如 4 相、8 相开关磁阻电动机。

（2）电源有效利用率。反映功率转换器主电路电源有效利用率的参数有 U_s/U_m 和 U_c/U_m 两个。

① U_s/U_m。即功率转换器的直流电源供电电压与相绕组最大供电电压之比。当该参数为 1 时，开关磁阻电动机的相电流较小、铜耗小、功率转换器能量转换的效率高。因此，在其他条件允许的情况下，最好选择 $U_s/U_m=1$ 的功率转换器。

② U_c/U_m。即相绕组的换相电压 U_c 与相绕组最大供电电压 U_m 之比。从主开关和续流二极管额定工作电压的合理性和系统快速换相的要求出发，该参数值为 1 最好。

（3）相控独立性。多相开关磁阻电动机要使每相绕组均衡工作，使系统具有较强的容错能力，避免受其他相的影响，各相绕组的供电电压和换相最好是独立控制的。

4. 主电路开关元件性能简介

应用于电动机主电路的开关元件有多种类型，不同类型的开关元件具有不同的工作参数和性能特点。开关磁阻电动机可根据自身的功率等级、供电电压、峰值电流、性能及成本要求等选择适当的开关元件。目前，可供选择的功率开关元件主要有普通晶闸管（SCR）、门极关断（GTO）晶闸管、电力晶体管（GTR）、功率 MOS 场效应晶体管（MOSFET）、绝缘栅双极型晶体管（IGBT）等。

（1）普通晶闸管（SCR）。SCR 具有成本低，容量大，电流峰值和平均电流定额比值高，电流、电压过载能力强，能承受很大的浪涌电流的特点，但无自关断能力，需要设置专门的换向电路，从而造成功率转换器系统线路复杂、效率低、体积大。因此，在开关磁阻电动机的调速系统中很少使用 SCRO。

（2）门极关断（GTO）晶闸管。门极关断（GTO）晶闸管具有 SCR 的全部优点，例如耐压高、电流大、承受浪涌能力强和造价低等，同时门极关断（GTO）晶闸管又具有自关断能力和工作频率高等 SCR 不具备的特点。在大功率的应用场合，门极关断（GTO）晶闸管具有较明显的优势。但门极关断（GTO）晶闸管也有很多缺点，例如管压降比 SCR 高、工作频率比电力晶体管 GTR 低、缓冲电路的损耗较大、门极控制电路较复杂等。因此，门极关断（GTO）晶闸管在小功率、高性能的电动机调速系统中应用较少。

（3）电力晶体管（GTR）。GTR 的突出特点是开关频率很高、正向压降小、导通及关断方便。近年来，GTR 更是向着高频化、模块化的方向发展，并在中、小功率的电动机调速系统中得到广泛的应用。GTR 的缺点是电压、电流过载能力差，容易因二次击穿而损坏，保护较困难。由于 GTR 属于电流控制器件，其驱动电路要求有较大的输出电流，因而驱动电路功率消耗较大，这也限制了 GTR 在高压、大功率场合的应用。

（4）功率 MOS 场效应晶体管（MOSFET）。MOSFET 是一种单极型的电压控制器件，具有驱动功率小、驱动电路简单、开关速度快、无二次击穿、安全工作区宽等显著优点。但由于种种原因，MOSFET 单管功率很难做到很大，因此一般只在小功率的电动机主电路上使用。

（5）绝缘栅双极型晶体管（IGBT）。IGBT 兼有 GTR 和 MOSFET 的优点。IGBT 为电压驱动器件，开关频率高及抗干扰能力强，因而损耗小，性能好且工作可靠。此外，大功率 IGBT 模块本身绝缘，外壳不带电，冷却方便，系统结构简单，目前已取代了原来 GTR 的市场，成为开关磁阻电动机及其他类型电动机调速系统的主导功率器件。

3.6 本章小结

通过本章的学习，了解电动汽车电动机驱动系统的组成与类型、电动汽车对电动机的要求和电动机驱动系统的发展趋势，熟悉了电动机的额定指标，掌握了电动汽车中电动机驱动系统的结构原理及主要特点和控制特性，对电动机的运行特性。电动机是电动汽车驱动系统的核心零件，其性能的好坏直接影响电动汽车驱动系统的性能，特别是电动汽车的最高车速、加速性能及爬坡性能等。

思考题

1. 除本章中提到的电动机外，还有哪些电动机应用到汽车上了？
2. 电动汽车用电动机的类型及特点有哪些？
3. 当前市场上，哪一种车用电动机比较多？
4. 交流异步电动机的工作原理是什么。
5. 试述开关磁阻电动机的特点。

第4章 纯电动汽车

纯电动汽车是指以车载电源为动力，用电动机驱动车轮行驶，符合道路交通、安全法规各项要求的车辆。纯电动汽车无须再用内燃机，因此，纯电动汽车的电动机相当于传统汽车的发动机，蓄电池相当于传统汽车的油箱，电能是二次能源，可以来源于风能、水能、热能、太阳能等多种方式。纯电动汽车具有无污染、噪声小、结构简单、能量利用效率高、续驶里程短等特点。目前，纯电动汽车是发展最快的新能源汽车，也是新能源汽车发展的重点。

4.1 概　述

4.1.1 纯电动汽车的组成与原理

燃油汽车主要由发动机、底盘、车身和电气四大部分组成，纯电动汽车的结构与燃油汽车相比，主要增加了电力驱动控制系统，而取消了发动机。电力驱动控制系统的组成与工作原理如图 4-1 所示，它由电力驱动主模块、车载电源模块和辅助模块三大部分组成。

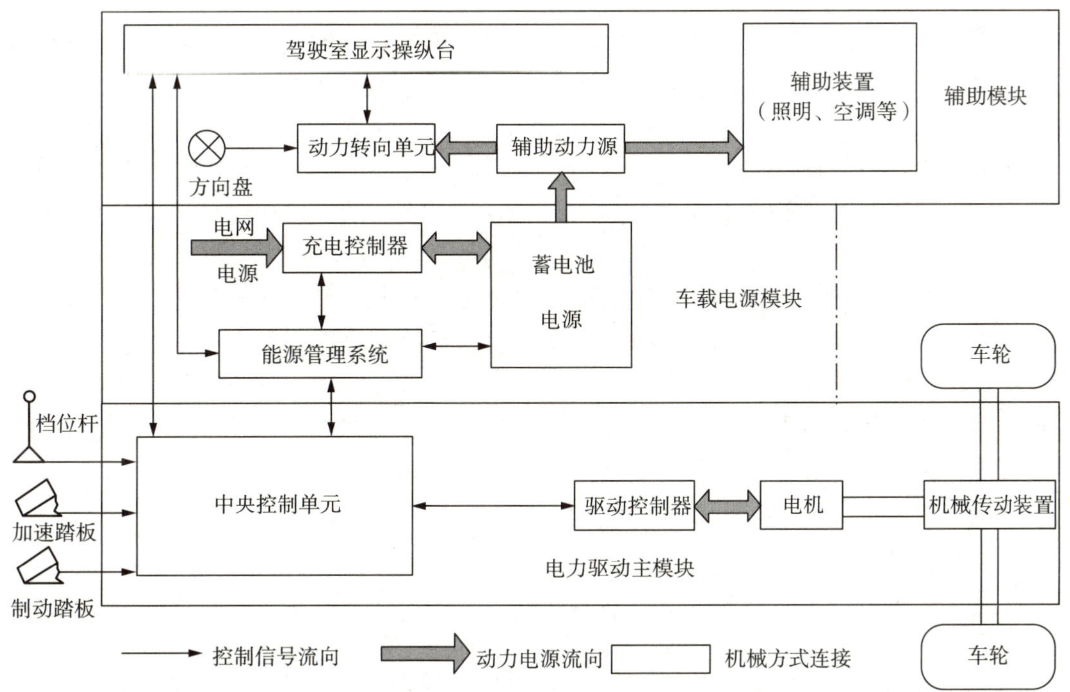

图 4-1　电力驱动控制系统的组成与工作原理

当汽车行驶时，由蓄电池输出电能（电流）通过控制器驱动电动机运转，电动机输出的扭矩经传动系统带动车轮前进或后退。电动汽车续驶里程与蓄电池容量有关，蓄电池容量受诸多因素限制。要提高一次充电续驶里程，必须尽可能地节省蓄电池的能量。

1）电力驱动主模块

电力驱动主模块主要包括中央控制单元、驱动控制器、电动机、机械传动装置和车轮等，它的功用是将存储在蓄电池中的电能高效地转化为车轮的动能，并能够在汽车减速制动时，将车轮的动能转化为电能充入蓄电池。

中央控制单元根据加速踏板和制动踏板的输入信号，向驱动控制器发出相应的控制指令，从而对电动机进行启动、加速、减速、制动控制。

驱动控制器是按中央控制单元的指令、电动机的速度和电流反馈信号，对电动机的速度、驱动扭矩和旋转方向进行控制。驱动控制器必须和电动机配套使用。

电动机在电动汽车中被要求承担电动和发电的双重功能，即在正常行驶时发挥其主要的电动机功能，将电能转化为机械能；在减速和下坡滑行时又被要求进行发电，将车轮的惯性动能转化为电能。纯电动汽车应用较多的电动机有直流电动机和交流电动机两大类。当采用直流电动机时，电动汽车具有起步加速牵引力大、控制系统简单等优点，但其传动系统效率较低。当采用交流电动机时，电动机体积小、质量轻、效率高、调速范围宽，但其成本较高。随着电子技术的进一步发展，将会有更多的纯电动汽车采用交流电动机。

机械传动装置是将电动机的驱动扭矩传输给汽车的驱动轴，从而带动汽车车轮行驶。

2）车载电源模块

车载电源模块主要包括蓄电池电源、能量管理系统和充电控制器等。它的功用是向电动机提供驱动电能、监测电源使用情况及控制充电动机向蓄电池充电。

蓄电池组是纯电动汽车的动力源，是能量的存储装置，也是目前制约纯电动汽车发展的关键因素。要使纯电动汽车与传统内燃机汽车相竞争，就必须得开发出比能量高、比功率大、使用寿命长、成本低的蓄电池。纯电动汽车常用的蓄电池电源有铅酸电池、镍镉电池、镍氢电池、锂离子电池等。

纯电动汽车的能量管理主要是指电池管理系统，它的主要功用是监控动力电池的使用情况，对动力电池的端电压、内阻、温度、当前电池剩余电量、放电时间、放电电流或放电深度等电池状态参数进行监测。并且还能按照动力电池对环境温度的要求进行温度调控，通过限流控制避免蓄电池过充电、过放电，对有关参数进行显示和报警。有关电池管理系统的内容请参见本章第 5 节。

充电控制器是把交流电转化为相应电压的直流电，并按要求控制其电流。

3）辅助模块

辅助模块主要包括辅助动力源、动力转向系统、驾驶室显示操纵台和辅助装置等。辅助模块除辅助动力源外，其他依据不同车型而有所不同。

辅助动力源主要由辅助电源和 DC/DC 功率转换器组成，其功用是供给电动汽车其他各种辅助装置所需要的动力电源，一般为 12V 或 24V 的直流低压电源，它主要给动力转

向单元、制动力调节控制、照明、空调、电动门窗等各种辅助装置提供所需的能源。

动力转向单元是为实现汽车的转弯而设置的，它由转向盘、转向器、转向机构和转向轮等组成。作用在转向盘上的控制力，通过转向器和转向机构使转向轮偏转一定的角度，实现汽车的转向。

驾驶室显示操纵台类同于传统汽车驾驶室的仪表板，不过其功能根据电动汽车驱动的控制特点有所增减，其信息指示更多地选用数字或液晶屏幕显示。

辅助装置主要有照明、各种声光信号装置、车载音箱设备、空调、刮水器、风窗除霜清洗器、电动门窗、电控玻璃升降器、电控后视镜调节器、电动座椅调节器、车身安全防护装置控制器等。它们主要是为提高汽车的操控性、舒适性、安全性而设置的，可根据需要进行选用。

4.1.2 纯电动汽车的特点

目前，人们已经广泛关注城市大气污染和全世界范围的温室气体排放等环境问题，汽车的尾气排放是导致这些问题的主要原因，且在目前还无法改变掉这些现状，要取代传统汽车，目前只能依赖纯电动汽车。

相比较于传统内燃机汽车，纯电动汽车具有优越的零排放的环保性能、可利用各种清洁能源、能量利用率高、噪音小等优点：

1）较少的污染气体排放，具有优越的环境保护效果

纯电动汽车在使用过程中不会排放有害气体，无传统内燃机汽车在工作时产生的废气，也不产生排气污染，十分有益于空气的洁净和对环境的保护，有“零污染”的称号。在能量转化方面，电能比直接燃烧燃油更清洁，二氧化碳排放量也会大大降低。将所消耗的电量换算为以化石燃料为原料的发电厂的排放后，除微粒和硫外，其他类污染物的排放量也减少了很多，由于电厂多建在远离城市的区域，对人类伤害就会较少，并且电厂固定不动，排放集中，有害排放物的集中处理较容易，而且相关技术也已成熟。随着技术的发展，可以用其他电池作为纯电动汽车的电源，如发展水电、太阳能充电等。

2）能量利用效率高，能够实现能源多样化

纯电动汽车在能量利用率方面相对燃油汽车要高很多，在使用过程中停车不消耗电量，制动过程中，电动机可实现回收制动减速时的能量。纯电动汽车的研究说明，能源利用效率已超过石油能源汽车，尤其是在城市，汽车走走停停，且行驶速度不高，纯电动汽车更加适宜。纯电动汽车的能源可以由电厂提供，电网给蓄电池充电，给蓄电池充电的电能可通过风能、水能、可燃冰、太阳能、核能、热能、天然气、潮汐能等来获得，可使能源多样化，降低了对石油的依赖程度，确保了国家经济安全和能源安全。

3）废弃热量排放少

传统内燃机汽车在工作时排出大量废热气，使环境温度升高，进一步加强大城市的热岛效应。电动汽车热气排出量少，甚至根本没有热气排出，可减轻城市的热岛效应。对于电动汽车而言，比较容易利用电动机的工作特性回收制动或下坡时的能量，从而使得汽车的续驶里程大大增加，提高了经济性。

4）噪声小

纯电动汽车没有内燃机产生的噪音，电动机的噪音也比内燃机小，所以纯电动汽车工作时比传统汽车安静。

除此之外，纯电动汽车与传统内燃机汽车相比，具有以下缺点：

（1）电池成本高，续驶里程受限

目前纯电动汽车尚不如传统内燃机汽车那样技术完善，尤其是动力电源（电池）的寿命短，使用成本高。电池的储能量较小，一次充电后行驶里程较短。

（2）安全性

电动汽车的安全问题成为目前制约电动汽车发展的关键因素。其中蓄电池的安全性有待进一步提高。必须确保蓄电池能有效避免因泄漏、短路、撞击、颠簸等引起的起火或爆炸等危险事故发生，才能保证电动汽车在正常行驶过程中的安全。

（3）配套不完善

纯电动汽车的使用还远不如传统内燃机汽车使用方便，还要加大配套基础设施的建设。但从发展的角度看，随着纯电动汽车技术的突破，特别是动力蓄电池容量和循环寿命的提高，以及价格的降低，纯电动汽车的推广使用一定会得到大的发展。

4.1.3 纯电动汽车的分类

纯电动汽车有多种分类方法，可按所选用的蓄能装置或驱动电动机的不同来分类，其中又可有许多不同组合；也可按驱动结构布局或用途的不同来分类。

1）按蓄能装置分类

纯电动汽车目前所采用的蓄能装置主要有铅酸蓄电池、锂蓄电池、镍氢蓄电池、钠硫蓄电池等。其中，铅酸蓄电池技术成熟，价格便宜，但其性能和使用寿命都要差些。其余几类均属于正在研究改进的蓄电池，其性能都比铅酸蓄电池要好许多，但目前价格也较贵，随着工艺技术的成熟及批量的扩大，其性价比一定会有较大的提高。由于纯电动汽车以蓄电池作为唯一的能源，所以蓄电池的各项性能指标很大程度上决定了汽车的行驶性能，如纯电动汽车的续驶里程和加速（或爬坡）的动力性能分别与蓄电池的比能量和比功率有关。

2）按驱动电动机分类

纯电动汽车的驱动电动机主要有直流电动机、交流电动机、永磁无刷电动机、开关磁阻电动机四类。考虑到蓄电池是以直流电源供电，直流电动机具有控制简单、成本低、技术成熟等优点。但直流电动机由于具有电刷，因此存在换向火花、电刷易磨损、需要定期维护等缺点。交流感应电动机本身具有坚固耐用、效率高、体积小、免维护等优点，并且整个驱动系统具有调速范围宽、能有效地实现再生制动。但其驱动控制器由于必须通过逆变器并采用矢量控制变频调速，其线路较复杂，价格较高。永磁无刷电动机包括无刷直流电动机和三相永磁同步电动机，由于采用永久磁铁励磁，所以具有能量转换效率高、过载能力强、免维护等优点。但目前尚存在成本高、功率受限等缺点，可靠性也需要进一步改进。开关磁阻电动机驱动系统是一种新型的典型机电一体化装置，具有结

构简单、坚固可靠、制造成本低、调速性能好、效率高、能有效地实现发电回馈制动等优点，并具有高启动扭矩、低启动电流，即特别适于汽车起步和蓄电池驱动的特性要求。但其缺点主要是振动和噪声大，需要通过相应的技术措施来改进。

3）按驱动结构布局分类

这实际上是按照驱动传递方式来分类，由于电动机驱动的灵活性可以有多种组合方式，归纳其典型的基本结构主要有四种：传统的驱动模式、电动机-驱动桥组合式驱动方式、电动机-驱动桥整体式驱动方式、轮毂电动机分散驱动方式，如图 4-2 所示。由于汽车转弯时，外侧车轮的转弯半径比内测车轮转弯半径大，所以需要通过差速器来配合两侧车轮转速不同的要求。前两种需要采用具有行星齿轮结构的机械式差速器，第三种的差速器可以使用机械式或者电控式，而第四种即可实现电子差速控制。

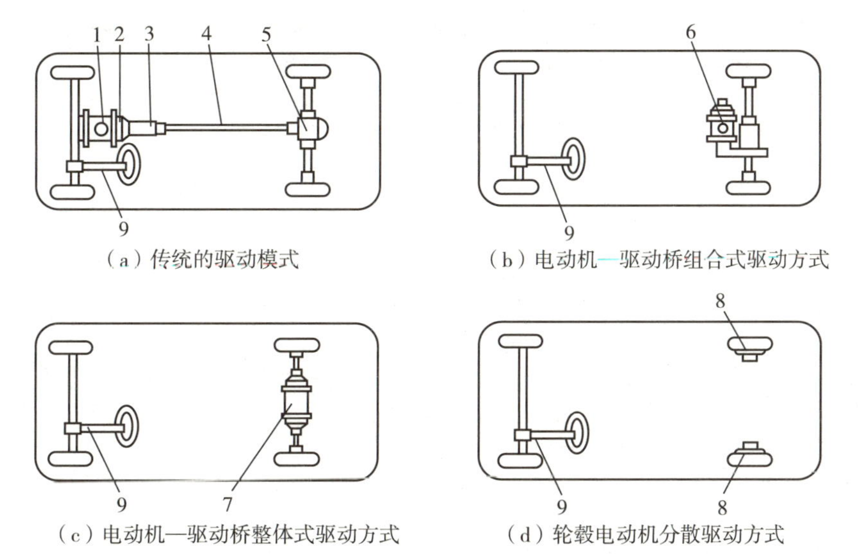

1—电动机；2—离合器；3—变速器；4—传动轴；5—驱动桥；6—电动机-驱动桥组合式驱动系统；7—电动机-驱动桥整体式驱动系统；8—轮毂电动机；9—转向器。

图 4-2 四种典型的驱动结构

4）按用途分类

纯电动汽车按其用途的不同来分，目前主要可分为电动公交车和电动轿车两类。由于纯电动汽车的能量不富裕特点，它也较适合于某些性能要求不高的特定车辆，如游览观光车、高尔夫球场车、电动自行车、电动三轮车和残疾人自驾车等，当然按定义来说该类特定车辆不应属于汽车。

4.2 纯电动汽车驱动系统布置形式

纯电动汽车驱动系统布置形式是指驱动轮数量、位置以及驱动电动机系统布置的形式。电动汽车的驱动系统是电动汽车的核心部分，其性能决定着电动汽车行驶性能的好坏。电动汽车的驱动系统布置取决于电动机驱动方式，可以有多种类型。电动汽车的驱动方式主要有后轮驱动、前轮驱动和四轮驱动。

4.2.1 后轮驱动方式

后轮驱动方式是传统的布置方式，适合中高级电动轿车和各类型电动客货车，后轮驱动有利于车轴负荷分配均匀，汽车操纵稳定性、行驶平顺性较好。

后轮驱动方式主要有传统后驱动布置形式、电动机-驱动桥组合后驱动布置形式、电动机-变速器一体化后驱动布置形式、轮边电动机后驱动布置形式、轮毂电动机后驱动布置形式等。

1）传统后驱动布置形式

传统后驱动布置形式如图4-3所示，它与传统内燃机汽车后轮驱动系统的布置方式基本一致，带有离合器、变速器和传动轴，驱动桥与内燃机汽车驱动桥一样，只是将发动机换成电动机。变速器通常有2～3个挡位，可以提高电动汽车的启动扭矩，提高低速时电动汽车的后备功率。这种布置形式一般用于改造型电动汽车。

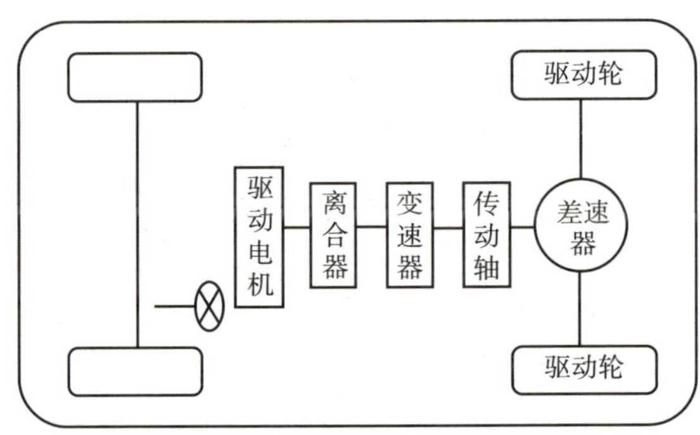

图4-3 传统后驱动布置形式

2）电动机-驱动桥组合后驱动布置形式

电动机-驱动桥组合后驱动布置形式如图4-4所示，它取消了离合器、变速器和传动轴，但具有减速差速机构，把驱动电动机、固定速比的减速器和差速器集成为一个整体，通过2个半轴来驱动车轮。这种布置形式的整个传动长度比较短，传动装置体积小，占用空间小，容易布置，可以进一步降低整车的质量；但对电动机的要求较高，不仅要求电动机具有较高的启动扭矩，而且要求具有较大的后备功率，以保证电动汽车的启动、爬坡、加速超车等动力性。一般低速电动汽车采用这种布置形式。

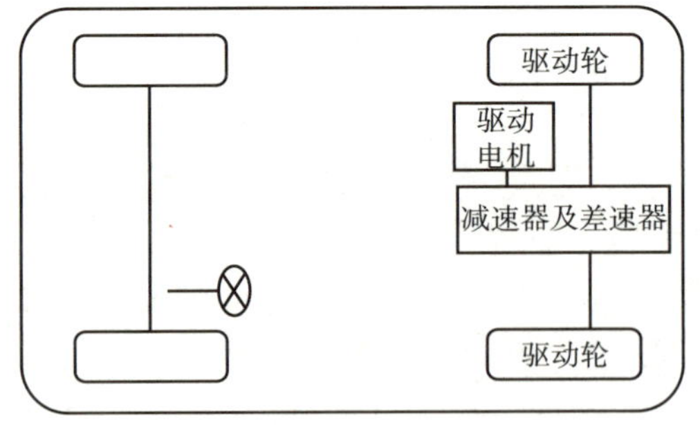

图4-4 电动机-驱动桥组合后驱动布置形式

电动机-驱动桥组合后驱动布置形式采用的驱动桥和内燃机汽车驱动桥不同，需要电动汽车专用后驱动桥，如图4-5所示。

3）电动机-变速器一体化后驱动布置形式

电动机-变速器一体化后驱动布置形式如图 4-6 所示，相比单一的电动机驱动系统，一体化驱动系统可以综合协调控制电动机和变速器，最大限度地改善电动机输出动力特性，增大电动机扭矩输出范围，在提升电动汽车动力性的同时，使电动机最大限度地工作在高效经济区域内。变速器一般采用 2 挡自动变速器。

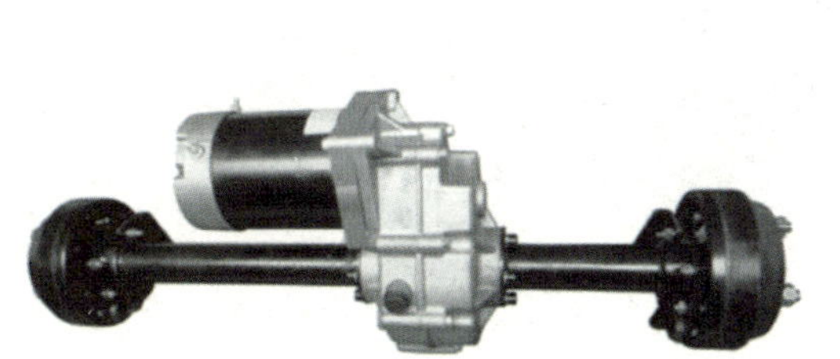

图 4-5　电动汽车专用后驱动桥

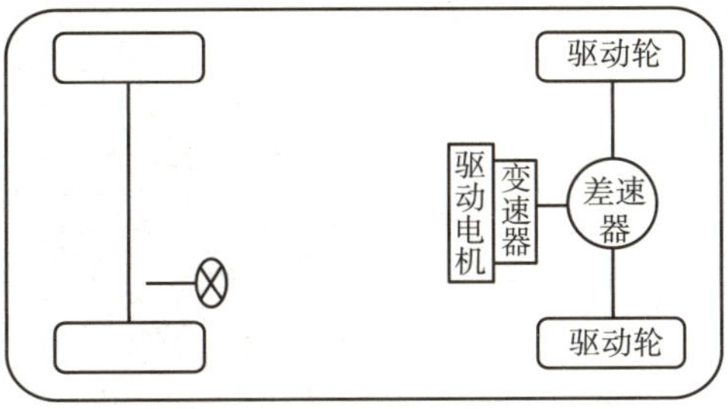

图 4-6　电动机-变速器一体化后驱动布置形式

4）轮边电动机后驱动布置形式

轮边电动机后驱动布置形式如图 4-7 所示，轮边电动机与减速器集成后融入驱动桥上，采用刚性连接，减少高压电器数量和动力传输线路长度；优化后的驱动系统可降低车身高度、提高承载质量、提升有效空间。轮边电动机后驱动布置形式可用于电动客车。

5）轮毂电动机后驱动布置形式

轮毂电动机后驱动布置形式如图 4-8 所示，轮毂电动机直接安装在车轮上。轮毂电动机技术又称“车轮内装电动机技术”，它的最大特点就是将动力、传动和制动装置都整合到轮毂内，因此可以大大简化电动车辆的机械部分。

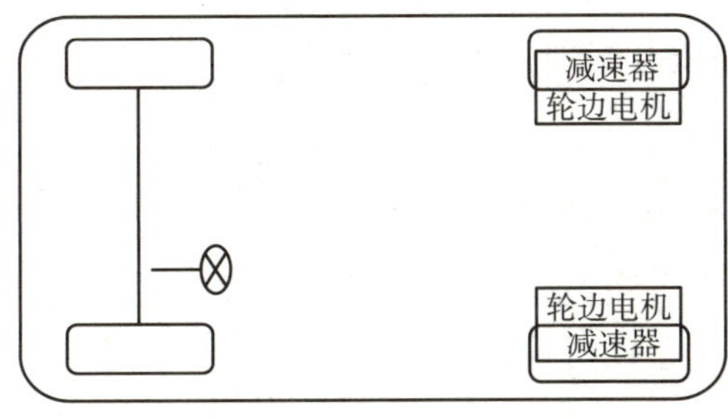

图 4-7　轮边电动机后驱动布置形式

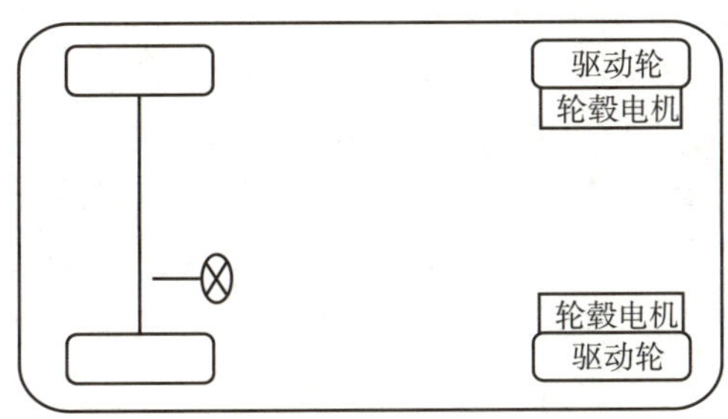

图 4-8　轮毂电动机后驱动布置形式

图 4-9 所示为轮毂电动机后驱动的纯电动汽车，它大大减少了零部件数量和动力系统的体积，让车辆的动力系统变得更加简单，大大提高了车内空间的实用性和利用率。每个车轮独立的轮毂电动机相比一般电动汽车，也省掉了传动半轴和差速器等装置，同样节省了大量空间且传动效率更高。将动力蓄电池放置在传统的发动机舱中，而将辅助蓄电池、电动机控制器、充电动机等布置在车尾附近，根据实际需要，可以在车辆上灵活地布置电池组。从另一个方面来看，在满足目前空间需求的前提下，使用轮毂电动机

驱动的车辆在体积上可以变得更加小巧，这将改善城市中的拥堵和停车等问题。同时，独立的轮毂电动机在驱动车辆方面灵活性更高，能够实现传统车辆难以实现的功能或驾驶特性。

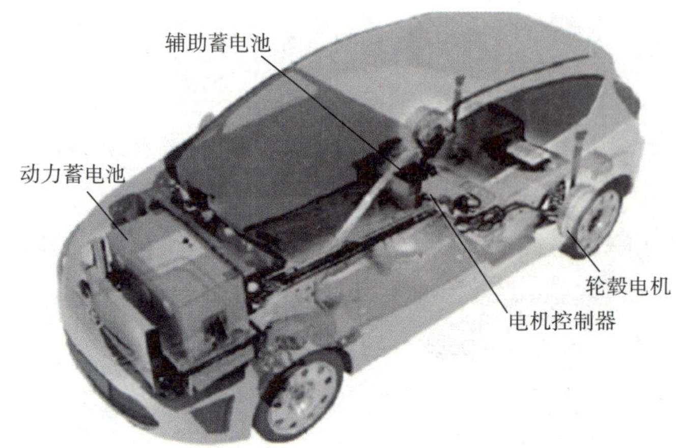

图 4-9　轮毂电动机后驱动的纯电动汽车

轮边电动机和轮毂电动机在原理上可以实现任何一种驱动形式，但由于成本过高，目前还没有厂家推出量产车，更多的是作为试验车或改装车存在。

4.2.2　前轮驱动方式

前轮驱动纯电动汽车结构紧凑，有利于其他总成的安排，在转向和加速时行驶稳定性较好；前轮驱动兼转向，结构复杂，上坡时前轮附着力减小，易打滑。前轮驱动方式适合于中级及中级以下的电动汽车。

前轮驱动方式主要有电动机-驱动桥组合前驱动布置形式、电动机-变速器一体化前驱动布置形式、轮边电动机前驱动布置形式、轮毂电动机前驱动布置形式等。

1）电动机-驱动桥组合前驱动布置形式

电动机-驱动桥组合前驱动布置形式如图 4-10 所示。这种布置方式把驱动电动机、固定速比的减速器和差速器集成为一个整体，通过两个半轴来驱动车轮，同时也取消了离合器、变速器和传动轴。这种布置形式具有结构紧凑、传动效率高等优点，但对电动机及其控制器的要求也非常高。

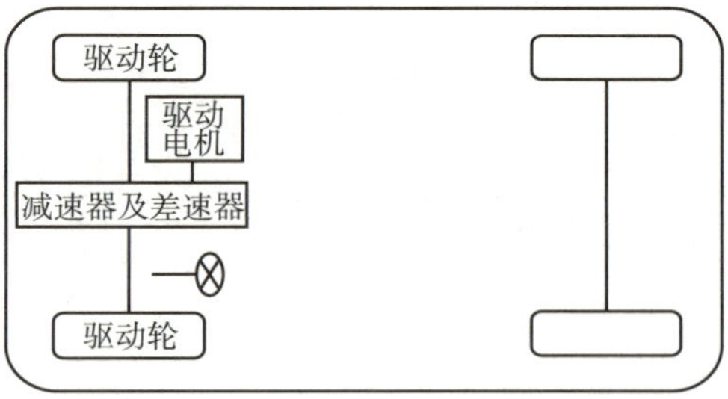

驱动轮
驱动电机
减速器及差速器
驱动轮

图 4-10　电动机-驱动桥组合前驱动布置形式

电动机-驱动桥组合前驱动布置形式需要电动汽车专用前驱动转向桥，如图 4-11 所示。

2）电动机-变速器一体化前驱动布置形式

电动机-变速器一体化前驱动布置形式如图 4-12 所示。一体化的驱动系统能增大电动

机扭矩输出范围，并使电动机最大限度地工作在高效经济区间内，变速器一般采用 2 挡自动变速器。电动机、变速器一体化，省去了用于从后方连接的部件及空间，占用空间较小。

图 4-11 电动汽车专用前驱动转向桥

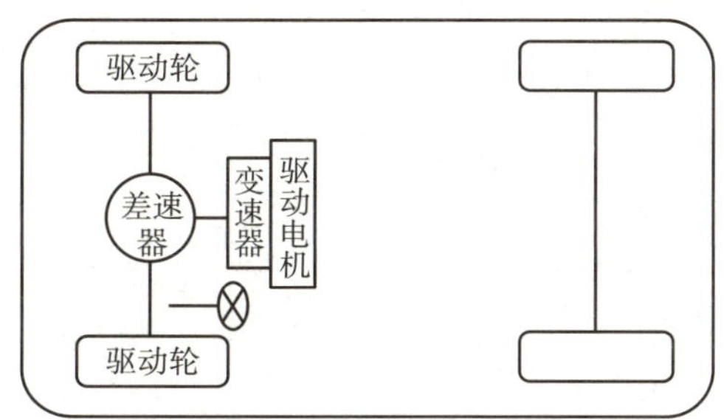

图 4-12 电动机-变速器一体化前驱动布置形式

3）轮边电动机前驱动布置形式

轮边电动机前驱动布置形式如图 4-13 所示。这种布置形式最大的特点就是由独立的电动机控制着每个车轮的转速，取消了差速器的设计。驱动电动机和减速器集成在一起，通过一套二级减速装置将动力传递到车轮。相对于其他几种布置形式，轮边电动机的布置形式降低了差速器带来的机械损耗；电动机反应迅速，并且各个电动机能够控制车辆横向、纵向的力矩，从而提高了稳定性。在同等功率的需求下，可以将功率分布在各个电动机上，减少了电动机的尺寸，使得整车的布置更为灵活。所以，这种布置形式在内部空间需求较大、稳定性要求较高的公共汽车上被广泛使用。

4）轮毂电动机前驱动布置形式

轮毂电动机前驱动布置形式如图 4-14 所示。轮毂电动机与轮边电动机的差别在于轮边电动机除了电动机和减速器之外，还安装了一套二级传动系统将动力传输到车轮上。而轮毂电动机为了使得电动机转速降低到车轮的转速，减速器采用了能够提供较大减速比的固定速比行星齿轮，从而使得电动机转速与车轮转速匹配，再次降低了二级减速器带来的机械损耗。轮毂电动机和轮边电动机一样具备了单电动机独立驱动的功能，提高了车辆的机动能力。

但是轮毂电动机对于环境的要求相比于前几种布置形式要苛刻许多，并且密封和散热问题也将是轮毂电动机发展所需克服的难题。

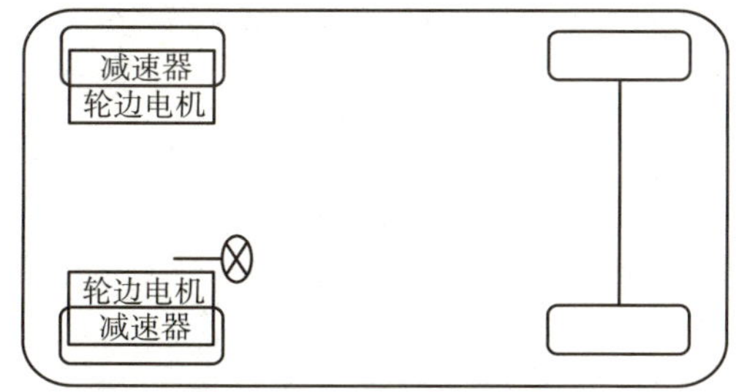

图 4-13 轮边电动机前驱动布置形式

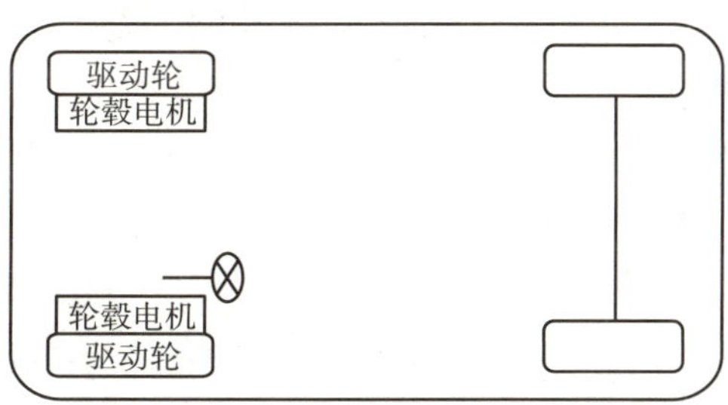

图 4-14 轮毂电动机前驱动布置形式

4.2.3 四轮驱动方式

四轮驱动适合要求动力性强的电动轿车或城市 SUV，与四轮驱动内燃机汽车相比，四轮驱动纯电动汽车能够取消部分传动零件，提高空间的利用率和动力的传递效率。

四轮驱动方式主要采用轮边电动机或轮毂电动机方式。轮边电动机四轮驱动布置形式如图4－15所示，轮毂电动机四轮驱动布置形式如图 4－16 所示。

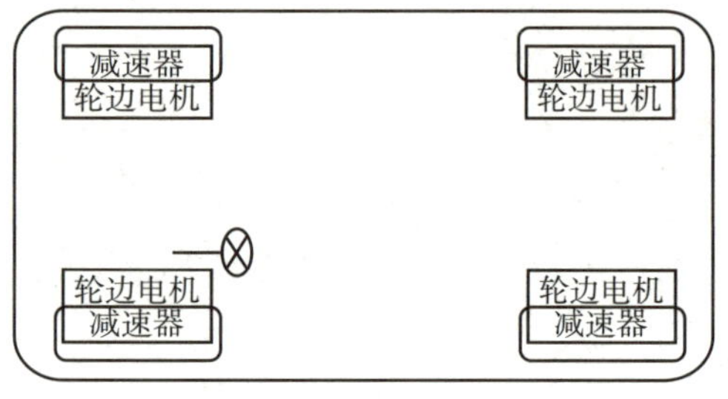

图 4－15 轮边电动机四轮驱动布置形式

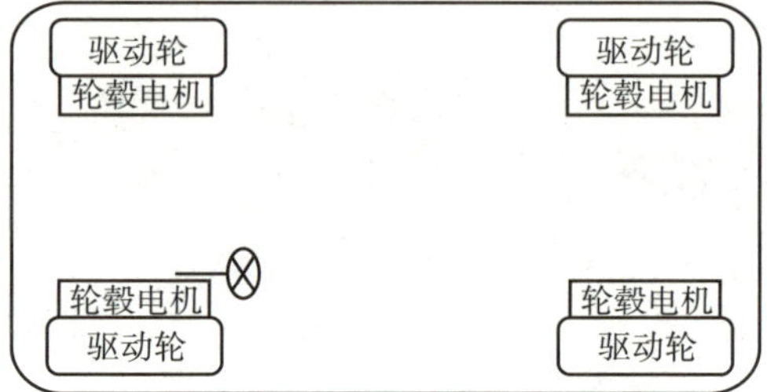

图 4－16 轮毂电动机四轮驱动布置形式

电动机四轮驱动可以极大地节省空间，并且每个车轮都是一个独立的动力单元，因此能够实现对每一个车轮进行精准的扭矩分配，反应更快、更直接，效率更高，这是目前传统四轮驱动汽车无法做到的。轮边电动机和轮毂电动机驱动布置形式是纯电动汽车驱动系统布置形式的发展趋势。

随着电动机技术和变速技术的发展，会有更多种驱动系统布置形式出现。电动汽车驱动系统布置的原则是简单、节省空间、效率高。

4.3 纯电动汽车动力系统参数设计

动力系统主要部件的选型和参数匹配在很大程度上决定了纯电动汽车的动力性和续驶里程。其中动力电池和电动机类型的选取，对于整车的性能和成本有很大的影响；匹配的参数又影响到整车的布置、重量等。动力系统部件参数匹配不合理不仅影响传动系统的效率，还会对主要部件的工作性能甚至工作寿命产生不利的影响。因此首先要对电动汽车传动系的主要部件进行合理的选型以及参数的匹配。

动力系统是纯电动汽车中的关键系统，图 4－17 为纯电动汽车的基本构成，从图中可以看出，纯电动汽车的动力系统主要由电气系统和机械传动系统组成，电气系统主要由蓄电池组、电动机及其控制器组成；机械传动系统主要是由变速传动装置以及驱动车轮构成。动力系统的控制器可以根据制动踏板和加速踏板输入的信号，发出相应的控制指令来控制功率转换器。功率转换器的功能是调节电动机和电源之间的功率流，控制功率电路的功率输出，实时控制驱动电动机的转速和扭矩，然后电动机输出的动力再通过变速器传动装置，驱动车轮按驾驶员要求行驶。

纯电动汽车动力系统的设计应该满足车辆对动力性能和续驶里程的要求。车辆行驶的动力性能可以用以下四个指标来评价：

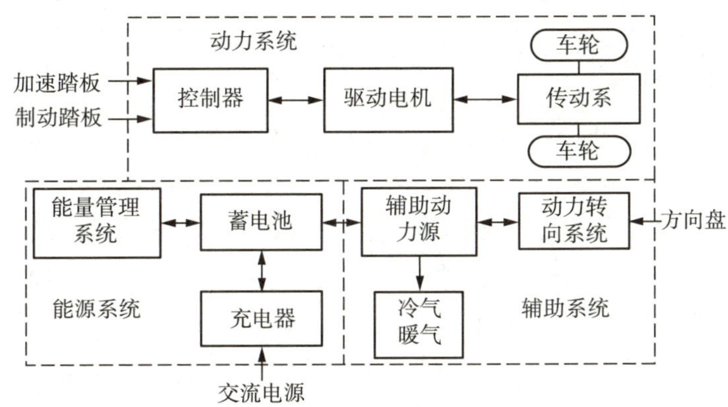

图 4-17 纯电动汽车的基本构成

(1) 起步加速性能。纯电动汽车由静止起步并以最大的加速度加速到某一车速或在某一预定的距离加速行驶所需的最短时间。

(2) 最高车速稳定行驶的能力。在水平良好的路面上，电动机发出的功率应该能够维持纯电动汽车以最高车速行驶的能力。

(3) 额定车速稳定行驶的能力。对纯电动汽车来说，蓄电池和电动机提供的全部功率能满足纯电动汽车以额定车速稳定行驶的能力。

(4) 最大爬坡能力。纯电动汽车提供的功率能使其爬上最大坡度路面的能力。

除此之外，纯电动汽车上动力电池组的能量应该能够维持车辆行驶一定的续驶里程。

4.3.1 电动机参数设计

电动机是纯电动汽车的唯一动力源，其性能与电动汽车整车性能密切相关。因此，电动机的选择及参数匹配是研究设计纯电动汽车动力系统的关键之一。

1) 电动机的类型选择

(1) 纯电动汽车对电动机的基本要求。车辆行驶的工况较复杂，作为纯电动汽车用的电动机必须能适应这种复杂工况的要求。纯电动汽车对驱动电动机的基本要求如下：

① 较大的起动扭矩，保证纯电动汽车良好的起动和加速性能。

② 较宽的恒功率范围，保证纯电动汽车具有高速行驶的能力，电动机的过载系数应达到 2～3 倍。

③ 较大范围的调速功能，在低速时具有较大的扭矩，在高速时具有高功率，能够根据驾驶员对加速踏板的控制，及时调整纯电动汽车的行驶速度和相应的驱动力。

④ 要求电动机的外形尽可能小，质量尽可能轻。

⑤ 电动机的可靠性好，耐温和耐潮性能强，能够在较恶劣的环境下长期工作，运行时噪声低，维修方便。

(2) 纯电动汽车适用的驱动电动机的性能直接决定着纯电动汽车动力系统的性能。目前纯电动汽车采用较多的电动机主要是有刷直流电动机、交流异步电动机、永磁同步电动机、永磁无刷直流电动机和开关磁阻电动机五种。各种类型的电动机的工作原理、结构与性能特点均不相同。选择何种类型的电动机，不仅要考虑电动机本身的性能特点，而且需要根据动力系统的结构、电动汽车的总体设计目标、电动汽车的成本等因素进行综合考虑。

纯电动汽车动力系统的结构不同，对电动机的起动扭矩、调速范围、储备功率等的要求也不相同。例如，由电动机直接驱动车轮的电动轮型驱动系统，对电动机的起动扭矩、调速范围、储备功率等有很高的要求，而轮毂式电动机空间结构的局限又要求电动机的结构尺寸要小，因此可首选永磁式电动机或开关磁阻电动机。如果选择了机械传动型动力系统，由于对电动机的起动扭矩、调速范围、储备功率等要求不高，安装位置的限制也较小，因此，可考虑选择控制简单且成本较低的有刷直流电动机。

电动汽车的总体设计目标参数如装载质量（承载人数）、最高车速、加速性能、爬坡能力、续驶里程等不同，对电动汽车动力系统结构、蓄电池类型及容量、电动机的类型选择都会有所影响。

电动机本身的成本也会影响电动汽车整车的成本，所以在性能参数满足要求的情况下，尽可能选用低成本的电动机。此外，考虑成本因素时，不同电动机所匹配的控制器的成本也有较大的差异。

有刷直流电动机动力系统由于成本低、技术成熟，在小功率并采用机械传动系统的纯电动汽车上仍有使用。随着功率半导体器件性能的不断提高和价格的降低，交流异步电动机动力系统的性价比优势越加明显，在最近开发的纯电动汽车上应用得较多，且最值得在纯电动汽车上优先推广应用。永磁同步电动机驱动系统和永磁无刷直流电动机，随着成本的降低和可靠性的进一步提高，在纯电动汽车上也将在一定范围内得到应用。开关磁阻电动机的结构简单，运行速度范围宽，是一种极具潜力的驱动电动机。但是开关磁阻电动机的噪声和扭矩波动比较大，在纯电动汽车上的应用还不是很广泛。

2）电动机功率的选择

电动机具有一定的效率特性，即一定的转速和功率对应一定的效率。由于纯电动汽车的能量源是有限的，在选择电动机功率时，应尽量使电动机在实际运转过程中能够经常处于高效率的范围，以获得较高的能量转化效率。

（1）根据纯电动汽车最高车速确定电动机功率

根据纯电动汽车的最高车速选择。在选择电动机功率时既要使整车具有一定的车速，又要根据整车的使用条件，使得电动机经常在较满负载状态下运行，并且必须满足纯电动汽车最高车速的要求，以保证在良好的工况下或空载时，能以较高的车速行驶。对于主要作为城市交通工具的纯电动汽车，在大多数情况下是以中低速行驶的，因此电动机的功率不宜选的过大，否则会使其经常处于部分负荷下工作，导致电动机效率大大下降，浪费蓄电池有限的电能。若给出了期望的最高车速，则选择的电动机功率应大体上等于最高车速行驶时所需的功率（单位为 kW），即

$$P_u = \frac{1}{\eta_T}\left(\frac{mgf}{3600}u_{max} + \frac{C_D A}{76140}u_{max}^3\right) \tag{4-1}$$

式中：m 为整车质量（kg）；

f 为滚动阻力系数；

C_D 为迎风阻力系数；

A 为迎风面积（m^2）；

u_{max} 为最高行驶车速（km/h）；

η_T 为机械传动系统效率。

（2）根据纯电动汽车加速性能确定电动机功率

根据纯电动汽车的加速性能要求选择。电动机的功率越大，纯电动汽车的后备功率就越大，加速性能也就越好。但过大的后备功率又会增加纯电动汽车不必要的能量消耗。电动汽车在 t_a（单位为 s）的时间内，在水平路面上从零车速加速为 u_f（单位为 km/h）所需功率 P_a（单位为 kW）可由式（4－2）估算。

$$P_a=\left[\frac{\delta m}{2\,t_a}\left(\frac{u_b^2+u_f^2}{3.6}\right)+\frac{2}{3}mgfu_f+\frac{2}{5}\times\frac{C_DA}{21.15}u_f^3\right]/3600 \tag{4-2}$$

式中：u_b 为电动机基速时的汽车车速（km/h）。

（3）根据纯电动汽车最大爬坡度确定电动机功率

根据汽车的爬坡性能要求选择。电动汽车以某一车速 u_a（单位为 km/h）爬上一定坡度 i 消耗的功率 P_i（单位为 kW）为

$$P_i=\frac{1}{\eta_T}\left(\frac{mgf}{3600}u_a\cos\alpha_{max}+\frac{C_DA}{76140}u_a^3+\frac{mg\sin\alpha_{max}}{3600}u_a\right) \tag{4-3}$$

式中：α_{max} 为最大坡度角。

电动汽车驱动电动机的最大功率应能同时满足汽车对最高车速、加速度以及爬坡度的要求，所以电动汽车电动机的额定功率为

$$P_e=\max\{P_u,\ P_a,\ P_i\} \tag{4-4}$$

电动机的峰值功率为

$$P_{emax}=\lambda P_e \tag{4-5}$$

式中：λ 为电动机的过载系数，一般为 2～3。

3）电动机额定电压的选择

额定电压是电动机的一个重要性能参数。作为纯电动汽车的驱动电动机，其额定电压的选择与电动汽车蓄电池组的电压密切相关。在相同输出功率条件下，如果蓄电池组电压高，则电流小，对导线和开关等电器元件要求较低，但较高的电压需要数量较多的蓄电池串联。虽然单个蓄电池的容量可适当减小，但是从总体上看蓄电池的成本及整车质量会有所增加，对动力性能也会有所影响。此外，蓄电池组串联的蓄电池越多，对蓄电池不均匀性的影响也就越大；同时，车载设备的安全保护级别也需要提高。这些也会增加电动汽车的成本。驱动电动机的额定电压如果选得太低，则要求导线截面积更大，功率开关器件额定电流更大，连接导线变粗而增大安装布局的难度。功率开关器件额定

电流增大后其成本也随之增加。另外，电流的增大也带来了功率设备额外损耗的增加，从而会影响电动汽车的使用寿命。

由此可见，选择合理的驱动电动机额定电压对设计合理的电动机驱动系统和提高整车性能意义重大。在通常情况下，微型电动汽车选择电动机额定电压的范围为 48～288 V，普通电动汽车电动机的额定电压一般在 300 V 左右，电动大客车电动机的额定电压选择范围为 400～600V。不过，最终都是由所选取的电动机的参数来决定额定电压。

4）电动机转速的选择

纯电动汽车最高行驶车速与电动机最高转速之间的关系为

$$n_{\max}=\frac{u_{\max}\sum_{i}}{0.377r} \tag{4-6}$$

式中：$n_{\max}$ 为电动机的最高转速(r/min)；

$u_{\max}$ 为纯电动汽车的最高行驶车速(km/h)；

$\sum_{i}$ 为传动系统传动比，一般包括变速器传动比和主减速器传动比；

r 为车轮半径(m)。

电动机额定转速为

$$n_{e}=\frac{n_{\max}}{\beta} \tag{4-7}$$

式中：β 为电动机扩大恒功率区系数。β 值越大，转速越低，扭矩增高，有利于提高车辆的加速和爬坡性能，稳定运行性能越好，但同时功率转换器尺寸也会增大，因此 β 值不宜过大，通常取 2 ～ 4。

5）电动机最大扭矩的选择

电动机最大扭矩的选择需要满足汽车启动扭矩和最大爬坡度的要求，同时结合传动系统最大传动比来确定，故忽略加速阻力和空气阻力，则电动机的最大扭矩(N·m)为

$$T_{\max}=\frac{mg(f\cos\alpha_{\max}+\sin\alpha_{\max})r}{\eta_{t}i_{\max}} \tag{4-8}$$

式中：$i_{\max}$ 为传动系统最大传动比。

4.3.2 传动系统传动比设计

变速器和主减速器速比的设计计算很大程度上决定了汽车传动系统参数的确定，对汽车的性能影响重大。传动系速比的确定应该首先以车辆的动力性能要求为前提，即纯电动汽车传动比的选择应该满足汽车最高期望车速、最大爬坡度以及对加速时间的要求，并且要最大程度地控制电动机在高效区间工作。

1）最大传动比的选择

传动系统最大传动比$i_{\max}$ 是主减速器速比i_{0} 和变速器一挡速比i_{1} 的乘积。其由电动机最高转速和最高行驶车速确定。

$$i_{\max} \leqslant \frac{0.377\, n_{\max} r}{u_{\max}} \tag{4-9}$$

2）最小传动比的选择

传动系统最小传动比的设计方法有如下两种：

（1）由电动机最高转速对应的输出扭矩和最高行驶车速对应的行驶阻力确定传动系统的最小传动比为

$$i_{\min} \geqslant \frac{r}{\eta_{t}\, T_{u\max}}\left(mgf + \frac{C_{D} A\, u_{\max}^{2}}{21.15}\right) \tag{4-10}$$

式中：$T_{u\max}$ 为电动机最高转速时对应的输出扭矩。

（2）由电动机的最大输出扭矩和最大爬坡度对应的行驶阻力确定传动系统的最小传动比为

$$i_{\min} \geqslant \frac{r}{\eta_{t}\, T_{\max}}\left(mgf\cos\alpha_{\max} + mg\sin\alpha_{\max} + \frac{C_{D} A\, u_{f}^{2}}{21.15}\right) \tag{4-11}$$

4.3.3 电池组参数设计

动力电池是整车的能量来源，整车所有的能量消耗都来自电池组。所以，动力电池的参数选取对纯电动汽车性能影响至关重要。动力电池主要有电池类型、电压等级、单体个数及容量等参数，数值的确定取决于功率因素和能量因素。电池组电压等级要和发电动机的电压等级和变化范围一致，电池组的功率要满足驱动电动机功率需求，电池组容量应满足纯电动汽车续驶里程对能量的需求。

1）电池组类型的选择

电动汽车用的动力电池与普通的蓄电池相比，要求更为严格，为了满足纯电动汽车的行驶需要，具体要求如下：

（1）较高的能量密度。保证电动汽车一次充放电具有较高的续驶里程，在相同的续驶里程下动力电池的质量和体积尽可能的小，以便于安装。

（2）较高的功率密度。动力电池能够释放较大的功率，以满足汽车的动力性的要求。

（3）良好的充放电效应。快速充放电效应以及耐过充、过放效应良好。

（4）自放电率要低。在长时间不使用时能量损耗较小。

（5）较低的成本。拆装方便、对环境污染要小且电池的一致性尽可能的好。

蓄电池是纯电动汽车唯一或主要的电源。蓄电池应具有高的比能量和比功率，以延长纯电动汽车的续驶里程，提高其加速性能和爬坡能力。此外，还要求蓄电池的循环寿命长、安全可靠、免维护、对环境污染小、充电效率高及成本低廉。

具体选择哪种类型的蓄电池，同样首先需要综合考虑纯电动汽车的总体设计目标、动力系统的类型、电动汽车的成本，再根据蓄电池的概率密度、能量密度、可靠性、寿命和价格等因素选择适合的蓄电池。

动力电池可分为功率型与能量型两种。功率型蓄电池对纯电动汽车的动力性很重要，而对于目前的纯电动汽车来说，其续驶里程更被关注，因此可选用能量型蓄电池，匹配时主要考虑其能量要求，以增加车辆的续驶里程。要同时满足动力性要求，可匹配超级电容或飞轮电池，利用这些辅助蓄能装置的比功率大、短时间可大电流放电的特点，协助蓄电池供电，提高电动汽车的起动、加速及爬坡性能。

2）电池组电压的选择

动力电池组电压的匹配要考虑到驱动电动机的电压等级，要满足纯电动汽车在不同工况行驶时电压的变化需求，并考虑其他电气附件和传递过程中的功率消耗，电池组的总电压应大于电动机的额定电压。

3）电池组数量的选择

电池组数目必须满足纯电动汽车行驶时所需的最大功率和续驶里程的要求。

满足纯电动汽车行驶时所需的最大功率要求的电池组数目为

$$n_p=\frac{P_{\mathrm{emax}}}{P_{b\mathrm{max}}\eta_{\mathrm{e}}\eta_{\mathrm{ec}}N} \tag{4-12}$$

式中：P_{emax}为电动机的峰值功率（kW）；

P_{bmax}为电池最大输出功率（kW）；

η_{e}为电动机的工作效率；

η_{ec}为电动机控制器的工作效率；

N 为单电池组所包含的电池的数目。

满足纯电动汽车续驶里程要求的电池组数目为

$$n_X=\frac{1000SW}{C_{\mathrm{s}}V_{\mathrm{s}}N} \tag{4-13}$$

式中：S 为续驶里程（km）；

W 为纯电动汽车行驶 1km 消耗的能量（kW）；

C_{s}为单节电池的容量（A·h）；

V_{s}为单节电池的电压（V）。

故综上所述，电池组数目为

$$N=\max\{n_{\mathrm{p}},\ n_{\mathrm{X}}\} \tag{4-14}$$

4）电池组容量的选择

动力电池组可以分为两种：一种是功率型，其功率密度较大；另一种是能量型，其能量密度较高。在相同电压下，所能释放的功率和容量成正比，即容量越大能够输出的功率就越大，电动汽车的动力性就越好。一般情况下，能量满足续驶里程的要求时，其功率也将满足汽车行驶的要求。因此通常会以续驶里程的大小作为电池组容量计算的依据。

电池组能量为

$$E_{\mathrm{B}}=\frac{U_{\mathrm{m}}C_{\mathrm{E}}}{1000} \tag{4-15}$$

式中：E_B为电池组能量（kW·h）；

U_m为电池组电压（V）；

C_E为电池组容量（A·h）。

蓄电池能量应该满足以下条件：

$$E_B \geqslant \frac{mgf + C_D A u_a^2/21.15}{3600 \times DOD \eta_t \eta_{mc} \eta_{dis} (1-\eta_a)} \times S \tag{4-16}$$

式中：η_{mc}为电动机效率；

η_{dis}为蓄电池放电效率；

η_a为汽车附件能量消耗比例系数；

DOD 为蓄电池放电深度。

或者蓄电池容量满足以下条件

$$C_E \geqslant \frac{mgf + C_D A u_a^2/21.15}{3.6 \times DOD \eta_t \eta_{mc} \eta_{dis} (1-\eta_a) U_m} \times S \tag{4-17}$$

在选择蓄电池的容量时，既要满足纯电动汽车续驶里程的设计要求，又要考虑整车的空间结构与底盘承载能力。选择的蓄电池容量越大，蓄电池组所储存的电能就越大，续驶里程也相应越长，但蓄电池组的质量增加，整车的整备质量增加，导致行驶阻力也增加，反过来又影响纯电动汽车的续驶里程。

4.4　纯电动汽车续驶里程

所谓续驶里程，即为纯电动汽车在蓄电池充足的状态下，按照一定的行驶工况，能连续行驶的最大距离。纯电动汽车已被证明是具有多种优点的绿色交通工具，但目前电动汽车的续驶里程短，且能量补充速度慢，制约了纯电动汽车进一步的推广。因此，为了尽可能地提高纯电动汽车的续驶里程，有必要对其影响因素进行分析。

4.4.1　纯电动汽车续驶里程影响因素

续驶里程和剩余续驶里程的准确计算并不容易，与行驶过程中能量消耗密切联系在一起。影响续驶里程的因素有多种，主要可概括为来自纯电动汽车本身的结构因素和行驶的外部因素两大类。

1）纯电动汽车本身结构因素

纯电动汽车从整体的结构设计到零部件的性能都会影响续驶里程，包括汽车总质量、电池性能、汽车行驶阻力以及辅助系统等。

汽车总质量：纯电动汽车行驶过程中需求功率由四个部分组成，即滚动阻力功率、加速阻力功率、坡道阻力功率和空气阻力功率，除了空气阻力功率，其他三个功率均与汽车总质量有关，并且总质量越大需求功率越大，即行驶中能量消耗越大。纯电动汽车续驶里程与总质量成反比，整车轻量化对提高纯电动汽车续驶里程有重要意义。

电池性能：电池的性能参数主要指电池的额定电压、额定容量、能量密度、电池内阻、放电电流和放电倍率。当电池所携带的总能量越多时，纯电动汽车续驶里程越大；当携带的总能量一定时，提高电池的比能量有利于提高续驶里程；同时电池单体之间的一致性以及内阻影响了纯电动汽车行驶的能量消耗。电池的性能可以说是影响纯电动汽车的续驶里程的一个最直接因素。然而增加电池数量虽可增加汽车携带的总能量，但也大大增加整车质量，有可能导致续驶里程不增反降。

汽车行驶阻力：由滚动阻力与空气阻力消耗的能量是纯电动汽车能量消耗的主要组成部分。降低汽车行驶中的阻力意味着提高整车能量利用效率，在总能量相同前提下提高了纯电动汽车的续驶里程。因此在纯电动汽车设计中，应充分考虑滚动阻力等因素，尽量减少行驶阻力对汽车续驶里程的影响。

辅助系统：纯电动汽车上制冷系统的空气压缩机、转向系统的油泵均需要辅助电动机驱动。除此之外，照明、通风、音响、空调等电器都需要消耗电池的能量。辅助系统的功率越大，消耗的电能就越大，纯电动汽车的续驶里程就越小。

2）纯电动汽车行驶的外部因素

影响纯电动汽车续驶里程的外部因素主要指汽车的行驶工况和外部环境两个方面。

汽车行驶工况：纯电动汽车行驶在不同工况下的续驶里程不一样。汽车续驶里程试验时一般选择等速工况、ECE15 工况和 NEDC 工况进行，在这些工况下的里程数有很大区别。但在汽车实际行驶中与这些工况并不一致，甚至会有较大区别，因此会出现实际行驶的续驶里程与试验得到的续驶里程有明显相差的情况。

外部环境：汽车行驶的外部环境可以从行驶中交通拥挤状况、风速和环境温度几个方面说明。交通拥挤状况不同，能量消耗也不同；风速影响空气阻力；温度高低则对电池性能影响较大，这些都使得汽车的续驶里程不同。

由此可见，影响纯电动汽车续驶里程的因素众多，在实际设计中，尽可能综合考虑各种因素的影响，以提高纯电动汽车的续驶里程。

4.4.2 纯电动汽车续驶里程计算

1）纯电动汽车功率和能量的计算

纯电动汽车在行驶中的功率计算公式同传统汽车，根据功率平衡计算出电池组所需提供的功率为

$$P_e=\frac{1}{\eta_t}\left(\frac{Gfu}{3600}+\frac{C_D Au^3}{76140}+\frac{Giu}{3600}+\frac{\delta mu}{3600}\frac{\mathrm{d}u}{\mathrm{d}t}\right) \tag{4-18}$$

式中：P_e 为电池组提供的功率，kW；

η_t 为动力装置到驱动轮的传动效率；

G 为重力，N；

m 为汽车质量，kg；

u 为车速，km/h；

C_D 为空气阻力系数；

A 为迎风面积，m^2；

f 为汽车滚动阻力系数；

δ 为转动惯量系数；

i 为坡度。

当汽车匀速行驶时，只有滚动阻力和空气阻力，此时电池组需要提供的功率为

$$P_e = \frac{1}{\eta_t}\left(\frac{Gfu}{3600} + \frac{C_D A u^3}{76140}\right) \tag{4-19}$$

行驶过程中纯电动汽车所需的能量全部由电池组提供，电池组携带的总能量为：

$$E_0 = Q_m U_e \tag{4-20}$$

式中：E_0 为电池组总能量，kW·h；

Q_m 为电池组额定容量，A·h；

U_e 为电池组额定电压，V。

由于在实际中考虑电池寿命等因素，每次放电时电池组能量并未完全释放，且还受到放电效率的影响，因此计算实际电池组的有效能量为

$$E_t = \eta_{dis}\eta_{DOD}E_0 = \eta_{dis}\eta_{DOD}Q_m U_e \tag{4-21}$$

式中：η_{dis} 为电池放电效率；

η_{DOD} 为电池放电深度。

当汽车行驶一定时间后，电池组电量和能量已消耗了一部分，根据 SOC 定义，此时电池组剩余的电量 Q_{res} 和剩余能量 E_{res} 为

$$Q_{res} = SOC^* \cdot Q_m \tag{4-22}$$

$$E_{res} = U \cdot Q_{res} \tag{4-23}$$

式中：SOC^* 为当前电池组 SOC 值；

U 为当前电池组电压值，V。

2) 匀速工况与循环工况的续驶里程计算

根据电动汽车能量消耗和续驶里程试验的规定，续驶里程试验一般按照匀速行驶工况和标准的循环工况进行测试。因此对于续驶里程和剩余续驶里程的计算也分上述两种情况。

(1) 匀速行驶工况的计算

假设纯电动汽车在车速为 u_a 的情况下行驶，根据公式(4-18)可计算出该车速下电池组提供的功率为

$$P_a = \frac{1}{\eta_t}\left(\frac{Gfu_a}{3600} + \frac{C_D A u_a^{\ 3}}{76140}\right) \tag{4-24}$$

由于车速恒定，且电池组提供的有效能量为 E_t，因此可计算出在车速为 u_a 的情况下总共行驶时间：

$$t_a=\frac{E_t}{P_a} \tag{4-25}$$

此时，纯电动汽车在车速 u_a 下的续驶里程为

$$S=u_a t_a \tag{4-26}$$

纯电动汽车单位里程的能耗 e(单位为 kW・h/km) 和单位能耗行驶的里程 l(单位为 km /kW・h) 计算公式分别为

$$e=\frac{E_t}{S} \tag{4-27}$$

$$l=\frac{S}{E_t} \tag{4-28}$$

为计算汽车行驶中任意时刻 t 的剩余续驶里程，根据式(4-23)、式(4-26) 可计算出该时刻电池组的剩余能量E_{res} 和已行驶的里程S_t，因此可计算该时刻单位能耗行驶的里程 $l_t=\frac{S_t}{(E-E_{res})}$)，由 t 时刻纯电动汽车的状态参数来估算剩余续驶里程S_{res}，计算公式为

$$S_{res}=E_{res}l_t \tag{4-29}$$

(2) 循环工况的计算

纯电动汽车在标准工况下行驶时，需要经过多个工况才可使电池组完全放电结束，由于车速不是恒定的，所以需求功率随车速变化而改变。但对于一个循环工况行驶时间和车速都是确定的，假设一个循环工况的行驶时间为t_0 秒(例如 NEDC 工况$t_0=1180$ 秒)，任意时刻的车速用 $u(t)$ 表示，根据公式(4-18) 计算出工况下电池组功率P_e 的变化。因此，纯电动汽车行驶一个标准循环工况消耗的能量为

$$E_1=\int_0^{t_0}P_e\mathrm{d}t=\frac{1}{\eta_t}\int_0^{t_0}\left[\frac{Gfu(t)}{3600}+\frac{C_DAu\ (t)^3}{76140}+\frac{\delta mu(t)}{3600}\frac{\mathrm{d}u}{\mathrm{d}t}\right]\mathrm{d}t \tag{4-30}$$

根据式(4-21) 计算得到电池组的有效能量E_t，E_t 与E_1 的比值 $n=\frac{E_t}{E_1}$ 即表示纯电动汽车在该循环工况能行驶的工况数，单个循环工况下汽车行驶里程S_1 为

$$S_1=\int_0^{t_0}u(t)\mathrm{d}t \tag{4-31}$$

因此可计算该循环工况下的续驶里程为

$$S=nS_1 \tag{4-32}$$

剩余续驶里程的计算同匀速工况，式(4-23) 计算出在任意时刻 t 电池组剩余能量 E_{res}；再计算 t 时刻单位里程的能耗e_t 或者单位能耗行驶的里程l_t，可由已行驶的里程S_t 和已消耗的能量E' 计算得到。利用 t 时刻单位里程的能耗或单位能耗行驶的里程l_t 估算纯电动汽车剩余续驶里程，计算公式如下：

$$S_t = \int_0^t u(t)\mathrm{d}t \tag{4-33}$$

$$E' = E_t - E_{res} \tag{4-34}$$

$$l_t = S_t / E' \tag{4-35}$$

因此该循环工况的剩余续驶里程为

$$S_{res} = E_{res}\ l_t \tag{4-36}$$

以上对纯电动汽车在两种不同行驶模式下的续驶里程和剩余续驶里程进行了分析计算。

4.4.3　设计实例

已知某纯电动汽车整车质量为 1270 kg，滚动阻力系数为 0.015，机械传动系统效率为 0.9，迎风面积为 2.17 m^2，迎风阻力系数为 0.37，轮胎滚动半径为 0.277 m，最高车速为 108 km/h，最大爬坡度为 25%，续驶里程为 200 km。根据上述公式，即可对该纯电动汽车动力传动系统参数进行匹配。由式（4－1）至式（4－17）计算可得：

1）电动机参数

电动机类型选取交流感应电动机；额定功率 $P_e = 21$ kW；峰值功率 $P_{emax} = 42$ kW；过载系数 $\lambda = 2$；最高转速 $n_{max} = 8150$ r/min；最大扭矩 $T_{max} = 120$ N·m。

2）传动系统传动比

变速器为 ZQC1T15/固定速比，有差速器。一级速比为 3.789，主减速比为 2.080。

3）电池组参数

电池类型选择镍氢电池；额定电压 310 V；容量 $C_E = 72$ A·h；能量 $E_B = 22.5$ kW·h；重量 286 kg；比能量为 78.8 W·h/kg。

4.4.4　性能仿真

纯电动汽车动力系统的设计是否满足要求，需要基于 ADVISOR 建立纯电动汽车主要零部件及整车仿真模型，对纯电动汽车的性能进行仿真分析。

1）电动机模型

电动机作为纯电动汽车的核心部件，其建模的准确性将直接对仿真的结果产生重要影响。电动机在工作过程中，既可以作为电动机使用，向外输出机械扭矩；也可以作为发电动机使用，向电池充电。建模中把电动机和电动机控制器作为一个整体来考虑，并要同时满足电动和发电这两种模式的要求。电动机模型如图 4－18 所示。

电动机模型主要包括转速估计、转动惯量、扭矩限制、电动机控制、单位功率扭矩计算和电动机热量等子模块，其主要作用是把扭矩和转速请求转换成能源模块的电功率请求，并把实际输入的电功率转换成实际输出的扭矩和转速。模型上半部分为后向仿真路径模块，电动机模块接收变速器模块传递来的请求扭矩和请求转速，通过转速估计、转动惯量和扭矩限制等子模块计算出对蓄电池模块的请求功率。下半部分为前向仿真路径模块，电动机模块根据蓄电池模块传递的实际功率计算出能够产生的实际扭矩和实际

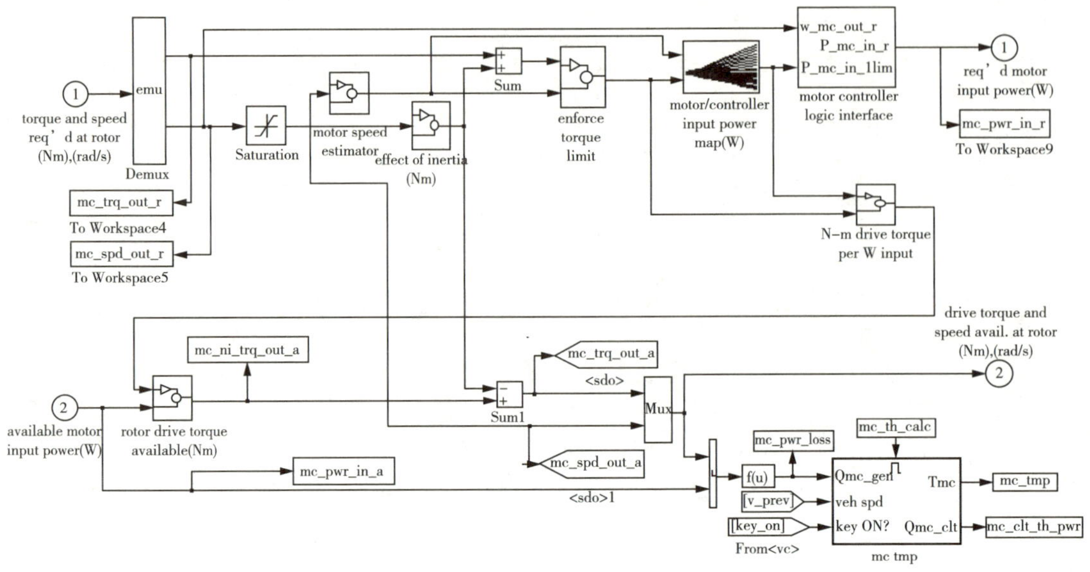

图 4-18 电动机模型

转速，并将其传递给变速箱模块。

2）电池模型

电池是纯电动汽车的能量来源，其容量大小直接决定了纯电动汽车的续驶里程，因此理解电池的动态特性尤为重要。目前常用的电池模型有内阻（Rint）模型和阻容（RC）模型，在此，编者采用内阻模型，将其简化为一个理想的开路电压源和一个内阻串联，其电池内阻模型如图4-19所示。

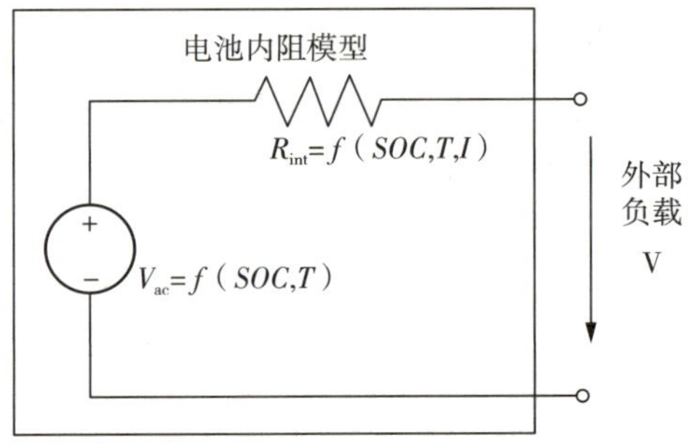

图 4-19 电池内阻模型示意图

故建立的电池模型如图 4-20 所示。

该模型主要包括开路电压/等效内阻、电流计算、功率限制、SOC 计算和热量等子模块。开路电压/等效内阻模块根据等效电路计算开路电压 Voc 和等效内阻；电流模块根据前面求得的开路电压和等效内阻以及请求功率来计算等效电路的电流；功率限制模块限制蓄电池能提供的最大功率在允许的范围；SOC 计算模块根据电路的电流来更新电池的荷电状态 SOC；热量模块计算电池工作时的内部平均温度与表面温度，用来反馈与温度有关的性能参数。

3）整车纵向动力学模型

本章对传动系统的设计进行仿真分析，更关注的是车辆动力性和经济性，并不涉及车辆的振动和行驶的操纵稳定性，因此将汽车动力学模型简化为整车行驶动力学模型，简化后的整车受力情况如图 4-21 所示。

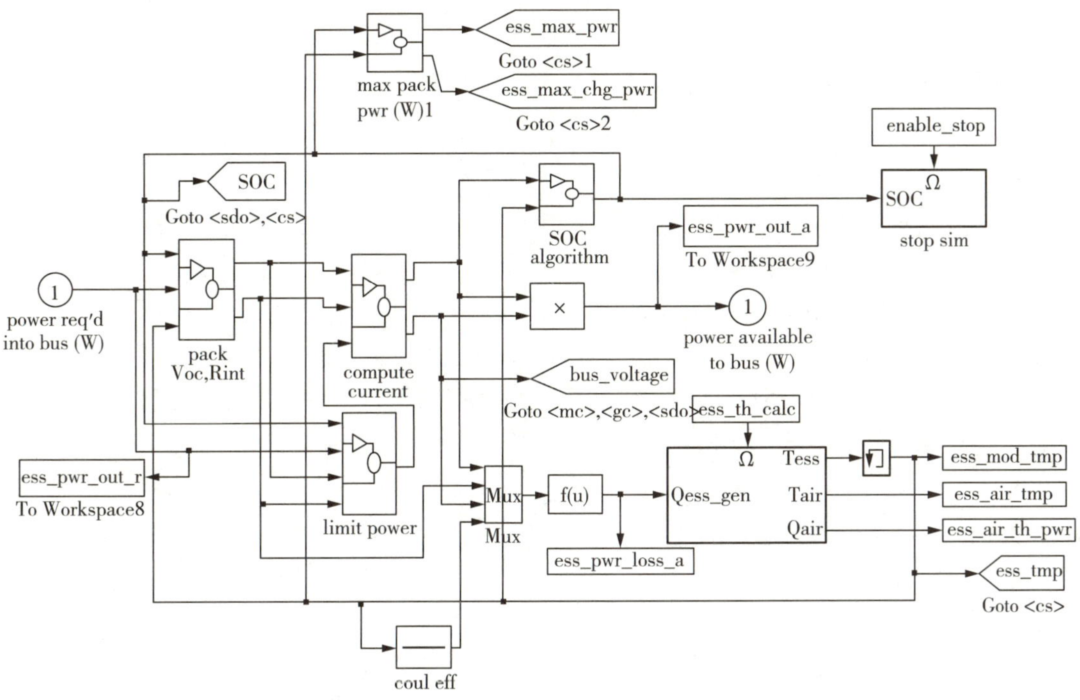

图 4-20 电池模型

汽车行驶动力学方程：

$$F_t = F_f + F_i + F_j + F_w$$

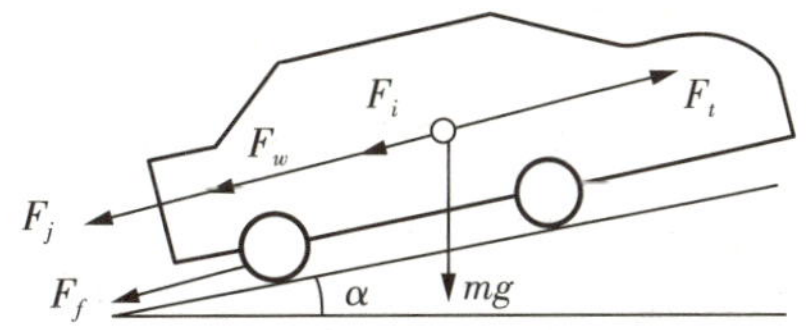

图 4-21 简化后的整车受力模型

汽车空气阻力：

$$F_w = \frac{C_D A}{21.15} v^2$$

汽车滚动阻力：

$$F_f = mgf\cos\alpha$$

汽车加速阻力：

$$F_j = \delta m \frac{\mathrm{d}v}{\mathrm{d}t}$$

汽车坡度阻力：

$$F_i = mg\sin\alpha$$

汽车驱动力：

$$F_t = T_w / r$$

车轮扭矩：

$$T_w=\left(mgf\cos\alpha+\frac{C_DA}{21.15}v^2+mg\sin\alpha+\delta m\frac{\mathrm{d}v}{\mathrm{d}t}\right)\cdot r$$

车轮转速：

$$n_w=\frac{v}{0.12\pi r}$$

式中：m 为汽车质量，kg；

g 为重力加速度，取 $9.81\mathrm{m/s^2}$；

f 为滚动阻力系数；α 为道路坡度，°；

T_w为车轮扭矩，N·m。

所建立整车动力学模型如图 4-22 所示，包括滚动阻力、坡度阻力、迎风阻力、加速阻力计算模块，以及车速计算模块。

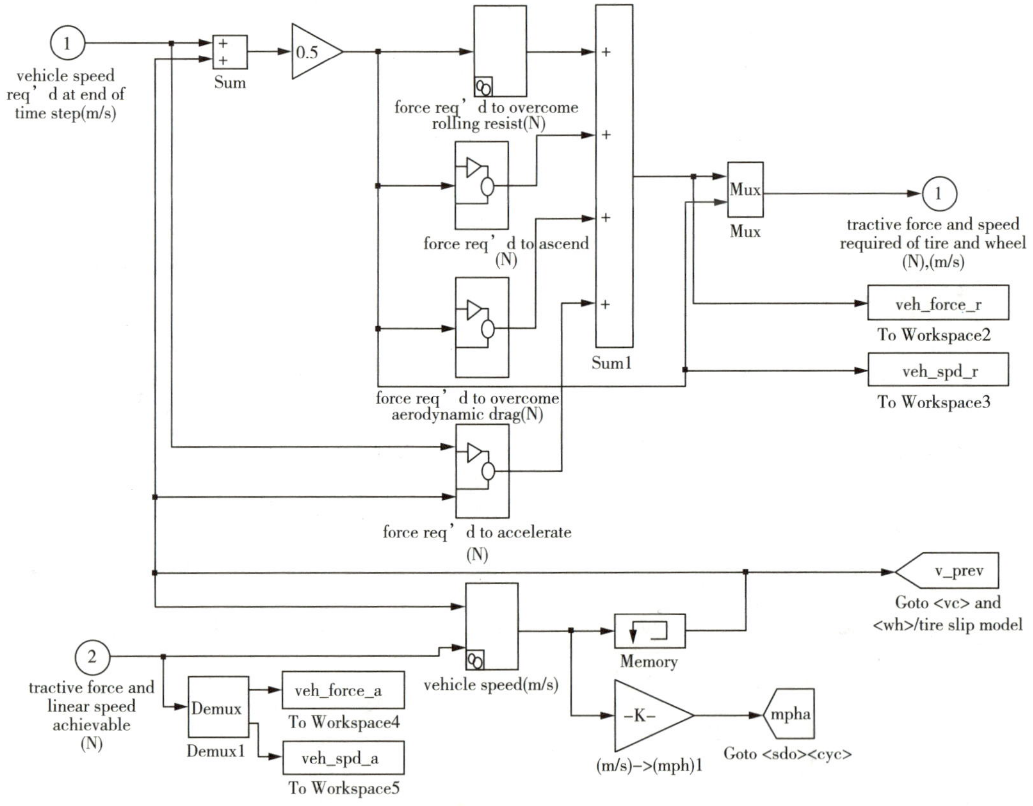

图 4-22　整车动力学模型

纯电动汽车的车速是评判纯电动汽车性能的一项重要指标，所以汽车车速计算子模块在模型中相当重要。通过该模块计算出车辆行驶车速，从而推算出汽车的行驶阻力，根据车轮反馈而来的汽车需要的驱动力和线性速度，计算出传递给汽车所需的驱动力以及更新下一刻车速。

4）传动系模型

传动系统模型包括主减速器模块和变速器模块两个部分。主减速器起到减速增矩的作用，其传动比为固定常数，输入输出关系简单，因此不单独建模，而将其考虑在变速器模型中。

所建变速器模型如图 4－23 所示，其中模型右侧代表变速器输入端，左侧代表变速器输出端，变速器扭矩、转速输入输出关系如下面公式所示：

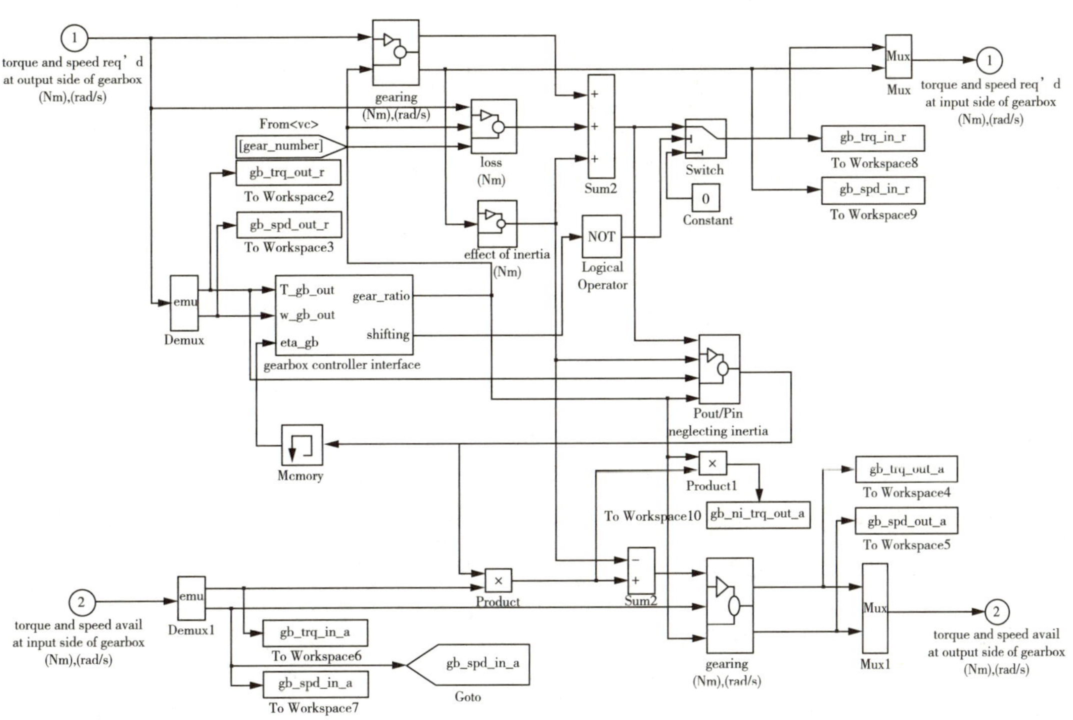

图 4－23 变速器模型

变速器输入端需求转速为

$$T_{gb\_req\_in}=\frac{T_{gb\_req\_out}}{g_t+T_{inertia}+T_{loss}}$$

变速器输入端需求扭矩为

$$n_{gb\_req\_in}=n_{gb\_req\_out}\cdot g_t$$

变速器实际输出扭矩：

$$T_{gb\_a\_out}=(T_{gb\_a\_in}\cdot(P_{out}/P_{in})-T_{inertia})\cdot g_t$$

变速器实际输出转速：

$$n_{gb\_a\_out}=n_{gb\_a\_in}/g_t$$

式中：$T_{gb\_req\_out}$ 为变速器输出端需求扭矩；

g_t 为传动比；

$T_{inertia}$ 为惯性扭矩；

T_{loss} 为损失扭矩；

$n_{gb\_req\_out}$ 为输出端需求转速；

$T_{gb\_a\_in}$ 为实际输入扭矩；

P_{out}/P_{in} 为变速器的摩擦效率，输出功率与输入功率的比值；

$n_{gb\_a\_in}$ 为实际输入转速。

变速器模块主要由变速器控制子模块、扭矩损失子模块和转动惯量影响子模块组成。由后向和前向两条仿真路线组成。后向仿真路径中，根据主减速器模块传递的请求扭矩和请求转速，并考虑到各种因素的影响，通过齿轮传动系统计算出对电动机模块的请求扭矩和请求转速；前向仿真路径中，根据电动机模块提供的实际扭矩和实际转速，计算出传递给主减速器模块的实际扭矩和实际转速。

5）车轮模型

车轮模块用于连接下级的车辆模块和上级的主减速器模块，其主要作用是在后向仿真过程中接收来自车辆模块的请求驱动力和请求车速，通过计算求出对减速器模块的请求扭矩和请求转速；在前向仿真过程中接收减速器模块传递来的实际扭矩和实际转速，通过计算求出传递给车辆模块的实际驱动力和实际车速。车轮模型如图 4-24 所示。

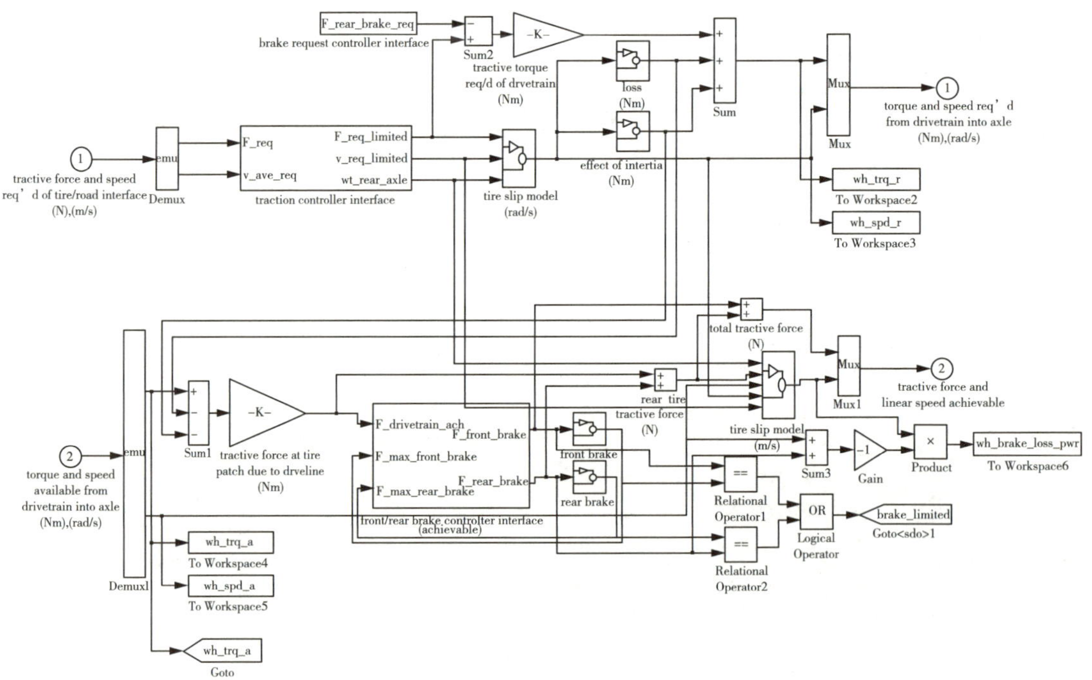

图 4-24　车轮模型

6）整车仿真模型

根据上述建立的动力系统各部分仿真模型，按照纯电动汽车动力系统布局进行连接，建立整车仿真模型如图 4-25 所示。其中，仿真时间步长和数据传输模块用于设置仿真时间参数和管理仿真数据，行驶工况模块提高典型循环试验工况。

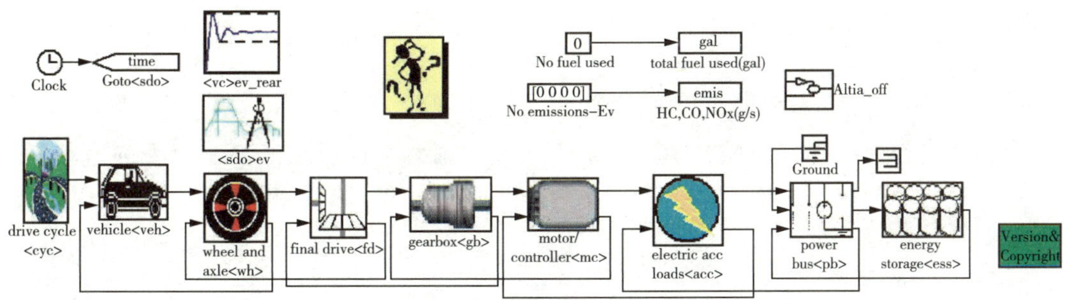

图 4－25　整车仿真模型

7）仿真结果

纯电动汽车由于续驶里程限制，主要集中在城市道路使用，所以选择综合循环工况 CYC－NEDC 作为模拟计算工况，循环工况总里程 10.93 km，历时 1180 s，最高车速 120.32 km/h，最大加速度 1.20 m/s^2，最大减速度－1.42 m/s^2。NEDC 循环工况如图 4－26所示。

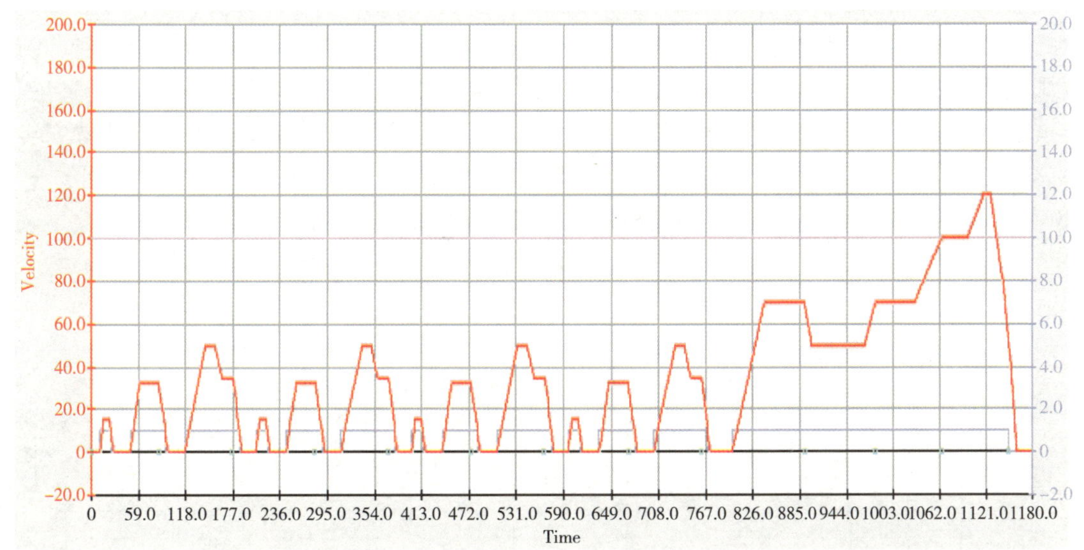

图 4－26　NEDC 循环工况

8）动力性能仿真结果

动力性能仿真任务包括：最高车速、0～50 km/h 加速时间、50～80 km/h 加速时间、最大爬坡度、车辆通过 4%坡度的爬坡车速和车辆通过 12%坡度的爬坡车速。

（1）最高车速仿真结果与分析

最高车速是指在水平良好的路面（混凝土或者沥青）上汽车能达到的最高行驶车速。当纯电动汽车传动系匹配合理，所选电动机的额定功率选择正确时，以最大速度行驶的纯电动汽车电动机一般处于恒功率运行阶段，而受到的阻力只有滚动阻力和空气阻力，此时汽车方程式为

$$F_t = F_f + F_w$$

即$\dfrac{3600\ P_m r\eta}{u} = mgf + \dfrac{C_D A\ u^2}{21.15}$

对上式进行求解可求得纯电动汽车最大车速，因此可以看出最高车速受到电动机功率和阻力值大小的影响。利用 ADVISOR 进行模拟计算的仿真结果见表 4-1 所列。

表 4-1　最高车速仿真结果

挡位	车速（km/h）	电动机转速（rpm）
1	108	8150.89

从表 4-1 可以看出该车最大速度达到 108 km/h，此时电动机工作转速为 8150.59 rpm，接近电动机的最高转速。

（2）加速性能仿真结果与分析

汽车的加速时间表示汽车的加速能力，加速时间有两种表示方法：一种是原地加速的时间，第二种是超车加速的时间。原地起步加速时间指汽车由Ⅰ挡或Ⅱ挡起步，并以最大的加速强度逐步换至高挡后，到某一预定的距离或车速所需的时间。超车加速时间指用最高挡或者次高挡由某一较低车速全力加速至某一高速所需的时间。因为超车时汽车与被超车辆并行，容易发生安全事故，所以超车加速能力强，并行行程短，行驶就安全。因此加速性能也是汽车动力性的主要性能指标。利用 ADVISOR 进行仿真分析，用 0～50 km/h 加速时间和 50～80 km/h 加速时间表示该纯电动汽车的加速能力。

经过仿真计算，0～50 km/h 加速时间为 5.7 s，仿真结果曲线图如图 4-27 所示。为

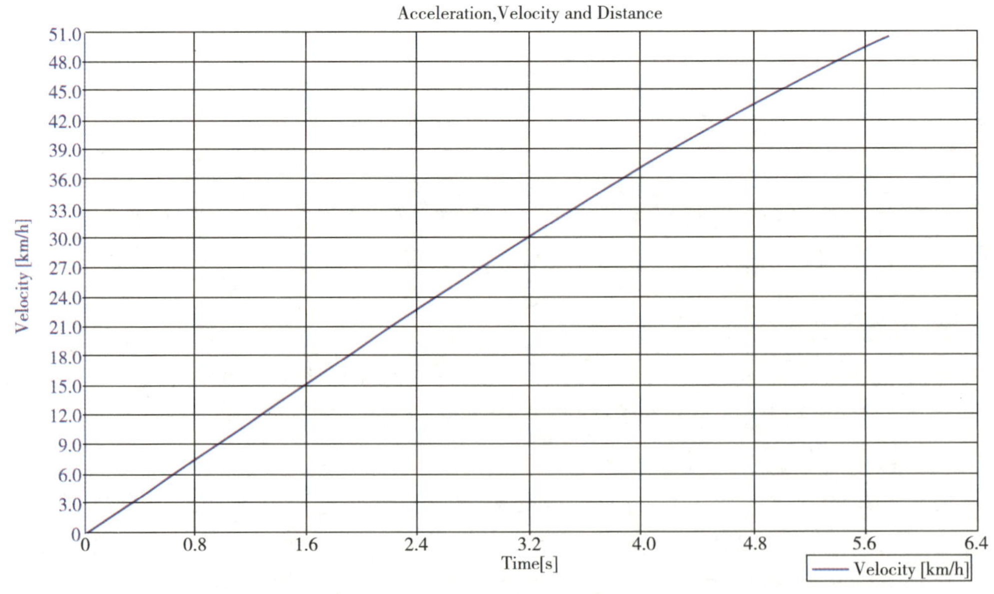

图 4-27　0～50 km/h 加速仿真结果

了进一步便于观察，在任务中设置速度间隔测量值为 10 km/h，一定车速下对应的加速时间、距离及相应的电动机工作转速见表 4-2 所列。

表 4-2 0—50 km/h 速度测量点加速时间数据

车速/km·h^{-1}	时间/s	距离/m	电动机工作转速/rpm
10.00	1.07	1.51	754.71
20.00	2.21	5.88	1509.42
30.00	3.38	1332	2264.14
40.00	4.33	24.53	3018.85
50.00	5.70	43.62	3773.56

经过仿真计算，50～80 km/h 加速时间为 6.3 s，仿真结果曲线图如图 4-28 所示。为了便于进一步观察，在任务中同样设置速度间隔测量值为 10 km/h，一定车速下对应的加速时间、距离及相应的电动机工作转速见表 4-3 所列。

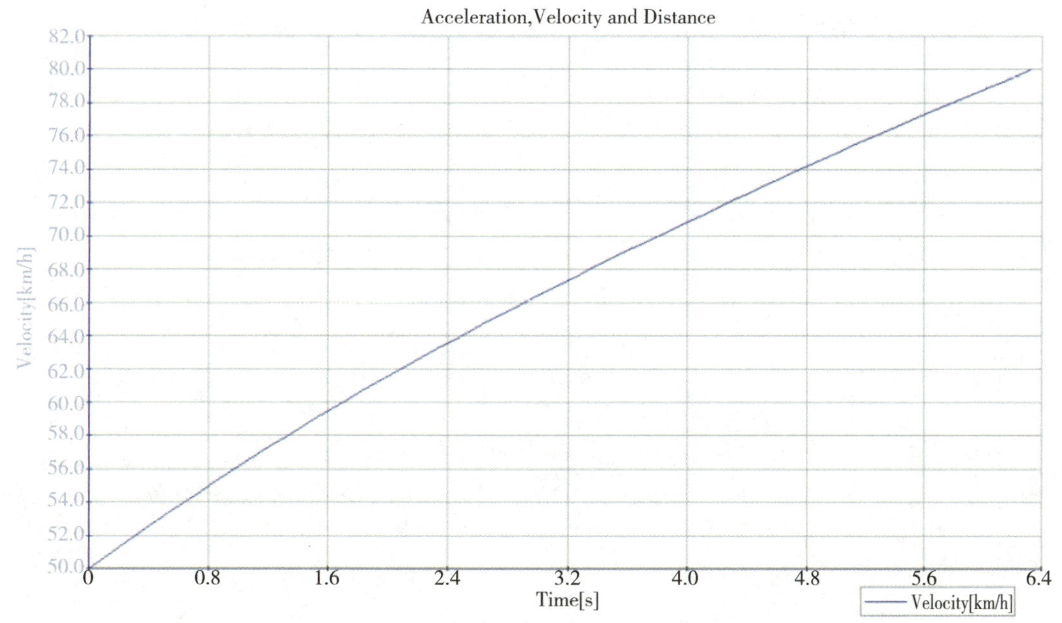

图 4-28 50～80 km/h 加速仿真结果

表 4-3 50～80 km/h 速度测量点加速时间数据

车速/km·h^{-1}	时间/s	距离 /m	电动机工作转速/rpm
50.00	0.00	0.00	3773.56
60.00	1.70	26.11	4528.27
70.00	3.80	64.10	5282.99
80.00	6.32	116.71	6037.70

(3) 最大爬坡度性能仿真结果与分析

纯电动汽车的爬坡性能是指汽车在良好路面行驶，发出的驱动力能够克服滚动阻力和空气阻力，剩余的动力克服爬坡阻力所能爬上的最大坡度。最大爬坡度是汽车动力性的主要指标，表示汽车用满载或者半载时的爬坡能力，显然最大爬坡度指的是一挡最大爬坡度。根据爬坡度的定义，可以写出汽车爬坡度的计算方程式如下：

$$\frac{T_{\max} i\eta}{r}=mgf\cos\alpha_{\max}+mg\sin\alpha_{\max}+\frac{C_D A u^2}{21.15} \quad n<n_e$$

$$\frac{3600Pr\eta}{u}=mgf\cos\alpha_{\max}+mg\sin\alpha_{\max}+\frac{C_D A u^2}{21.15} \quad n>n_e$$

式中：n_e为电动机的基速。

通过上式可以得到纯电动汽车以某一车速行驶时可以爬上的最大坡度$\alpha_{\max}$。

最大爬坡度仿真结果如图 4-29 所示。为了更加便于观察，设置了速度区间为 0～100 km/h，速度间隔为 10 km/h 的速度测量点任务，一定车速下的电动机工作转速和坡度见表 4-4 所列。由表 4-4 可知，在速度小于 40 km/h 时，汽车最大爬坡度均大于 25%，考虑到实际情况，选取车速为 20 km/h，则该车最大爬坡度约为 28%。

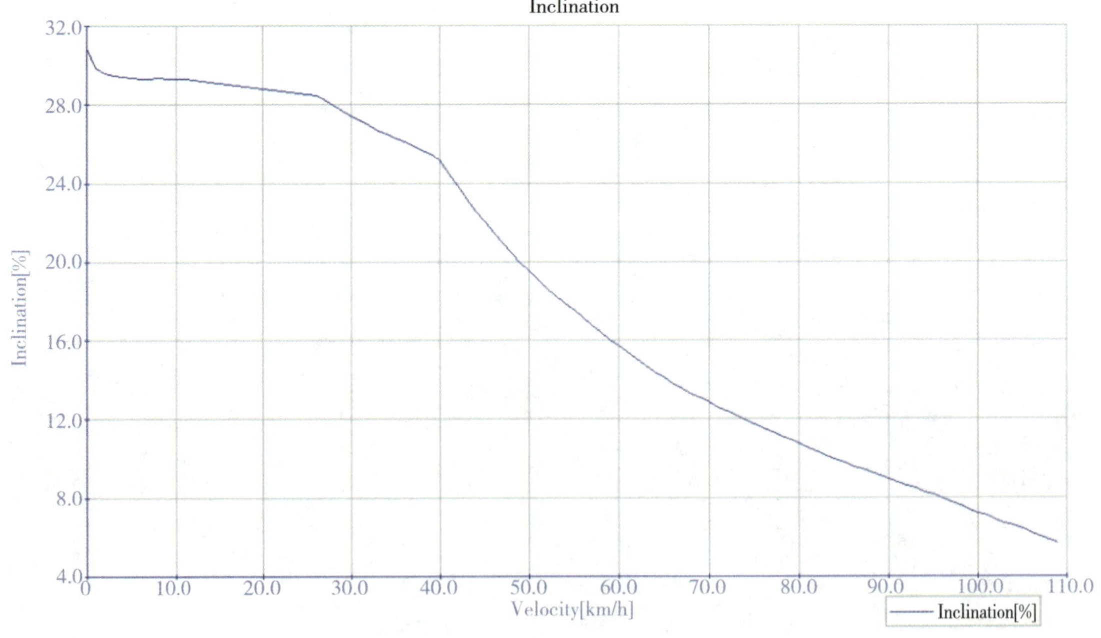

图 4-29 最大爬坡度仿真结果

表 4-4 最大爬坡度测量点数据

车速/km·h^{-1}	电动机转速/rpm	坡度/%
0	0.00	30.88
10.00	754.71	29.31

（续表）

车速/km・h⁻¹	电动机转速/rpm	坡度/%
20.00	1509.42	25.81
30.00	2264.14	27.42
40.00	3018.85	25.18
50.00	3773.56	19.56
60.00	4528.27	15.70
70.00	5282.99	12.86
80.00	6037.70	10.73
90.00	6792.41	8.96
100.00	7547.12	7.22

由表 4－4 可知，在速度小于 40 km/h 时，汽车最大爬坡度均大于 25%，考虑到实际情况，选取车速为 20 km/h，则该车最大爬坡度约为 28%。

（4） 4%坡度与 12%坡度下最大爬坡速度

分别把道路坡度设置为定值 4%与 12%后进行最大速度仿真实验，仿真结果见表 4－5、表 4－6 所列。从结果可知，该车在 4%坡度下最大爬坡速度为 108 km/h，即能达到该车的最大速度，该车在 12%坡度下最大爬坡车速为 72 km/h，与图 4－29 的最大爬坡度仿真结果是一致的。

表 4－5　4%爬坡最大速度

挡位	车速/km・h⁻¹	电动机转速/rpm
1	108	8150.89

表 4－6　12%爬坡最大速度

挡位	车速/km・h⁻¹	电动机转速/rpm
1	72	5509.4

9） 经济性能仿真结果

纯电动汽车的经济性能计算主要包括非工况下不同车速的最大续驶里程和百公里能耗，以及基于工况的能量消耗、能量回收和能量回收率的计算。

本节对基于工况下的经济性能进行模拟计算，按照整车性能要求，主要对续驶里程进行计算。纯电动汽车续驶里程指的是按照选定工况行驶，当动力电池的 *SOC* 值下降到门限值时，仿真停止，此时对应的电动汽车行驶过的距离数值。

本节分别选择等速 60 km/h 工况和新欧洲城市驾驶循环工况 NEDC（New European Driving Cycle）来测量该车的续驶里程。循环工况时间与速度曲线图分别如图 4－30 和图 4－31 所示。

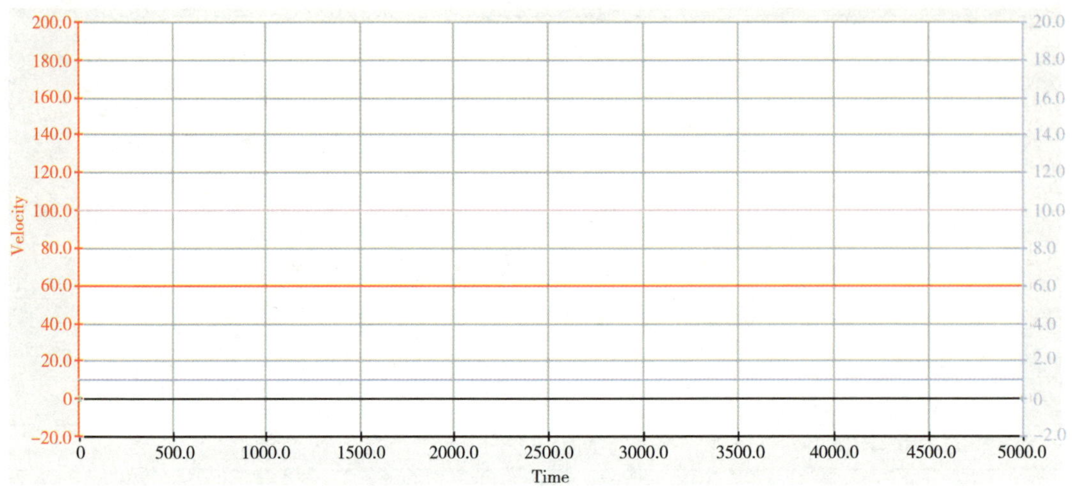

图 4-30　等速 60 km/h 循环工况

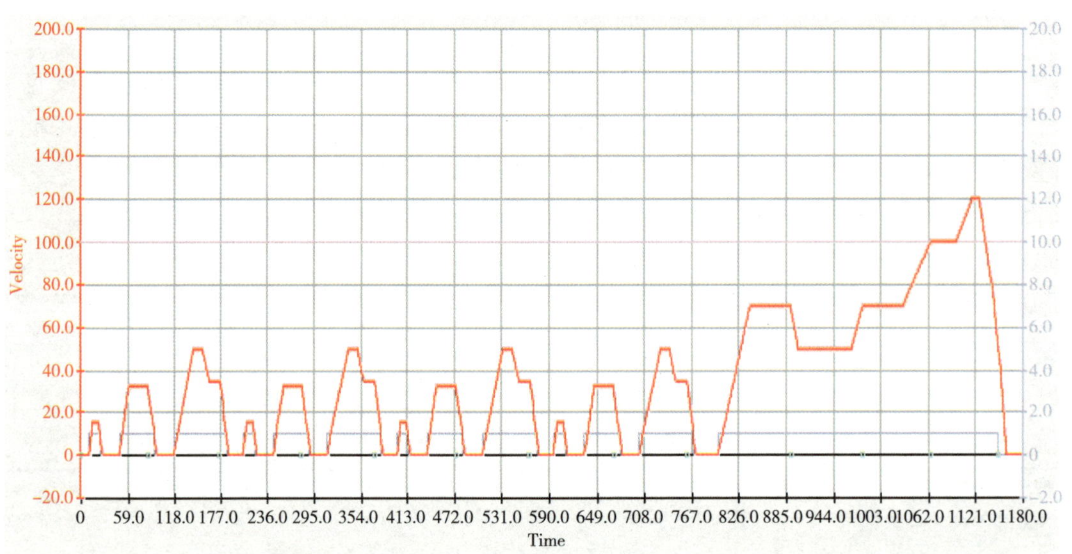

图 4-31　NEDC 循环工况

续驶里程仿真结果见表 4-7 所列，NEDC 下的仿真结果为 143 km，等速 60 km/h 工况下的结果为 194 km，这与理论计算结果 200 km 也非常接近。在 NEDC 工况下，汽车需要频繁的起步和加速，导致整车续驶里程比等速 60 km/h 工况要小。

表 4-7　行驶里程

	行驶里程/km
等速 60 km/h	194
NEDC 行驶工况	143

NEDC 循环工况和等速 60 km/h 下的 *SOC* 变化曲线如图 4－32 和图 4－33 所示。

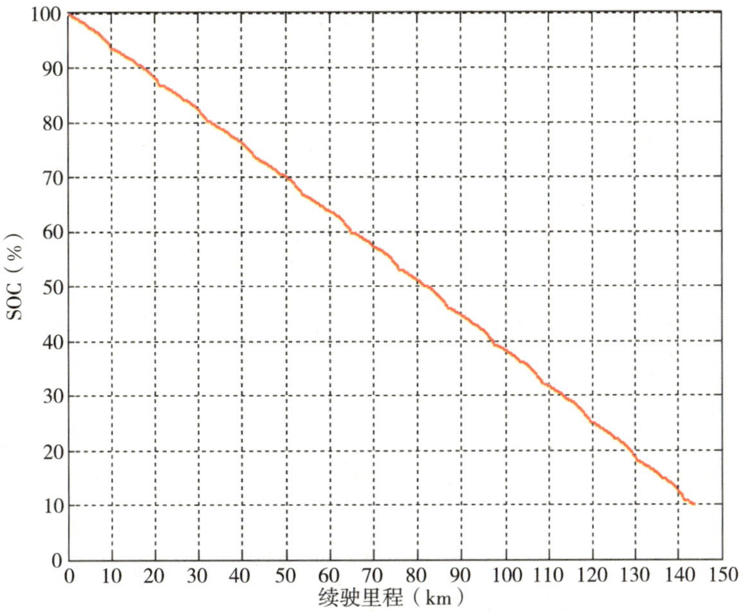

图 4－32　NEDC 循环工况下电池 *SOC* 变化曲线

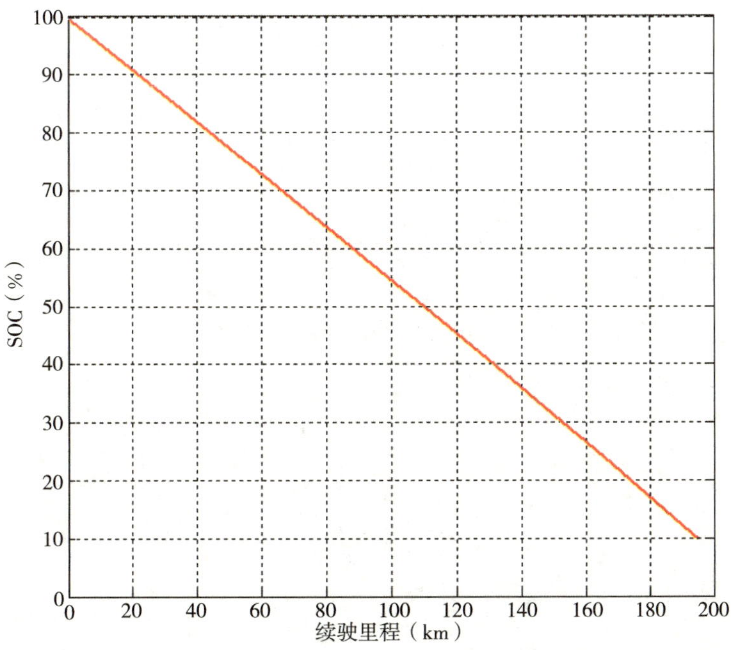

图 4－33　等速 60 km/h 工况下电池 *SOC* 变化曲线

图 4-34 为 NEDC 工况下电池工作电流，负值代表电池在放电，处于驱动模式，正值代表电池在充电，处于制动能量回收模式。图 4-35 和图 4-36 分别表示电动机的工作电流和输出扭矩，正值表示工作在驱动模式，负值表示工作在制动模式。

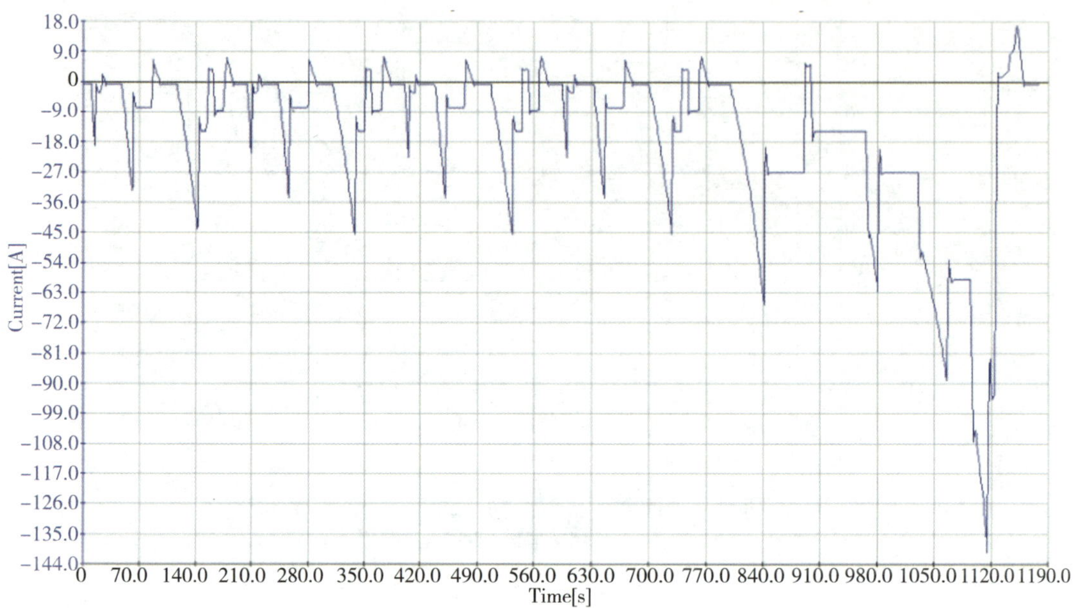

图 4-34　NEDC 工况下电池工作电流

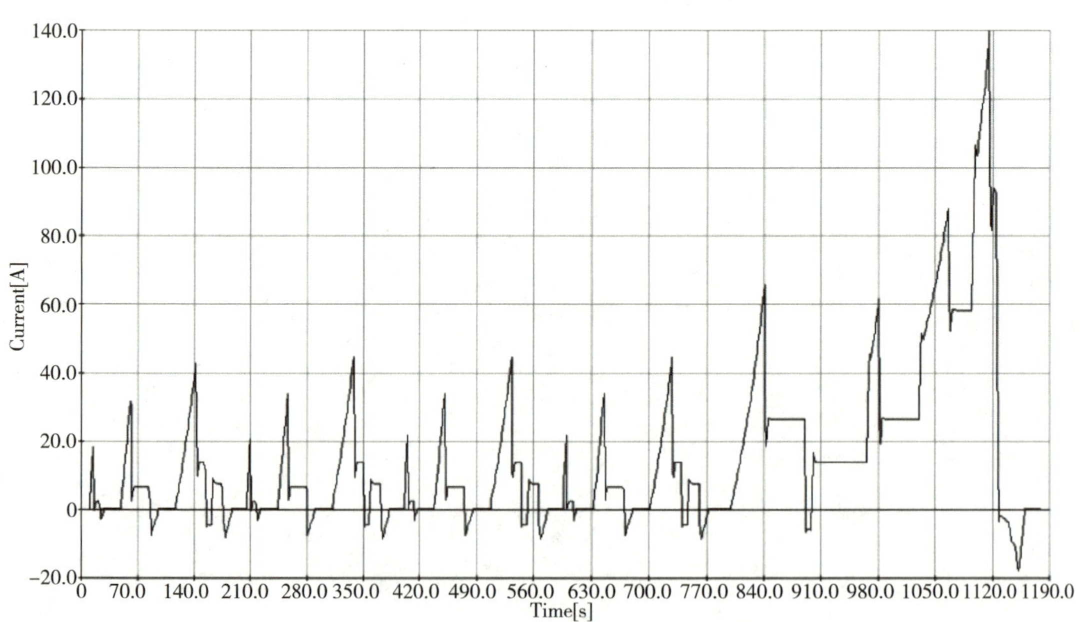

图 4-35　NEDC 工况下电动机工作电流

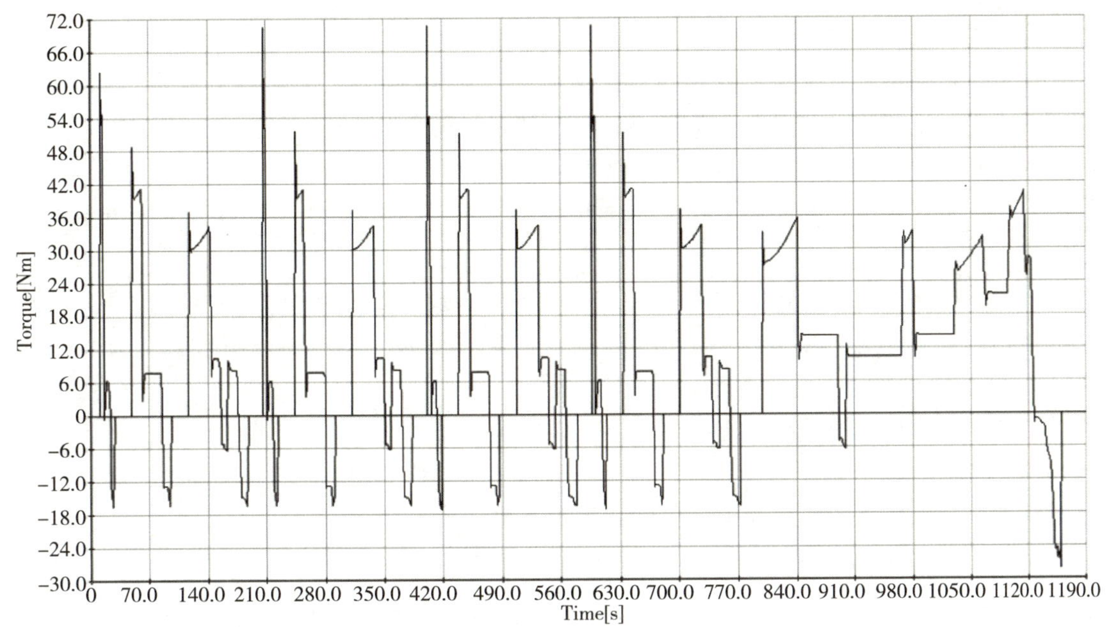

图 4－36 NEDC 工况下电动机输出扭矩

在实际设计中，如果对所设计的纯电动汽车的性能不满意，可以对动力系统参数进行优化，直到满意为止。

4.5 纯电动汽车电池管理系统（BMS）

电池管理系统是集监测、控制与管理为一体的、复杂的电气测控系统，其对于纯电动汽车整车的性能有着至关重要的作用，是纯电动汽车控制系统的核心部分。电池管理的核心问题就是 *SOC* 的预估问题，纯电动汽车电池 *SOC* 的合理范围是 30%～70%，这对保证电池寿命和整体的能量效率至关重要。准确和可靠地获得电池 *SOC* 是电池管理系统中最基本和最首要的任务，在此基础上才能对纯电动汽车的用电进行管理，特别是防止电池的过充电及过放电。

4.5.1 纯电动汽车对电池管理系统的要求

纯电动汽车电池管理系统（BMS）是动力电池的“保护神”，为动力电池的安全运行、提高动力电池利用效率、延长电池使用寿命保驾护航，并对纯电动汽车运行过程中动力电池发生的异常产生报警并生成工作日志，从而有助于纯电动汽车的安全管理和高效运行。以人为本的安全驾驶理念已经深入人心，这对电池管理系统的可靠性与安全性提出了更高的设计要求。纯电动汽车对电池管理系统的要求如下：

（1）提供电池运行数据。基于电池电压、电流、温度等外特性参数建立电池数学模型，采用相应的算法估计动力电池荷电状态（SOC）、剩余寿命（SOL）、健康状态

(SOH) 以及峰值功率 (SOP)，为纯电动汽车动力系统进行相应的控制提供依据和为驾驶员合理安排驾驶提供参考。

(2) 保证电池运行安全。在纯电动汽车正常运行过程中，保证动力电池运行安全，包括动力电池电压过压欠压、电流过流、温度异常和短路保护。

(3) 延长电池使用寿命。动力电池高效运行需要良好的工作环境，包括适宜的温度、湿度、充放电深度等，同时需要结合动力电池充放电特性维持电池包中各单体电池的一致性水平。

(4) 数据交互与历史数据回溯。电池管理系统需要实现在系统内部传输数据并将核心数据打包上传至整车控制器或远程数据监测中心，以无线 (GPRS) 和有线 (SCI、CAN) 的方式，将电池数据进行汇总传输。

(5) 电池管理系统需要具有良好的适用性。

(6) 纯电动汽车运行工况复杂多变，实际工作环境不可预料。同时电池管理系统还经常受到各种电磁干扰，故在电池管理系统中需要采用硬件抗干扰技术。

4.5.2 电池管理系统的功能

电池管理系统是纯电动汽车的关键组成模块，电池要配备电池管理系统才能正常工作。电池管理系统的功能主要包括以下几项。

1) 电池组信息数据采集功能

动力电池组工作过程中的各项实时数据是判断电池组工作状态的基础依据，也是了解电池基本性能的基本指标。实时采集纯电动汽车蓄电池组中的每块电池的端电压、温度、充放电电流等信息是十分必要的。由于电池组中的每块电池在使用中的性能和状态不一致，因而对每块电池的电压、电流和温度数据都要进行监测。

2) 充放电管理功能

电池管理系统需要能够完成对动力电池组的充放电管理，根据实际需要切换充放电状态、调整充放电电流大小等。

3) 电池荷电状态 *SOC* 估算功能

电池管理系统通过对电池组各项信息的采集，然后通过有效的方法完成对动力电池组 *SOC* 的估测。电池管理系统能否对电池组 *SOC* 值进行准确的估算是评价其实用性和可靠性的重要指标。

4) 故障诊断与报警

通过分析电池状态信息或其他方式，诊断电池组工作是否异常。当蓄电池电量或能量过低需要充电时，及时报警，以防止电池过放电而损害电池的使用寿命；当电池组的温度过高，非正常工作时，及时报警，以保证蓄电池正常工作。

5) 主动均衡功能

电池管理系统应当具备实现主动均衡的能力，能够减少电池单体不一致性对电池性能的损害。当电池之间有差异时，有一定措施进行补偿，保证电池组的功能，并有一定的措施来显示性能不良的单体电池的位置，以便维修替换。主动均衡相对于被动均衡几

乎没有能量损失，可以大大降低损耗，减缓电池老化的进度，延长电池的使用寿命。

6）信息显示功能

纯电动汽车在运行过程中，电池管理系统需要能够对电池组的实时状态进行显示，便于用户实时掌握动力电池组的工作状态并做出准确判断。

7）温度检测及调节功能

动力电池组工作环境温度的变化对电池组各方面性能有很大的影响，环境温度过于恶劣时有可能使电池组严重损坏。所以，电池管理系统必须具备调节温度的能力，保证动力电池组始终在适宜的温度环境下工作。

4.5.3　电池管理系统的组成

电池管理系统包括硬件系统和软件系统。纯电动汽车电池管理系统的功能和形式主要是依据实际情况确定，受电池类型、纯电动汽车类型、成本等多种因素影响。

针对电池组的结构，本节所研究的电池管理系统采用分布式管理结构，如图 4-37 所示。电池管理系统被分为三类功能单元：1 个主控制单元、1 个电池组测量单元和 n 个电池包测控单元。这些单元之间可通过内部 CAN 总线进行通信，主控制单元为内部 CAN

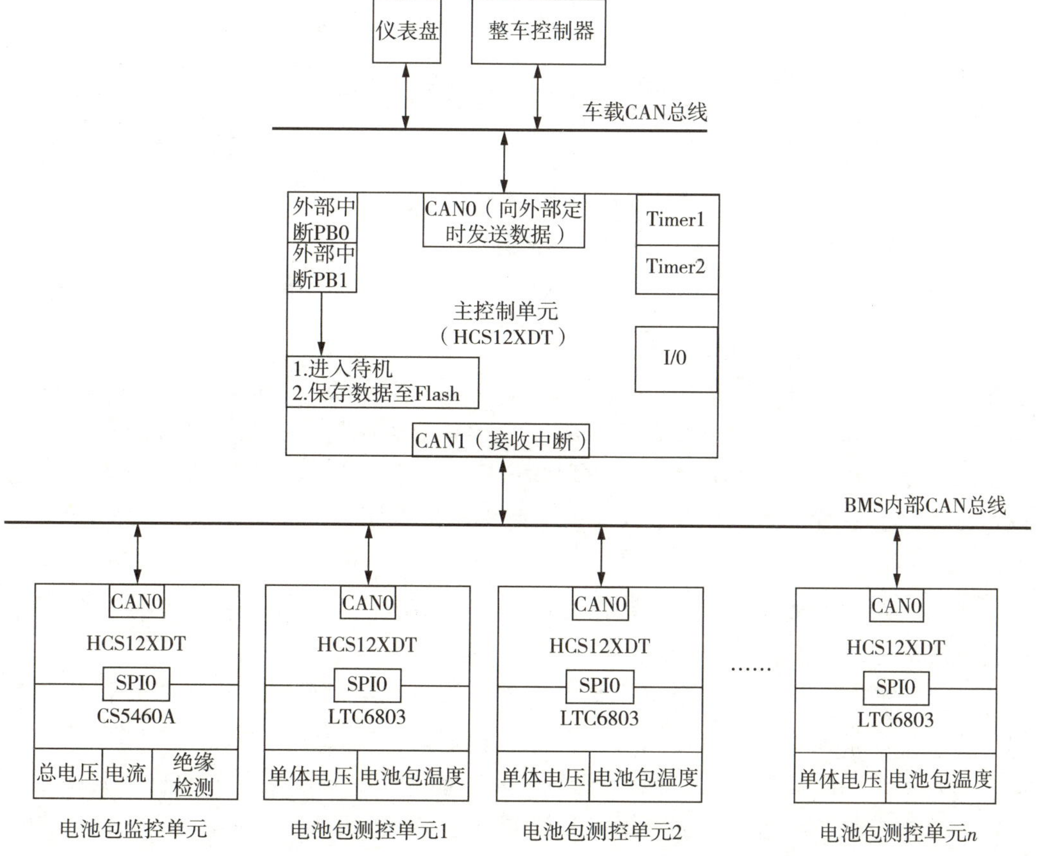

图 4-37　电池管理系统结构功能示意图

总线的上位机，电池组测量单元和电池包测控单元则为内部 CAN 总线的下位机。除此之外，主控制单元还可以通过车载 CAN 总线与整车控制器、汽车仪表盘进行通信。

主控制单元是电池管理系统的核心，其主要有如下功能：

（1）进行 *SOC* 估算；

（2）处理电池组过压、欠压、过流等异常事件；

（3）根据电池的温度控制冷却系统的启停；

（4）通过内部 CAN 总线接收电池状态信息；

（5）通过车载 CAN 总线发送电池状态信息；

（6）存储电池的状态值。

电池组测量单元主要用于测量整个电池组的状态，其主要由如下功能：

（1）测量电池组总电压；

（2）测量充放电电流；

（3）测量绝缘阻值；

（4）判断电压、电流以及绝缘阻值是否正常；

（5）通过内部 CAN 总线发送状态信息。

每个电池包测控单元能够监控由 4～12 个电池单体组成的电池包的状态，其主要能够实现如下功能：

（1）测量电池包每个单体的电压；

（2）测量电池包温度；

（3）判断单体电压值和电池包温度值是否正常；

（4）在电池组充电过程中对单体进行均衡；

（5）通过内部 CAN 总线发送状态信息。

4.5.4 电池管理系统的硬件实现

硬件系统设计取决于管理系统实现的功能。基本要实现对动力电池组的合理管理，即保证采集数据的准确性、可靠稳定的系统通信、抗干扰性。在具体实现过程中，根据设计要求确定需要采集动力电池组的数据类型；根据采集量以及精度要求确定前向通道的设计；根据通信数据量以及整车的要求选用合理的总线。

1）电源模块设计

电源模块的功能是将电池电压转换为逻辑电路用的 5 V 电，并给其他需要供电的部分提供电源。

传统汽车的车载设备用电全部取自蓄电池，而对于电动汽车，还可以直接从动力电池组取电。电池管理系统和电池组封装为一体，因此，电池管理系统可以就近从电池组取电，以降低布线的复杂程度。但是直接从动力电池组取电存在以下两点不利因素：第一，动力电池组电压高达几百伏，要将其降至 5 V 需要设计复杂的降压电路，这会增加成本；第二，直接从动力电池组取电，将会损耗电池组的功率，这将影响汽车动力的稳定输出。因此，需要重新考虑，并将各个功能单元的电源模块分开考虑。

(1) 主控制单元的电源

主控制单元需要完成安全保护、电池状态估算等任务，相对其他功能单元，其功耗较大，选择由 12 V 车载蓄电池供电。考虑到 12 V 蓄电池的负极与车身相接，而电池组跟车身必须保持绝缘，因此该直流降压模块必须带有隔离的功能。本节选用了金升阳公司的一款宽电压输入隔离稳压 DC/DC 模块电源，其型号为 WRB1205－2W，该模块电源输入范围为 9～18 V，输出电压稳定在 5 V，用来给主控制单元模块供电。

(2) 电池包测控单元的电源

电池管理系统中有很多个电池包测控单元，每个电池包测控单元的监测和控制对象为一个特定的电池包。由于电池包的电压较低，可以直接选用满足要求的低压 DC/DC 降压芯片，这将省去高压直流降压模块的设计；并且电池包测控单元的任务仅仅是监测电池包温度和电池包中单体的电压，以及均衡单体电压，功耗很低，对动力电池的稳定输出的影响可以忽略不计。因此，选定电池包测控单元直接由对应的电池包供电。

设组成电池包的单体个数为 n，电池单体电压为 V_c，则电池包的电压为

$$V_m = n \times V_c$$

根据 V_m 的范围选定电源芯片的型号。本节选用了 Linear Technology 公司生产的 LT3991－5 降压型开关稳压器。其输入电压范围为 4.3～55 V，输出电压为 5 V，最大连续输出电流为 1.2 A，能够满足电池包测控单元的要求。该器件突发模式工作在无负载备用情况下能够保持低于 2.8 μA 的静态电流，适用于汽车系统的应用。图 4－38 为 BMC 模块电源电路原理图。

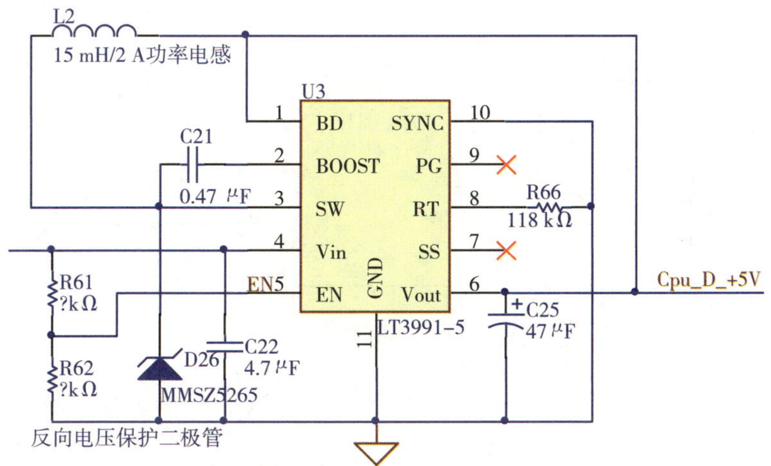

图 4－38　BMC 模块电源电路原理图

(3) 电池组测量单元的电源

电池组测量单元的电源设计与电池包测控单元类似，同样选用了 LT3991－5 电源芯片来供电。但是其从电池组最负端的电池包取电，如图 4－39 所示。从电池组最负端的电池包取电的目的是使得电池组测量单元与整个电池组共地，防止造成短路。

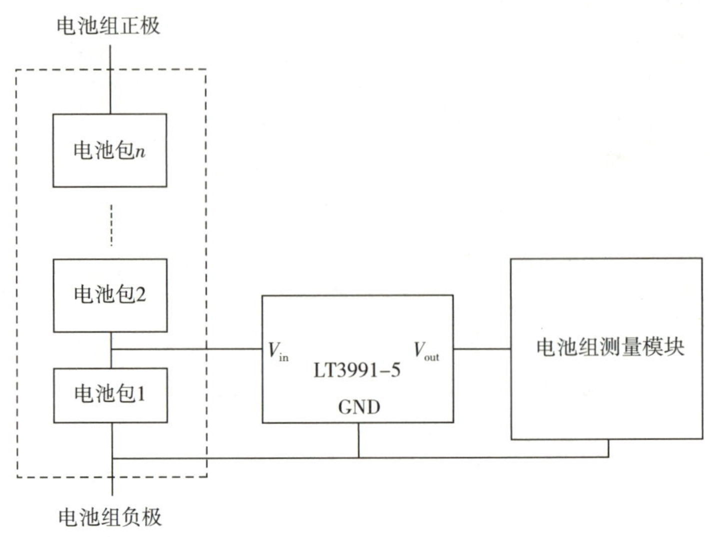

图 4-39 电池组测量单元取电示意图

2）通信模块设计

电池管理系统全部采用 CAN 总线进行通信，主要由两路通信通道，分别是 BMC 和 BCU 之间的 CAN、BCU 与整车控制器 VCU 之间的 CAN。

CAN 通信的硬件电路分为 CAN 控制器、CAN 收发器两部分。由于在主控制芯片中已经集成了 CAN 控制器模块，因此只需对 CAN 收发器进行选型，考虑到电池组的绝缘性能，应当对通信电路进行隔离，本节选用了周立功公司生产的 CAN 隔离收发器模块 CTM1050T，其内部集成了 CAN 收发器、隔离电路和 DC/DC 隔离电源，通过简单的连接就可以实现 CAN 控制器与 CAN 总线间的隔离传输，从而使 CAN 通信电路简单可靠。图 4-40 为设计的 CAN 通信模块隔离电路原理图。

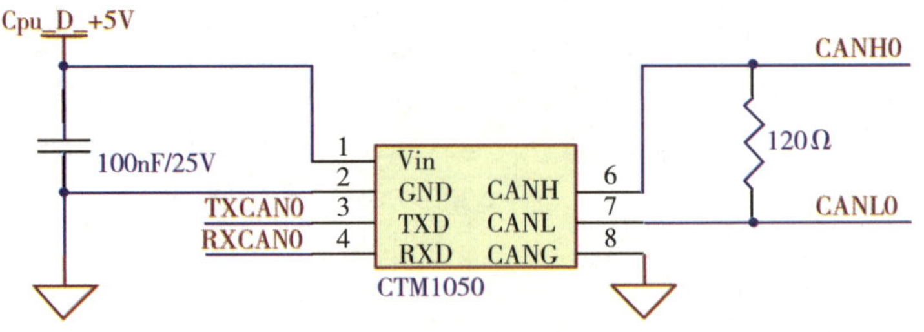

图 4-40 CAN 通信模块隔离电路原理图

3）能量均衡模块设计

单体的均衡控制是针对串联单体间存在的不一致性而提出的。在电池组使用过程中的某一时刻，每个单体的容量以及剩余容量有可能不一致，这主要是由于两方面的原因造成：其一，由于受到材料、工艺等因素的制约，导致电池单体在出厂时存在着不一致性；其二，工作环境的复杂性导致的电池单体在使用过程中出现不一致。

若对电池组进行均衡控制，一方面可以提升电池组的整体容量，另一方面能够延长电池单体的使用寿命，从而提高电池组的整体性能。均衡控制分为主动均衡和被动均衡两种方式。被动均衡方式是指通过一定的方式，耗散电池包中电压较高的单体的能量，其易于实现，但是会损耗电池的部分能量。主动均衡方式是指通过一定的方式，将电池包中较高电压单体的能量转移到较低电压单体上，从而实现平衡。相对于被动均衡，主动均衡能耗较小，但无论是硬件电路的实现还是控制策略的实现，都很复杂。考虑到系统的易于实现性，本节采用被动均衡的方式。如图 4－41 所示，电阻 R_{35}～R_{37} 为功率电阻，功率电阻与一个 MOSFET 开关串联，再并联于电池单体上，形成一个放电回路。MOSFET 开关可以由 LTC6803－4 的 S 引脚控制，当 MOSFET 导通时，可实现对电池单体进行放电。

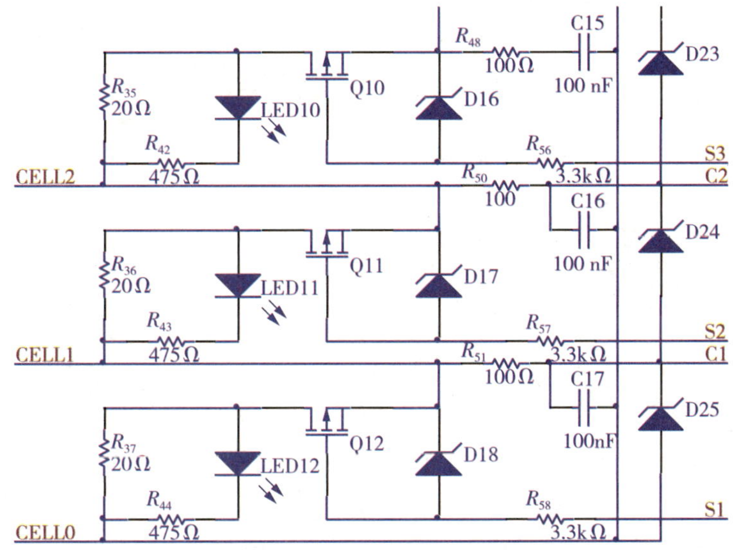

图 4－41 单体均衡电路图局部

4）温度采集模块设计

电池在过高的温度条件下工作，会产生外壳破裂，发生漏液、爆炸等安全事故；在过低的温度条件下工作，会产生电解液凝固，使得充电或者放电无法正常进行。因此需要给动力电池设定一个允许的工作温度范围，使得动力电池始终工作在合理的温度范围内，这就涉及对电池温度的采集。

常见的温度采集方式有热敏电阻方式、18B20 芯片方式。热敏电阻方式是将一个负温度系数热敏电阻与一个已知阻值的电阻串联，通过检测两个电阻之间的电压差来判断温度的大小。18B20 是一种芯片级的温度传感器，其具有内部寄存器和独特的一线通信接口，一次测量完成后，测量数据将被存储在存储器中，外部芯片通过一线通信接口来读取测量值。考虑到 LTC6803 芯片具有两路可以直接与热敏电阻相连的温度采集通道，因此本节选用热敏电阻的方式来实现温度采集。其电路如图 4－42 所示。

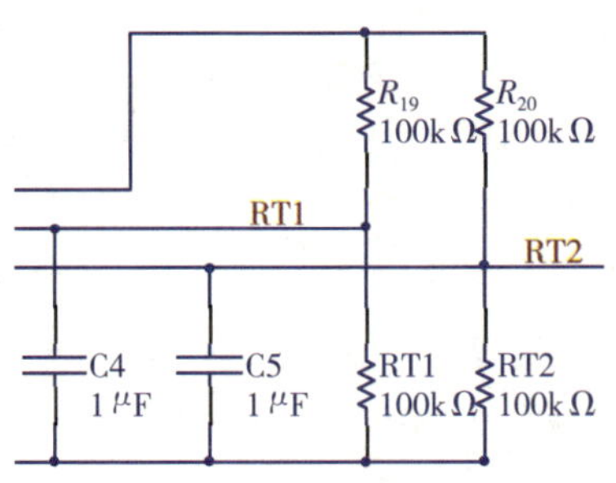

图 4-42　温度采集电路原理图

5）绝缘检测模块设计

电动汽车动力电池组通常具有较高的电压，其值远高于人体安全电压（36 V），这对汽车乘员的安全构成了一定的潜在威胁，所以对车载高压系统与车辆底盘之间的绝缘性能提出了很高的要求。为保证乘客的安全、电池组和电气设备的正常工作、车辆的安全运行，需要实时、定量地检测蓄电池组的电气绝缘性能。其检测方法主要是通过测量绝缘电阻值是否满足要求来确定绝缘性能是否正常。

本节采用一种变阻抗网络的方法来测量电池组对底盘的绝缘电阻。其原理图如图4-43所示。假设蓄电池组的总电压为 V_p，待测正负母线与底盘之间的绝缘电阻为 R_p、R_n，正、负母线与底盘之间的电压分别为 U_p、U_n，R_{c1}、R_{c2} 为测量用的已知阻值的标准电阻。

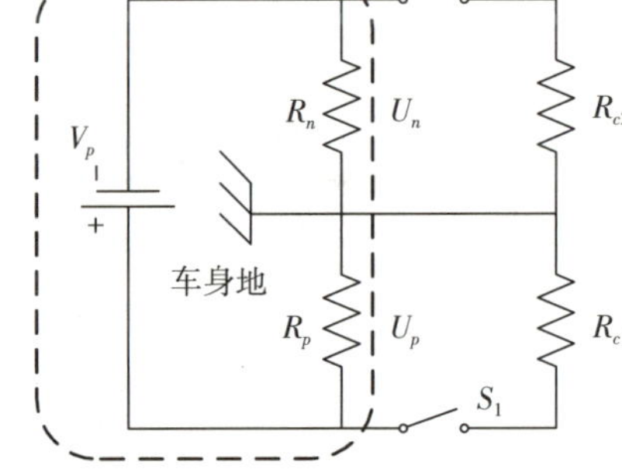

图 4-43　电池组绝缘检测原理图

当开关 S_1、S_2 全部断开时，测量正、负母线与底盘之间的电压分别为 U_{p1}、U_{n1}，则有电路定律可以得到：

$$\frac{U_{p1}}{R_p}=\frac{U_{n1}}{R_n} \tag{4-37}$$

当开关 S_1 闭合，S_2 断开时，则在正母线与底盘之间接入了标准偏置电阻 R_{c1}，测量正、负母线与底盘之间的电压分别为 U_{p2}、U_{n2}，同样可以得到：

$$\frac{U_{p2}}{R_p}+\frac{U_{p2}}{R_{c1}}=\frac{U_{n2}}{R_n} \tag{4-38}$$

根据式（4-37）和式（4-38）联合求解，可以得到：

$$\begin{cases} R_p=R_{c1}\times\left(\dfrac{U_{p1}\times U_{n2}}{U_{n1}\times U_{p2}}-1\right) \\ R_n=R_{c1}\times\dfrac{U_{p1}\times U_{n2}-U_{n1}\times U_{p2}}{U_{p1}\times U_{p2}} \end{cases} \tag{4-39}$$

6）总电压及电流测量模块设计

总电压和电流测量的目的一方面是为监测电池组的状态提供依据，另一方面是总电压值和电流值将作为 *SOC* 估算的输入。准确地获得电池组总电压和电流值能够保证电池组状态监测的可靠性，也能够保证 *SOC* 估算的准确性。

对于总电压和电流的测量，需要考虑如下问题：

（1）总电压和电流都为模拟量，最终将被转换为数字量作为系统的输入。模拟量首先通过电压传感器或电流传感器采集，然后经过 A/D 转换获取数字量信号。为保证测量的精度则从两方面着手，一是选用较高精度的传感器，二是选择转换精度较高的 A/D 转换芯片。

（2）通常情况下，市场上的 A/D 转换芯片的模拟量输入范围为 0～10 V，而电池组总电压高达几百伏，无法直接测量，因此需要先进行降压。

（3）对于直流电流的测量，通常有两种途径：一是采用霍尔电流传感器；二是采用分流器。分流器是一个可以通过大电流的精确电阻，当电流流过分流器时，在它的两端就会出现一个毫伏级的电压，此电压可作为 A/D 转换芯片的输入，从而实现测量。霍尔电流传感器利用半导体材料的霍尔效应，可将电流信号转换为低电压信号作为 A/D 转换芯片的输入，继而能够实现对电流的测量。霍尔电流传感器在测量范围内的低端线性度较差，而分流器则能够在整个测量范围内保持很好的线性度。

通过以上分析，本节采取了如下方案：

对于总电压 V_p，采用串联电阻分压的方式进行测量，串联的两个电阻 R_L、R_H 为高精度金属膜电阻，并具有低的温漂系数，此时获得 R_L 两端的电压 V_V 作为 A/D 转换器的输入，V_p 与 V_V 的关系式为式（4-40）。

$$V_p=\frac{R_L+R_H}{R_L}\times V_V \tag{4-40}$$

对于电流，采用了分流器进行测量，国内标准的 FL-2 型分流器的满量程输出为 75 mV，该信号进行放大后可以进行测量。

A/D 转换芯片采用的具有 24 位分辨率的 CS5460A 芯片，该芯片为一款电表专用的测量芯片，其可以测量电流、电压，并且可以计算功率和能量。CS5460A 主要具有如下特性：

（1）具有 AC 或 DC 系统校准功能；

（2）具有 SPI 串行通信接口，方便外部芯片对其进行读写；

（3）功耗很低，小于 12 mW；

（4）电源配置 V_{A+} 为+5 V，V_{A-} 为 0 V；

（5）具有“自引导”功能，能够从外部 EEPROM 中读取校准数据和启动指令；

（6）通过软件设置，可以实现对电压、电流信号进行每秒 4000 次的采样。

通过设置 CS5460A 的配置寄存器，电流和电压引脚输入范围可以同时被设为 0～500 mV或者－250～＋250 mV，考虑到电池组电流有正负之分，因此选用－250～＋250 mV的量程。总电压和电流测量模块的电路图如图 4-44 所示。

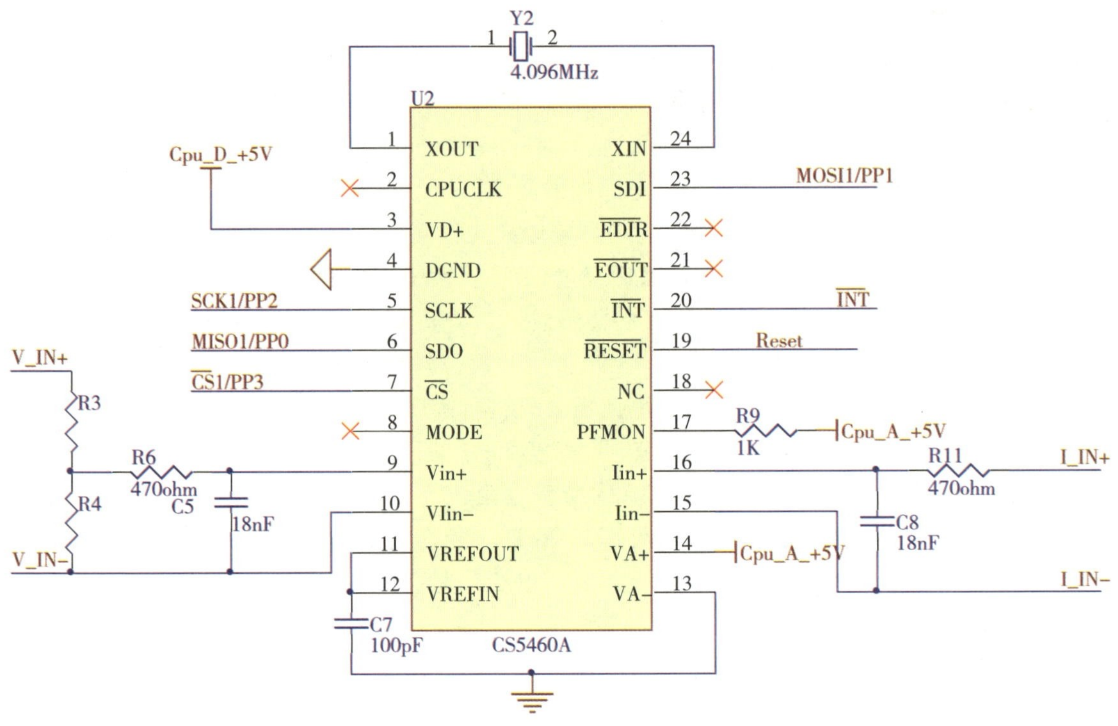

图 4-44　总电压和电流测量模块电路图

7）单体电压测量模块设计

测量单体电压的目的是对电池组进行过压保护和单体均衡。单体电压的采集方式通常有以下几种：

（1）配备电压采集模块

为每个电池包配备电压采集模块，该采集模块主要由一个具有多路 A/D 转换通道的芯片构成，如图 4-45 所示。A/D 通道的输入范围通常在 5 V 以下，对于锂离子电池单体而言，端电压可以直接作为输入。如此，每一路 A/D 转换通道能够采集一个单体的电压。同时，芯片自身还具有通信模块，能够将采集到的数据通过通信模块发送给主控芯片。但是这种方法主要缺点是通常芯片自带的 A/D 转换分辨率较低，无法保证较高的采集精度。

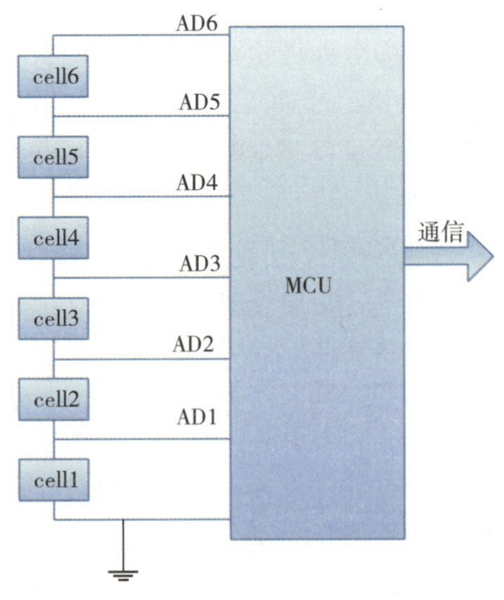

图 4-45　多通道电压采集模块

（2）共享 A/D 芯片的轮换采集方式

共享 A/D 芯片的轮换采集方式的思路是，通过继电器切换测量通道，实现一个芯片对若干个单体电压的测量。如图 4-46 所示，

每个电池分配 2 个继电器，分别连接到 A/D 芯片模拟输入的两端，每个继电器的闭合有单片机进行控制，在一次电压采集周期内，单片机一次控制每对继电器的闭合，从而是动力电池的电压值一次通过 ADC 转换为数字信号，再由单片机对数字信号进行处理。

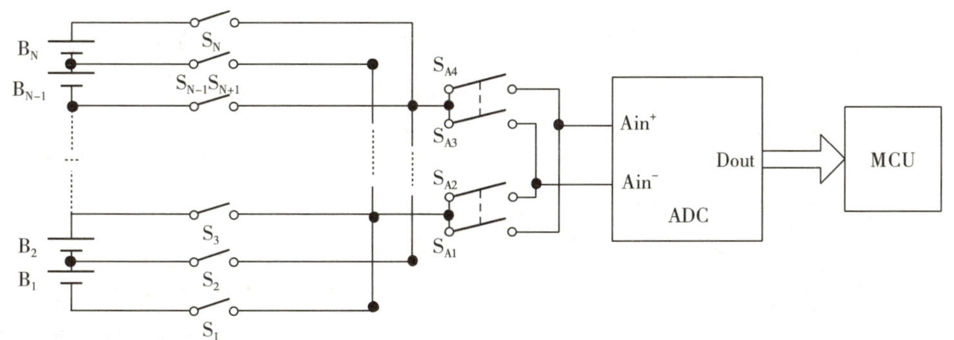

图 4-46　单通道轮换采集

为了节约继电器的数量，可以改进为以下方式，如图 4-47 所示。

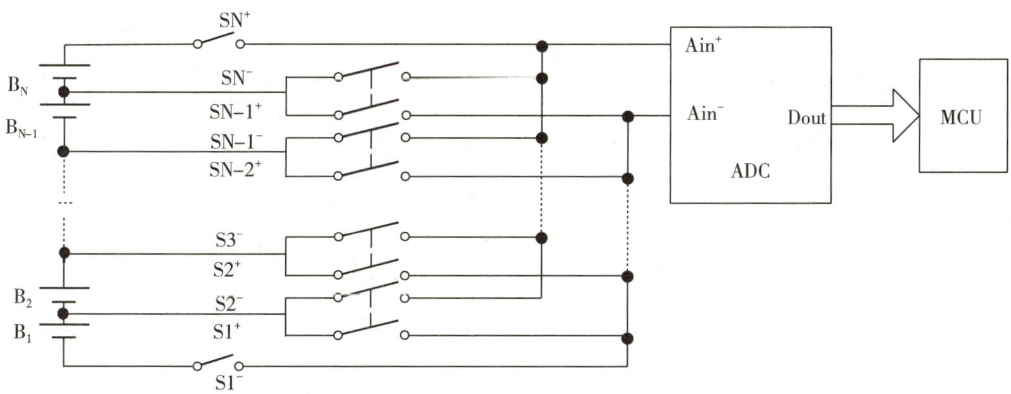

图 4-47　改进单通道轮换采集

改进后，在电池一方减少了 $N-2$ 个继电器，而额外增加了 4 个极相切换继电器，对于电池组个数较多的电池组，改进后的方案更占据优势。

以上电压采集方式采用专用的 A/D 芯片，相对于第一种方式，具有更高的采集精度。并且，在不进行电压采集时，继电器处于断开状态，不会额外损耗电池的能量。该方案的缺点是，需要用到大量的光继电器，体积大，成本高。

(3) 采用专用芯片

随着电动汽车的研究越来越受到重视，许多大型的半导体器件生产企业均面向电动汽车电池管理系统开发出专用的芯片，如 ATMEL 公司的 ATA6870 芯片、Intersil 公司的 ISL78600 芯片、Maxim 公司的 Max11080 芯片、Linear Technology 公司的 LTC6803 系列芯片等。这些专用芯片能够实现对电池单体电压的采集，还具有通信功能、均衡功能，集成度较高。

本节选用了 Linear Technology 公司的 LTC6803-4 芯片来进行单体电压采集。

LTC6803 系列芯片具有如下主要特性：

（1）最多可测量 12 个串联电池单体的电压；

（2）可用于测量多种电池和超级电容；

（3）具有较高的测量精度，最大测量误差为 0.25%；

（4）测量速度快，能够在 13 ms 内完成 12 个电池单体的电压测量；

（5）具有较高的抗 EMI 能力；

（6）提供两路温度测量通道；

（7）提供单独寻址功能；

（8）具有数据包误差检验功能的 1 MHz 串行接口；

（9）集成电池平衡 MOSFET，并能够驱动外部平衡 MOSFET。

LTC6803－4 的电源引脚输入范围为 10～55 V，因此其可以直接由电池包供电。该芯片所测量的电压值将被保存在自带的寄存器中，外部控制芯片可以通过 SPI 模块与其进行通信，从而读取寄存器中的电压值。LTC6803－4 芯片及部分外围电路图如图 4－48 所示。

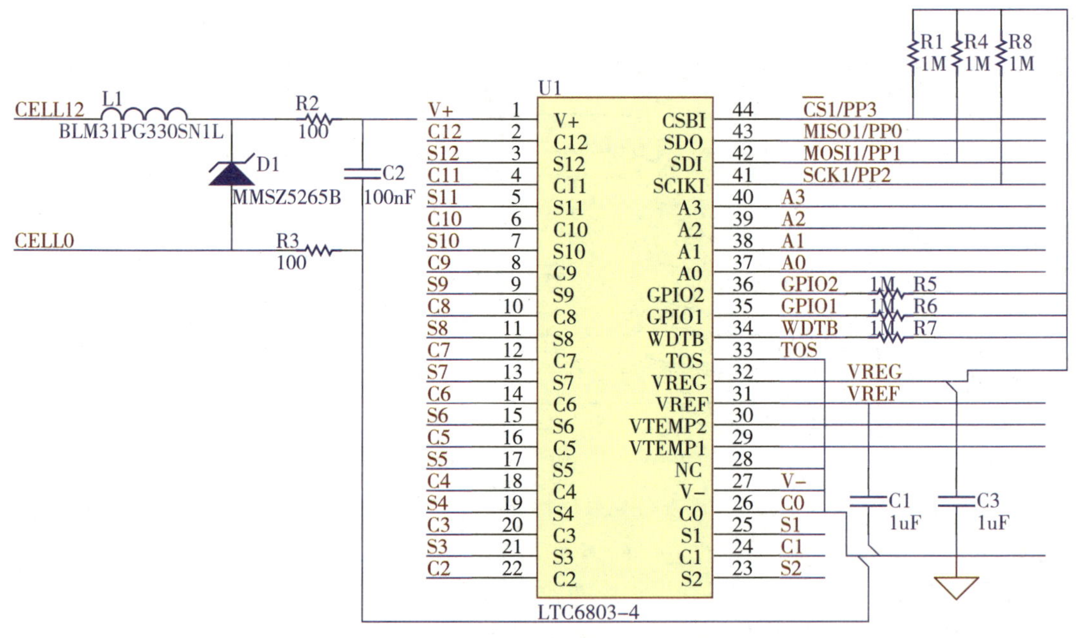

图 4－48　LTC6803－4 芯片及部分外围电路图

8）微控制单元模块设计

根据处理速率需求、内存大小需求、功能模块需求，电池管理系统各个功能单元都选用了 Freescale 公司的 S12X 系列 16 位微控制芯片，型号为 S12XDT128MAA，该芯片引脚功能如图 4－49 所示。

该芯片主要具有以下特点：

（1）具有 16 位 HCS12X 内核的 CPU；

（2）具有 XGATE 外围协处理器，能够协助主 CPU 处理和传输数据；

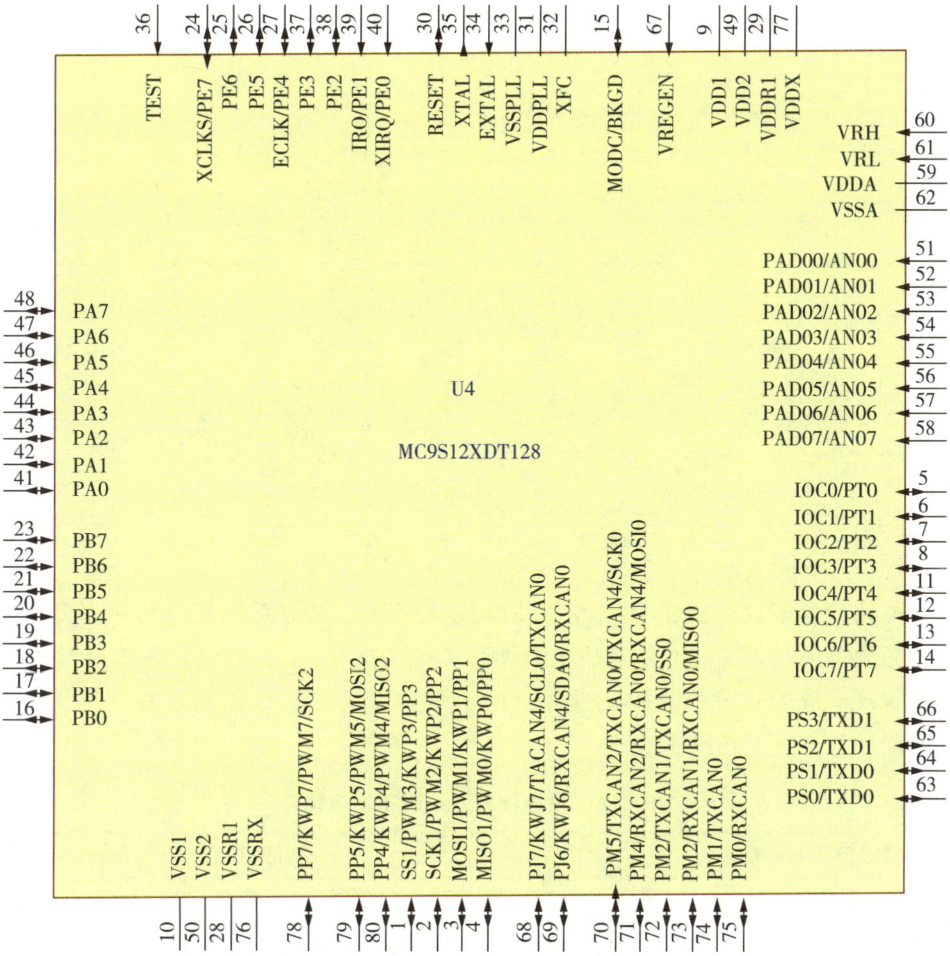

图 4-49　MC9S12XDT128 引脚图

(3) 具有 PLL 锁相环电路，使得控制器在使用较低频率外部晶振的情况下，内部时钟频率最高能达到 80 Hz，如此将降低微控制器功耗，以提高其性能；

(4) 具有 128 kB 的 Flash、20 kB 的 RAM 和 4 kB 的 EEPROM；

(5) 内部集成了 3 路 CAN 总线控制器，并符合 CAN2.0 A/B 协议要求；

(6) 正常工作范围为−40 ℃～125 ℃，满足汽车级工作温度需求。

为保证微控制器的正常工作，首先要建立其最小工作系统，包括时钟电路、复位电路、BDM 接口电路等，如图 4-50 所示。

时钟电路包括外部时钟电路和 PLL 锁相环电路，时钟电路为微控制器提供时钟信号，时钟信号质量差将直接影响微控制器的工作可靠性。常用的外部时钟电路有无源晶振和有源晶振两种。相对于无源晶振，有源晶振信号质量稳定，连接方式简单，因此本节选用了有源晶振。PLL 锁相环电路是 Freescale 9S12 系列单片机所特有的控制电路，能够为微控制器产生不同频率时钟信号。

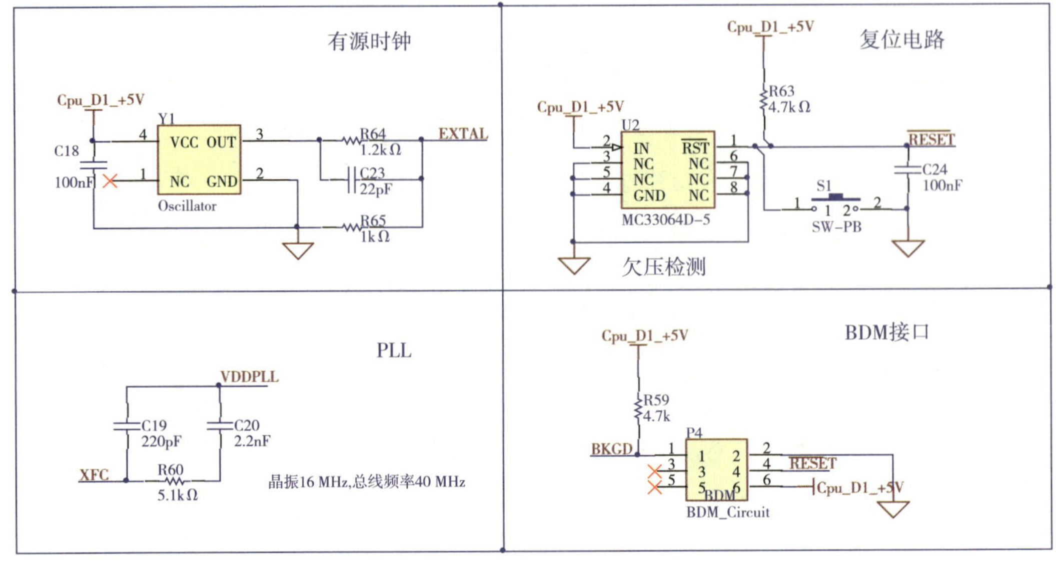

图 4-50　微控制单元外围电路图

复位电路使得微控制器在响应各种外部或侦测到的内部系统故障时可以随时进行系统复位。另外，通过图 4-50 中复位电路所示的复位按钮 S1 也可以对系统进行手动复位。

电池管理系统的各个功能单元选用了同一款控制芯片，该控制芯片在不同的功能单元执行不同的任务，具体任务在表 4-8、表 4-9 和表 4-10 中给出。

表 4-8　主控制单元控制芯片功能表

HCS12XDT 功能模块	功能
外部非屏蔽中断	响应掉电保护：收到触发信号时，将 *SOC* 值、时间点写入 Flash
外部可屏蔽中断	响应来自点火开关的信号，点火开关处于 OFF 状态时，系统进入待机状态
定时器 Timer1	控制 CAN1 实时接收来自内部 CAN 总线的电压和电流值，保证 *SOC* 估算的实时性
定时器 Timer2	控制 CAN0 向车载 CAN 总线发送数据的速率
总线控制器 CAN0	接收来自车载 CAN 总线的数据：电池管理系统初始化参数值； 向车载 CAN 总线发送数据：*SOC* 值、负载端电压值、电流值、温度、电池组异常状态
总线控制器 CAN1	接收来自内部 CAN 总线的数据：电池组总电压、电流值、绝缘阻值、电池包温度、单体电压值、异常状态信息； 向内部 CAN 总线发送数据：电池组监测单元和电池包监控单元的初始化参数
通用 I/O 口	用于驱动外设，包括热管理模块开关、电池组主回路继电器、充电回路继电器等
内部 Flash	存储电池状态值

表 4-9　电池组测量单元控制芯片功能表

HCS12XDT 功能模块	功能
总线控制器 CAN0	接收来自内部 CAN 总线的数据：电池组监测单元； 向内部 CAN 总线发送数据：电池组总电压、电流值、绝缘阻值、异常状态信息
通用 I/O 口	手动开关：可将 CS5460A 的工作模式在校准模式和正常模式之间进行切换

表 4-10　电池包测控单元控制芯片功能表

HCS12XDT 功能模块	功能
总线控制器 CAN0	接收来自内部 CAN 总线的数据； 通过内部 CAN 总线向主控制单元发送信息：电池单体电压、电池包温度
通用 I/O 口	校准使用

4.5.5　电池管理系统的软件实现

硬件是电池管理系统的载体和执行元件，软件则保障了电池管理系统功能的实现。本节对电池管理系统的软件部分进行设计，包括主控制单元程序、电池组测量单元程序、电池包监控单元程序以及 CAN 通信程序。电池管理系统的软件程序在 CodeWarrior 软件中进行编写。

1）主控制单元软件设计

主控制单元的软件需要完成以下任务：系统初始化、*SOC* 估算、热管理、系统异常处理、数据存储以及数据的收发。其主要程序流程如图 4-51 所示。

系统初始化用来初始化系统的各个工作模块以及参数，以使系统能够正常运行。在主控制单元中，系统初始化的对象包括 I/O 口、外部中断 PE0 和 PE1、定时器 Timer1 和 Timer2 以及 CAN 控制器 CAN0 和 CAN1。

PE0 口中断用于进行掉电保护，具体措施是在系统掉电的瞬间，将数据写入 Flash 中，以避免数据的丢失。PE1 口接收到中断被触发时，系统将进入待机模式。

CAN0 接收中断被触发时，主控制单元将接收来自车载 CAN 总线的数据。CAN1 接收中断被触发时，主控

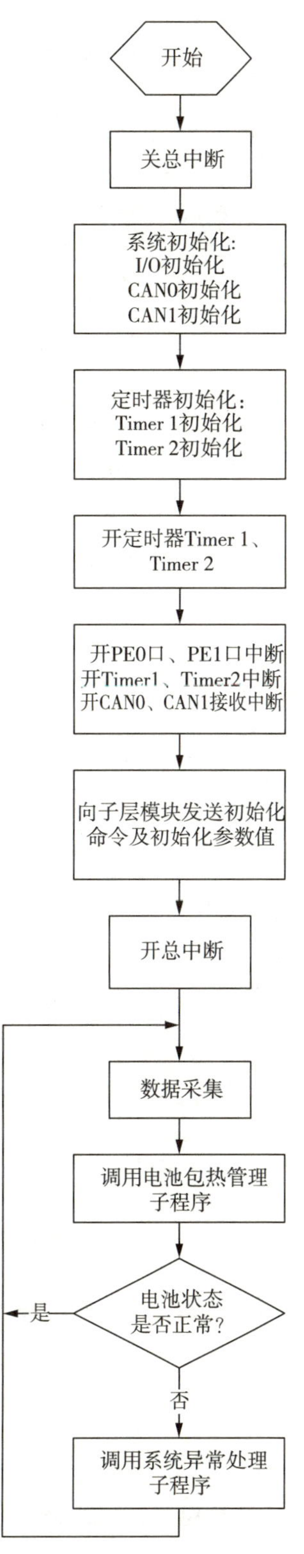

图 4-51　主控制单元程序流程图

制单元将接收来自内部 CAN 总线的数据。

定时器 Timer1 溢出时，将进行一次 *SOC* 估算。由基于 EKF 算法的 *SOC* 估算采用定步长进行求解，对输入的实时性要求较高，定时器 Timer1 则能很好地保证输入的实时性。定时器 Timer2 溢出时，主控制单元将向车载 CAN 总线发送数据。

由于主控制单元的程序中包含较多的中断，为使系统能及时响应并处理发生的所有中断，需要根据引起中断事件的重要性和紧迫程度，设置各中断响应的优先级，见表 4－11所列。

表 4－11　主控制单元中断响应优先级

中断响应名称	优先级
外部非屏蔽中断 PE0	0
外部可屏蔽中断 PE1	1
Timer1 定时器中断	2
Timer2 定时器中断	3
CAN0 接收中断	3
CAN1 接收中断	3

安全管理程序主要包括电池包热管理子程序和系统异常处理子程序，都将在主控制模块的主程序中被调用，其流程如图 4－52 所示。

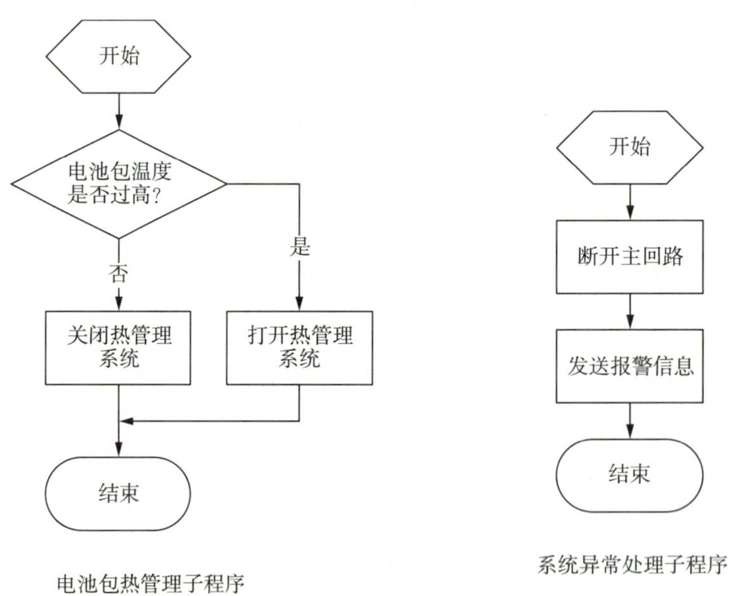

图 4－52　安全管理程序流程图

当电池包温度过高时，将打开冷却系统，温度正常时则关闭冷却系统。电池系统出现异常，首先主回路将被断开，然后主控制系统将向外部发送报警信息。

2）电池组测量单元软件设计

电池组测量单元的软件功能包括系统初始化、电压值和电流值处理、绝缘阻值计算以及收发数据。其主程序流程如图 4 - 53 所示。其中，CAN0 接收中断用于接收来自内部 CAN 总线的数据。芯片 CS5460A 的初始化主要指对其偏置寄存器、增益寄存器以及数据转换频率初始值的设定。

电池组测量单元需要完成对电压值、电流值以及绝缘阻值的状态判断及处理，如图 4 - 54所示。对于正常状态值和异常状态值将采用不同优先级进行发送，异常状态值优先级较高。

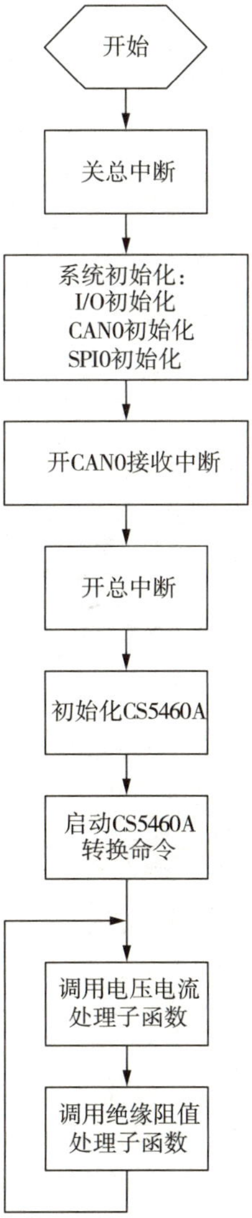

图 4 - 53　电池组测量单元主程序流程图

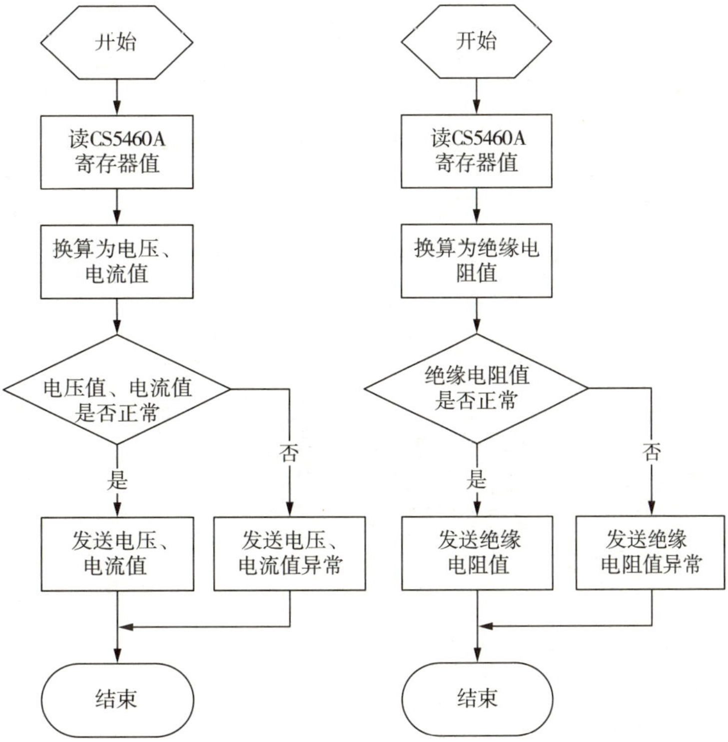

图 4 - 54　电池组测量单元数据处理程序流程图

3）电池包测控单元软件设计

电池包测控单元的功能包括：系统初始化、单体电压值和温度的处理以及收发数据。其主程序流程如图4-55所示。CAN0接收中断用于接收来自内部CAN总线的数据。芯片LTC6803的初始化主要指对配置寄存器初始值的设定。

电池包测控单元需要完成对单体电压值、电池包温度值的状态判断及处理，如图4-56所示。与电池组测量单元类似，电池包测控单元对于正常状态值和异常状态值也将采用不同优先级进行发送，异常状态值优先级较高。

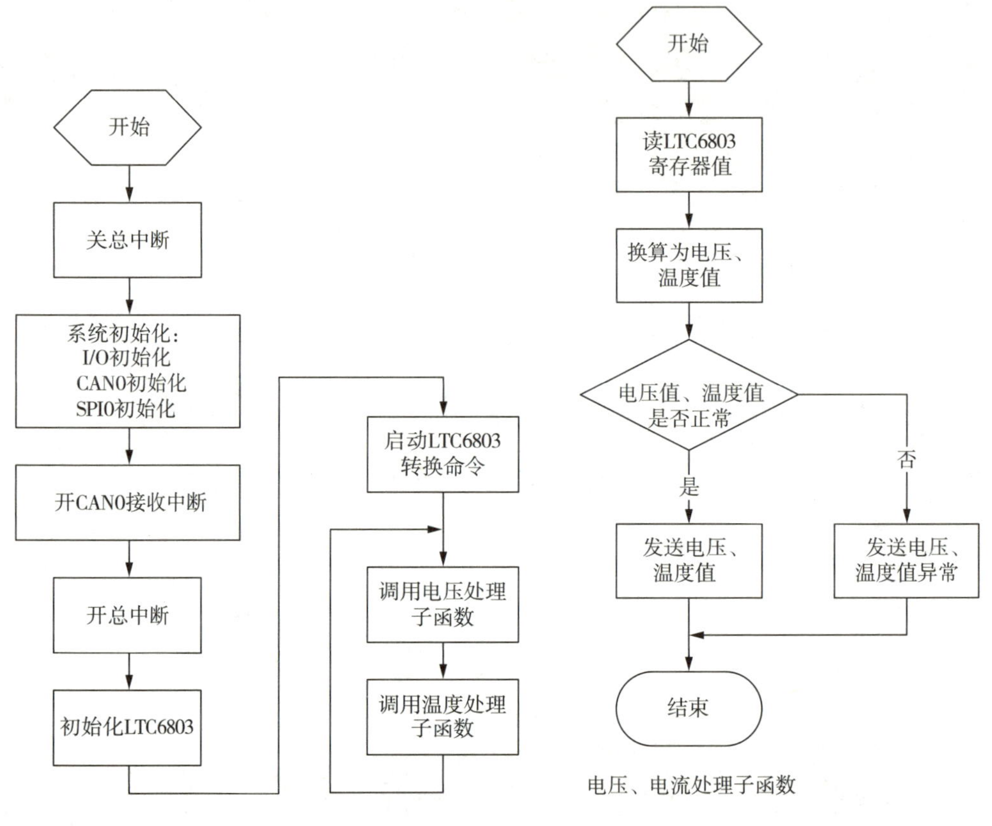

图4-55 电池包测控单元主程序流程图

图4-56 电池包测控单元数据处理程序流程图

4）内部CAN通信设计

电池管理系统的各个功能单元通过内部CAN总线进行通信。CAN通信协议描述设备之间的信息传递方式。CAN技术规范定义了模型中的数据链路层和物理层，是设计CAN应用系统的基本依据。本节的CAN通信设计依据BOSCH公司发布的CAN技术规范Version 2.0版本。

在CAN技术规范Version 2.0中定义了数据帧由帧起始、仲裁场、控制场、数据场、CRC场、应答场、帧结束这7个位场组成。其中，仲裁场的标识符决定了数据帧的基本

优先权。

在本节所设计的电池管理系统中，电池组测量单元和电池包测控单元不断地向主控制单元发送数据。这些数据包括总电压、电流、单体电压、电池包温度以及一些状态异常信息。当包含这些信息的不同数据帧同时发送给主控制单元时，主控制单元需要裁定优先接收包含某一信息的数据帧。例如，状态异常信息数据帧要优先于其他数据帧接收。总电压和电流值用于估算电池组的 *SOC* 状态值，而 *SOC* 估算算法需要保证系统输入的实时性，因此总电压和电流值的数据帧的优先级仅次于状态异常信息数据帧。

本节所采用的标准数据帧中，标识符长度为 11 位（ID10～ID0）。接收数据的过程中，从最高位 ID10 开始依次验收通过。用于发送不同状态信息的数据帧的标识符定义见表 4－12 所列。

表 4－12　内部 CAN 通信标识符定义

<table>
<tr><th rowspan="3">模块</th><th rowspan="3">状态类别</th><th rowspan="3">状态内容</th><th rowspan="3">优先级</th><th colspan="11">11 位标识符</th></tr>
<tr><th>状态
1/正常
0/异常</th><th colspan="6">来自哪个模块</th><th colspan="4">内容</th></tr>
<tr><th>ID10</th><th>ID9</th><th>ID8</th><th>ID7</th><th>ID6</th><th>ID5</th><th>ID4</th><th>ID3</th><th>ID2</th><th>ID1</th><th>ID0</th></tr>
<tr><td rowspan="4">电池组测量单元</td><td rowspan="2">正常</td><td>总电压、充放电电流值</td><td>低</td><td rowspan="2">1</td><td colspan="6" rowspan="4">000001
表示来自电池组测量单元的数据</td><td>0</td><td colspan="3" rowspan="2">0</td></tr>
<tr><td>绝缘电阻值</td><td>低</td><td>1</td></tr>
<tr><td rowspan="2">故障</td><td>过压、欠压、过流</td><td>高</td><td rowspan="2">0</td><td>1</td><td colspan="3" rowspan="2">0</td></tr>
<tr><td>绝缘故障</td><td>高</td><td>0</td></tr>
<tr><td rowspan="3">电池包测控单元</td><td rowspan="2">正常</td><td>电池包单体电压值</td><td>低</td><td rowspan="2">1</td><td colspan="6" rowspan="3">000010～111111
表示来自第 n 个电池包的数据，最多支持 62 个电池包</td><td>1</td><td colspan="3" rowspan="2">0</td></tr>
<tr><td>电池包温度</td><td>低</td><td>0</td></tr>
<tr><td>故障</td><td>电池包温度过高</td><td>高</td><td>0</td><td colspan="4">0</td></tr>
<tr><td colspan="2">主控制单元</td><td colspan="13">按上述标识符接收来自电池测量单元和电池包控制单元的数据帧</td></tr>
</table>

4.5.6 实验结果及相关数据显示

为验证电池管理系统的功能，搭建了图 4－57 所示的实验台架，以对电池管理系统的测量精度进行检验。

1）实验说明

实验对象为 8 节磷酸铁锂电池串联而成的电池组，单体的额定容量为 20 A·h，额定电压为 3.2 V。

实验过程中所用设备在图 4－57 中进行了编号，按编号顺序列举如下：

A 可编程电子负载

B 可编程电源

C dSPACE

D S12X 开发板

E 电池包测控单元

F 电池组测量单元

G 分流器

H 电池组

I 万用电子测量仪

J Tellus（CAN 通信测试工具）

K ControlDesk 监控界面

L CAN 通信监测界面

图 4－57 实验测试台架图

实验在室温下进行，实验过程中，电池管理系统监测电池组的总电压、充放电电流、电池单体电压、温度，并估算电池组的 *SOC* 值。在 ControlDesk 中搭建了电池组状态显示界面，如图 4－58 所示。电池管理系统将电池的状态信息通过 CAN 通信发送给 dSPACE，最终显示在 ControlDesk 界面中。从图 4－58 中可以看出，在 ControlDesk 界面中，显示了电池组的总电压、电流值、*SOC* 值、温度值以及单体电压值等。

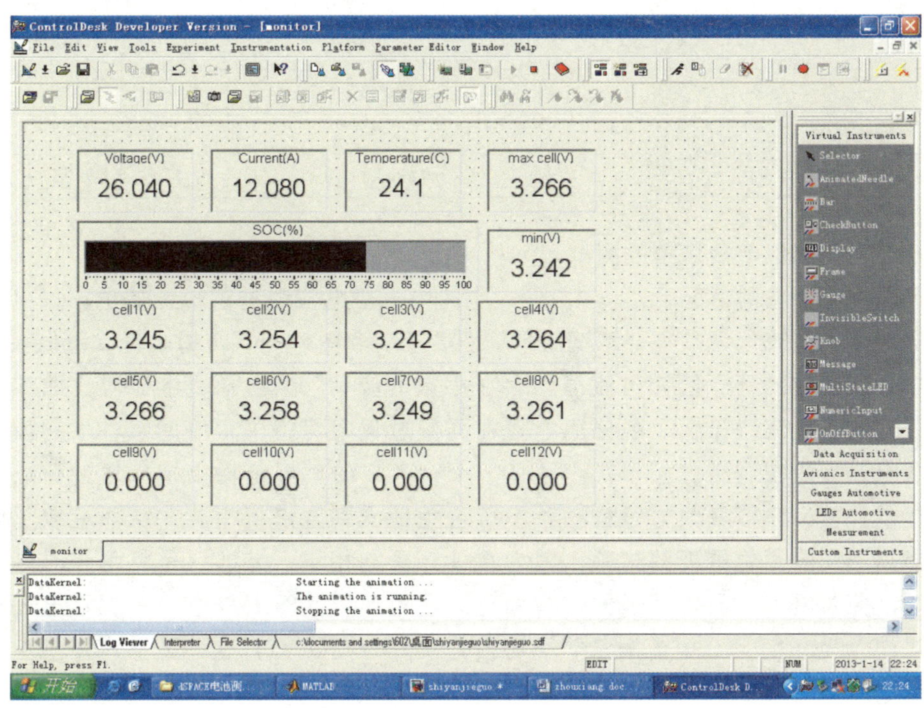

图 4－58　电池状态监测界面

可编程电子负载和可编程电源都能够监测电池组电压和电流，并通过它们自带的模拟量输出端子与 dSPACE 的 A/D 输入接口相连，从而能够把所测量的电池组状态值发送给 dSPACE，以记录电池的状态信息。

万用电子测量仪与多路转换开关组合，能够以一定的频率按序测量电池单体的电压值并记录电压值。

2）实验结果及分析

（1）单体电压测量精度测试

在静态情况下，对 8 节电池单体的端电压进行测量，以万用电子测量仪测量的电压值为参考。在某个采样时间点，所测得的单体电压值对比见表 4－13 所列。从表 4－13 中可以看出，8 个电池单体的电压值很相近，这是因为电池单体均处在放电中期，电压不会出现明显的差异。与万用电子测量仪测量的电压值相比，电池管理系统测量的相对误差在 0.3%以下，这与 LTC6803 手册中给出的 0.5%指标接近，能够说明 LTC6803 具有较高的测量精度。

表 4-13 电池单体电压测量数据

单体编号	电池管理系统/V	万用电子测量仪/V	相对误差/%
Cell1	3.246	3.224	0.21
Cell2	3.232	3.226	0.19
Cell3	3.229	3.222	0.23
Cell4	3.242	3.233	0.28
Cell5	3.234	3.228	0.20
Cell6	3.233	3.230	0.10
Cell7	3.230	3.225	0.17
Cell8	3.239	3.231	0.26

（2）总电压和电流测量精度测试

在电池组充满电的情况下，以 1/3C 大小的电流对电池组进行恒流放电。以电子负载记录的电压值和电流值为参考，测试结果如图 4-59 和图 4-60 所示。可以看出在整个放电过程中，所测量的电压值和电流值均存在小幅的波动，但电压、电流对比曲线基本保持平行，这说明分流器和金属膜分压电阻在测量过程中保持了很好的线性度。波动主要是由于放电过程的控制精度不够高造成的，dSPACE 的模拟量输出接口通过导线与电子负载相接，在传出模拟量信号过程中，不可避免地受到电磁场干扰，从而造成了电流的波动，但这不影响测量精度的检验。因为在计算平均相对误差时，是将每一时刻电池管理系统测量值与电子负载的记录值进行对比。通过计算，整个放电过程中总电压测量的平均相对误差为 0.45%，电流测量的平均相对误差为 0.32%，这些能够满足电池管理系统数据采集精度的要求。

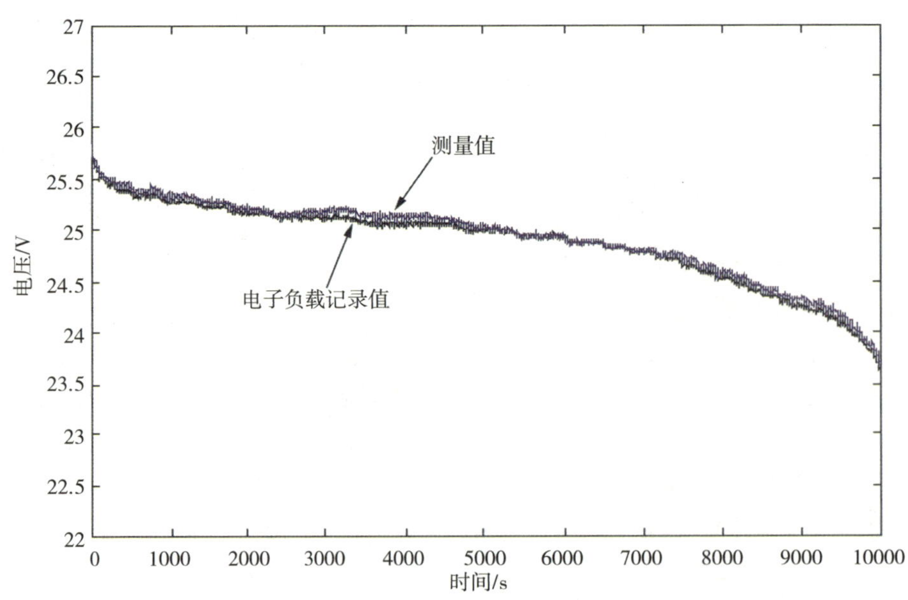

图 4-59 电池组恒流放电电压比较

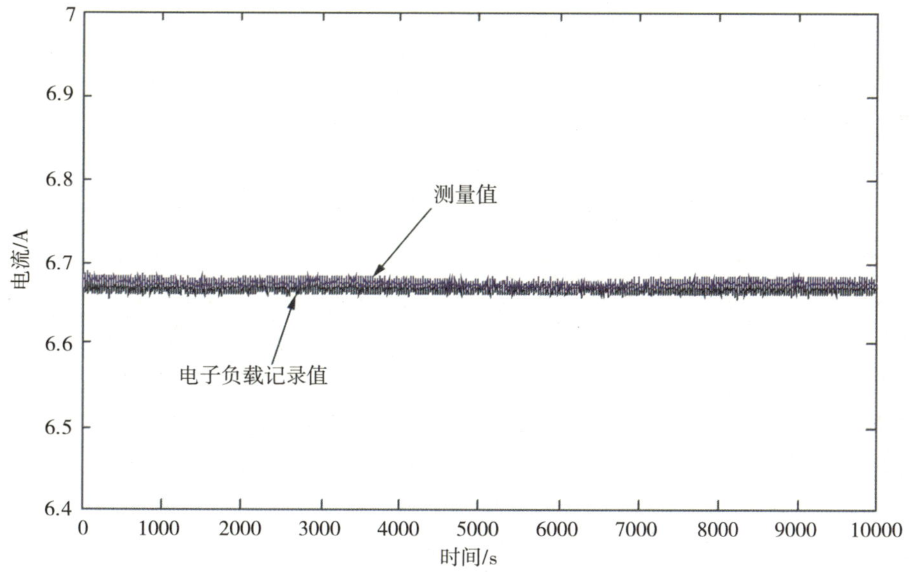

图 4-60 电池组恒流放电电流比较

4.6 纯电动汽车制动能量回收系统

制动能量回收技术的应用范围极为广泛，内燃机车、纯电动汽车以及混合动力汽车上均可以应用。据相关机构的统计，制动能量回收系统能有效地回收制动能量，纯电动汽车大约可降低 15%的能量消耗，从而使纯电动汽车的续驶里程延长 10%～30%。

4.6.1 制动能量回收系统组成与原理

和传统燃油汽车制动系统功能一样，纯电动汽车制动系统的功能也是使其减速或者停车。与其结构不同的是，纯电动汽车制动系统是机械-电力复合制动系统，包含传统的机械制动系统，同时又能完成制动能量回收。与制动能量回收相关的部件主要有：主减速器、电动机、逆变器、电池、整车控制器以及再生制动控制器。即制动能量回收系统在原有的液压制动系统的基础上加入电制动部分，实现机电混合制动，在保证原有制动效果的同时，又能回收部分损耗的能量。

电动汽车再生制动是利用电动机的电动机/发电动机可逆性原理来实现的。在电动汽车需要减速或者滑行时，可以利用驱动电动机的控制电路实现电动机的发电运行，使减速制动时的能量转换成对蓄电池充电的电流，从而得到再生利用。由于摩擦制动一般采用液压形式，所以所提到的机电复合制动系统也可以称为“再生-液压混合制动系统”。从保证制动安全和提高能量利用率的角度来考虑，再生-液压混合制动系统是最适合电动汽车的综合制动系统。

电动机再生制动虽然可以回收制动能量并向车轮提供部分制动力，但是其无法使得车轮完全停止转动，制动效果受到电动机、电池和速度等诸多条件的限制，在紧急制动的高强度制动条件下不能独立完成制动要求，因此，为了保证汽车的制动安全性能，在采用电动机再生制动的同时，必须使用传统的液压摩擦制动作为辅助，从而达到既能保证汽车的制动安全性，又能回收可观的能量的目的。

再生制动系统的工作原理是：传感器得到制动踏板的位置，将信号传给控制器，控制器计算总的制动力矩的大小，制动踏板的位移量和制动力的大小呈正相关关系。然后根据车速、电池的*SOC*、制动强度、电动机制动力大小等信息计算出总的制动力的大小，再进行综合判断，对摩擦制动力和再生制动力进行合理分配，使汽车在满足安全制动基础之上能够回收尽可能多的能量。在整个制动的过程中，要保证电动汽车的制动稳定性和平稳性，并尽可能多地回收制动能量，延长电动汽车的续驶里程。

四轮轮毂电动机驱动的纯电动汽车制动能量回收系统的结构原理如图 4－61 所示。电动汽车的制动过程是在液压摩擦制动与电动机再生制动协调作用下完成的。再生制动系统主要是由轮毂电动机、电动机控制器、逆变器、制动控制器和动力电池等主要部件组成。汽车进行制动时，制动控制器根据不同的制动工况发出不同的指令，通过电动机控制轮毂电动机，进行再生制动。

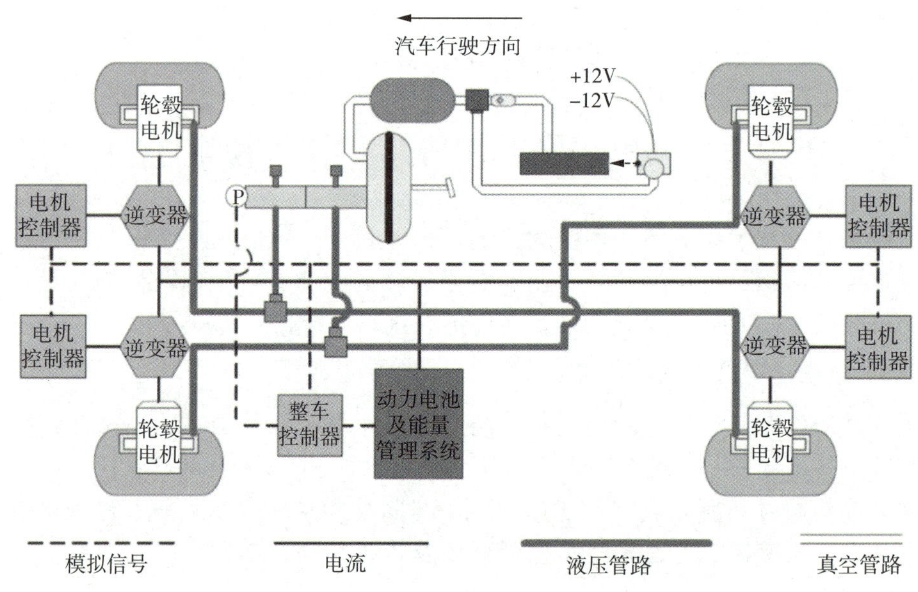

图 4－61　四轮轮毂电动机驱动的纯电动汽车制动能量回收系统的结构原理

制动能量回收通过以下过程来实现。

(1) 在制动开始时，能量管理系统将动力电池 *SOC* 值发送给制动控制器，当 $SOC>0.8$ 时，取消能量回收；当 $0.7\leqslant SOC\leqslant 0.8$ 时，制动能量回收受动力电池允许的最大充电电流制约；当 $SOC<0.7$ 时，制动能量回收不受动力电池允许的最大充电电流制约。

(2) 制动控制器接收由压力变送器传送的主缸压力信号，并计算出需求的电动机再生制动强度上限。

(3) 制动控制器根据轮毂电动机转速，计算轮毂电动机实际能够提供的制动强度。

(4) 比较需求的电动机再生制动强度上限和轮毂电动机实际能够提供的制动强度，

并将结果作为电信号发送给电动机控制器。

（5）此时的轮毂电动机工作在发电动机状态下，可以提供电压恒定流向的电流，再通过逆变器限制电动机产生的最高电压和对电压进行升压，以便满足电流输出要求，从而充到动力电池组中。

（6）为了对动力电池进行保护，能量管理系统需要时刻检测电池温度，当温度过高则停止制动能量回收。

4.6.2 制动能量回收控制策略

1）影响制动能量回收的因素

制动能量回收系统的作用是在满足汽车安全制动的条件下，回收更多的再生制动能量，然而这受到多种因素的制约，影响再生制动能量回收的主要因素有：储能装置、驱动电动机、行驶工况、外部环境以及控制策略等。

（1）储能装置。纯电动汽车的储能装置主要有动力电池、飞轮、超级电容等。应用最广泛的是动力电池，动力电池性能对能量的回收有较高的影响。主要表现为：电动机发电功率受到动力电池充电性能的影响，且当电池 *SOC* 较高时为了避免过充，此时不应进行能量回收。

（2）驱动电动机。驱动电动机性能优劣直接关系到能量回收效率。在制动过程中电动机将机械能转化为电能，因此制动时电动机扭矩越大，相同情况下，发电量更多，能够回收的能量就越多。同时驱动电动机的发电效率也对再生制动有很大的影响。

（3）行驶工况。当在路面状况较好的公路上行驶时，很少有制动的情况，此时应用不到制动系统，能够回收的能量也很少；当汽车在市区工况时，制动较为频繁，能够回收制动能量的次数也就越多，相应的回收的制动能量也越多。

（4）外部环境。驱动电动机和动力电池的性能会受到外部环境的影响，其中影响最大的是温度。在一定范围内随着温度降低，电池充电效率和电动机发电效率都会提高。但是温度很低时，电池容量会降低，从而影响汽车的续驶里程。

（5）控制策略。它对于能量回收的影响主要体现于对制动力的分配比例上。满足制动安全的情况下，再生制动力占比越大，能够回收的能量也就越多。在其他客观条件一定的情况下，控制策略对于能量回收有决定性的作用。

2）常见的制动能量回收控制策略

常见的纯电动汽车主要是采用前轮驱动的形式，因此相应的制动能量回收的控制策略主要关注前、后轮制动器提供的制动力和前轮电动机提供的再生制动力三部分之间的关系。由此得到的基于电动机再生制动的能量回收控制策略主要有前后轴制动力理想分配时的控制策略、前后轴制动力比例分配时的控制策略和最优能量回收控制策略。

（1）前后轴制动力理想分配时的控制策略。当减速度较小时，仅电动机再生制动系统工作。随着制动减速度逐渐增大，前后轴制动力将被控制在理想制动力分配曲线上。其中前轴制动力等于再生制动力和机械制动力总和。当控制系统得到驾驶员的减速度要求时，将根据制动电动机的特性和车载电池 *SOC* 值来决定驱动轴制动力由再生制动系统单独提供，还是由机械制动和再生制动系统共同提供。

（2）前后轴制动力比例分配时的控制策略。需要的总制动力较小时，全部由再生制动力提供；当需要的减速度增大时，电动机的再生制动力所占的比例逐渐减小；机械制动力开始起作用；总制动力大于一定值，意味着这是一个紧急制动，再生制动力减小至零，机械制动提供所有的制动力；当所需的制动减速度在这两者之间时，再生制动与机械制动共同作用。

（3）最优能量回收控制策略。当总制动力需求小于此时能提供的最大再生制动力时，仅由再生制动起作用；当总制动力需求大于此时能提供的最大再生制动力时，总制动力减去最大再生制动力时应该提供的机械制动力，剩余的需要提供的机械制动力将分配为前轮机械制动力和后轮机械制动力。前、后轮机械制动力的分配按照尽量使总的前、后轮制动力分配接近理想制动力分配曲线。

三种常见制动能量回收控制策略的比较见表 4 - 14 所列。

表 4 - 14　三种常见制动能量回收控制策略的比较

项目	硬件组成的复杂程度	制动稳定性	制动能量回收效率
前、后轴制动力理想分配时的控制策略	较复杂，需专门的制动力控制系统	较高	较高
前、后轴制动力比例分配时的控制策略	一般，改动较小	中等	中等
最优能量回收控制策略	较复杂，需专门的制动力控制系统	较低	最高

可以看出，三种常见制动能量回收控制策略各有优缺点，其中，前后轴制动力比例分配时的控制策略能保证一定的能量回收效率，制动稳定性较理想，而且结构较简单，是目前技术条件下的一种比较好的选择。

3）四轮驱动下的制动能量回收控制策略

单电动机前轮驱动的纯电动汽车，能量回收只集中在电动机所驱动的前轮上。汽车采用四轮驱动形式，前、后轮都是由轮毂电动机直接驱动的，所以制动能量回收在前轮和后轮上同时存在。

四轮驱动下的能量回收控制策略主要考虑三部分内容，一是摩擦制动力与电动机再生制动力的分配关系；二是前后轴摩擦制动力的分配关系；三是前后轴电动机再生制动力的分配关系。

四轮驱动下的制动能量回收控制策略的逻辑图如图 4 - 62 所示。

控制逻辑中主要根据由液压制动压力所反映出的制动强度进行逻辑控制。当需求制动强度 $z \leqslant 0.1$ 时，仅由电动机的再生制动力提供整车制动所需的力；随着需求制动力的增加，摩擦制动力逐渐开始起作用，电动机再生制动力所占比例逐渐减小；当需求制动强度 $z \geqslant 0.7$ 时，认为车辆进行紧急制动，为了保证制动安全性，制动力完全由摩擦制动

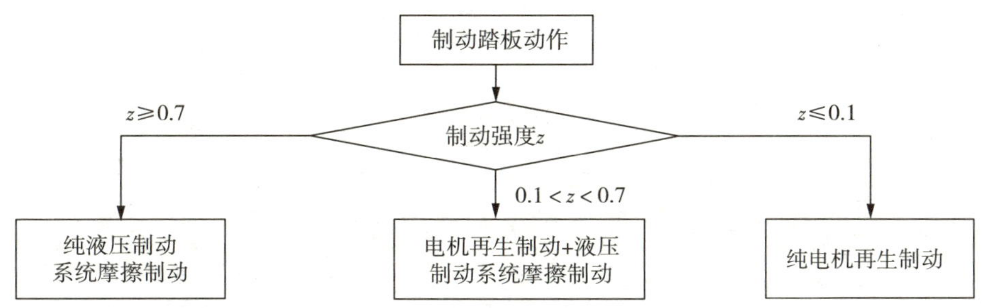

图 4－62　四轮驱动下的制动能量回收控制策略的逻辑图

来提供；当需求制动强度介于两者之间时，整车的制动力由液压摩擦制动力与电动机再生制动力共同提供。

基于上面的控制逻辑，四轮驱动下的制动能量回收控制策略如图 4－63 所示。

图 4－63 中，*OAB* 曲线所示为纯液压系统摩擦制动时前、后轴制动力的分配曲线；*OACBD* 为再生-液压制动系统的前、后轴制动力的分配曲线，前后轴的摩擦制动力分配是按照一定比例进行的。

再生-液压制动系统中，总再生制动强度与整车制动强度的关系如图 4－64 所示。总再生制动强度是指总的电动机再生制动力与整车质量的比值。由于四个轮毂电动机是完全相同的，可以认为它们的再生制动工况是相同的，即四个轮毂电动机平均分配整车的再生制动力。

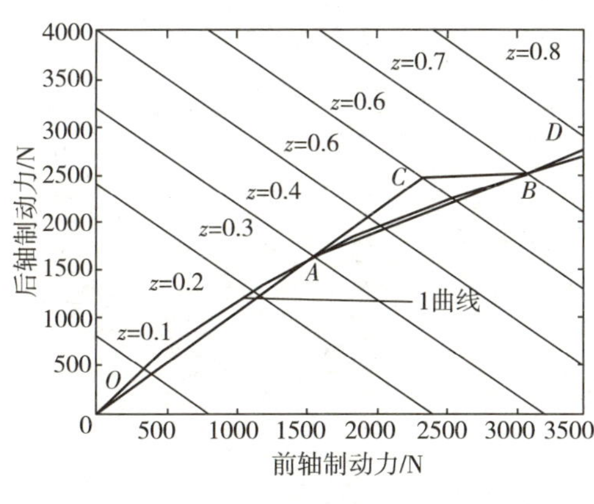

图 4－63　四轮驱动下的制动能量回收控制策略

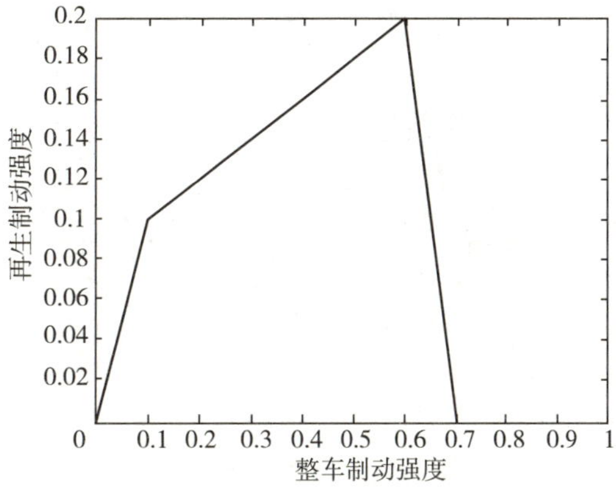

图 4－64　总再生制动强度与整车制动强度的关系

四轮驱动汽车再生制动能量回收控制算法如图 4－65 所示。控制算法的总输入量为总制动力，由制动踏板力传感器得到。总再生制动力以及前、后车轴的再生制动力由制动控制器中的再生制动力曲线得到，前、后轮摩擦制动力分配由制动回路中的高速开关阀实现。控制算法的输出量为前轮再生制动力、后轮再生制动力、前轮摩擦制动力和后轮摩擦制动力。所有的电动机再生制动力都是由电动机控制器来实现控制。

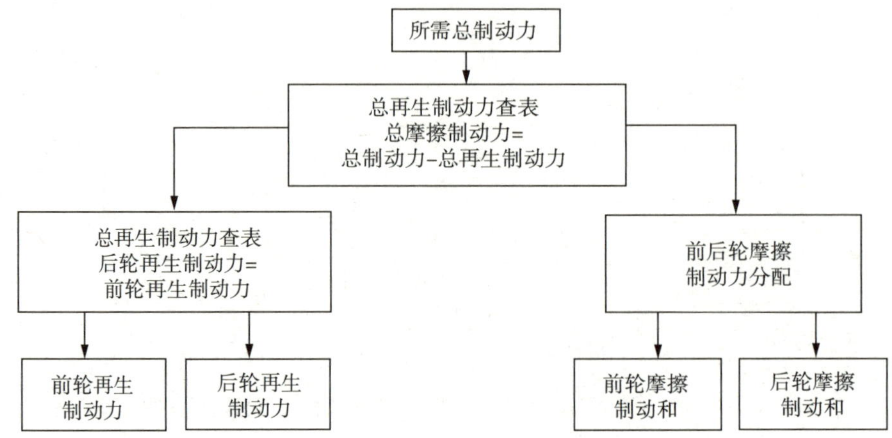

图 4-65　四轮驱动汽车再生制动能量回收控制算法

4.6.3　再生制动模糊控制策略的建模与仿真

1）再生制动控制策略模型的建立

要进行制动能量回收效果的验证首先要用 SIMULINK 设计出该策略的模型，然后把这个模型与 ADVISOR 原有的模型进行替换，ADVISOR 整车控制策略如图 4-66 所示。整车控制模块主要包括牵引力控制、电动机控制、变速箱控制，等等。

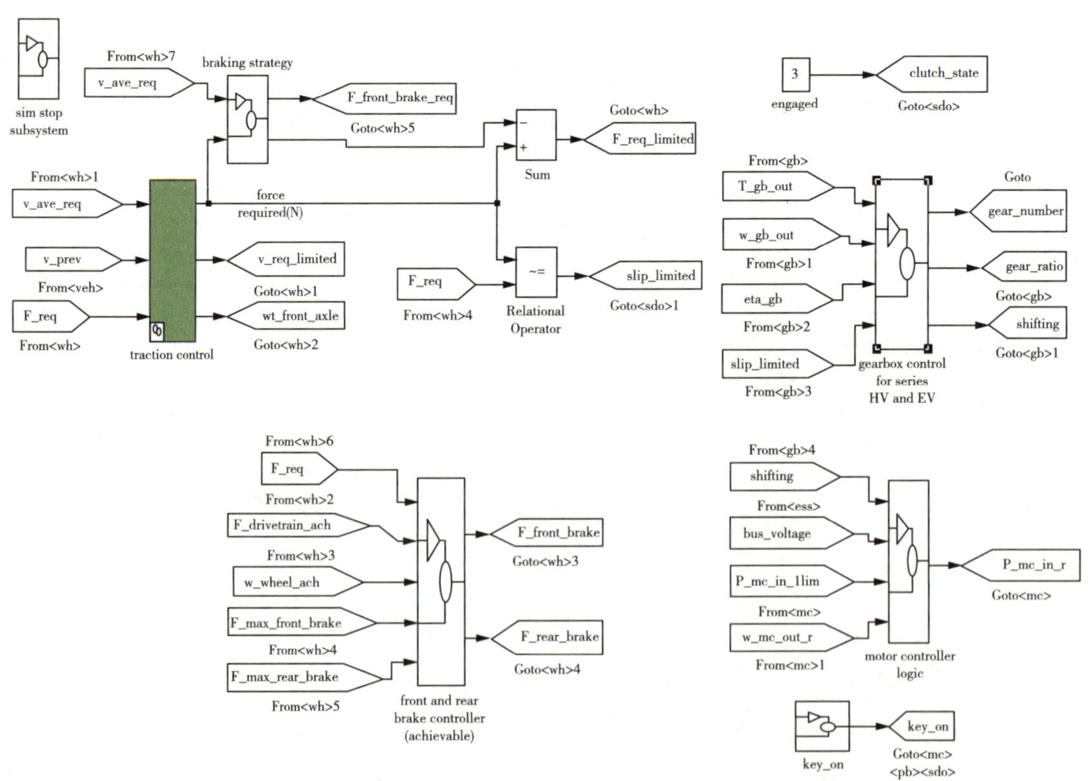

图 4-66　整车控制策略模型

在 MATLAB 中输入 fuzzy 命令，便可以进行模糊控制器的编辑，其输入、输出以及隶属度函数和控制规则等都可方便地输入。模糊控制器搭建好以后可以在 SIMULINK 中搭建控制策略的模型。可以用 readfis 函数将 MATLAB 中建立的模糊控制的数据赋予 SIMULINK 的模块，由此而建立的基于模糊控制的后向路径和前向路径再生制动控制策略的模型如图 4－67 和图 4－68 所示。

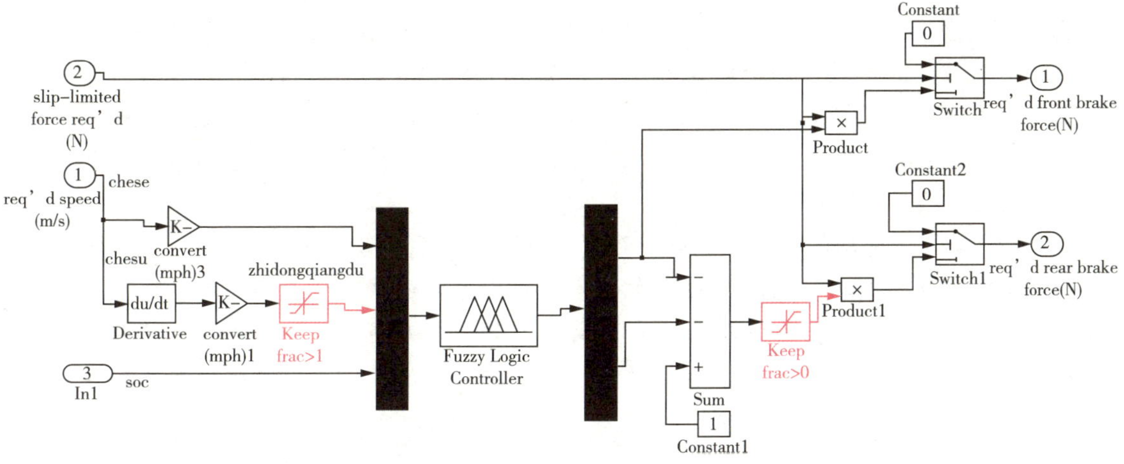

图 4－67　后向路径模糊控制制动力分配模型

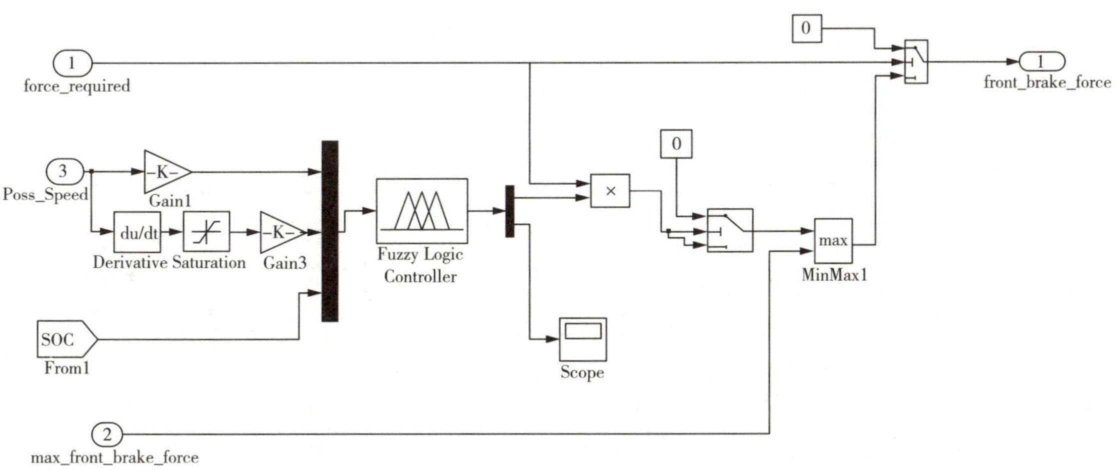

图 4－68　前向路径模糊控制制动力分配模型

后向路径模型中包括模糊控制模块和制动力分配模块，其输入为车速、制动强度与电池 *SOC*，输出为前、后轮摩擦制动力矩大小。工作原理是模糊控制器根据车速、制动强度和电池的 *SOC* 计算出前轮摩擦制动力分配系数和再生制动力分配系数，从而计算出前轮摩擦制动力和再生制动力的大小，然后根据总的制动力矩计算后轮的制动力矩。从而将前、后轮摩擦制动力输出。

前向仿真路径模块是计算前轴制动力的，主要包含模糊控制模块和制动力计算模块，输入是需求扭矩、车速、制动强度、电池的 *SOC* 和前轴最大制动扭矩。工作原理是模糊控制器根据车速、制动强度和电池的 *SOC* 计算得到各分配系数，从而计算得到前轴摩擦制动力的大小，前轴摩擦制动力与前轴最大制动力进行比较，两者取小的输出。

2）ADVISOR 再生制动控制策略

ADVISOR 是一款基于 MATLAB/SIMULINK 模型搭建的汽车仿真软件。其主要特点有：模块化的设计，ADVISOR 中电动机、减速器、变速器、车轮、车轴等部件都被封装成一个个独立的模块，每个模块有自己的输入和输出进行信息的传递；源代码开放，ADVISOR 中的源代码都是公开的，这对于科研研究中很多数据的获取提供了很大的便利；ADVISOR 中的模型均是在 SIMULINK 中搭建，与其他软件的兼容性比较好；同时它应用的是混合仿真策略。

ADVISOR 中应用的是混合仿真策略，后向仿真不考虑驾驶员模块，从行驶工况开始计算汽车的车速和需求扭矩，然后依次计算车轮、主减速器、变速器、电动机和蓄电池所应提供的参数，此时假设汽车已经能够满足工况行驶的需求。这种仿真方法不能真实地反映汽车的行驶状况，但是运算量较少，计算速度较快。前向仿真是根据工况车速和汽车的实际车速实时地调整电动机的转速，然后计算车轮、变速器、蓄电池的参数，这种仿真方法得到的结果比较准确但是计算量大。

由于 ADVISOR 的仿真应用的是后向仿真为主、前向仿真为辅的混合仿真方法，因此其前后轮及再生制动力的分配分为后向路径和前向路径。后向路径、前向路径制动力的分配策略分别如图 4-69 和图 4-70 所示。

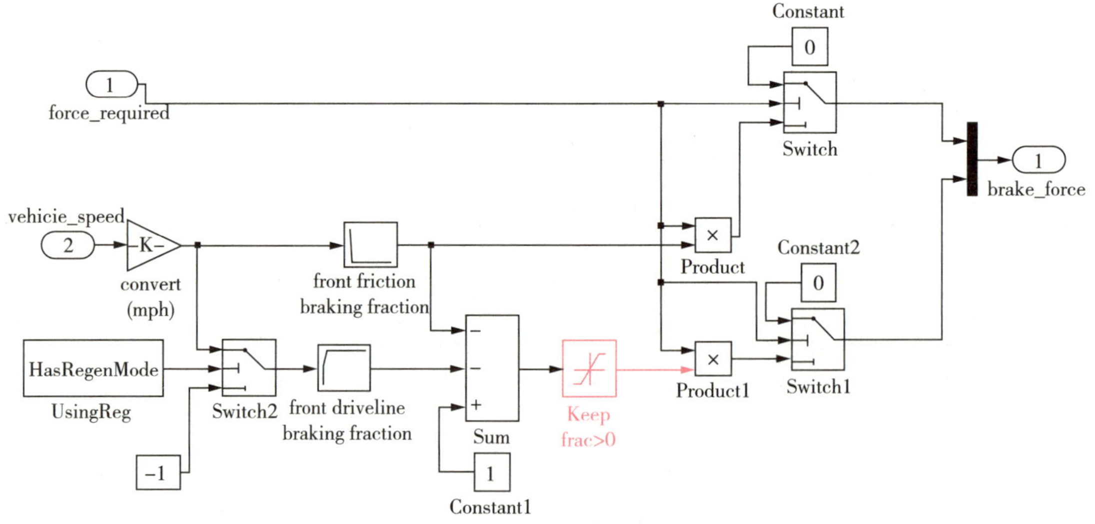

图 4-69　后向路径制动力分配

由图 4-69 和图 4-70 可知，ADVISOR 里的策略是以车速为唯一基准的比例分配方法。其输入是车速和需求的制动力矩，输出是前、后轮摩擦制动力矩的大小。基本原理

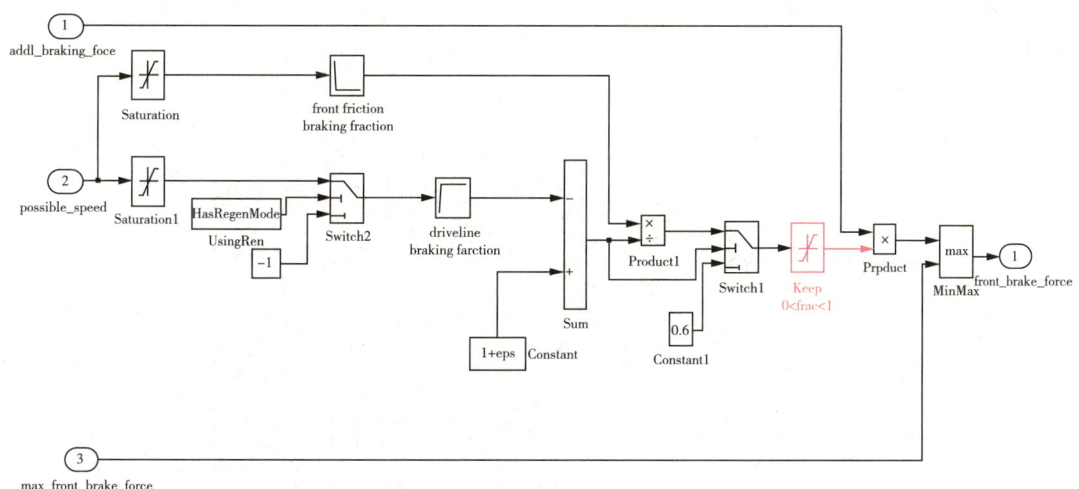

图 4－70　前向路径制动力分配

是通过车速得到再生制动力分配系数的大小，然后根据总制动力的大小来计算摩擦制动力和再生制动力的大小，再根据总的制动力计算得到后轮制动力的大小。这种分配方法简单有效，但是没能考虑到制动强度以及电池 *SOC* 的影响，有很大的局限性。其分配系数和车速的关系如图 4－71 所示。

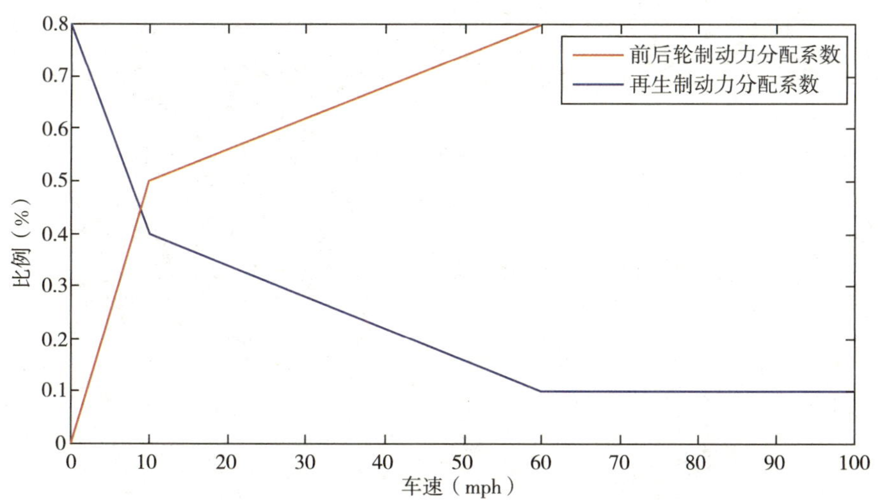

图 4－71　分配系数与车速之间的关系

由图 4－71 可以看出，随着汽车速度不断提高，机械制动力分配系数逐渐增大，即摩擦制动力越来越大，再生制动力越来越小，电动机能够回收的制动能量也越来越少。

3）ADVISOR 仿真步骤及结果

ADVISOR 中的整车参数输入如图 4－72 所示，左上方是电动汽车动力系统机构图，右方可以对整车、电池、电动机、传动系统以及电气附件的参数进行修改，修改的数据为本章节中对传动系统主要部件匹配的参数。整车的 SIMULINK 模型可以通过右下方的 View Block Diagram 进行查看。

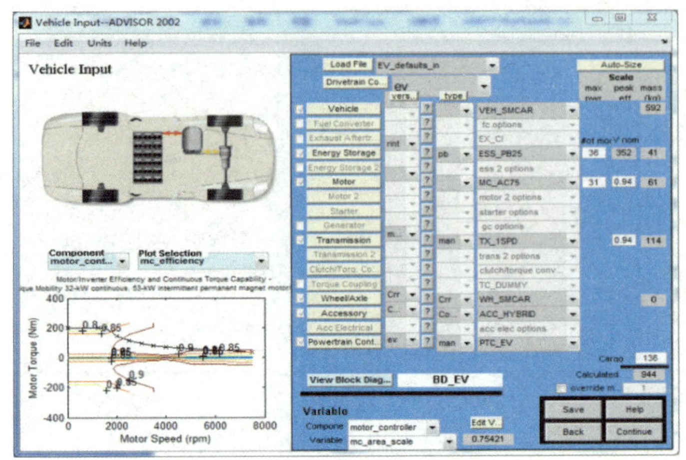

图 4-72　ADVISOR 整车参数输入界面

将整车参数设置完成后可以点击 Continue 按钮进入行驶工况设置界面，行驶工况设置界面如图 4-73 所示。左上方显示的是行驶工况的曲线，右上方可以进行多种行驶工况的选取，左下方则显示的是行驶工况的具体参数。

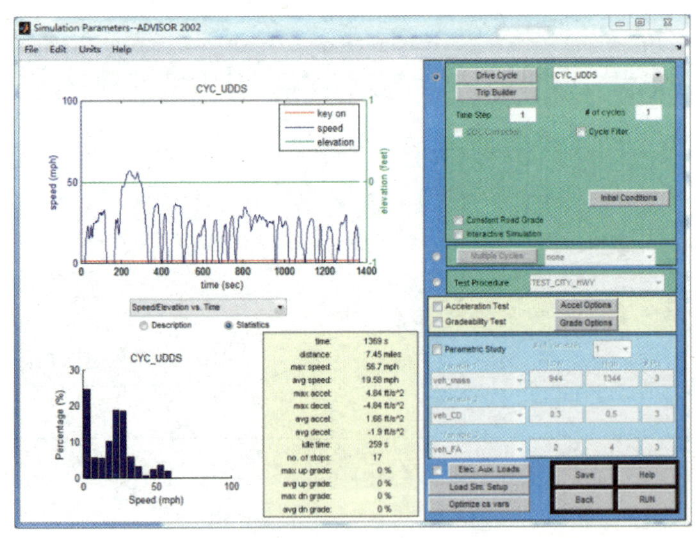

图 4-73　行驶工况设置界面

整车性能仿真之后，仿真结果参数的输出界面如图 4-74 所示，该界面左边分别显示了车速与行驶工况的跟随情况、电池 *SOC* 的变换情况、汽车的排放以及汽车的换挡情况。其他性能以及结果的输出可以在结果输出界面方便地查看，同时还可以查看能量流动的具体数值。

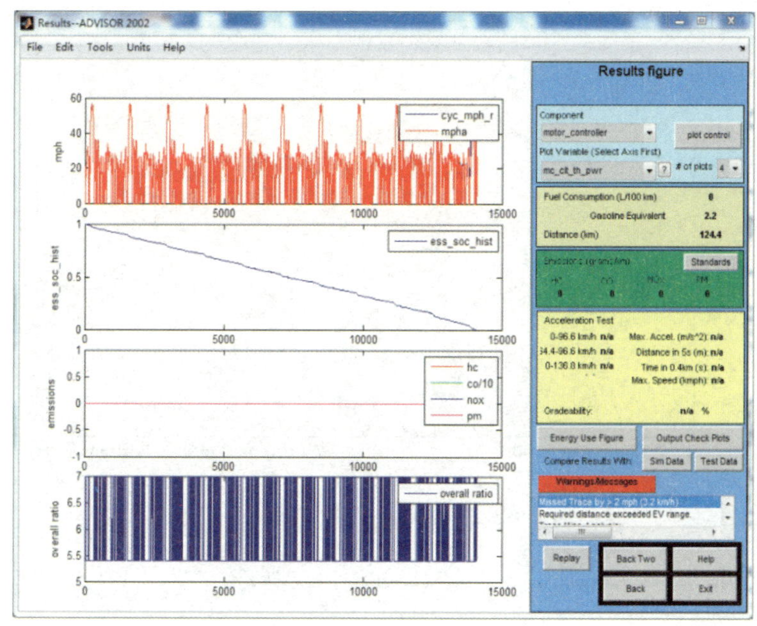

图 4-74　仿真结果输出界面

行驶工况对于制动能量的回收也有较大的影响，不同的行驶工况，制动强度的大小和减速时间的比例不同，相同的控制策略下能够回收的再生制动能量也有差异。本节选取的行驶工况是代表性行驶工况、美国城市道路循环（UDDS）、NEDC 工况以及 10-50 工况。各个工况的具体数据如图 4-75、图 4-76、图 4-77 和图 4-78 所示。

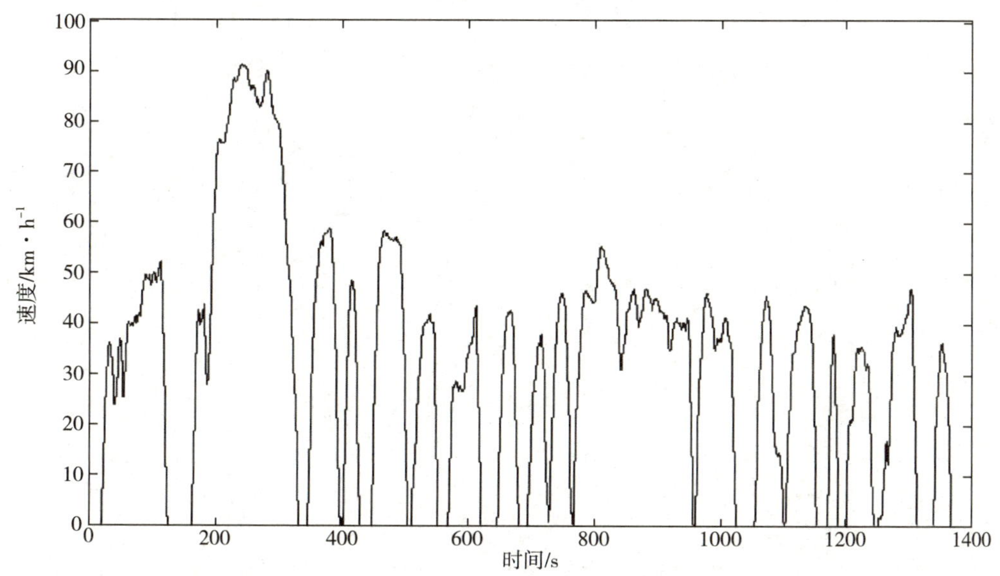

图 4-75　UDDS 工况

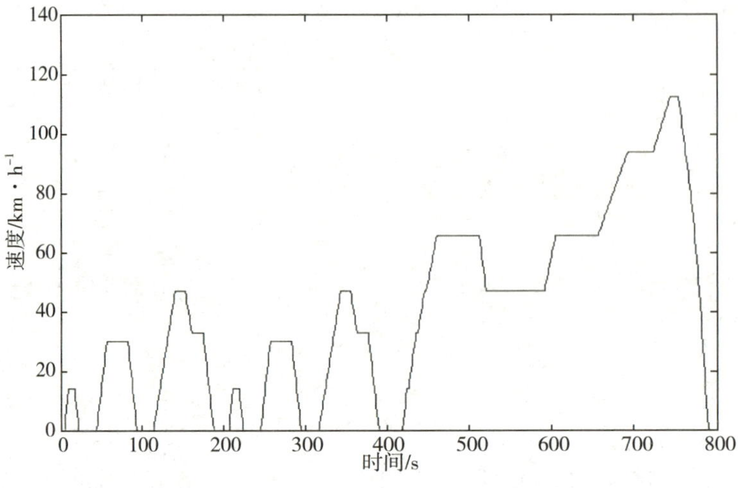

图 4-76　NEDC 工况

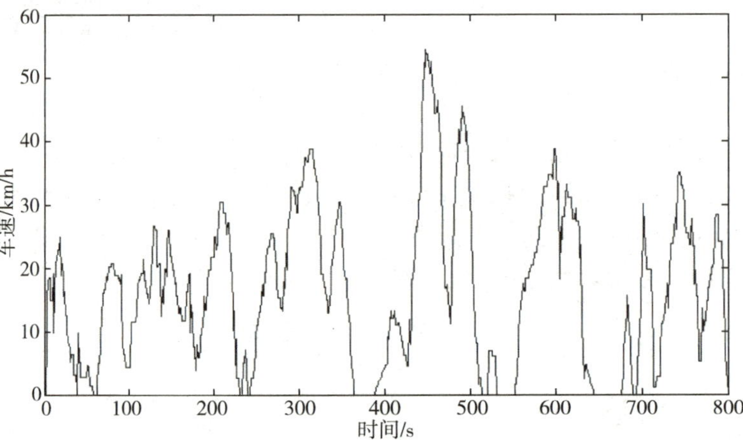

图 4-77　10-50 工况

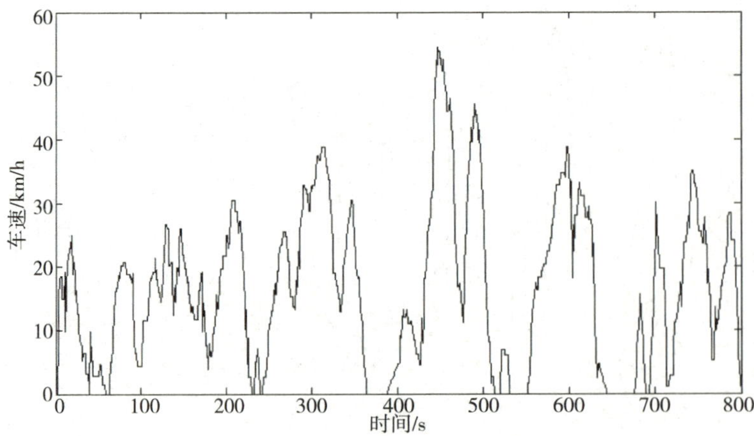

图 4-78　代表性行驶工况

分别在两种控制策略下进行制动能量回收总量的对比，其结果见表 4－15 所列。

表 4－15 制动能量回收总量的对比

工况	ADVISOR 策略	模糊控制策略	提高率（%）
代表性工况	5802	7895	36.07
UDDS	6336	8399	32.56
NEDC	4497	5380	19.64
10－50	5725	7649	33.61

由表 4－15 可知，基于模糊控制的再生制动控制策略比 ADVISOR 自带的控制策略在制动能量回收总量方面有了一定的提高。其中在代表性行驶工况和 UDDS 工况下，制动能量回收量提高率较高。因为在代表性工况下和 UDDS 工况的制动模式所占的比例比较多，且制动减速度中等，能够进行能量回收的机会以及所回收的能量都比较多。而在 NEDC 和 10－50 工况下提高率较小，因为在此工况下汽车运行比较平稳，汽车制动的机会较少，回收的制动能量也较少。

汽车在某一工况下行驶时其扭矩随着车速的变化而不断变化，该电动汽车在代表性工况下行驶时其扭矩的变化如图 4－79 所示。当车速变大时汽车处于驱动状态，电动机的扭矩为正，且汽车的加速度越大电动机的扭矩也就越大。当汽车处于制动状态时电动机的扭矩为负，且制动强度越大，电动机的扭矩也就越大，此时电动机处于发电状态，扭矩越大能够回收的能量也就越多。

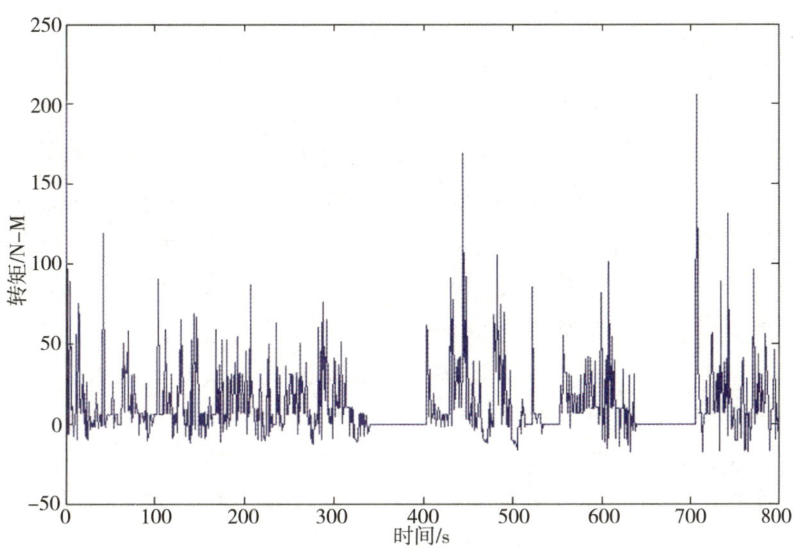

图 4－79 代表性工况下扭矩的变化曲线

随着汽车的行驶耗电量不断增加，电池的 SOC 不断下降。而采用不同的再生制动控制策略，在制动的过程中能够回收的能量不同，电池 SOC 下降的快慢也不相同，图4－80中显示了在代表性工况下两种不同控制策略时电池 SOC 的变化情况。从图中可以看出在本节设计的模糊控制策略下电池的 SOC 变化下降比较平缓，这是因为在再生制动控制策略下，汽车在制动过程中能够回收更多的能量，在相同情况下电池的 SOC 下降较慢，汽车的续驶里程也变长。

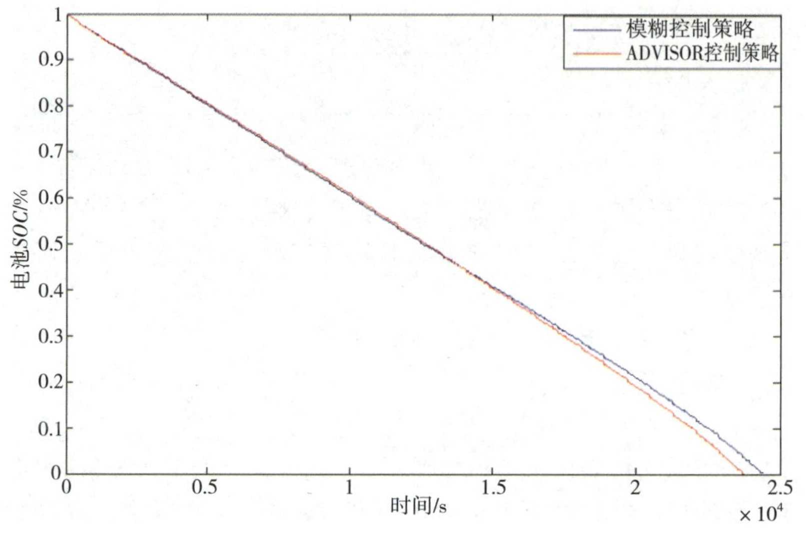

图 4－80　两种策略下电池 SOC 的变化

4.7　本章小结

本章主要从纯电动汽车的概述、驱动系统布置形式、动力系统参数设计、续驶里程估算、电池管理系统以及能量回收系统六个方面对纯电动汽车进行了详细介绍。首先，从纯电动汽车的系统组成与原理、特点和分类三个最基础的方面对纯电动汽车进行介绍，使读者对纯电动汽车有了初步的了解；其次，对纯电动汽车三种典型驱动系统的布置形式进行介绍，并详细说明每种布置形式的特点；再次，从纯电动汽车的动力性、电动机选型、蓄电池选型和传动系统参数设计四个方面对纯电动汽车的动力系统进行设计；最后，还通过设计实例对纯电动汽车续驶里程进行估算，并进行设计性能仿真。除此之外，本章还从基本组成、软硬件设计等角度对纯电动汽车的电池管理系统进行详细介绍。最后，本章内容还介绍了纯电动汽车的制动能量回收系统，并对制动能量回收策略进行建模与仿真。

本章通过以上内容，对纯电动汽车进行了深入浅出的介绍。相信通过本章的学习，读者对纯电动汽车的了解将会提升到一个新的高度，为以后的学习打下坚实的基础。

思考题

1. 简述纯电动汽车与传统燃油汽车的区别。
2. 纯电动汽车研发需要解决哪些关键技术?
3. 纯电动汽车主要有哪些组成部分?
4. 纯电动汽车驱动有哪几种结构形式?并简述其特点。
5. 简述纯电动汽车动力系统参数匹配设计流程。

第5章 混合动力电动汽车

5.1 概 述

5.1.1 混合动力电动汽车的基本概念

混合动力车辆定义如下：

（1）传送至车轮推动车辆行驶的能量，至少来自两种不同的能量转换装置（例如内燃机、燃气涡轮机、斯特林发动机、电动机、液压马达、燃料电池等）。

（2）这些能量转换装置至少要从两种不同的能量存储装置（例如燃油箱、蓄电池、飞轮、超级电容、高压储氢罐等）吸取能量。

（3）从储能装置流向车轮的这些通道，至少有一条是可逆的（既可以放出能量，也可以吸收能量），并至少有一条是不可逆的。

（4）如果可逆的储能装置供应的是电能时，则称为混合动力电动汽车。

图 5-1 展示了混合动力电动汽车的概念图。

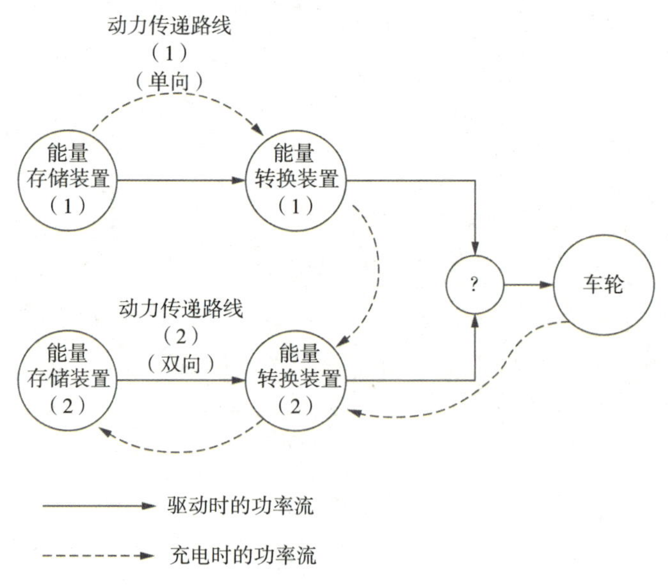

图 5-1 混合动力电动汽车概念图

发展混合动力电动汽车的目的是利用各个动力源各自的长处来弥补单一动力源无法获得

的经济性和续驶里程等指标要求。通常所说的混合动力电动汽车一般是指油电混合动力电动汽车，即燃油（汽油、柴油）和电能的混合，是由电动机作为辅助动力驱动的汽车。油电混合动力系统中的能量转换器为发动机和电动机，能量存储装置是燃油箱和动力电池。在没有特别说明的情况下，本书所述的混合动力电动汽车就是指油电混合动力电动汽车。

5.1.2 混合动力电动汽车的节油原理及特点

1）混合动力电动汽车的节油原理

混合动力电动汽车节油原理如下：

（1）大大减少甚至消除了发动机怠速；短暂停车时，可关闭发动机；再行驶时，可利用电动机迅速重启发动机。

（2）制动时，可利用电动机的发电动机模式来回收制动能量，而传统汽车机械制动中的这些能量转化为热量散发到了环境中。

（3）设计时，混合动力电动汽车发动机功率可选得比传统汽车小，发动机设置在高效率区稳定工作，加速、爬坡的峰值功率由电动机提供。

2）混合动力电动汽车的特点

与传统汽车和纯电动汽车相比，混合动力汽车动力系统有明显的优点，它既具有燃油车高比能量和高比动力的优势，又克服了纯电动汽车续驶路程短的缺点，显著提高了车辆经济性能和排放性能，达到了两种车辆优势的折中统一。

混合动力汽车动力系统优点具体体现在：

（1）同样的动力需求下内燃机耗油量小，所以经济性好，排放少。

（2）采用具有高功率水平的电动机/电池，可以改善整车动力性能。

（3）部分混合动力系统小负荷工况下可采用电动机单独驱动，避免了内燃机在低效率区间工作。

（4）怠速时可停止内燃机工作，减少不必要的油耗。

但是，相比传统燃油汽车，混合动力电动汽车同样存在一些不足之处：

（1）重量较大。尽管混合动力汽车上使用燃料的能源装置比性能类似的传统车辆功率小、重量轻，但因其附加了一套储能装置、电动机等，使得混合动力汽车的总重量较传统车辆大。

（2）电气效率损失大。在大多数混合动力系统中，电能-机械能通过一些部件（储能元件、发电动机等）来回地转换导致效率损失增加。此外，电动机在城市工况下运行时，经常会遇到低速、低负荷工况，其效率也会降低。因此，需要认真地选择功率元件，另外制定合理的控制策略，从而保证电气效率损失最小。比如并联式混合动力系统可以选用额定功率较小、过载能力大的电动机，这样相对车辆的低速、低负荷状态而言，可使电动机处于高负荷工况工作。

（3）存在车辆某些性能降低的可能。混合动力汽车通常采用功率较小的动力系统。当车辆需要最大功率时，再用蓄电池或其他能量存储装置来弥补动力系统不足的功率。此时若能量存储装置的能量消耗到某一极限，车辆的动力性就会降低。

（4）结构复杂，成本高。由于混合动力电动汽车动力系统比较复杂，存在机械和电气两套动力传递路径，各自有各自的管理控制系统，所以结构更复杂，技术更难。

5.1.3 混合动力电动汽车的分类

根据不同的分类方法，混合动力电动汽车可以分为不同的类型。通常的分类方法主要有四种。

1）根据发动机和电动机的能量流动及连接关系分类

混合动力电动汽车中，驱动系统内存在两类能量流：一类是机械能量流；另一类是电能量流。在功率交汇点处，始终以同一类功率形式，即电气的或机械的功率形式，而不是由电气的和机械的功率形式，呈现着两个功率相加或将一个功率分解为两个功率。这样，则可以由功率耦合和解耦的特性来定义混合动力汽车电驱动系统的构造。

按照发动机与电动机的能量流动及两者在结构上的连接关系，可以将混合动力电动汽车分为串联式、并联式和混联式三类。

（1）串联式混合动力电动汽车：串联式混合动力电动汽车（Series Hybrid Electric Vehicle，SHEV）的结构如图 5－2 所示。功率变换器控制从蓄电池组和发电动机组到电动机的功率流或反向控制从电动机到蓄电池组的功率流。燃油箱、内燃机和发电动机组成基本能源，蓄电池组起到能量缓冲器的作用。

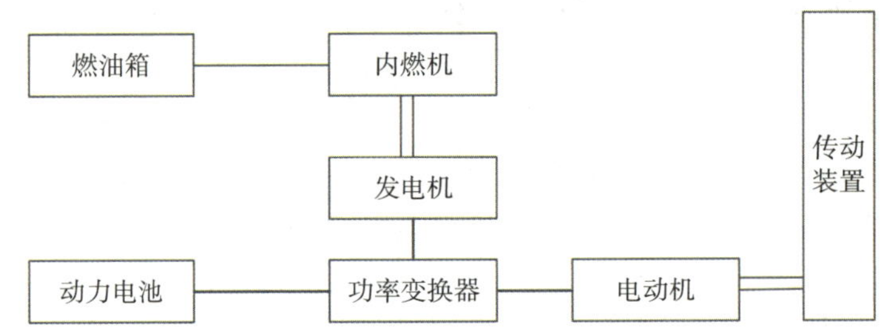

图 5－2 串联式混合动力电动汽车结构图

（2）并联式混合动力电动汽车：并联式混合动力电动汽车（Parallel Hybrid Electric Vehicle，PHEV）的结构如图 5－3 所示。内燃机和电动机发出的功率通过机械耦合器进行叠加。内燃机是基本的能源设备，蓄电池组和电动机驱动装置则组成能量缓冲器。

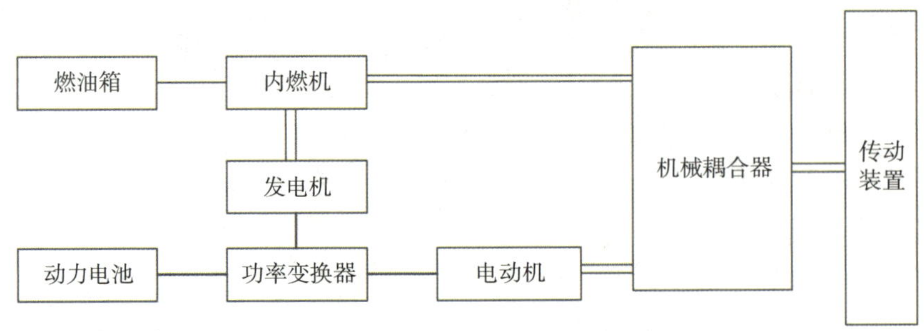

图 5－3 并联式混合动力电动汽车结构图

(3) 混联式混合动力电动汽车：混联式混合动力电动汽车（Series and Parallel Hybrid Electric Vehicle，SPHEV）有时也称为复杂混合或复合动力电动汽车（Complex Hybrid Electric Vehicle，CHEV），其结构如图5-4所示。

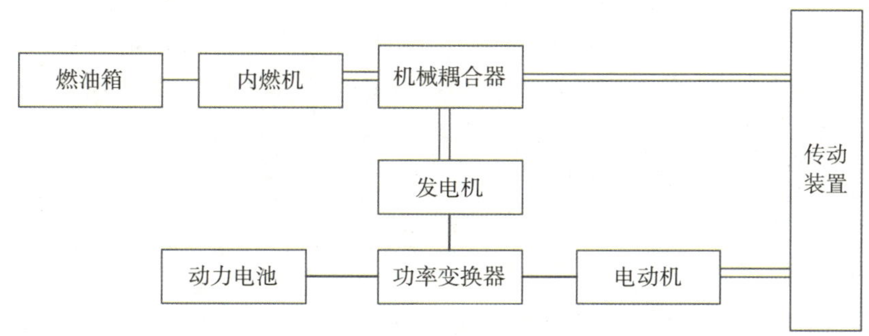

图5-4 混联式混合动力电动汽车结构图

该结构采用两个功率耦合器，即机械的和电气的耦合器。这实际上是串联和并联结构的组合，具有两种结构的特性和功能，因此有更多的运行模式。同时，结构也更为复杂，且成本较高。

2）根据车辆的主要动力源及能量补充方式分类

根据主要动力源是发动机还是电动机以及是自身补充能量还是使用电网充电，可将混合动力电动汽车分为电量维持型和电量消耗型。

(1) 电量维持型（或内燃机主动型）：在电量维持型混合动力电动汽车中，内燃机的功率很大，蓄电池仅在加速爬坡的过程中提供辅助动力。蓄电池的容量较小，汽车行驶过程中，发动机可以维持蓄电池的荷电状态保持稳定。

(2) 电量消耗型（或电力主动型）：在电量消耗型混合动力电动汽车中，蓄电池容量很大，电动机功率占系统总功率的比例很大，内燃机功率较小，不足以维持蓄电池组的荷电状态。车辆行驶一定距离后，可外接电源给蓄电池充电。

3）按照两种能量混合度分类

按照两种能量搭配比例，即混合度，也就是电动机的输出功率在整个系统输出功率中所占的比重，据此可将混合动力电动车分为弱混合、轻混合、中混合、重混合和插电式五种。混合度不同，其功能要求也不同，具体见表5-1所列。

表5-1 不同混合度类型及功能列表

类型	功能要求
弱混合动力	发动机自动起停
轻混合动力	发动机自动起停＋回馈制动
中混合动力	发动机自动起停＋回馈制动＋电动辅助
重混合动力	发动机自动起停＋回馈制动＋电动辅助＋纯电驱动
插电式混合动力	发动机自动起停＋回馈制动＋电动辅助＋纯电驱动＋电网充电

(1) 弱混合动力电动汽车

在传统发动机的启动机上加装一套传动带驱动启动发电动机（BSG），它被称为发电启动一体式电动机，用来控制发动机的启动和停止。当车辆遇到红灯需要暂时停车时，控制发动机熄火；当车辆需要再次行驶时，立即启动发动机，从而取消了发动机的怠速，降低了油耗和排放。而在汽车制动时，BSG 转变为发电动机，将制动的能量转化为电能，向蓄电池充电。BSG 系统结构简单，重量轻，对整车原来的结构改动小，成本低，在城市循环工况下可实现 5%～10%的节油效果。但 BSG 电动机功率较小，仅为 3～6 kW，电动机的峰值功率与发动机的额定功率之比小于 5%，仅靠电动机无法使车辆起步，所以起步过程仍需发动机介入，并且 BSG 电动机不能为汽车的行驶提供持续的动力。

(2) 轻混合动力电动汽车

混合度在 20%以下，采用集成启动发电动机（ISG），能实现用发电动机控制发动机的启动和停止，还能在减速和制动工况下，实现对部分能量进行回收；在行驶过程中，发动机等速运转，发动机产生的能量可以在车轮的驱动需求和发电动机的充电需求之间进行调节。

(3) 中混合动力电动汽车

混合度可达 30%左右，采用集成启动发电动机（ISG）。以发动机为主动力源，ISG 安装在发动机与变速器之间，作为辅助动力源与主动力源相连。车辆行驶中，当需要更大的驱动力时，ISG 用作电动机，向车辆提供辅助的驱动力；当需要启动发动机时，ISG 用作启动机；在车辆处于减速和制动工况下，ISG 用作发电动机，将减速或制动的能量转换为电流，向蓄电池充电；在车辆行驶过程中，发动机等速运转时，发动机产生的能量可以在车轮的驱动需求和发电动机的充电需求之间进行智能调节。中混合动力系统结构简单紧凑，重量轻，可以较大幅度地改善燃油经济性，降低排放，可实现 10%～15%的节油效果。

(4) 重混合动力电动汽车

这种也称“全混合”，是指既可以采用发动机独立驱动车辆行驶，又可以采用电动机独立驱动车辆行驶，还可以二者同时驱动车辆行驶的混合动力系统。电池和电动机功率占动力系统总功率的比例更大，发动机的功率更小，混合度可达 50%以上。采用大容量电池，以提供电动机满足纯电动模式运行的需要，同时还具有动力切换装置，以满足发动机和电动机动力耦合和分离的要求。在起步、倒车、频繁启停、低速行驶等工况下，车辆能以纯电动模式运行；在急加速时，发动机和电动机一起驱动车辆。具有制动能量回收功能，可实现 30%～40%的节油效果。

(5) 插电式混合动力电动汽车

插电式混合动力电动汽车（PHEV）是可以利用电网对动力电池充电的混合动力汽车。可以使用纯电动模式驱动车辆行驶，电能不足时，启动发动机，车辆以全混合模式行驶。特点是纯电动行驶里程较长，电池可通过外部电网充电。在纯电动行驶里程内，车辆纯电动驱动，超出电池能量则运行在混合动力模式，发动机起到保证续驶里程的作用。一般插电式混合动力轿车都有车载充电动机，可以使用家用电源为电池充电；插电

式混合动力公交车由于行驶路线固定，通常利用外接充电动机充电。插电式混合动力电动汽车是最接近纯电动汽车的混合动力电动汽车，电动机功率比纯电动汽车的稍小，动力电池的容量介于重混合与纯电动汽车之间，发动机功率与重混合系统相同。由于它既具有纯电动汽车节能环保的优势，又具有燃油汽车续驶里程长的优势和具有利用夜间低谷电对动力电池充电的优势，所以插电式是混合动力电动汽车的主流发展方向之一。

4）根据车辆所使用的动力电池、驱动电动机及发动机的不同分类

根据所用动力电池的不同，混合动力电动汽车可分为铅酸电池混合动力电动汽车、锂电池混合动力电动汽车、镍氢电池混合动力电动汽车、飞轮电池混合动力电动汽车、超级电容混合动力电动汽车。

根据车辆使用的驱动电动机类型，混合动力电动汽车又可分为直流电动机混合动力电动汽车、交流异步电动机混合动力电动汽车、永磁电动机混合动力电动汽车、开关磁阻电动机混合动力电动汽车。

根据车辆所使用的发动机类型，混合动力电动汽车还可分为汽油机混合动力电动汽车、柴油机混合动力电动汽车、涡轮机混合动力电动汽车、混合燃料混合动力电动汽车。

5.2　混合动力电动汽车的动力耦合方式

混合动力电动汽车是内燃机与电动机两种动力混合驱动的车辆，这种混合是通过动力耦合器的耦合作用实现的。动力耦合器的形式不仅决定了混合动力电动汽车具备的工作模式，而且也是功率分配策略制定的依据，最终对整车的动力性、经济性和排放性产生重要影响。

动力耦合方式主要有扭矩耦合、转速耦合、混合耦合和牵引力耦合等。

5.2.1　扭矩耦合式

扭矩耦合式动力系统是指两个（或多个）动力源的输出动力在耦合过程中，动力源的输出扭矩相互独立，而输出转速必须互成比例，最终的耦合扭矩是动力源输出扭矩的耦合叠加。

扭矩耦合可以通过齿轮耦合、磁场耦合、链或带耦合等多种形式实现。

1）齿轮耦合式

齿轮耦合形式是通过啮合齿轮（组）将多个输入动力合成在一起输出；这种耦合形式结构简单，可以实现单输入和多输入等多种驱动形式，耦合效率较高，控制相对简单；但由于齿轮是刚性啮合的，在动力切换、耦合过程中易产生冲击。齿轮耦合式混合动力电动汽车系统结构如图 5－5 所示。

合成输出扭矩为

$$T_3=\eta_0\left(T_1+i_k T_2\right) \tag{5-1}$$

式中：T_1 为发动机输出扭矩；

T_2 为电动机输出扭矩；

T_3为发动机和电动机的合成输出扭矩；

η_0为耦合效率；

i_k为从电动机到发动机的传动比。

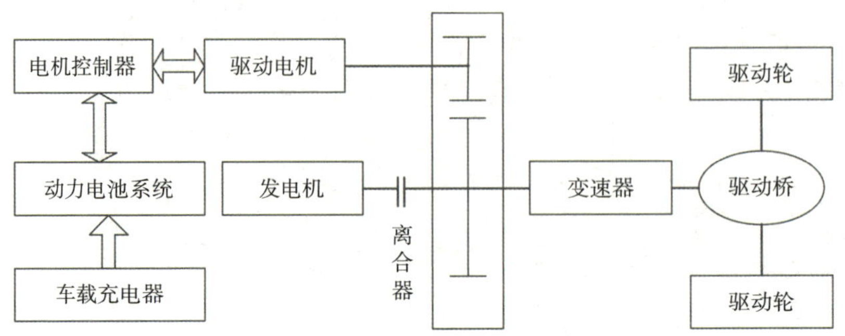

图 5-5 齿轮耦合式混合动力电动汽车系统结构

合成输出转速为

$$n_3 = n_1 = \frac{n_2}{i_k} \tag{5-2}$$

式中：n_1为发动机输出转速；

n_2为电动机输出转速；

n_3为发动机和电动机的合成输出转速。

2）磁场耦合式

磁场耦合式是将电动机的转子与发动机输出轴做成一体，通过磁场作用力将电动机输出动力和发动机输出动力耦合在一起。这种耦合形式效率高，结构紧凑，耦合冲击小，能量回馈方便；但混合度低，电动机一般只能起辅助驱动的作用。由于电动机转子具有一定的惯性，所以多用于轻度混合动力电动汽车上，是目前采用较多的动力耦合形式，如本田 Insight 混合动力电动汽车采用的就是磁场耦合形式。磁场耦合式混合动力电动汽车系统结构如图 5-6 所示。

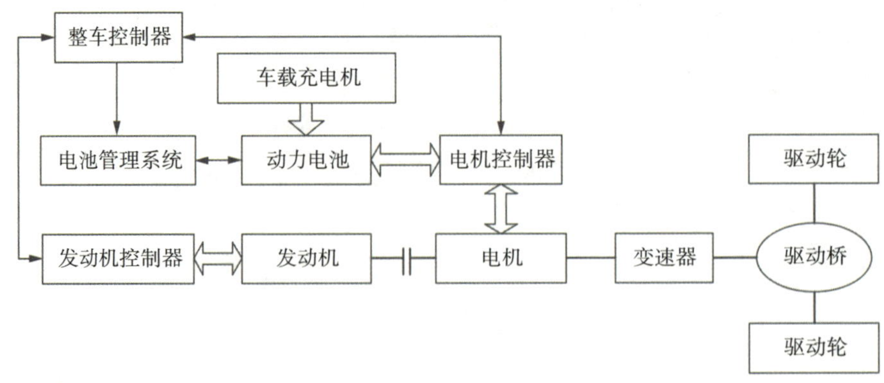

图 5-6 磁场耦合式混合动力电动汽车系统结构

合成输出扭矩为

$$T_3 = T_1 = T_2 \tag{5-3}$$

合成输出转速为

$$n_3 = n_1 = n_2 \tag{5-4}$$

3）链或带耦合式

链或带耦合式是把齿轮改为链条或皮带，通过链条或皮带将动力源输出动力进行合成，这种耦合形式结构简单，冲击小，但耦合效率低。

扭矩耦合形式的特点是发动机的扭矩可控，而其转速不可控。通过控制电动机扭矩的大小来调节发动机扭矩，使发动机工作在最佳油耗曲线附近。扭矩耦合形式结构简单，传动效率高，而且无须专门设计耦合机构，从而便于在原车基础上改装。

5.2.2 转速耦合

转速耦合式动力系统是指两个（或多个）动力源的输出动力在耦合过程中，动力源的输出转速相互独立，而输出扭矩必须互成比例，最终的合成转速是动力源输出转速的耦合叠加，合成扭矩则不是动力源输出扭矩的叠加。合成转速为

$$n_3 = p n_1 + q n_2 \tag{5-5}$$

式中：n_1 为动力源 1 的输出转速；

n_2 为动力源 2 的输出转速；

n_3 为动力源 1 和动力源 2 的合成转速；

p 和 q 由耦合器的结构决定。

转速耦合方式可以通过行星齿轮和差速器等形式实现。

1）行星齿轮耦合式

行星齿轮耦合形式是一种普遍采用的动力耦合形式，通常发动机输出轴与太阳轮相连，电动机与齿圈相连，行星架作为输出端。这种耦合形式结构简单，传动效率高，混合度高，并且还能够实现多种形式驱动，动力切换过程中冲击小，但整车驱动控制难度较大。如图 5－7 所示为行星齿轮耦合形式。

2）差速器耦合式

差速器耦合形式是行星齿轮耦合的一种特殊情况，其耦合形式与行星齿轮耦合形式基本类似，只是两者对发动机和电动机的动力性能要求不同，从而导致动力混合程度不同。差速器耦合要求发动机和电动机动力参数相当，动力混合程度较高。如图 5－8 所示为差速器耦合形式。

转速耦合方式的特点是发动机的扭矩不可控，而其转速可以通过对电动机的转速调节得到控制。在行驶过程中采用转速耦合方式的混合动力电动汽车，可以通过调节电动机转速来控制发动机转速，使发动机工作在最佳油耗曲线附近。即使在发动机的工作点不变的情况下，通过连续调节电动机转速，也可以使车速连续变化，因此，采用转速耦合形式的混合动力电动汽车无须无级变速器便可以实现整车的无级变速。

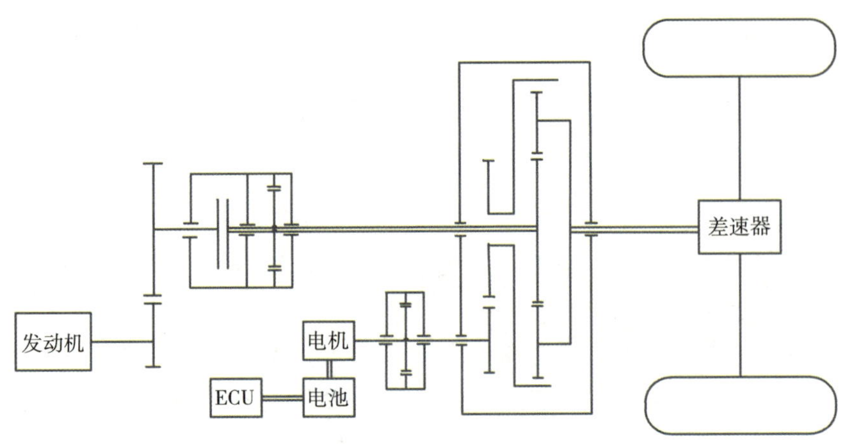

图 5-7　行星齿轮耦合形式

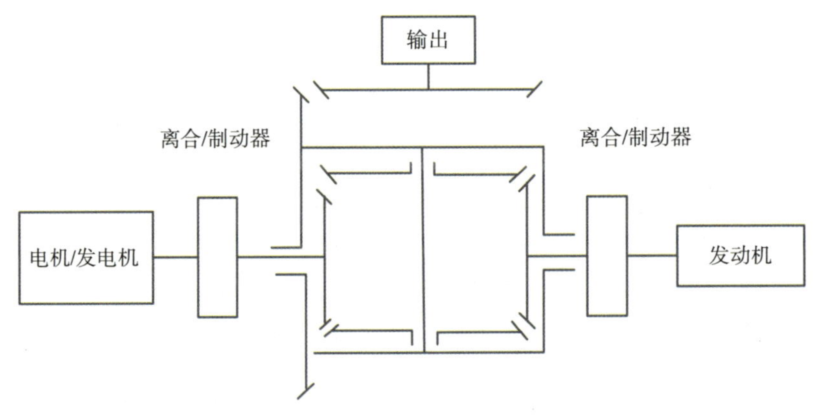

图 5-8　差速器耦合形式

5.2.3　混合耦合式

混合耦合式的输出扭矩与转速分别是发动机与电动机扭矩和转速的线性和，因此发动机的扭矩和转速都可控。如图 5-9 所示为混合耦合形式。

在采用混合耦合方式的混合动力电动汽车中，发动机的扭矩和转速都可自由控制，而不受汽车工况的影响。因此，理论上可以通过调整电动机的转速和扭矩，来使发动机始终工作在其最佳油耗点。但实际上，频繁调整发动机工作点也可能会使经济性有所下降，因此，通常的做法是将发动机的工作点限定在其经济区域内，缓慢调整发动机的工作点，使发动机工作稳定，经济性能提高。采用混合耦合方式的混合动力电动汽车理论上不需要离合器和变速器，而且可实现无级变速。与前两种耦合系统相比，混合耦合方式无论是对发动机工作点的优化，还是在整车变速方面，都更具有优越性。丰田普锐斯、雷克萨斯 RX400h 混合动力电动汽车采用的双行星排混合动力系统，都属于混合耦合方式。

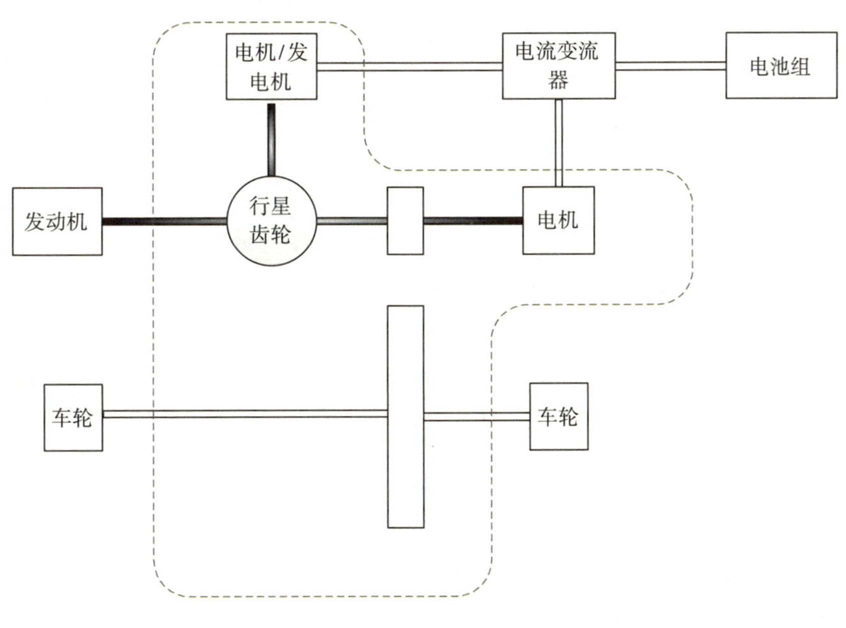

图 5-9　混合耦合形式

5.2.4　牵引力耦合式

牵引力耦合式是指发动机驱动前轮（后轮），电动机驱动后轮（前轮），通过前后车轮驱动力将多个动力源输出动力耦合在一起。这种耦合方式结构简单，改装方便，可实现单、双模式驱动及制动再生等多种驱动方式，但整车的驱动控制将更为复杂，适用于四轮驱动。

各种动力耦合方式的比较见表 5-2 所列。

表 5-2　各种动力耦合方式的比较

耦合方式		混合度	平顺性	复杂性	效率	控制	能量回收	成本
扭矩耦合式	齿轮耦合式	中	差	低	高	容易	中	低
	磁场耦合式	中	好	中	高	中	容易	中
	链或带耦合式	低	中	低	低	容易	中	低
转速耦合式	行星齿轮式	中	中	低	高	中	难	低
	差速器式	高	中	低	高	中	难	低
混合耦合式		高	好	高	中	较难	容易	高
牵引力耦合式		高	好	中	高	难	中	中

5.3 串联式混合动力电动汽车

5.3.1 串联式混合动力电动汽车的组成

串联式混合动力电动汽车是混合动力电动汽车的一种基本结构，其单个驱动系间的联合是车载能源环节的联合，即非直接用于驱动汽车的能量的联合，并同时向动力生成装置供能。典型的串联式混合动力电动汽车动力传动系组成如图 5－10 所示。

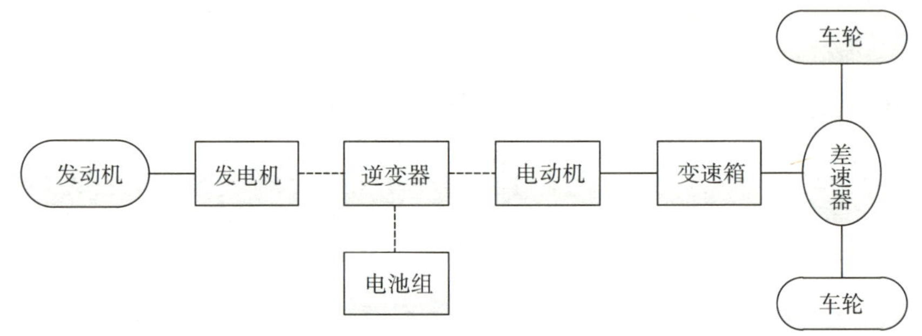

图 5－10 典型串联式混合动力电动汽车动力传动系组成

对应图 5－10 知，串联式混合动力电动汽车由发动机、发电动机、动力电池组、电动机驱动系统和传动系组成。发动机和发电动机之间是机械连接，电动机驱动系统与传动系统之间也是机械连接，油箱与发动机之间是管路连接，其余部分是电气连接。

发动机和发电动机组有时称为辅助动力单元（Auxiliary Power Unit，APU）。其主要功能是将发动机输出的机械能通过发电动机转化为电能。转化的电能或用于动力电池充电，或经电动机驱动系统和传动系驱动车辆行驶。

从油箱、发动机、发电动机流出的能量是单向的，可以经过电动机驱动系统直到传动系，提供车辆行驶所需要的能量，也可以经发电动机为动力电池组充电。从动力电池组、电动机驱动系统直到传动系，能量流动是双向的。根据路况及控制策略，电动机驱动系统被控制为电动机或发电动机，在驱动时，作为电动机使用，提供整车行驶所需要的动力；在制动减速时，作为发电动机使用，将整车动能的一部分转化为电能，为动力电池组充电，这样，就实现了能量的双向流动。

5.3.2 串联式混合动力电动汽车的特点

串联式混合动力电动汽车的结构特点是发动机带动发电动机发电，产生的电能通过电动机控制器输送给电动机，由电动机产生电磁力矩驱动汽车行驶。在发动机与传动系之间通过电动机实现动力传递。蓄电池（也可以是其他储能装置，如超级电容、机械飞轮等）是发电动机与电动机之间的储能装置，起到功率平衡的作用，即当发电动机发出的功率大于电动机所需的功率时（如汽车减速滑行、低速行驶或短时停车等工况），发电动机向蓄电池充电；而当发电动机发出的功率低于电动机所需的功率时（如汽车起步、

加速、爬坡、高速行驶等工况），蓄电池则向电动机提供额外的电能，补充发电动机功率的不足，从而满足车辆峰值功率要求。

串联式混合动力电动汽车的发动机可以是内燃机，也可以是其他不适用于直接驱动车轮的发动机。例如微型燃气轮机、斯特林发动机等。发动机-发电动机组作为一个整体也可以是燃料电池系统，采用液化石油气、天然气、氢气或氢气与天然气的混合气体。装有柴油机的混合动力车辆的燃油经济性比较好。

发动机-发电动机所输出的平均功率与蓄电池为满足峰值功率要求而提供的补充功率之间的比例，通常由车辆的应用特点决定，特别要考虑车辆行驶循环的需求。串联式混合动力系统适用于目标和行驶工况相对确定的车辆，例如货物分送车、城市公共汽车等在城市内走走停停的车辆。串联式混合动力电动车具有如下优点：

（1）发动机工作状态不受车辆行驶工况的影响，始终在最佳的工作区域内稳定运行，因此，发动机具有良好的经济性和低的排放性能。

（2）发动机与电动机之间无机械连接，整车的结构布置自由度较大。各种驱动系统元件可以放在最适合于它的车辆位置，例如在低地板公共汽车上，可以将发动机-发电动机组装在车尾部或其他部位，并采用电动轮驱动方式，从而可以降低地板高度。

（3）由于电动机的功率大，制动能量回收的潜力大，从而提高能量效率。

串联式混合动力电动汽车存在的缺点如下：

（1）发电动机将发动机的机械能量转变为电能，电动机又将电能转变为机械能，还有电池的充电和放电时都有能量损失，因此，发动机输出的能量利用率比较低。串联混合动力电动汽车的发动机能保持在最佳工作工况稳定运行。这一特点的优越性主要表现在低速、加速等行驶工况，而在车辆中、高速行驶时，由于其电传动效率较低，抵消了发动机效率高的优点。

（2）电动机是唯一驱动汽车行驶的动力装置，因此，电动机的功率要足够大。此外，蓄电池一方面要满足汽车行驶中峰值功率的需要，以补充发电动机输出功率的不足；另一方面，要满足回收制动能量的要求，这就需要较大的电池容量。所以，电动机和蓄电池的体积和重量都比较大，使得整车重量较大。

根据以上特点，串联式混合动力电动汽车更适用于市内低速运行的工况，而不适合高速公路行驶工况。串联式混合动力电动汽车实现了车载能量源的多样化，可充分发挥各种能量源的优势，并通过适当的控制策略实现它们之间的最佳组合，满足汽车行驶的各种特殊要求，例如，采用发动机-发电动机和动力电池组两种车载能量源的串联式混合动力电动汽车既可满足汽车一定的零排放行驶里程，还同时通过发动机-发电动机的工作为动力电池组进行补充充电，延长了汽车的有效续驶里程，为实现纯电动汽车的实用化提供了解决方案。

5.3.3 串联式混合动力电动汽车的工作模式和运行工况分析

1）串联式混合动力电动汽车工作模式分析

串联式混合动力系统主要应用于城市公交车，节油率可以达到20%左右。依据发动机-发电动机组的工作状态以及动力电池组的充放电状态，串联式混合动力电动汽车具有七种工作模式，见表5-3所列。

表5-3 串联式混合动力电动汽车的工作模式

工作模式	发动机-发电动机组	动力电池组	电动机-发电动机	整车状态
纯电池组驱动	关机	放电	电动	驱动
再生制动充电	关机	充电	发电	制动
混合动力驱动	发电	放电	电动	驱动
强制补充充电	发电	充电	电动	驱动
混合补充充电	发电	充电	发电	制动
纯发动机驱动	发电	既不充电也不放电	电动	驱动
停车补充充电	发电	充电	停机	停车

(1) 当动力电池组具有较高的电量且动力电池组输出功率满足整车行驶功率需求时，串联式混合动力电动汽车以纯电池组驱动模式工作，此时发动机-发电动机组处于关机状态。

(2) 当汽车以纯电池组驱动行驶时，若汽车减速制动，则电动机—发电动机工作于再生制动状态，汽车制动能量通过再生发电回收到动力电池组中，即工作于再生制动充电模式。

(3) 当汽车加速或爬坡需要更大的功率输出且超出了动力电池组的输出功率限制时，发动机-发电动机组起动发电，并同动力电池组一起输出电功率，从而实现混合动力驱动模式。

(4) 当动力电池组的电量不足且发动机-发电动机组输出功率在驱动车辆的同时有剩余，进入动力电池组强制补充充电模式。

(5) 当动力电池组的电量不足且发动机-发电动机组处于发电状态时，若汽车减速制动，则电动机-发电动机组工作于再生制动状态，汽车制动能量通过再生发电与发动机-发电动机组输出功率一起为动力电池组充电，实施动力电池组的混合补充充电。

(6) 当动力电池组的电量在目标范围内，且发动机-发电动机组输出功率满足汽车行驶功率需求时，为提高串联混合动力系统的能量利用效率，采用纯发动机驱动工作模式，此时发动机-发电动机组输出功率与汽车行驶功率需求相等。

(7) 若动力电池组的电量过低，则为保证整车行驶的综合性能，需要对动力电池组进行停车补充充电，此时发动机-发电动机组输出的功率全部用于动力电池组进行补充充电。

2) 串联式混合动力电动汽车运行工况分析

结合汽车的运行工况，对串联式混合动力电动汽车的工作模式和能量流动进行具体分析。

（1）起动/正常行驶/加速运行工况

发动机通过发电动机和蓄电池一起输出电能并传递给功率转换器，然后驱动电动机，再通过机械传动装置驱动车轮。此运行工况下的能量流动如图 5－11 所示。

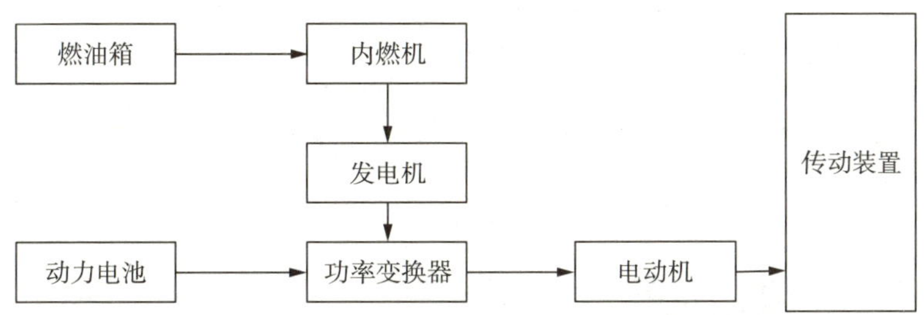

图 5－11 起动/正常行驶/加速运行工况下的能量流动

（2）低负荷工况

发动机输出的功率大于车辆所需的功率，多余的能量通过发电动机给动力电池充电，直到电池 *SOC* 达到预定的限值。此运行工况下的能量流动如图 5－12 所示。

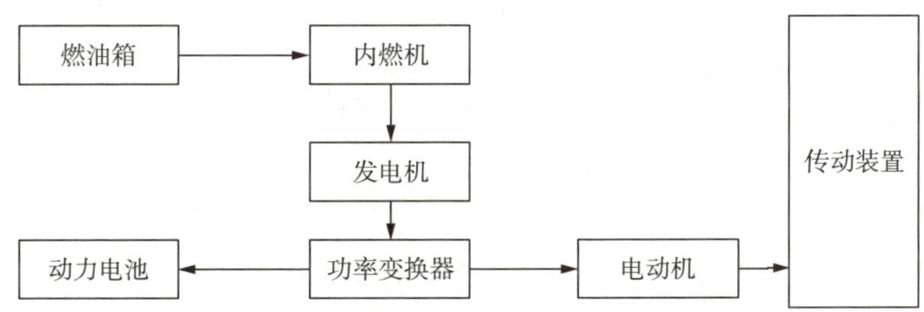

图 5－12 低负荷运行工况下的能量流动

（3）减速/制动工况

电动机把驱动轮的动能转化为电能，并通过功率转化器给蓄电池充电。此运行工况下的能量流动如图 5－13 所示。

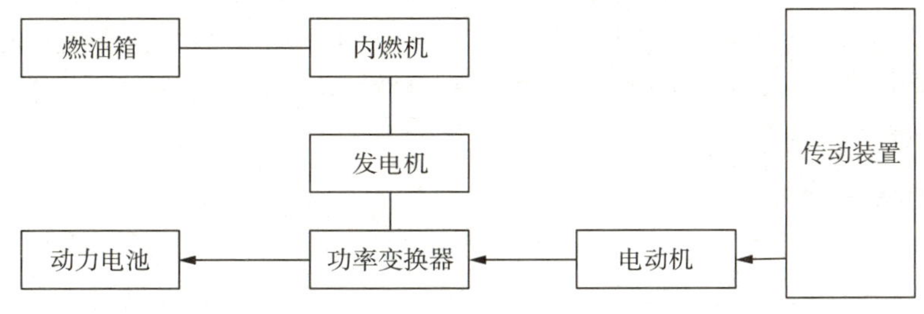

图 5－13 减速/制动工况下的能量流动

（4）停车充电工况

停车时，发动机可通过发电动机和功率转换器给蓄电池充电。此运行工况下的能量流动如图 5－14 所示。

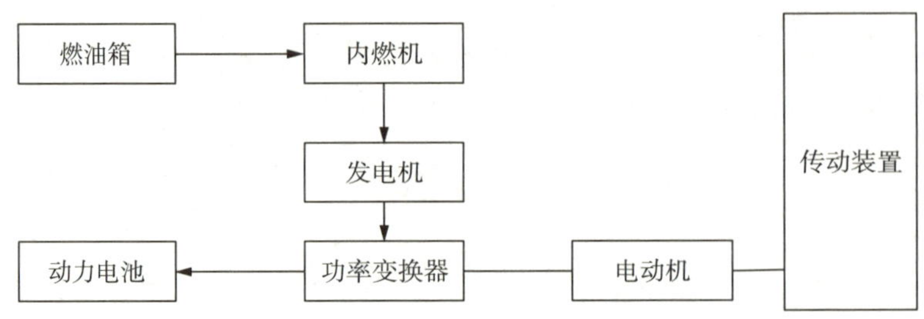

图 5-14 停车充电工况下的能量流动

5.3.4 串联式混合动力汽车的能量管理策略

混合动力电动汽车能量管理策略的控制目标是根据驾驶员的操作，如加速踏板、制动踏板等，判断驾驶员的意图，在满足车辆动力性能的前提下，最优地分配电动机、发动机、动力电池等部件的功率输出，实现能量的最优分配，提高整车的系统效率，并获得最佳燃油经济性和排放性能。

由于串联式混合动力电动汽车的发动机负荷与汽车行驶工况没有直接联系，因此能量管理策略的主要目标是使发动机在最佳效率区和排放区工作。为了优化能量分配、提高整体效率，还应考虑传动系统的动力电池、发动机、电动机和发电动机等部件。串联式混合动力电动汽车有三种基本的能量管理策略，即恒温器型策略、功率跟随型策略和基于规则型策略，另外还有一些基于优化的能量管理策略。

1）恒温器型策略

恒温器型策略主要是依据动力电池相关的驱动需求所提出的一种策略。这是由于电动汽车自身的 *SOC* 具有一定的门限值，当在实际行驶过程中该值较正常的设定范围数值要低的情况下，此时如果进行起动处理，将很容易产生功率与电能之间的转换不均衡问题。而当电动汽车的 *SOC* 门限值较正常设定范围数值要高时，此时如果将发动机关闭，将会直接由电动机对车辆进行直接的驱动处理。上述策略即为恒温器型策略。而恒温器型策略的主要优势特征在于：它通过实现 *SOC* 门限值的实时把握与调控，不仅能够减少相关的污染排放量，同时还显著地增强了发动机的工作效率。另外，该策略也具有自身无法回避的缺陷，即由于发动机经常处于频繁开合的状态当中，这就很容易造成发动机的损耗问题，发动机一旦发生了大的损耗，整体的系统功率也就无法达到原有的水平，能源转换的实际效果也会大打折扣。

2）功率跟随型策略

该策略主要是将跟随车辆功率需求的任务交由发动机来完成。当车辆动力电池的 *SOC* 大于 *SOC* 设定上限，且满足车辆需求的功率仅有动力电池提供时，发动机才能开始逐渐减缓自身的运动速度或者直接停机。功率跟随式策略在实际应用过程中容易出现减少电池具体充电次数的特点，这就有利于系统性能的持续性稳定。但是由于发动机必须长期处于较高的运行负荷状态，因此发动机在排放与功效等方面，该策略的实际应用效果并不如恒温器型策略的应用效果。

3）基于规则型策略

基于规则型策略主要强调的是通过将功率跟随式策略与恒温器策略二者有机地联系在一起，取其精华，从而实现对包括发动机与电池应用功效等方面的重突破。一般来说，对电动汽车的基本功率范围与电池荷电基本情况设立基本规则并予以科学调整，能够实现包括电池与发动机在内的车辆动力装置的充分利用，从而将车辆的整体效率提高到最好状态。

4）基于模糊逻辑的能量管理策略

由于模糊控制非常适合高度非线性、时变的模型，基于模糊逻辑控制的能量管理策略在串联、并联、混联式混合动力汽车的能量管理策略研究中得到了广泛的应用。一般根据电池组 SOC、车速、需求功率、扭矩等参数中的一部分作为模糊控制器的输入量，以功率或扭矩等作为输出量。

5）基于神经网络的能量管理策略

这种策略的基本步骤：首先利用优化算法对多种典型工况离线求得最优解，然后，利用聚类算法对样本进行聚类分析，最后利用典型工况最优解的聚类结果作为神经网络的训练数据，得到多个神经网络控制器。

6）等效燃油消耗最小的能量管理策略

该方法将电动机的能量消耗等效为发动机的油耗，得到一张电动机的等效油耗图。在每一个时刻，将电动机的等效油耗与发动机的油耗之和称为名义油耗，使其最小，并据此确定电动机和发动机的工作点。等效燃油消耗最小能够保证每一步都是最优的，但不能保证整个区间是最优的。而且，该方法计算量较大，难以实时实现。

7）基于最优控制理论的能量管理策略

给定工况的全局优化能量管理策略本质上来说是一个动态优化问题，动态优化方法主要包括基于 Bellman 动态规划理论的全局优化能量管理策略和基于庞特里亚金极小值原理的全局最优能量管理策略。下面主要介绍基于动态规划的能量管理策略和基于极小值原理的能量管理策略。

（1）基于动态规划的能量管理策略：动态规划的核心是最优性原理。该方法把一个多阶段决策问题转化为多个单阶段决策问题，然后对每一个单阶段决策问题逐一求解，就可以得到一系列的决策变量，这些决策变量构成了该问题的最优策略。动态规划是一种全局优化算法，可以很方便地用于给定时间周期的带约束条件的非线性优化问题。但该算法计算量大，在策略计算中需要的时间较长。

（2）基于庞特里亚金极小值原理的能量管理策略：求解带约束的非线性优化问题的最优控制的另一种方法是庞特里亚金极小值原理。该方法将能量管理策略的最优化求解转化为对哈密顿函数中协态参数的求解，通过迭代运算，最终得到控制量在能量源之间的分配。与动态规划算法相比，该算法计算量小，计算速度快，是近年来的研究热点。

8）与粒子群算法、遗传算法等相结合的能量管理策略

这也是近年来能量管理策略研究的热点，它是把两种及以上的优化方法结合起来得出一种能量管理策略。通常采用粒子群、遗传算法或模拟退火等算法，在特定工况下，

以最小油耗为目标对车辆参数和控制策略中的参数进行优化。粒子群算法、遗传算法和模拟退火等算法属于智能优化算法，它们不需要知道对象的数学模型，在混合动力汽车能量管理策略和动力总成的参数优化中得到了广泛的应用。这两种算法常与模糊控制相结合，对设计好的模糊控制器的隶属函数进行优化。粒子群和遗传算法是随机算法，能够搜索整个解空间。理论上，只要计算时间足够长，也能够得到问题的全局最优解。但实际计算都是在有限时间内完成的。因此，利用该类算法只能得到近似的全局最优解。

9）与小波分析理论相结合的能量管理策略

在对以燃料电池为主要能量源的电动汽车的能量管理策略研究中，为了降低功率波动对燃料电池效率和使用寿命的不利影响，有人提出了基于小波变换和小波模糊逻辑的能量管理策略。

5.3.5 串联式混合动力电动汽车实例分析

美国通用汽车的沃蓝达混合动力系统采用的是串联式结构，如图 5 - 15 所示。沃蓝达混合动力系统采用一台发动机、一台发电动机和一台驱动电动机对车辆进行综合驱动。动力电池采用的是容量为 6 kW·h 的 360 V 锂电池组，电池组呈 T 形布置，隐藏于后排座椅及车身中部，以纯电动方式行驶最高行驶里程可达 80 km。

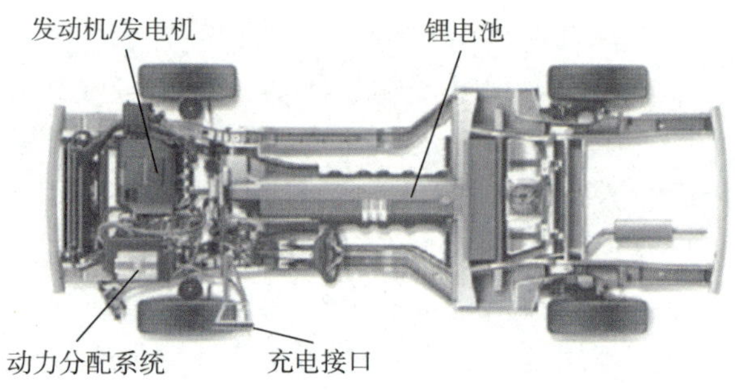

图 5 - 15　沃蓝达串联式动力系统

沃蓝达混合动力系统由一台最大功率为 111 kW 的驱动电动机、一台 55 kW 的发电动机和一台 1.4 L 自然进气、最大功率为 63 kW 的发动机组成，发动机仅用于发电。其中功率较大的驱动电动机主要用于驱动车辆，而功率较小的发电动机主要用于发电，如图 5 - 16 所示。

图 5 - 16　沃蓝达混合动力电动汽车的动力系统

发动机、发电动机和驱动电动机通过一个行星齿轮机构以及三个离合器组成动力产生/回收/分配系统，如图 5 - 17 所示。行星齿轮机构的太阳轮连接到驱动电动机，行星架连接到减速机构，直接输出动力到车轮，而齿圈则根据

实际情况连接到动力分配系统的壳体（固定）或者连接到发电动机和发动机。

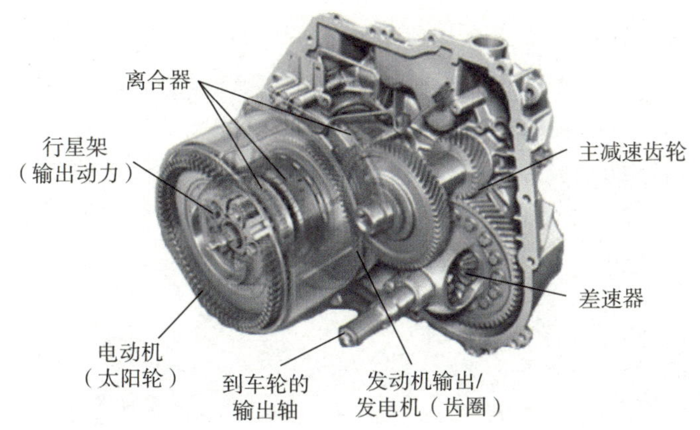

图 5-17 沃蓝达动力分配系统结构图

沃蓝达混合动力系统通过三个离合器来控制动力的分配，这三个离合器分别命名为 C_1、C_2、C_3。C_1 用来连接行星齿轮齿圈与动力分配系统的壳体（固定）；C_2 用来连接发电动机与行星齿轮齿圈；C_3 用来连接发动机与发电动机。

沃蓝达混合动力系统一共有五种工作模式，分别为纯电动低速模式、纯电动高速模式、混合低速模式、混合高速模式以及能量回收模式。

（1）EV 低速模式。处于纯电动低速模式时，C_1 吸合，C_2、C_3 断开，发动机停转，仅由驱动电动机驱动车辆，如图 5-18 所示。齿圈被固定，电池为驱动电动机供电，推动太阳轮转动，行星架因太阳轮的转动而转动，把动力传输到减速齿轮并传递到车轮。

（2）EV 高速模式。处于纯电动高速模式时，C_2 吸合，C_1、C_3 断开，发动机停转，发电动机和驱动电动机共同驱动车辆，如图 5-19 所示。电池为驱动电动机和发电动机供电，发电动机充当驱动电动机工作，推动齿圈转动。同时，功率较大的另一个驱动电动机推动太阳轮转动。齿圈和太阳轮同时转动，带动行星架转动，从而把动力传到车轮。发电动机充当驱动电动机推动齿圈转动，降低了与太阳轮连接的另一个驱动电动机的转速，提高了其能源利用率。

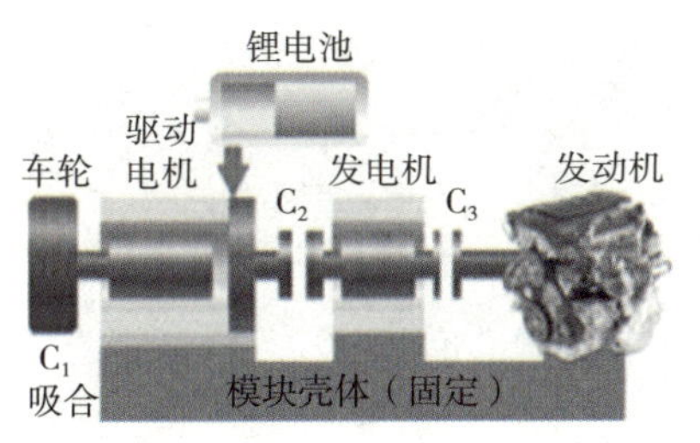

图 5-18 EV 低速模式

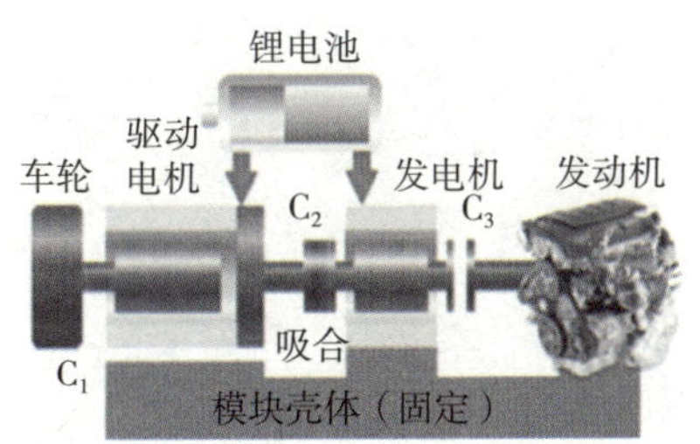

图 5-19 EV 高速模式

（3）混合低速模式。处于混合低速模式时，C_1、C_3 吸合，C_2 断开，发动机运行，发动机为电池充电，驱动电动机驱动车辆，如图 5－20 所示。此时，发动机推动发电动机发电，并为电池充电；同时电池为驱动电动机供电，推动太阳轮转动，由于齿圈固定，行星架跟随太阳轮转动，从而把动力传递至车轮。

（4）混合高速模式。处于混合高速模式时，C_2、C_3 吸合，C_1 断开，发动机运转，发动机为电池充电的同时与驱动电动机共同驱动汽车，如图 5－21 所示。发动机与发电动机转子连接后推动齿圈转动同时发电，驱动电动机推动太阳轮转动。齿圈和太阳轮同时转动，带动行星架转动，从而把动力传到车轮。发动机推动齿圈转动，降低了与太阳轮连接的另一个驱动电动机的转速，提高了其能源使用率。

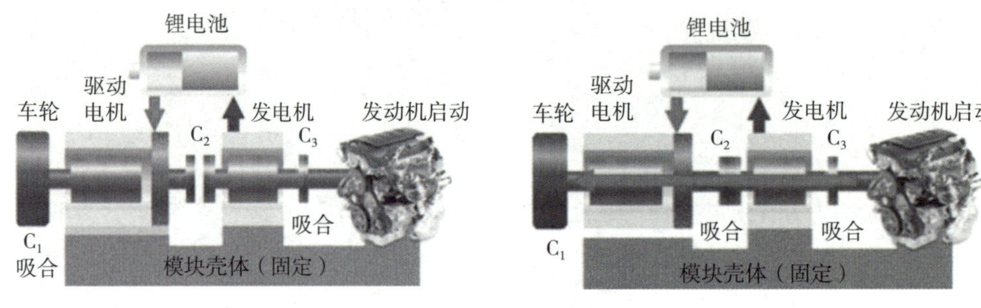

图 5－20　混合低速模式　　图 5－21　混合高速模式

（5）能量回收模式。处于能量回收模式时，C_1 吸合，C_2、C_3 断开，发动机停转，驱动电动机充当发电动机回收来自车辆的动能，如图 5－22 所示。车轮带动行星架转动，由于齿圈固定，太阳轮随着行星架转动。此时，功率较大的驱动电动机作为发电动机对电池充电。

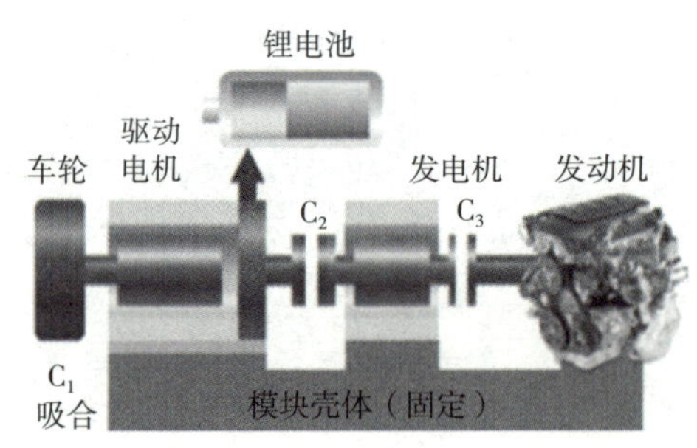

图 5－22　能量回收模式

5.4　并联式混合动力电动汽车

5.4.1　并联式混合动力电动汽车的组成

并联式混合动力电动汽车是混合动力电动汽车的一种基本结构，一般由发动机、电动机、电池组（或者其他类型的动力电池）、耦合器、变速箱等组成，如图 5－23 所示。发动机与电动机的输出轴分别与耦合器输入端进行机械连接，输出动力通过耦合器输出

轴传递到机械传动装置（变速器、主减速器、差速器等）驱动车辆行驶。并联式混合动力电动汽车与串联式混合动力电动汽车的最大区别在于发动机与机械传动装置存在机械连接，直接参与车辆的驱动。

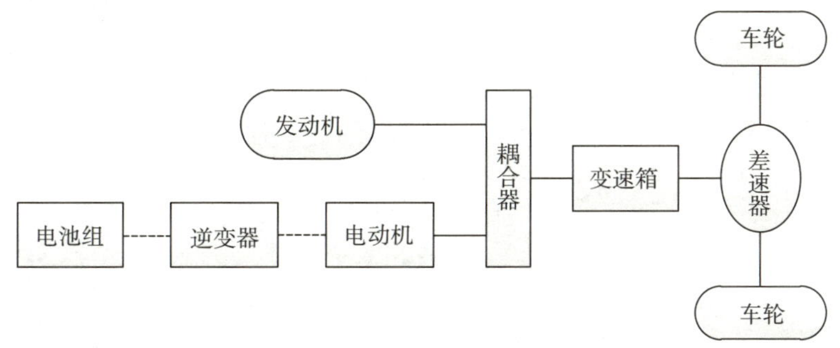

图 5-23 并联式混合动力电动汽车组成

依据不同的结合方式，并联式混合动力电动汽车可划分为三种驱动方式：

1）扭矩结合式（双轴式和单轴式）

此类方式下运转的发动机是利用传动系统直接来驱动的，如图 5-24 所示。与此同时，还能把多余的能量转送至蓄电池保存起来，实现充电的效果，再利用直接、间接的模式带动电动机/发电动机一起运转，达到驱动车辆的目的。发动机的启动或者汽车的驱动，可以通过以电动机状态运转的电动机/发电动机组来实现，此时蓄电池也可以向电动机/发电动机组提供电能。

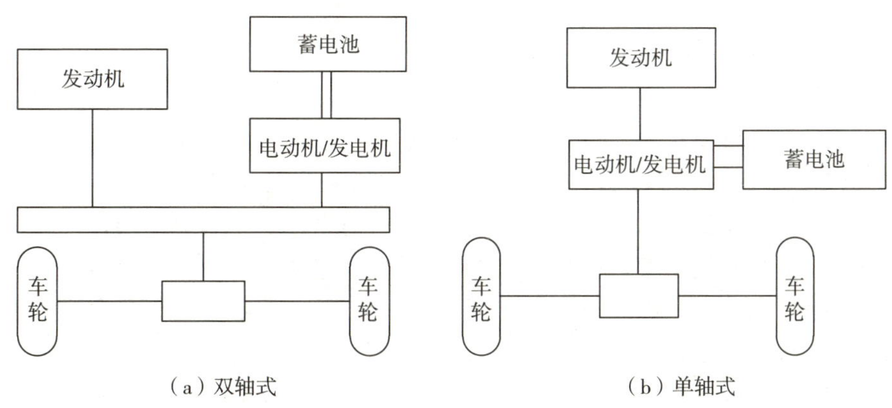

图 5-24 扭矩结合式

2）驱动力结合式

驱动力结合式并联混合动力汽车可以通过不同方式分别驱动前后车轮，如图 5-25 所示。前轮的驱动可以用小功率发动机。而电动系统用来单独地驱动汽车的后轮。这样做是为了在车辆起动、加速等工况下，加大驱动汽车的能力。上述两套系统不但能单独运转，还能联合作用达到驱动车辆的目的，如此一来，车辆就从之前的两驱转型为四驱。配备此种系统的并联式混合动力汽车具有四轮驱动的特性。

3）转速结合式

转速结合式 PHEV 的驱动是发动机通过离合器和一个动力组合器，电动机通过动力耦合器来完成的，如图 5-26 所示。其特点是结构简易、维修便利、便于重新配置，拥有这些特点主要得益于电动机只需通过动力耦合器与传动系统连接，其他可以利用内燃机汽车的大部分传动系统的总成完成。动力组合器就是一个组合在特定动力耦合器中的装置，虽然可以使转速在发动机和电动机之间灵活分配，但因为要调整节气门开度来有效匹配电动机的运转速度方可得到最佳传动效果，因此，从控制设施的架构而言，它表现得更加复杂。

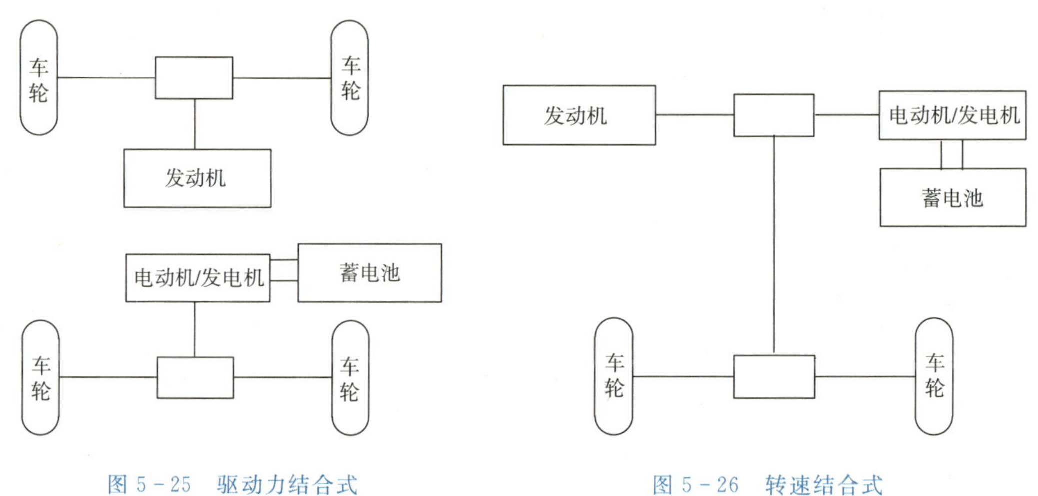

图 5-25　驱动力结合式　　图 5-26　转速结合式

5.4.2　并联式混合动力电动汽车的特点

串联式是基于能量源的联合，而并联驱动系统是基于汽车传动系统的联合，即动力源之间通过机械方式联合，发动机与电动机相互独立，车辆既可以单独由一种动力源驱动行驶，也可以由两者共同驱动行驶。并联式混合动力系统中的电动机用来平衡发动机所受载荷，以使其工作于高效率区间，系统中采用的发动机和电动机的功率一般较小。当汽车需求的驱动扭矩较小时，如低速低负荷行驶，此时如果启动发动机，其负荷率较低，燃油经济性会比较差，此时可以关闭发动机，只使用电动机来驱动汽车行驶。或者电动机作为发电动机工作，以提高发动机负荷率，使发动机工作在高效率区间，同时给动力电池充电以备后用。并联式混合动力电动汽车的发动机直接与驱动轴相连，能量利用率较高。但是，当汽车行驶工况复杂时，发动机就会较多地运行在不良工况下，燃油经济性和排放性能便会下降。

并联式混合动力电动汽车具有如下的结构特点：

（1）发动机通过机械传动机构直接驱动汽车，无机械能-电能转换损失，因此发动机输出能量的利用率相对较高，如果汽车行驶工况能保证发动机在其最佳的工作范围内运行时，并联驱动系统的燃油经济性比串联的好。

（2）当电动机仅起功率“调峰”作用时，电动机、发动机的功率可适当减小，电池

的容量也可减小。

(3) 在繁华的市区低速行驶时，并联式混合动力电动汽车也可通过关闭发动机，以纯电动方式运行实现零排放行驶，但这就需要有功率足够大的电动机，所需电池容量也相应要大。

(4) 发动机与电动机并联驱动时，还需要动力复合装置，因此，并联驱动系统的传动机构较为复杂。

(5) 并联驱动系统与车轮之间直接机械连接，在运行工况频繁变化的情况下运行时，发动机有可能不在其最佳工作区域内运行，其油耗和排放指标可能不如串联式混合动力系统。并联式驱动系统最适合于汽车在中、高速工况下（如高速公路）稳定行驶。

此外，并联混合驱动系统不适合采用燃料电池作动力源的动力系统。

并联式混合动力系统主要有两种基本工作模式。

(1) 内燃机辅助混合动力模式

此类模式主要利用电池-电动机系统来驱动车辆，仅当以较高的巡航速度行驶、爬坡和急加速时才使内燃机开机。这种控制策略的优点是，大多数情况下车辆都是用电池的电能来工作，所以车辆的排放和燃油消耗减少，同时，启动马达可以被取消掉，而是利用车辆的运动来启动内燃机。这种策略的缺点是，由于内燃机每次关机期间，内燃机和催化转换装置的温度降低，从而导致它们的效率降低，尾气排放增加。

(2) 电动机辅助混合动力模式

此类模式主要利用内燃机来驱动车辆，电动机只在两种状态下使用：一是用于瞬间加速和爬坡需要峰值功率时，可使内燃机工作在最高效率区间，以降低排放和减少燃油消耗；二是在车辆减速制动时电动机被用来回收车辆的动能（再生制动）对电池进行充电。该模式的主要缺点是车辆不具备纯电动模式，以及在行驶过程中若经常加速，电池的电能消耗到最低限度，则会失去电动机辅助能力，驾驶员会感到车辆性能有所降低。

由上述特点，可以分析得到并联式混合动力电动汽车的优点：

(1) 只有发动机和电动机两个动力总成，两者的功率可以等于车辆驱动功率的50%～100%，比串联式混合动力电动汽车三个动力总成的功率、质量和体积小很多。

(2) 发动机可直接驱动车辆，没有串联式混合动力电动汽车发动机的机械能—电能—机械能的转化过程，能量转化的综合效率比串联式混合动力电动汽车高。当车辆需要最大输出功率时电动机可以提供额外的辅助动力，因此发动机功率可选择较小的，燃油经济性比串联式混合动力电动汽车好。

(3) 与电动机配套的动力电池组容量较小，使整车质量减小。

(4) 当轻度混合时，电动机可带动发动机起动，调节发动机的输出功率，使发动机基本稳定在高效率、低污染状态下工作。发动机也可带动电动机发电向电池组充电，以延长续驶里程。

并联式混合动力电动汽车存在以下明显缺点：

(1) 需要配备与内燃机汽车相同的传动系统，总布置基本与内燃机汽车相同，动力性能接近内燃机汽车。发动机工况会受到车辆行驶工况的影响，有害气体排放高于串联式混合动力电动汽车。

（2）需要离合器、变速器、传动轴和驱动桥等总成，还有电动机、动力电池组和动力合成器等装置，因此动力系统结构复杂，布置和控制更困难。

5.4.3 并联式混合动力电动汽车的工作模式与运行工况分析

1）并联式混合动力电动汽车的工作模式分析

与串联式相比，并联式结构中发动机的工况变化较大，所以并联式的排放较串联式要差。与串联式混合动力汽车不同，并联式混合动力汽车具有两套驱动系统，二者既可以分别单独驱动车辆，又可以联合驱动车辆。车辆由不同的系统驱动时，具有不同的工作效率区间。并联式混合动力电动汽车根据行驶负荷的不同，存在以下几种工作模式。

（1）纯电动模式：发动机关闭，电动机通过动力合成器提供动力，驱动汽车行驶。

（2）纯发动机驱动模式：车辆的驱动功率仅来源于发动机，而蓄电池组既不供电也不从传动系统中获取能量。此时，电动机关闭。

（3）混合驱动模式：驱动功率由发动机和蓄电池组共同提供，并通过动力合成器合成，向机械传动装置提供动力。

（4）发动机驱动和蓄电池组充电模式：发动机除提供车辆行驶所需的功率外，还向蓄电池组提供充电功率。同时，发动机的功率由动力合成器分为两路：一路用于驱动汽车；另一路用于带动工作在发电动机状态下的电动机发电。

（5）再生制动模式：发动机关闭，而牵引电动机运行在发电动机状态，通过消耗车辆的动能产生电功率，用于向蓄电池组充电。

（6）停车充电模式：车辆停驶，发动机通过动力合成器带动电动机发电，向蓄电池组充电。此时，机械传动装置应备有空挡或在动力合成器与机械传动装置之间装有离合器。

在低负荷运行时，并联式混合动力电动汽车可采用纯粹的电驱动模式或纯粹的发动机驱动模式。纯粹的电驱动模式主要用于对排放要求较高的市区道路环境。在高负荷运行时（如超车或满载爬坡时），并联式混合动力电动汽车则采用混合驱动模式。正常行驶时，并联式混合动力电动汽车一般采用发动机驱动和蓄电池组充电模式运行。此时，发动机的工作效率与工作区间随着负荷的变化而不断变化，不能像串联式混合动力电动汽车那样工作在单一工况。当发动机输出的功率有富余时，可以同时向蓄电池组充电。

2）并联式混合动力电动汽车的运行工况分析

结合汽车的运行工况，对并联式混合动力电动汽车工作模式和能量流动的具体分析如下：

（1）起动/加速工况。当车辆起动或节气门全开加速时，发动机和电动机同时工作，共同分担驱动车辆所需的动力，如发动机和电动机分别承担总功率的80%和20%。此运行工况下的能量流动如图5-27所示。

（2）正常行驶工况。当车辆正常行驶时，电动机关闭，仅有发动机工作，提供车辆

行驶所需的动力。此运行工况下的能量流动如图 5－28 所示。

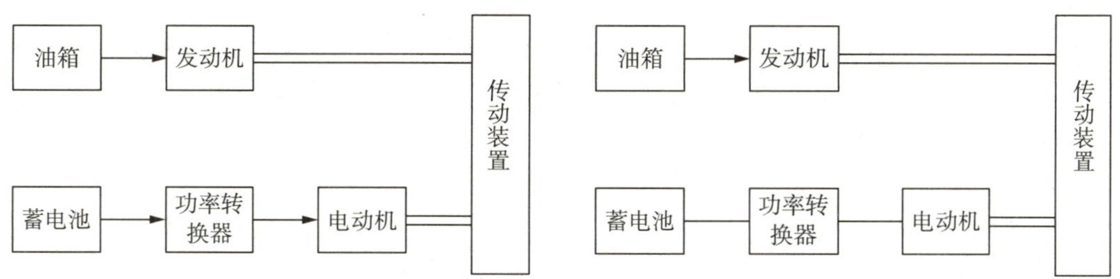

图 5－27 起动/加速工况下的能量流动　　图 5－28 正常行驶工况下的能量流动

（3）减速/制动工况。当车辆减速行驶或制动时，电动机工作于发电动机模式进行再生制动，通过功率转换器给蓄电池充电。此运行工况下的能量流动如图 5－29 所示。

（4）行驶中给蓄电池充电工况。当车辆轻载时，发动机输出功率驱动车辆行驶，同时发动机输出的多余功率驱动在发电状态下工作的电动机发电，从而向蓄电池充电。此运行工况下的能量流动如图 5－30 所示。

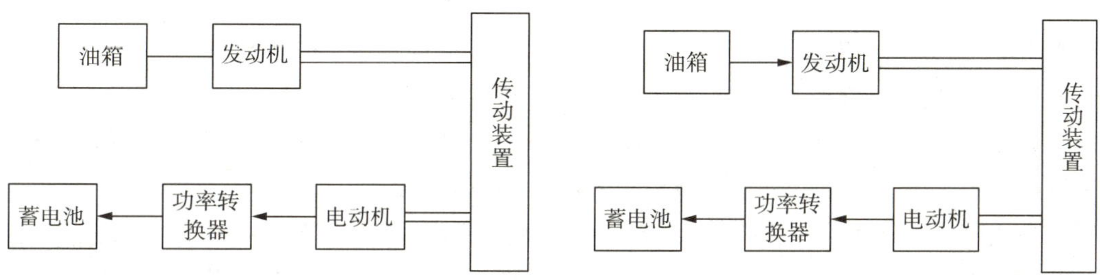

图 5－29 减速/制动工况下的能量流动　　图 5－30 行驶中给蓄电池充电工况下的能量流动

5.4.4 并联式混合动力电动汽车的能量管理策略

早期的并联式混合动力汽车能量管理策略，大多是基于速度的控制。但是基于车速的能量管理策略的一个明显缺点是，有时车速即便很高，但对驱动力的需求可能很低，比如在高速滑行或匀速行驶时，此时发动机的工作负荷较低，效率不高。因此，现在的能量管理策略基本上属于基于扭矩的控制。简单地说，基于扭矩的能量管理策略就是将驾驶员的加速踏板、制动踏板操作转换为扭矩请求，能量管理策略将此扭矩请求在发动机、电动机和摩擦制动器之间进行合理分配，以取得最佳的燃油经济性和排放效果。

目前已经提出的基于扭矩的并联混合动力汽车能量管理策略主要有：①简单地限定发动机工作区的静态逻辑门限能量管理策略；②通过实时计算比较确定发动机和电动机的最佳工作点的瞬时优化能量管理策略；③应用最优控制理论和最优化方法的全局最优能量管理策略；④基于模糊逻辑或神经网络的智能能量管理策略。

1）逻辑门限能量管理策略

逻辑门限控制策略是通过设置车速、动力电池 *SOC* 上下限、发动机工作扭矩等一组门限值参数，限定动力系统各部件的工作区域，并根据车辆实时参数及预先设定的规则调整动力系统各部件的工作状态，以提高车辆整体性能。其实现简单，目前时间应用较为广泛。但由于主要依靠工程经验设置门限参数，逻辑门限控制策略无法保证车辆燃料经济性最优，而且这些静态参数不能适应工况的动态变化，无法使整车系统达到最大效率。

2）瞬时优化能量管理策略

瞬时优化能量管理策略一般是采用“等效燃油消耗最少”法或“功率损失最小”法，两者原理类似。其中“等效燃油消耗最少”法将电动机的等效油耗与发动机的实际油耗之和定义为名义油耗，将电动机的能量消耗转换为等效的发动机油耗，得到一张类似于发动机万有特性图的电动机等效油耗图。在某一个工况瞬时，从保证系统在每个工作时刻的名义油耗最小的情况出发，确定电动机的工作范围（用电动机扭矩表示），同时确定发动机的工作点，对每一对工作点计算发动机的实际燃油消耗，以及电动机的等效燃油消耗，最后选名义油耗最小的点作为当前工作点，实现对发动机、电动机输出扭矩的合理控制。为了把排放一同考虑进去，该策略还可采用多目标优化技术，采用一组权值来协调排放和燃油同时优化存在的矛盾。等效燃油消耗最少方法在每一步长内是最优的，但无法保证在整个运行区间内是最优，而且它需要大量的浮点运算和比较精确的车辆模型，计算量大，实现困难。

3）全局最优能量管理策略

全局最优能量管理策略是应用最优化方法和最优控制理论开发出来的混合动力系统能量分配策略，目前主要有基于多目标数学规划方法的能量管理策略、基于古典变分法的能量管理策略和基于 Bellman 动态规划理论的能量管理策略。

全局优化模式实现了真正意义上的最优化，但实现这种策略的算法往往都比较复杂，计算量也很大，在实际车辆的实时控制中很难得到应用。通常的做法是把应用全局优化算法得到的能量管理策略作为参考，以帮助总结和提炼出能用于在线控制的能量管理策略，如与逻辑门限控制策略等相结合，在保证可靠性和实际可能性的前提下进行优化控制。

4）智能能量管理策略

智能能量管理的基本出发点是模仿人的智能，根据复杂被控动态过程的定性信息和定量信息，进行定性定量综合集成推理决策，以实现对难以建模的复杂非线性不确定系统的有效控制。由于混合动力汽车的能量消耗模型正是这么一个系统，因此它非常适合于智能控制。

目前提出的基于智能能量管理的并联混合动力汽车能量管理策略主要有模糊逻辑能量管理策略、神经网络能量管理策略、遗传算法能量管理策略等。

其中，基于模糊逻辑的模糊能量管理策略鲁棒性强、实时性好，具有很强的实用性，而且还能够克服逻辑门限能量管理策略的许多不足之处，是一种极具推广应用前景的能量管理策略。该策略基于模糊控制方法来决策混合动力系统的工作模式和功率分配，将“专家”的知识以规则的形式输入模糊控制器中，模糊控制器将车速、电池 *SOC* 需求功率/扭矩等输入流模糊化，基于设定的控制规则来完成决策，以实现对混合动力系统的合理控制，从而提高车辆整体性能。基于模糊逻辑的策略可以表达难以精确定量表达的规

则；可以方便地实现不同影响因素（功率需要、SOC、电动机效率等）的折中；鲁棒性好。但是模糊控制器的建立主要依靠经验，无法获得全局最优。

5.4.5 并联式混合动力电动汽车实例分析

本田 IMA 系统是非常典型的并联式混合动力系统，它是由四个主要部件组成，即发动机、驱动电动机、CVT 变速器以及 IPU 智能动力单元组成，如图 5-31 所示。驱动电动机取代了传统的飞轮，用于保持曲轴的运转惯性。整套系统的结构非常紧凑，与传统汽车相比仅是 IPU 模块占用了额外的空间。

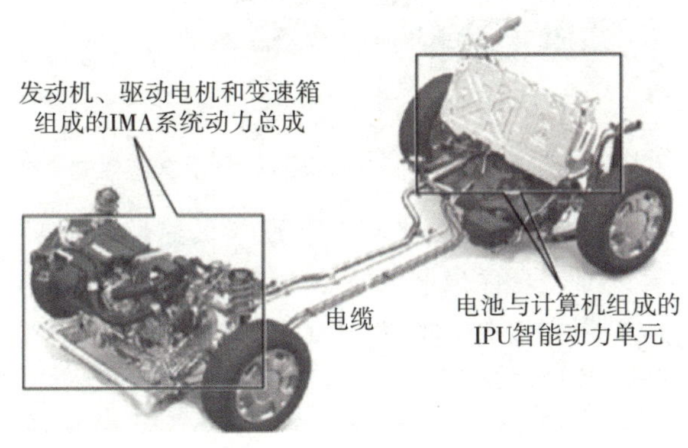

图 5-31 本田 IMA 并联式混合动力系统

本田 IMA 系统动力总成如图 5-32 所示，发动机通过搭载本田的 i-VTEC（气门正时可变技术）、i-DSI（双火花塞顺序点火技术）以及 VCM 可变气缸技术）来实现降低油耗的目的。发动机最大功率为 83 kW，最大扭矩为 145 N·m，实测油耗约 5.4 L/100 km。IMA 系统中的发动机和传统车型中的发动机并没有太大区别，只是在调节上更偏向于节省燃料。

IMA 系统的电动机安装在发动机和变速器之间，由于电动机较薄且结构紧凑，俗称“薄片电动机”。薄片电动机峰值功率为 10 kW，峰值扭矩为 78 N·m。显然，这样的电动机只能起到辅助的作用。由于 IMA 系统能够在特定情况下（如低速巡航）单独驱动汽车，所以被划分到轻型混合动力汽车行列。

IMA 系统的变速器采用的是 7 速 CVT 变速器，以获得平顺的换挡体验及较高的换挡效率。

图 5-32 本田 IMA 系统动力总成

本田 IMA 系统的 IPU 智能动力单元如图 5-33 所示，它由 PCU 动力电控单元和镍氢电池组成。其中 PCU 又包括 BCM 电池监控模块、MCM 电动机控制模块和 MDM 电动机驱动模块。

图 5-33　本田 IMA 系统的 IPU 智能动力单元

IMA 系统工作过程主要包括起步加速、急加速、低速巡航、轻加速或高速巡航、减速或制动、停车几个主要工况，具体说明如下：

（1）起步加速工况：发动机以低速配气正时状态运转，同时电动机提供辅助动力，以实现快速加速性能，同时满足节油要求。

（2）急加速工况：发动机以高速配气正时状态运转，此时电池给电动机供电，电动机与发动机共同驱动车辆，提高整车的加速性能。

（3）低速巡航工况：发动机的四个气缸的进排气阀全部关闭，发动机停止工作，车辆以纯电动方式驱动车辆。

（4）轻加速或高速巡航工况：发动机以低速配气正时状态运转，此时发动机工作效率较高，单独驱动车辆，电动机不工作。

（5）减速或制动工况：发动机关闭，电动机此时以发电动机方式工作，将机械能最大限度地转化为电能，存储到电池包中。车辆制动时，制动踏板传感器给 IPU 一个信号，计算机控制制动主缸中的伺服单元，使机械制动和电动机能量回馈之间制动力协调，以得到最大程度的能量回馈。

（6）停车制动工况：发动机自动关闭，以减少燃料损失和排放，在制动踏板松开时自动起动发动机。

5.5　混联式混合动力电动汽车

5.5.1　混联式混合动力电动汽车的组成

混联式混合动力电动汽车可以在不同的负荷条件下以串联式、并联式或者两者相结合的形式工作，它可以同时利用这两种驱动形式的优点。混联式混合动力电动汽车由于具备最大限度地提高汽车燃油经济性的潜力，而成为目前的研究热点。图 5-34 所示为混联式混合动力电动汽车的结构示意图，它主要由发动机、发电动机、电动机、动力合成器和动力电池组等部件组成。

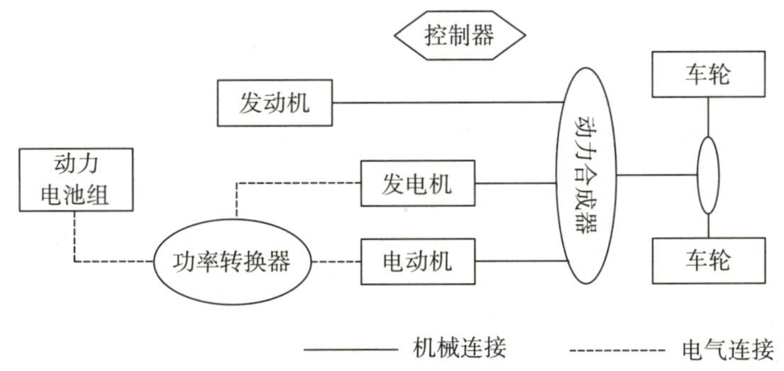

图 5-34　混联式混合动力电动汽车结构示意图

在混联式混合动力系统中，动力合成器一般也称为动力分配器或功率分配器。发动机输出的功率一部分通过动力合成器分配给传动装置，驱动汽车行驶；另一部分功率则分配给发电动机发电。发电动机输出的电能输送给电动机或蓄电池组。电动机从蓄电池组或发电动机获取电能，产生驱动力，通过动力合成器传递给驱动桥。

混联式混合动力电动汽车的动力合成器一般采用行星齿轮机构。如图 5-35 所示，行星齿轮机构将发动机、发电动机、电动机连接起来，太阳轮与发电动机相连，齿圈与电动机及传动装置相连，行星架与发动机相连。发动机的一部分动力通过行星齿轮传给齿圈，然后通过机械传动装置传给驱动车轮；另一部分动力传给太阳轮经发电动机转化为电能。电动机的动力直接通过齿圈一体的齿轮传给驱动装置。

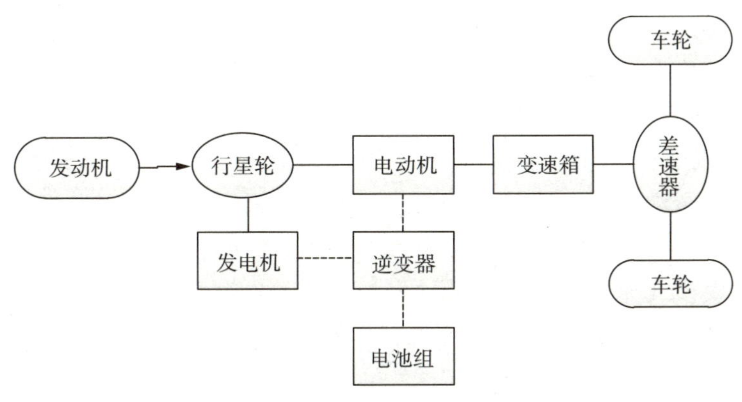

图 5-35　行星齿轮机构作为动力合成器

5.5.2　混联式混合动力电动汽车的特点

1）混联式混合动力电动汽车的结构特点

与串联式和并联式混合动力电动汽车相比，混联式混合动力电动汽车的结构特点如下：

（1）将串联式混合动力电动汽车和并联式混合动力电动汽车相结合，具有两者的优点。

（2）与串联式混合动力电动汽车相比，增加了机械动力的传递路线。

（3）与并联式混合动力电动汽车相比，增加了电能的传输路线。

2）混联式混合动力电动汽车的优点

（1）动力总成比串联式混合动力电动汽车动力总成的功率、质量和体积小。

（2）有多种工作模式，可以根据不同的功率需求，调整发动机和动力电池组的输出功率。节能效果最佳，有害气体排放较少。

（3）发动机可以直接驱动车辆，没有机械能-电能-机械能的转换过程，能量转换的综合效率比内燃机高。

（4）电动机可以独立驱动车辆行驶。电动机利用低转速大扭矩的特性，带动车辆起步，可在城市中实现零污染行驶。当车辆需要最大功率输出时，电动机可以为发动机提供辅助动力，因此发动机功率可以较小，其燃油经济性比串联式混合动力电动汽车好。

3）混联式混合动力电动汽车的缺点

（1）发动机是基本驱动模式，电动机是辅助驱动模式，动力性更接近内燃机汽车。发动机工况在一定程度上受车辆行驶工况的影响，其有害气体排放会高于串联式混合动力电动汽车。

（2）需要配备两套驱动系统；发动机传动系统需要装备离合器、变速器、传动轴和驱动桥等传动总成，还需要多能源动力组合或协调专用装置。因此动力系统结构很复杂，总体布置很困难。

（3）复杂的动力系统需要一套复杂的整车动力控制系统。

5.5.3 混联式混合动力电动汽车的工作模式和运行工况分析

1）混联式混合动力电动汽车的工作模式

依据发动机、发电动机、电动机-发电动机的工作状态以及动力电池组的充放电状态，混联式混合动力电动汽车具有以下几种工作模式：

（1）纯电动模式。发动机、发电动机关闭，电动机通过动力合成器提供动力，驱动汽车行驶。

（2）纯发动机驱动模式。车辆驱动功率仅源于发动机，而蓄电池组既不供电也不从传动系统中获取任何能量。此时，发电动机、电动机关闭。

（3）混合驱动模式。驱动功率由发动机和蓄电池组共同提供，并通过动力合成器合成，向机械传动装置提供动力。

（4）发动机驱动和蓄电池充电模式。发动机除提供汽车行驶所需的功率外，还向蓄电池组充电。此时，发动机的功率由动力合成器分为两路，一路用于驱动汽车，一路用于带动发电动机发电。

（5）再生制动模式。发动机关闭，而牵引电动机运行在发电动机状态，通过消耗车辆的动能产生电功率，用于向蓄电池组充电。

（6）停车充电模式。车辆停驶，发动机通过动力合成器带动发电动机发电，向蓄电池组充电。

2）混联式混合动力电动汽车的工况分析

混联式混合动力电动汽车分为发动机主动型和电动机主动型两种，车辆运行时，发

动机主动型主要是发动机起作用，电动机主动型主要是电动机起作用。

（1）发动机主动型混联式混合动力电动汽车的工作模式

① 启动。车辆启动时，发动机关闭，蓄电池工作，提供车辆行驶所需的动力。能量流动如图 5-36 所示。

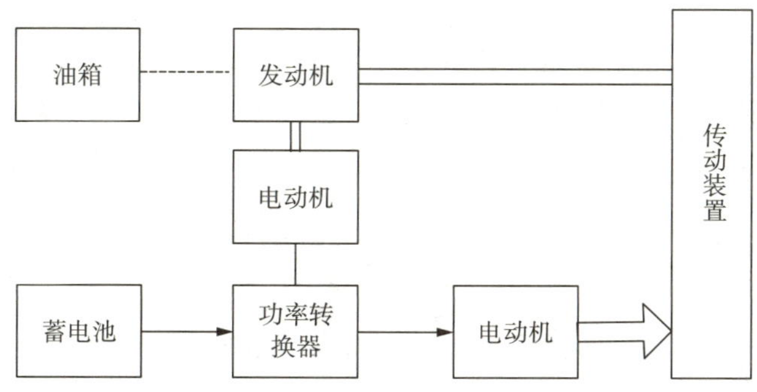

图 5-36　发动机主动型在启动工况下的能量流动

② 加速。节气门全开，车辆加速行驶时，发动机和电动机同时工作，共同分担车辆行驶所需的动力。能量流动如图 5-37 所示。

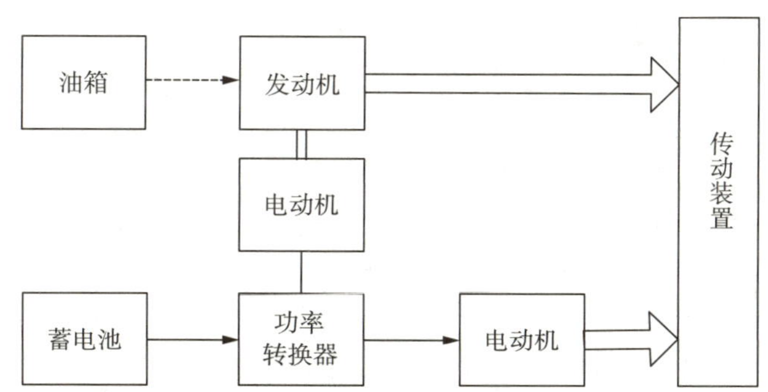

图 5-37　发动机主动型在加速工况下的能量流动

③ 正常行驶。车辆正常行驶时，电动机关闭，发动机工作，提供车辆所需的动力。能量流动如图 5-38 所示。

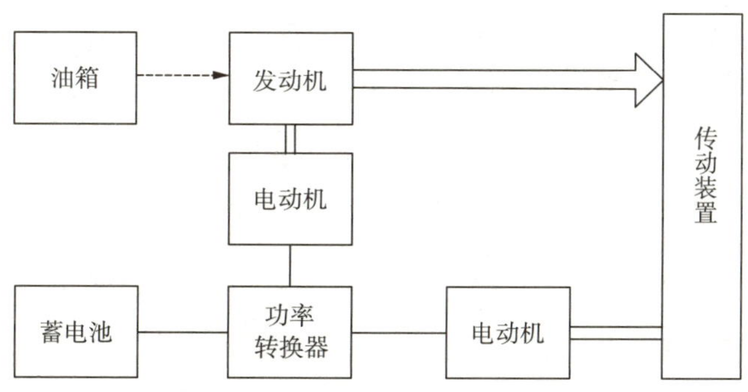

图 5-38　发动机主动型在正常行驶工况下的能量流动

④ 减速或制动。车辆制动或减速行驶时，电动机工作于发电动机模式，通过功率转换器给蓄电池充电。能量流动如图 5 - 39 所示。

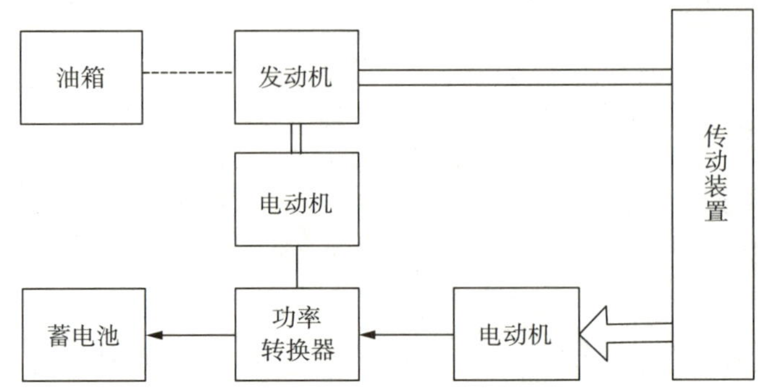

图 5 - 39　发动机主动型在减速/制动工况下的能量流动

⑤ 行驶中给蓄电池充电。车辆行驶给蓄电池充电时，发动机一部分动力用于驱动车辆，另一部分动力经功率转换器给蓄电池充电。能量流动如图 5 - 40 所示。

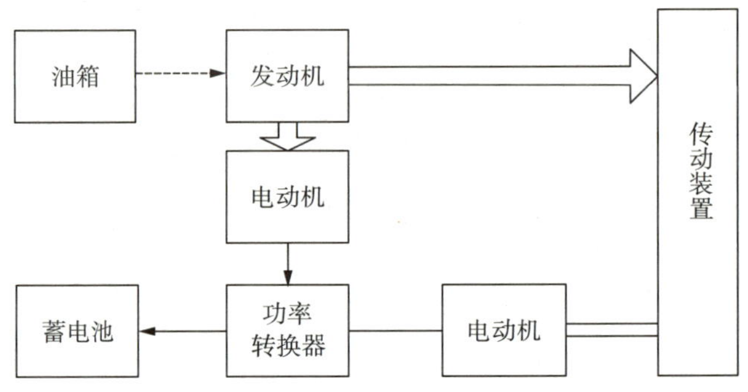

图 5 - 40　发动机主动型在行车充电工况下的能量流动

⑥ 蓄电池充电。停车时，发动机可以通过发电给蓄电池充电。能量流动如图 5 - 41 所示。

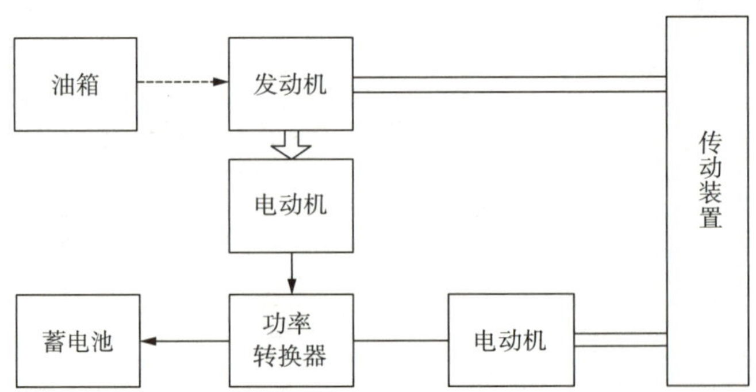

图 5 - 41　发动机主动型在停车充电工况下的能量流动

（2）电动机主动型混联式混合动力电动汽车的工作模式

电动机主动型与发动机主动型混联式混合动力电动汽车工作模式的主要区别是在正常行驶工况和加速工况上，其他工况的工作模式是一样的。

在正常行驶和加速行驶时，电动机主动型混联式混合动力电动汽车的发电动机发电，提供电动机所需的电能，其能量流动分别如图 5－42 和图 5－43 所示。

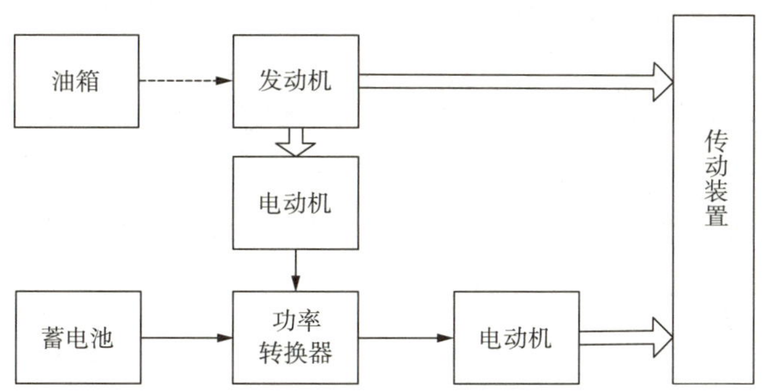

图 5－42　电动机主动型在加速工况下的能量流动

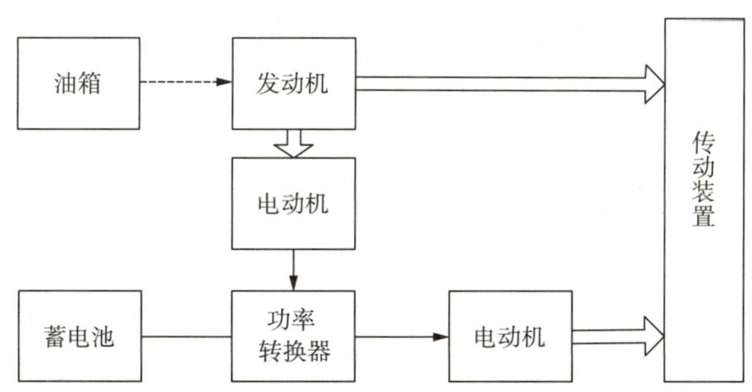

图 5－43　电动机主动型在正常行驶工况下的能量流动

5.5.4　混联式混合动力电动汽车的能量管理策略

混联式混合动力电动汽车由于其特有的传动系结构，如采用行星齿轮传动，除了采用瞬时优化能量管理策略、全局优化能量管理策略和智能能量管理策略（与并联式混合动力电动汽车能量管理策略原理类似）以外，还有一些特有的能量管理策略。

1）发动机恒定工作点策略

由于采用了行星齿轮机构，发动机转速可以独立于车速变化，这样能使发动机工作在最优工作点，并提供恒定的扭矩输出，而剩余的扭矩则由电动机提供。这样电动机来负责动态部分，避免了发动机动态调节带来的损失，而且与发动机相比，电动机的控制也更为灵敏，易于实现。

2）发动机最优工作曲线策略

发动机工作在万有特性图中的最佳油耗线上，只有当发电动机电流需求超出电池的接受能量或者当电动机驱动电流需求超出电动机或电池的允许限制时，才调整发动机的工作点。

5.5.5 混联式混合动力电动汽车实例分析

丰田 Prius 自推出以来，其混合动力系统（Toyota Hybrid System，THS）已经历了多次改进，并成功运用于多种车型。THS-Ⅱ系统是典型的混合动力系统。

1）Prius THS-Ⅱ技术参数

Prius THS-Ⅱ相关技术参数见表 5-4 所列。

表 5-4　Prius THS-Ⅱ相关技术参数

<table>
<tr><td rowspan="6">尺寸</td><td colspan="2">总长/mm</td><td>4445</td><td rowspan="6">发动机</td><td rowspan="2">形式</td><td rowspan="2">DOHC.
VVT4 汽油机</td></tr>
<tr><td colspan="2">总宽/mm</td><td>1725</td></tr>
<tr><td colspan="2">总高/mm</td><td>1490</td><td>汽缸数/个</td><td>4</td></tr>
<tr><td colspan="2">轴距/mm</td><td>2700</td><td>排量/L</td><td>1.496</td></tr>
<tr><td rowspan="2">轮距/mm</td><td>前轮</td><td>1505</td><td>最大功率/转速
[kW/（r/min）]</td><td>57/5000</td></tr>
<tr><td>后轮</td><td>1480</td><td>最大扭矩/转速
[N·m/（r/min）]</td><td>115/4200</td></tr>
<tr><td rowspan="4">电动机</td><td colspan="2">种类</td><td>交流同步</td><td rowspan="3">电池组</td><td>类型</td><td>镍氢</td></tr>
<tr><td colspan="2">最大功率/kW</td><td>50</td><td>单体电池数量/个</td><td>168</td></tr>
<tr><td colspan="2">最大扭矩/（N·m）</td><td>400</td><td>总电压/V</td><td>500</td></tr>
<tr><td colspan="2">最高转速（r/min）</td><td>6000</td><td rowspan="3">系统性能</td><td>最大功率/kW</td><td>85</td></tr>
<tr><td colspan="3">空车质量/kg</td><td>1200</td><td>最大扭矩/（N·m）</td><td>478</td></tr>
<tr><td colspan="3">乘坐人数/人</td><td>5</td><td>日本 10-15 工况/（km/L）</td><td>35.5</td></tr>
</table>

2）Prius THS-Ⅱ的工作模式

图 5-44 所示为 Prius THS-Ⅱ的工作原理及工况。

（1）起步/中低速行驶工况。发动机在此工况下工作效率低，此时，发动机关闭，汽车由电动机单独驱动。能量流动如图 5-44 所示。

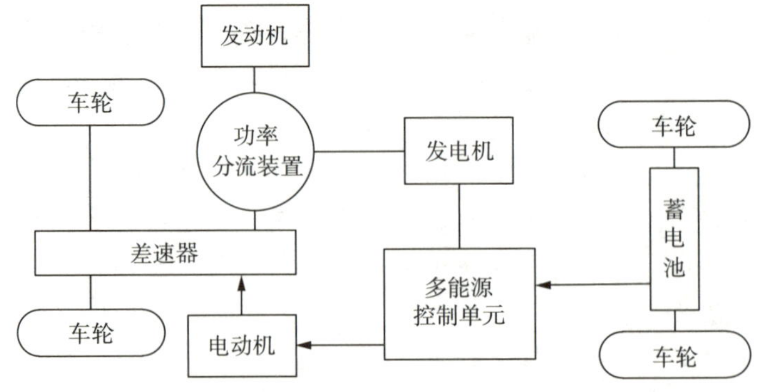

图 5-44　起步/中低速行驶工况下的能量流动

（2）匀速工况。在此工况下发动机和电动机共同驱动汽车。工作在高效区的发动机作为主要动力源，其输出功率通过功率分流装置分为两部分：一部分用于直接驱动车轮，另一部分经发电动机发电后驱动电动机；功率流的分配是以提供系统最大效率为目标进行动态调节的。能量流动如图 5－45 所示。

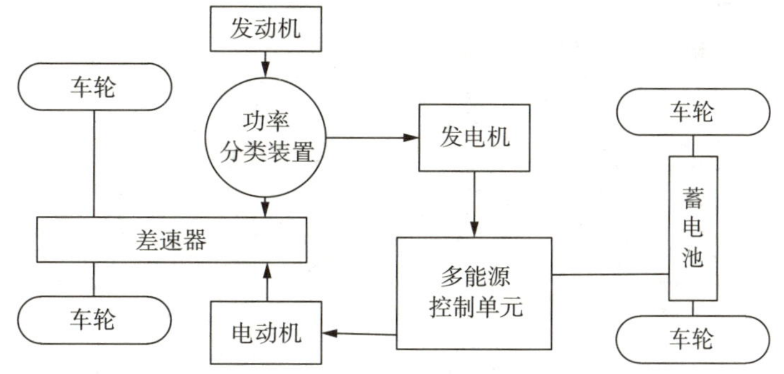

图 5－45　匀速工况下的能量流动

（3）加速工况。在此工况下蓄电池需要提供额外电能。发动机与高输出功率的电动机联合驱动汽车，既保证了良好的加速响应性能和驾驶平稳性，也提升了汽车的加速性能。能量流动如图 5－46 所示。

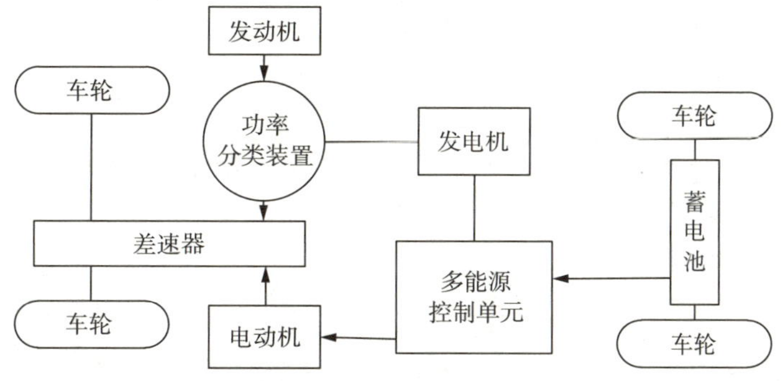

图 5－46　加速工况下的能量流动

（4）减速/制动工况。在减速制动期间，高功率的电动机转化为大功率的发电动机运行，将汽车的动能回收为电能，储存于高能蓄电池中。能量流动如图 5－47 所示。

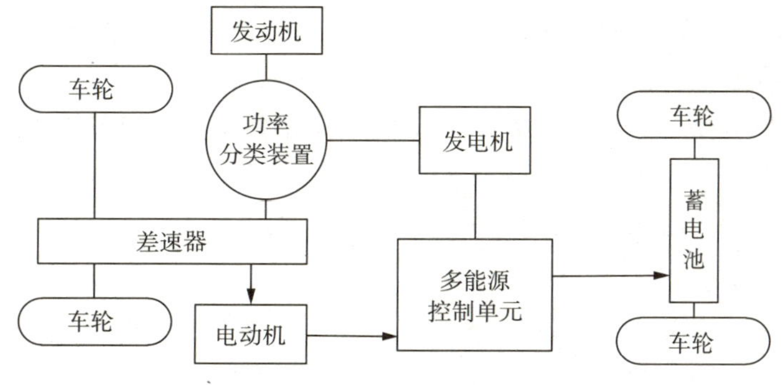

图 5－47　减速/制动工况下的能量流动

(5) 停车充电工况。当电池荷电量变低时，发动机带动发电动机工作，为蓄电池充电，能量流动如图 5-48 所示。

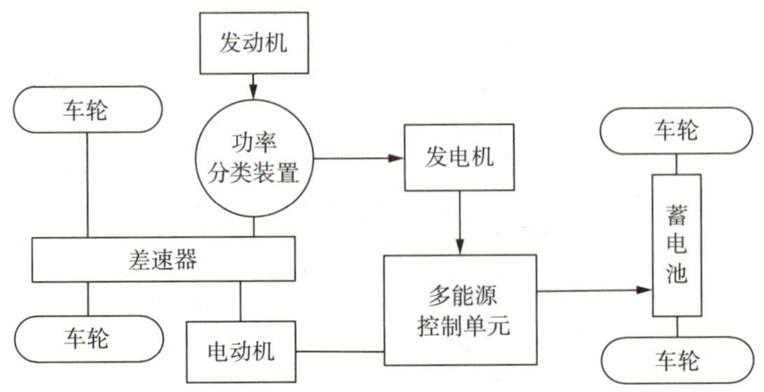

图 5-48 停车充电工况下的能量流动

(6) 停车工况。当汽车停车时，发动机、电动机自动关闭。能量流动如图 5-49 所示。

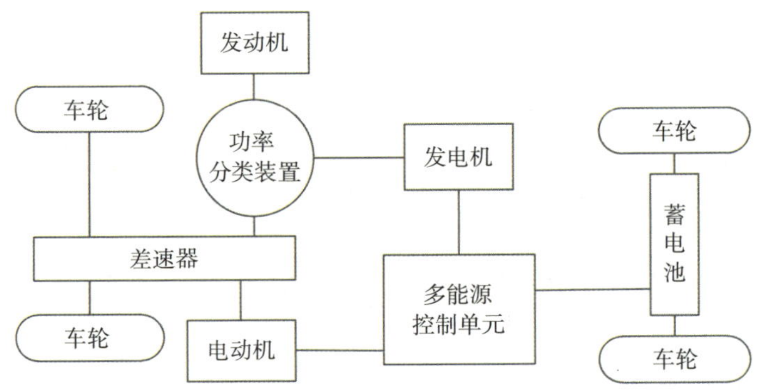

图 5-49 停车工况能量流动

5.6 增程式电动汽车

根据美国通用汽车公司等给出的定义，增程式电动汽车（Extended-Range Electric Vehicle，E-REV）在本质上属于纯电动汽车，行驶过程中通过电驱动系统输出功率和扭矩。增程式电动汽车在行驶过程中驱动电动机是唯一的动力源，动力电池负责给驱动电动机提供能量，当电池电量不足时，增程器才开启给动力电池充电，从而达到延续里程的目的。与纯电动车汽相比，增程式电动汽车的动力电池所储存的能量较小，但续航里程可以通过增程器储存的能量来弥补。

5.6.1 增程式电动汽车组成

增程式电动汽车中存在三种能量源：一是动力电池，为增程式电动汽车的主要能量源，负责纯电动行驶中的能量供给；二是增程器，为增程式电动汽车的备用能量源，负

责动力电池以及驱动电动机的能量补给；三是驱动电动机，为增程式电动汽车的回收能量源，即在制动能量回馈过程中驱动电动机将进行能量回收。

增程式电动汽车动力传动系统组成如图 5－50 所示。

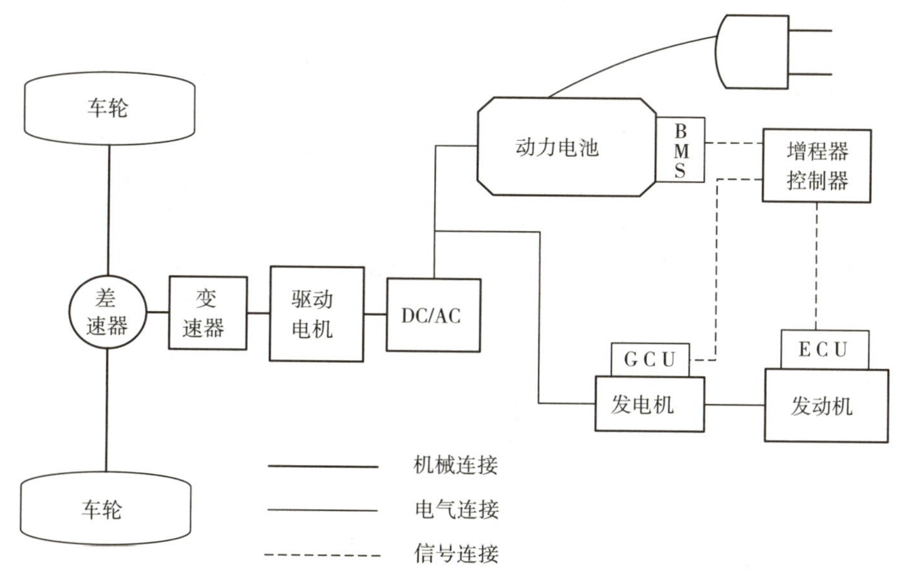

图 5－50 增程式电动汽车动力传动系统组成

（1）驱动电动机系统。增程式电动汽车的驱动电动机系统与纯电动汽车的类似，也是由驱动电动机及其控制器组成。区别在于驱动电动机能量源除动力电池外，还有增程器。发动机到驱动电动机之间无机械连接，而是通过发电动机将发动机发出的机械能转化为电能，然后电动机控制器根据车辆工况的需求将电能分配给驱动电动机，如有多余的电能，将被储存到动力电池中。

增程式电动汽车驱动电动机应具备较高的功率密度，且在较宽的转速和扭矩范围内具备较好的效率特性，同时驱动电动机控制器能实现双向控制，从而实现制动能量回收。

（2）电源系统。增程式电动汽车的电源系统与纯电动汽车的类似，也是由动力电池、电池管理系统（BMS）、车载充电动机等组成。区别在于动力电池的要求需兼顾纯电动和混合动力两种模式，具体要求：在深度放电的情况下，依然有较长的循环寿命；在较低的 *SOC* 值状态下，仍可输出大功率的电能，使增程式电动汽车在低 *SOC* 下仍有良好的加速性能；在高的 *SOC* 状态下，可以接收大电流充电，以保证制动能量回收的效率不受 *SOC* 状态的影响；在保持高 *SOC* 状态下，可延长其使用的寿命，以减小电池组的体积和重量；安全性好。

动力电池是整车驱动的主要能量源，是能量储存装置，应具有良好的充放电性能以保证车辆的动力性和再生制动回收的能力，其容量应能够满足增程式电动汽车纯电动续驶里程的要求；其电压等级要与电力系统电压等级和变化范围一致；其充放电功率应能够满足整车驱动和电器负载的功率要求。

(3) 增程器。发动机、发电动机及其控制器共同组成了增程器（APU）。增程器是增程式电动汽车动力传动系统的关键组件，发动机/发电动机系统与驱动车轮在机械上是分离的，发动机的转速和扭矩与车辆的负荷无关，因此可控制发动机运行在其转速/扭矩平面上的任意点。通常应控制发动机运行在最佳工作区，此时发动机的油耗和排放下降到最低程度，由于发动机和驱动车轮没有机械连接，因此最佳的发动机运行状态是可以实现的，与驱动电动机系统的运行模式和控制策略密切相关。

增程器只提供电能，用来驱动电动机或者为动力电池充电，从而增加电动汽车的续驶里程，发动机到驱动电动机之间的动力传动路线没有机械连接，可以将电能直接用于驱动车辆，不用经过动力电池的充放电过程，所以降低了从增程器到动力电池的能量传递损失。

增程器需要稳定可靠，可以立刻启动并进入正常工作状态；为了实现高效率和低排放的要求，系统需处在最优工作点工作，因此控制器非常关键，通过控制策略和优化措施，在保证整车动力性前提下提高经济性和效率。

(4) 增程器控制器。整车控制器通过 CAN 网络与发动机控制器（ECU）、发电动机控制器（GCU）、驱动电动机控制器（MCU）以及电池管理系统（BMS）进行信息交互，实现增程的控制。增程器、驱动电动机、动力电池三者之间通过整车控制器进行电能交互，实现能量的最优分配。同时动力电池通过车载充电动机充电，以保证在纯电动模式下的行驶。

5.6.2 增程器的分类

增程器（Range Extender，RE）是增程式电动汽车最重要的组件之一，它与车辆的性能、油耗、燃油替代、原始成本和运行成本密切相关，增程器可进行以下分类。

1）按布置位置分类

增程器包括发电装置和辅助能量存储装置，根据增程器与汽车的安装关系，即增程器的安装位置，可以分为挂车式、插拔式和车载式三种。

(1) 挂车式增程器。挂车式增程器安装在拖车上，根据行驶距离的不同决定是否使用增程器，出行前需要对出行距离做出预估，长距离行驶时需要拖挂增程器适时提供能量；市区短途行驶时取下拖车，此时完全变为一辆纯电动汽车使用。这种形式由于其结构的特殊性，实用性不高，更多的是作为室内场馆车。其优点是增程器输出功率能够根据需要设计，增程器可以使用多种辅助燃料。但是缺乏使用的灵活性，拖车质量和体积都比较大，不易倒车。在不确定是否需要长距离行驶时，或者有突发性事件的时候，都为驾乘者造成了很大不便，限制了随意驾驶的自由。

(2) 插拔式增程器。插拔式增程器将增程器设置为可插拔的模块，考虑到短途行驶时，不需要携带增程器，才提出了这种方案。这种增程器需要将增程器系统模块包括控制器和 DC/DC 转换器集中在一起，做成一个方便拆卸的独立单元。在日常短途行驶时，将增程器系统整体从车上拆下，此时只用蓄电池的电能驱动车辆行驶，完全变为纯电动车，减少了车辆的整备质量，提高了能量利用率；长途行驶时，将增程器模块通过机械及电气接口与整车动力系统相连，增加续驶里程。该种形式的增程器对设计要求较高，

并需要与动力部件及传动系统进行合理的匹配，在此基础上要求的控制策略非常复杂，还要解决振动噪声等附加问题，所以目前此类增程式电动汽车价格偏高。

(3) 车载式增程器。车载式增程器与纯电动汽车的动力系统固定在一起，结构形式简单，动力系统可以方便地实现结构布置，提高了整车的空间利用率，与插拔式增程器相比，不需要在出行前对出行距离进行预估，也不需要频繁地对增程器进行拆卸和安装，是目前应用最多的增程器系统。

2) 按结构组成分类

按照增程器的结构组成将目前已有的增程器分为以下几种。

(1) 大容量蓄电池增程器。大容量蓄电池增程器的优点是便于统一标准和规格，研发周期短，容易实现量产。但是由于这种增程器是基于传统的电池，所以不可避免地存在能量密度较低、体积偏大、成本高等缺点。短距离行驶的优势不足。

(2) 燃料电池增程器。为了实现零排放的目标，燃料电池增程器成为一种新的选择。可以采用功率为 5～10 kW 的小型燃料电池作为增程器，与车载主动力电池协同工作，延长电动汽车的续驶里程。

目前燃料电池增程器处于开发阶段，从整车集成方面的要求来讲，需要克服的技术问题较多，比如要求空压机体积小、质量轻，并需要良好的散热装置；要求较大的压缩机空气压缩比，还要同时保证输出的空气流量相对较小。所以，要使燃料电池增程器能够成熟地运用于增程式电动汽车还尚需时日。

(3) 发动机/发电动机组增程器。发动机/发电动机组增程器可以采用多种发动机与发电动机进行组合成为增程式系统，可供选择的发动机有传统的活塞式发动机、转子发动机、小型燃气轮机等。由于这种增程系统的电能由发动机提供，经历了发动机/发电动机的能量转换过程，因此发电动机功率要大于增程系统功率，发动机到发电动机之间存在能量损失，要求发动机功率大于发电动机功率，在满足以上结构和配置的基础上，保证发动机和发电动机都工作在扭矩/转速高效率区内。发动机/发电动机组的增程系统是目前应用最多和技术最成熟的增程式系统。

5.6.3 增程式电动汽车特点

增程式电动汽车与普通燃油车相比，短距离行驶时不启动发动机，无污染物排放，长距离行驶时油耗较低，在大部分情况下发动机不启动，噪声小。且增程式电动汽车发动机/发电动机启动时，发动机工作于最佳工作范围内，大大提高了发动机的工作效率。

增程式电动汽车与纯电动汽车相比，其最大优点是续驶里程得到了很大提高。纯电动汽车由于完全使用价格高昂的动力电池，附加成本高，而且即便采用了最新的电池技术，续驶里程仍然有限。一旦电池能量消耗尽，汽车就无法行驶，只能停车等待充电。增程式电动汽车很好地解决了这个问题。在相同续驶里程条件下增程式电动汽车的电池组比较小，电池容量只有纯电动汽车的 30%～40%，无须配备大容量的动力电池，制造成本大幅降低。当电池组 *SOC* 值降低到一定值时，转为增程模式运行。避免了电池组的过放电，电池寿命得到了延长，不需要周转电池，可在停车场进行市电充电，不需要建立充电站，不需要大量的换电设施和工作人员，降低了成本。

增程式电动汽车与混合动力电动汽车相比，由于混合动力电动汽车采用了复杂的机械动力混合结构，发动机和电动机复合驱动，电池能量很小，只起到辅助驱动和制动能量回收的作用，而增程式电动汽车采取电池扩容的方式解决了电池驱动的续驶能力问题。虽然车辆成本略有提高，但是在正常的运行工况下，有电能补充装置的作用，电池处于良性平台充放，保证了电池的使用寿命，减少了维护成本。而电能补充装置进行电量补充且一直处于最佳工作状态，保证了发动机最佳工作状态。而且增程式电动汽车能外接充电，尽可能利用晚间用电低谷或午间驾乘人员的休整间隙充电，进一步提高了能源利用率。

增程式电动汽车与燃料电池汽车相比，其电池成本更低，技术也更为成熟，燃料电池转换效率高，对环境无污染，随着燃料电池技术的进步和配套设施的成熟，开发和使用成本也会相应降低。

增程式电动汽车能够有效节约燃油，主要是因为：①由于发动机不是直接与机械系统相连，发动机的工作状态相对独立，可将发动机设定于最佳效率点工作。②在电量保持模式下，主要由发动机驱动整车行驶，当需求功率较小时，发动机关闭，由动力电池驱动整车行驶；当需求功率较大时，动力电池提供发动机功率不足的部分，这样可避免发动机的工作点波动，保证了发动机工作于最佳效率点。③当车辆制动时，电池组能有效回收制动能量。

综上所述，增程式电动汽车是一种可增加续驶里程的纯电动汽车，兼有混合动力电动汽车和纯电动汽车的特征，是现阶段解决新能源汽车技术问题最切实可行的方案之一。

增程式电动汽车的特点如下：

(1) 在电量消耗模式下，发动机不起动，由动力电池驱动整车行驶，这样可减少整车对石油的依赖，缓解石油危机。

(2) 在电池电量不足时，为了保证车辆性能和电池组的安全性，进入电量保持模式，由动力电池和发动机联合驱动整车行驶。

(3) 整车纯电动续驶里程满足大部分人员每天行驶里程要求，动力电池可利用晚间低谷电力充电，缓解供电压力。

(4) 整车大部分情况是在电量消耗模式下行驶，能达到零排放和低噪声的效果。

(5) 发动机与机械系统不直接相连，发动机可工作于最佳效率点，大大提高了整车燃油效率。

鉴于增程器工作条件的特殊性，对电动汽车的增程系统提出了以下要求。

(1) 增程系统要稳定可靠，可以立刻起动并进入正常工作状态。当长时间不用的时候要定期开启发动机运转，以使得各个部件得到良好的润滑和维护。

(2) 由于工况复杂，为了实现高效率和低排放的要求，要求系统处在最优工作点工作，因此控制器非常关键，通过控制策略和优化措施，在保证整车动力性前提下提高经济性和效率。

5.6.4 增程式电动汽车的工作模式

增程式电动汽车的动力传动系统在组成上与串联式混合动力汽车的动力系统相似。

特殊之处在于增程式电动汽车的能量传递路线体现出两种动力系统，但是只有一种驱动方式，即电动机驱动。不需要非常复杂的电能与化学能的耦合。在结构上，增程式电动汽车是在纯电动汽车的基础上开发的电动汽车，增程器的布置对原有车辆的动力系统结构影响较小。之所以称为增程式电动汽车是因为增加了增程器，而增加增程器的目的是进一步提升纯电动汽车的续驶里程，避免频繁地停车充电。

增程式电动汽车有以下几种工作模式：

(1) 纯电动模式。当电池电量充足时，增程式电动车工作在纯电动模式。此时整车处于电量消耗阶段，驱动电动机所需要的能量完全由动力电池提供，电池的电量决定纯电动模式下的续驶里程。控制策略根据动力电池的性能，设定 SOC 的最低阈值 SOC_{low}，当电量 SOC 值大于 SOC_{low}，增程器关闭，此时增程式电动车与纯电动车的工作模式相同，能够实现零油耗和零排放，这种模式下动力系统主要部件之间的能量流动示意图如图 5－51所示，能量由动力电池流向驱动电动机，电池单独提供能量。

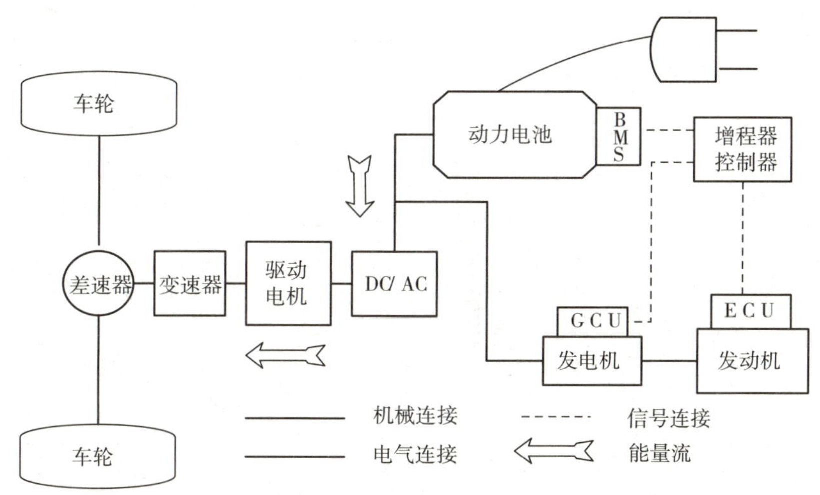

图 5－51　纯电动模式的能量传递路线

(2) 增程器驱动发电模式。在纯电动模式下，随着电池电量的不断消耗，当电池 SOC 低于最低阈值时，动力电池的电量较低，如果继续使用电池给驱动电动机提供能量会影响电池使用寿命。所以此时增程器开启，处于电量维持阶段，增程器发出的电供给驱动电动机使用，同时利用多余的能量对动力电池充电。这种模式属于增程器驱动发电模式，动力系统主要部件之间的能量流动示意图如图 5－52 所示，能量由增程器流向驱动电动机和动力电池，此时由发动机-发电动机组单独供电。

(3) 混合驱动模式。在 CD 模式下，如果汽车突然加速或者上陡坡，此时整车的需求功率较大，增程器提供的功率不足以满足驱动电动机的要求，需要动力电池提供额外电能以弥补功率不足，这种模式属于联合驱动模式。动力系统主要部件之间的能量流动示意图如图 5－53 所示，能量由增程器和动力电池流向驱动电动机，此时发动机-发电动机组和动力电池同时工作。

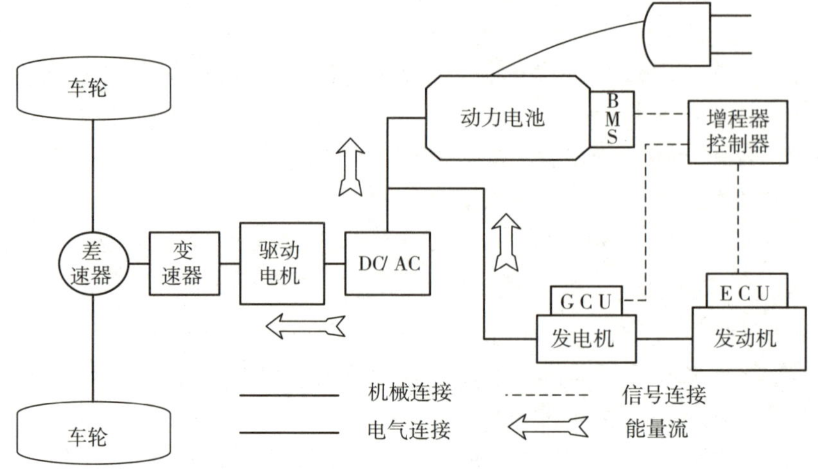

图 5-52　增程器驱动发电模式的能量流动示意图

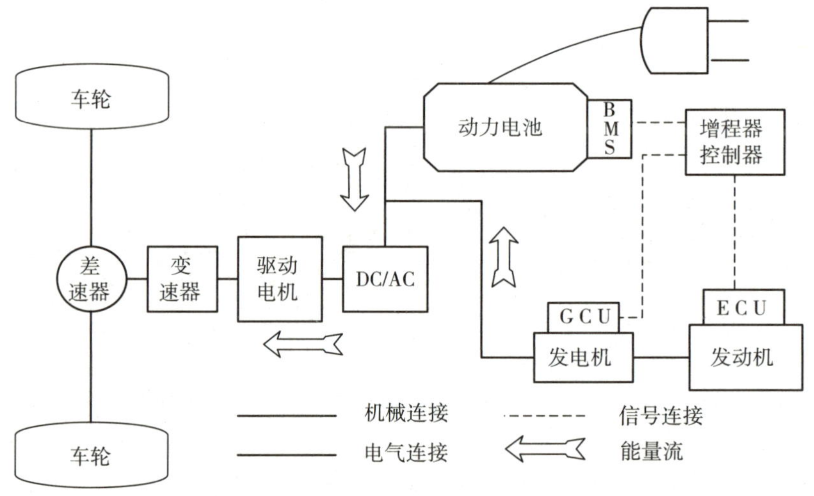

图 5-53　混合驱动模式的能量流动示意图

增程器驱动发电模式和混合驱动模式都属于增程模式。根据控制策略的不同，增程模式的发动机可以有多种工作方式。当车辆停止时，可以利用电网为动力电池充电。

(4) 制动能量回收模式。在车辆运行过程中，发生减速、制动请求时，驾驶员需要踩下制动踏板，若满足一定的条件，整车即进入制动能量回收模式；当制动强度较低、制动较为缓和、制动请求功率较小时，采用电动机单独制动；当发生急减速或紧急制动时，一旦车辆的制动负载功率超出电动机再生制动功率的上限，为了保护蓄电池组、限制其输入功率，此时制动器参与工作，与电动机再生制动协同提供车辆的制动功率需求。制动模式的能量流动示意图如图 5-54 所示。再生制动可以将车辆的动能转化为电能储存在动力电池中，以供车辆驱动使用，提高了整车能量利用率。在再生制动情况下，电动机以发电状态工作回收的制动能量储存在动力电池中。

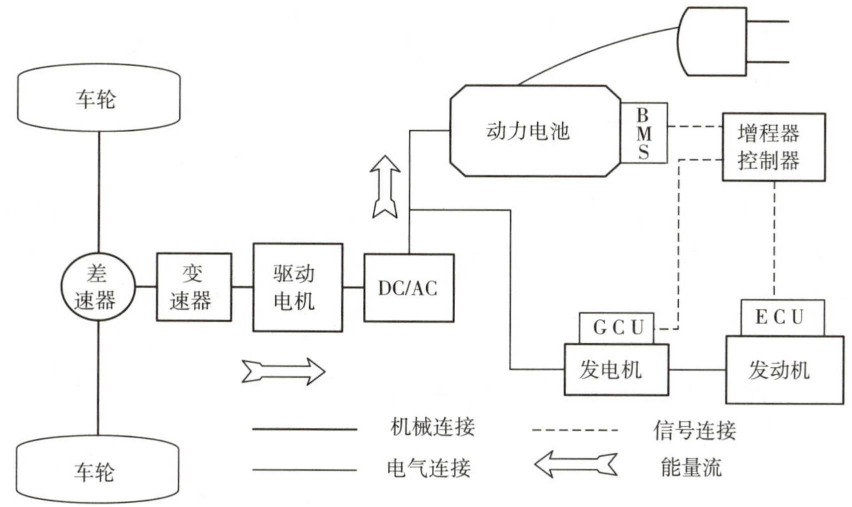

图 5-54 制动能量回收模式能量流动示意图

5.6.5 增程式电动汽车能量管理策略

1）增程式电动汽车能量管理策略概述

增程式电动汽车各动力部件的参数在满足整车动力性前提下，整个动力传动系统中机械部件和电气部件的协调工作是影响整车经济性的一个关键因素。为使整个动力传动系统中机械部件和电气部件协调工作以及满足增程式电动汽车在不同工作模式下的切换，制定一个简洁和高效的能量管理策略是非常重要的。

增程式电动汽车能量管理策略的目的是在动力电池电能充足的情况下，保持在纯电动工作模式，将有害物质排放降到最低。增程模式下的能量管理策略要保证增程器和动力电池得到最佳的匹配，获得最优的整车系统效率。

增程式电动汽车的工作模式分为纯电动工作模式和增程工作模式，两种工作模式的切换可以采用基于逻辑门限值的能量管理策略。增程模式下采用将功率和功率跟随能量管理策略结合起来的控制方法，在不同的工作模式下能分别体现出两种控制方式的优点。将增程模式工作区域划分为六种工作状态，与纯电动模式和制动能量回收工作模式一起构成八种工作模式。

2）增程式电动汽车能量管理策略

增程式电动汽车的能量管理策略是服务于车辆控制器的一种算法，车辆控制器接收来驾驶员的指令，并采集当前车辆行驶工况信息，以当前车辆状态作为反馈条件，如电池 *SOC* 值，并根据预设的算法指令，确定发动机/发电动机组和动力电池的能量分配关系，从而通过控制器来决定车辆的运行状态。

基于增程式电动汽车的特殊运行模式，在纯电动模式下仅靠动力电池的能量驱动车辆行驶，增程模式下首先由发动机-发电动机组为驱动电动机提供驱动电能，多余的电量为电池充电，因此，增程模式下能量管理策略的好坏直接影响到整车的动力性和经济性。

增程模式下的能量管理策略与串联式混合动力汽车的能量管理策略类似，主要有恒功率能量管理策略、功率跟随能量管理策略、瞬时优化能量管理策路、自适应能量管理策略、模糊能量管理策略等。

（1）恒功率能量管理策略

恒功率能量管理策略又称为“单点能量管理策略”，增程器启动后，发动机在预设的工作点按恒定功率输出，输出功率不随工况的变化而变化，该工作点可以是最佳功率点，也可以是保证动力性前提下的最低油耗点，工作点的选取应兼顾发动机的燃料消耗、功率及转速。该能量管理策略下发动机的输出功率优先用来驱动车辆行驶，当车辆驱动需求功率较小时，剩余的发动机输出功率将用来为动力电池充电。此外，为了在动力电池 *SOC* 值最低的情况下也能提供足够的电能，满足各种行驶工况的需要，就要求发动机能够在较高的转速下工作，发动机恒功率运行的工作过程应持续到使动力电池组充电的 *SOC* 达到最大，之后再关闭增程器或使发动机怠速运行。

恒功率能量管理策略的优点是发动机可以工作在低油耗或者高效率区，可以提高整车的燃料经济性，缺点在于动力电池放电电流会随着工况的频繁变化而产生较大波动，从而使动力电池经常处于深度充放电循环状态，因此这种控制模式虽然简单，但采用这种能量管理策略，会缩短动力电池的使用寿命。

（2）功率跟随能量管理策略

功率跟随能量管理策略包括三点功率跟随能量管理策略和曲线功率跟随能量管理策略。

① 三点功率跟随能量管理策略。预先选定三个最优工作区域的发动机功率值，可以根据不同的工况环境及驾驶员驾驶意图来确定相应的工作点，这样发动机的工作点增加，与恒功率能量管理策略相比，有两个优点：第一，大部分发动机功率可以经过动力传递路线，传给驱动电动机，驱动汽车行驶，降低了能量由化学能—电—化学能—电能的多级转换，降低了驱动电动机功率损失，提高了整车的效率；第二，动力电池的充放电波动小，有效地避免了动力电池过度放电，提高了动力电池的寿命和使用稳定性。

② 曲线功率跟随能量管理策略。即发动机的运行沿着固定曲线变化，可以连续地改变发动机的功率值，一般选择最佳燃料经济性时的发动机功率曲线为目标跟随曲线。该能量管理策略是由车辆行驶工况决定的，发动机的特性已知，车辆在某一个时刻工况下的需求功率，决定了在这一功率下的最低燃料消耗率点的数值。因此，当动力电池的 *SOC* 达到阈值时，发动机-发电动机组开启并沿着最低燃料消耗率曲线运行，在这种控制模式下，发动机能够提供给动力电池充电的功率很少，降低了化学能和电能之间的多级转化，极大地提高了动力性和燃料经济性。但是这种控制方法的发动机的工作区间变大，怠速时发动机能量利用率低。

（3）瞬时优化能量管理策略

瞬时优化能量管理策略多用于混合动力电动汽车中以消耗燃料为主的动力系统，燃料消耗是电池电能间接消耗燃料与发动机直接消耗燃料之和，在计算时将动力电池消耗的电能等效成燃料消耗量。可以有效地结合燃料消耗和排放，对电能和燃料消耗做出一

个准确的评估，同时通过计算过程可以看出这种优化方法的计算量大，在计算等效燃料消耗时准确性低，且系统复杂，成本高。

（4）自适应能量管理策略

自适应能量管理策略的目标是将整车的燃料消耗和排放两种不同的量纲进行统一，定义权重系数的大小，来突出降低整车的燃料消耗或者降低排放两种控制目标。控制的因子为加速时间，百公里油耗，HC、CO、NO 的排放量以及 PM，根据车辆的行驶工况环境来确定各因子的权值。

自适应能量管理策略的优点是驾驶员操作灵活性较好，驾驶员可以根据环境或者自己的意愿来调整自己的驾驶目标，由于该策略同时将动力性和经济性作为影响因子，综合考虑了发动机-发电动机的最佳工作点，故在这种能量管理策略下，车辆的综合性能较好。但这种能量管理策略没有考虑电动机驱动的影响，所以在应用这种能量管理策略前，首先要将电动机的电量消耗等效折算成燃料消耗和排放量。

（5）模糊能量管理策略

模糊能量管理策略的工程化较强，该能量管理策略以发动机最高效率区域和最低燃料消耗为目标，由模糊控制器和处理器组成，模糊逻辑控制器驱动发动机工作。控制器又由模糊化接口和反模糊化接口、模糊推理、知识库四部分组成。

模糊能量管理策略的优点是不需要建立明确的数学模型，而是通过实验数据来进行分析和处理，将采集到的信号数据做模糊化处理，作为模糊计算的输入数据，根据预设的推理方法和知识规则，得出模糊结论。缺点是要有大量的工程实验数据作为模糊计算的参考依据，此外，基于实验得到的数据处理模糊算法规则非常有限，不同配置的汽车发动机，规则的建立比较困难。

5.6.6　增程式电动汽车的主要技术指标

我国大规模商业化示范的增程式电动汽车的主要技术指标见表 5－5 所列。

表 5－5　大规模商业化示范的增程式电动汽车的主要技术指标

指标		增程式电动汽车
动力电池	能量密度/（W·h/kg）	模块≥120
	循环寿命/次	≥20000（100%DOD）
	日历寿命/年	≥10
	目标成本［元/（W·h）］	模块≤1.5
车用电动机	成本［元/（W·h）］	≤200
	功率密度/（kW/kg）	≥2.7
	最高效率/（%）	≥94
电子控制	纯电动汽车电动化总成控制系统 先进的纯电动汽车分布式控制系统 电动汽车车载信息、智能充电和近程监控系统	

（续表）

<table>
<tr><th colspan="2">指标</th><th colspan="2">增程式电动汽车</th></tr>
<tr><td rowspan="4">整车平台</td><td rowspan="2">最高车速/（km/h）</td><td>≥75（≤1100 kg）</td><td rowspan="2">80～100</td></tr>
<tr><td>≥100（≤1300 kg）</td></tr>
<tr><td>纯电续驶里程/km</td><td>≥100</td><td>≥100（非快充类）</td></tr>
<tr><td>附加成本</td><td colspan="2">与同级别燃油车或基础车型相当
（不包括储能系统）</td></tr>
</table>

5.6.7 增程式电动汽车实例分析

雪佛兰增程式电动汽车的车身尺寸为 4498 mm×1787 mm×1439 mm，轴距为 2685 mm；整备质量为 1700 kg。雪佛兰配备的锂离子充电电池容量为 16 kW·h，采用 T 形的方式布置在底盘上。使用层压式结构，288 个电池单元并列布置，在每个单元之间设计了冷却水管路，低温时为温水，高温时为冷水，由此可一直保持电池处于最佳的工作温度。动力系统由一个主电动机、一个副电动机兼发电动机以及一台 1.4 L 发动机组成。主电动机峰值功率为 11 kW，而 370 N·m 的峰值扭矩则可以与 6 缸发动机相媲美，副电动机功率为 55 kW。只用作发电的发动机额定功率为 62.5 kW。雪佛兰增程式电动汽车如图 5－55 所示。

图 5－55 雪佛兰增程式电动汽车

该增程式电动汽车可以通过电力来全时、全速驱动车辆，其运行模式有四种，即电池电力驱动、增程式电力驱动、制动回收和停车充电。

（1）电池电力驱动模式。在电池电力驱动下，依靠车载的 16 kW·h 锂离子电池组，可实现最高达 80 km 的零油耗、零排放行驶。

（2）增程式电力驱动模式。当车载电池电量消耗至最低临界限值时，将平顺切换至增程式电力驱动模式，此时车载发动机和发电动机将自动启动，为车辆提供续驶电能，从而实现高达 490 km 的续驶里程。0～100 km/h 加速时间仅需约 9 s，最高车速可达 160 km/h。

（3）制动回收模式。在车辆发生减速、制动请求时，驾驶员踩下制动踏板，若满足一定的条件，整车即进入制动回收模式；当制动强度较低时，采用电动机单独制动；紧

急制动时，制动器参与工作，与电动机再生制动一起满足车辆制动请求。

(4) 停车充电模式。停车后，动力系统全部停止，可利用晚间的低谷电或休息间隙进行动力电池的补充充电，以便下次行车使用。

5.7 混合动力系统部件选型与参数匹配

本节以一款插电式混联四驱混合动力汽车为例，对其动力部件的选型和参数匹配进行分析，结构如图5-56所示。图中可以看出该混合动力汽车拥有发动机、ISG电动机以及后驱电动机这三个动力部件，其中发动机和ISG在前轴，后驱电动机在后轴，这样使得整车既能实现前、后轴分别单独驱动，还能一起联合驱动。ISG电动机以及后驱电动机还具有发电动机的功能，以便于实现制动能量回收。

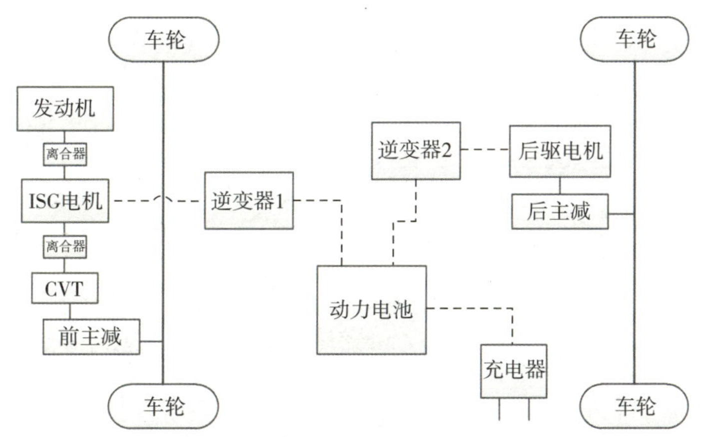

图5-56 PHEV动力系统结构简图

5.7.1 动力总成部件的选型

动力系统各部件的结构类型种类繁多，不同的类型对整车综合性能有着不同的影响。本节主要根据该混合动力汽车设计目标和初始参数选择合适的部件类型。混合动力汽车的动力系统选型主要包括发动机、电动机和蓄电池等的选型，以下逐一介绍。

1) 发动机的选型

发动机是混合动力汽车最主要的能量来源，它的选择将直接关系到整车的动力性能。由于动力电池给电动机提供能量，使其和发动机一起为车辆行驶提供驱动力，因此混合动力汽车的发动机的功率相对于传统内燃机汽车较小，以便获得更好的燃油经济性。此外，电动机、电池等零部件的加入使得整车的空间布置变得拥挤，所以在选用发动机时要考虑动力传动系各零部件的尺寸，以便合理布置。它的选取可从动力性、经济性等设计指标出发，并兼顾发动机的安全性、可靠性以及使用寿命等因素。

2) 驱动电动机的选型

驱动电动机是PHEV (Plug-in Hybrid Electric Vehicle) 动力系统中关键的动力元

件，其性能的优劣对汽车的动力性、经济性有着直接的影响。插电式四驱混合动力汽车的驱动电动机不但要在纯电动模式下单独驱动汽车行驶，而且要在加速及爬坡等工况下与发动机协调工作提供整车所需求的功率，还要在制动工况下回收制动能量，故驱动电动机面临着工况变化频繁、振动和冲击剧烈、动力电池能量有限等恶劣的工作环境，因此混合动力汽车的驱动电动机应该具备如下特性要求：

（1）重量轻、结构紧凑并且功率密度高。

（2）在较宽的转速和扭矩范围内具有高效率，并且控制简单。

（3）可靠性好，过载能力强。

（4）成本低，不需要经常维护。

目前应用在国内外混合动力汽车上的电动机主要有以下四种形式，其特性详见表5－6所列。

表5－6　各类电动机优缺点比较

电动机类型	优点	缺点	备注
永磁同步电动机	能量高、效率高、控制器简单	成本高	一些稀有原料的发现，使电动机趋于主流
直流电动机	结构简单、电磁扭矩控制特性好	体积大、价格高、有电磁干扰、不易维修、易产生火花	前景不乐观
交流电动机	体积小、成本低、维修方便	控制装置较为复杂	现在大多数电动车做交流驱动的选择
开关磁阻电动机	调速范围大、控制方便、简单	噪声大、扭矩不稳定、特性非线性	目前尚不能广泛应用

3）动力电池的选型

动力电池是PHEV上重要的储能装置，也是混合动力汽车重要的组成部分。应用到混合动力汽车上的动力电池必须满足如下要求：

（1）安全性能好。要求电池在常温下可以保持长期平稳工作，尤其在高温或是发生碰撞等事故时，电池容易发生自燃或爆炸，所以要求动力电池的安全性能好，不会发生自燃等事故。

（2）相对稳定性好。电池的性能要稳定，避免在快速充放电过程中发生突变，并要具备大功率充放电能力，具有较高的充放电效率。

（3）具有较高的比能量和比功率。由于装载动力电池的空间有限，同时还有整车质量的限制，为了使汽车的续驶里程尽可能得长，就要求动力电池存储电量尽可能得多，重量就要尽可能得小，所以电池的比能量要高。其次插电式混合动力汽车在加速、爬坡等功率需求较大的情况下，需要动力电池参与到驱动过程，所以电池的比功率要高。

（4）成本低。在保证安全和使用寿命的前提下，尽可能降低电池的成本。现阶段，插电式混合动力汽车所使用的动力电池有锂离子电池、铅酸电池、镍氢电池、钠硫电池、

空气电池和电化学超级电容等，各类电池的主要性能指标及优缺点见表 5－7 所列。

表 5－7　各类车用电池性能优缺点比较

类型	磷酸铁锂	锂离子	钠-硫	镍-氢	锌-空气	铅酸电池	超级电容
比功率（W/kg）	—	300	150	160～500	小	50	1000
比能量（W·h/kg）	100	310	109	55～70	180～230	35～40	小
寿命/次	可达 2000	1000 以上	1000	600	短	400～1000	万次以上
优点	寿命长、安全性好	比能量大、寿命长	比能量高、转换效率高	放电倍率高	比能量大	原料丰富、价格低、温度特性好	比功率大、寿命超长
缺点	体积大	成本高、须有保护电路	工作温度高、性能不够稳定	自放电高、单体电压低	比功率低	比能量和比功率低	比能量小

4）ISG 电动机的选型

参考驱动电动机的选型原则。

5.7.2　动力总成部件参数匹配

混合动力汽车动力总成参数设计与计算是在已知整车参数和性能指标的前提下，通过理论计算，对发动机、电动机的额定功率、最高转速、最大扭矩等基本性能参数进行计算；对动力电池的电压、容量计算，合理地选择电池的组数，连接方式等；对传动系的传动比进行计算，合理地分配主减速器和 CVT 的减速比。

1）发动机的参数匹配

发动机的参数匹配对 PHEV 的性能有着重要的影响，若发动机的功率过大，则会削弱 PHEV 节能减排的优势；若发动机功率过小，则会造成 PHEV 后备功率的不足。为了提高 PHEV 的后备功率，只有试图增加电动机和动力电池的功率，这样反而又会造成了整车质量及成本的增加。

在选择发动机时，主要从满足汽车行驶的最高车速和最大爬坡度来初步选择发动机的额定功率和最大功率，可先假设需要满足设计需求的混合动力最高车速和最大爬坡度都由发动机来单独驱动行驶，分别计算发动机功率。

（1）满足最高车速的发动机功率：

$$P_1=\frac{u_{\max}}{3600\,\eta_t}\left(mgf+\frac{C_D A\,u_{\max}^2}{21.15}\right) \tag{5-6}$$

式中：$u_{\max}$ 为汽车由发动机驱动时的最高车速；

η_t 为传动系的总效率；

m 为汽车满载质量；

g 为重力加速度；

f 为滚动阻力系数；

C_D 为空气阻力系数；

A 为迎风面积。

(2) 满足最大爬坡度的发动机功率：

$$P_2=\frac{u_\alpha}{3600\ \eta_t}\left(mgf\cos\alpha_{\max}+mg\sin\alpha_{\max}+\frac{C_D A\ u_\alpha^2}{21.15}\right) \tag{5-7}$$

式中：u_α 为爬坡速度；

$\alpha_{\max}$ 为最大爬坡度。

发动机功率取两者的最大值，即

$$P_{\mathrm{emax}}\geqslant\max\{P_1,\ P_2\} \tag{5-8}$$

考虑到汽车行驶时存在空调及附件(液压制动、助力转向等)消耗的功率，确定发动机最大功率时要留有一定的余量。

发动机的最大扭矩为

$$T_{\mathrm{emax}}=9550\ \frac{P_{\mathrm{emax}}}{n_{\mathrm{p}}} \tag{5-9}$$

式中：n_{p} 为发动机功率最大时对应的转速。

2) 驱动电动机参数匹配

驱动电动机的性能参数主要有额定功率、峰值功率、峰值扭矩及峰值转速等，对于插电式四驱混合动力电动汽车而言，驱动电动机在纯电动驱动模式下需要独立驱动汽车行驶，因此其参数匹配应该主要依据整车动力性能的要求进行设计。

(1) 确定驱动电动机的额定功率和峰值功率

① 满足纯电动最高车速的驱动电动机的峰值功率：

$$P_{m1}=\frac{u_{\max}}{3600\ \eta_{\mathrm{tr}}}\left(mgf+\frac{C_D A\ u_{\max}^2}{21.15}\right) \tag{5-10}$$

式中：$u_{\max}$ 为纯电动模式下最高车速；

η_{tr} 为后桥传动系效率。

② 满足最大爬坡度的驱动电动机的峰值功率：

$$P_{m2}=\frac{u_\alpha}{3600\ \eta_{\mathrm{tr}}}\left(mgf\cos\alpha_{\max}+mg\sin\alpha_{\max}+\frac{C_D A\ u_\alpha^2}{21.15}\right) \tag{5-11}$$

式中：u_α 为纯电动模式下爬坡速度；

$\alpha_{\max}$ 为纯电动模式下最大爬坡度。

③ 满足纯电动模式下 0 ~ 50 km/h 的加速时间指标来确定驱动电动机的峰值功率：

$$P_{m3}=\frac{1}{3600\ \eta_t}\left(\frac{\delta m\ u_{\mathrm{m}}^2}{3.6\ d_t}\left[1-\left(\frac{t_{\mathrm{m}}-d_{\mathrm{t}}}{t_{\mathrm{m}}}\right)^x\right]+mgf\ u_{\mathrm{m}}+\frac{C_D A\ u_{\mathrm{m}}^3}{21.15}\right) \tag{5-12}$$

式中：δ 为汽车旋转质量换算系数；

d_t 为迭代步长；

u_m 为汽车的加速末的速度；

t_m 为汽车的加速时间；

x 为拟合系数，一般约为 0.5。

因此驱动电动机功率应满足 $P_{mmax} \geqslant \max\{P_{m1}, P_{m2}, P_{m3}\}$，在纯电动行驶时需要考虑一些附加功率和后备功率(20% 左右)。

电动机的额定功率应该满足纯电动最高车速巡航功率的 90% 的要求。

(2) 确定电动机转速

电动机的最高转速对整车的动力传动系和本身的额定扭矩都有显著的影响。电动机的最高转速和传动比同比变化，为减小布置空间和传动损耗，所以电动机的最高转速不应过高。

(3) 确定电动机峰值扭矩

$$T_{mmax} \geqslant 9550\frac{P_{mmax}}{n_r} \tag{5-13}$$

把额定转速、峰值功率代入式(5-13) 得其峰值扭矩。

电动机的额定扭矩为

$$T_r = 9550\frac{P_r}{n_r} \tag{5-14}$$

3) 动力电池参数匹配

动力电池的参数匹配主要包括电压等级、功率参数以及能量参数的确定。

(1) 确定动力电池电压等级

动力电池的电压等级与电动机的峰值功率有着密切的关联，若电动机峰值功率较高，则动力电池的电压等级也应越高，这样有利于保证电流不超过允许的上限值，但动力电池电压等级过高会影响系统的安全。动力电池的标称电压应与电动机基本相匹配，同时要求电动机控制器承受电压范围与整个系统的电压范围必须保持一致，以保证系统可靠运行。

(2) 确定动力电池的功率参数

动力电池的充放电功率应与发电动机组的功率相匹配，并满足电动机的功率要求即动力电池的功率应大于电动机的峰值功率。在混合动力汽车的实际应用中，当电动机大负荷工作时电池快速放电，这时需要最大的功率输出。

(3) 确定电池容量

电池组的容量必须满足续驶里程的要求，而汽车续驶里程 S(km) 所需的能量，有以下两种方法计算：等速法和工况法。

① 等速法

假设汽车以 u_{etc} 的速度行驶，可得阻力功率及整车消耗能量为

$$P_{etc}=\frac{u_{etc}}{3600\,\eta_t}\left(mgf+\frac{C_DA\,u_{etc}^2}{21.15}\right) \tag{5-15}$$

$$P_m=\frac{P_{etc}}{\eta_m} \tag{5-16}$$

$$W_{road}=P_mt=P_m\frac{S}{u_{etc}} \tag{5-17}$$

式中：P_{etc} 为汽车等速行驶所需的功率；

u_{etc} 为汽车行驶的速度；

P_m 为电动机控制器输入功率；

η_m 为电动机与电动机控制器总成效率；

W_{road} 为满足续驶里程汽车消耗的能量；

S 为纯电动续驶里程。

电动汽车行驶所消耗的能量为电池组输出的电能，即为

$$W_{ess}=\frac{W_{road}}{\xi_{soc}} \tag{5-18}$$

式中：ξ_{soc} 为电池组放电深度；

W_{ess} 为电池所需要的能量。

电池容量的计算公式为

$$C=\frac{1000\,P_{etc}S}{U_b\,\xi_{soc}\,u_{etc}\,\eta_m} \tag{5-19}$$

式中：U_b 为电动机的工作电压。

② 工况法

电动汽车在行驶过程中包含加速、减速、等速等工况。以 ECE 工况为标准进行分析，要计算电动汽车在该工况下的续驶里程，需要计算在单个工况下行驶汽车所消耗的能量。能量消耗又可分为等速能量消耗和加速能量消耗，计算时不考虑制动能量回收的影响。图 5－57 所示为 ECE 欧洲典型驾驶循环。

a. 等速行驶消耗的能量。等速条件下，由等速法可以确定这段时间内的电池消耗的能量。

b. 汽车在等加速过程中的能量消耗计算。假设汽车的速度由U_a 加速到U_b($U_b\geqslant U_a$）且加速时间为 t，则可以将时间 t 划分为 n 个区域t_0，t_1，t_2，$\cdots t_{n-1}$，时间间隔为 $\Delta t=t_i-t_{i-1}$，其所对应的加速度为 $a=(U_b-U_a)/t$，则每一个区段内对应的车速为$U_i=U_{i-1}+a\times t/m$，则在对应的时间段内所消耗的能量为

$$w_i=\frac{U_i}{3600\,\eta_t}\left(mgf+\frac{C_DA\,u_I^2}{21.15}+\delta ma\right)/\,\eta_i(t/n) \tag{5-20}$$

则整个加速阶段内消耗的能量为

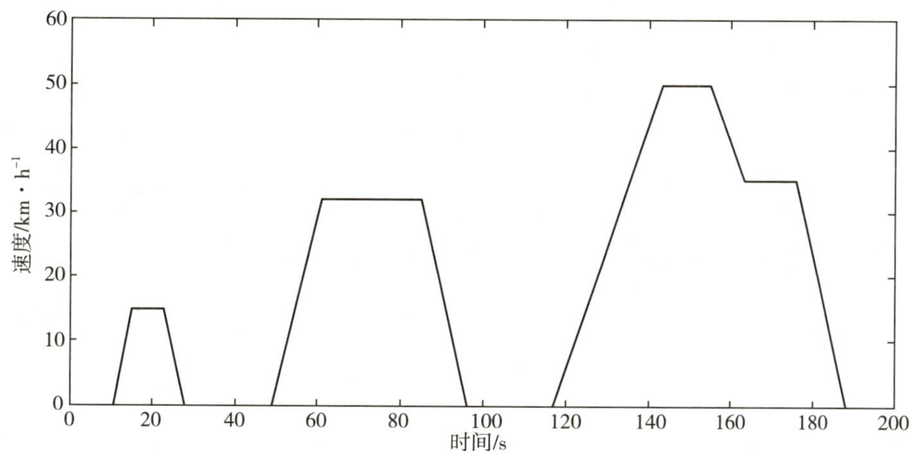

图 5-57 ECE 欧洲典型驾驶循环

$$w_{\Delta e}=\sum_{i=1}^{n} w_i \tag{5-21}$$

同理在其他时间段内加速时的能量也可由此公式算出

$$w_e=\sum_{i=1}^{j} w_{\Delta e} \tag{5-22}$$

式中：j 为一个工况内加速工况的个数；

在整个工况下整车消耗的总能量为

$$w=w_d+w_e \tag{5-23}$$

因此以工况法算得的动力电池所应具有的容量为

$$C=\frac{Lw}{sU\xi_{soc}} \tag{5-24}$$

式中：s 为一个工况所行驶的距离；

L 为汽车的续驶里程；

w 为一个工况循环所消耗的能量；

U 为动力电池组的电压；

ξ_{soc} 为动力电池的放电深度。

4) *ISG* 电动机的参数匹配

本例中设计的四驱混联混合动力系统中，ISG 电动机应具备下特性：

(1) 当汽车处于起步、加速以及爬坡工况时，ISG 电动机能够辅助发动机高效地工作；当启动发动机工作时，ISG 电动机能够迅速将发动机的转速提高到怠速转速。

(2) 当汽车处于制动工况时，ISG 电动机能够稳定地回收制动能量，当发动机带动 ISG 电动机发电时，ISG 电动机能够在发动机最优工作区域上稳定而高效地发电。

(3) 由于ISG电动机的转子通过离合器与发动机输出端相连，因此要求ISG电动机和发动机的转速范围相符，不能高出发动机的转速范围太多。

在PHEV行驶过程中，ISG电机只起到辅助驱动和发电作用，不需要单独驱动汽车行驶，因此ISG电动机的功率不需要太大，例如本田Insight混合动力汽车中ISG电动机的额定功率为10 kW。

① ISG电动机应满足能使发动机转速快速提高到怠速转速的能力，因此ISG电动机的额定扭矩T_{ISG}应满足：

$$T_{ISG} \geqslant \frac{2\pi n_{idle}}{60 t_s} \times I \tag{5-25}$$

式中：n_{idle}为发动机怠速转速；

I为发动机转动惯量；

t_s为ISG电动机带动发动机启动需要的时间。

② 在并联驱动模式下，以0～100 km/h的加速时间为目标确定ISG电动机的峰值功率。并联驱动模式下，汽车由发动机和ISG电动机共同驱动，当汽车从静止状态起步加速时，取0～100 km/h的加速时间目标为t，通过式(5-12)可计算出并联工作模式下发动机和ISG电动机总需求功率P_{par}，所以ISG电动机的峰值功率应满足：

$$P_{ISGmax} = P_{par} - P_{emax} \tag{5-26}$$

式中：P_{emax}为此模式下发动机最大功率。

5) 传动系参数

传动比对于整车的动力性能有重要影响，合理的传动比才能充分发挥各个动力源的性能，从而提高整车动力性能。本节需要设计的传动比包括前轴CVT速比、前主减速器速比及后主减速器速比。

汽车前轮单独驱动行驶时，传动系的总速比是前轴CVT速比和前主减速器速比的乘积。由于CVT的无级变速功能，因此前轴总速比是一段连续的区间，区间的下限和上限(传动比的最小值和最大值)要分别满足发动机单独驱动时整车达到最高车速以及最大爬坡度的要求。

(1) 根据发动机单独驱动时最高车速指标确定前轴传动比下限i_{min}应满足：

$$i_{min} \leqslant 0.377 \frac{r n_{emax}}{u_{max}} \tag{5-27}$$

式中：n_{emax}为发动机最高转速；

r为车轮滚动半径；

u_{max}为发动机单独驱动时整车的最高车速。

(2) 根据发动机单独驱动时最大爬坡度指标确定前轴传动比上限i_{max}应满足：

$$i_{max} \geqslant \frac{mg(f\cos\alpha_{max} + \sin\alpha_{max})r}{T_{emax}\eta_t} \tag{5-28}$$

式中：T_{emax} 为发动机峰值扭矩。

当 PHEV 在纯电动模式下工作时，驱动电动机通过后主减速器单独驱动后轮，因此后主减速器速比应满足纯电动工作模式下整车的最高车速以及最大爬坡度要求。

(3) 根据纯电动模式下整车的最高车速要求确定后主减速器速比 i 应满足：

$$i \leqslant 0.377 \frac{r n'_{max}}{u'_{max}} \tag{5-29}$$

式中：n'_{max} 为驱动电动机的最高转速；

u'_{max} 为纯电动模式下的最高车速。

(4) 根据纯电动模式下整车最大爬坡度指标确定后主减速器速比 i 应满足：

$$i \geqslant \frac{mg(f\cos\alpha' + \sin\alpha')r}{\eta_t T'_{max}} \tag{5-30}$$

式中：T'_{max} 为驱动电动机的峰值扭矩。

5.8　混合动力电动汽车性能仿真

5.8.1　整车参数及性能指标

本节以某四驱混联式混合动力电动汽车为研究目标，该车型的基本参数见表 5-8 所列。根据混合动力轿车最低技术指标和公司给出的动力性能要求，确定性能设计指标，见表 5-9 所列。

表 5-8　整车基本参数

参数名称	指标或规格
长宽高/mm	4610×1760×1483
整备质量/kg	1547
总质量/kg	1922
轴距/mm	2610
轮距/mm	1510
风阻系数	0.357
迎风面积/m^2	2.1975
传动效率	0.9
旋转质量换算系数	1.08
滚动阻力系数	0.015
车轮滚动半径/mm	289

表 5-9 性能设计指标

项目		设计指标
最高车速/（km/h）	纯电动	100
	混合动力	170
0～100 km/h 加速时间/（s）		10.5
最大爬坡度/（%）		40
纯电动续驶里程/（ECE 工况）		35
混合动力百公里耗油量/（L）		4.9

由上节的部件选型和参数匹配结合整车参数及其性能指标可确定各动力部件的主要参数，见表 5-10 和表 5-11 所列。

表 5-10 发动机、电池和传动系速比主要参数

参数	值	参数	值
发动机	1.6 L/93 kW	ISG 电动机	15 kW/6150 r/min/100 N·m
动力电池	3.2 V（单体）/22 Ah/336 V	驱动电动机	20 kW/7500 r/min/115 N·m
减速器速比	5.297（前）/7.881（后）	CVT 速比	0.442～2.432

表 5-11 ISG 电动机和驱动电动机主要参数

型号	ISG 电动机	驱动电动机
	永磁同步电动机	永磁同步电动机
额定电压	336	336
最高转速	6150	7500
额定/峰值功率	15/26	20/30
最大扭矩	100	115
基速	3000	2500

5.8.2 混合动力系统仿真

1）混合动力汽车前向式仿真模型

在 Simulink 中，搭建如图 5-58 所示的插电式四驱混合动力汽车前向式仿真模型，该模型中包含循环工况、驾驶员模型、控制器模型、发动机模型、ISG 电动机模型、驱动电动机模型、电池模型、传动系模型等模块。

该模型的输入为循环工况，经驾驶员模型，计算得出整车需求扭矩，根据能量管理策略对动力部件扭矩进行预分配，并判定系统工作模式是否发生切换，根据协调控制策略完成动态协调控制，确定动力部件的目标扭矩，以完成控制器对整车动力性、经济性和驾驶性能的控制。

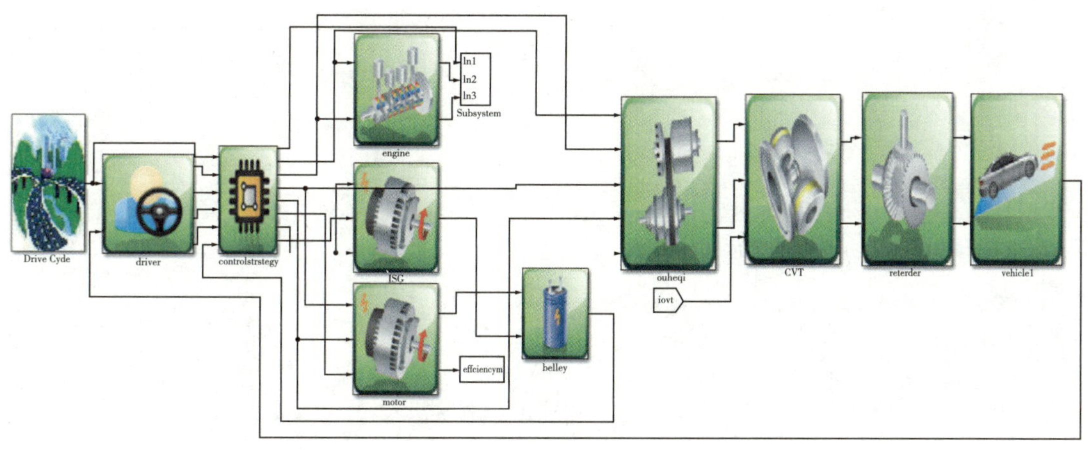

图 5-58 整车前向式仿真模型

2）混合动力汽车仿真分析

在仿真时，选择循环工况为新欧洲驾驶循环（New European Driving Cycle，NEDC）工况进行仿真，循环工况如图 5-59 所示，其横轴表示一个循环的工况时长，运行时间为 1180 s，纵轴表示循环工况对应的车速。NEDC 工况由 4 个 ECE 城市工况和 1 个 EUDC 城郊工况组成，全程 11.013 km。

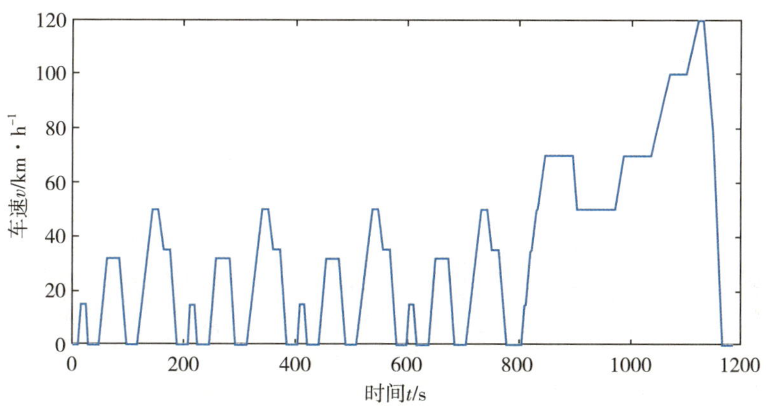

图 5-59 新欧洲驾驶循环工况

为便于对仿真结果进行分析，考虑到一个 NEDC 循环工况时间较短，因此将 3 个 NEDC 工况组合成新的工况，新工况共计 3540 s，全程 33.039 km。

整车模型在设定的工况下运行后，得到行驶工况与实际车速的对比如图 5-60 所示，图中两条线分别表示实际车速与设定的行驶工况，由图 5-60 可知，两条曲线基本吻合，所搭建的模型仿真车速基本能够满足设定的车速需求。

图 5-61 所示为在设定的循环工况下，整车需求扭矩 T_{req} 随时间的变化曲线，值得注意的是此处的 T_{req} 已换算为经过 CVT 传递后的需求扭矩。另在运行仿真之前，需设定好整车

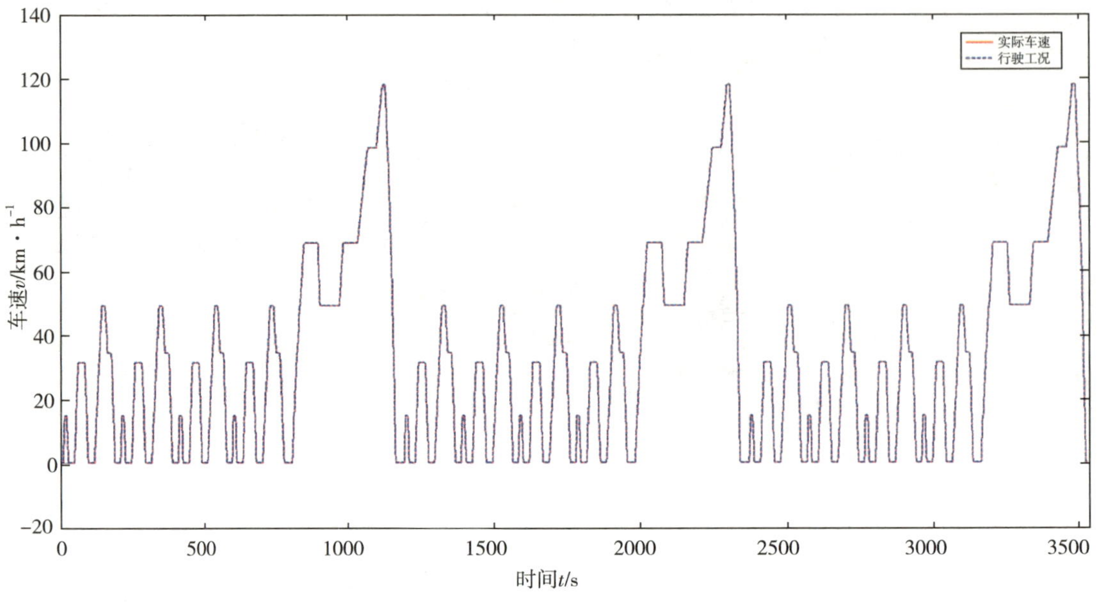

图 5-60　车速对比

的基本参数，其中动力电池初始 *SOC* 状态设置为 65%，目标 *SOC* 状态为 50%。

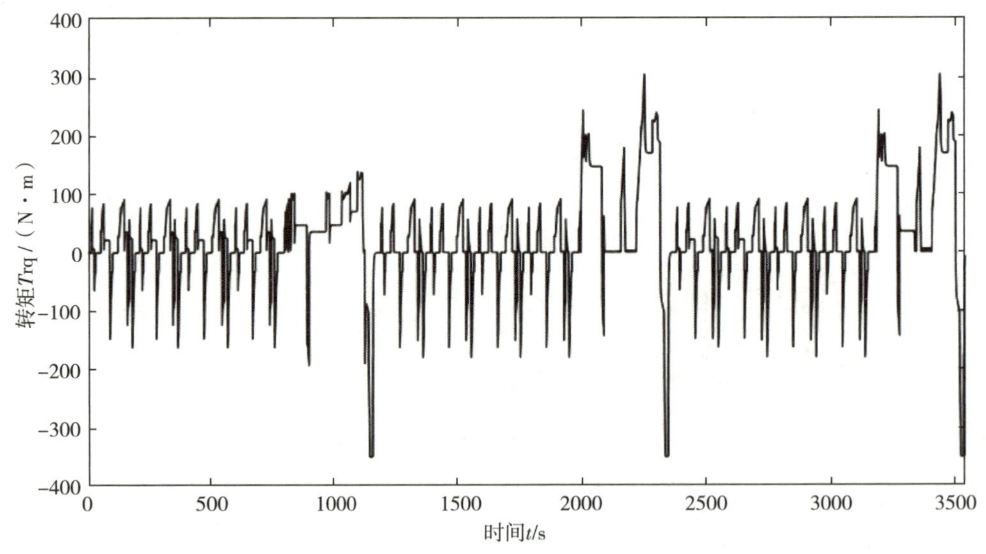

图 5-61　整车需求扭矩

图 5-62 所示为在设定的循环工况下，发动机扭矩 T_e 随时间的变化曲线，由图 5-62 可知，在第一个 NEDC 循环工况中，发动机几乎没有参与工作，表明整车工作于纯电状态，动力电池电量 *SOC* 处于高效区，由电池放电提供整车需求扭矩值，此阶段的排放

为 0，在第一个 NEDC 循环工况将要结束时，发动机扭矩突然增大，之后则较多地参与了输出扭矩，说明之后进入了混合动力阶段。

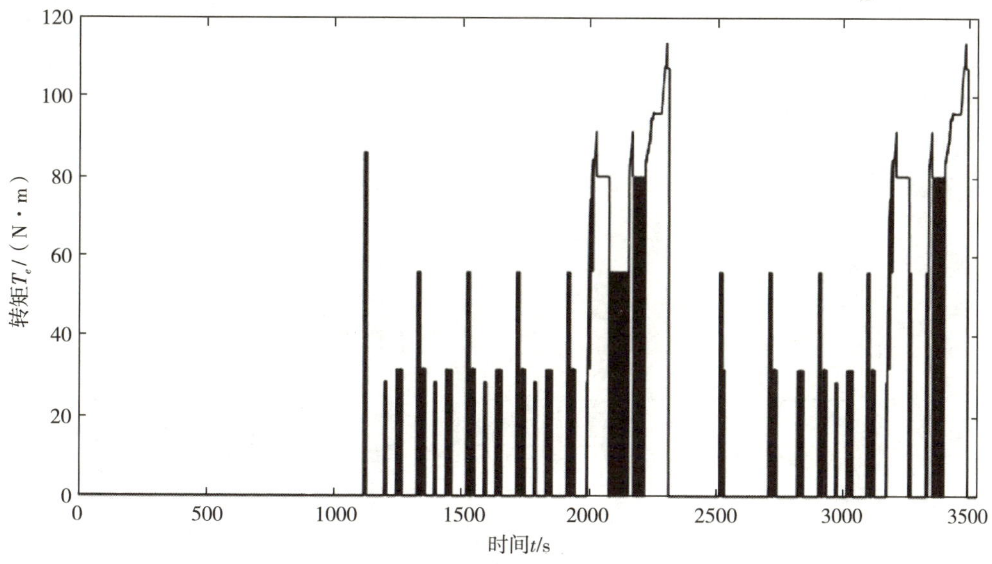

图 5－62　发动机扭矩

图 5－63 所示为在设定的循环工况下，驱动电动机扭矩 T_m 随时间的变化曲线，由图 5－63 可知，驱动电动机的扭矩值时正时负，表明随着工况车速的加速减速变化，驱动电动机工作于电动机和发电动机两种模式，在首个 NEDC 循环工况末尾时刻时，驱动电动机多工作于电动机状态，在第二、三循环中的末尾时刻，驱动电动机的扭矩为负值，表明此时主要工作于发电动机状态，对动力电池组进行充电。

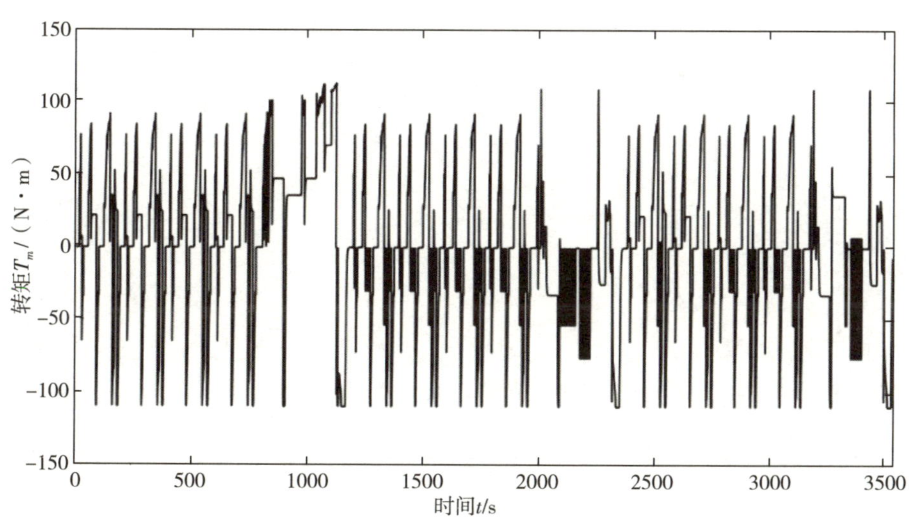

图 5－63　驱动电动机扭矩

图 5-64 所示为在设定的循环工况下，ISG 电动机扭矩 T_{ISG} 随时间的变化曲线，由图可知，ISG 电动机的输出扭矩值分为正负两种，表明随着工况车速的加速减速变化，ISG 电动机存在电动机和发电动机两种工作状态，在首个 NEDC 循环工况中，ISG 电动机几乎没有参与动力输出，在第二、三循环中，ISG 电动机扭矩多为负值，表明主要工作于发电动机状态，输出扭矩对动力电池进行充电；在第二、三循环的末尾时刻，ISG 电动机扭矩为正值，表明此时主要工作于电动机状态，为整车提供动力。

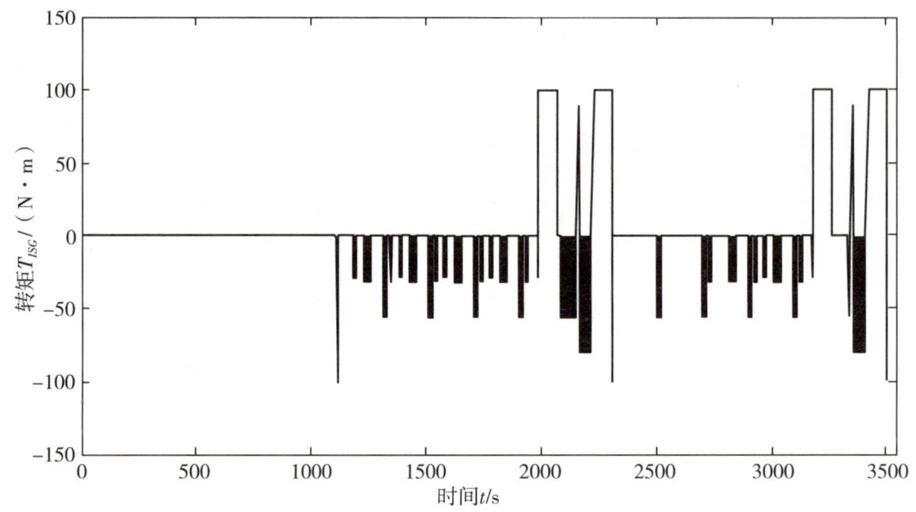

图 5-64 ISG 电动机扭矩

图 5-65 所示为在设定的循环工况下，动力电池 *SOC* 随时间的变化曲线，由图 5-65 可知，初始 *SOC* 状态为设定的 65%，在首个 NEDC 循环工况中，结合整车需求扭矩，此

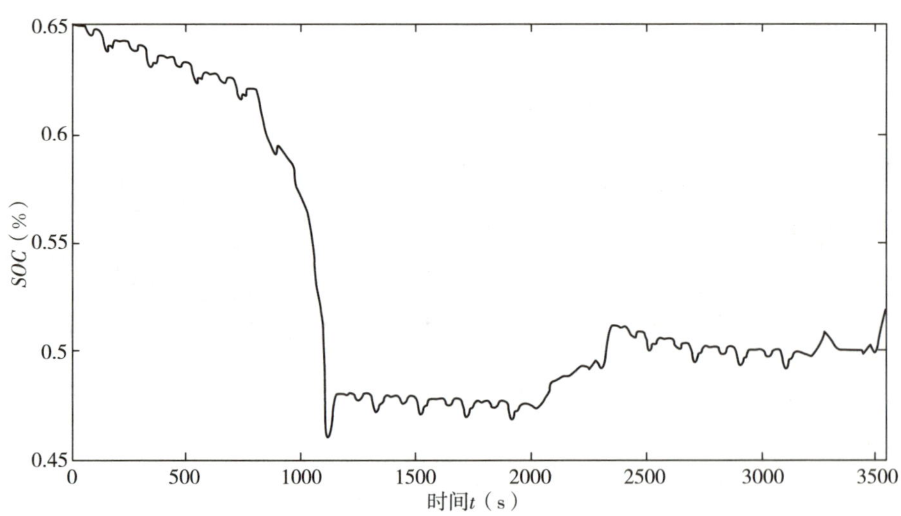

图 5-65 动力电池 SOC

时的电池电量高于目标 *SOC* 值 50%，故电池处于放电状态，随着工况的变化，*SOC* 值逐渐减小，当 *SOC* 值低于 50%时，在第二、三循环中，驱动电动机和 ISG 电动机在保证整车动力需求的前提下对动力电池进行充电，使得 *SOC* 值得以增加，从而维持电量处于较高状态。这与之前所描述的动力部件输出可以很好地对应起来。

图 5-66 所示为在设定的循环工况下，发动机燃油消耗 q 随时间的变化曲线，由图 5-66可知，在首个 NEDC 循环工况中，发动机没有工作，此时的燃油消耗为 0，当 *SOC* 值低于 50%时，在第二、三循环中，发动机工作，燃油消耗随之增加，达到 0.8353 L。

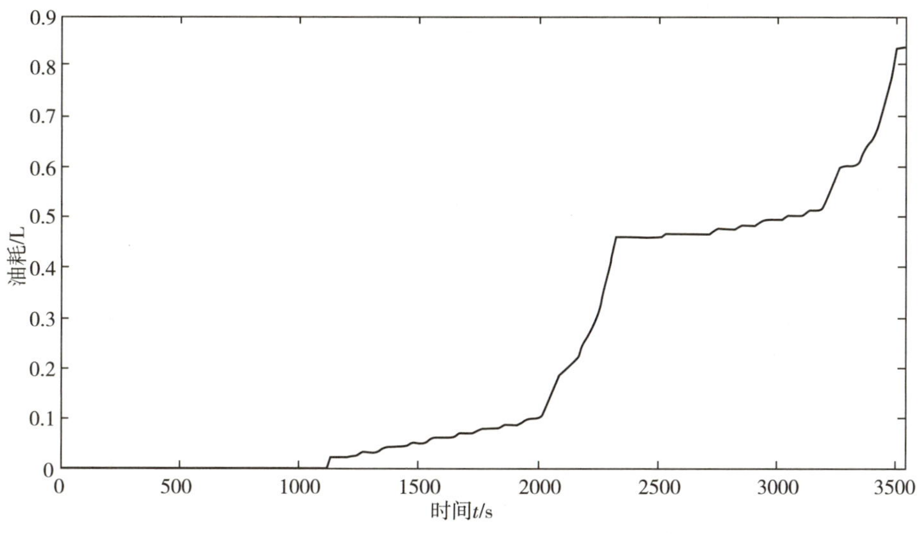

图 5-66　燃油消耗 q

通过以上的结果分析，所建立的前向式四驱混合动力汽车模型能够保证整车具有很好的动力性和经济性。能量管理控制策略将整车需求扭矩结合具体的行驶工况在各个动力部件之间进行了合理的分配，保证了整车的高效运行。

5.9　本章小结

本章首先从整体上介绍了混合动力电动汽车基本情况，然后对混合动力电动汽车的动力耦合方式进行分析；接下来对混合动力电动汽车的几种基本结构，包括串联式、并联式和混联式，另外把增程式电动汽车作为一种独特的类型，进行了细致的论述。详细介绍了各种类型混合动力电动汽车的组成、特点、工作模式、能量管理策略及其实际应用案例；最后，以一混联式混合动力电动汽车为例，对其动力系统各部件进行选型和参数匹配，并通过仿真验证了其参数匹配的合理性。

从以上论述中可以得到如下几个结论：

(1) 串联式混合动力电动汽车驱动系统中因存在能量的二次转换导致总体效率较低，所以在乘用车中比较少见。并联式混合动力车型与串联式混合动力车型相比，具有能量利用率较高的优点，适合于行驶在城市间公路和高速公路等工况。但因为发动机和车轮之间仍为机械连接，所以在低速工况下，发动机的工作效率受到了一定限制。混联式混合动力车型虽然结构相对复杂，对整车结构设计、能量管理和系统控制提出了较高的要求，但可实现发动机转速与扭矩的双解耦，可将发动机控制在最优工作区间。随着电子控制等相关技术水平的不断提高，混联式混合动力电动汽车以其最佳的综合性能，终将成为混合动力汽车发展的方向。然而，混联式构型方案繁多、控制相对复杂，如何合理地进行构型分析以及优化设计与控制是一项关键技术，也是实际研发过程中的一大难点。

（2）控制策略是混合动力系统设计的核心与难点，制定合理的控制策略对于混合动力电动汽车的研发具有至关重要的意义。其关键技术是，在实现整车动力性能指标的基础上，如何提高混合动力电动汽车的燃油经济性、排放性及行驶平顺性。同时，控制策略的实时性也是其开发过程的关键所在。就目前发展来看，混合动力电动汽车控制策略的研究正在逐渐成为当前人们研究的焦点，当前控制策略也变得纷繁复杂。单一的控制策略已经不能满足高性能控制的要求，集成多种算法的控制策略逐渐成为今后研究重点和难点。随着电子技术和信息技术的发展，混合动力汽车的控制策略的智能化，将成为未来控制策略发展的主题。

（3）增程式电动汽车是一种可增加续驶里程的纯电动汽车，兼有混合动力电动汽车和纯电动汽车的特征，是现阶段解决新能源汽车技术问题最切实可行的方案之一。

思考题

1. 混合动力电动汽车的基本概念及其节能的原因？

2. 串、并、混联式混合动力电动汽车之间的联系和区别？

3. 相比于串、并联式混合动力电动汽车，混联式混合动力电动汽车的优势？另外，混联式混合动力电动汽车在能量管理策略方面与串、并联式之间有何特殊之处？

4. 增程式电动汽车与串联式混合动力电动汽车有何区别？

5. 你如何看待混合动力电动汽车的未来发展？

第6章 燃料电池汽车

6.1 概 述

6.1.1 燃料电池汽车的特点

燃料电池汽车（Fuel Cell Electric Vehicle，FCEV）采用燃料电池作为动力源，相比于传统汽车、纯电动汽车，燃料电池汽车具有如下优点：

（1）效率高。燃料电池的工作过程是化学能转化为电能的过程，不受卡诺循环的限制，能量转换效率较高，可以达到30%以上，而汽油机和柴油机汽车整车效率分别为16%～18%和22%～24%。

（2）续驶里程长。采用燃料电池系统作为能量源，克服了纯电动汽车续驶里程短的缺点，其长途行驶能力及动力性已经接近传统汽车。

（3）绿色环保。燃料电池没有燃烧过程，以纯氢作为燃料，生成物只有水，属于零排放。采用其他富氢有机化合物用车载重整器制氢作为燃料电池的燃料，生成物除水之外还可能有少量的CO_2，接近零排放。

（4）过载能力强。燃料电池除了在较宽的工作范围内具有较高的工作效率外，其短时过载能力可达额定功率的200%甚至更大。

（5）低噪声。燃料电池属于静态能量转换装置，除了空气压缩机和冷却系统以外无其他运动部件，因此与内燃机汽车相比，运行过程中噪声和振动都较小。

（6）设计方便灵活。燃料电池汽车可以按照线控（X-By-Wire）的思路进行汽车设计，改变了传统的汽车设计概念，可以在空间和质量等问题上进行灵活的配置。

同时，燃料电池汽车的主要缺点如下：

（1）燃料电池汽车的制造成本和使用成本过高。燃料电池发动机的制造成本居高不下，国内估计3万元/kW，国外成本约300美元/kW，与传统内燃机仅200～350元/kW相比，差距巨大。使用成本过高，例如高纯度（99.999%）高压氢（>20 MPa）售价80～100元/kg，按1 kg氢可发10 kW·h电能计算，仅燃料费即约为10元/kW·h，按燃料电池发动机工作寿命1000 h计算，折旧费为30元/kW·h。所以总的动力成本达40元/kW·h。目前由燃料电池发动机提供1 kW·h电能的成本远高于各种动力电池，这从一个侧面反映了作为汽车动力源，燃料电池还有相当大的距离。

（2）辅助设备复杂，而且质量和体积较大。在以甲醇或者汽油为燃料的燃料电池汽车中，经重整器出来的“粗氢气”含有使催化剂中毒失效的少量有害气体，必须采用相应的净化装置进行处理，所以增加了结构和工艺的复杂性，并使系统变得笨重，而目前普遍采用的氢气燃料的燃料电池汽车，因需要高压、低温和防护的特种储存罐，导致体积庞大，给燃料电池汽车带来了许多不便。

（3）起动时间长，系统抗震能力有待进一步提高。采用氢气为燃料的燃料电池汽车起动时间一般需要约 3 min，而采用甲醇或者汽油重整技术的燃料电池汽车起动时间则长达约 10 min，比内燃机汽车起动的时间长得多，影响其机动性能。此外，在燃料电池汽车受到振动或者冲击时，各种管道的连接和密封的可靠性需要进一步提高，以防止泄漏，降低效率，严重时还会引发安全事故。

（4）需要供应氢的网络、加氢站等基础设施配套，投资大。

（5）燃料电池的功率密度小，使用寿命有待提高。

（6）与燃料电池汽车相关的标准、测试、定型、认证等尚不健全。

6.1.2 燃料电池汽车组成与原理

燃料电池汽车主要由燃料电池、高压储氢罐、辅助动力源、DC/DC 转换器、逆变器、驱动电动机和整车控制器等组成，如图 6－1 所示。

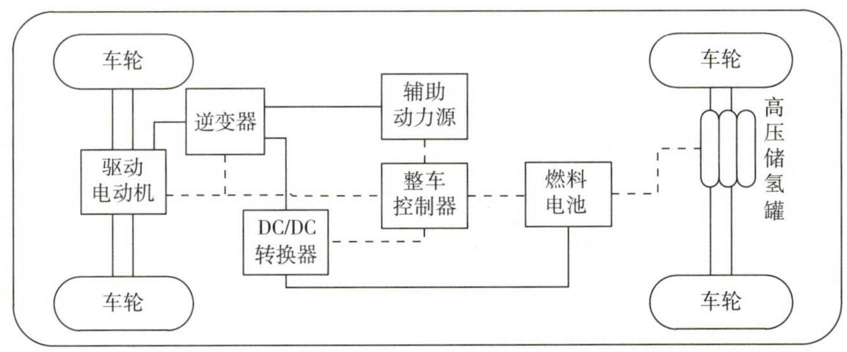

图 6－1 燃料电池汽车的组成

1）燃料电池

燃料电池是燃料电池汽车的主要动力，它是一种不燃烧燃料而直接以电化学反应方式将燃料的化学能转变为电能的高效发电装置。

发电的基本原理是，电池的阳极（燃料极）输入氢气（燃料），氢分子（H_2）在阳极催化剂作用下被离解成为氢离子（H^+）和电子（e^-），氢离子（H^+）穿过燃料电池的电解质层向阴极（氧化极）方向运动，电子（e^-）因通不过电解质层而由一个外部电路流向阴极，在电池阴极输入氧气（O_2），氧气在阴极催化剂作用下离解成为氧原子（O），与通过外部电路流向阴极的电子（e^-）和燃料穿过电解质的氢离子（H^+）结合生成稳定结构的水（H_2O），完成电化学反应，放出热量。这种电化学反应与氢气在氧气中发生剧烈燃烧反应是不同的，只要阳极不断输入氢气，阴极不断输入氧气，电化学反应就会连续不断地进行下去，电子（e^-）就会不断通过外部电路流动形成电流，从而连续不断地向汽车提供电力。

2）高压储氢罐

高压储氢罐是气态氢的储存装置，用于给燃料电池供应氢气。为保证燃料电池汽车一次充气有足够的续驶里程，就需要多个高压储气罐来储存气态氢气。一般轿车需要 2～4 个高压储气罐，大客车需要 5～10 个高压储气罐。

3）辅助动力源

根据燃料电池汽车的设计方案不同，其所采用的辅助动力源也有所不同，可以用蓄电池组、飞轮储能器或超大容量电容器等共同组成双电源系统。

4）DC/DC 转换器

燃料电池汽车的燃料电池需要装备单向 DC/DC 转换器，蓄电池和超级电容器需要装备双向 DC/DC 转换器。DC/DC 转换器的主要功能：调节燃料电池的输出电压，能够升压到 650 V；调节整车能量分配；稳定整车直流母线电压。

5）逆变器

把大小和方向都不随时间变化的直流电，变换为大小和时间均随时间变化的交流电，它是顺变换器（整流器）的逆变换装置，故称为逆变器，也称直流-交流变换器。

6）驱动电动机

燃料电池汽车使用的驱动电动机主要有直流电动机、交流电动机、永磁同步电动机和开关磁阻电动机等，具体选型必须结合整车开发目标，综合考虑电动机的特点。

7）整车控制器

整车控制系统是燃料电池汽车的大脑，由燃料电池管理系统、电池管理系统、驱动电动机控制器等组成，它一方面接收来自驾驶员的需求信息（如点火开关、油门踏板、制动踏板、挡位信息等）实现整车工况控制；另一方面基于反馈的实际工况（如车速、制动、电动机转速等）以及动力系统的状况（燃料电池及动力蓄电池的电压、电流等），根据预先匹配好得多能源控制策略进行能量分配调节控制。

燃料电池汽车的工作原理如图 6－2 所示，高压储氢罐中的氢气和空气中的氧气在汽

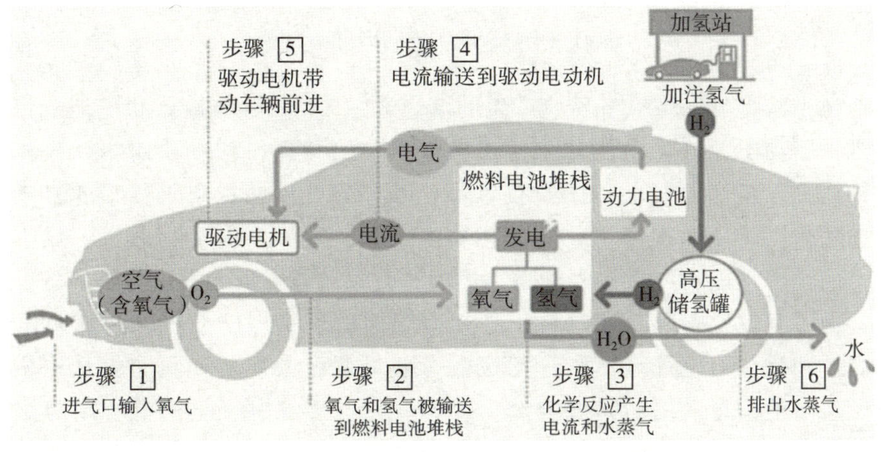

图 6－2 燃料电池汽车的工作原理

车搭载的燃料电池中发生氧化还原反应，产生电能，驱动电动机工作，产生的机械能经减速机构传给驱动轮，驱动汽车行驶。

6.1.3 燃料电池汽车类型

燃料电池汽车按燃料特点可分为直接燃料电池汽车和重整燃料电池汽车。

直接燃料电池汽车的燃料主要是氢气；重整燃料电池汽车的燃料主要有汽油、天然气、甲醇、甲烷、液化石油气等。氢燃料电池汽车排放无污染，被认为是最理想的汽车，但存在氢的制取和存储困难；重整燃料电池汽车的结构比氢燃料电池汽车复杂得多。

燃料电池汽车按氢燃料的存储方式可分为压缩氢燃料电池汽车、液氢燃料电池汽车和合金（碳纳米管）吸附氢燃料电池汽车。

燃料电池汽车按“多电源”的配置不同，可分为纯燃料电池驱动（PFC）的燃料电池汽车、燃料电池与辅助蓄电池联合驱动（FC+B）的燃料电池汽车、燃料电池和超级电容联合驱动（FC+C）的燃料电池汽车以及燃料电池与辅助蓄电池和超级电容联合驱动（FC+B+C）的燃料电池汽车。

1）纯燃料电池驱动（PFC）的燃料电池汽车

纯燃料电池汽车只有燃料电池一个动力源，汽车需要的所有功率都由燃料电池提供。纯燃料电池汽车动力系统如图 6－3 所示。

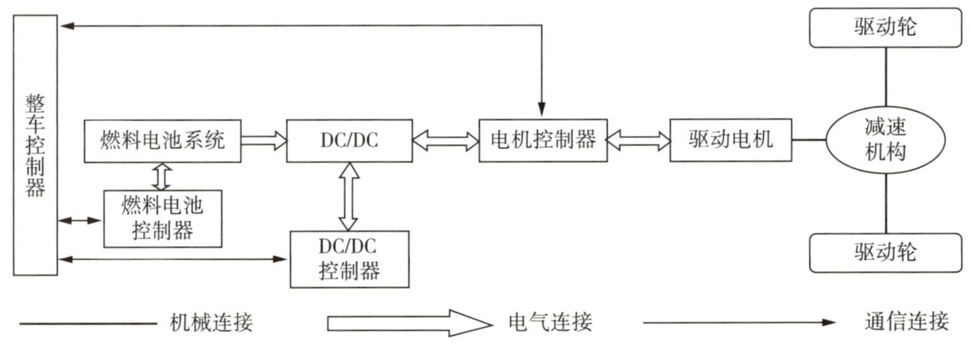

图 6－3 纯燃料电池汽车动力系统

燃料电池系统将氢气与氧气反应产生的电能通过 DC/DC 转换器和电动机控制器传给驱动电动机，驱动电动机将电能转化为机械能再传给减速机构，从而驱动汽车行驶。这种系统结构简单，系统控制和整体布置容易；系统部件少，有利于整车的轻量化；整体的能量传递效率高，从而提高了整车的燃料经济性。但燃料电池功率大、成本高；对燃料电池系统的动态性能和可靠性要求高；不能进行制动能量回收。

因此，为了有效地解决上述问题，必须使用辅助能量存储系统作为燃料电池系统的辅助动力源，和燃料电池联合工作，组成混合驱动系统共同驱动汽车。从本质上讲，这种结构的燃料电池汽车采用的是混合动力结构。它与传统意义上的混合动力结构的差别仅在于发动机是燃料电池而不是内燃机。在燃料电池混合动力结构汽车中燃料电池和辅助能量存储装置共同向驱动电动机提供电能，通过减速机构来驱动汽车。

2）燃料电池与辅助动力电池联合驱动（FC+B）的燃料电池汽车

燃料电池与辅助动力电池联合驱动的燃料电池汽车动力系统如图 6-4 所示。在该动力系统结构中，燃料电池和动力电池一起为驱动电动机提供能量，驱动电动机将电能转化成机械能传给减速机构，从而驱动汽车行驶；在汽车制动时，驱动电动机变成发电动机，动力电池将储存回馈的能量。在燃料电池和动力电池联合供能时，燃料电池的能量输出变化较为平缓，随时间变化波动较小，而能量需求变化的高频部分由动力电池分担。

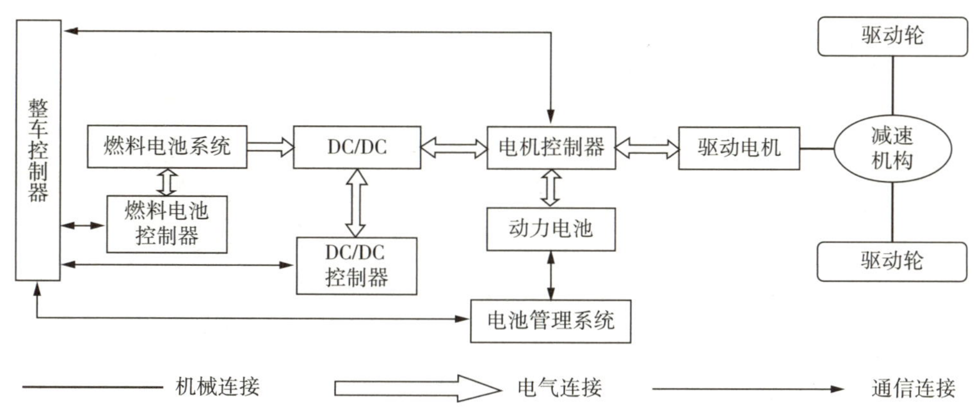

图 6-4　燃料电池与辅助动力电池联合驱动的燃料电池汽车动力系统

目前这种结构形式应用较为广泛，它解决了诸如辅助设备供电、水热管理系统供电、燃料电池堆加热、能量回收等问题。主要优点是系统对燃料电池的功率要求较纯燃料电池结构形式有很大的降低，从而大大地降低了整车成本；燃料电池可以在比较好的、设定的工作条件下工作，工作时燃料电池的效率较高；系统对燃料电池的动态响应性能要求较低；汽车的冷启动性能较好；可以回收汽车制动时的部分动能。但这种结构形式由于动力电池的使用使得整车质量增加，动力性和经济性受到影响，这一点在能量复合型混合动力电动汽车上表现得更为明显；动力电池充放电过程会有能量损耗；系统变得复杂，系统控制和整体布置难度增加。

3）燃料电池与超级电容器联合驱动（FC+C）的燃料电池汽车

这种结构形式与燃料电池加动力电池的结构相似，只是把动力电池换成超级电容器，如图 6-5 所示。相对于动力电池，超级电容器充放电效率高，能量损失小，循环寿命长，常规制动时再生能量回收率高，正常工作温度范围宽；超级电容器瞬时功率比动力电池大，汽车启动更容易。燃料电池加超级电容器的动力系统可以降低燃料电池的放电电流，发挥超级电容均衡负载的作用，提高整车的续驶里程及动力性。

但是，超级电容器的比能量低，能量存储有限，峰值功率持续时间短，同时这种混合动力系统结构复杂，对系统各部件之间的匹配及控制要求高。这些成为制约燃料电池和超级电容器混合动力系统发展的关键因素。随着超级电容器技术的不断进步，这种结构将成为一种新的重要发展方向。

4）燃料电池与辅助动力电池和超级电容器联合驱动（FC+B+C）的燃料电池汽车

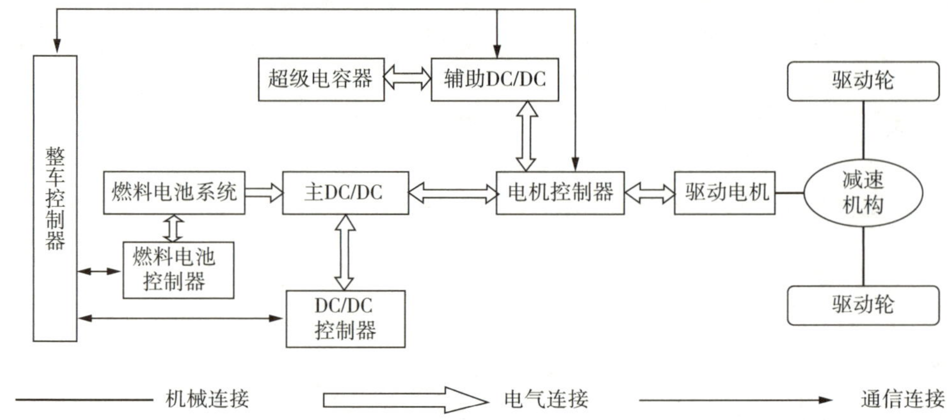

图 6-5 燃料电池与超级电容器联合驱动的燃料电池汽车动力系统

燃料电池与辅助动力电池和超级电容器联合驱动的燃料电池汽车动力系统如图6-6所示。在该动力系统结构中，燃料电池、动力电池和超级电容器一起为驱动电动机提供能量，驱动电动机将电能转化成机械能传给减速机构，从而驱动汽车行驶。在汽车制动时，驱动电动机变成发电动机，动力电池和超级电容将储存回馈的能量。在燃料电池、动力电池和超级电容器联合供能时，燃料电池的能量输出较为平缓，随时间变化波动较小，而能量需求变化的低频部分由动力电池承担，能量需求变化的高频部分由超级电容器承担。在这种结构中，各动力源的分工更加明细，因此它们的优势也得到更好的发挥。

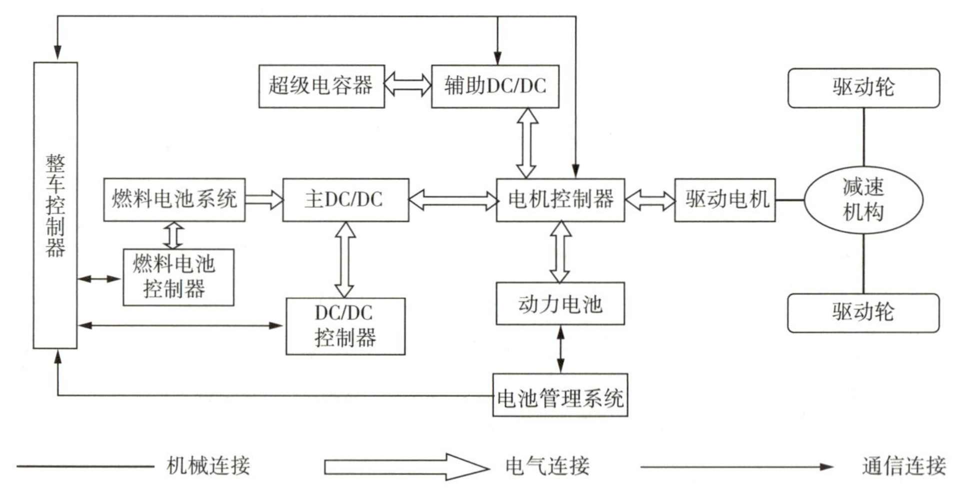

图 6-6 燃料电池与辅助动力电池和超级电容器联合驱动的燃料电池汽车动力系统

这种结构与燃料电池加动力电池的结构相比优点更加明显，尤其是在部件效率、动态特性、制动能量回馈等方面。缺点也一样更加明显，增加了超级电容器，整个系统的重量可能增加；系统更加复杂化，系统控制和整体布置的难度也随之增大。

如果能够对系统进行很好的匹配和优化，那么这种结构带来的良好性能具有很大的吸引力。

在三种混合驱动中，FC+B+C组合被认为能够最大限度满足整车的启动、加速、制动的动力和效率需求，但成本最高，结构和控制也最为复杂。目前燃料电池汽车动力系统的一般结构是FC+B组合，这是因为它具有以下特点：

（1）燃料电池单独或与动力电池共同提供持续功率，而且在车辆启动、爬坡和加速等峰值功率需求时，动力电池提供峰值功率。

（2）在车辆起步的时候和功率需求量不大的时候，动力电池可以单独输出能量。动力电池技术比较成熟，可以在一定程度上弥补燃料电池技术上的不足。

目前，FC+B燃料电池汽车动力系统分为直接型和间接型两种结构形式。

（1）直接型燃料电池混合动力系统

直接型燃料电池混合动力系统是指燃料电池与系统总线直接相连，如图6-7所示，在该系统中，由于燃料电池系统和动力电池均直接并入动力系统总线中，直接与电动机控制器相连，结构简单易行。此外，由于动力电池既可输出功率，改善燃料电池系统本身在汽车行驶过程中可能出现动力性较差的情况，又可在燃料电池功率输出过剩时，将多余的功率储存在内部，从而提高整车的能量利用率。

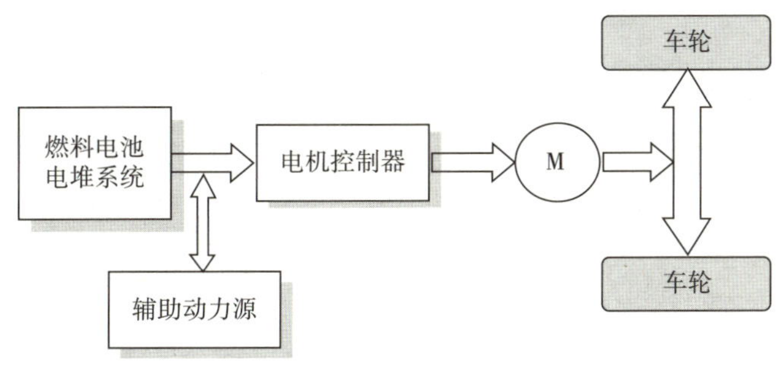

图6-7 直接型燃料电池混合动力系统

直接型燃料电池混合动力系统还有一种燃料电池系统直接连入主线、动力电池与双向DC/DC变换器相连后并入主线的结构形式，如图6-8所示。

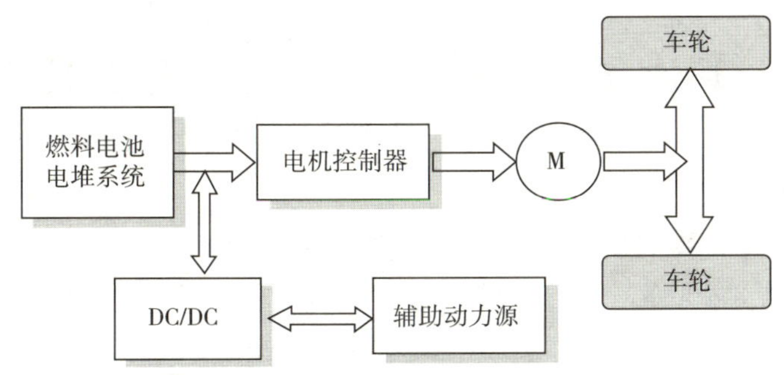

图6-8 另一种直接型燃料电池混合动力系统

这种结构形式的动力系统，由于在动力电池和总线之间增加了一个双向DC/DC变换器，使得动力电池的电压可以无须与总线上的电压保持一致，降低了动力电池的设计要求，从而可以在一定程度上提高动力电池的性能；另外，DC/DC 变换器的引入，可以更加方便灵活地控制动力电池的充放电，改善系统的可操作性。

总的来说，直接型燃料电池混合动力系统具有结构简单、易于实现等优点，然而存在一个不可避免的问题，那就是由于燃料电池与总线直接相连，总线电压即为燃料电池的输出电压。然而在汽车行驶时，驱动电动机的工作电压会与燃料电池的输出电压产生一定的电压差，当燃料电池正常工作时，其输出电压为总线电压，此时若输出电压小于驱动电动机的工作电压，会导致驱动电动机的输出功率降低，进而影响整车行驶的动力性能；与之相反，当驱动电动机在其最大输出功率的电压下工作时，若驱动电动机工作电压小于燃料电池输出电压，则会影响燃料电池系统的工作效率，降低整车的经济性能。

（2）间接型燃料电池混合动力系统

此种动力系统的结构形式是燃料电池系统与 DC/DC 变换器连接后，动力电池与其一起并联接入动力系统总线中，如图 6-9 所示。

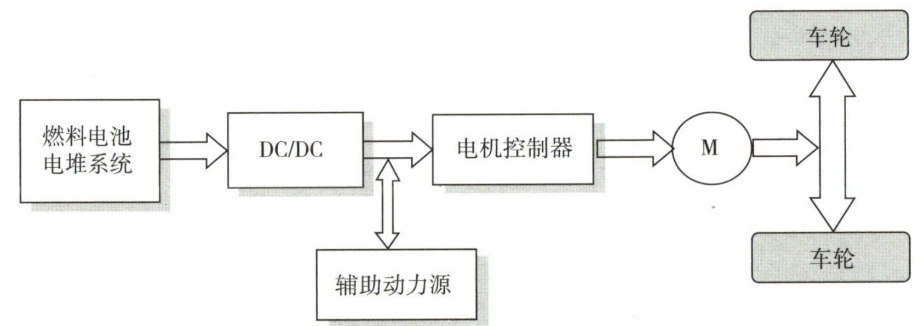

图 6-9　间接型燃料电池混合动力系统

间接型燃料电池混合动力系统在一定程度上解决了直接型燃料电池混合动力系统中存在的燃料电池输出电压与驱动电动机工作电压之间矛盾的问题，既可保证驱动电动机始终工作在其最佳工作电压范围内，又保证了燃料电池的输出电压不受干扰和限制，改善了系统的工作性能。

6.2　燃料电池汽车的工作方式与能量管理策略

6.2.1　燃料电池汽车的工作方式

目前燃料电池汽车多采用燃料电池加蓄电池的混合动力模式。在电动汽车起步加速、匀速、滑行、减速、制动等不同的行驶工况下，其工作模式是不同的，大体可分为燃料电池模式、混合动力模式、蓄电池模式、能量回馈模式等，如图 6-10 所示。

1）燃料电池模式

当燃料电池汽车工作在燃料电池模式时，电动机的电力全由燃料电池提供。当蓄电池在非充足电状态（$SOC<1$），且燃料电池的电能供给电动机后尚有富余时，燃料电池还可向电池充电，如图 6-10（a）所示。燃料电池汽车在低负荷、匀速、滑行等行驶工况

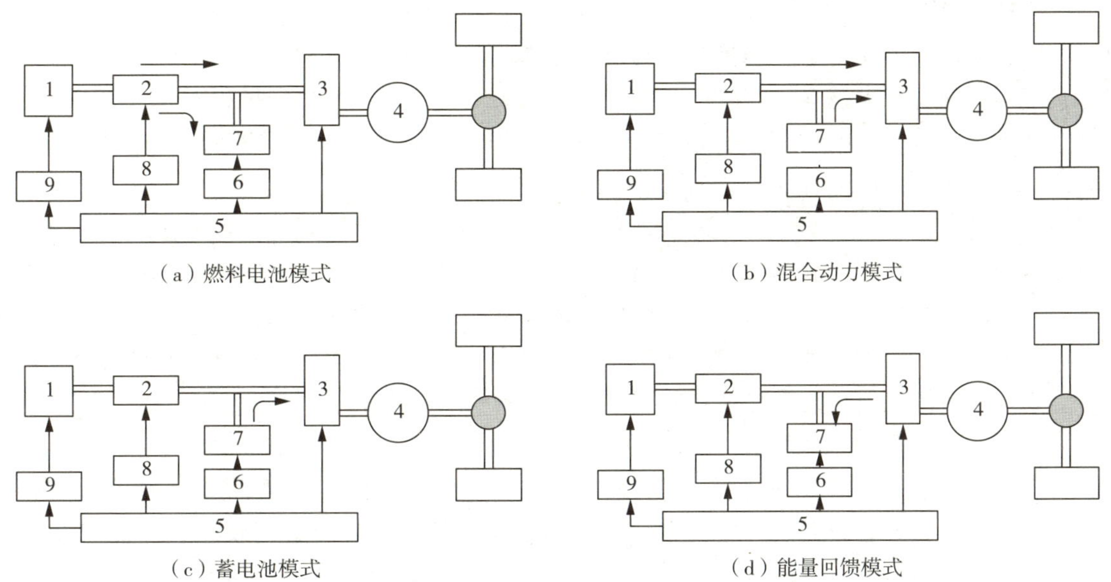

1—燃料电池；2—DC/DC 转换器；3—电动机控制器；4—电动机；5—整车控制器；
6—蓄电池能量管理；7—蓄电池；8—DC/DC 电子控制器；9—燃料电池控制器。

图 6-10　燃料电池汽车的工作模式

时，通常工作在燃料电池模式。

2）混合动力模式

混合动力模式是指燃料电池和蓄电池共同提供电动机所需电力的工作方式，如图 6-10（b）所示。在燃料电池汽车加速行驶、高速行驶、上坡、超车或重载的情况下，当燃料电池输出的电功率已不能满足驱动车辆所需的功率时，由蓄电池提供瞬时能量来补充燃料电池汽车加速、上坡的动力需要，或由蓄电池持续地协助燃料电池供电，以满足燃料电池汽车在持续高速或重载下对电源持续电功率输出的需求。

3）蓄电池模式

蓄电池模式是指燃料电池停止输出电能，车辆单独由蓄电池提供电力，如图 6-10（c）所示。当燃料电池还未起动，而蓄电池的 *SOC* 值大于最小临界值时，由蓄电池提供电动汽车起步时所需的动力。此外，当燃料耗尽或燃料电池电堆发生故障时，若蓄电池的 *SOC* 值大于最小临界值，则也可由蓄电池短时间内独立供电。工作在蓄电池模式的燃料电池汽车，对蓄电池容量和输出功率的要求相对较高。

4）能量回馈模式

能量回馈模式是指电动机工作在发电动机状态，将车辆的动能转换为电能，并向蓄电池充电的工作方式，如图 6-10（d）所示。在燃料电池汽车下坡、遇红灯减速及非紧急制动等情况下，而蓄电池又处于非充足电状态（*SOC* 值在最大临界值以下）时，控制器就将电动机转换为发电动机工作，将车辆的动能转换为电能，通过向蓄电池充电来实现能量回馈。

6.2.2 燃料电池汽车能量管理策略

燃料电池汽车动力系统的能量管理策略会随着结构形式的不同而有所不同，但总的能量管理策略有三大基本控制目标，即汽车的动力性、经济性和续驶里程。

在燃料电池与蓄电池共同驱动汽车行驶的过程中，动力系统控制器需要时刻根据汽车的功率需求以及电池管理系统所提供的动力电池 *SOC*，来决定能量在燃料电池系统和动力电池系统中的分配。也就是需要根据油门踏板、制动踏板以及挡位等信息计算出需求扭矩和需求功率，然后再进行最优化的能量分配，将燃料电池系统和动力电池的电力输出经电动机控制器，转化为驱动电动机的功率输出，从而驱动车辆行驶。

燃料电池混合动力系统的能量管理策略主要有 On/Off 能量管理策略、功率跟随能量管理策略、瞬时优化最佳能耗能量管理策略等。

1）On/Off 能量管理策略

On/Off 能量管理策略的核心是汽车在行驶过程中，燃料电池系统始终工作在其高效区，从而保证汽车有较大的续驶里程。为了满足这一既定目标，需要对动力电池的 *SOC* 值进行设定，假定燃料电池混合动力汽车在行驶过程中，其动力电池荷电状态的最大值为 SOC_{max}，最小值为 SOC_{min}，动力电池的 *SOC* 值在最大值与最小值之间时，其等效内阻相对较小，因此在这一区间内工作时，动力电池的效率比较高。

On/Off 能量管理策略的执行情况如下。

（1）当 $SOC \leqslant SOC_{min}$时，动力电池处于低荷电状态，燃料电池系统需要开启并持续工作在高效区，为驱动电动机提供主动力源；当驱动电动机的需求功率 P_{req} 小于此时燃料电池系统输出功率 P_{ro}时，电力控制系统需要将燃料电池系统多余的功率提供给动力电池充电，直至动力电池 $SOC > SOC_{max}$或者 $P_{ro} < P_{req}$。

（2）当 $SOC_{min} < SOC \leqslant SOC_{max}$时，动力电池荷电状态适宜，此时动力电池能够提供的最大的功率为 P_{xm}，当 $P_{xm} > P_{req}$时，动力电池作为主动力源，燃料电池系统处于关闭状态；当 $P_{xm} < P_{req}$时，动力电池的最大功率已不能满足汽车行驶的需求，此时燃料电池系统需要开启，以弥补驱动功率的不足。

（3）当 $SOC > SOC_{max}$时，动力电池处于高荷电状态。在动力电池能够满足驱动电动机需求功率的前提下，需要关闭燃料电池系统，从而让动力电池单独提供驱动电动机的功率需求，直至动力电池 $SOC < SOC_{min}$或者 $P_{xm} < P_{req}$。

2）功率跟随能量管理策略

功率跟随能量管理策略以动力电池的 *SOC* 为核心，即保持动力电池始终工作在最佳的 *SOC* 范围内，燃料电池系统除了供给驱动电动机一部分功率以外，还需要额外承担一部分动力电池的功率消耗。燃料电池系统的开启与关闭不是简单地以动力电池的 *SOC* 上下限阈值为参考的，而是由驱动电动机功率需求以及电池 *SOC* 共同控制的。因此，功率跟随能量管理策略可以在一定程度上解决 On/Off 能量管理策略不能满足燃料电池汽车行驶的动力性要求，以及同时改善燃料电池系统和动力电池系统，使主动力源与辅助动力源尽可能起到最优控制。

功率跟随能量管理策略的执行情况如下：

（1）当汽车停止时，燃料电池系统和动力电池均不向驱动电动机输出功率。

（2）当汽车启动时，燃料电池系统关闭，动力电池单独工作，向驱动电动机输出启动功率 P_{req}，动力电池的输出功率 $P_{xm}=P_{req}$，当燃料电池系统经预热达到启动温度之后，再根据功率需求决定燃料电池系统是否启动，即当驱动电动机功率需求 $P_{req}<P_{xm}$时，动力电池仍旧单独输出功率，直至 $P_{req}\geqslant P_{xm}$时为止。

（3）当汽车处于怠速状态时，系统需求功率 $P_{req}=0$，燃料电池系统和动力电池均不向驱动电动机输出功率，但此时燃料电池系统需要根据动力电池的 SOC 来判断是否向动力电池充电，通常设定动力电池的目标 SOC 为 $SOC_{aim}=(SOC_{min}+SOC_{max})/2$，控制系统根据当前动力电池 SOC 与 SOC_{aim}之间的关系决定燃料电池系统的输出功率，即

$$P_{ro}=\frac{2(SOC_{aim}-SOC)}{SOC_{max}-SOC_{min}}P_{ch} \tag{6-1}$$

式中，P_{ch}为 $SOC=SOC_{min}$时的额外功率。当 $SOC<SOC_{aim}$时，燃料电池系统向动力电池充电；反之，则不向动力电池输出功率。

（4）当汽车正常行驶时，需要根据当前驱动电动机的需求功率与燃料电池系统所能提供的功率进行判断。

① 当 $P_{req}>P_{ro_max}$时，如当汽车处于加速或者上坡时，燃料电池系统输出的最大功率小于驱动电动机所需求的，此时动力电池也需要开启向驱动电动机输出功率，燃料电池系统输出额定功率，动力电池的输出功率为需求功率与燃料电池额定功率的差值，即

$$P_{xm}=P_{req}-P_{ro} \tag{6-2}$$

② 当 $P_{ro_min}<P_{req}\leqslant P_{ro_max}$时，燃料电池系统输出功率除了满足驱动电动机的功率需求之外，还可以根据动力电池的 SOC 来决定是否向动力电池输出功率，此时燃料电池系统的输出功率为

$$P_{ro}=\frac{2(SOC_{aim}-SOC)}{SOC_{max}-SOC_{min}}P_{ch}+P_{req} \tag{6-3}$$

当动力电池 $SOC\geqslant SOC_{aim}$时，燃料电池系统无须向动力电池充电，此时需求功率可由燃料电池系统和动力电池系统同时提供；当动力电池 $SOC<SOC_{aim}$时，燃料电池系统同时为驱动电动机和动力电池输出功率。当驱动电动机的需求功率和动力电池的充电功率之和小于燃料电池系统的最小输出功率 P_{ro_min}时，为避免燃料电池系统在低效率区工作，燃料电池系统以 P_{ro_min}工作。

③ 当 $P_{req}<P_{ro_min}$时，驱动电动机的需求功率较小，若动力电池的 $SOC<SOC_{aim}$，则燃料电池系统工作在高效区，同时为驱动电动机和动力电池输出功率，直至 $SOC\geqslant SOC_{max}$为止；若动力电池 SOC 已处于 SOC_{max}状态，且能满足驱动电动机功率需求时，动力电池单独为系统提供功率输出，直至 $SOC<SOC_{min}$为止，同时，为了避免燃料电池系统频繁启停影响燃料电池系统寿命，需要根据当前动力电池 SOC 来做适当的规定。

(5) 汽车处于制动状态时，此时 $P_{req}<0$，燃料电池系统与动力电池均不向驱动电动机输出功率，可根据当前状态动力电池 SOC 来对制动能量进行回收，给动力电池充电，同时燃料电池系统也需要根据当前状态动力电池 SOC 决定是否向动力电池充电。

与 On/Off 能量管理策略相比，功率跟随能量管理策略不是单纯地以动力电池的 SOC 来决定燃料电池系统的开启与关闭，而是将燃料电池系统的合适工作区间（P_{ro_min}，P_{ro_max}）与动力电池的 SOC 目标值相结合，以驱动电动机的功率需求为依据，综合考虑来实现系统的功率分配。在这一过程中，功率跟随能量管理策略可以避免 On/Off 能量管理策略中燃料电池系统频繁启停和动力电池频繁深度充放电的影响，从而在一定程度上延长了燃料电池汽车的寿命，实现了系统能量分配的优化。

3）瞬时优化最佳能耗能量管理策略

瞬时优化最佳能耗能量管理策略的核心是建立动力系统燃料消耗等价函数，根据等价函数来确定一个周期内驱动电动机的需求功率如何在燃料电池系统和动力电池系统之间分配，从而使得动力系统瞬时燃料消耗量最小。

瞬时优化最佳能耗能量管理策略以功率跟随能量管理策略为基础，其核心是在每个控制周期内对系统的能量分配进行瞬时优化，即决定驱动电动机的功率需求如何在燃料电池系统和动力电池之间分配，从而尽可能地提高汽车的经济性。

当燃料电池汽车工作时，控制系统需要根据当前时刻动力电池的 SOC，来确定下一时刻燃料电池系统是否向动力电池充电。等价氢气消耗函数建立的理论基础是，在 t 时刻，动力电池处于放电状态时，燃料电池系统和动力电池同时向驱动电动机输出功率，为了保证动力电池 SOC 处于 SOC_{aim} 附近，需要在未来向动力电池充电；与之相反，在 t 时刻，动力电池处于充电状态时，燃料电池系统向动力电池和驱动电动机同时输出功率，动力电池需要在未来时刻放电从而使 SOC 回到 SOC_{aim} 附近。

瞬时优化最佳能耗能量管理策略是在保证整车动力性能的前提下，结合燃料消耗等价函数，在每个周期内决定驱动电动机的需求功率如何在燃料电池系统和动力电池中分配，从而实现经济性能的改善。其具体能量管理策略规则如下：

(1) 停车及怠速阶段。根据动力电池 SOC 来判断燃料电池系统是否需要向动力电池充电。

(2) 启动阶段。动力电池向燃料电池系统输出功率，直至达到燃料电池暖机启动温度，再根据驱动电动机需求功率决定燃料电池系统是否输出功率。

(3) 正常行驶阶段。此阶段可分为四种情况：动力电池输出功率，燃料电池以小功率输出；燃料电池系统和动力电池混合驱动，功率分配比根据瞬时优化函数决定；燃料电池系统输出功率满足驱动电动机功率需求，同时给动力电池充电；燃料电池系统单独工作，动力电池 SOC 处于较为稳定状态，燃料电池系统处于最佳工况点。

(4) 制动阶段。动力电池和燃料电池系统均不向驱动电动机输出功率，此时可根据当前动力电池 SOC 状态对驱动电动机的制动能量进行回收。

三种能量管理策略比较见表 6-1 所列。

表 6-1　三种能量管理策略比较

能量管理策略	控制目标	优点	缺点
On/Off 能量管理策略	燃料电池系统工作在高效区	燃料电池系统工作于高效区，经济性好，易于控制	没有考虑动力电池的工作状态，容易导致过充过放，且系统动力性较差
功率跟随能量管理策略	动力电池工作在最佳 *SOC* 范围内	动力电池处于浅充浅放状态，电池寿命长，且系统动力性较好	对燃料电池系统的要求较高，系统的控制难度增加
瞬时优化最佳能耗能量管理策略	动力系统瞬时燃料消耗量最小	经济性和动力性俱佳	控制策略较复杂，对控制系统的要求较高

除此之外，相关学者在功率跟随能量管理策略的基础之上，根据不同类型的燃料电池汽车，结合模糊控制、遗传算法、神经网络算法等先进算法，提出了许多新的能量管理策略。

6.3　燃料电池汽车的氢安全问题

氢是自然界最轻的元素和最丰富的元素之一，H_2 是一种无色、无味的气体，在一个标准大气压、273 K 的条件时，密度为 0.098 g/L，在自然状态下通常是以化合形态存在，主要存在于水和碳氢化合物中。

氢燃料是有广泛来源的可持续发展的燃料，在燃料电池汽车上，可以采用高压氢气、液化氢气和用甲醇、汽油等经过改质处理产生的氢气。但氢燃料的制备、储存、运输、灌装、安全保障是一个复杂的系统工程。本节主要介绍氢燃料在燃料电池汽车上的制备、储存和使用安全等问题。

6.3.1　氢燃料的制取

目前，氢燃料的制取主要是利用甲醇及化石燃料，以及电解水制氢的方法。近年来，随着大规模制氢需求的增加及技术的发展，一些环保的、新型的制氢方法，如太阳能制氢、生物制氢等方法应运而生，并将逐渐成为大规模制氢的主流。

1）甲醇制氢

甲醇经过改质处理可以获得氢气。甲醇在室温和常压下为液态，不会发生自燃、爆炸，毒性小于汽油，不会发生人身中毒现象。甲醇的生产、储存、保管、充加、携带和运输等各个环节都不需要特别的专用装置。如果采取有效的防腐措施，提高管道的各种门和泵的防腐蚀能力，便可以利用现成的汽油储运系统储运甲醇。

甲醇分子结构简单，氢-碳比例最高，没有难以分离的碳-碳原子共价键，比其他醇类燃料更容易释放氢，甲醇中不含硫，不会引起催化剂中毒。

甲醇采用改质技术，从碳氢化合物中分解出氢气，当前采用的改质主要技术是蒸汽改质技术，此方法产生的氢气的比例可达 75%，改质效率较好，是车载制氢的主要方法。

(1) 甲醇蒸汽改质法的工作原理

① 分解反应。分解反应是一个吸热反应过程，需要在 621 ℃的高温下进行，分解反应如下：

$$CH_3OH \longrightarrow 2H_2 + CO$$

② 转化反应。转化反应是一个轻微的放热反应过程，要求在 200 ℃～300 ℃的高温下进行，转化反应如下：

$$CO + H_2O \longrightarrow H_2 + CO_2$$

③ 甲醇在蒸汽器中的总的化学反应如下：

$$CH_3OH + H_2O \longrightarrow 3H_2 + CO_2$$

甲醇用蒸汽改质法生产氢气的流程如图 6－11 所示。

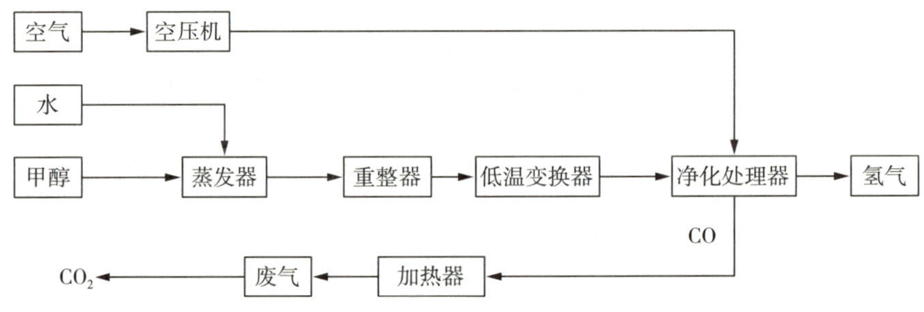

图 6－11　甲醇用蒸汽改质法生产氢气的流程

用蒸汽改质法对甲醇进行改质为 H_2 时，将甲醇和纯水的混合物，一起进入蒸发器中加热，蒸发成甲醇和纯水的混合气，然后进入气体改质器中，甲醇和纯水的混合气可以在相对较低的温度下转化反应为 H_2，同时甲醇中的碳原子形成二氧化碳 CO_2，甲醇在蒸汽改质器中改质反应的温度为 200 ℃～300 ℃；将改质器中少量没有发生氧化反应的 H_2 和 CO，再输送到燃烧器中，可以作为燃料来加热蒸发器，保持蒸汽改质器在改质时的高温。在甲醇经过反应得到的 H_2 中，要求控制 CO 的浓度小于 10×10^{-6}。

(2) 甲醇部分氧化改质法的工作原理

甲醇在部分氧化改质法中的转化反应时，反应温度在 400 ℃～600 ℃。甲醇在高温作用下分解，其中碳原子 C 与空气中的氧 O_2 作用后形成 CO_2，H_2 则从中单独分离出来。甲醇在部分氧化改质法中的化学反应过程：

$$2CH_3OH + O_2 + 4N_2 \longrightarrow 4H_2 + 4N_2 + 2CO_2$$

将其中少量的 CO 输送到燃烧器中作为燃料用来加热空气。

(3) 甲醇废气改质法的工作原理

甲醇在废气改质法中的转化反应，在第一阶段反应温度为 200 ℃～600 ℃。在第二阶段反应过程中的反应温度为 250 ℃左右。所产生的废气可以用来加热空气，来保持废气

改质器的高温，甲醇在废气改质法中的化学反应过程：

$$3CH_3OH+O_2+N_2+H_2O \longrightarrow H_2+N_2+3CO_2$$

2）化石燃料制氢

化石燃料制氢是目前制氢的主要途径，其缺点是化石燃料储量有限，且制氢过程会对环境造成污染。化石燃料制氢主要有天然气制氢和煤气化制氢。

（1）天然气制氢

天然气制氢可采用天然气蒸气重整、部分氧化和自热重整等方法。

① 天然气蒸气重整。首先清除天然气中的硫化物，然后和水蒸气混合，送入内部有镍氧化铝催化剂的反应器，同时从外部加热生成 CO 和 H_2，反应式为

$$CH_4+H_2O \longrightarrow CO+3H_2$$

然后，发生水-气转化反应，将 CO 和 H_2O 转化成 CO_2和 H_2，反应式为

$$CO+H_2O \longrightarrow CO_2+H_2$$

随着反应的进行，水蒸气有可能被 CO_2取代，因此会发生下面的反应

$$CH_4+CO_2 \longrightarrow 2CO+2H_2$$

H_2中若含有 CO，会使燃料电池中的催化剂中毒，降低燃料电池的性能和寿命。为此，要对反应器输出的 H_2进行提纯，清除其中的 CO、S 等有害物质。用天然气蒸气重整制取 1 kg 的 H_2，需要 2 kg 的 CH_4和 4.5 kg 的水。

② 天然气部分氧化。天然气可在氧气中部分氧化生成合成气（水煤气），反应式如下：

$$2CH_4+O_2 \longrightarrow 2CO+4H_2$$

以上反应是放热反应，使用或不使用催化剂均可。

③ 天然气自热重整。天然气自热重整是结合天然气蒸气重整和部分氧化的一种新方法，是指在氧气内部燃烧的反应器内完成全部烃类物质转化反应的过程。部分氧化是个放热反应，它放出的热量可提供给蒸气重整过程，这样既可限制反应器内的最高温度又可降低能耗。天然气自热重整的总反应式为

$$CH_4+xO_2+(2-2x)H_2O \longrightarrow CO_2+(4-2x)H_2$$

（2）煤气化制氢

所谓煤气化，是指煤与汽化剂在一定的温度、压力等条件下发生化学反应而转化为煤气的工艺过程。煤气化技术按汽化前煤炭是否经过开采，可分为地面汽化技术（即将煤放入汽化炉内气化）和地下汽化技术（即让煤直接在地下煤层中气化）。煤气化制氢曾经是主要的制氢方法，随着石油工业的兴起，特别是天然气蒸气重整制氢技术的出现，煤气化制氢技术呈现逐步减缓发展态势。但对中国来说，煤炭资源丰富，价格相对低廉，

而天然气价格较高，且资源储量并不大，因此对我国大规模制氢而言，煤气化是一个重要的途径。

① 煤的地面气化技术。此技术主要包括四个过程，即造气反应、水煤气转化反应、氢的纯化和压缩。

造气反应生成焦炉煤气、水煤气、半水煤气等CO和水的合成气，方程式为

$$C(s)+H_2O(g) \longrightarrow CO(g)+H_2(g)$$

水煤气转化反应将CO和水的合成气转化为CO_2和H_2，方程式为

$$CO+H_2O \longrightarrow CO_2+H_2$$

煤气化反应是一个吸热反应，反应所需热量由碳的氧化反应提供。

② 煤的地下气化技术。煤的地下气化就是将地下处于自然状态下的煤进行有控制的燃烧，通过对煤的热作用及化学作用产生可燃气体，这一过程在地下气化炉的气化通道中由3个反应区域（氧化区、还原区和干馏干燥区）来实现。煤的地下气化技术被认为是实现大规模制氢的候选技术之一。

(3) 汽油制氢

汽油作为汽车的燃料已有100多年的历史，单作为内燃机的燃料时，热量转换的效率仅为12%左右，如果将汽油经过改质处理转化为氢气，作为燃料电池的燃料，热量转换的效率可达34%左右，热效率将得到显著地提高。由于采用的改质方法不同，改质时所发生的化学反应和改质工艺过程也有所不同。

将汽油经过改质处理后转化为氢气的方法有：蒸汽部分氧化法（图6-12），改质处理温度为600 ℃～700 ℃；无催化部分氧化法，改质处理温度为1400 ℃～1600 ℃；接触部分氧化法，改质处理温度为700 ℃～1000 ℃。通用汽车公司用贵金属钯作为催化剂，将钯粒装置于小格槽内，汽油加热通过小格槽时，使汽油转化为氢气，可以防止汽油在改质时产生碳氢化合物，只是产生CO_2，提高了改质转换的效率，减少了污染物的排放。

3) 电解水制氢

电解水制氢是传统的制氢方法，在技术上是十分成熟的一种方法。制氢原理相当简单，由浸没在电解液中的一对电极，以及中间隔一层防止氢气渗透的隔膜，构成水电解

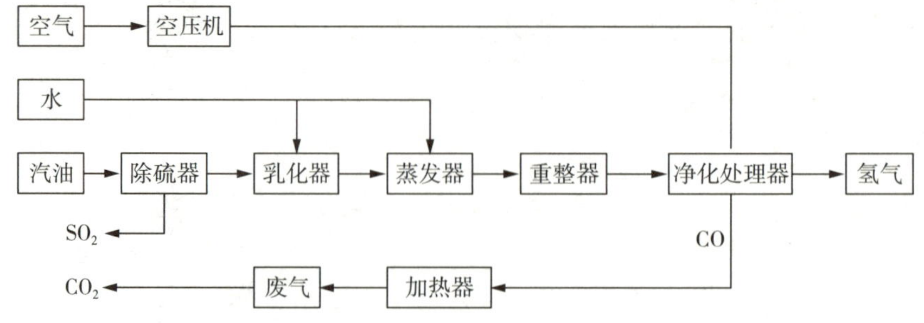

图6-12 汽油用蒸汽部分氧化法生产氢气的流程

室。电解液一般是含有 30%左右氢氧化钾（KOH）的溶液，当接通直流电后，水就分解为氢气和氧气。

水电解制氢，技术成熟、设备简单、运行可靠、管理方便、不产生污染，可制得氢气纯度高、杂质含量少，适用于各种应用场合。唯一缺点是耗能大，制氢成本高。目前商品化的水电解制氢装置的操作压力为 0.8～3.0 MPa，制氢纯度可达 99.7%，制氧纯度达 99.5%。

水电解制氢的关键是如何降低电解过程中的能耗，提高能量转换效率，电解水制氢一般都以强碱、强酸或含氢盐溶液作为电解液。目前商用电解法，能耗水平约为生产 1 m^3的氢气需要 4.5～5.5 kW·h 的电。这表明采用此法的制氢成本过高，对于大规模商业化制氢是不合适的。目前各国正研发低能耗电解水技术，例如，美国 GE 公司开发的一种固体高分子电解质水解法，以离子交换膜作为隔膜和电解质，使电解过程的能耗大大降低。

用常规能源（煤、石油等）生产的电来电解水制氧，显然在成本、能量效率和环保方面是没有优势的。近年来，利用水利能、太阳能、风能、地热等可再生能源发电来制氢受到人们的很大关注，这样可以实现从制氢到燃料电池应用的整个能量链的低污染、低排放。

4）利用工业生产含氢尾气制氢

（1）合成氨生产尾气制氢

在合成氨的生产过程中，含氢尾气的回收利用制氢应用广泛。制造合成氨的合成气中含有少量甲烷不参加合成反应，而且会在生产过程中逐渐积累，因此必须加以排除，与此同时也会把有效气体一起排放。合成氨的排放气压力≥5.0 MPa，排放气的化学成分组成如下：H_2占 50%～65%、N_2占 15%～20%、Ar 占 3%～4.5%、NH_3≤200×10^{-6}。生产 1 t 合成氨，排放气量 150～250 Nm^3，按我国每年生产合成氨能力为 1.5 亿 t 计算，每年可回收纯度大于 99%的纯氢达 120 亿 Nm^3。

（2）炼油厂回收富氢气体制氢

炼油厂石油加工过程中有多种副产富氢气体。例如，在催化重整过程中，烃类发生转移反应，副产大量的富氢气体（含氢量高达 80%）；在加氢精制、加气裂化反应、渣油催化裂化等过程中均有排放气、副产富氢气体产生。采用相应的提氢装置，就可使这些富氢气体得到回收利用。现在一套提氢装置的处理能力可达 50 000 Nm^3/h，因此炼油厂利用富氢气体回收制氢产量相当可观。

（3）氯碱厂回收副产氢制氢

氯碱厂以食盐水（NaCl）为原料，采用离子膜或石棉隔膜电解槽生产烧碱（NaOH）和氯气（Cl_2），同时可得到副产品氢气。把这类氢气再去掉杂质，可制得纯氢，供各行各业使用。我国现在氯碱厂生产能力约为 550 万 t/年，以每生产 1 t 烧碱，可得副产氢 270 Nm^3计算，每年可制得 14 亿 Nm^3氢气。

（4）焦炉煤气中氢的回收利用

焦炭生产过程中，可获得焦炉煤气，其氢的含量为 50%～60%。可以用此法提取纯氢。绝大多数钢铁企业和焦化厂都生产焦炭。生产 1 t 焦炭，可获得 400 Nm^3 焦炉煤气，可提取纯氢 240 Nm^3。我国焦炉煤气年产量约为 220 亿 m^3，可从焦炉煤气中提取纯氢 130 多亿 m^3。

综上所述，利用化石燃料制氢是现在工业制氢的主要途径，而且在许多场合是石化、钢铁、焦化工业的重要副产品。

5）其他制氢方法

除了传统的化石燃料制氢和电解水制氢，目前还有一些正在发展中的制氢技术，如热化学分解水制氢、太阳能制氢和生物制氢。

（1）热化学分解水制氢

所谓热化学分解水制氢是指在一定温度条件下，直接利用热能使水通过一定的化学反应过程进行分解来制取氢气，直接用热能使水分解是非常困难的，热化学法则是借助复杂的化学反应过程，通过某些装置把热能转化为化学能，制取氢气，这与水的电解法制氢不同，水的电解法制氢是由电能转化为化学能，制取氢气，显然后者要求能量转换多次，效率相对前者要低得多。到目前为止虽有多种热化学制氢方法，但总效率都不高，仅为 20%～50%，而且还有许多工艺问题需要解决。

（2）太阳能制氢

太阳能是取之不尽的可再生、环保能源，利用太阳能制氢有多种方式，主要包括太阳能热分解水制氢、太阳能电解水制氢、太阳能光化学分解水制氢、太阳能光电化学分解水制氢等。

① 太阳能热分解水制氢。太阳能热分解水制氢有两种方法，即直接热分解和热化学分解，前者需要把水或蒸气加热到 3000 K 以上，水中的氢和氧才能够分解，虽然其分解效率高，不需要催化剂，但太阳能聚焦费用太昂贵。后者是在水中加入催化剂，使水中氢和氧的分解温度降低到 900～1200 K，催化剂可再生循环使用，目前这种方法的制氢效率已达 50%。

② 太阳能电解水制氢。太阳能电解水制氢是首先将太阳能转换成电能，然后再利用电能来电解水制氢。

③ 太阳能光化学分解水制氢。将水直接分解成氧和氢是很困难的，但把水先分解为氢离子和氢氧离子，再生成氢和氧就容易得多。基于这个原理，先进行光化学反应，再进行热化学反应，最后再进行电化学反应即可在较低温度下获得氢和氧，在上述三个步骤中可分别利用太阳能的光化学作用、光热化学作用和光电作用。这种方法为大规模利用太阳能制氢提供了实现的基础，其关键是寻求光解效率高、性能稳定、价格低廉的光敏催化剂。

④ 太阳能光电化学分解水制氢。该法利用特殊的化学电池，这种电池的电极在太阳光的照射下能够维持恒定的电流，并将水离解而获取氧气。这种方法的关键是需要有合适的电极材料。

（3）生物制氢

人们已发现江河湖海中的某些藻类也有制氢的能力，如小球藻、固氮蓝藻、绿藻等

就能以太阳光为动力，以水为原料，源源不断地放出氢气来，生物制氢是通过高效产氢细菌的作用，把自然界存在于有机化合物（碳水化合物、蛋白质等）的能量转化为氢气。能够产氢的微生物分为两类：一类是光合厌氧型产氢细菌；另一类是厌氧型产氢细菌；前一类又称“光合菌”，它是利用有机酸经过光照之后产生氢气和二氧化碳；后一类又称“厌氧菌”，它是利用碳水化合物（单糖、二糖或多糖等）及蛋白质等发酵，产生氢气、二氧化碳和有机酸，其中有机酸还可利用光合菌在光照下产生氢气和二氢化碳。通过微生物制取的氢和二氧化碳气体，再经过提氢装置加以分离，就可以制得纯度高于 99%的纯氢。

各种以粮食类为原料进行加工的食品厂、酒精厂、酒厂、味精厂等的生产过程中会排放高浓度有机废水，既可将高浓度有机废水处理达标后排放，又可制取氢气。处理 1 t 高浓度的有机废水，可制取 5～8 Nm^3 氢气。目前人们还正在研发对农作物废弃的植物秸秆以及海藻等的发酵液的微生物制氢技术，总之，生物制氢是可持续地从自然界中获取氢气的重要途径之一，具有良好的应用前景。

6.3.2　氢燃料的储存与供应

1）高压氢气的储存方法

目前大多数燃料电池汽车，主要采用高压氢气。用合金钢材制造的高压容器装载氢气时，储存氢气的压力为 15 MPa，氢气的重量仅占储存容器总重量的 1%。用特制高强度奥氏体钢材制造的高压容器装载氢气时，氢气压力可达 25～70 MPa。

在燃料电池汽车上常采用氢气压力为 25～35 MPa 的高压氢气，采用经过环氧树脂浸渍的碳纤维缠绕的高压储气罐储存高压氢气。氢气的重量占储存容器总重量的 2%～6%。氢气压力增高的同时，氢气储存罐的壁厚也要加厚。高压密封容器结构复杂、体积大、质量重、安全性差。氢气的灌装需要复杂的灌装设备，需要氢气的压力超过高压容器的压力，灌装时间长、灌装时能耗大。

通常采用的 35 MPa 的高压氢气的能量密度为 2.7 MJ/L，70 MPa 的高压氢气的能量密度为 4.7 MJ/L，不同压力的氢气对储存罐的容积有不同的要求。例如：质量为1500 kg 的燃料电池汽车行驶 560 km 需要 6.8 kg 的氢气。如果采用的压缩氢气的压力为 25 MPa，则燃料罐的容积为 340 L；如果采用的压缩氢气的压力为 52 MPa，则燃料罐的容积为 160 L。

25 MPa 的高压储气罐，可维持燃料电池汽车的续驶里程约为 200 km；70 MPa 的碳纤维缠绕的高压储气罐，可维持燃料电池汽车的续驶里程约为 500 km。

Thiokol 公司采用合成碳纤维、塑料内衬、碳纤维缠绕制造特种形状的储氢罐，以适应车辆装载空间的布置。Thiokol 公司针对氢对罐体材料的渗透性、强度和制造工艺性等进行大量的研究，并研发了爆破压力可达 94 MPa 的高压储氢罐（图 6－13）。

2）液化氢的储存方法

氢气需要在高压和－253 ℃的超低温状态才能成为液化氢，需要用绝热技术超低温状态的特殊装置储存。一般是将液态氢储存在特制双层、用碳纤维增强、有塑料内衬、耐爆破压力达到 94.8 MPa 以上的圆柱形的储氢罐中，在双层罐壁之间抽成真空，以减少热传导。超低温的液氢储存罐的结构复杂，罐壁的厚度超过高压氢气储气罐的壁厚（图 6－14）。对控制液氢的温度、储氢罐的真空压力等的管理和维护要求很高。如果出现细微热量的热传导，即会使液态氢蒸发而造成能量损失。液态氢的灌装需要特殊的灌装条件和灌装设备。

图 6－13 高压储氢罐

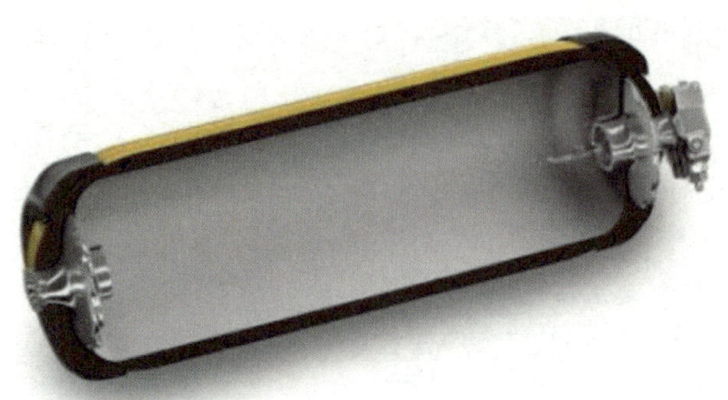

图 6－14 液态氢气储存罐

液化氢具有最高的储存密度，－253 ℃的液氢密度为 0.07 kg/L，容器的质量容量可达 10%以上，储氢量远远高于其他的储氢方法。在 1 cm^3 的容积内，可储存液化氢为 800 cm^3。液化氢的比能量约为汽油的 3 倍，但是液化氢的能量密度又是最低的，其低热值不到汽油的 1/3，因此，在相同的能量要求时，液化氢的体积约为汽油的 3 倍多（图 6－15）。

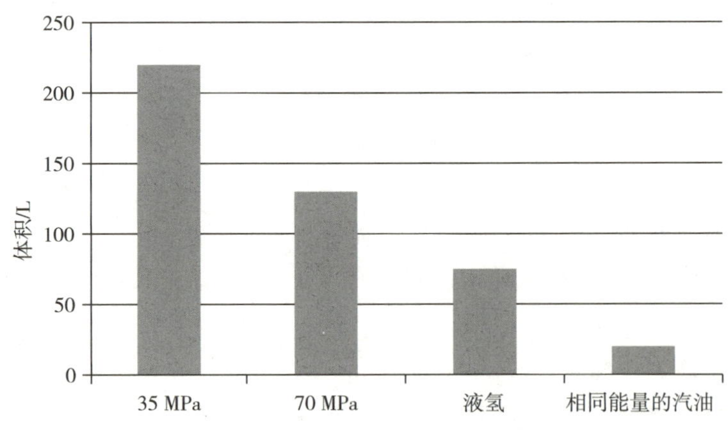

图 6－15 储存 5kg 不同压力氢气和液氢的体积与汽油体积之比

未来氢的储存方式逐渐向液态氢甚至固态氢的储存方式发展。储氢系数的增加，对应为燃料电池汽车的续驶里程的增加。

3）氢吸附合金的储存氢装置

氢吸附合金有 $TiCr_2$、TiCrO、FeTi、$LaNi_5$、Mg、Mg_2Al_3、Mg_2Ni 等金属，它们能

够吸附氢气成为氢化物，$TiCr_2H$、TiCrOH、$FeTiH_2$、$LaNi_5H_6$、MgH_2、$Mg_2Al_3H_6$、Mg_2NiH_4等金属氢化物。不同的氢吸附合金在不同的温度和不同的压力作用下吸附氢气，当遇到水或加热后，吸附合金的氢化物发生解吸，将氢气释放。氢吸附合金的氢储藏量为 1000～1100 cm^3。

日本所研发的钛基吸附合金，可以在常温状态和 10 MPa 的压力下压入氢气，然后在加热时将氢释放出来，氢的储存量可以达到 1600 cm^3。

美国 ECD（Energy Conversion Devices）所开发的镁基吸附合金，氢的储存量可达到 3500 cm^3。戴-克汽车公司采用世纪电池公司 Millenium Cell 开发的 $NaBH_4$ 氢吸附合金安全可靠，一次充氢后燃料电池汽车的续驶里程达到 483 km。

4）碳纳米材料储氢装置

碳纳米管（Carbon Nanotube）是石墨烯片层卷成的无缝管，碳纳米管有单壁碳纳米管和多壁碳纳米管。碳纳米管是一种较好的储氢材料。通过水、热处理、溴化、氧化的组合处理，可获得 95%高纯度的碳纳米管，氢电弧法制备的单壁碳纳米管可获得 90%纯度的碳纳米管。经处理后的单壁碳纳米管储氢量可达 60 kg/m^3，充放电的容量为 250 mA·h/g。多壁碳纳米管储氢量可达 30 kg/m^3，充放电的容量可达 300 mA·h/g。碳纳米管吸附材料有较大的吸附氢气的能力，但价格昂贵，应用到汽车上还有待进一步开发（图 6-16）。

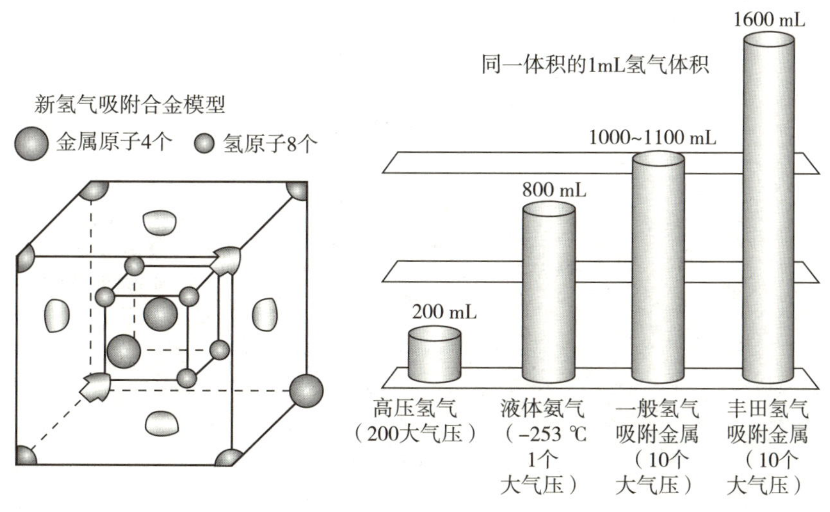

图 6-16　碳纳米管的储氢原理示意图与不同压力的氢气的体积

5）氢气供应系统

氢气的供应系统从氢气的制备、储存、运输、灌装到使用等，是一个复杂的系统工程，氢气又是一种无色、无臭的可燃气体，一旦泄漏就会引发严重的事故，因此在每一个环节上都必须建立安全防护和灭火体系。比如车载供氢系统（图 6-17）、简易加氢站（图 6-18）及慕尼黑机场的氢气供应系统（图 6-19）。

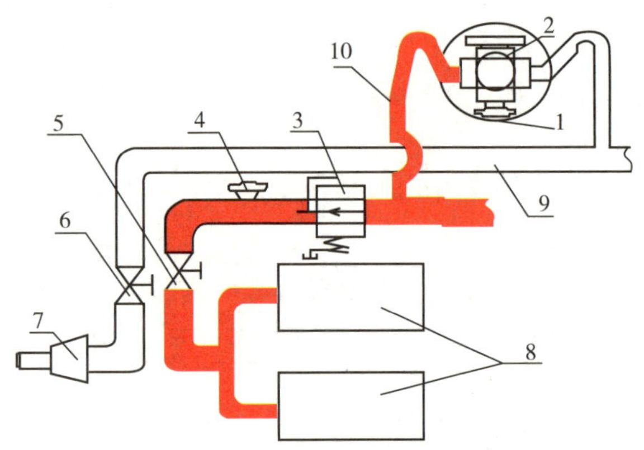

1—氢瓶；2—电磁阀；3—减压阀；4—压力表；
5、6—截止阀；7—加氢口；8—燃料电池；
9—加气管；10—输气管。

图 6-17 车载供氢系统

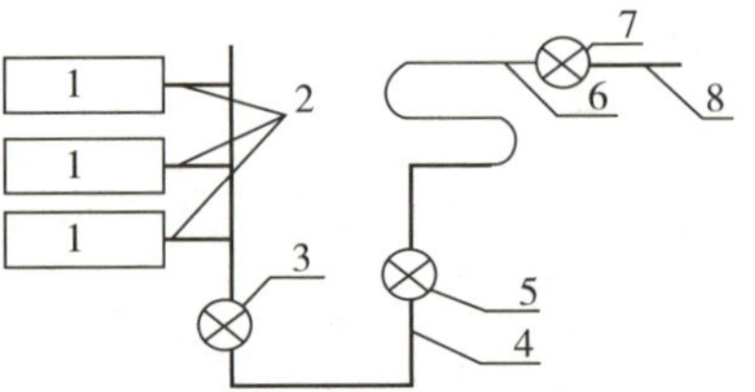

1—氢瓶；2—截断阀；3—主截断阀；
4—供气管道；5—紧急阀门；
6—供气软管；7—加气阀门；8—加气枪。

图 6-18 简易加氢站

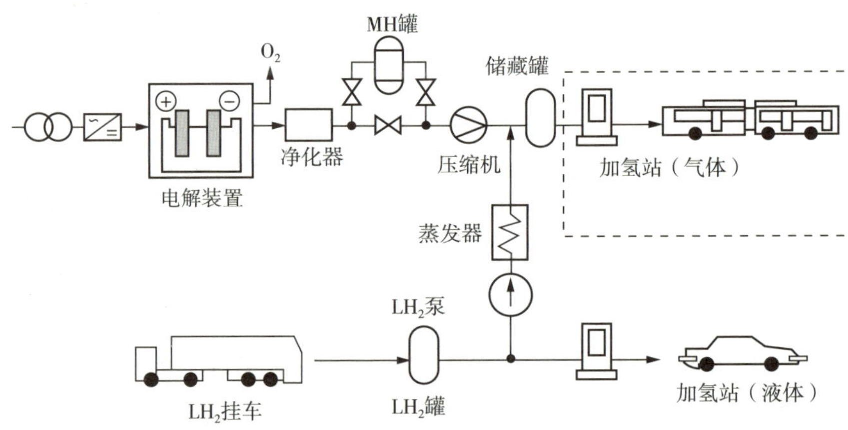

图 6-19 慕尼黑机场的氢气供应系统

不同储氢装置对氢气纯度的要求见表 6-2 所列。

表 6-2 不同储氢装置对氢气纯度的要求

储氢装置	单位	高压储氢	液态储氢	Ti 系合金储氢	碳纳米管储氢
对氢气纯度的要求	%	99	99.99	99.9999	99.9999
单位质量的储氢量	kg/kg	—	—	2	4
单位体积的储氢量	kg/m^3	31.5	71	61	160

（续表）

储氢装置	单位	高压储氢	液态储氢	Ti 系合金储氢	碳纳米管储氢
比能量	kW·h/kg	—	—	0.79	5.53
能量密度	kW·h/L	1.24	2.8	2.4	6.32
能量综合利用率		低	较低	高	高
安全性		低	低	较高	较高
当前应用情况		多	少	少	少
使用特征		1）使用简单方便 2）需要耐高压容器 3）运输、灌装复杂 4）安全性差	1）使用方便、高效 2）需要高压低温容器 3）灌装耗费能量大 4）安全性差	1）操作、运输、储存较简便、高效 2）安全性好 3）储氢量受储氢材质影响，储存效率低 4）储氢材料成本高	

6.3.3 氢燃料的安全防护

氢气是一种气体燃料，不同于石化液体燃料，物理特征为：易扩散、浮力大、能量密度低、爆炸能量低等。危险特征为：易泄、着火能量低、着火范围宽、火焰传播速度快、易产生爆炸等。氢气中不含碳，在燃烧时的火焰不可见，在大气中的爆炸极限是4%～75%，其危险性远远超过汽油等燃料。在空气中氢的浓度超过一定限度时，还会对人体健康造成危害。

氢燃料的制备、储存、保管、运输、灌装、使用等环节，都可能引起安全事故，对于燃料电池汽车和氢燃料发动机汽车，在灌装、使用或操作不当时会引起的事故主要是火灾。

各种氢气罐必须遵照国家的有关高压储存罐的安全标准制造和检验，并按批量生产的氢气需要抽样进行爆破试验，确保高压罐的结构安全。为了防止氢气的泄漏，在氢气罐的顶端装置一体式组合阀，包括氢气罐内的压力传感器、温度传感器、高压电磁、安全网和手动截止阀等。在灌装口内部装置单向阀和颗粒过滤器，防止氢气向外泄漏和防止颗粒进入氢气罐。高压氢气通过减压阀、流量计减压后，向燃料电池发动机提供稳压的氢气。

在汽车安装氢气罐的部位，安装氢气供应系统的管道、阀门接头、仪表，以及安装燃料电池发动机等的部位，都必须安装氢气传感器以及报警系统，并按照氢气是轻度泄漏、中度泄漏和紧急报警的不同等级进行报警，能自动快速采取应急安全措施。

氢燃料需要“加湿”后进入燃料电池进行化学反应，当氢气与氧气反应产生电能后，氢气被消耗，而水分会在质子交换膜的膜片上凝结，凝结的水分导致交换膜的有效面积减少，使膜片有效性降低，而影响燃料电池发动机的整体效率。为了清除膜片上沉积的水分，有的利用氢气的压力将水分“吹走”，并作为废气排出，形成“氢排放”。不仅降低了燃料电池发动机的热效率，还会造成安全隐患。

燃料电池汽车的氢气供应和使用时，可能发生的事故有：

(1) 在罐体质量不良、超压灌装、碰撞等造成罐体破裂等突发事故时，氢气瞬间快速释放，可能发生火焰喷射、爆炸等严重事故。在通用汽车公司 X-By-Wire 燃料电池汽车上，将氢气罐安装在滑板式底盘中，在前后都装有防碰撞装置，并与乘客的乘坐区分离开，可以降低氢气爆炸对人身的伤害。一般用普通汽车改装的燃料电池汽车，将氢气罐安装于后排座椅后部和行李舱前部，可以减少因碰撞损坏氢气罐体的事故概率。

(2) 罐体的微孔泄漏、管道、阀座、阀体、仪表接头等的泄漏导致持续的泄漏，根据泄漏量的大小，是否与明火或高温接触等，可能引起缓慢地燃烧，如果未能及时排除，会引发严重的安全事故。

(3) 燃料电池发动机系统的密封损坏、燃料电池的双极板导槽密封损坏引起的泄漏、未进行化学反应的氢气在回收系统中的泄漏，以及结构件老化后引起的泄漏，使得泄漏的氢气聚集在温度适合的条件下，也可能引起缓慢地燃烧。

(4) 燃料电池汽车在长期停放时，由于微量泄漏的氢气未能随空气流动而聚集，在车辆周围或停车库形成氢气与空气的混合氢气烟雾，在温度适合的条件下，也可能引起燃烧或爆炸。

在正常的情况下，由于交通事故引起的罐体爆炸等概率较低，但氢气是无色、无臭的气体，在生产、储存、运输、灌装系统中出现的氢气泄漏，容易被工作人员忽略，所以存在事故隐患。目前采用在管道、阀门、接头等处用气泡检查部件的密封性，用气体分析仪测定空气中氢气的浓度，用氢气泄漏传感器和报警器等方法，检测氢气泄漏情况。国外采用专门的“环境舱”进行氢泄漏与氢排放的综合检测。

在燃料电池汽车上，乘员乘坐舱与氢气供应和使用系统隔离，电气系统与氢气供应系统和使用系统隔离，装备氢气泄漏检测、报警装置，以及快速切断措施。要做到：①不泄漏；②可以快速检测出氢泄漏并报警；③检测出泄漏能立即采取应急处理，截断氢气源；④根据轿车、客车和货车不同的氢气罐的装置位置，设置氢气罐的安全防护、防撞构件，确保在出现交通事故时，绝对不会引起的氢气罐罐体的爆炸。通常，燃料电池汽车氢安全报警处理系统的工作框图如图 6-20 所示。

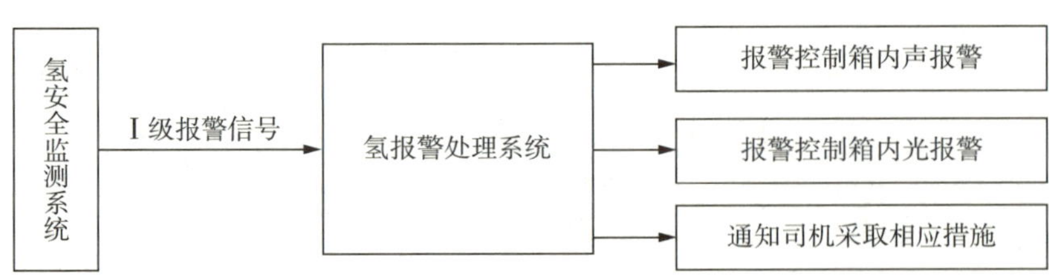

图 6-20 燃料电池汽车氢安全报警处理系统的工作框图

6.3.4 氢燃料的特点

1）优点

氢气是燃料电池最理想的燃料，纯度高，在燃料电池汽车上可以直接使用，用氢气作为燃料的燃料电池系统简单，起动快、性能稳定，对负荷变化的响应快，排放为零污染，相对成本较低。随着氢气储存装置的改进，氢气储存装置在燃料电池汽车上的布置问题将进一步得到解决。

按轿车或客车车型的不同，用高压气态氢，一般一次充氢的行驶里程为 200～250 km；用液态氢一次充氢的行驶里程可达 400～500 km；用储氢合金一次充氢的行驶里程可达 400 km 左右。

2）缺点

氢气的供应是一个庞大、复杂的系统工程，需要建立大规模的氢气制造厂、灌装厂、运输、储存和添加网络，各个环节的安全防护体系以及车载氢气的安全防护等。因为成本高，所以建立起来需要大量的投资和较长的时间。

6.4 燃料电池汽车的关键技术与存在的问题

6.4.1 燃料电池汽车的关键技术

1）燃料电池系统

燃料电池是燃料电池汽车发展的最关键技术之一。车用燃料电池系统的核心是燃料电池堆。燃料电池堆技术发展趋势可用耐久性、低温启动温度、净输出比功率及制造成本四个要素来评判。燃料电池堆研究正在向高性能、高效率和更高耐久性方向努力。

降低成本也是燃料电池堆研究的目标，控制成本的有效手段是减少材料（电催化剂、电解质膜、双极板等）的费用，降低（膜电极制作、双极板加工和系统装配等）加工费，但是如何在材料价格与系统性能之间取得平衡，依然需要继续研究。以电催化剂为例，非铂催化剂体系虽然在降低成本上有潜力，但是其性能却远远无法达到车用燃料电池系统的要求，人们一直努力降低铂的使用量，但即使是膜电极中有高负载量（如 Pt 担载量为 1 mg/cm^2），其性能也不能满足车用功率的需求。如何更有效地利用电催化剂的活性组分，使活性组分长期保持高活性状态，延长催化剂使用寿命是催化剂研究应该考虑的重点。

另外，作为车用燃料电池系统还需要攻克许多工程技术壁垒，包括系统启动与关闭时间、系统能量管理与变换操作、电堆水热管理模式及低成本高性能辅助设施（包括空气压缩机、传感器和控制系统）等。

2）车载储氢系统

储氢技术是氢能利用走向规模化应用的关键。目前，常见的车载储氢系统有高压储氢、低温储存液氢和金属氢化物储氢三种基本方案。对于车载储氢系统，美国能源部提出在续驶里程与标准汽油车相当的燃料电池汽车车载氢目标是质量储氢密度为6%、体积储氢密度为60 kg/m³。纵观现有储氢方案，除了低温储存液氢技术，其他技术都不能完全达到以上指标。而低温储存液氢的成本与能耗很大，作为车载储氢并不是最佳选择。

如何有效减小储氢系统的质量与体积，是车载储氢技术开发的重点。一个比较理想的方案是：采用储氢材料与高压储氢复合的车载储氢新模式，即在高压储氢容器中装填质量较轻的储氢材料，这与纯高压（大于40 MPa）储氢方式相比，既可以降低储氢压力（约10 MPa），又可以提高储氢能力。复合式储氢模式的技术难点是如何开发吸、放氢性能好、成型加工性良好、质量轻的储氢材料。

3）整车热管理

燃料电池汽车整车热管理有两方面特性需要关注。

（1）燃料电池发动机自身的运行温度为60 ℃～70 ℃，实际散热系统的工作温度大致可以控制在60 ℃，这样一来与整车运行的环境温度相比，温差不大，造成燃料电池汽车无法像传统汽车一样依赖环境温差散热，转而必须依赖整车动力系统提供额外的冷却动力为系统散热，这样从动力系统效率角度考虑是不经济的，二者之间的平衡将是在热管理开发方面必须关注的。

（2）目前整车各零部件的体积留给整车布置回旋的余地很小，造成散热系统设计的改良空间不大，无法采用通用的解决方案应对，必须开发专用的零部件（如特殊构造或布置的冷凝器、高功率的冷却风扇等），这样就要求有丰富的整车散热系统的基础数据以支持相关开发设计，而这点正好是目前国内整车企业欠缺的。

另外，与整车散热系统密切相关的车用空调系统开发也是整车企业必须关注的。由于没有传统的汽油发动机，传统空调的压缩机动力源发生了颠覆性变化，改用纯电动压缩机作为空调系统的动力源。这样在做整车散热系统需求分析时，空调系统性能需求作为整车散热系统的“负载”因素也成为散热系统开发的技术难点。

4）整车与动力系统的参数选择与优化设计

燃料电池汽车整车性能参数是整个燃料电池动力系统开发的信息输入，而虚拟配置的动力系统的特性参数也影响整车性能。两者之间的参数选择是一个多变量多目标的优化设计过程，而且参数选择与行驶工况和控制策略紧密相关，只有在建立了准确的仿真模型基础上，经过反复寻优计算才可能得到较好的设计结果。目前参数设计主要借助于通用的或专用的仿真软件进行离线仿真，如ADVISOR、EASY、PSCAD、V2ELPH、FAHRSIM等，其优点是方便快捷，适合于在设计初期对系统性能进行宏观的预估和评价，但缺点是难以对动力系统进行深入细致的分析与设计。随着系统开发的不断深入，某些已经存在的部件或环节将会集成仿真回路进行测试与研究，这些部件包括难建模部件、整车控制器及驾驶员等。为了实现虚拟模型与真实部件的联系，必须建立实时的仿真开发环境。目前实时仿真在燃料电池汽车领域主要用于整车控制器的在环仿真。例如，采用DSPACE建立整车控制器的硬件在环仿真环境。而集成真实部件的动力系统实时仿真测试环境将是整车与动力系统的参数选择与优化设计的技术升级方向。

5）多能源动力系统的能量管理策略

能量管理策略对燃料经济性影响很大，而且其受到动力系统参数和行驶工况的双重影响。目前开发方式一般是借助仿真技术建立一个虚拟开发环境对动力系统模型进行合理简化，从理论分析的角度得到最优功率分配策略与能量源参数和工况特征之间的解析关系，并从该关系出发定量地分析功率缓冲器特性参数对最优功率分配策略的影响，为功率缓冲器的参数选择提供理论依据，最终目的是定量地分析工况特征参数与最优功率分配策略之间的映射关系，完成功率分配策略的工况适应性研究。

完成能量管理策略的工况适应性开发后，其核心问题转变为功率分配优化，当然还必须考虑一些限制条件，如蓄电池容量的限制和各部件额定值的限制等。可用作功率分配的决策输入量很多，如 *SOC* 值、总线电压、车速、司机功率需求等。按照是否考虑这些变量的历史状态，可以把功率分配策略分为瞬时与非瞬时策略两大类。

作为能量管理策略中的一部分，制动能量回收是提高燃料经济性的重要措施，也是一个难点问题。必须综合考虑制动稳定性、制动效能、司机感觉、蓄电池充电接受能力等限制条件。制动系统关乎生命安全，而且制动过程通常很短，在研究初期一般不直接进行道路试验，而是在建立系统动态模型的基础上再进行深入细致的仿真研究。

以上是燃料电池汽车主要关键技术，它们对整车的动力性、经济性和安全性影响非常大，是需要解决的核心问题。

6.4.2　燃料电池汽车存在的主要问题

燃料电池汽车有燃油汽车无法比拟的优势，但是，由于燃料电池汽车的性能、成本及燃料的供给配套设施等问题还尚待解决，因此完全替代燃油汽车尚需时日。

1）燃料电池汽车的性能还有待提高

与燃油汽车相比，燃料电池汽车的动力性、耐久性、起动性能（起动时间及低温起动）、续驶里程等均需要提高。

燃料电池是燃料电池汽车的核心部件，必须要解决的问题是提高其功率密度、耐久性和起动性能。

重整器是确保燃料电池汽车能使用纯氢以外燃料的关键部件。提高重整器的工作可靠性、循环寿命、起动性和负荷响应性，以及小型化和轻量化，是重整燃料电池汽车必须要解决的问题。此外，开发实用型的汽油重整器具有极为重要的意义，因为当汽油重整器在燃料电池汽车上大规模使用时，燃料电池汽车燃料供给的基础设施可以与燃油汽车共用。

氢储存技术的提高是解决以纯氢为燃料的燃料电池汽车续驶里程问题的关键，目标是一次加氢的续驶里程能达到 500 km 以上。

2）制造成本和运行成本过高

制造成本和运行成本过高是制约燃料电池汽车商用化的最大障碍，而燃料电池汽车制造成本居高不下的最主要原因就是价格昂贵的燃料电池。

在燃料电池中，无孔石墨双极板的成本（包括石墨板材料价格和加工费用）占了整个燃料电池系统成本的50%以上。无孔石墨板的优点是导电性好、质量轻、耐腐蚀，缺点是机械强度低、不易加工且难以薄片化。如今世界上正在研究改用金属板或复合板作双电极，这不仅可以降低材料费用，而且可以减薄双极板，降低加工难度，实现大批量生产，从而较大幅度地降低燃料电池的成本，提高燃料电池的比功率。

质子交换膜的费用也较高，其成本在燃料电池系统中排第二位。目前，广泛采用的质子交换膜的工作温度极限是85 ℃，为确保燃料电池正常工作，就必须消耗燃料电池51%的能量以移走燃料电池工作所产生的热量，这就大大降低了燃料电池的比能量。提高质子交换膜材料的工作温度极限和降低膜的厚度，是提高燃料电池的比能量、降低成本的有效途径。

催化剂铂是昂贵的金属，减少其用量可有效降低燃料电池的成本。但现在的燃料电池催化剂铂的用量已减至很低的水平，因此，单纯通过减少铂的用量来降低燃料电池的成本已较困难。提高铂的回收技术或寻求铂的替代品，成了降低燃料电池成本最有效的措施。

目前的燃料电池制造成本已降至每千瓦数百美元，但距离商用化还很远。据分析只有当燃料电池的生产成本降至50 $/kW时，燃料电池汽车的价格才能与燃油汽车相抗衡。

对氢燃料电池汽车而言，氢气的制备、储藏和运输成本要远高于汽油和柴油，因此燃料电池汽车的运行成本也较高。降低氢燃料的成本或研究与开发高效的汽油重整器，也是燃料电池汽车能被市场接受所要努力的方向。

3）燃料供给体系的建立尚需时日

目前，燃料电池汽车的燃料供给体系尚未建立，加氢站、加甲醇站等基础网络设施建设几乎为零。目前，全球范围内投入使用的加氢站仅有100多家，并且大都不具有商业用途。要使燃料电池汽车实现商用化，氢燃料的供应及燃料供给基础设施建设必须同步进行。

当大规模地使用燃料电池汽车时，如何较为经济地获取氢，就成了燃料电池汽车必须解决的首要问题。虽然通过重整技术可将天然气、汽油等转化为燃料电池所需的氢燃料，但是这要消耗大量的能量，且未能摆脱对有限资源的依赖，也不能完全消除对环境的污染。通过热分解或电解的方法可从水中获取氢，这虽然是一种取之不尽的制氢方法，但需要消耗较多的能量，不具备实用性。利用太阳能制氢是较有前途的制氢方法。太阳能发电后通过电解水制氢，或利用太阳能直接分解水制氢等技术均处于研究与开发阶段。此外，生物制氢技术也是获取氢源的有效途径。只有到了能以太阳能或其他再生物能源获取廉价氢燃料的时候，燃料电池汽车的燃料问题才会从根本上得到解决。

气态氢的密度很小，需要高压储存，而液态氢又需要低温存储。因此，氢燃料生产基地的储存设备、运输装备和充氢站等，相比于汽油和柴油的储存设备、运输装备和加油站等均要复杂得多。加氢站的技术要求和费用要比加油站高得多，这需要国家给予政策扶持。在美国及欧洲一些国家，有关加氢站建设的法规早已成形，我国也正在积极地

开展相关工作。

只有当燃料电池汽车的性能及成本能与燃油汽车相抗衡，又有完备的燃料供给体系时，燃料电池汽车才能真正实现商用化。

6.5　燃料电池汽车的动力系统参数匹配

本节以燃料电池电动客车为例，详细介绍其动力系统部件选型和参数匹配过程。

6.5.1　燃料电池电动客车性能要求的确定

进行燃料电池电动客车动力系统设计和参数匹配之前，必须明确电动客车的性能要求。车辆的性能要求包括动力性、经济性、排放性、操纵稳定性、行驶平顺性、通过性等方面。不同类型的车辆有不同的性能要求。对于燃料电池电动客车而言，其经济性和排放性应优于传统客车，其他方面应与传统客车一样。其中动力性指标包括最高车速、加速时间、最大爬坡度。

性能要求的确定还要考虑车辆的使用条件，受道路条件、交通流量、天气等因素的影响，车辆行驶情况是复杂多变的，车速、阻力功率等都是在较大范围内变化的。一般车辆在道路条件下行驶，可分为两种典型行驶模式：公路型和城区型。公路行驶时，车辆以较高车速行驶，经常在这种情况下运行的车辆要求有较高的燃油经济性；城区行驶时，道路交叉口多，车辆需频繁起步停车，车速较低，经常在这种情况下运行的车辆加速性能要求较高。轿车要求有较高的车速和良好的加速性能，最高车速一般在 120 km/h 以上，但对它的爬坡度要求不高；燃料电池电动客车作为公交用车主要行驶在城市道路，城市道路对最高车速的要求不高，但是需要频繁的启动和制动，同时可能会需要通过立交桥等较长的坡。

6.5.2　燃料电池电动客车动力系统部件选型

1）燃料电池电动客车驱动系统结构的选型

燃料电池电动客车的驱动系统形式分为传统驱动模式、电动机-驱动桥组合式驱动系统、电动机-驱动桥整体式驱动系统、轮毂电动机分散驱动系统四种，其驱动模式结构如图 6 - 21 所示。

传统驱动模式如图 6 - 21（a）所示，由电动机、离合器、变速器、传动轴和驱动桥等总成组成，有电动机前置-驱动桥前置，电动机前置-驱动桥后置等各种驱动模式。这样可以缩短开发周期，集中力量研究和试制电器技术装备，充分利用现有传统汽车的传动系和底盘的现成总成来加速燃料电池电动客车的开发。

电动机-驱动桥组合式驱动系统如图 6 - 21（b）所示，其是在电动机输出轴端上装置减速器和驱动桥，电动机、减速器、驱动桥的壳体做成整体，电动机、减速器、驱动桥的轴互相平行，使得驱动系统的布置很紧凑。此组合可以是电动机前置-驱动轴前置驱动模式，也可以是电动机后置-驱动桥后置驱动模式。它们与传统汽车发动机前置前驱或发

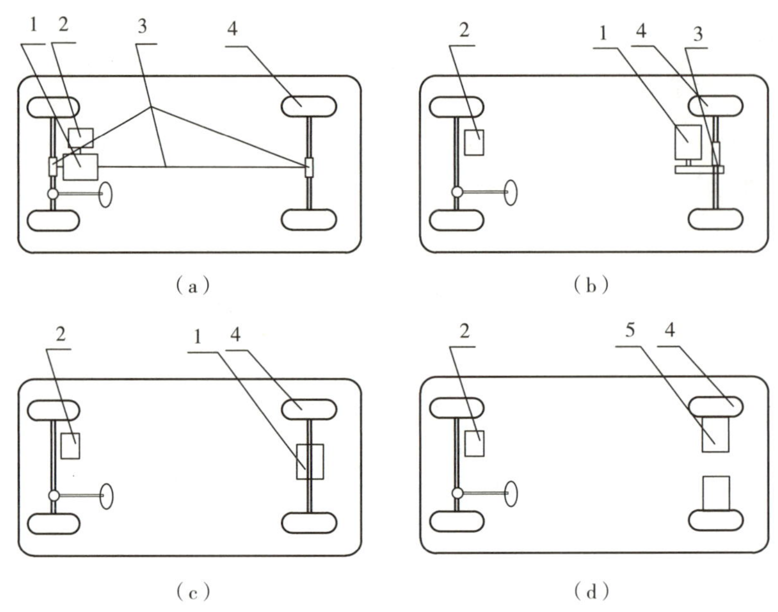

1—电动机；2—控制器；3—传动系；4—驱动轮；5—轮毂电动机。

图 6-21 电驱动模式结构图

动机后置后驱模式相似，具有良好的通用性和互换性。

电动机-驱动桥整体式驱动系统的电动机轴如图 6-21（c）所示，是一种特殊制造的空心轴，在电动机输出轴端盖处，装置驱动桥的减速齿轮和差速器，其中，一根驱动桥的半轴是从电动机的空心轴中通过，电动机-驱动桥整体式驱动系统的两个半轴与电动机的输出轴在同一轴线上，构成机电一体化的整体式驱动系统，结构紧凑，体积小。对驱动电动机的转速与扭矩变化范围要求较高，且电动机安装在桥壳内，维修不方便。

轮毂电动机分散驱动系统如图 6-21（d）所示，它完全脱离了传统汽车的集中驱动的传统方式，电动机装在车轮的轮毂中，能够降低汽车的簧载质量，并腾出了传动系所占据的空间来布置动力电池组和其他零部件等。它分别布置在车辆的两个前轮、两个后轮或前后的四个车轮的轮毂中，构成前轮驱动模式、后轮驱动模式、四轮驱动模式，各个车轮之间的同步转动或差速转动由中央控制器的计算机系统控制。这种驱动系统没有传动轴、差速器、半桥等，传动效率较高，便于布置其他系统，但要求电动机的起步、加速、爬坡、重载等工况要与车辆运行工况相适应，控制技术难度大。

2）辅助动力源的选型

辅助动力源在燃料电池电动客车启动和全负荷加速时，向汽车驱动系统提供辅助动力，在燃料电池电动客车制动时，起到储存能量的作用。

（1）动力电池

目前应用于电动汽车的几种动力电池，其性能对比见表 6-3 所列。

表 6-3 动力电池性能对比

种类	优点	缺点	能量密度		功率密度 /W·kg⁻¹	寿命/充电次数
			/w·h·kg⁻¹	/w·h·L⁻¹		
密封铅酸	功率密度较大，安全，成本低	能量密度低	35	80	200	400～800
氢-镍	功率密度和能量密度大	成本高，温度特性差	65	155	200	600～1200
镍-锌	功率密度和能量密度大	寿命低，成本高	70	130	200	300～400
锂离子	高电压，高能量密度	成本很高	110	160	200	500

(2) 超级电容

超级电容作为辅助动力源是燃料电池电动客车的一个新选择。顾名思义，超级电容是一种比传统电容更优秀、档次更高的电容。传统电容器是通过电容器之间的电解质在电势能作用下产生极化效应而存储能量的，而超级电容器是依靠电解质与电极间形成特有的电双层结构和电极表面的氧化还原反应来存储能量的。能量密度是普通电容的 10～100 倍，循环使用寿命是 500000 次。

超级电容器在充放电的整个过程中，没有任何化学反应和无高速旋转等机械运动，不存在对环境的污染，也没有任何噪声、结构简单、质量轻、体积小，是一种更加理想的储能器。超级电容器极低的比能量使得它不可能单独用作电动客车的能量源，但作为辅助能量使用具有显著优点。在汽车启动和爬坡时快速提供大功率电流，在正常行驶时由主动力源快速充电，在刹车时快速存储发电动机产生的大电流，可减少电动客车对蓄电池大电流充电的限制，提高电动客车的实用性。

实际应用中的超级电容有很多种类。通常可以根据超级电容的电极材料和电解质材料进行分类，不同的超级电容具有不同的特性。按照电极材料的不同可以把超级电容分为三类：碳电极双层超级电容、金属氧化物电极超级电容和有机聚合物电极超级电容。

碳电极双层超级电容主要使用多孔碳材料作为电极，比如活性炭或白炭黑的碳布、碳粉和碳纤维等。碳电极的主要优点在于来源广泛、成本低、加工技术成熟，其重要的优点是活性面积大。金属氧化物电极超级电容是利用法拉第效应来存储能量的。与碳电极相比，金属氧化物电极的导电率比碳电极大 2 个数量级，比容量远高于碳电极，循环寿命、充放电性能也相当好。但是，这种电极材料成本太高，而且由于对使用的电解液有限制，电容的额定电压值较低。

目前，有机聚合物电极超级电容是研究热点，因为使用这种技术，可同时提高超级电容的质量比能量和质量比功率两个指标。这种电容的缺点是长期循环中稳定性较差。

3）电动机的选型

电动机可分为交流电动机、直流电动机、交直流两用电动机，控制电动机包括步进、测速、伺服、自整角、开关磁阻电动机及信号电动机等多种。适用于电力驱动的电动机可分为直流电动机（将直流电转化为机械能的电动机）和交流电动机（将交流电能转换为机械能的电动机）两大类。目前在电动汽车上已应用的和有应用前景的有直流电动机、交流感应异步电动机、永磁无刷电动机、开关磁阻电动机等，它们的性能比较见表 6-4 所列。其中控制器成本一栏以直流电动机为基准。

表 6-4　各类型电动机性能对比

类型＼性能	直流电动机	交流感应电动机	永磁同步电动机	开关磁阻电动机
功率密度	差	一般	好	一般
力扭矩性能	一般	好	好	好
转速范围/（r·min^{-1}）	4000～6000	9000～15000	4000～10000	＞15000
效率/%（10%符合时）	80～87	79～85	90～92	78～86
易操作性	最好	好	好	好
可靠性	差	好	一般	好
结构的坚固性	差	好	一般	好
尺寸及质量	大，重	一般，一般	小，轻	小，轻
控制器成本	1	3.5	2.5	4.5

由表 6-4 可以看出，感应电动机成本低、可靠性高且有免维护性，在电动汽车驱动系统领域里应用比较广泛。但传统的变频变压技术，不能使感应电动机满足所要求的驱动性能，主要是因为它的动态模型非线性。随着微机时代的到来，采用矢量控制法控制感应电动机可以克服由于非线性带来的控制难度，矢量控制也称为“解耦控制”。不过，采用矢量控制的电动汽车感应电动机在轻载及有限的恒功率工作区域内运行时效率较低。

最近，有人提出了一种适用于电动汽车感应电动机的即时效率优化控制方案，另外，人们还开发了一种用于电动汽车感应电动机的电极变换方案，该方案能有效地把恒功率的转速范围提高到基速的四倍以上。

6.5.3　燃料电池电动客车动力系统参数匹配

1）动力系统结构的确定

由于燃料电池在中低负荷时的系统效率较高，因此燃料电池电动客车在行驶过程中，燃料电池工作在高效工作区，提供车辆在常用车速时需要的功率。超级电容提供峰值功率以弥补车辆在加速或者爬坡时的功率不足。

燃料电池电动客车需要起步时，燃料电池启动从而带动电动机工作；在车辆正常行驶时，燃料电池向电动机供电驱动车轮，并通过总线向低压电器供电。当超级电容电量低于规定值时，燃料电池向超级电容充电；当车辆加速、爬坡时，燃料电池和超级电容同时向电动机供电驱动车轮工作；当车辆下坡减速或刹车减速时，电动机作为发电动机给超级电容充电。

下面以图 6－22 所示的并联型动力系统结构为例，具体介绍其动力系统各个部件的参数匹配。由于燃料电池的自身弱点，伴随着输出功率的增大，输出电压会有所下降，导致功率总线电压有所下降。超级电容通过一个 DC/DC 变换器接入功率总线，使得超级电容的电压始终保持在一个理想的工作状态。此外，当燃料电池能量有富余或汽车制动时，功率总线通过 DC/DC 变换器迅速给超级电容充电（超级电容可以在数秒内充电到容量的 80%），从而可以保障在加速和上坡时所需的功率要求。

2）电动机参数的确定

电动机是燃料电池电动客车驱动的唯一动力，需要满足起步、怠速、加速、匀速、减速、爬坡等工况的要求。通常适用于电动车辆使用的电动机外特性如图 6－23 所示，在额定转速n_N以下，以恒扭矩模式工作；在额定转速n_N以上，以恒功率模式工作。相应电动机的参数选择包括电动机额定功率P_N、电动机最大功率P_{max}、电动机额定转速n_N和电动机最高转速n_{max}。

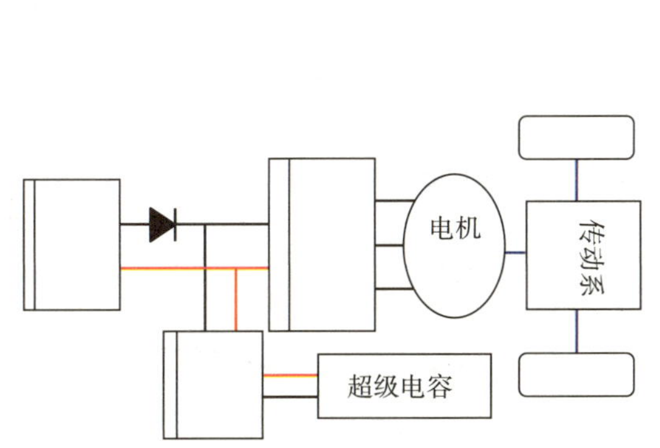

图 6－22 并联型动力系统结构图

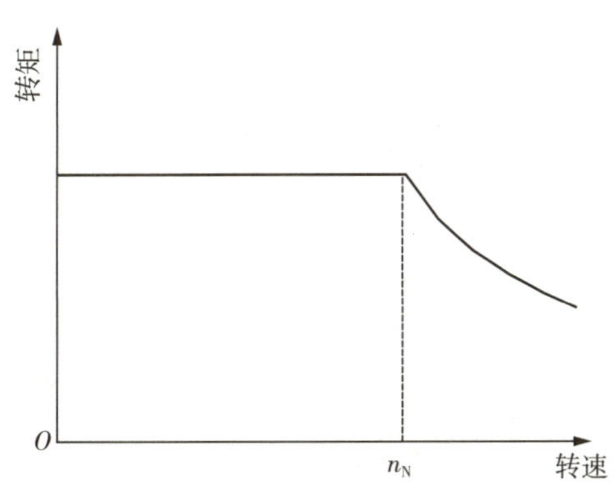

图 6－23 适用于电动车辆使用的电动机外特性示意图

(1) 电动机最大功率和额定功率的确定

燃料电池电动客车电动机的最大功率的确定，必须按照性能指标的要求，满足最高车速时的功率要求P_e；并且能为车辆提供加速功率P_a和爬坡功率P_c，因此其功率参数的选择要依照车辆具体的行驶工况，对比各工况下的需求功率值，考虑传动系效率，选择其中的最大值作为最大功率值，即

$$P_{max} \geqslant Max(P_e, P_a, P_c) \tag{6-4}$$

汽车行驶功率平衡方程式为

$$P=\frac{1}{\eta_t}\left(\frac{Gfu}{3600}+\frac{Giu}{3600}+\frac{C_D A u^3}{76140}+\frac{\delta m u}{3600}\frac{du}{dt}\right) \tag{6-5}$$

式中：u 为车辆行驶速度；

C_D为空气阻力系数；

A 为迎风面积；

f 为滚动阻力系数；

G 为整车重力；

η_t为传动系效率；

m 为整车质量；

i 为最大爬坡度；

δ 为汽车旋转质量换算系数。

① 若给出最高车速，则忽略加速阻力和坡度阻力：

$$P_e=\frac{1}{\eta_t}\left(\frac{Gfu_{max}}{3600}+\frac{C_D A u_{max}^3}{76140}\right) \tag{6-6}$$

式中：u_{max}为最高车速。

② 若给出最大爬坡度，则满足车辆爬坡性能时忽略空气阻力和加速阻力：

$$P=\frac{1}{\eta_t}\left(\frac{Gfu_{stab}}{3600}+\frac{Giu_{stab}}{3600}\right) \tag{6-7}$$

式中：u_{stab}为最小稳定车速。

③ 若要满足车辆的加速性能要求，则在水平良好路面上，车辆的行驶加速度计算式为

$$\frac{du}{dt}=\frac{F_t-F_w-F_f}{\delta m}=\frac{P_t-P_w-P_f}{u\delta m} \tag{6-8}$$

式中：F_t为车辆行驶驱动力；

F_w为车辆行驶空气阻力；

F_f为车辆行驶滚动阻力；

P_t为车辆行驶时驱动力功率；

P_w为车辆行驶时空气阻力功率；

P_f为车辆行驶时滚动阻力功率。

车辆由起步加速到车速的加速时间为

$$t=\frac{1}{3.6}\int_0^t\left(\frac{dt}{du}\right)du=\frac{1}{3.6}\int_0^t\left(\frac{\delta m}{F_t-F_w-F_f}\right)du=\frac{1}{3.6}\int_0^t\left(\frac{\delta m}{\frac{P_t}{u}-F_w-F_f}\right)du \tag{6-9}$$

电动机额定功率的选取要考虑到车辆的实际行驶状况，使车辆的经常行驶功率与电

动机的经济区对应，即车辆经常使用工况下电动机能以经济的负载率运行。通常，电动机额定功率可按照巡航车速来选取，巡航车速一般为0.6～0.8 u_{max}。

此外，考虑到电动机的负荷率、负载变化范围大、车辆应有一定的加速爬坡能力等因素，电动机的功率应比计算值大。电动机的最大功率只代表当电动机的转速高于基速时的过载能力，电动机以最大功率连续运转的时间不能超过30～60 s，因此车辆实际行驶过程中要求电动机的过载时间不能太长。

（2）电动机额定转速和最高转速确定

电动机的最高转速对电动机的额定扭矩和传动系尺寸都有影响。在额定功率一定的前提下，最高转速越低，对应的电动机的额定扭矩越大，一方面对电动机的支撑要求越高，另一方面要求更大的电动机电流和电力电子设备电流，增加了功率变换器的尺寸和损耗。但车辆起步加速和稳定运行需要电动机额定扭矩减小，只能通过选用高速电动机来解决，这又会增加传动系尺寸，所以必须协调考虑最高车速和传动系尺寸。

3）传动比的确定

传动系的总传动比是传动系中各部件传动比的乘积，即

$$i_m = i_0 \times i_g \tag{6-10}$$

电动机的机械特性对驱动车辆十分有利，因此，传动系统有多个挡位时，驱动力矩与内燃机汽车相比也有其特殊性，所以在选择挡位数和速比、确定最高车速时也与内燃机汽车不同。下面对可能出现的几种情况进行分析：

（1）电动机从额定转速向上调速的范围足够大，即：$n_{max}/n_N \geqslant 2.5$时，选择一个挡位即可，即采用固定速比，这是一种理想情况。

（2）电动机从额定转速向上调速的范围不够宽，即电动机最高转速不能满足$n_{max}/n_N \geqslant 2.5$时，应考虑再增加一个挡位。

（3）电动机从额定转速向上调速的范围较窄，满足$n_{max}/n_N \leqslant 1.8$，此时增加一个挡位后车速无法衔接起来，可考虑再增加挡位或说明电动机参数与整车性能要求不匹配，应考虑重新选择电动机的参数。

由于燃料电池电动客车的动力全部由电动机提供，通过控制电动机能够在较大的范围满足车速要求。最大传动比根据电动机的最大扭矩T_{max}和最大爬坡度对应的行驶阻力F_{cmax}确定，如下式计算：

$$i_m \geqslant \frac{F_{cmax} r}{\eta_t T_{max}} \tag{6-11}$$

汽车大多数时间是以最高挡行驶的，即用最小传动比的挡位行驶。因此，最小传动比的选择是很重要的。应考虑满足最高车速的要求和行驶在最高车速时的动力性要求。

（1）由最高车速u_{max}和电动机的最高转速n_{max}确定传动系最小传动比的上限为

$$i_m \leqslant \frac{0.377\, n_{max} r}{u_{max}} \tag{6-12}$$

(2) 由电动机最高转速对应的最大输出扭矩T_{umax}和最高车速u_{max}对应的行驶阻力F_{umax}确定传动系最小传动比的下限为

$$i_m \geq \frac{F_{umax} r}{\eta_t T_{umax}} \tag{6-13}$$

4) 燃料电池参数的确定

燃料电池组功率的选择对燃料电池电动客车的动力系统结构设计非常重要。燃料电池组功率偏大，车辆的成本增加；燃料电池组功率偏小，在某些大负荷行驶工况加速、爬坡等需要辅助能源提供的动力增加，这使得超级电容数量必须增加，整车重量、成本上升，系统效率下降，整车布置难度增加，超级电容均衡控制难度增加等。

传统汽车发动机后备功率大，加速爬坡能力好，而燃料电池电动客车是由燃料电池组提供平均行驶功率，在加速、爬坡、高速等大负荷工况下超级电容输出电能辅助驱动，因而燃料电池组功率选择的依据是平均行驶阻力功率P_{av}，平均行驶阻力功率P_{av}是由车辆整车参数和行驶工况来决定的，可用下式表达：

$$P_{av} = \frac{1}{T}\sum_{i=1}^{n} P_i t_i = \frac{1}{T}\sum_{i=1}^{n} P_i f_i \tag{6-14}$$

式中：t_i 为第 i 个功率区间行驶时间；

T 为总的行驶时间；

f_i 为第 i 个功率区间使用频率。

在实际计算中，燃料电池电动客车的燃料电池应能单独提供汽车最大速度稳定运行所要求的功率，所以按汽车的最高车速下的平均行驶阻力功率计算燃料电池的需求功率：

$$P_{fc} = \frac{1}{\eta_t \eta_{mc}}\left(\frac{Gf u_{max}}{3600} + \frac{C_D A u_{max}^3}{76140}\right) \tag{6-15}$$

式中：η_{mc}为电动机控制器效率。

在实际运行时，为了保证对电动机的电力供应以及对超级电容进行充电，应留有一定的后备功率。

5) 超级电容参数的确定

由于目前超级电容的比能量较小，所以只能用作辅助的功率型能量源，对燃料电池较高的比能量进行有益的补充。燃料电池的输出功率应与车辆的平均行驶功率需求相当，超级电容起到功率的削峰平谷的作用。超级电容吸收制动再生能量为其充电，剩余部分由燃料电池在车辆低功率行驶时继续进行补充，在燃料电池和超级电容之间采用双向DC/DC变换器控制它们之间的功率分配，并限制燃料电池在车辆低功率行驶时对超级电容的充电。若没有DC/DC变换器，则燃料电池和超级电容将具有相同的电压，导致超级电容仅仅在当电池电压发生快速变化时才输出和接收功率，从而会减弱超级电容的负载均衡作用。

电容器额定容量测试条件：规定的恒定电流（如 10 F 以上的超级电容规定的充电电

流为 5 A，10 F 以下的为 3 A 或 1 A）充电到额定电压后保持 1 min，在规定的恒定电流放电条件下放电到端电压为零所需的时间与电流的乘积再除以额定电压值，即

$$C=\frac{I\times t}{V} \tag{6-16}$$

超级电容的放电电流为

$$I=C\times\frac{\mathrm{d}U}{\mathrm{d}t} \tag{6-17}$$

超级电容的功率为

$$P=UI \tag{6-18}$$

超级电容器存储的能量为

$$E=\frac{1}{2}CU^2 \tag{6-19}$$

电容器的 SOC 值：

$$SOC=\frac{Q_{max}-Q_{used}}{V}=\frac{U}{U_{max}} \tag{6-20}$$

超级电容所能释放出的能量为

$$W=\frac{1}{2}C(U_{max}^2-U_{min}^2) \tag{6-21}$$

式中：C 为超级电容容量；

U_{max} 为超级电容允许的最高电压；

U_{min} 为超级电容允许的最低电压。

燃料电池电动客车动力系统所用的超级电容的大小，可以用简单的能量等式计算。对于燃料电池加超级电容器的混合能量源系统，燃料电池的输出功率应限制在车辆巡航车速行驶时的功率需求，而剩余部分由超级电容提供。在匹配超级电容的容量时，考虑了车辆的加速性能和爬坡性能，计算过程中选取由燃料电池的额定功率点加速到最大车速的过程进行分析。相应的能量计算式为：

$$E_{cap}=\frac{1}{\eta_t}\left(\frac{1}{2}mu_{max}^2-\frac{1}{2}mu^2\right) \tag{6-22}$$

6.6　燃料电池汽车性能仿真

本节以某燃料电池电动客车为研究对象，其结构示意图和动力关键总成的布置分别如图6－24和图 6－25 所示。采用上节的参数匹配过程，由整车结构及设计需求对其动力系统各部件进行匹配设计，并通过性能仿真来验证参数匹配的效果。

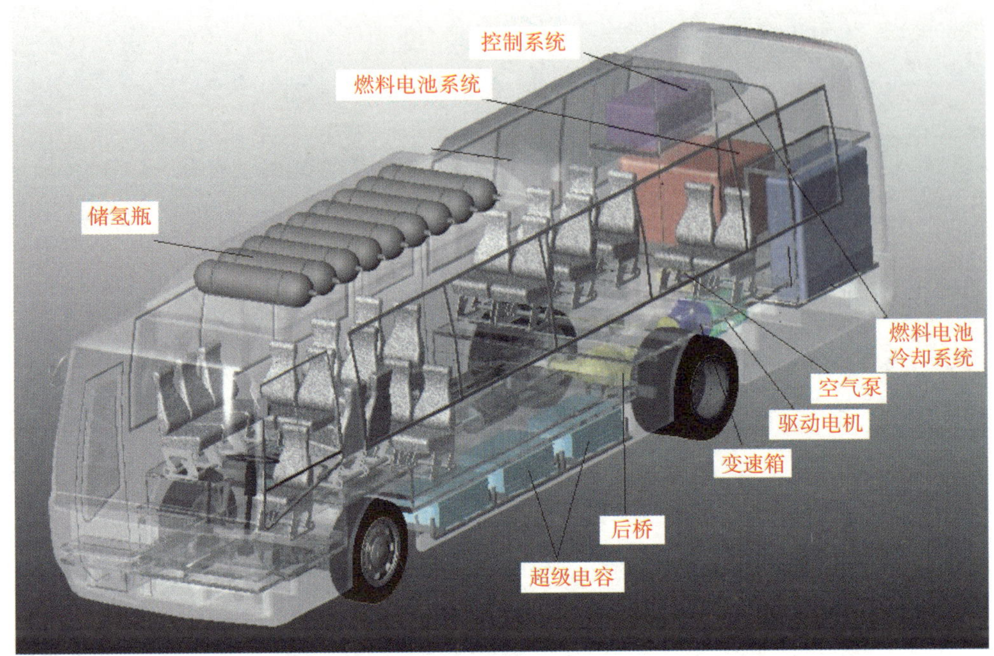

图 6-24　燃料电池电动客车结构示意图

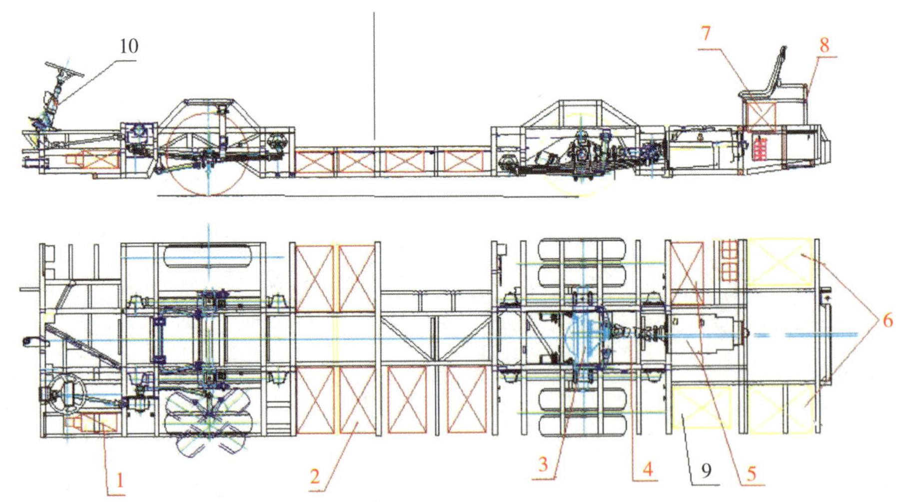

1—转向泵及电动机；2—超级电容系统；3—驱动桥；4—变速箱；5—电动机及控制系统；6—燃料电池系统；7—DC/DC 变换器；8—车载高低压电气控制柜；9—整车控制器；10—仪表。

图 6-25　燃料电池电动客车动力关键总成布置图

6.6.1　燃料电池客车整车及动力系统参数设计

燃料电池客车整车及动力系统性能参数指标见表 6-5 所列。

表 6-5 燃料电池客车整车及动力系统性能参数指标

参数名称	参数值
长×宽×高/mm	112200×2500×3040
轴距/（mm）	5700
接近角/离去角/（°）	9/8
车裙高/（mm）	310
整车整备质量/（kg）	10400
最大承载质量/（kg）	14000
额定乘员/座位数	38 座/28 立
最高车速/（km/h）	≥80
最大爬坡度/（%）	≥20
0～60 km/h 加速时间/（s）	≤40
迎风面积/（m^2）	6.1425
滚动阻力系数	0.016
空气阻力系数	0.65
旋转质量换算系数	1.03
重力加速度/（m/s^2）	9.81
传动系统效率/（%）	85

根据该燃料电池客车动力系统结构及设计需求，利用上节参数匹配相关知识可得到动力系统各部件的主要参数见表 6-6 和表 6-7 所列。

表 6-6 燃料电池、电动机和传动系参数

部件	参数名称	参数值
发动机	额定功率/（kW）	70
	最大功率/（kW）	100
电动机	额定功率/（kW）	100
	峰值功率/（kW）	160
	额定扭矩/转速/（N·m/rpm）	514/1860
	峰值扭矩/转速/（N·m/rpm）	850/4500
传动系	变速箱传动比	1/1.41/2
	双级主减速比	10.5

表 6-7 超级电容主要参数

项目名称	指标	说明
工作电压/（V）	192～385（192～440）	括号内是刹车回馈时电容组的工作电压范围
浪涌电压/（V）	450	
最大放电电流/（A）	400	
额定工作电流/（A）	200	
可输出能量/（W・h）	600	100 A 充放电
内阻/（mΩ）	80	
电压保持能力/（V）	330	放置 24 小时后
工作温度/（℃）	－40～55	
储存温度/（℃）	－50～60	
循环使用寿命/（次）	≥100000	
重量/（kg）	≤400	

注：① 选择两组相同的电容，采用并联的方式；

② 超级电容通过双向 DC/DC 连接到动力母线上。

另外，匹配的燃料电池的功率效率及连续转速特性如图 6-26，而电动机效率如图 6-27所示。

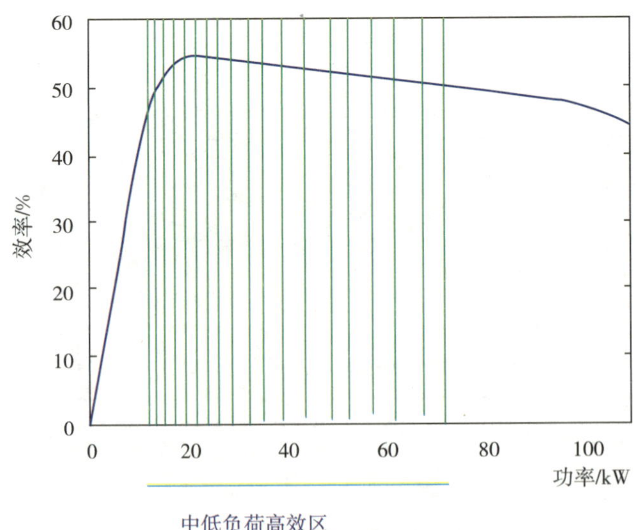

图 6-26 燃料电池功率效率图

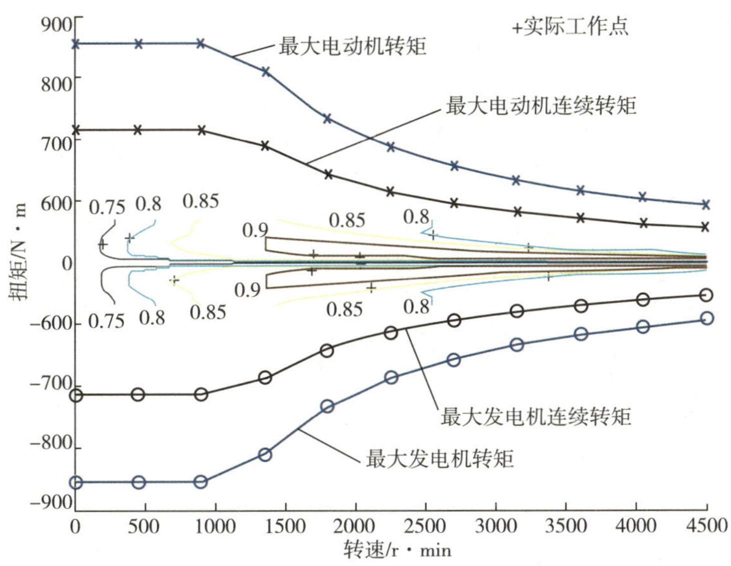

图 6-27 电动机效率及连续转速特性

6.6.2 燃料电池城市客车仿真分析

由于燃料电池城市客车的动力系统结构独特，在 ADVISOR 中并不存在燃料电池混合超级电容作为动力源的模型，所以在建模的过程中以燃料电池汽车为基础添加超级电容作为辅助动力源。如图 6-28 所示，energy storage 为燃料电池模块，energy storage 1 为超级电容模块，他们通过动力母线（power bus）向电动机逆变器供应直流电，经过电动机控制器转变为交流电驱动异步交流电动机，从而带动行驶系工作，把力矩和转速传递到车轮，在各种设定工况下行驶，其动力系统结构如图 6-29 所示。

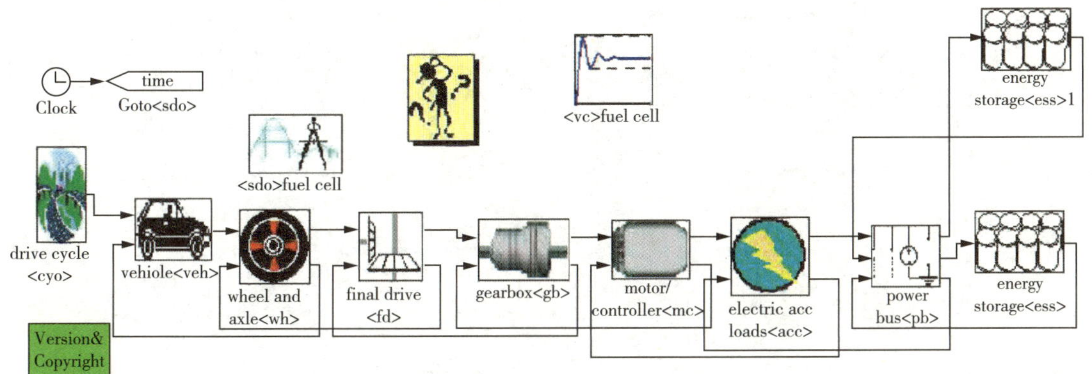

图 6-28 燃料电池城市客车的 Simulink 模型

1）燃料电池城市客车仿真模型及仿真工况

燃料电池城市客车的仿真参数输入界面如图 6-30 所示，把经过修改的车型（saved _ vehicles）文件 ankai _ zhuke _ in 载入“载入文件”栏中，在此文件中的相关配置就会

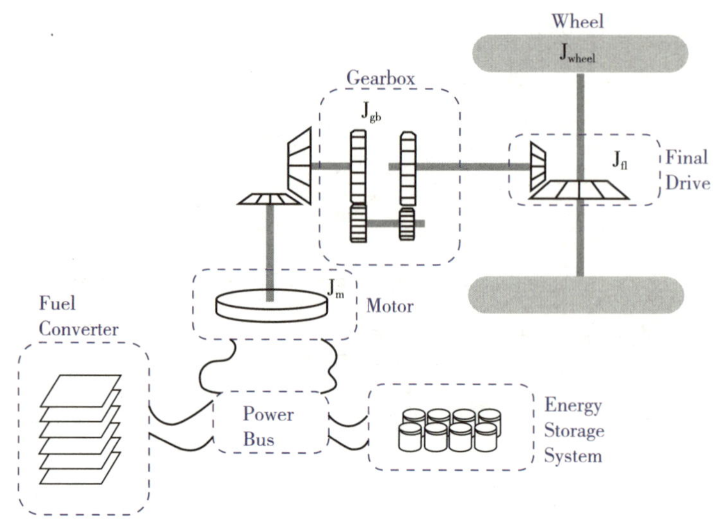

图 6-29　燃料电池汽车动力系统结构示意图

加载到各个部件栏目里，在此栏目中可以选择相应的参数进行修改，或者可以在部件的 m 文件里进行参数修改，在此处即可自动加载修改过的部件性能参数。根据燃料电池城市客车的实际情况，将各部件参数配置完毕以后，即可以进行下一步的仿真设置。

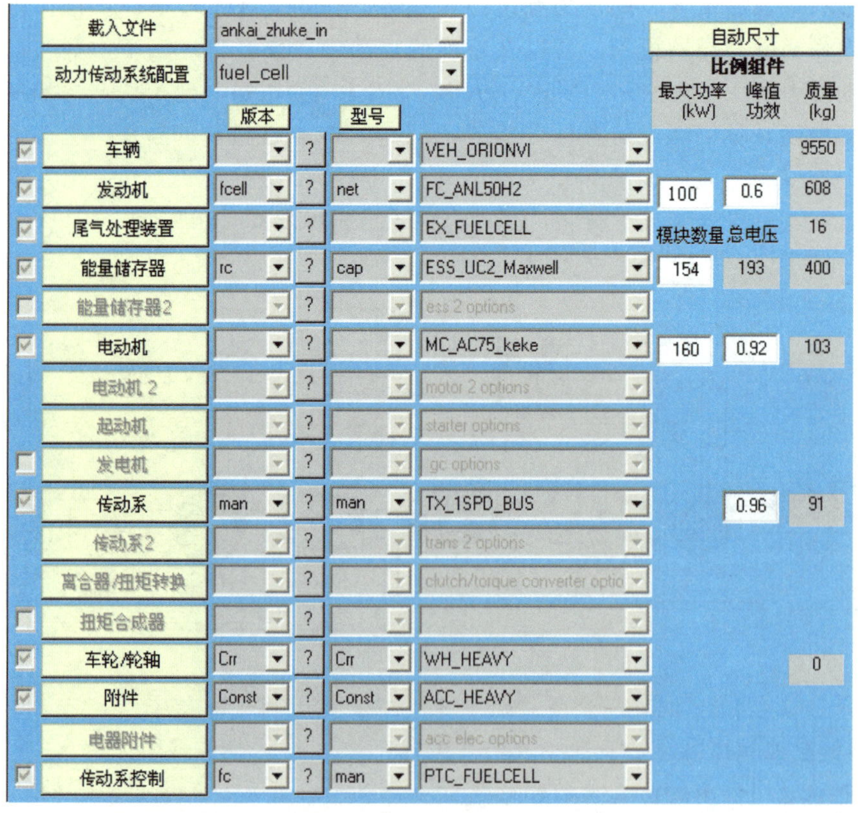

图 6-30　燃料电池城市客车仿真参数输入界面

城市客车要求车辆对城市道路具有良好的适应性。为此，选择美国环境保护署 EPA 制订的城市道路循环 UDDS（Urban Dynamometer Driving Schedule）作为道路循环，UDDS 的总行程 11.99 km，时间 1369 s，坡度为 0，最大速度 91.25 km/h，平均速度 31.51 km/h，行驶期间共计有 17 次停车。另外，还选择欧洲轻型车排放测试 ECE _ EUDC 循环（最大速度 120 km/h，平均速度 62.44 km/h，行程 10.93 km，有 13 次停车）、高速公路燃油经济性测试 HWFET 循环（最大速度 96.4 km/h，平均速度 77.58 km/h，行程 16.51 km，有 1 次停车）以及日本的 10 - 15 工况循环四个典型循环进行仿真，以便对燃料电池客车的超级电容的性能进行比较评价。

四种典型循环工况的数据见表 6 - 8 所列。

表 6 - 8　四种典型循环工况数据表

参数 循环工况	最大速度/km・h^{-1}	平均速度/km・h^{-1}	行程/km	停车次数
UDDS 工况	91.25	31.51	20	17
EUDC 工况	120	32.1	10.93	13
HWFET 工况	96.4	77.58	16.51	1
10 - 15 工况	69.97	22.68	4.16	7

2）超级电容 *SOC* 的仿真结果及分析

首先，对相同超级电容 *SOC* 初始值、不同的道路工况进行仿真，图 6 - 31 给出了四种工况下超级电容 *SOC* 的变化过程，横坐标都是时间，单位为 s，*SOC* 初始值为 0.7。其中图 6 - 31（a）为在 UDDS 道路工况下超级电容 *SOC* 的变化情况；图 6 - 31（b）为在 EUDC 道路工况下超级电容 *SOC* 的变化情况；图 6 - 31（c）为在 HWFET 道路工况下超级电容 *SOC* 的变化情况；图 6 - 31（d）为在日本 10 - 15 道路工况下超级电容 *SOC* 的变化情况。

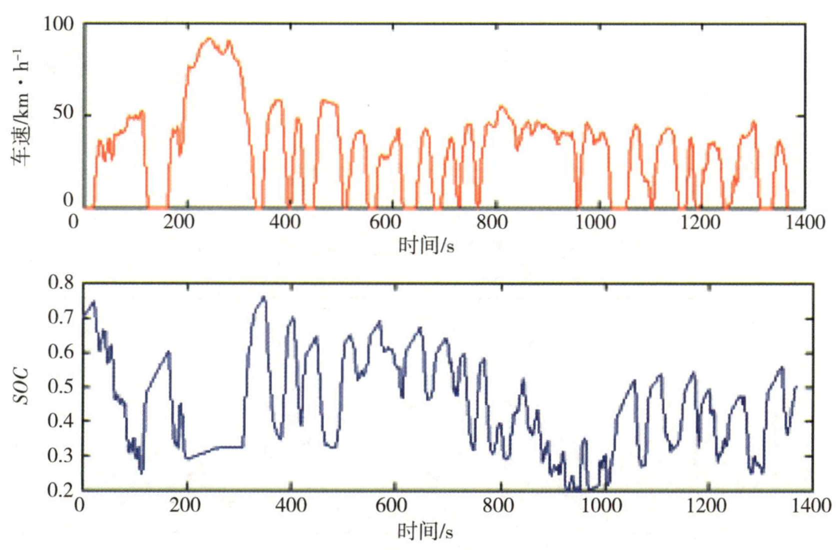

（a）UDDS道路循环工况下超级电容*SOC*变化情况

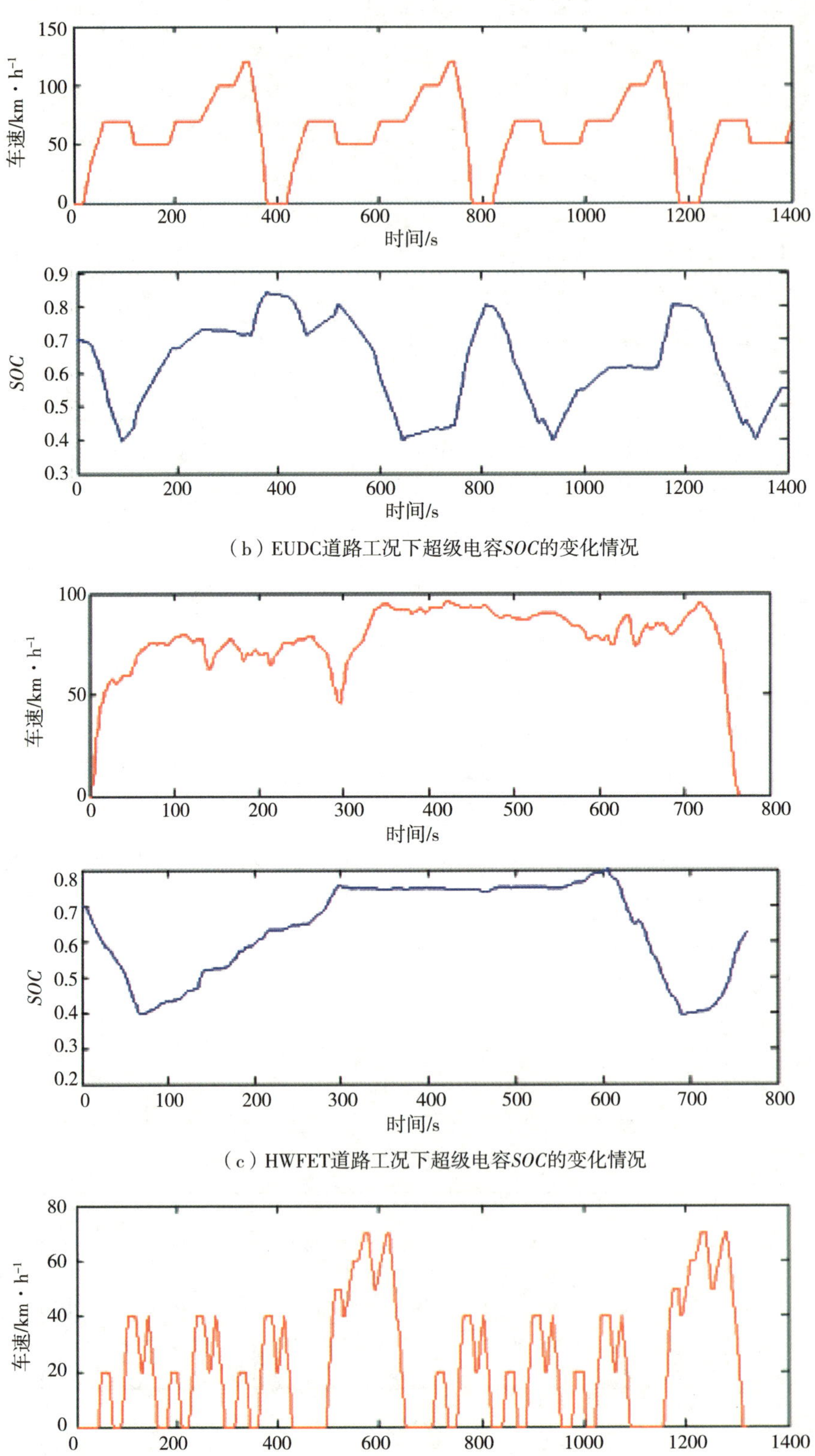

（b）EUDC道路工况下超级电容*SOC*的变化情况

（c）HWFET道路工况下超级电容*SOC*的变化情况

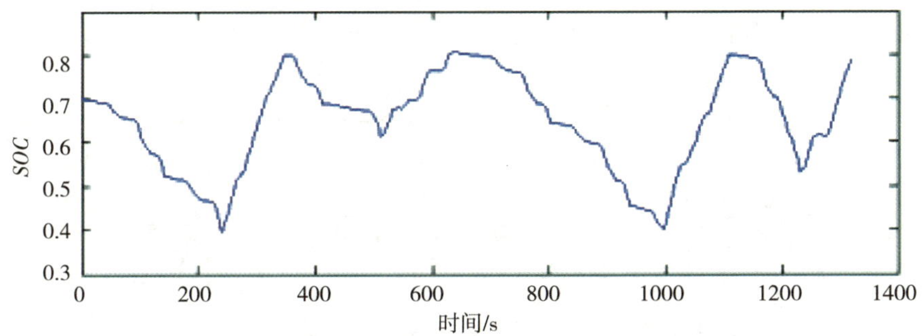

（d）日本10-15道路工况下超级电容SOC的变化情况

图 6-31 四种工况下超级电容 SOC 的变化过程

从图 6-31 可以看出，在四种工况下的道路循环中，超级电容 SOC 分别随着工况速度的增加和减少而变化。初始值都为 0.7，在循环结束时变为 0.51、0.57、0.63 和 0.78。基本能实现不同道路工况下超级电容 SOC 的平衡。

以图 6-31（a）为例，在 0～100 s，车子总体处于加速阶段，车速从 0 加速到 50 km/h，超级电容放电，SOC 从 0.7 下降到 0.28，这几乎到了超级电容的最低安全极限值。从 100 s 到 160 s，车子从 50 km/h 减速至 0，随后处于停车状态，超级电容回收制动能量，处于充电状态，SOC 从 0.28 增加到 0.6。然后超级电容又是另一轮的放电充电。超级电容充放电速度非常快，效率也很高，很好地满足了工况的加速减速需求，对燃料电池动力源起到了很好的补益作用。

3）动力性、经济性仿真结果及分析

UDDS 工况的车速要求体现了典型城市行驶条件的特征，常用于载客车辆的评测。在 UDDS 工况下对燃料电池城市客车的动力性和经济性进行了仿真分析。

图 6-32 是燃料电池实际工作功率-效率的情况，燃料电池高效区域在 20～60 kW，燃料电池城市客车大部分时间工作在高效率的功率范围内，从而有效地达到了节省能量的目的，对增加行驶里程很有意义，从而验证了燃料电池的功率参数选取是可行的。

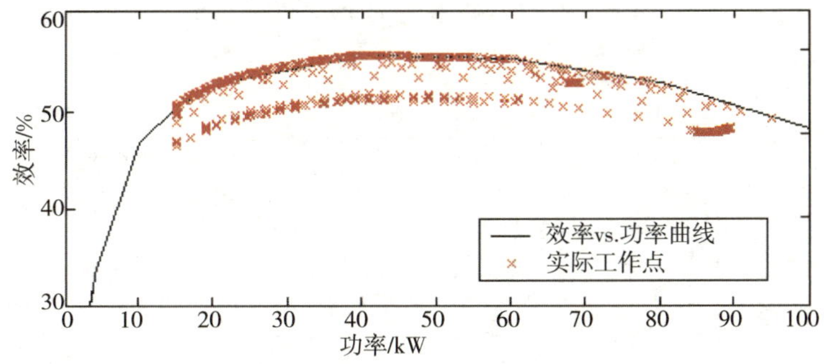

图 6-32 燃料电池实际工作功率-效率图

电动机工作功率如图 6-33 所示，其中功率的正值代表电动机向传动系输出的功率，而功率的负值表示在回馈制动时，电动机以发电动机模式工作，向超级电容充电时的输入功率。由图 6-33 可知，电动机能够较好地满足行驶工况的变化。

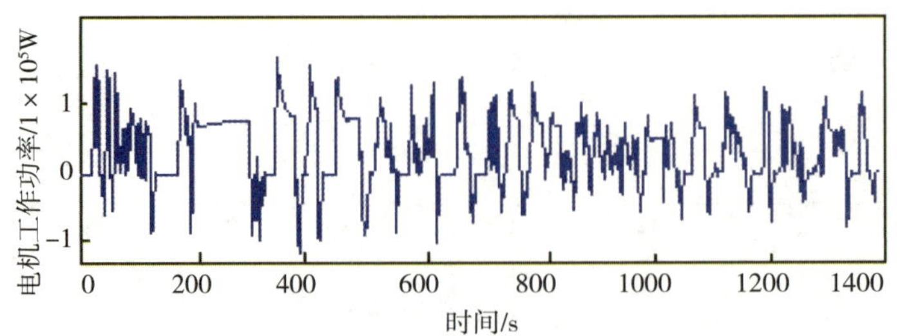

图 6-33　电动机工作功率

图 6-34 显示了 UDDS 工况下需求车速和实际车速的情况。可以看出，除了局部的最高车速外（一般城市客车在市区行驶不需要如此高的车速），燃料电池城市客车基本上可以满足其工况需求车速，体现出了良好的动力性能。

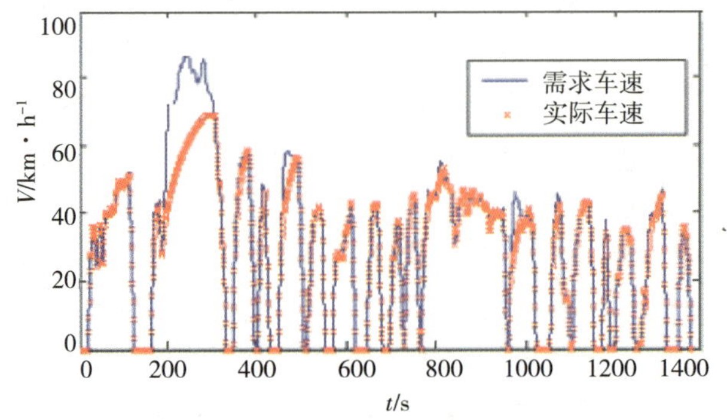

图 6-34　UDDS 工况下燃料电池客车的车速

图 6-35 是超级电容的 *SOC* 随着工况车速变化的情况。随着行驶工况的变化，*SOC* 值始终在 0.3～0.8 的范围内波动。在车子加速时，作为辅助动力源向母线提供能量，*SOC* 下降；在车子减速时，能够回收制动能量，*SOC* 上升。

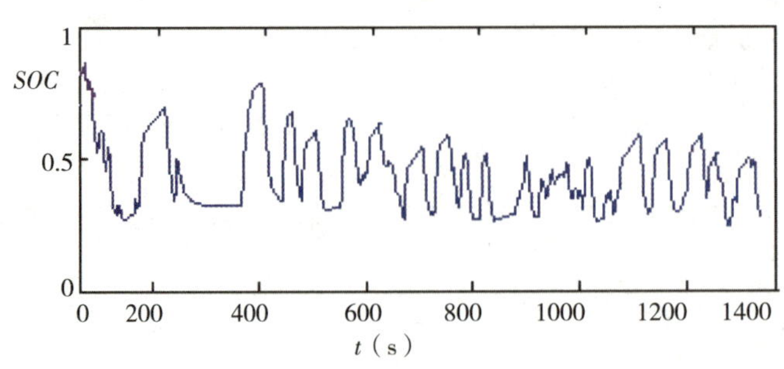

图 6-35　超级电容 *SOC* 变化

图 6-36 是 850～900 s 时间段的车速和超级电容 *SOC* 的具体情况，在 867～880 s，车子从 39 km/h 加速到 47 km/h，超级电容放电，*SOC* 值从 0.43 下降到 0.29，超级电容作为辅助功率源工作，有效地提高了 FCB 的加速性能；而在 880～890 s，车子减速到 42.8 km/h 时，制动时回收的能量对超级电容进行充电，*SOC* 值上升到 0.34。由此可见，超级电容放电充电特性与工况的加速减速要求较好地吻合，其放电充电效率达到 89%。

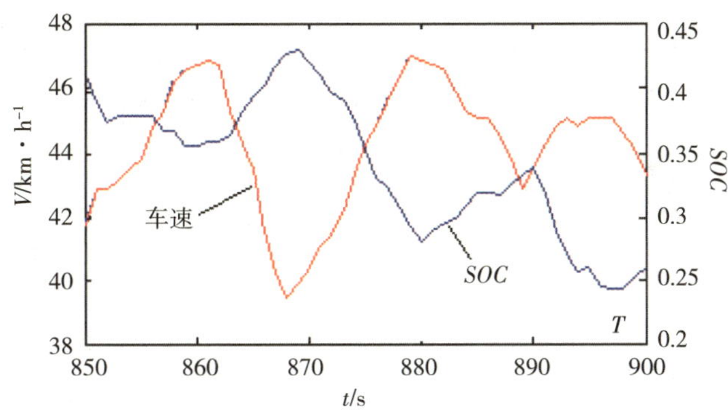

图 6-36　车速与超级电容 *SOC* 变化

表 6-9 列出了燃料电池城市客车动力性和经济性的仿真结果，可见，除了最高车速略低于设计要求外，其他动力性能得到了较好的满足。而最高车速对于行驶于城市道路的城市客车来说并没有太大的影响。

表 6-9　FCEB 的仿真结果

最高车速	最大爬坡度	0～60 km/h 加速时间	0～30 km/h 加速时间	百公里等价汽油消耗量（热值换算）
79.4 km/h	21.8%	33 s	8.3 s	18.1 L

6.7　本章小结

本章对燃料电池汽车进行了详细的论述。首先，从燃料电池汽车的概况、氢燃料的安全问题以及燃料电池汽车的关键技术及其存在的问题进行了分析与讨论；然后，以某燃料电池城市客车为例对燃料电池汽车动力系统的选型和参数匹配进行介绍；最后，通过性能仿真来验证最终参数匹配的效果。从中可以得到如下几个结论：

(1) 目前，燃料电池汽车技术的一些关键问题还有待解决，此外，燃料供给系统无法和传统燃油车的加油站相比，所以燃料电池汽车的市场反应仍不太理想。

(2) 燃料电池汽车作为我国新能源汽车发展规划的一大分支，只有当其性能及成本能与传统燃油车相抗衡时，才能真正实现商用化。

(3) 燃料电池汽车的参数匹配过程中，需要均衡考量各部件的性能、成本及质量等。另外，建模仿真分析作为参数匹配效果的检验手段，在部件参数选型及匹配设计中发挥着重大的作用。

思考题

1. 简述燃料电池汽车的组成及其基本工作原理。

2. 燃料电池汽车的工作模式有哪些？另外，它的能量管理策略的制定通常会考虑哪些因素？

3. 对于解决燃料电池汽车的氢安全问题，你有哪些好的想法？

4. 请以除本章外的一种车辆仿真软件为基础，简述其使用方法。

5. 当前燃料电池汽车的成本还很高，你认为我国在燃料电池汽车研发方面还有哪些改进的地方？

第7章 电动汽车充电技术

7.1 概 述

7.1.1 电动汽车对充电技术的要求

电动汽车的充电设备一般可称为充电动机，它对电动汽车的普及应用起着举足轻重的作用。动力电源的电量消耗完以后，需要使用充电动机给动力电池进行充电，其作用是将电网的电能传输转化为动力电池的电能。

目前，对于充电动机的性能主要有以下几个方面的要求。

(1) 快速化。虽然电池技术决定了电动汽车的续驶里程较短，但是如果能够实现快速的充电，同样可以缓解这一问题所带来的压力。

(2) 充电通用化。充电系统需要具有充电广泛性，具备多种类型动力电池的充电控制算法，可与各类电动汽车上的不同动力电池系统实现充电特性匹配，能够针对不同的电池进行充电。

(3) 高效化。高效率是评价充电动机优劣的最主要性能指标之一，它对能量传输效率有很大的影响，设计时要保证系统具有较高的输入功率因数。

(4) 智能化。智能充电的要求是，在电池可接受的范围内，迅速高效地完成整个充电过程，同时对充电过程中的各项参数进行观测，并自动处理出现的充电故障、高温、高压等现象以达到无损充电的目的。

(5) 集成化。集成化的充电系统可以节约空间并提高系统稳定性和可靠性，从而降低系统成本。

7.1.2 电动汽车充电设备的分类及优缺点

电动汽车充电站作为电动汽车的重要配套基础设施，其发展直接影响消费者对电动汽车的接受程度。目前根据运营模式的不同，国内外电动汽车充电设施大致分为如下四种类型：电池更换站，分散式交流充电桩，车载充电器以及集中大型充电站。

1) 电池更换站

电池更换站是通过为电动汽车更换电池的方式，实现动力供给。这种更换电方式的优点如下：① 充电时间最短。通过使用机械手或是换电动机器人，可以在 10 min 内实现对电池的更换，这个时间几乎可以与传统能源汽车的加油时间相当，是消费者最满意的充电时间。②对电池损伤最小。这种换电方式避免了快速充电对电池使用寿命的影响。

换掉的电池可以通过恒流充电的方式，以减少对电池的损坏，同时更换的电池可以随时进行保养维修，有效提高使用寿命。③占地面积较小。与集中型电动汽车充电站相比，在同等效率的情况下，其占地面积仅需要集中型充电站的 1/10 左右。与充电桩相比，同等面积的情况下，充电效率是其 10 倍左右。④无须配备复杂的充电设备。换电站只需配备换电动机械手设备，而无须配备充电设备。投入成本较少。

但是该种方式也有一定的缺点：①不同品牌、不同类型的电动汽车的电池和接口不相同，配备全型号电池相对较难实现。②不同用户的电池新旧不相同，大家无法接受不等价的电池更换，对电池的新旧折算看法不同。③难以建立完善的电动汽车维修和充电体系，无法保障电池的快捷配送，这在一定程度上影响了电动汽车使用的便捷性。

电池更换适用场合：首先是单一车型大规模使用的情况，如城市出租车、公共交通车辆以及物流公司快递车辆等。此外，对于使用频率、保障能力要求较高但对车辆品牌型号、个性化需求要求不高的车主，如政府公务用车、大型企业公务车、部分私家车等车主，也可以接受电池更换方式。

2）分散式交流充电桩

分散式交流充电桩是一种占地面积较小的交流充电设备，可以灵活配置在私人车库、道路两侧、便利店以及停车场中。这种充电方式的优点如下：①充电设备体积较小，占地面积小，甚至可以直接悬挂在墙面上，因此建设和使用十分方便。②动力电源可以直接取自 220 V 交流市电，而不需要配备大型的输配电设备，使用较为方便。③充电桩成本较低，非常适用于普通家庭安装使用。

这种充电方式也有一定不足：①充电功率较小，充电速度较慢，无法满足用户快速充电的要求，这是其最大的缺点。②功能单一，难以建成较大的充电网络，只能独立工作。目前分散式交流充电桩多被用于各种停车场中，在车主停车时同时为汽车充电，一举两得，这也将成为电动车充电的主要模式之一。

3）车载充电器

车载充电器固定于车体内部，体积更小，充电功率也最小，通常只有 1～5 kW，使用 220 V 交流市电作为动力源。这种充电方式的最大优点如下：①不需要专门设计动力电路，也不需要大功率充电动机，用电性质类似于普通民用用电，基础设施需求较低。②无须培训车主即可自行操作，人力成本较低。③车主完全可以设定充电时间，从而享受比较便宜的夜间电价，使用成本较低。

这种充电方式突出缺点为充电时间较长，充满电需要 5～10 h。同时必须将充电点和公司、小区停车场相结合；否则，一方面车主将额外支付较高的停车成本以及来回取车的交通成本，另一方面运营方可能要准备更多的充电场地，导致成本大大上升而变得不可取。

4）集中大型充电站

集中大型充电站类似于汽车加油站，它能够实现多辆汽车的同时充电，同时能够提供各种充换电方式，如快速充电、慢速充电以及更换电池等，可以满足各种充电需求的用户，功能齐全，优点明显。但该种方式也有一定的缺点：①这种充电站充电功率较大，

需要配备独立的输配电线路，充电设备要求较为全面并且性能要求较高，投资成本较大。②占地面积较大，建设难度较高。

在电动汽车发展的早期，政府应该多投入建设这种集中大型充电站，以提高电动汽车充电的便捷性，起到引导市场的作用。当电动汽车发展到一定规模后，电动汽车车主以及各种停车场将会自主投资建设充电桩，以满足自我充电以及盈利需求。

上述四种充电方式的比较见表7-1。

表7-1 电动汽车充电方式比较

充电方式	适用场合	充电时间	投资成本	运营成本
电池更换站	交通枢纽、商贸中心 高速公路休息站	小于 10 min	一般	较低，管理 较为便捷
分散式交流 充电桩	停车场、车库、道路旁	2 h	较低	较低，监控 及维护难度大
车载充电器	私家车	5～ 10 h	最低	最低， 易于管理和维护
集中 大型充电站	城市中心，交通枢纽	10～ 30 min	最大	最大， 易于管理维护

7.1.3 电动汽车充电方法

一般的动力电池的充电方法比较简单、控制简便，主要采用恒流充电法、恒压充电法和以两种方式结合衍生出来的恒流限压充电方法。

汽车动力电池分为多种，其中锂离子电池产业迅猛发展，锂离子动力电池的成功研制、发展和使用，使其充电技术和充电装置也受到科学研究人员及相关从业人员的广泛关注。锂离子电池相对其他动力电池还有间歇充电法和脉冲充电法。

1）恒流充电法

恒流充电法指的是用恒定不变的电流对电池充电。在操作过程中需时刻调节供电电源的输出电压大小，或者是调节充电电路中电阻的大小。这种方法布局简便，方便操作，容易控制。但在对电池充电时，电池所能接受的充电电流将逐渐变小，如图7-1所示。

采用恒流充电法，当充电进入后面阶段时，给定的充电电流将会高于电池实际所能承受的电流，此时会使电池出现过充现象，有损电池极板，从而影响到电池的正常利用次数。另外，在恒流充电时设定较小的电流值时，则会减慢电池的充电速率，使得充电所需时长增加。选用恒流充电法对锂离子动力电池充电，充电效率低，且易对其造成损伤，此方法现已很少使用。

2）恒压充电法

恒压充电法指的是用恒定不变的电压对电池充电。

在充电初始时刻，电池的端电压较小，充电电流较大，较大的电流会使电池内部的

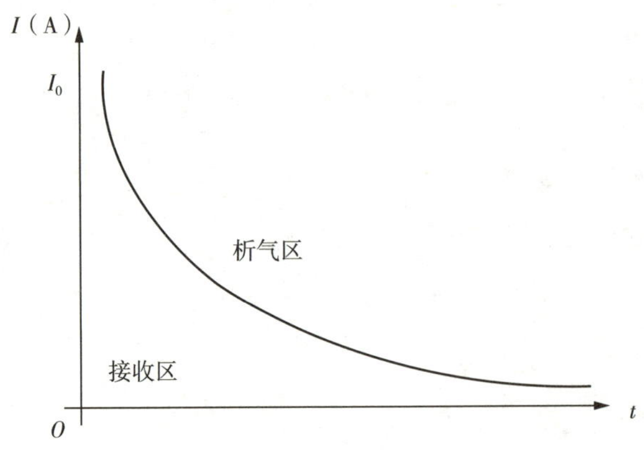

图 7－1　动力电池可接受最大充电电流曲线

电解液迅速反应，从而引起部分电解液的还原反应致使电池极化；充电到达最后阶段时，电池的端电压逐渐增大，但是充电电流伴随着充电继续进行而逐步变小，这样一来使得充电所需时长变长。

恒压充电法在对电池充电过程中无须对外围电源或电阻进行调节，操作简便，易于控制。但充电电压值不易选取，过高电压会使充电初期电流大而损伤电池，过低电压又会使得电池充电不足，长期的欠充会使其固有容量变小、降低循环利用次数。

3）阶段式充电法

阶段式充电法，也称恒流限压充电法，实质上指的是在充电的不同时刻分别采用恒流充电方式或者是恒压充电方式，通常情况下可以划分成两种：两阶段式充电法和三阶段式充电法。

阶段式充电法的对应曲线如图 7－2 所示。

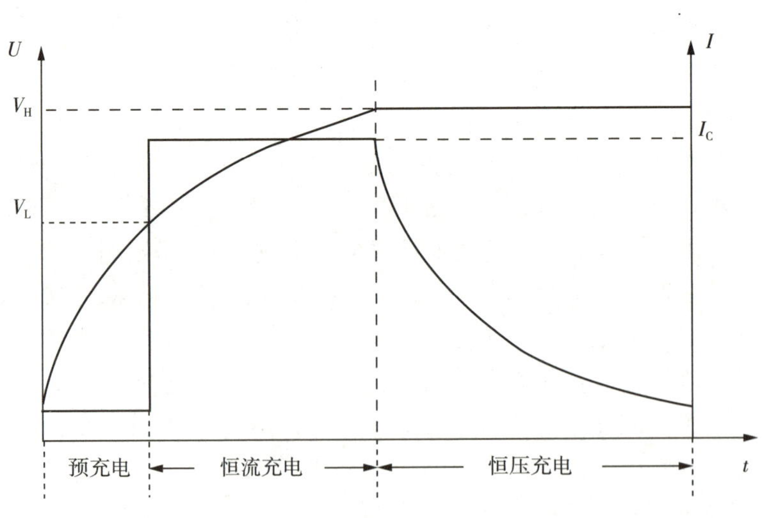

图 7－2　阶段式充电法示意图

（1）两阶段式充电法在充电开始阶段，应用恒定不变的电流对电池充电，当其端电

压值到达预先设置的电压值时，迅速变成恒压充电，充电直至端电压到达其允许的最大高电压值时，结束充电。从整体的过程上看，可分为两个阶段，即前一段为恒流充电，后一段为恒压充电。

（2）三阶段式充电法是在两阶段式充电法的基础上加入了用小电流进行补足充电的第三阶段。可以说，电池在充电开始阶段和最后阶段都应用较小的电流来实行充电，中间段用恒定的电压来充电。三段式充电法进一步改善了两段式充电法在电池充电后期的析气现象，同时也保证了电池到达满充状态。

采用阶段式充电法充电，其布局简单，操作方便。阶段式充电法是基于恒流充电法和恒压充电法的基础上改进合并的，但对充电快速性的要求仍无法得到很好的满足。

4）脉冲充电法

脉冲充电法指的是在充电时采取一组脉冲形式的电流对电池进行充电，这种方法是通过调节充电电流脉冲的幅值以及脉冲时长来控制整个充电过程，脉冲充电如图 7-3 所示。在脉冲充电中，电流脉冲幅值一般选取较大值，这样保证了在充电时可以使较多的电量被电池接受；而在脉冲的空闲时间段内，电池处于短时间的停充状态，此时可以消除极化现象和析气现象，从而提高电池的充电效率。脉冲充电法能较好地抑制和消除电池极化，缩短充电所需时长。

图 7-3 脉冲充电示意图

5）间歇充电法

间歇充电法指的是电池在充电时加入了小段停歇时间，用以消除电池极化，该方法结合了恒流充电、恒压充电和脉冲充电的特点，起到了提高充电速率的作用。间歇充电法按形式不同可划分成两类：一类是变电流间歇充电法，另一类是变电压间歇充电法。

（1）变电流间歇充电法，如图 7-4 所示。在充电初期，采用大电流充电，此时能够

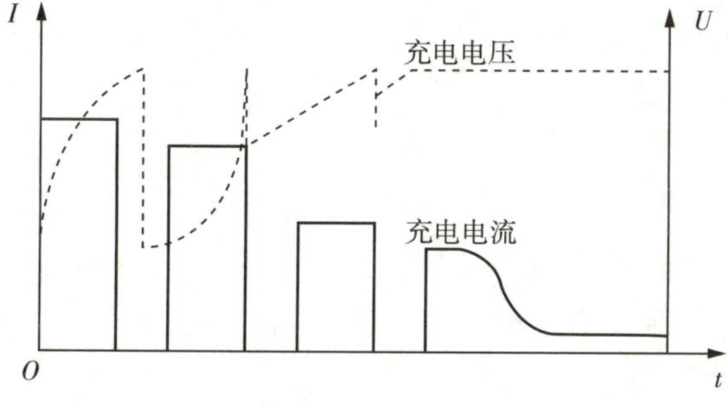

图 7-4 变电流间歇充电方法曲线示意图

保证电池在较短时间内充进大量电量，当其端电压值达到预期设置的电压值时，短暂地停止充电；接下来减小电流再次进行上一阶段的充电过程。如此反复，直到电池到达满充状态。

（2）变电压间歇充电法，如图 7－5 所示。变电压间歇充电法与变电流间歇充电法的区别在于它采用了逐级递减电压来控制充电过程，所以充电电流自然的逐渐减小。

此外两种间歇充电法相比，后者控制简便，只需调节充电电源的电压即可。

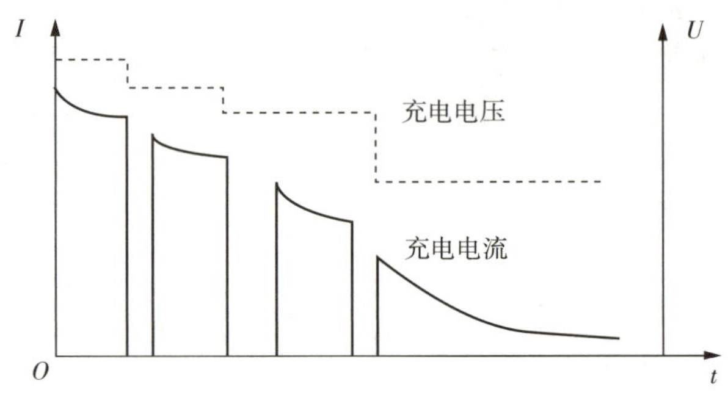

图 7－5　变电压间歇充电方式曲线示意图

7.1.4　电动汽车充电站建设现状

1）国内充电站建设现状

截至 2014 年底，全国共建成充换电站 780 座，交直流充电桩 3.1 万个，为超过 12 万辆电动汽车提供充换电服务，充电网络逐步形成。结合新能源汽车示范推广，在深圳、杭州、合肥等地已建成较大规模的城市充电服务网络，在苏沪杭地区已初步建成城际充电服务网络，在京沪、京港澳、青银等高速公路沿线已基本建成省际充电服务网络。

技术水平不断提高。交直流充电桩、双向充放电动机、电池快速更换系统等设备已实现国产化，无线充电、移动充电等新型充电技术已开展试点运营；充电基础设施监控、计量、计费及保护等技术日趋成熟；充电基础设施的信息化和自动化水平不断提高；充电基础设施与新能源、智能电网及智能交通等技术融合已开展试点应用。

根据各应用领域电动汽车对充电基础设施的配置要求，经分类测算，2015 年到 2020 年需要新建公交车充换电站 3848 座，出租车充换电站 2462 座，环卫、物流等专用车充电站 2438 座，公务车与私家车用户专用充电桩 430 万个，城市公共充电站 2397 座，分散式公共充电桩 50 万个，城际快充站 842 座。如图 7－6 所示。充电基础设施分场所建设目标如图 7－7 所示。

积极推进公务与私人乘用车用户结合居民区与单位停车位配建充电桩，新增超过 430 万个用户专用充电桩，以满足基本充电需求。鼓励有条件的设施对社会公众开放，合理布局社会停车场所公共充电基础设施。

2）国外充电站建设现状

（1）美国

美国政府已投入 4 亿美元用于支持充电基础设施建设和完善，包括充电站建设以及技

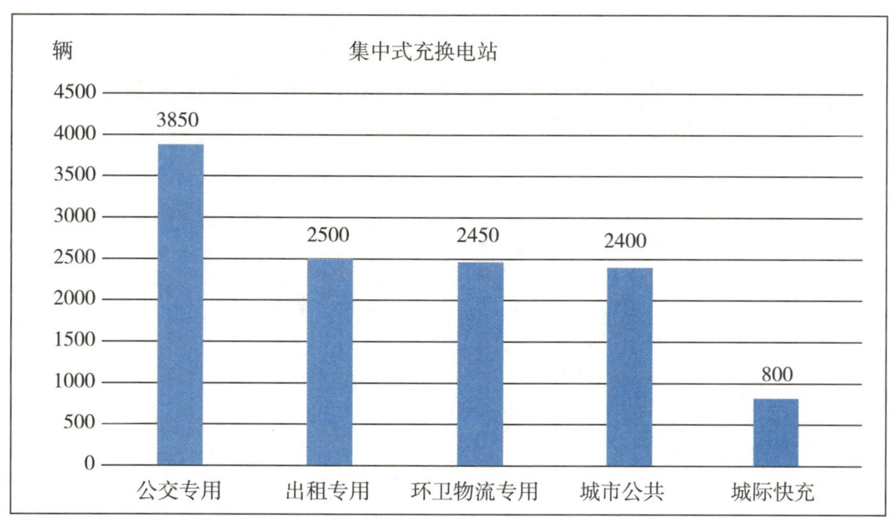

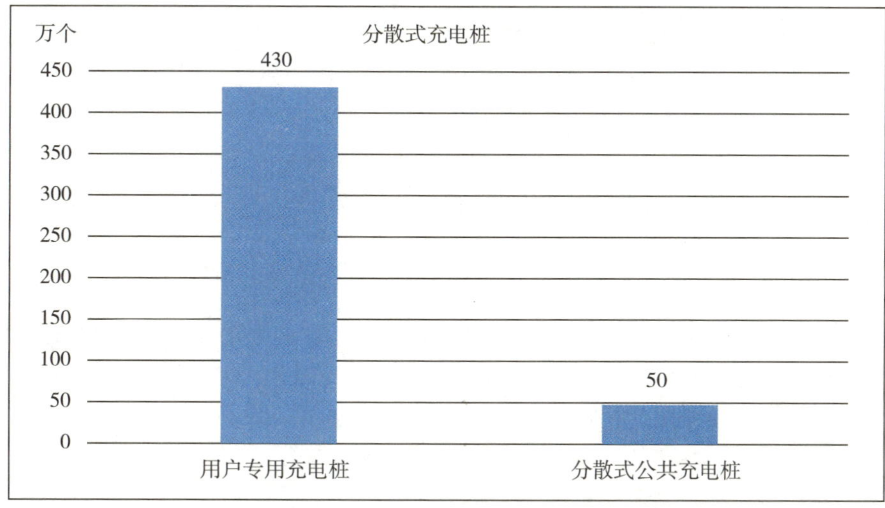

图 7-6 2015—2020 年新增各类充电设施总目标

术人员培训，已实施了覆盖 25 个州的 50 个相关项目。

美国已经建立起较完善的交流充电设施网络，数量多，分布广，直流充电设施主要布点于高速公路上，为长途驾驶的电动汽车提供快速补电服务。如今，美国电动汽车产业已基本进入商业化运营阶段，这与美国政府充电基础设施有序规划和安装有着密切的关系。近几年来，联邦政府一直在联合科研机构和汽车厂商开展相关研究，并投资了一系列电动汽车充电基础设施的规划项目，通过对项目中所产生的和统计的数据进行分析总结，逐渐形成一套完整的有关规划布点及建设的理论和方法。

(2) 日本

日本电动汽车充电技术一直走在世界前列，目前已有超过 270 家世界各地的汽车制造商、充电器制造商加入了日本电动汽车快速充电器协会，其制定的快速充电器标准也对欧美国家电动汽车发展产生了重要影响。

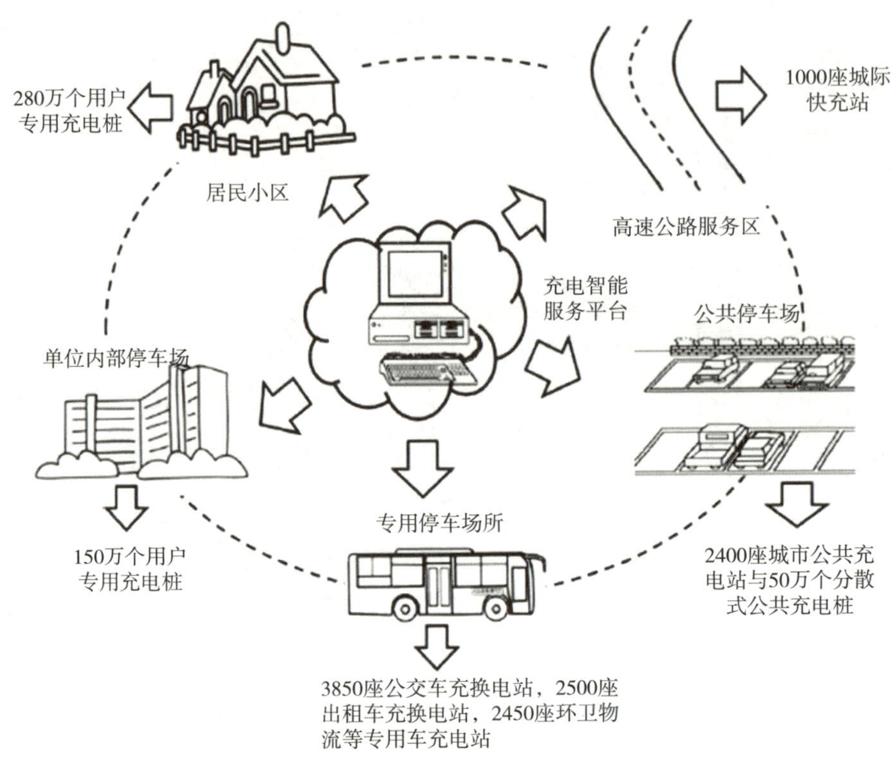

图 7-7　至 2020 年充电基础设施分场所建设目标

截至 2014 年 8 月，日本电动汽车快速充电器协会的直流快速充电站已遍布全球，共计 3689 座，其中日本 1978 座、欧洲 1181 座、美国 686 座。日本正是依靠在关键技术上的垄断地位试图获得在全球充电基础设施建设上的话语权。

（3）法国

与美国、日本相比，欧洲更崇尚追求完美零污染的纯电动汽车。1990 年，欧洲城市电动车协会成立，迄今已有 60 座欧盟国家的城市参与成为会员，加速了各地电动汽车可行性研究，并帮助建设了充电基础设施，以及指导该城市电动汽车产业化运营。其中，法国在该领域一直走在欧洲各国前列。

法国作为欧洲纯电动汽车的主要市场，同时是世界上电动汽车充电网络最为发达的国家之一。政府以贷款等形式投资 15 亿欧元大力建设充电站，计划到 2020 年，所有充电站的充电插头总量将达 400 万个，从而极大地方便了电动汽车和插电式混合动力汽车出行。

法国电动汽车商业化发展很大程度上依赖汽车分时租赁模式，以巴黎为代表，目前已建成 500 个地面停车点和 200 个地下停车点。每个地面停车点可供 4 辆电动车停泊，每个地下停车点有 10 辆车，总计可供 4000 辆电动汽车进行充电，供 4 百万市民使用。截至 2014 年 9 月，全国有 8600 座公共充电站已投入使用。

（4）德国

戴姆勒汽车集团与德国能源公司 RWE 在柏林等欧洲主要城市建设电动汽车充电设施

以鼓励推动电动汽车的发展。这两家公司首先在柏林建立 500 座充电站，以满足 Smart 电动汽车和其他电动汽车的充电需求。据悉，充电站收费标准为每次 2 欧元，这对城市通勤者来说还是非常具有吸引力的。

7.2 电动汽车充电站组成及功能

电动汽车充电站建设是一项复杂的工程，其中包含了输配电系统、充电系统、监控系统以及电池更换和维护系统等多项内容，在设计时，要充分了解各种系统的组成内容，根据充电站的充电容量和建设规模，合理规划各个组成部分，这其中又涉及充电站的占地规划、土建工程、消防工程等多项内容。

7.2.1 电动汽车充电站的组成

电动汽车充电站系统组成包括：供配电系统、充电系统、电池更换和维护系统、监控系统、信息发布系统。从功能上分析，电动汽车充电站必须能够满足为电动汽车充电的要求，因此，需要有一定的场地要求、供配电要求、充电设备的要求，需要有电池存储与维护的要求。在基本功能实现的基础上，还必须有相关的配套设施，如消防安全设施、设备的运行监控设施等。在此基础上，为了保证充电站能够更好地服务充电用户，还需要有站内信息实时发布系统，方便充电用户的预约和查询。充电站系统组成如图 7－8所示。

7.2.2 电动汽车充电站子系统的功能

下面介绍地面充电站各子系统功能。

1）供配电系统

供配电系统是从外部电网向电动汽车充电站供给电能，是整个充电站能够正常工作的关键因素。供配电系统设计要综合考虑整体的用电容量、用电等级等因素，最终确定该充电站为几级用电负荷。国家电网出台的《电动汽车充电站供电系统规范》中明确划分了不同充电站的负荷等级，并根据不同的等级确定了不同的建设标准。北京奥运会期间，服务于奥运会用车的充电站的负荷等级为二级。

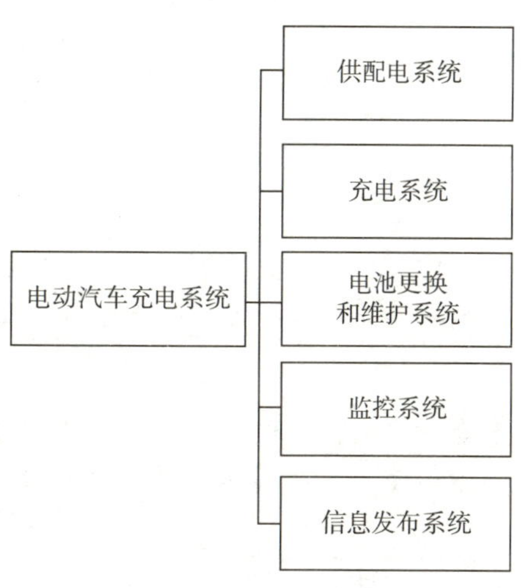

图 7－8 充电站系统组成

2）充电系统

充电系统是实现电动车充电的最终机构，由各种充电动机组成。充电动机有不同类型，消费者根据不同的需求选择不同类型的充电动机，作为一个多功能大型充电站，必须配备多种充电动机。在充电动机的选择方面，为了方便充电站的整体监控管理，充电动机应该配备外部通信接口，并且具有通信功能，能够将运行中的各种数据实时传输到

充电站的运行管理中心。

3）电池更换和维护系统

电池更换和维护系统主要针对电池进行更换和维护，它与充电系统功能类似。相比于充电系统，该系统需要更大的空间和占地面积。首先电动汽车的电池组体积和质量都较大，因此在电池的存储方面通常需要设计电池存储架，以规范电池的存储，电池架上同时需要配备充电系统，能够对电池进行慢速充电，选择慢速充电是因为这种充电方式不损坏电池。其次，电池的搬运需要配备专用的机械手或是搬运机器人，以节省人力成本。电池维护系统需要能够检测电池的状态，根据监测系统返回的数据对电池进行相关的维护，出现故障后对电池进行维修。

4）监控系统

作为大型充电站，其必须配备完善的监控系统，以保证充电站安全稳定运行。监控系统既要对充电站各个设备的运行状态监控，也要对站内的安防内容进行监控，如视频监控、防火防盗监控等。

5）信息发布系统

上述四个子系统在国外的充电站建设中都有所体现，是大型充电站的必须组成部分。信息发布系统是为了节约用户排队等待时间，方便用户使用。随着生活节奏的日益加快、电动汽车的日益增多，充电站将出现供不应求的局面，同时因为充电时间相比于传统的加油时间较长，因此在高峰时刻将出现排队充电现象，而信息发布系统可以将实时的充电站内闲置充电动机数量或者排队等候车辆数量通过网络发送出去，用户可以通过手机客户端进行查询。同时也提供充电预约等功能，给用户更好的充电体验。

7.3　电动汽车充电系统

7.3.1　电动汽车充电连接方式

根据电动汽车接入电网的方法不同，可将电动汽车充电连接方式分为 A、B、C 三种。

连接方式 A，将电动汽车和交流电网连接时，使用能和电动汽车永久连接在一起的充电电缆和插头，其中电缆组件是车辆的一部分。如图 7－9 所示。

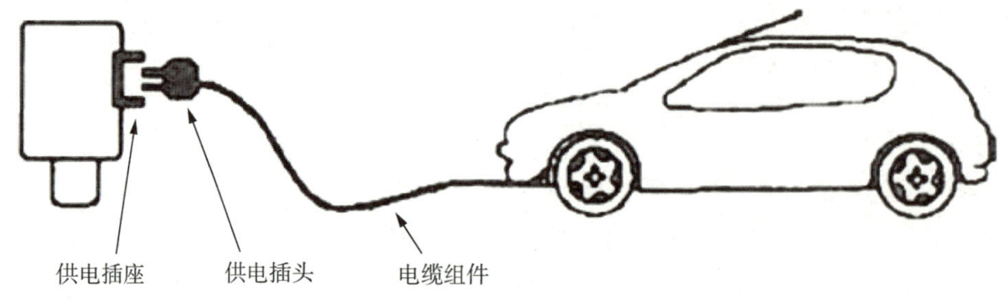

图 7－9　电动汽车连接方式 A

连接方式 B，将电动汽车和交流电网连接时，使用带有插头和供电的独立活动电缆组件，其中可拆卸电缆不是车辆或者充电设备的一部分。如图 7-10 所示。

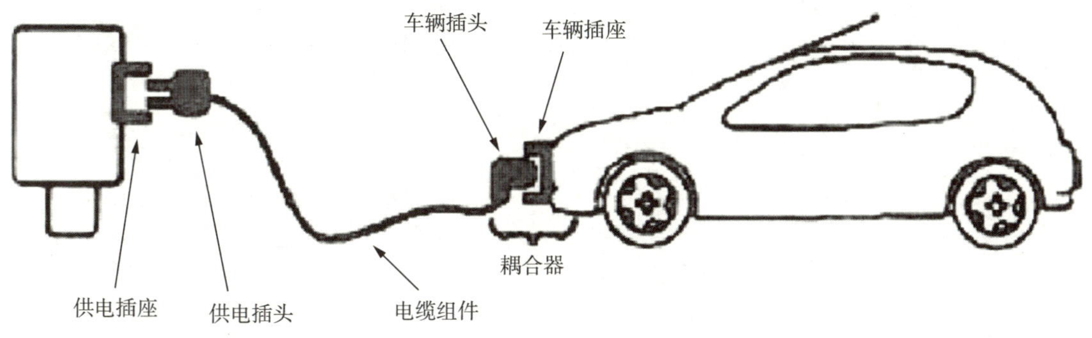

图 7-10　电动汽车连接方式 B

连接方式 C，将电动汽车和交流电网连接时，使用了和供电设备永久连接在一起的充电电缆和车辆接头，其中电缆组件是充电设备的一部分，如图 7-11 所示。

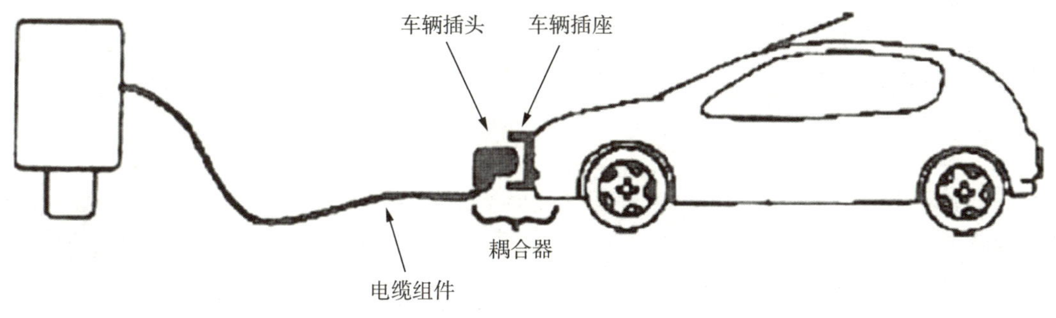

图 7-11　电动汽车连接方式 C

7.3.2　电动汽车交流充电模式

电动汽车交流充电模式是将电动汽车与交流电网连接起来，并且在电动汽车供电设备上安装了专用保护装置。当电动汽车供电设备具有一个及一个以上可同时使用的连接点（供电插座）时，要求每个连接点具有专用保护设备，并确保控制引导功能可独立运行。连接方式 A，连接方式 B，连接方式 C 均适用于该充电模式。

交流充电控制导引电路。如图 7-12 所示，该电路由供电控制装置，接触器 K_1、K_2，电阻 R_1、R_2、R_3、R_4、RC，二极管 D_1，开关 S_1、S_2，车载充电动机和车辆控制装置组成，其中车辆控制装置可以集成在车载充电动机或其他车载控制单元中。电阻 R_4、RC 安装在车辆插头上，开关 S_1 为供电设备内部开关。开关 S_2 为车辆内部开关。

1）工作过程

（1）车辆插头与车辆插座耦合，使车辆处于不可行驶状态

当供电插头与供电插座插合后，车辆的总体设计方案可以自动启动某种触发条件，通过互锁或者其他控制使车辆处于不可行驶状态。

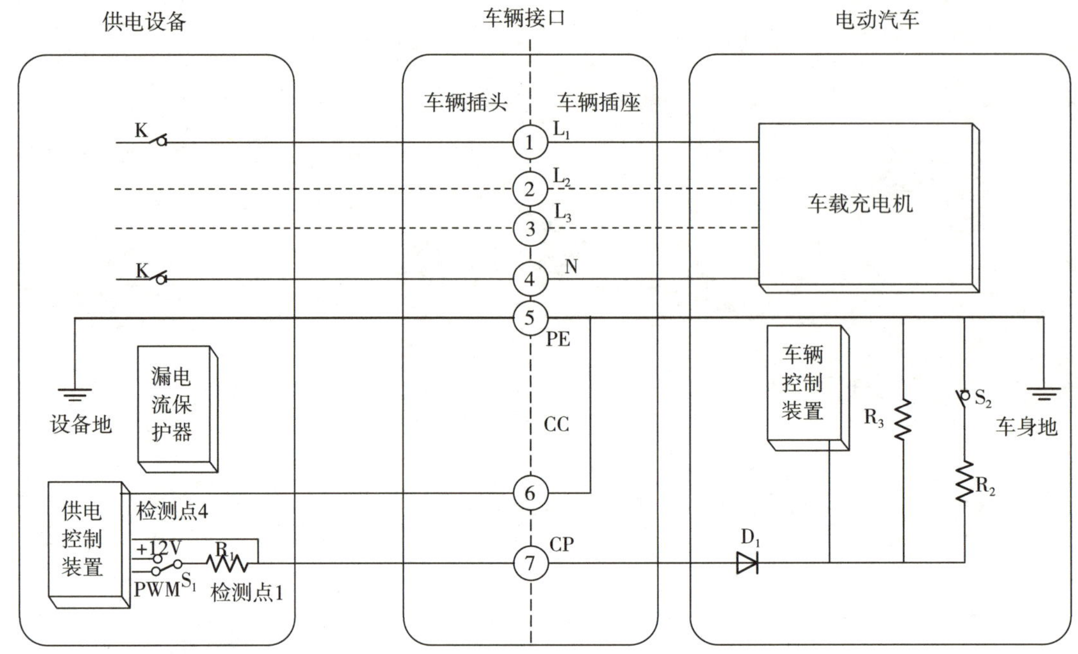

图 7-12　交流充电控制导引电路

(2) 确认接口完全连接

供电控制装置通过测量检测点 1 或检测点 4 的电压值来判断供电插头与供电插座是否完全连接。

(3) 确认充电装置完全连接

如供电设备无故障，并且供电接口已完全连接，则开关 S_1 从+12 V 连接状态切换至 PWM 连接状态，供电控制装置发出 PWM 信号。供电控制装置通过测量检测点 1 的电压值或检测点 4 来判断充电连接装置是否完全连接。车辆控制装置通过测量检测点 2 的 PWM 信号，判断充电连接是否已完全连接。

(4) 供电设备准备就绪

供电控制装置通过测量检测点 1 的电压值判断车辆是否准备就绪。当检测点 1 的峰值电压为 6 V 时，则供电控制装置通过闭合接触器 K_1 和 K_2 使交流供电回路导通。

(5) 充电系统的启动

车辆控制装置通过检测点 2 的 PWM 信号占空比确认供电设备的最大可供能力，并且通过判断监测点 3 与 PE 之间的电阻值来确认电缆的额定容量。当车辆控制装置判断充电装置已完全连接，并完成车载充电动机最大允许输入电流设置后，车载充电动机对电动汽车充电。

(6) 检测供电接口的连接状态及供电设备的供电能力变化情况

在充电过程中，车辆控制装置通过周期性监测检测点 2 和检测点 3，供电控制装置通过周期性监测检测点 1 和检测点 4，确认供电接口和车辆接口的连接状态。或者通过对检

测点2的PWM信号进行占空比变化监测，根据PWM占空比实时调整车载充电动机的输出功率。

（7）正常条件下充电结束或停止

充电过程中，当达到车辆设置的结束条件或驾驶员对车辆实施了停止充电的指令时，车辆控制装置断开开关 S_2，使车载充电动机处于停止充电状态。

2）交流充电接口

车辆接口和供电接口分别包含7对触头，其电气参数值及功能定义见表7-2所列。

表7-2 交流触头电气参数值及功能定义

触头编号/标识	额定电压和额定电流	功能定义
L	250 V/440 V 16 A/32 A	交流电源
NC1	—	备用触头
NC2	—	备用触头
N	250 V/440 V 16 A/32 A	中线
PE	—	保护接地，连接供电设备地线和车辆车身地线
CC	30 V 2 A	充电连接确认
CP	30 V 2 A	控制确认

车辆接口和供电接口的触头布置方式如图7-13和图7-14所示。

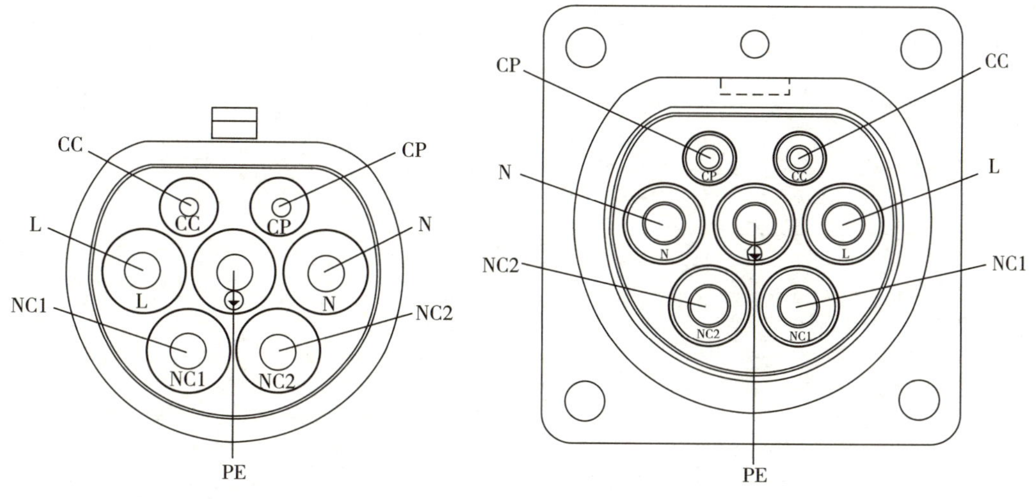

图7-13 车辆/供电插头布置

图7-14 车辆/供电插座触头布置

3）充电连接界面

在充电连接过程中，首先接通保护接地触头，最后接通控制确认触头与充电连接确认触头；在脱开过程中，首先断开控制确认插头与充电连接确认触头，最后断开保护接地触头。车辆充电接口的电气连接界面如图 7－15 所示，供电接口的电气连接界面如图 7－16所示。

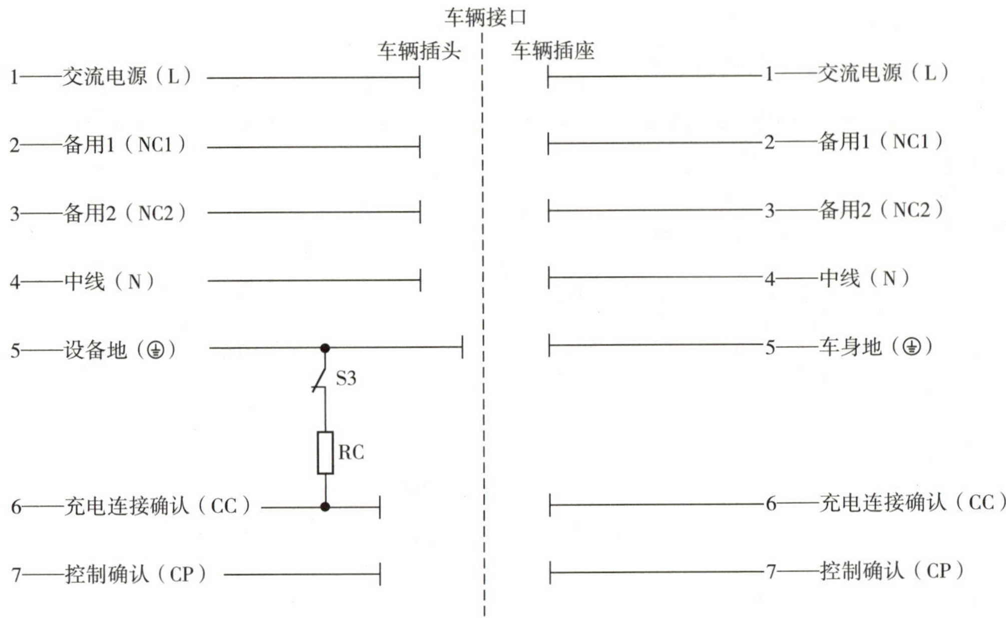

图 7－15　车辆充电接口电气连接界面示意图

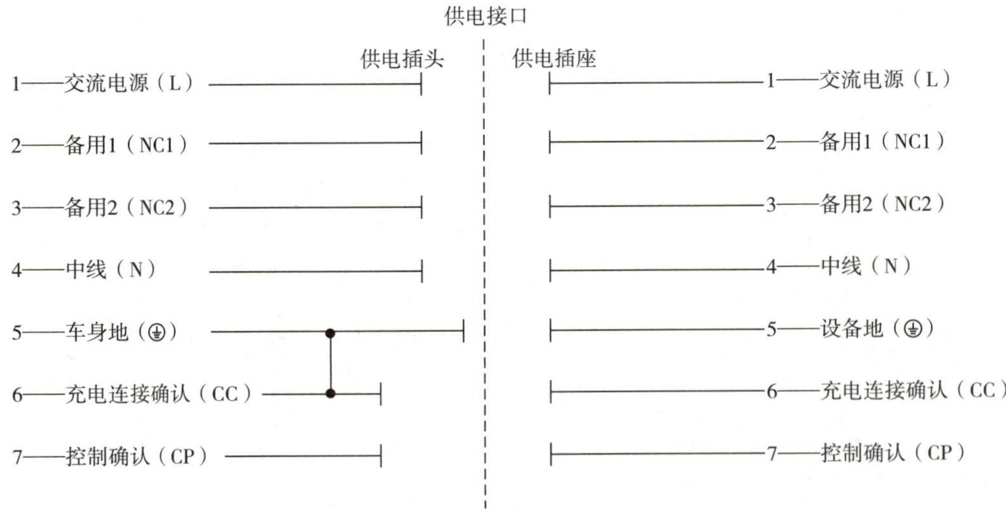

图 7－16　车辆供电接口电气连接界面示意图

7.3.3　电动汽车直流充电模式

电动汽车直流充电模式是将电动汽车与直流供电设备连接起来，直流供电设备可直

接连接至交流电网或直流电网。该模式只能使用连接方式 C。

1）直流充电控制导引电路

直流充电安全保护系统基本方案的示意图如图 7－17 所示，包括非车载充电动机控制器，电阻 R_1、R_2、R_3、R_4、R_5、开关 S，直流供电回路接触器 K_1 和 K_2，低压辅助供电回路（电压：12 V＋/－5％，电流：10 A）接触器 K_3 和 K_4、充电回路接触器 K_5 和 K_6 以及车辆控制器，其中车辆控制装置可以集成在电池管理系统中。电阻 R_2 和 R_3 安装在车辆插头上，电阻 R_4 安装在车辆插座上。开关 S 为车辆插头的内部常闭开关，当车辆插头与车辆插座完全连接后，开关 S 闭合。在整个充电过程中，非车载充电动机控制装置应能监测接触器 K_1、K_2，接触器 K_3、K_4。电动汽车车辆控制装置应能监测接触器 K_5 和 K_6 状态并控制其接通及关断。

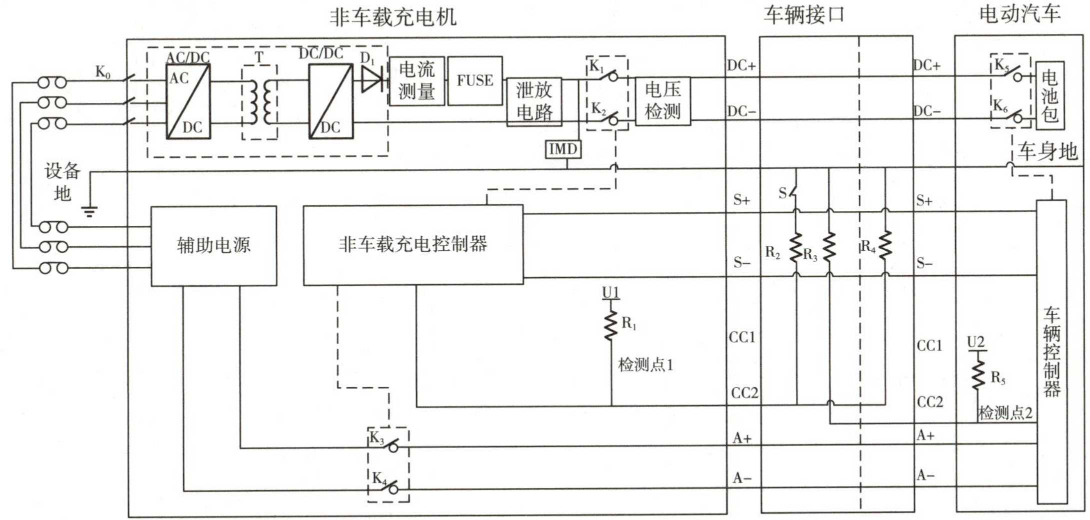

图 7－17　直流充电控制导引电路

2）充电控制过程

（1）车辆插头与车辆插座插合

使车辆处于不可行驶状态将车辆插头与车辆插座插合，车辆的总体设计方案可以自动启动某种触发条件，通过互锁或其他控制措施使车辆处于不可行驶状态。

（2）车辆接口连接确认

操作人员对非车载充电动机进行充电设置后，非车载充电动机控制装置通过测量检测点 1 的电压值判断车辆插头与车辆插座是否已完全连接，当检测点 1 电压值为 4 V 时，则判断车辆接口完全连接。

（3）非车载充电动机自检

在车辆接口完全连接后，进行绝缘检测，绝缘检测完成后，将 IMD（绝缘检测）以物理的方式从强电回路中分离，并投入泄放回路对充电输出电压进行泄放，非车载充电动机完成自检后断开 K_1 和 K_2。同时开始周期发送通信握手报文。

(4) 充电准备就绪

车辆控制装置与非车载充电动机控制装置在配置阶段时，车辆控制装置闭合 K_5 和 K_6，使充电回路导通；非车载充电动机控制装置检测到车辆端电池电压正常后闭合 K_1 和 K_2，使直流供电回路导通。

(5) 充电阶段

在充电阶段，车辆控制装置向非车载充电动机控制装置实时发送电池充电需求参数，非车载充电动机控制装置根据电池充电需求参数实时调整充电电压和充电电流。此外，车辆控制装置和非车载充电动机控制装置还相互发送各自的状态信息。在充电过程中，车端应能检测 PE 针断线。

(6) 正常条件下充电结束

车辆控制装置根据电池系统是否达到满充状态或是否收到“充电动机中止充电报文”来判断是否结束充电。在满足以上充电结束条件时，车辆控制装置开始周期发送“车辆控制装置中止充电报文”，在确认充电电流小于 5 A 后断开 K_5 和 K_6。当操作人员实施了停止充电指令时，非车载充电动机控制装置开始周期发送“充电动机中止充电报文”，并控制充电动机停止充电，在确认充电电流小于 5 A 后断开 K_1、K_2，并再次投入泄放回路，然后再断开 K_3、K_4。

3) 直流充电接口

车辆插头和插座分别包含 9 对触头，其电气参数及功能定义见表 7－3 所列。

表 7－3　直流触头电气参数值及功能定义

触头编号/标识	额定电压和额定电流	功能定义
DC+	750 V/1000 V 80 A/ 125 A/200 A/250 A	直流电源正， 连接直流电源正与电池正极
DC−	750 V/1000 V 80 A/ 125 A/200 A/250 A	直流电源负， 连接直流电源负与电池正极
PE	—	保护接地， 连接供电设备地线和车辆电平台
S+	0～30 V 2 A	充电通信 CAN _ H， 连接非车载充电动机与电动汽车的通信线
S−	0～30 V 2 A	充电通信 CAN _ L， 连接非车载充电动机与电动汽车的通信线
CC1	0～30 V 2 A	充电连接确认
CC2	0～30 V 2 A	充电连接确认
A+	0～30 V 20 A	低压辅助电源正， 连接非车载充电动机为电动汽车提供的低压辅助电源
A−	0～30 V 20 A	低压辅助电源正， 连接非车载充电动机为电动汽车提供的低压辅助电源

车辆接口和供电接口的触头布置方式如图 7－18 和图 7－19 所示。

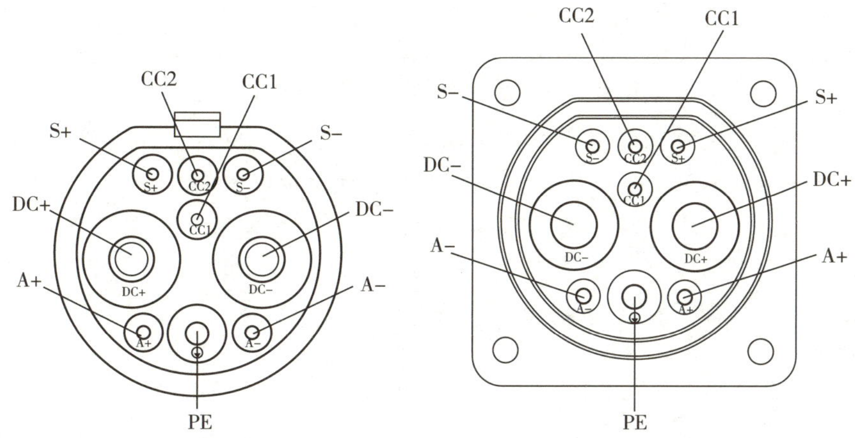

图 7－18　车辆/供电插头布置　　　图 7－19　车辆/供电插座触头布置

4）充电连接界面

车辆插头和车辆插座在连接过程中触头耦合顺序为：保护接地，充电连接确认（CC2），直流电源正与直流电源负，低压辅助电源正与低压辅助电源负，充电通信，充电确认（CC1）。直流充电接口连接界面如图 7－20 所示。

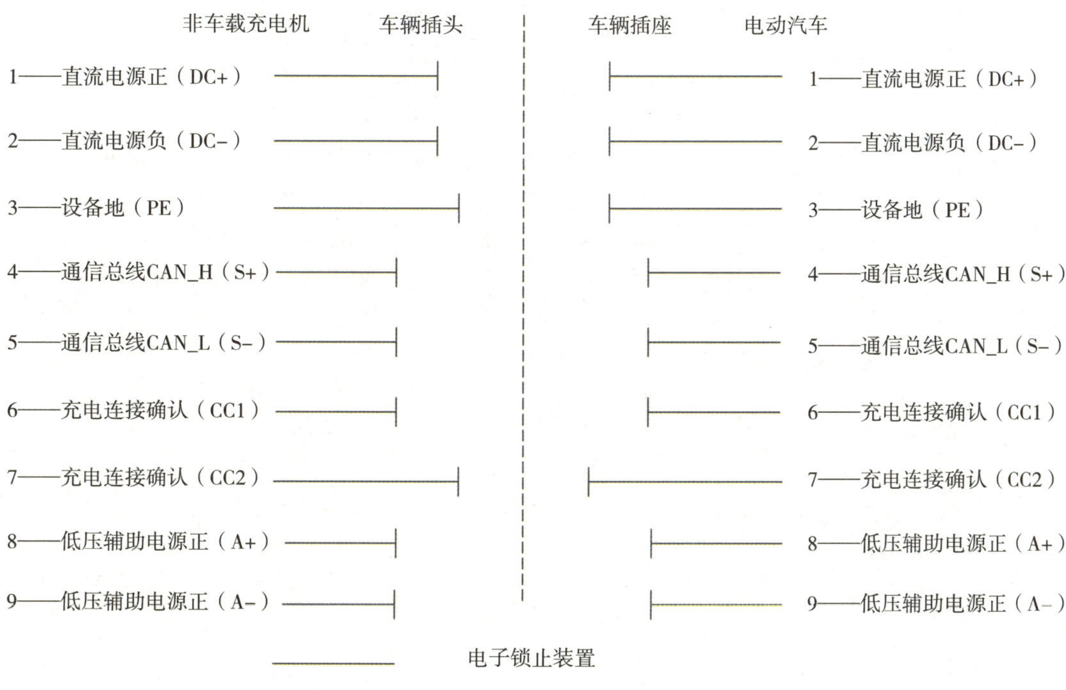

图 7－20　直流充电接口连接界面

7.4 电动汽车充电站的监控系统

充电站监控网络是充电站中不可或缺的部分。目前充电站监控网络的可实现方案有多种。需要根据电池充电和电动车辆的特点进行分析比较，才能确定一种既能满足功能需要又比较经济的网络结构。对于通信协议，需要在分析大量不同电动汽车充电需求和不同充电站的功能的基础上总结出共性特点，才能够制定出具有普遍适用性的通信协议。为保证电动汽车所用动力电池安全和最佳充电曲线，充电动机在充电过程中需要实时获取电池数据，所以充电动机和电池管理系统之间必须建立数据通信。目前，不同的电池管理系统的通信协议和通信接口各有不同，还没有统一，这些为充电站的大规模建设带来了很大的困难。

7.4.1 充电站监控系统的整体功能

通常情况下要求电动汽车充电站的监控系统具备如图 7 - 21 所示的功能：监控系统要实现所有设备的数据采集和设备的运行控制，实现设备与设备之间、设备与控制中心之间的数据通信，同时还要有基础的运行监测和故障报警功能，当出现设备故障时能够实现紧急停车，当发生起火事故时能够进行声光报警，并自动启动灭火装置。监控系统也要能够显示各个设备的运行参数，显示整个充电站的运行信息，包括视频图像和用电量等信息。

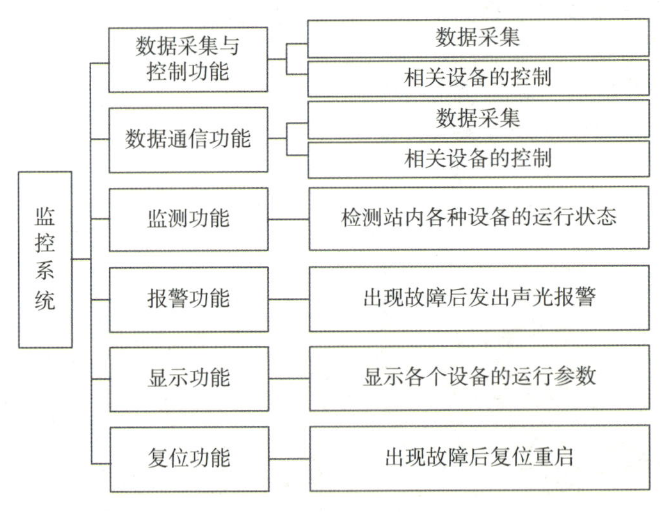

图 7 - 21 监控系统功能结构图

7.4.2 充电站监控系统的组成

电动汽车充电站的监控系统必须具备以下三个主要功能：视频监控、设备运行状态监控和安防报警监控。充电站监控系统组成结构及实现方法如图 7 - 22 所示。

1）视频监控

在充电站出入口、信息管理中心、充电动机等部位装设监控探头，以实现重要位置的图像监控和存储，这是最为基础的监控内容。视频监控主要通过网络摄像机实现，视

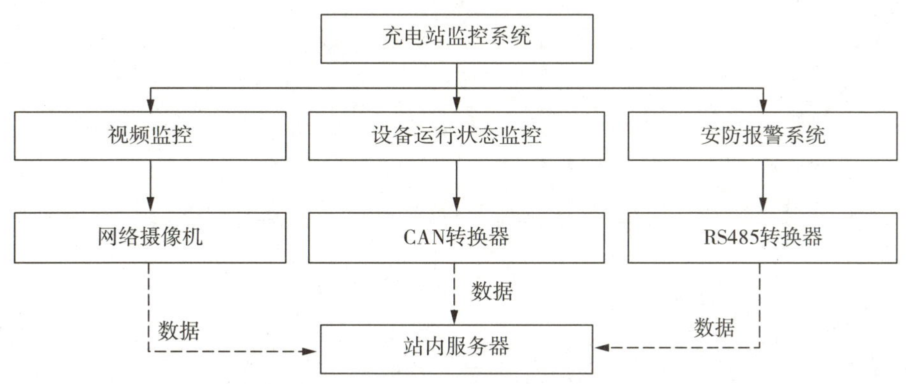

图7-22 充电站监控系统组成结构及实现方法

频数据通过以太网协议传输到服务器中进行存储，当视频摄像机数量较多时，通常需要加装交换机设备，以扩展传输接口。

视频监控的功能主要包括两部分：一是安全防护需要，二是监控站内充电汽车以及排队车辆信息。安装视频监控系统能够有效威慑盗窃等犯罪，保护站内设备不受人为损坏和盗窃。当发生意外时，也可以通过调阅视频数据追查线索。在排队车辆信息监控方面，目前性能较高的网络摄像机都带有图像识别、人脸识别等功能，通过对摄像机的参数配置，可以实现对车辆的识别，进而判断图像内有几台车辆。识别到站内车辆和排队车辆数量后，可以通过网络实时发布站内情况，给准备充电的车主以参考，如前文所述，充电站本身会有停车场效应，因此如果排队车辆较多，则通过这一功能，准备进站充电的车主可以选择其他充电站或者先放弃充电以节约时间。

2）安防报警监控

安防监控包括控制机房的门禁系统、整个充电站的消防系统、RFID定点巡检系统。

门禁系统主要针对站内的控制机房，作为整个充电站的信息处理和控制中心，机房需要有较高的安全等级，只有一定权限的操作人员才可以进入机房，并且每一次的出入都要有详细的记录，以降低信息丢失和损坏的风险。同时控制机房还要加装玻璃破碎监测系统、红外微波扰动监测系统等，防止采用暴力破坏方式进入机房。

消防系统要布设在控制机房、各个充电动机、电池存储区以及主配电线路附近。消防系统包括基本的温度监测、烟雾报警监测、自动灭火装置以及起火自动报警等模块。

RFID定点巡检系统是采用RFID手持终端，通过人工对每一个预设的检查点进行巡检扫描，以查看是否有设备损坏或是人为破坏。

3）设备运行状态监控

设备运行状态监控包括三个子内容，即主配电线路上设备运行状态监控，控制机房内设备运行状态监控和充电设备运行状态监控。主配电线路上设备运行状态监控包括对变压器运行参数监控、断路器状态监控、APF（Active Power filter，有源电力滤波器）滤波器状态监控等；控制机房内设备运行状态监控包括为服务器运行提供电源的UPS（Uninterruptible Power System，不间断电源）状态监控，机房内的温湿度环境监控等。

设备运行状态监控主要是监控充电动机运行状态，充电动机设计时，多是采用 CAN 总线方式进行数据传输，因此在监控系统设计时，对此部分要装设 CAN 转换器，因为在系统服务器上是没有 CAN 接收端口的，需要经过 CAN 转换器将信号读取到服务器中。

设备运行状态监控对于电动汽车充电站而言是特殊而又非常重要的监控环节。上述视频监控与安防报警监控是普通机房设施都需要配备的监控系统，而设备运行状态监控是要监测所有的充电动机，电池库以及在充电池的运行状态。设备运行状态监控子系统结构图如图 7-23 所示。

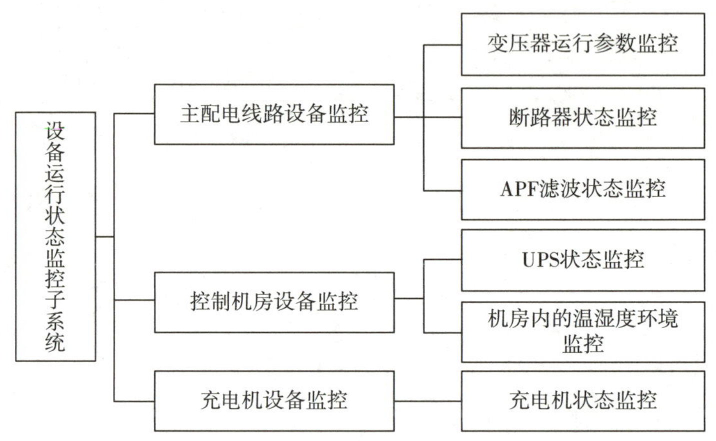

图 7-23　设备运行状态监控子系统结构图

在对充电站的运行状态监控方面，主要实现如下功能：

(1) 监测各充电动机的输入输出参数

包括充电动机的输入和输出电压、电流、功率因数以及充电时间等参数。获取被充电池的电压和温度等信息，计算剩余充电时间。通过对输入输出参数的对比计算，判断充电动机是否存在故障。

(2) 对各充电动机进行远程控制

控制中心能够根据充电汽车的多少安排在线充电动机数量，进而降低待机功耗，节约能源。因此要能够远程控制充电动机的运行和停止。同时为了应对突发状况，控制中心能够控制充电动机紧急停车，以保护充电汽车和充电动机。

(3) 记录各充电动机的运行信息

对以上采集到的数据进行信息存储，并针对每一台充电动机形成数据报表，以备故障查询和分析。

7.5　电动汽车充电站的电磁干扰及安全防护

7.5.1　充电站的电磁干扰及防护

1) 电磁干扰抑制与防护

在充电站的建设中，必须有效地抑制电磁干扰，建立必要的防护措施，以提高充电

设施现场运行的可靠性。主要从以下几个方面考虑：

（1）充电设施产品的抗电磁干扰电路设计。在充电设施产品的输入/输出端增加抗电磁干扰电路，降低充电设施产品的电磁干扰噪声。在抗电磁干扰电路中加入瞬态吸收与抑制器件（如压敏电路、TVS 管等），吸收瞬态干扰，提高充电设施产品的电磁抗扰度性能。但抗电磁干扰电路中的 Y 电容过大，会降低充电设施的绝缘性能，影响电动汽车的绝缘检测，在设计抗电磁干扰电路时，需要合理选择 Y 电容，一般不超过 9400 pF。

（2）充电设施产品的机箱设计。在保证散热的同时，减少机箱开孔，增强机箱的屏蔽性能，从而降低充电设施产品的抗电磁干扰辐射，提高充电设施产品的辐射电磁抗扰度性能。

（3）综合考虑安全接地、信号接地、防雷接地，合理设计充电设施产品和充电站的接地系统。接地系统应具有较低的公共阻抗，避免出现地电流和地回路，同时保证人身和设备的安全。

2）谐波治理

充电站低压交流电网中均存在严重的谐波电流问题，它是充电设施现场主要的电磁干扰源之一。为消除充电设施现场电磁干扰源，应采取合理的谐波治理措施。

目前充电站谐波治理措施主要有三种：

（1）主动治理，即充电动机采用有源功率因数校正技术（APFC），减少对交流电网的谐波干扰。

（2）分散治理，即每台充电动机输入端加装 APF（有源电力滤波器）装置。

（3）集中治理，即通过在配电变压器低压侧集中安装 APF 装置，阻止谐波进入电网。

集中安装 APF 对充电站进行谐波治理的措施，虽然能够有效解决充电站负载谐波对电网的谐波和无功污染，但站内交流母线依然存在较严重的谐波干扰，会对站内充电动机的计量和通信产生影响。

因此，要彻底改善充电站现场的电磁兼容特性，应采用集中治理与分散治理相结合的方式，或者选用具备 APFC 功能的充电动机产品，彻底消除充电站内交流电网中存在的谐波干扰。

7.5.2 电动汽车充电站的安全防护

保护人员和设备的安全是在充电动机（站）设计和建设中必须考虑的，充电动机（站）应有防御雨、雪、沙的设施，并应考虑如下问题。

1）允许温度及温度监视

在 40 ℃环境温度下，充电动机（站）可用手接触部分允许的最高温度应是：金属部分为 50 ℃，非金属部分为 60 ℃；可以用手接触但不必紧握部分，在同样条件下允许的最高温度应是：金属部分为 60 ℃，非金属部分为 85 ℃。

充电动机装设温度监控装置，应监视充电动机箱内温度，在任何情况下不能超过允许值，必要时采取减小充电电流或自动切断充电主回路等措施。

2）联锁措施

充电动机（站）使用的插头应带有联锁装置或保持装置，联锁装置或保持装置与开关装置的操作连接，保证插销处于带电状态时不会从插座或连接器中拔出，或开关装置处于 ON 位置时不会被插入插座或连接器。

对于整车充电方式，需有充电线插头与通信线插头的联锁措施。当充电动机与车辆连接时，必须保证通信线插头确实插入插座，并连接无误后，才能实现充电线的连接；充电动机与车辆脱离时，必须保证充电线插头拔出后才能断开通信线。应保证联锁装置或保持装置的可靠性。

3）防护等级（IP）

电动车辆直流充电动机（站）应遵循 IP44（在室内）或 IP54（在室外），充电动机（站）必要时按照 GB 4208—2008《外壳防护等级（IP 代码）》的规定确定是否提高防护等级。对专用的插孔、连接器、插头、插座和充电电缆等要求最小的 IP 防护等级是 IP44，应按照 GB 4208 进行测试。

4）充电动机控制安全

在满足以下要求时才允许充电动机工作：

（1）充电动机启动要求充电连接器可靠连接，充电监控系统（含网络及通信）工作正常，并给出允许充电信号。

（2）充电过程中要求充电监控系统（含网络及通信）工作正常，信号显示正常。

（3）发生充电监控系统（含网络及通信）异常、充电设备及电路故障、异常温升时不允许启动充电，或立即自动关闭充电动机、断开与交流电网连接，防止电击、起火或爆炸。

5）保护措施

充电动机（站）应具有以下保护措施：

（1）充电动机应具有输入欠电压、输入过电压、输出短路、电池反接、输出过电压、温度过高、电池故障等保护功能。

（2）充电动机应具有故障报警功能，能主动向监控系统发送故障信息。

（3）充电站配电系统的保护应与所在供电网协调一致。充电站配电系统的所有操作应符合《电力安全工作规程》的相关规定。

7.6 电动汽车无线充电

7.6.1 国内外无线充电技术现状

无线充电技术是充电技术的一个分支，并在近年来不断发展，成为电动汽车充电的主要方式之一。然而，静态无线充电与有线充电同样存在着充电频繁、续驶里程短、电池用量大且成本高昂等问题。特别是对于电动巴士一类的公交车辆，其连续续航能力格外重要。在这样的背景下，电动汽车动态无线充电技术应运而生，它以非接触的方式为行驶中的电动汽车实时地提供能量供给。

电动汽车动态无线充电技术的基本原理是：通过埋于地面下的供电导轨以高频交变

磁场的形式将电能传输给行驶在地面上一定范围内的车辆接收端的电能拾取机构，进而给车载储能设备供电，可使电动汽车搭载少量电池组，延长其续驶里程，同时电能补给变得更加安全、便捷。动态无线供电技术的主要参数指标有电能传输距离、功率、效率、耦合机构侧移适应能力、电磁兼容性等。

1）国内无线充电技术现状

2011 年 10 月，由中国科协资助在天津工业大学举办了“无线电能传输关键技术问题与应用前景”学术沙龙，这是国内在无线电能传输领域的第一次学术会议，随后 2012 年在重庆举办了“无线电能传输技术研讨会”、2013 年在贵阳举办了“无线电能传输关键技术与应用学术研讨会”、2014 年在南京举办了“无线电能传输技术与应用国际学术会议”、2015 年在武汉举办了“无线电能传输技术及应用学术会议”，国内无线电能传输技术具有良好的发展态势和前景。

国内几所较早开展与动态无线电能传输技术相关研究的高校主要包括东南大学、天津工业大学、重庆大学、中科院电工所、西南交通大学、哈尔滨工业大学等。这些高校前期研究主要集中在大功率电力电子电能变换与拓扑设计、磁耦合机构优化设计、系统建模优化与控制、系统复杂动力学行为分析与控制、能量和信息同步传输、负载识别与异物检测、电磁兼容与电磁屏蔽等技术方面，相关理论、技术难点以及关键问题的研究已经取得一定成果，并且已经研制出原理样机。

重庆大学是国内较早研究无线电能传输技术的高校之一，在国内具有领先地位。东南大学已研制出一套在传输距离 30 cm 范围内可实现 3000 W 功率充电的电动汽车无线充电系统。对于一辆普通的纯电动汽车来说，慢充形式下，充满电需要 7～8 h，可以满足车辆运行 180 多公里的需求。天津工业大学于 2013 年提出将动态无线能量传输技术应用于高速铁路列车充电的设想，建立了高铁充电沙盘模型，受到广泛关注。中科院电工所提出了使用水平屏蔽带来进行磁屏蔽的方法。西南交通大学利用改变逆变器输出电压脉宽与移相角控制方法对逆变器进行控制，有效地消除初级线圈电流的 3 次谐波。

在国内产业界，奇瑞、比亚迪、安徽江淮汽车正在积极开展无线充电系统的研究。安徽江淮汽车股份有限公司提出了一种电动汽车高耦合系数无线充电装置的设计方法，它包含用于调整初级部与次级部相对距离的移动装置。当对电动汽车进行无线充电时，通过移动装置可拉近初级部与次级部之间的距离，提高两者之间的耦合系数，进行高效充电。

2014 年，由中兴通讯、东风汽车、国家电网以及绿捷公交公司共同打造的国内第一条无线充电大巴商用示范线建成。该线路有 20 公里长，停靠站点有 30 个。同样，中兴—东风无线充电客车也在此领域有了很大的技术进步，如图 7 - 24 所示。充满电的中兴—东风无线充电客车可以行驶 100 多公里。

除此之外，国网成都供电公司与中兴新能源汽车有限公司成功开发了电动汽车无线充电系统。如图 7 - 25 所示，单机可提供充电电流最大达到 50 A、最大功率可以达到 20 kW；该系统可实现在无人值守情况下车辆自动充电、支付和身份识别等功能，并可实现自动化控制无线充电全过程。

图 7-24 中兴—东风无线充电客车

图 7-25 成都首条无线充电社区公交

2）国外无线充电技术现状

国外针对电动汽车无线充电技术研究较为深入，且大多数是由企业与高校开展合作完成无线充电装置测试工作。日本、韩国、美国、英国等国家在电动汽车的无线充电领

域研究均比较领先，目前国外已有多家公司完成电动汽车无线充电样机研制并可进行演示，并且充电功率较大、传输效率较高，

2014 年 6 月，奥迪公司研制了 SUVQ8e - tron，采用无线充电技术，实现电动汽车无线充电技术市场化推广。如图 7 - 26 所示为奥迪公司 SUVQ8e - tron，其具体的充电原理是集成在车内次级线圈的空气层可以感应到充电板内的交变磁场产生的 3.3 kW 的交变电流，实现电网的电流逆向并输入车辆的充电线路中。汽车可智能识别电池组是否充满电，一旦充满将自动中止。该无线充电系统所需的充电时间总体上和电缆充电相同，并且和电缆充电一样，用户可以随时选择中断充电，方便使用者使用车辆。其中奥迪利用该技术将无线充电效率提高到 90%以上，并且该系统不受天气因素的影响，譬如风、雨、雪或结冰等。

图 7 - 26　奥迪 SUVQ8e - tron

2011 年 9 月，日本 IHI 建机公司和三菱汽车公司达成了共同研发电动汽车无线充电系统的协议。IHI 和三菱在汽车底盘上装有接受电能的装置，停车场路面安装输送电能的装置，停车时就可以完成充电。如图 7 - 27 所示，距离 20 cm 时，可实现电能传输效率超过 90%，最大充电功率达到 3.3 kW。

2014 年 2 月，日本奈良先端科学技术大学院大学信息科学研究系教授冈田实的研究室与大阪变压器公司合作，成功研发了移动设备的无线充电技术，即“使用平行双线的无线电力传输方式”，该技术是基于磁共振方式的电能传输，而供电器是应用于13 MHz 左右高频电压的两条平行的导线，并不是将多个供电线圈进行排列。线路远端不仅可以

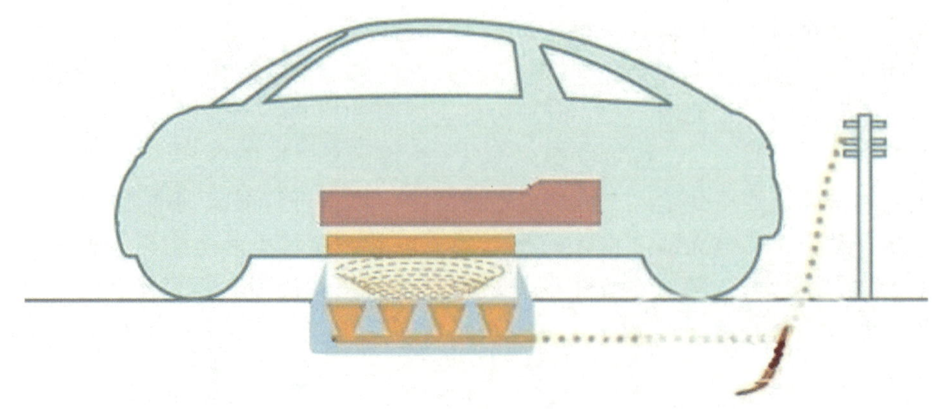

图 7－27　IHI 建机和三菱汽车共同研发的无线充电电动汽车

将其连接，也可以使之分离。受电器选择使用线圈的普通结构即可。

2013 年 8 月，全球第一辆路面充电电动车在韩国开动，目前已经在韩国小城龟尾市建成了充电网络，此网络路面长 24 公里。用于往返于火车站和市区的公交巴士的“联网电动车”（Online Electric Vehicle，OLEV）成为目前唯一能够使用此网络的车辆。

7.6.2　无线输电技术的分类

1）磁感应式

磁感应式无线输电技术是目前研究的最多、技术最成熟的一种传输方式，它是利用感应耦合来实现无线电能传输的。如图 7－28 所示是磁感应式无线输电系统的示意图，电网电能输入后经整流滤波电路变成直流电，再经过高频逆变电路变成高频交流电施加到原边线圈，能量通过感应耦合传输到副边，再经过整流滤波变成直流为负载供电。由于耦合系数跟距离有关，距离越远，耦合程度越低，系统的传输效率也会越低，因此这种无线输电的距离不会很远，大多都是从几毫米到几十毫米，工作频率从数万赫兹到数十万赫兹。

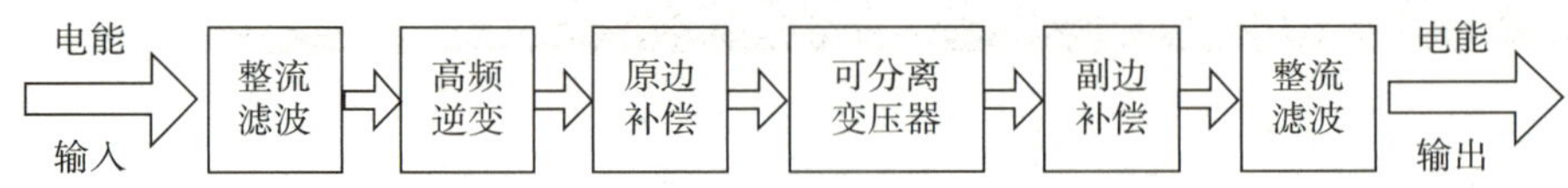

图 7－28　磁感应式无线输电示意图

磁感应式无线输电的优点有：距离近时效率很高，并且实现大功率的能量传输，其原理简单，易于实现；其缺点是：距离的增加会大大降低系统效率，另外铁心的形状、对齐方式都有较高要求。由于传输距离近，现今主要应用在手机充电、有轨电车供电、电动汽车供电或者其他距离较短的应用场合。

2）微波式

微波式无线输电技术，就是把电能转换成微波后发送给接收端的一种无线输电技术。如图 7－29 所示是微波式无线输电的系统示意图，电网输入电能经微波转换装置（磁控

管、行波管、固态器件）产生微波，经发射天线以电磁波的形式发射出去，接收天线接收到能量之后整流成直流电给负载供电。

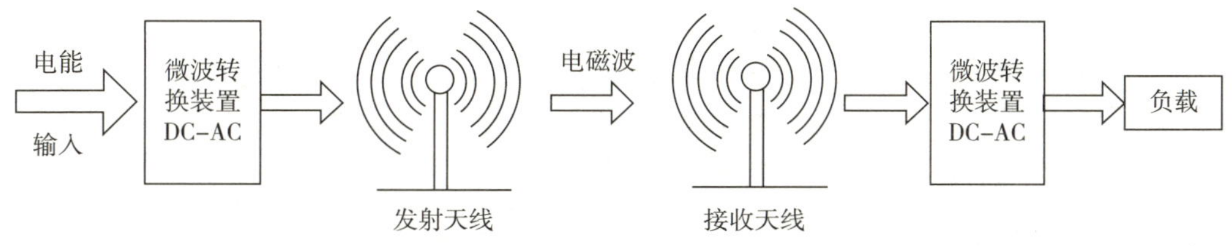

图7-29 微波无线输电示意图

微波输电的优点在于：波长短，能够轻易穿透电离层；其方向性较好，能精确地进行能量传输；是四种无线输电技术中，传输距离最远的一种。其缺点有：受开关速度的限制，频率越高对微波装置要求越高，设备成本较大，设计难度大，而且传输效率低，不能跨越障碍物。因此微波输电的应用主要放在太空无线输电方面。

3）激光式

激光式无线输电技术是将能量以激光的形式发出，来达到能量的无线传输的目的。其经过发射天线，将光能传送到接收模块，接收模块将光能转化为电能，实现电的无线传输。如图7-30所示，系统主要由激光器、发射天线、高效光电转换器、能源管理模块以及负载等组成。

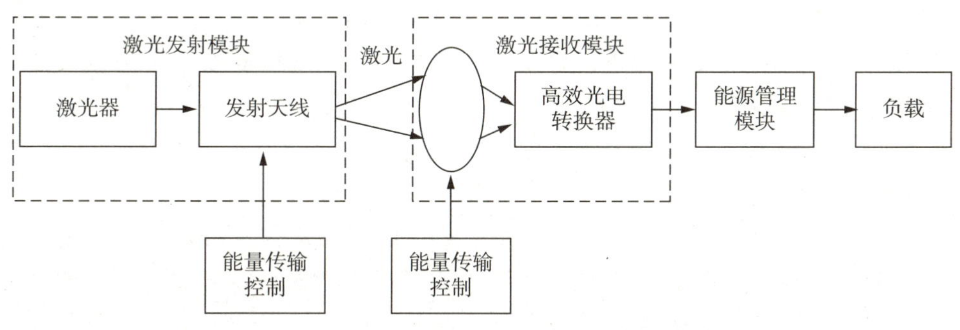

图7-30 激光无线输电示意图

激光无线输电的优点：发散角小，方向性好，发射和接收的口径也很小；相比于微波，其会聚性更好，能量密度更高。其缺点：在大气层内的传输损耗要比微波大，传输距离也比微波要短，而且要求高度对准，目前技术尚不成熟。

4）磁耦合谐振式

磁耦合谐振式无线输电是将谐振的概念运用到能量传输上的无线输电技术。其利用高频电源作为发射线圈的激励，产生电磁场，当其频率与接收线圈的频率一致时，发射线圈与接收线圈会产生共振，能量将在两个线圈之间来回传输。如图7-31所示为谐振式耦合无线输电原理图，发射端与接收端线圈结构相同且是具有相同谐振频率的线圈，高频电源在发射线圈上激发交变磁场，当具有相同谐振频率的接收线圈进入磁场时，在接收线圈上产生谐振，能量将高效地在线圈间转换，接收线圈接整流滤波电路则可转换为直流电为负载供电。

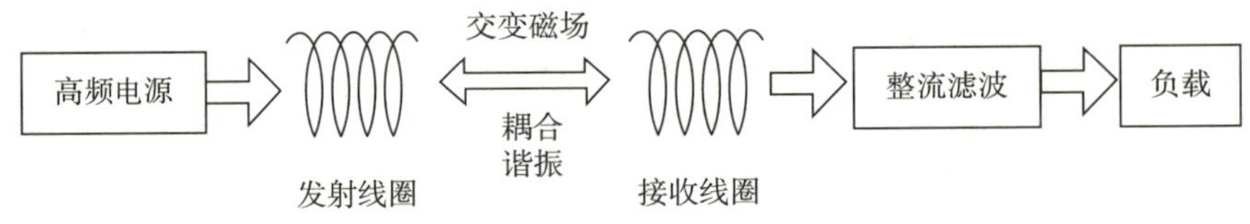

图 7-31 谐振式耦合无线输电原理图

7.6.3 无线充电技术待解决问题

无线充电技术是尚未成熟的新兴技术，仍存在很多技术难题有待攻克。有待解决的问题如下：

1）高性能耦合机构设计问题

与单极性长线圈型导轨相比，双极供电导轨具有功率密度高、尺寸紧凑、侧移适应性强、对轨道两侧磁场暴露水平低等特点，且地面施工难度小、磁极磁芯用量少、施工成本低，适合大规模工程应用，但是双极性导轨磁场分布不均匀，存在耦合零点问题，造成能量传输不连续，不仅影响系统稳定性，还会降低能量传输功率与效率，还需要对其结构进行进一步优化设计，提升动态无线供电平均传输效率与平均传输功率。

2）能量传输鲁棒控制问题

双极型供电导轨动态无线供电系统中，由于耦合机构相对位置变化、分段导轨间磁场的不均匀分布、路基介质不同等多参数扰动的影响，能量传输处于快速非线性变化过程，如何提高系统稳定性、提升系统响应速度成为动态无线能量传输系统控制策略的研究目标。

3）电磁兼容问题

电磁兼容问题与能量传输的质量、对系统造成的电磁干扰、对人体造成的影响等方面息息相关，只有有效地解决电磁兼容问题才能保证系统安全、可靠、稳定地运行。可见，如何在最小限度影响系统效率的情况下，高效、可靠地保证系统的电磁兼容性成为未来研究的主要内容。

7.6.4 电动汽车无线充电系统组成

图 7-32 为电动汽车无线充电系统模块的典型框图，从图中可以看出系统主要分为两大模块，埋在地下的初级侧模块和在车上的次级侧模块，初级侧又分为两个部分，包括功率电路部分和控制电路部分，

功率电路部分包括 PFC（Power Factor Correction，功率因数矫正）变换器、BUCK（降压式变换电路）变换器、高频逆变模块、初级侧线圈补偿电路和初级侧的无线发射线圈，控制电路部分包括初级主控制器和初级侧无线通信模块。次级侧也分为两个部分，即功率电路部分和控制电路部分，功率电路部分包括次级侧接收线圈、整流滤波模块和次级侧功率调节模块，控制电路部分包括次级主控制器和次级侧无线通信模块。

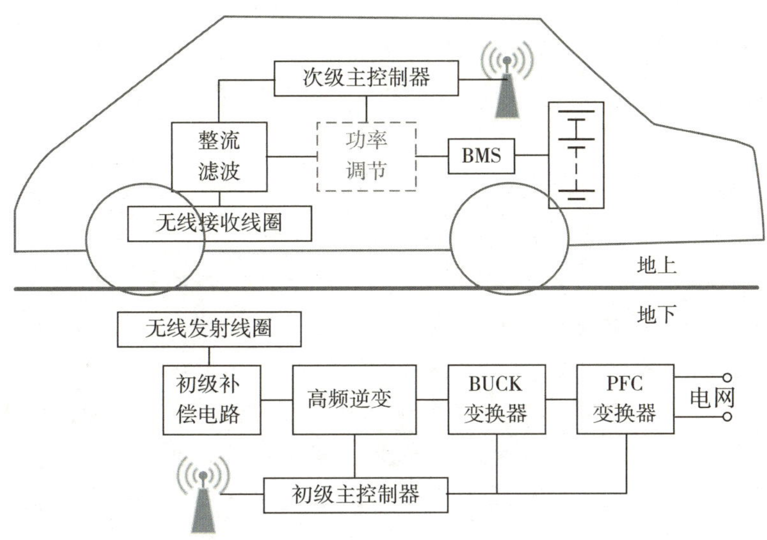

图 7-32 电动汽车无线充电典型系统模块框图

以下按照电能传输过程对不同的模块依次进行详细功能介绍。

PFC 变换器：无线充电系统从电网获取电能，经过整流滤波以后形成直流电，可以直接供给充电线圈，但是由于整流桥只在高电压时才有电流通过，因此电流波形畸变，功率因数下降，引入大量谐波电流，带来电网污染，同时这种方式不便于进行系统控制，故需要引入 PFC 模块完成功率因数校正工作，提高系统功率因数并便于控制功率。

BUCK 电路：经过 PFC 模块以后，电路的功率因数得到提高，并且稳定输出高电压，但是由于无线充电系统输出功率与输入电压相关，在恒功率控制过程中，需要动态调节初级侧输入电压，虽然 PFC 模块可以调节输出电压，但是由于采用的是并联交错 BOOST 电路来完成功率因数校正的工作，由 BOOST 电路直接调节电压会带来效率的降低以及控制的复杂度，故再添加了一级 DC/DC 模块——BUCK 电路来调节初级线圈输入电压，完成恒功率控制功能。

高频逆变：经过 BUCK 电路以后，系统稳定输出电压可调的直流电。此时，需要把直流电经过逆变送入无线充电线圈，完成无线能量传输。逆变的过程就是完成直流电向高频交流方波电压的变换过程。

地面一次补偿网络：包括无线充电初级（发射）线圈和其相应的补偿网络。经过逆变以后的高频交流方波电压输入一次补偿网络，完成电能转化为磁能并发射出去的过程。

车载一次补偿网络：包括无线充电次级（接收）线圈和其相应的补偿网络。变化的磁场在次级侧接收线圈感应出电流，电流经过闭合回路输出功率，完成无线能量传递。

车载整流滤波：由无线传能过程可知，次级侧接收到电能是交流电。对这个交流电进行整流滤波以后供给负载。

车载功率调节：对于经过整流滤波以后的直流电根据负载电压进行 DC/DC 变换，实现功率调节。这个模块并不是一定需要的，当后面接的模块是电池管理系统时，由电池管理系统的充电控制模块替代完成相应功能。

初次级侧的无线通信：通过无线通信，及时将次级侧的电压和电流信号反馈回初级侧的控制部分，实现系统的闭环控制，动态调节输出功率，并且在次级侧移开的时候，及时切断初级侧的输出。

7.6.5 电动汽车无线充电设计实例

1）无线充电系统的需求分析

由于能量的无线传输，所以需要分别在初级侧和次级侧添加相应的控制模块。对于初级侧的控制功能而言，能量的传输过程是将直流电能逆变为高频交流电，再以磁场辐射的形式传输出去。因此，系统的初级侧需要完成从电网取电并整流为直流电，然后需要逆变模块完成直流电转换为高频交流电的功能。在电网取电整流为直流电的过程中，为了避免对电网造成污染，提高系统功率因数，应该在除整流滤波之外，还应该有功率因数校正部分。同时，通过无线线圈进行能量传输时，需要功率控制模块，因此需要一级 DC/DC 模块进行控制。

在次级侧，需要完成能量的接收，在次级侧线圈感应到的是高频交流电，因此需要整流滤波模块将交流电转变为直流电，同时为了对次级侧进行电压和电流的安全检测，并将数据传输回初级侧控制模块，因此需要无线传输模块、次级 AD 采集模块和次级主控芯片。

同时在工作过程中为了防止主控芯片死机等状况导致系统不能正常工作，甚至出现安全隐患，需要在整个控制过程添加硬件保护电路，实施硬件保护。系统在工作过程中需要进行安全监控，对次级侧的输出电压、电流信息显示，电网侧输入电压、电流信息显示，系统启停控制，输出功率控制，等等，所以需要通信接口和上位机进行通信。

所以总结需要的控制需求：功率因数校正需求、BUCK 模块、逆变模块、同步整流模块、硬件保护模块、通信模块。

2）无线充电系统的总体方案设计

在无线充电系统进行方案设计中，将整个系统分为初次级两个模块，初级侧的功能进一步分为主控板和功率板，将控制功能、保护功能和部分通信功能集成在主控板上，将功率电路部分，包括整流滤波、功率因数校正电路、BUCK 电路和逆变电路集成在功率板上，次级侧将所有功能集成在一起，包括同步整流、通信功能等。初次级之间进行无线通信，主控板与上位机通过 CAN 通信进行连接。

下面对两个模块的功能进行详细划分。

初级侧（主控板和功率板）主要的功能描述如下：

（1）电路控制功能，包括功率因数校正控制、BUCK 电路控制、逆变控制；

（2）与上位机通信，反馈信息及接受命令；

（3）接受次级侧无线通信数据；

（4）电路硬件保护。

次级侧主要的功能描述如下：

(1) 同步整流；

(2) 输出电压电流采样；

(3) 与初级侧无线通信。

3) 无线充电系统的硬件设计

(1) 电源模块设计

由于系统是由初级侧和次级侧两部分组成的，所以电源模块设计自然也分为两个部分分别进行设计。

对于初级侧而言，系统功率部分直接从电网取电，所以系统控制部分的电源也来源于电网。由于系统电源要同时完成不同模块的供电工作，需要多路输出，采用现成芯片需要占用较大空间和成本，并且灵活性不足，所以这里选择自制辅助电源模块来完成初级侧控制系统的供电。

设计初级侧的辅助电源如图 7 - 33 所示。使用 EE16 磁芯骨架，电网电源输入经过半波整流，通过 1 号引脚输入反激开关电源变压器 T_4，从 3 号引脚输出进入芯片 VIPer22A，该芯片作为开关管 Q 使用；变压器 4 号和 5 号引脚输出经过整流滤波，作为芯片 VIPer22A 的电源，为驱动开关管 Q 供电；9 号和 10 号输出整流滤波以后作为辅助电源的主输出为后续电路供电，通过光耦反馈调节稳定输出电压，最后调节主输出电压为 13 V；7 号和 8 号引脚作为一组隔离的输出，和其他输出不共地，用于 MOSFET 驱动模块的隔离供电；6 号和 7 号输出为功率板上其他模块完成供电，输出分别经过线性调压器 LM7805 转换为 5 V，再经过 AMS1117 - 3.3 芯片转换为 3.3 V，为无线通信等模块供电。

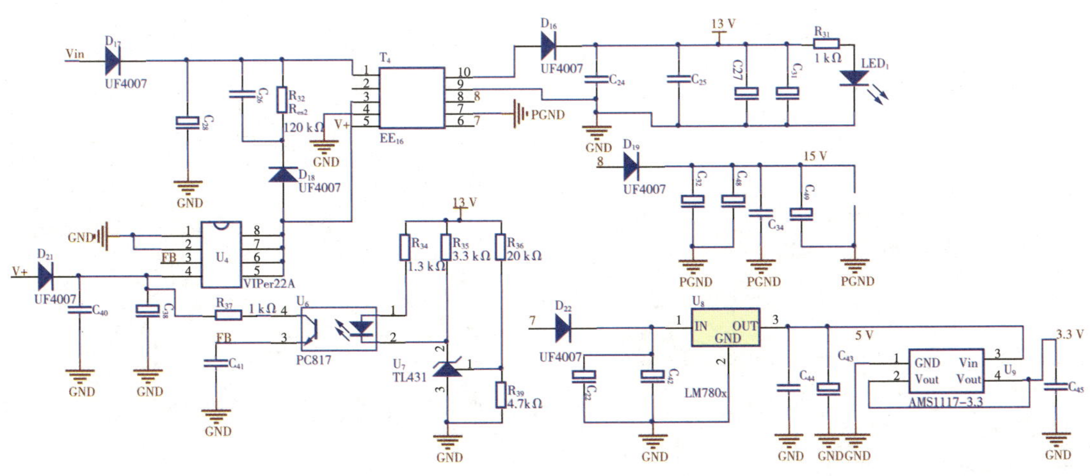

图 7 - 33 设计初级侧的辅助电源原理图

反激电源的主要输出支路的电压为 13 V，该支路用于进一步转换后给主控芯片 (DSP、CPLD) 供电。如图 7 - 34 所示，13 V 输入电压经过 U_4 电源芯片 TPS54232 转换成 5 V 输出。5 V 输出分为两路，一路再次经过 U_7 电源芯片 AMS1117 降压为 3.3 V，为 DSP、CPLD 供电；另一路送到 T_1 隔离推挽变压器 EPC13，变压器输出经过整流滤波，以及 U_1 电源芯片 TPS76350，向 CAN 通信模块提供隔离的 5 V 电源。

图 7－35 是次级侧电源模块设计原理图。次级接收线圈接收到交流电，经过整流滤波之后，向 48 V 电池组充电，因此次级侧的电源可以取自经过整流滤波以后的直流电源。这个电源经过 LM5017 之后转变为 12 V 输出，用来给 MOSFET 的驱动芯片供电。同时，12 V 输出电源进一步降压为 5 V 和 3.3 V，5 V 为 51 单片机供电，3.3 V 为无线通信模块供电。

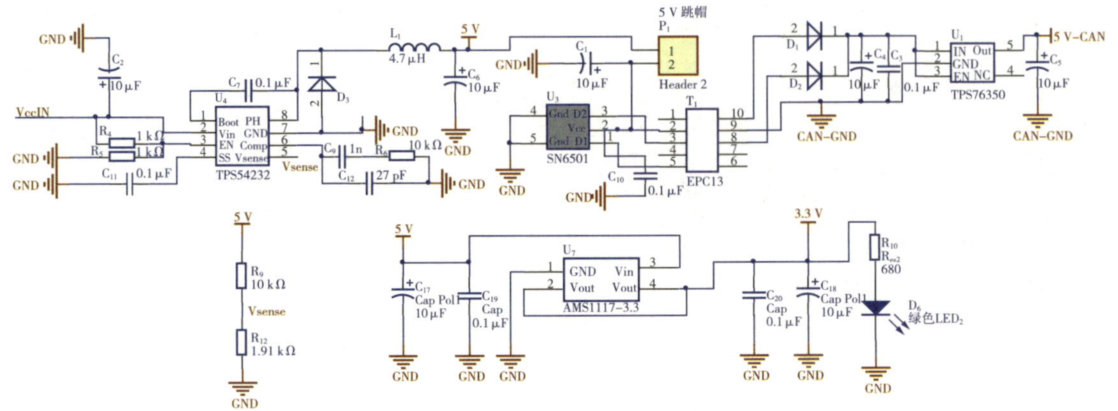

图 7－34　主控板电源模块原理图

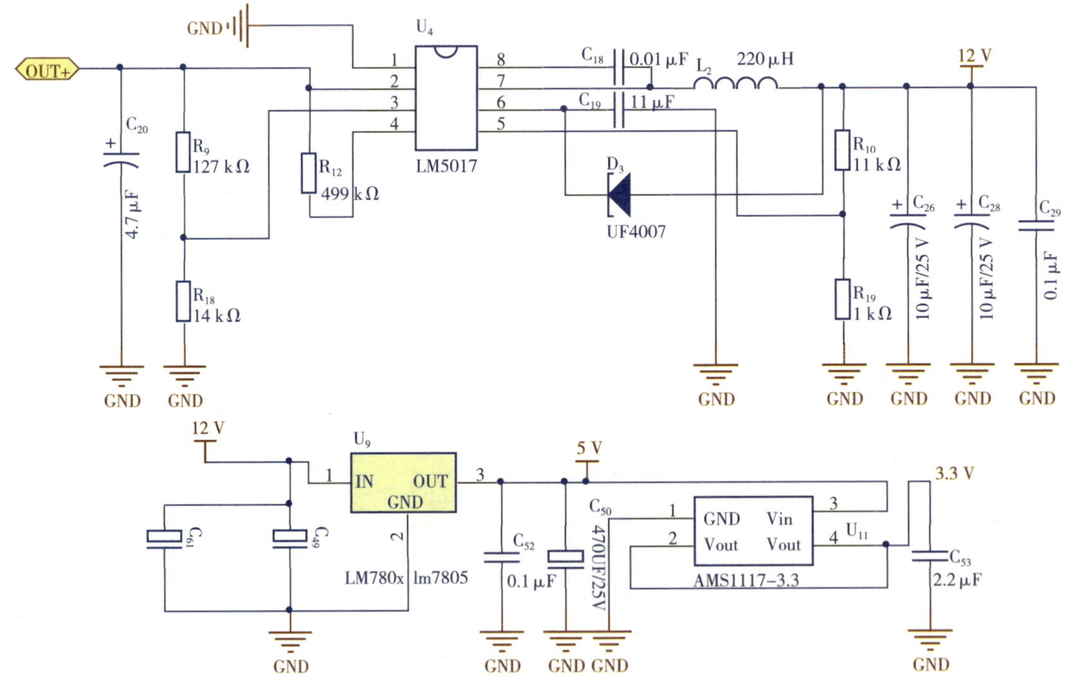

图 7－35　次级侧电源模块设计原理图

（2）主控芯片单元

控制芯片是系统的核心，在整个系统中承担最重要的工作，由于在初级侧和次级侧都有 AD 采集功能，以及两个控制板之间要进行无线通信，所以在初、次级侧分别有控制芯片。同时为了实现硬件电路保护功能，选择 CPLD 芯片来进行逻辑控制，所以需要三

种控制芯片。下面根据不同电路的处理要求，分别说明这几个控制芯片。初级侧 DSP 主控芯片需要完成 AD 采集、运算、控制输出等，因此需用高速主控芯片，这里选用 TI 公司的 TMS320F28035。为了保证 28035 的正常工作，需搭建外围电路，包括程序下载接口（JTAG 接口）、外部晶振、芯片上电电路等。其中，JTAG 接口用来下载程序以及进行在线调试使用，外部晶振为系统提供 20 MHz 的时钟，芯片供电分别给芯片内核、GPIO 和 ADC 供电。次级侧同样使用控制芯片，为了完成数据 AD 采集和信息无线传输，根据功能需求，选择 STC12C5A60S2 作为次级侧的控制芯片。该芯片最小系统的外围电路比较简单，只需要提供晶振和外部 5 V 电源输出即可工作。程序下载接口使用串口下载即可完成。

（3）数据采集电路

初级侧和次级侧分别有各自的采样电路，按照设计要求分别完成交流电压采样、交流电流采样、直流电压采样和直流电流采样。采样电路分别如图 7－36 所示。

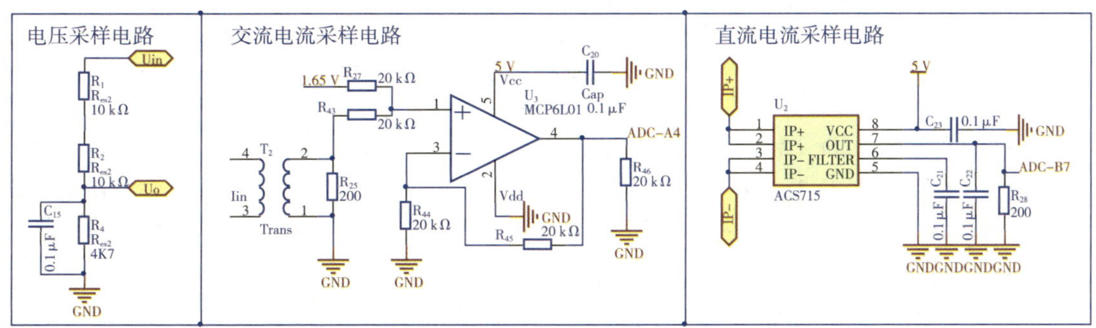

图 7－36　电压电流采样电路

电压采样的电路都是采用电阻分压形式，所不同的是采集的对象不同，交流电压采样采集的是来自电网的经过整流滤波以后的电压，直流电压采样的对象包括初级侧 PFC 模块输出电压、初级侧 BUCK 模块的输出电压、次级侧经过整流滤波后输出给电池的电压。

交流电流采样电路采集的信号是电网输入电流，使用电流互感器进行采集，并且，为了能够采集交流电流的正负波形，使用运放电路构建一个加法器，为采样信号加上一个直流电压，获得完整的交流电流信号。直流电流信号采样采用霍尔电流传感器进行采集获取，并根据芯片手册进行设置获取相应电流。直流电流采集的分别是初级侧 BUCK 电路输出电流和次级侧的整流滤波输出电流。

（4）硬件保护设计

在电路中硬件保护电路是不可或缺的一部分，如没有保护电路整个系统可能在某个错误信号来了之后就将整个系统全部损毁。在电路中检测点都有一个正常值范围，将保护值设在这个正常范围之外，当电路中某些点出现异常或超过这个正常值时，保护电路将会发出信号将整体电路关闭或者部分电路关闭，待故障点的值恢复到正常值时，保护电路的错误信号才会关闭，恢复电路的正常工作。

在电路设计上采用运放搭建比较器，在运放电路的正（反）向输入端设置参考值，在运放的反（正）向输入端输入采样进来的信号，在比较器中对两个量进行比较，因采样信号同步于电路中的高电压信号或大电流信号，所以在主电路信号变换时，采样信号也将随之变化，当采样信号的值高（低）于设置的参考值时，比较器输出引脚输出一个高（低）电位，这个电位会送到 CPLD，CPLD 根据保护程序设计，完成相应的动作，以达到电路在故障时不在工作，减少对电路中器件的损坏。

图 7－37 是设计的硬件保护电路原理图，MAX9024 是内部集成了 4 个运放的芯片，3.3 V 电源电压通过电阻分压作为设计的参考值，输入运放的正向输入端，反向输入端是系统的 AD 采样。需要进行硬件保护的 AD 采样信号包括：交流输入电流、PFC 输出电压、BUCK 输出电压和 BUCK 输出电流。

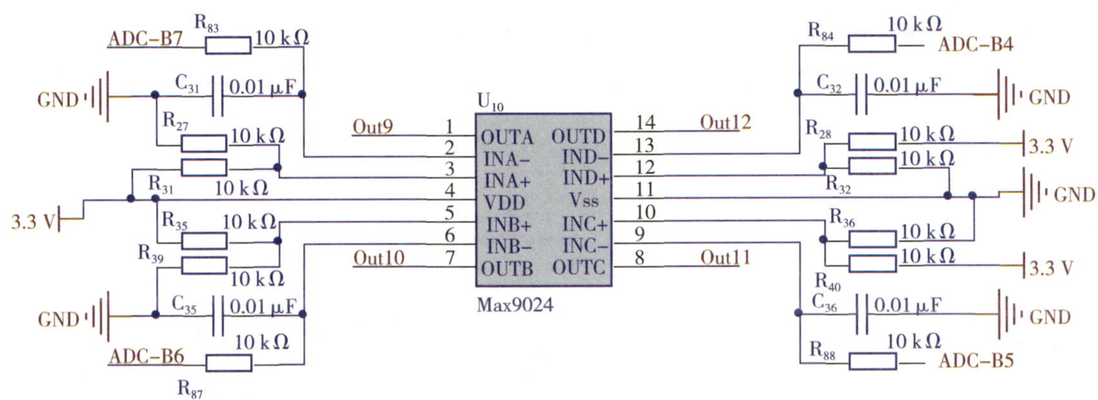

图 7－37　硬件保护电路原理图

同时，对于从 DSP 输出去控制 MOSFET 等的驱动信号，也分别经过 CPLD 之后送到各个控制端，这样既可以通过 CPLD 的逻辑电路及时在错误发生时切断控制信号，同时也防止外部电路通过这些输出引脚损坏 DSP，电路出现故障时，破坏发生在 CPLD 引脚，保证了 DSP 的安全。

（5）逆变电路设计

为了能够无线传输电能，需要将直流电经过逆变送到次级侧，按照 SAE 制定的汽车无线充电频率范围，设计工作频率为 85 kHz 的逆变电路。逆变电路工作形式有全桥式、半桥式和推挽式，这里设计的逆变器使用全桥电路。全桥可以看成是由两个半桥组成，具有半桥式的所有优点但不存在半桥式的缺点，同时全桥式的开关管承受的电压是推挽式逆变器的一半，输出功率是推挽式的两倍，同功率条件下开关管承受的电流是半桥式逆变器的一半。全桥式的缺点主要是在驱动电路上，在驱动全桥时，相当于驱动两个半桥，一个桥臂的上下管器件连接没有公共地，驱动上则需要采用浮地驱动半桥的上管，而且在驱动上下管的同时还需要考虑上下管的死区问题，要给上下管留下足够的死区时间，以保证电路的正常工作，防止电路出现直通，损毁逆变器器件。

通过分析最终选择功率管为 IPW60R099。确定了 MOS 管型号之后选取驱动芯片，半桥驱动芯片型号繁多，其主要区别在驱动电流的大小，MOSFET 耐压越高，电流越大，则相应的 C_{GS} 就会越大，驱动就会越困难，需要驱动能量越强的芯片来驱动，在

MOSFET 的驱动过程中只有在驱动上升沿和下降沿才会有电流流通，这要求驱动芯片能够提供较强的瞬时电流，方能较好地驱动 MOS 管的开通和关断。同时，开关管的工作频率已确定为 85 kHz，考虑驱动芯片的输出频率，决定选用半桥驱动芯片 FAN7393AMX。

图 7－38 是半桥驱动芯片 FAN7393A 的配置图，CPLD47 引脚输入 PWM 波，CPLD48 引脚输入使能信号，芯片的 4 号引脚设置两路 PWM 输出的死区时间，R_{33}、D_{20}、C_{35} 和 C_{37} 是一个自举电路，负责半桥中上半桥臂的驱动，R_4、R_{19} 是驱动电阻，主要防止 PWM 上升沿过快而引起 PWM 波的上升沿震荡。

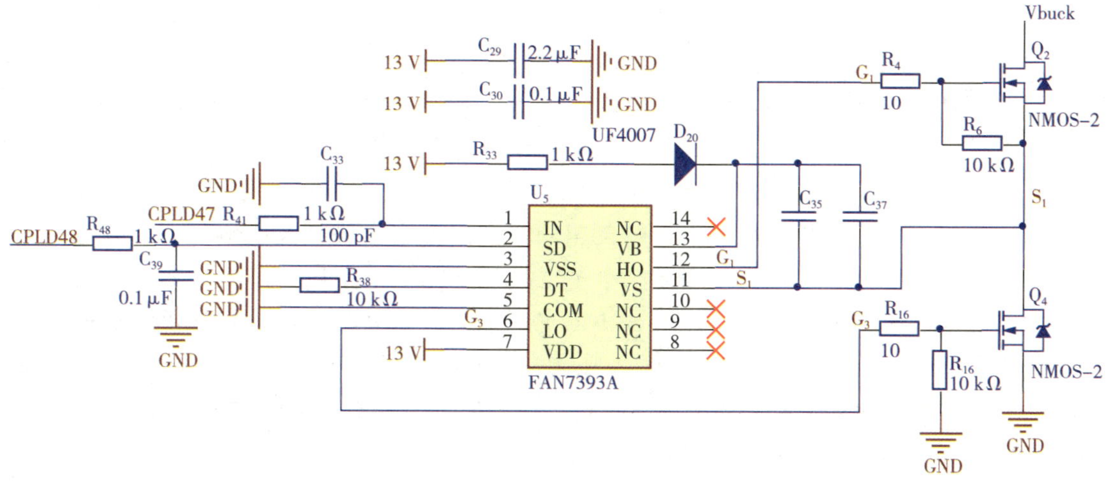

图 7－38 半桥驱动芯片 FAN7393A 的配置图

（6）EMI、同步整流设计

电源滤波器是一种由无源元件构成的低通滤波网络。它毫无衰减地将 50 Hz 的交流电源功率传输到设备上，却大大衰减通过电源线传输的 EMI 信号，保护工作电路免受其害。同时，它又能抑制设备本身产生的 EMI 信号，防止它进入电网，污染电磁环境，危害其他的设备。电源 EMI 滤波器是电子设备为满足有关电磁兼容标准而行之有效的器件。

组成电源 EMI 滤波器的核心元件为：共模电感，差模电感，X 和 Y 电容。其中共模电感和 Y 电容共同构成 LC 两阶低通滤波器，主要用来抑制共模噪声，绕制时除了尽量减小杂散电容外，还应适当控制不平衡电感（一般为 1%左右），虽然不平衡电感有抑制差模噪音的作用，但不平衡电感太大，容易导致共模电感出现磁芯饱和现象。对差模噪音的抑制和滤除，是由差模电感和 X 电容来完成的。图 7－39 是 EMI 模块原理图，其中共模电感为 L_1，C_4、C_5 为薄膜电容，Y_1、Y_2 为陶瓷电容。

整流电路，在初级侧和次级侧都需要进行整流滤波，初级侧的电能来自电网，需要经过整流滤波成直流电，次级侧的电能来自次级接收线圈。由于初级侧输入电压较高，在 500 W 传输功率要求下，输入电流较低，因此整流电路选用二极管整流桥。次级侧由于输出给电池电压为 48 V，在 500 W 的传输功率下，次级侧的电流为 10.4 A。如果次级侧的整流依然使用二极管，二极管导通压降一般为 0.7 V，全桥整流时，电流流过两个二

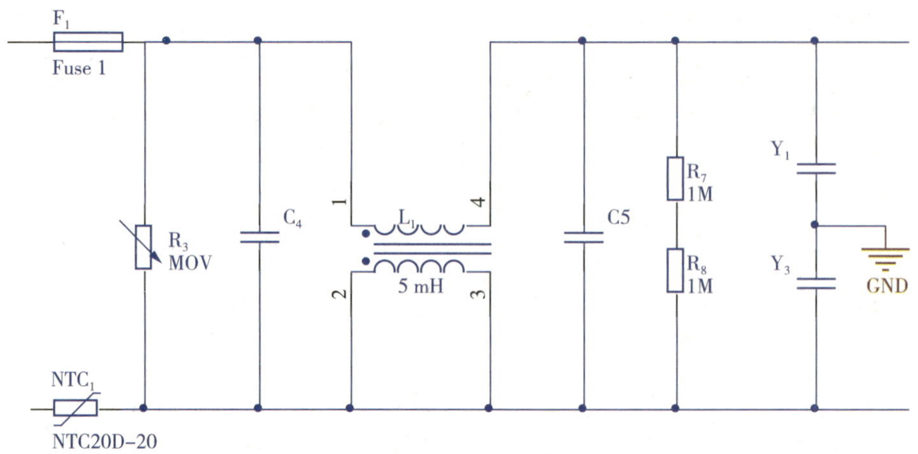

图 7-39　EMI 模块原理图

极管，这意味着 1.4 V 的压降，对于输出为 48 V 的系统，将会带来 2%～3%的损耗，发热严重。于是，对于次级侧的整流电路采用同步整流方案，将整流使用的二极管更换为 MOS 管，MOS 管在导通时的压降远远小于二极管，降低了损耗，提高了系统的热稳定性。同步整流的驱动源芯片最终选用 SRK2000，该芯片的外围电路比较简单，通过测量 DVS1 处的电压，一旦检测到 DVS1 的电压高于阈值，芯片将会输出一个开通 MOSFET 的信号；反之，当电压下降到阈值以下时，芯片输出关断信号。阈值电压设置为 25 mV，同步整流电路的原理图如图 7-40 所示。

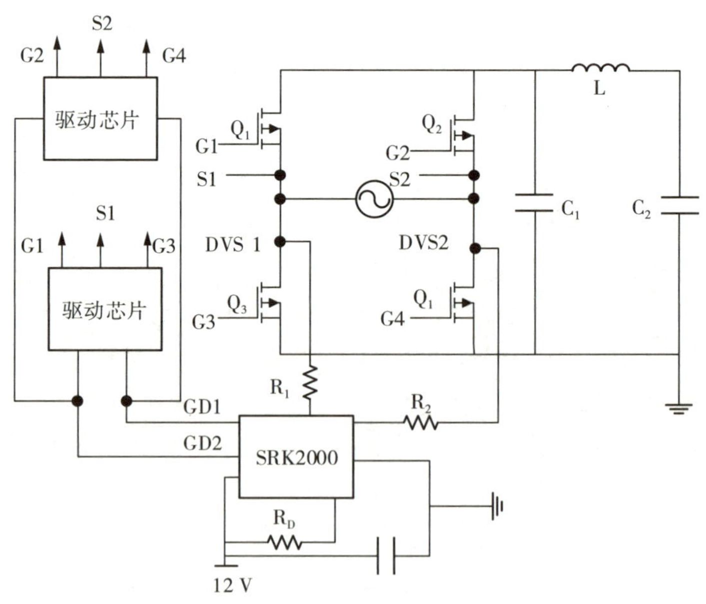

图 7-40　同步整流电路原理图

(7) MOS 管驱动电路

对于 PFC 和 BUCK 电路，在工作过程中，MOSFET 处于高频开关状态，工作频率为 62.5 kHz，驱动电路设计显得格外重要，并且，对于这两个电路，由于 MOS 所处位

置不同，相应的驱动电路设计也不相同。对于 PFC 电路而言，MOSFET 的驱动属于低边驱动，考虑 MOEFET 的栅源电容和驱动电流，选用 MIC4420 芯片搭建驱动电路。对于 BUCK 电路而言，MOSFET 的驱动属于高边驱动，使用隔离电源对驱动电路供电，选用 SI8235 芯片搭建驱动电路，图 7－41 为 MOS 管驱动电路原理图。

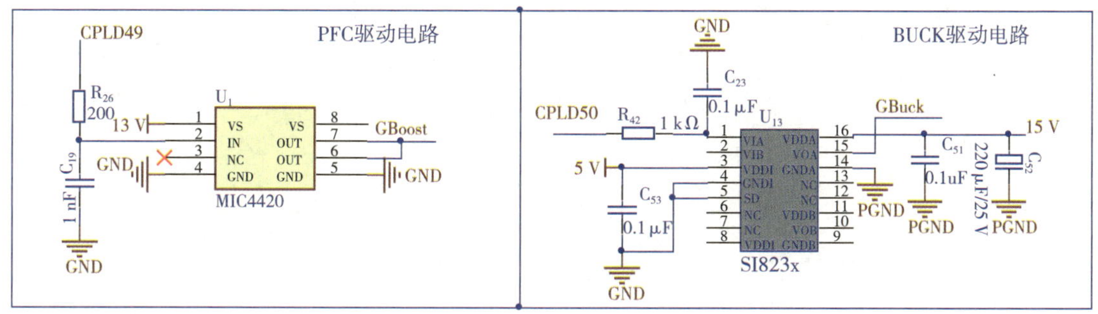

图 7－41　MOS 管驱动电路原理图

（8）通信电路

通信电路分成两个部分，第一个部分是上位机和单片机之间的通信，进行数据的反馈和控制命令的写入；第二个是初次级之间的通信，将次级侧输出的电压电流信息反馈，进行闭环控制。

上位机和单片机通信，可以选用的通信方式多种多样，一般最常用的是串口和 CAN 通信，对于汽车应用而言，最常使用的通信方式是 CAN 通信，于是在 DSP 和电脑之间建立 CAN 通信单元，同时，对于和上位机之间的通信要注意进行电气隔离，防止因为共地造成的错误和破坏。图 7－42 是隔离 CAN 通信电路原理图。使用 ADUM1402 对信号进行电气隔离，CAN 发送接收信号送入 CAN 收发器，与上位机进行通信。

在系统工作过程中，次级侧要采集系统输出的电流电压，这个数据反映了次级侧的输出功率。初级侧可以根据次级侧实际输出功率进行控制和调节，因此，次级侧的数据传回到初级侧非常重要，由于能量的无线传输，初次级之间没有导线连接，因此数据传输也需要无线传输。于是选用 NRF24L01 模块进行无线通信，在电路提供接口即可。

4）无线充电系统的软件设计

上文对电路的硬件电路设计进行了介绍，并进行了校核设计。在硬件电路基础上，通过软件控制，才能够完成系统功能。系统的软件设计包括 DSP 上的控制程序、CPLD 上的硬件保护程序、次级侧的控制程序以及电脑上的上位机程序。

（1）DSP 的程序设计

主控芯片选用的是 DSP 芯片 TMS320F28035，该芯片有一个可编程控制律加速器（CLA），是一个处理浮点运算的内核，相当于一个拥有双核的芯片。在程序设计过程中，将需要进行计算浮点数的部分放在这个浮点内核内进行计算，并结合该内核的设计特点，使用汇编语言完成控制算法的编写。

主控单元要完成的任务：系统初始化，接收处理上位机控制命令，向上位机发送电

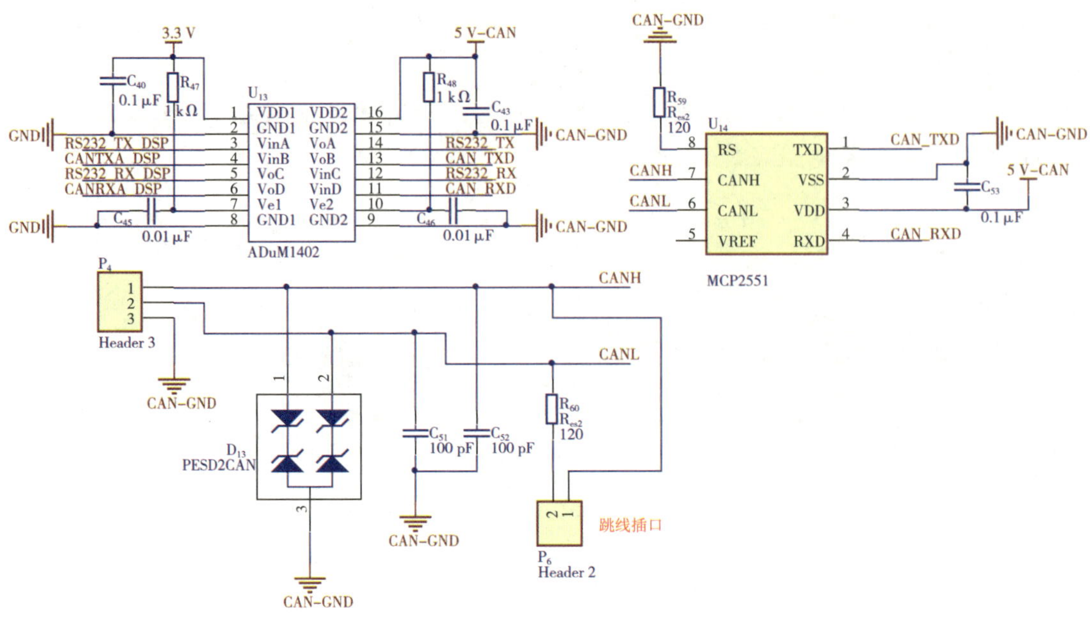

图 7-42　隔离 CAN 通信电路原理图

压电流信息，接收处理次级侧反馈信息，错误检测，PFC 电路控制计算，BUCK 电路控制计算。DSP 控制单元程序流程图如图 7-43 所示。

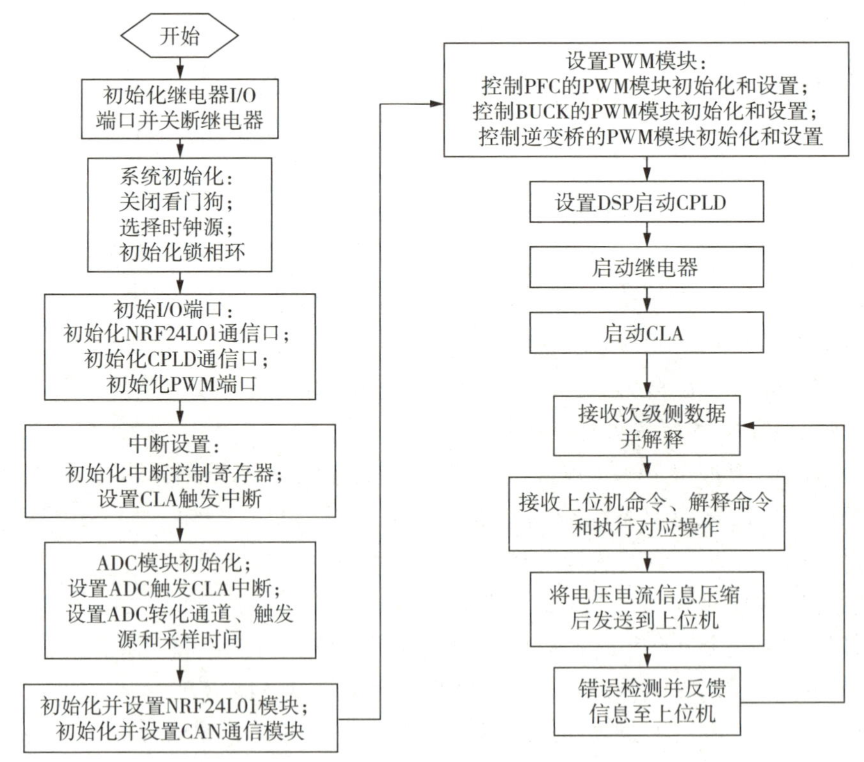

图 7-43　DSP 控制单元程序流程图

图 7-44 进一步说明了主核心与浮点数核心相互之间的程序调度关系。该芯片的定点主核，处理浮点运算慢，不能满足功率因数校正模块高频开关的计算速度要求，又主要完成数据检测、上位机数据反馈和电路错误信号检测等控制功能。另一个核心便是浮点运算单元 CLA，系统中控制计算部分在 CLA 中运行。通过设置对应的触发条件，两个核心相互配合完成工作。图 7-44 中两个核心的切换过程，是由主核心在 PWM 波形上升沿记数中点触发 ADC 采样，ADC 模块根据设计好的采样顺序完成数据采集，触发 CLA 模块进行工作，将采集到数据送到 CLA 中，CLA 运行完毕后，触发主核心的中断，控制切换到主核心。

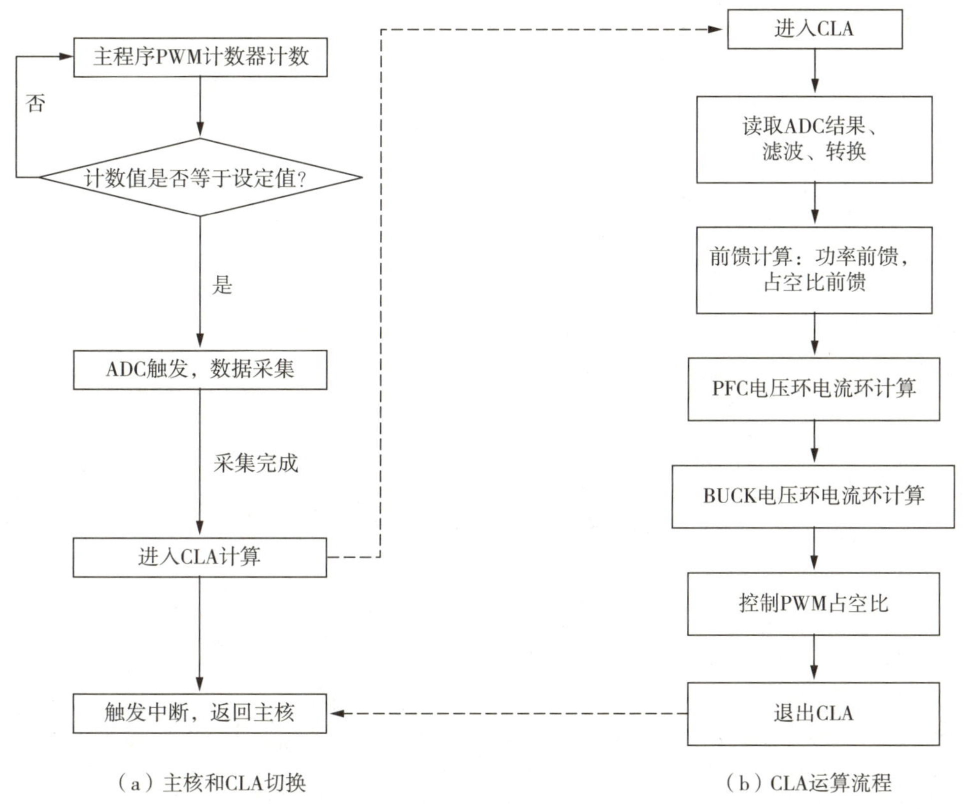

（a）主核和CLA切换　　（b）CLA运算流程

图 7-44　主核心和 CLA 程序调度示意图

（2）CPLD 的程序设计

在初级侧控制端，由 DSP 完成控制功能，CPLD 完成硬件保护功能，CPLD 芯片是可编程逻辑器件，通过编程，可以设计为硬件保护。硬件电路上，DSP 的输出控制引脚经过 CPLD 去控制相应器件，因此 CPLD 承担着传输和控制信号走向的功能，当电路处在保护状态时，CPLD 可以直接切断所有输出，保护电路。

上电以后，CPLD 关断所有输出引脚，等待 DSP 初始化以后，由 DSP 发送启动信号来启动 CPLD 的输出，同时 CPLD 输入引脚监控错误信号，一旦检测到错误，立刻关闭输出功能，同时点亮错误指示灯并输出给 DSP 错误信号。

图 7－45 是 CPLD 硬件保护程序流程图。由于 CPLD 芯片的特殊性，它的引脚输出功能、系统启动检测和错误检测功能是并行进行的。为了实施保护，I/O 引脚输出有效信号需要 DSP 启动信号和错误信号同时满足要求。在上电启动过程以后，由 DSP 启动信号进行控制，所有引脚输出无效，时钟信号到来，计数来自 DSP 的启动脉冲信号，同时错误检测程序检测错误信号。在启动脉冲计数完成并且没有错误的情况下，启动状态量置位，并作用在输出信号上。系统的错误检测功能依然在运行，一旦检测到错误，错误状态量置位，系统输出被关断。

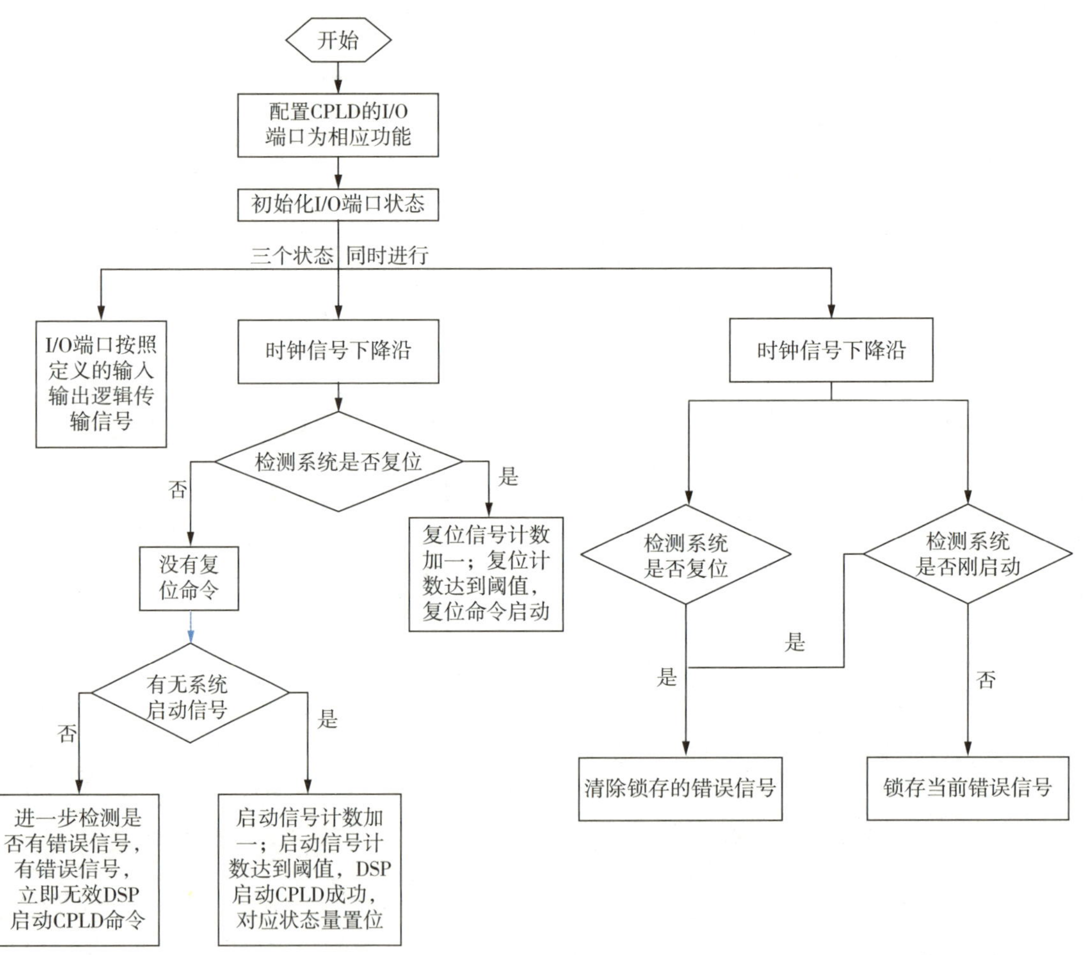

图 7－45　CPLD 硬件保护程序流程图

(3) 次级侧的程序设计

次级侧的主控程序主要完成输出电压、电流数据采集和无线传输数据给初级侧功能。其程序流程图如图 7－46 所示。其中，由于 51 单片机的 ADC 模块转化速度和位数的关系，使用 AD 芯片 TLC2543C 进行采集，通过 ADC 采集子程序从中读取数据，通信格式为模拟 SPI，其程序流程如图 7－46（b）所示。数据的无线传输子程序工作过程如图

7-46（c）所示，通信接口同样使用SPI接口。

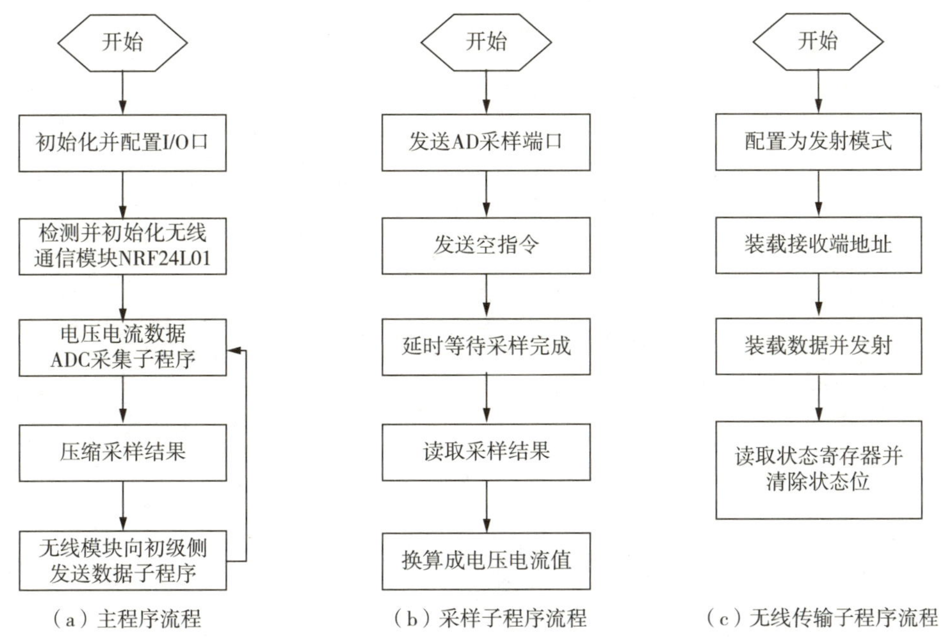

（a）主程序流程　（b）采样子程序流程　（c）无线传输子程序流程

图7-46　次级侧程序流程图

由于无线传输模块对于数据格式没有限制，为了更好地传输数据、减少错误，设计数据传输格式见表7-4所列，通过添加帧头和帧尾，进行数据校验，提高数据传输准确性。

表7-4　初次级侧无线通信数据帧格式定义

位数	1	2	3	4	5	6	7	8	9
数值	0x55	0xaa	0x7e	0x04	高8位	低8位	高8位	低8位	0x0d
含义	数据帧起始			有效数据位数	电压数据	电压数据	电流数据	电流数据	数据帧结尾

（4）CAN通信上位机

上位机在调试程序阶段可以便捷地修改参数，可以读取、显示并保存来自DSP的数据，这对于工作过程的分析十分重要，并且在系统工作过程中，通过上位机CAN通信命令，控制DSP工作状态。因此上位机对于整个工作十分有益，上位机CAN通信硬件基础是USBCAN、笔记本电脑和DSP控制板，通过USBCAN连接DSP的CAN通信接口和笔记本电脑，上位机的软件编程环境为VB，在VB中通过调用USBCAN的动态库，完成数据的读取和发送。图7-47是上位机CAN通信界面。该上位机界面拥有的功能包括DSP采样数据显示保存、系统工作过程控制、DSP内控制参数修改和错误信号报警指示功能。

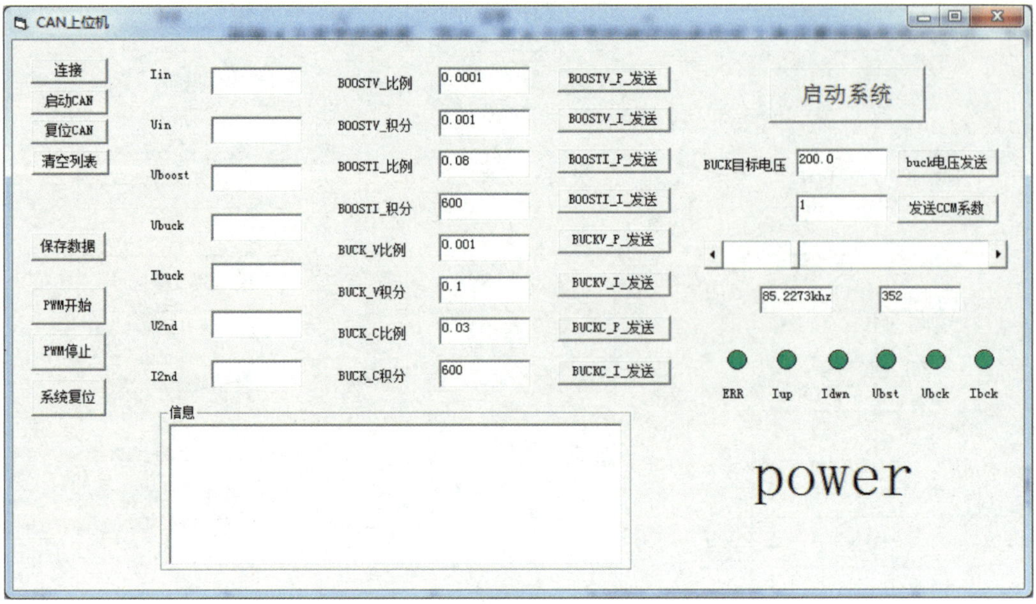

图 7-47　上位机 CAN 通信界面

7.7　本章小结

电动汽车的基础设施建设是影响电动汽车产业化的关键因素，是电动汽车商业化运营的重要基础。电动汽车充电站的建设是一个巨大而复杂的工程，需要政府及社会各界的通力合作。

本章先简述了电动汽车充电的常用方法及充电原理，然后简要介绍了电动汽车充电站的组成内容及其功能。之后详细介绍了电动汽车充电站的充电系统以及必要的监控、防护等附属功能。

除此之外电动汽车无线充电方式作为一种新兴充电方式，具备其独有的便利性，但在被广泛使用的同时也存在一系列问题。所以本章不仅有无线充电技术的发展现状，也列举了一些这项新技术目前亟待解决的难题，最后引用了一篇设计实例，帮助学生更好地理解。

思考题

1. 常见电动汽车充电设备有哪些？又有哪些特点？
2. 电动汽车充电站由哪些组成系统？每个组成系统的功用是什么？
3. 电动汽车充电有几种连接方式？又有几种充电模式？
4. 电动汽车充电站的监控系统必须要具备哪三个主要功能？又是如何实现的？
5. 如何处理充电站低压交流电网中普遍存在的谐波电流问题？

第 8 章　混合动力汽车的评价与仿真

混合动力汽车的性能评价主要有动力性评价和经济性评价，其试验方法与传统汽车的试验方法有所区别。

8.1　动力性评价

汽车的动力性是指汽车在良好路面上直线行驶时由汽车受到的纵向外力决定的、所能达到的平均行驶速度。它是汽车最基本也是最重要的性能要求。动力性的改善可减少汽车对于交通资源的占用，提高整个交通系统的效率。

混合动力汽车的动力性在原理上与传统汽车基本相同，不过混合动力汽车在动力系统上的一些新特性使得混合动力汽车的动力性与传统汽车存在一定区别。本节首先简单介绍汽车动力性的基本概念和原理，然后结合混合动力汽车动力系统的特点，对混合动力汽车的动力性能加以说明。

8.1.1　混合动力汽车的动力性指标

与传统汽车相同，混合动力汽车的动力性评价指标主要有以下三个方面：

1）最高车速

最高车速是指在水平良好的路面（混凝土或沥青）上汽车所能达到的最高行驶车速。我国规定最高车速测试时车辆为半载，其他国家和地区规定可能会有所不同，美国环保署（Environment Protection Agency，EPA）规定轿车载重量为两名体重为 68 kg 的乘员。

2）加速时间

汽车的加速时间表征的是汽车的加速能力。加速时间的指标又可分为原地起步加速时间和超车加速时间。原地起步加速时间一般指汽车由静止起步，并以最大的加速强度（包括最佳的挡位和油门控制策略）加速行驶至某一预定的距离或车速所需的时间。对于超车加速时间目前尚没有比较一致的规定，采用较多的是车辆以最高挡或次高挡由某一较低车速全力加速至某一高速所需的时间。该指标表征的是车辆的超车加速能力。超车加速能力强，则超车过程中并行行程短，行车安全性高。

3）最大爬坡度

最大爬坡度是指汽车满载时在良好的路面上能爬上的最大道路爬坡度。最大道路爬坡度代表了汽车爬坡能力的极限，一般来说应比实际行驶中遇到的道路最大坡度超出很多。这是因为在实际坡道行驶中，应考虑到在坡道上停车后顺利起步加速、克服松软道路面的大阻力、克服坡道上崎岖不平路面的局部大阻力等要求。对于由电动机驱动的电动汽车来说，最大爬坡度主要取决于电动机的最大扭矩特性和相应的过载能力。

由于电动机、电池等存在不同的工作制，如 1 min 工作制、30 min 工作制等，即存在连续功率、短时功率和瞬间功率，因此评价混合动力汽车的动力性时要进行说明。比如混合动力汽车存在 30 min 最高车速等有别于传统汽车的动力性指标。

8.1.2 新能源汽车动力性试验规范和方法

我国分别为纯电动汽车和混合动力汽车制定了动力性能试验方法的国家标准。其中纯电动汽车的动力性能试验标准为 GB/T 18385—2013《电动汽车动力性能试验方法》，混合动力电动汽车的动力性能试验标准为 GB/T 19752—2005《混合动力电动汽车动力性能试验方法》，该标准参照了欧洲标准 EN 1821—2《电动车辆道路性能试验方法-第 2 部分——热力、电力混合动力汽车》和美国行业推荐标准 ETA - TP002《混合动力电动汽车加速、爬坡性能和减速试验规程》。

国家标准中规定了车辆最高车速、加速特性和爬坡能力等的试验方法。其中，最高车速指标分为 1 km 最高车速和 30 min 最高车速，前者是指电动汽车能够往返各持续行驶 1 公里以上距离的最高车速的平均值，后者为电动汽车能够持续行驶 30 min 以上的最高平均车速；加速能力测试包括从静止起步的加速能力以及超车加速能力，具体的起始速度根据不同的车辆类型确定；爬坡能力的指标包括爬坡车速和坡道起步能力，爬坡车速是指电动汽车在给定坡度的坡道上能够持续行驶 1 km 以上的最高平均车速，坡道起步能力是电动汽车在坡道上能够起动且 1 min 内向上行驶至少 10 m 的最大坡度。

纯电动汽车和混合动力电动汽车的动力性能试验方法的标准有诸多相似的地方，本节先介绍两者共性的车辆状态和道路条件的设定，然后以纯电动汽车为例，详细说明试验方法，对于混合动力汽车动力性能的测试方法则只介绍与纯电动汽车有差异的地方，相同的地方不再赘述。

1）车辆状态和道路条件

车辆质量对于动力性试验结果有很大的影响，因此需要对试验中车辆的附加质量进行规定，附加质量的设定因试验项目而异。爬坡能力试验中，需要将车辆加载至最大设计总质量，而在最高车速和加速能力试验中，对试验附加质量规定如下：

① 如果最大允许装载质量小于或等于 180 kg，附加质量即为最大允许装载质量；

② 如果最大允许装载质量大于 180 kg，但不超过 360 kg，则附加质量为 180 kg；

③ 如果最大允许装载质量大于 360 kg，则附加质量为最大允许装载质量的一半。

汽车动力性的试验一般在道路上进行，道路可以是直线跑道或环形跑道，路面应该干燥、坚硬、平整、干净且附着条件良好。对跑道的具体要求如下：

（1）直线跑道

测量区的长度至少为 1000 m，加速区应该足够长，使车辆在进入测量区前 200 m 内即可达到稳定的最高车速。道路坡度应足够小，其中测量区和加速区后 200 m 的纵向坡度不超过 0.5%；加速区的纵向坡度不超过 4%；测量区的横向坡度不超过 3%，为减少

试验误差，试验应在试验跑道的两个方向上进行，并尽量使用相同的路径，当条件不允许在两个方向进行试验时，可按照单一方向试验的要求进行。

（2）环形跑道

环形跑道的长度应至少为 1000 m，由直线部分和近似环形的部分相接而成，弯道的曲率半径应不小于 200 m。测量区的纵向坡度不超过 0.5%，环道行驶时车辆所受的离心力由道路横向坡度补偿，因此无须转向操作，车辆也可以保持正常行驶路线。

（3）试验坡道

坡道长不小于 25 m，坡前应有 8～10 m 的平直路段，坡度大于或等于 30%的路面用水泥铺装，小于 30%的坡道可用沥青铺装，在坡道中部设置 10 米的测速段。允许以表面平整、坚实、坡道均匀的自然坡道代替，坡度大于 40%纵坡必须设置安全保险装置。

（4）单一方向试验

如果由于试验路面布置特点的原因，车辆无法在两个方向达到最高车速，则允许只在一个方向进行测量，但需满足如下条件：

① 试验跑道应满足直线跑道的要求，测量区内任何两点的高度差不超过 1 m；

② 试验应尽快重复进行两次；

③ 风速与试验道路平行方向的分量不超过 2 m/s。

2）纯电动汽车动力性试验

（1）试验流程

按照表 8－1 中的顺序安排试验，所有的性能试验需在两天内完成。

表 8－1　纯电动汽车动力性试验流程

顺序	试验项目
第一阶段	充电
	预热
	30 min 最高车速试验
	蓄电池完全放电
第二阶段	充电
	预热
	最高车速试验
	蓄电池 40%放电
	加速性能试验
	爬坡试验
	坡道起步试验

试验应按照上述试验顺序进行，每项试验开始时，蓄电池的荷电状态是前一项试验后的状态。如果每项试验都单独进行，最高车速、30 min 最高车速试验开始时，蓄电池

应处于完全充电的90%～100%，而加速性能、爬坡车速和坡道起步能力实验时，蓄电池应处于完全充电的50%～60%。

试验车辆的准备过程包括充电和预热两个阶段。充电即对蓄电池进行充电直至充满，预热是指试验车辆以制造厂估计的30 min最高车速的80%行驶5000 m，使电动机及传动系统预热。

（2）30 min最高车速试验

30 min最高车速的试验可在环形跑道上进行，也可以在设定的底盘测功机上进行。试验车辆准备完成之后，试验车辆以该车30 min最高车速估计值±5%的车速行驶30 min，试验中可通过加速踏板对车速进行补偿。如果试验中车速达不到30 min最高车速估计值的95%，则试验须重做。测量车辆驶过的里程 S_{30}（m），则平均30 min最高车速 V_{30}（km/h）为

$$V_{30}=\frac{S_{30}}{500} \tag{8-1}$$

（3）蓄电池完全放电

30 min最高车速试验完成后，将试验车辆停放30 min，然后以 V_{30} 的70%行驶，直至车速下降到当加速踏板踩到底时，车速为（$V_{30}\pm10$）km/h的50%，或直至仪表板上的信号装置提示驾驶员停车，记录总的行驶里程，其包括预热阶段、V_{30} 试验过程以及完全放电时的行驶里程 S_{tot}。

（4）最高车速试验

该试验在直线跑道或环形跑道上进行。试验车辆准备完成后，加速车辆，使车辆在驶入测量区之前能够达到最高稳定车速，并保持这个车速持续行驶1000 m（测量区的长度），记录车辆行驶1000 m的时间 t_1（s），随即做一次反向试验，并记录行驶时间 t_2（s），则最高车速 V（km/h）为

$$V=\frac{7200}{t_1+t_2} \tag{8-2}$$

如前所述，如果由于试验路面布置特点的原因，车辆无法在两个方向达到最高车速，允许只在一个方向进行测量。但试验需要尽快重复两次，最高车速 V 是两次 V_i 的算术平均。如果考虑风速，还需要对量结果进行修正。

$$V_i=V_r\pm V_v f \tag{8-3}$$

如果车辆逆风行驶，选“+”，反之选“－”，V_r（km/h）为每次测量的最高车速 V_v（m/s）为风速的水平分量；f 为修正系数，取0.6。

（5）蓄电池40%放电

将试验车辆以（$V_{30}\pm5$）km/h的70%的恒定速度在试验跑道或测功机上行驶，使蓄电池放电，直至行驶里程达到 S_{tot} 的40%为止。

(6) 加速性能试验

根据车型的不同，静止起步加速试验测试车辆从静止加速到 50 km/h 或 30 km/h 的加速时间。首先将车辆停放在试验道路的起始位置，将加速踏板快速踩到底，使车辆加速到目标车速±1 km/h，如果车辆装有离合器和变速器，试验过程中应将变速器置于合理的挡位，记录从踩下加速踏板到车速达到末态车速的时间，然后以相反方向行驶再做一次试验；两次试验测得的时间的算术平均值即为加速时间。根据车型的不同，超车加速试验测量车辆从 50 km/h 加速到 80 km/h，或 30 km/h 加速到 50 km/h 的时间。首先将车辆加速至初始车速±1 km/h，并保持这个车速行驶 0.5 km 以上，然后将加速踏板踩到底，如果有变速装置，则合理操作变速装置，使车辆加速到目标车速±1 km/h。记录从踩下加速踏板开始到车速达到末态车速的时间。同样，该试验需要再在相反方向做一次。以两次时间测量结果的算术平均作为最终结果。

(7) 爬坡车速试验

此试验项目测量车辆分别在 4%和 12%的坡度上能够持续行驶 1000 m 的最高稳定车速。试验在测功机上完成，调整测功机使其增加一个相当于所测坡度的附加载荷。将加速踏板踩到底，使试验车辆加速或使用变速挡位使车辆加速，确定试验车辆能够达到并能持续行驶 1000 m 的最高稳定车速，同时记录持续行驶 1000 m 的时间，计算得到相应坡度下的爬坡车速结果。

(8) 坡道起步能力试验

坡道起步能力应在有一定坡度角α_1 的道路上进行，该坡度角应近似于制造厂技术条件规定的最大爬坡度对应的坡度角α_0。选定的坡道应有 10 m 的测量区，测量区前应提供起步区域。将试验车辆放置在起步区域，车辆起步后以至少 10 m/min 的速度通过测量区。如果车辆有变速装置，应用最低挡起步。

3) 混合动力汽车动力性试验

(1) 试验流程

按照表 8-2 中的顺序安排试验。

表 8-2　混合动力汽车动力性试验流程

顺序	试验项目	模式
准备阶段	充电	—
第一阶段	预热	混合动力
	混合动力模式下的最高车速	混合动力
	纯电动模式下的最高车速	纯电动
	0～100 km/h 加速性能	混合动力
	纯电动模式下 0～50 km/h 加速性能	纯电动
	纯电动模式下的爬坡速度	纯电动
	混合动力模式下的爬坡速度	混合动力

（续表）

顺序	试验项目	模式
第二阶段	充电	—
	预热	混合动力
	混合动力模式下的 30 min 最高车速	混合动力
	纯电动模式下的坡道起步能力	纯电动
	混合动力模式下的坡道起步能力	混合动力
	混合动力模式下的最大爬坡度	混合动力

需要说明的是，如果混合动力模式下最高车速小于 100 km/h，则仅进行 0～50 km/h 加速性能试验；如果试验车辆有纯电动模式且能够按照纯电动汽车动力性能的试验标准进行试验，则做纯电动模式下的动力性能试验，否则可不做纯电动模式下的动力性能试验或减去不能做的试验项目，试验流程中的充电只针对可外接充电的混合动力汽车。试验开始前，对混合动力汽车的预热应该在混合动力模式下进行，试验车辆以制造厂估计的 30 min 最高车速的 80%行驶 5 km 以上，使电动机和传动系统预热。

混合动力电动汽车动力性能的试验方法绝大多数与纯电动汽车相同，只是试验车辆需要工作在混合动力模式下，因此，这里只介绍混合动力汽车独有的最大爬坡度试验。

（2）混合动力模式下的最大爬坡度试验

将试验车辆停在接近坡道的平直路段上，以最低挡起步，加速踏板踩到底进行爬坡。爬坡过程中监测各种仪表的工作情况，爬到坡顶后，停车检查汽车各部位有无异常现象发生，并作详细记录，爬坡次数不得超过两次。如果爬坡不成功，测量停车点（后轮接地中心）到坡底的距离，并记录爬坡失败的原因。

如果没有厂家规定的轨道，可增减装载质量或采用较高一挡（如 2 挡）进行试验，再按照式（8－4）和式（8－5），可计算最低挡的最大爬坡度。

$$\alpha_m = \arcsin\left(\frac{Mi_1}{M_a i_a}\sin\alpha_a\right) \tag{8-4}$$

式中：α_m 为最大爬坡度对应的坡度角（°）；

M 为汽车实际总质量（kg）；

M_a 为厂定最大总质量（kg）；

i_1 为最低挡减速比；

i_a 为实际速比；

α_a 为试验时实际坡度角（°）。

求得 α_m 后，最大爬坡度可由下式计算

$$最大爬坡度 = \tan\alpha_m \times 100\% \tag{8-5}$$

8.2 经济性评价

8.2.1 经济性评价方法和指标

在保证动力性的前提下，汽车以尽可能少的能量消耗量经济行驶的能力，成为汽车的能量经济性。能量经济性是新能源汽车的核心优势，也是各国大力发展的根本原因。汽车的能量经济性常用一定运行工况下的汽车行驶一定距离的能量消耗量或一定能量能使汽车行驶的里程来衡量。

中国和欧洲习惯采用一定运行工况下的百公里燃油或电量消耗量来衡量汽车的能量经济性，单位分别是 L/100 km 和 kW·h/100 km，其数值越大，汽车的能量经济性越差。美国则采用一定运行工况下一定量燃油或电量所能行驶的里程衡量汽车的能量经济性，单位分别为 mile/US gal 和 mile/（kW·h），该数值越大，则汽车的能量经济性越好。

混合动力汽车由于同时消耗电能和燃油两种类型的能源，因此进行能耗指标评价时不仅需要考虑燃油消耗，还需要考虑电能消耗。普通的混合动力汽车无法通过外部充电，运行过程中虽然也会有电能量消耗，但所占比例一般较小，而且消耗的电池电能最终还是来源于发动机燃油消耗，电池 *SOC* 在一个较小的范围内波动。相同的试验循环下，电能量消耗与燃油消耗之间存在线性关系，因此比较容易利用这种线性关系得到很精确的等效的燃油消耗评价结果。

对于插电式混合动力汽车，由于电能量消耗比例大，电池 *SOC* 变化范围很大，电池能量消耗与燃油消耗之间难以有明确可靠的线性关系。并且插电式混合动力汽车电池的能量储备大部分来自外部电网，而非发动机的燃油消耗，因此，如何合理地衡量插电式混合动力汽车的能量经济性，是较难解决的问题。

美国环保署（EPA）为了方便消费者对传统燃油汽车和电动汽车的能耗效率进行直观对比，采用了等效油耗衡量方法，即 33.7 kW·h 的电能等效于 1 US gal（3.785 L）汽油的能量，将电能消耗换算成燃油消耗，采用等效燃油经济性对插电式混合动力汽车的能量经济性进行评价。

对于以动力电池为能源的纯电动汽车，其能量经济性指标除了单位里程电耗、单位能耗行驶里程之外，续驶里程也是衡量能量经济性的重要指标。

衡量汽车能量经济性的运行工况可以选择等速行驶工况或者模拟汽车实际行驶的典型行驶工况。

等速行驶工况是指汽车在一定载荷下（我国规定轿车为半载），以最高挡在良好路面上恒定速度行驶。分别测量汽车在不同车速下的能量经济性，并以图表的形式表示出来，然后基于以上信息对汽车的能量经济性进行评价。不过，等速行驶工况与汽车实际道路行驶工况有所出入，特别是在城市道路中频繁出现的加减速、怠速停车等工况并没有在等速行驶能量经济性中反映出来。因此，各国都制定了一些典型的循环行驶工况来模拟汽车在实际道路上的行驶工况，并据此对汽车的能量经济性进行评价。

行驶工况是一系列数据点，代表着车辆速度随时间的变化。行驶工况可通过不同的方法得到，一些是从理论推导得到的，另一些则是来自现实的驾驶测试中测得的数据。欧盟倾向于后者，而日本和美国倾向于前者。行驶工况被分为两类，一类是短暂的行驶工况，这些工况基于典型的道路行驶条件，速度变化很大。美国城市测功机运行循环（UDDS）和联邦试验程序（FTP）规定的行驶工况就属于这一类型。另一类是模式行驶工况，涉及长时间的恒速行驶。新欧洲行驶工况（NEDC）和日本的 10－15 模式工况均属于这种类型。

我国采用的衡量汽车能量经济性的行驶工况循环与欧洲相同，如图 8－1 所示，该循环由一部（市区运转循环）和二部（市郊运转循环）组成。一部由四个市区运转循环单元构成，市区运转循环平均车速为 19 km/h，总时长 780 s，行驶距离 4.052 km；市郊运转循环平均车速为 62.6 km/h，总时长 400 s，行驶距离 6.955 km。

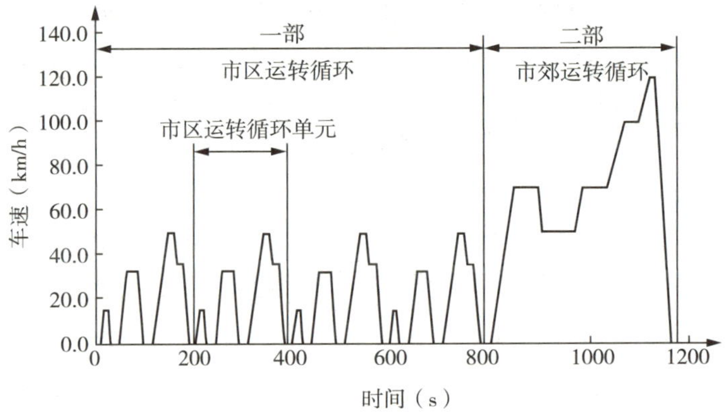

图 8－1　NEDC 循环工况

美国环保署（EPA）规定，测量城市循环工况（UDDS，如图 8－2 所示）以及公路循环工况（HWFET，如图 8－3 所示）的能量经济性，单位分别为 mile/US gal 和 mile/(kW·h)，并按下式计算汽车综合能量经济性。

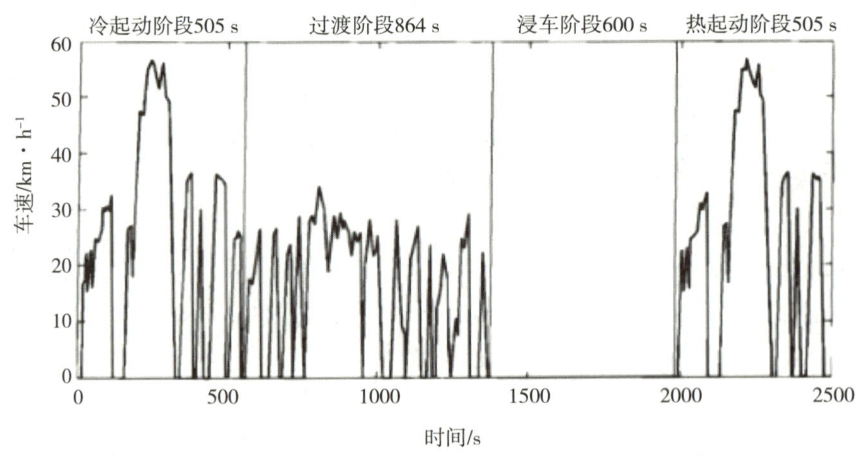

图 8－2　UDDS 工况

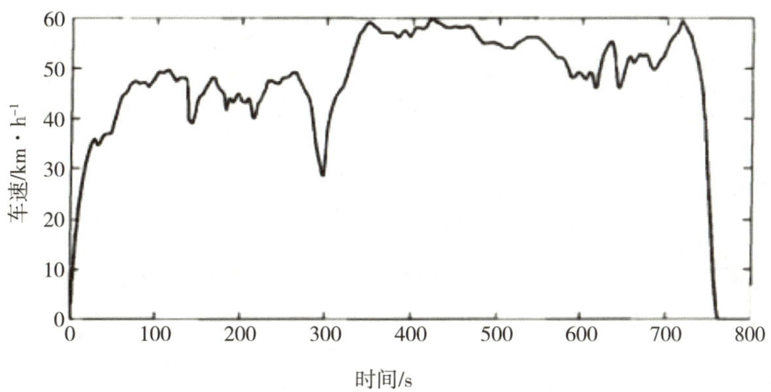

图 8-3 HWFET 工况

$$\text{综合能量经济性}=\frac{1}{\dfrac{0.55}{\text{城市循环经济性}}+\dfrac{0.45}{\text{公路循环能量经济性}}} \tag{8-6}$$

日本早期采用的是与新欧洲驾驶循环（NEDC）工况类似的日本 10-15 循环工况，而最新采用的 JC08 工况则像美国模拟测试工况那样加入了更多的变速工况，这样更接近于日常驾驶工况，如图 8-4 所示。JC08 工况平均车速 24.4 km/h，时长 1205 s，行驶距离 8.2 km。

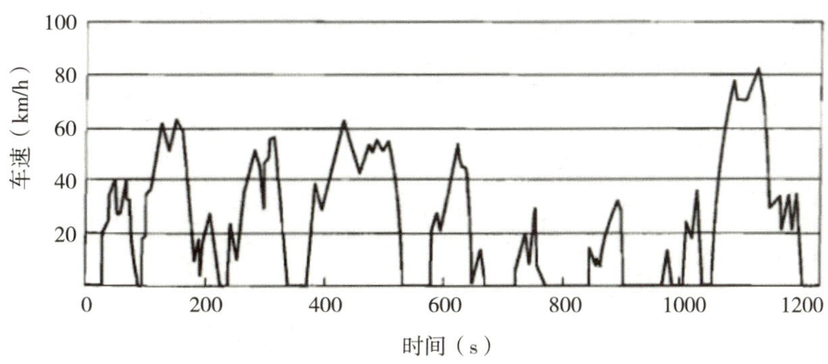

图 8-4 JC08 工况

循环工况下汽车能量经济性的试验一般在专用的底盘测功机上进行，对于汽车的燃油消耗可采用碳平衡法进行测量，而电量消耗则通过测量将电池充电至规定的荷电状态所需的能量计算。

碳平衡法的根本原理是质量守恒定律，汽油或柴油经过燃烧后，排放的气体中碳质量总和与燃烧前燃油中的碳质量总和应该相等，通过测量排气（HC、CO 和 CO_2）中碳的总质量即可计算出燃油消耗量。

标准状态下，1 mol 气体的体积为 22.4 L，且 GB/T 19233—2008《轻型汽车燃料消耗量试验方法》规定汽车排放中 HC、CO 和 CO_2 的碳的质量比为 0.866、0.429 和 0.273，则试验循环单位里程排放中碳元素的总量 M_1（kg/km）为

$$M_1=\frac{V_{标}}{22.4\times1000\times d}(\delta_{HC}\times13.8568\times0.866+\delta_{CO}\times28\times0.429+\delta_{CO_2}\times44\times0.273) \tag{8-7}$$

式中：d 为试验循环期间的车辆行驶距离，km，通过底盘测功机直接测量积分得到；

δ_{HC}、δ_{CO} 和 δ_{CO_2} 分别为排放中 HC、CO 和 CO_2 的体积分数，%；

$V_{标}$ 为标准状态下的干燥排放气体体积，L，计算公式为

$$V_{标}=\frac{V\times P\times273.16}{101.33\times T}=\frac{2.696\times V\times P}{T} \tag{8-8}$$

式中：V 为温度为 T 时的稀释排放体积，L；

P 为稀释排放气体入口处的绝对压力，kPa；

T 为测试期间排放气体的平均绝对温度，K。

最后，汽车百公里油耗为

$$Q=\frac{0.012\times V\times P}{d\times T\times M_{VC}}(12\delta_{HC}+12.012\delta_{CO}+12.012\delta_{CO_2}) \tag{8-9}$$

式中：M_{VC} 为燃油单位体积含碳量，kg/L；

M_{VC} 与燃油密度（ρ，kg/L）之间存在显著的线性关系，即 $M_{VC}=0.8705538\rho-0.0094768$。

欧盟制定的汽车油耗试验方法自 1993 年采用了碳平衡法计算油耗，于 1999 年进行了修订，只是试验循环发生了变化，计算公式没有变化。

汽油车：

$$f_{FC}=0.1154(0.273f_{CO_2}+0.866f_{HC}+0.429f_{CO})/D \tag{8-10}$$

柴油车：

$$f_{FC}=0.1155(0.273f_{CO_2}+0.866f_{HC}+0.429f_{CO})/D \tag{8-11}$$

式中：f_{FC} 为燃油消耗量（L/100km）；

f_{HC} 为碳氢排放量（g/km）；

f_{CO} 为一氧化碳排放量（g/km）；

f_{CO_2} 为二氧化碳排放量（g/km）；

D 为 288K（15 ℃）下的燃油密度（kg/L）。

2012 年 8 月，美国政府宣布美国市场上各车企 2017—2025 年款新车的燃油经济性平均值应当达到 54.5 mile/US gal，约合百公里 4.3 L/100 km，汽车经济性要求可谓是比较严格。

8.2.2 新能源汽车的能量经济性计算方法

在汽车开发的初期阶段，往往无法通过试验的方法得到汽车的能量经济性指标，这

就需要通过计算或仿真的方法对其进行估计。本节介绍新能源汽车的能量经济性计算方法。

1）行驶工况的离散化

对于已经确定的汽车行驶工况循环，首先将汽车的行驶过程进行离散化，即将其划分为若干个区间，如图 8-5 所示。具体的分割方法视需要而定，其基本原则是：区间应足够小，能使得同一区间内系统状态基本保持不变，可视为恒定状态，具体来说，系统状态包括发动机、电动机、电池的工况点、变速器的挡位等。如果系统状态变化较大，则必须将区间进一步分割。

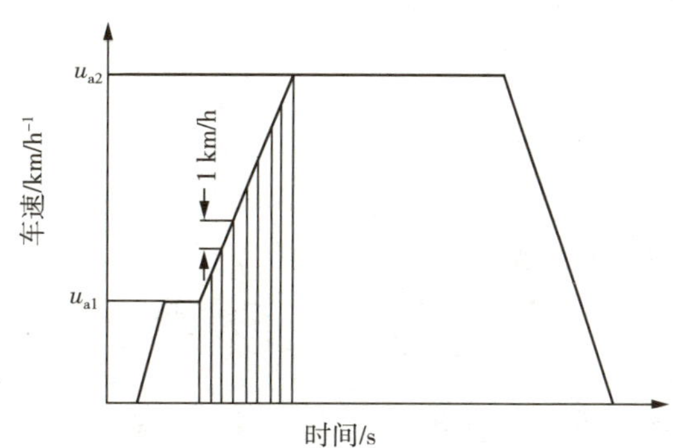

图 8-5　行驶工况的离散化

对于分割后的某一区间，首先根据汽车行驶方程计算区间的总行驶功率需求

$$P=\frac{u}{3600}\left(mgf\cos\alpha+mgf\sin\alpha+\frac{C_dAu^2}{21.15}+\delta m\frac{du}{dt}\right) \tag{8-12}$$

其中，u 和 α 均为该区间车速和坡度角的平均值，其中车速的单位是 km/h，功率 P 的单位是 kW。

2）发动机工况点的确定和燃油消耗量的计算

根据系统的拓扑结构和能量分配策略可确定系统各部件的工况点，包括发动机、电动机、电池和变速器等。

对于动力系统中存在发动机的新能源汽车，假设该区间内发动机的功率为 P_e，根据变速器的挡位信息可知，从发动机到车轮的减速比为 i_e，传动效率为 η_{eT}，则可求得发动机的转速和扭矩为

$$n_e=\frac{ui_e}{0.377r} \tag{8-13}$$

$$T_e=\frac{9550P_e}{\eta_{eT}n_e} \tag{8-14}$$

式中，车速的单位是 km/h，发动机的转速单位是 rpm。若发动机处于怠速状态，则发动机的单位时间燃油消耗量 Q_t（L/s）即为怠速燃油消耗率 Q_d；若发动机处于停机状态，则 Q_t 为 0；否则通过发动机的万有特性曲线（如图 8-6 所示）确定发动机在该工况点下的燃油消耗率 b（g/kWh），从而计算出 Q_t，即

$$Q_t=\frac{P_eb}{3.671\times10^5\rho g} \tag{8-15}$$

式中：ρ 为燃油密度，kg/L；

g 为重力加速度（m/s^2）。

汽油的 ρg 可取 6.96～7.15N/L，柴油的 ρg 可取 7.94～8.13N /L。

每个小区间的燃油消耗 Q_i（L）为

$$Q_i = Q_t t_i \tag{8-16}$$

3）电动机工况点的确定

电动机工况点的确定与发动机工况点的确定方法类似，在此不再赘述。

4）电池工况点的确定及电量消耗的计算

在电动机工况点确定之后，可以进一步确定电池的输入或输出功率，即

$$P_b = \begin{cases} \dfrac{P_m}{\eta_m}，驱动状态 \\ P_m \eta_m，发电状态 \end{cases} \tag{8-17}$$

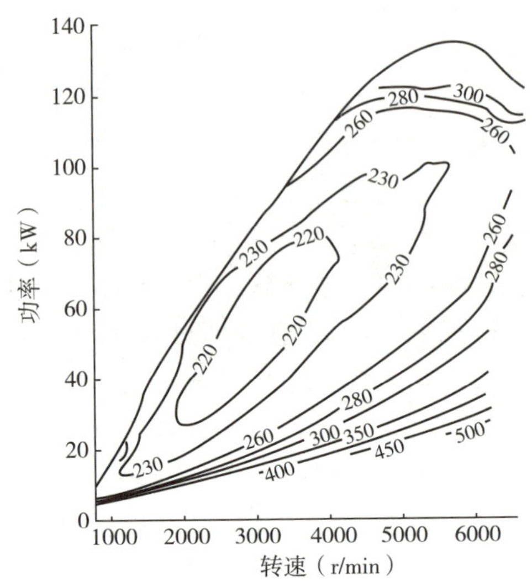

图 8-6　发动机万有特性曲线

如果系统中存在多个电动机，则需要将与各电动机对应的电池功率叠加，如果系统中还存在其他电动附件，比如低压电器附件和电动空调压缩机等，同样需要考虑这些附件的功率。得到电池的总功率之后，可以根据当前的 SOC 状态确定电池的工况点，并得到电池的电能 E_i（kW·h）、充放电效率 η_b，电流 I_b，并更新电池的 SOC 状态。

$$E_i = \begin{cases} \dfrac{P_b t_i}{3600\eta_b}，放电状态 \\ \dfrac{P_b t_i \eta_b}{3600}，充电状态 \end{cases} \tag{8-18}$$

$$\mathrm{SOC}_i = \mathrm{SOC}_{i-1} + \frac{I_b t_i}{C_b} \tag{8-19}$$

5）整个循环工况的能量消耗计算

将之前划分的所有区间的燃油消耗和电量消耗叠加，即可得到整个循环工况下的油耗 Q_f 和电能消耗量 E，并将其折算成百公里消耗。

$$Q_f = \frac{100\sum Q_i}{s} \tag{8-20}$$

$$E = \frac{100\sum E_i}{s} \tag{8-21}$$

式中：s 为循环工况的行驶距离，km。

为了提高计算精度，往往把区间划分得非常小，因此能量经济性的计算往往借助计

算机计算。

8.2.3 纯电动汽车能量经济性试验

国家标准 GB/T 18386—2017《电动汽车能量消耗率及行驶里程试验方法》，规定了纯电动汽车的能量消耗率和续驶里程的试验方法。该标准规定可采用等速法和工况法两种方法进行纯电动汽车的能量经济性测试。

国家标准规定确定能量消耗率和续驶里程应使用相同的试验程序，包括以下四个步骤：

（1）对动力蓄电池进行初次充电，测量来自电网的电量。

除非车辆制造厂或动力电池制造厂有特殊的规定，动力电池的初次充电分为放电和充电两个阶段进行。放电阶段，试验车辆以 30 min 最高车速的 70%±5%的稳定车速行驶，直至车速不能达到 30 min 最高车速的 6%或车辆制造厂安装在车上的仪器提醒驾驶员停止车辆时，然后，按照规定的充电程序为动力电池进行充电直到完全充满。

（2）进行工况或等速条件下的续驶里程试验。

续驶里程试验必须在充电结束的 4 小时之内开始。续驶里程试验在底盘测功机上进行，可进行工况法和等速法试验，直至达到规定的停车条件时试验停止。

停车条件为

① 车载仪器给出的驾驶员停车指示；

② 工况法试验中，当车速小于 70 km/h 时，无法满足规定的公差要求；

③ 当车速大于 70 km/h 时，允许超过规定的公差要求，但总时间超过规定值；

④ 等速法试验中，车速达不到设定的最低车速，该最低车速根据车型不同分别为 54 km/h或 36 km/h。

试验过程中记录停车次数和停车时间，对于工况法，工况循环外停车不得超过 3 次，总的停车时间累计不得超过 15 min；等速法允许停车两次，每次停车时间不得超过 2 min，记录试验过程中车辆的行驶距离，即为车辆的续驶里程，记为 D（km）。

（3）试验后再次为动力蓄电池充电，测量来自电网的能量。

续驶里程试验完成后的 2 h 内将车辆与电网连接，按照规定的充电规程为动力蓄电池充电直至全充满，记充电期间来自电网的能量，记为 E（W·h）。

（4）计算能量消耗率。

能量消耗率 C（W·h/km）可用如下公式计算

$$C=\frac{E}{D} \tag{8-22}$$

8.2.4 混合动力汽车能量经济性试验

我国针对轻型和重型混合动力汽车分别制定了能量经济性的试验方法和规范，轻型混合动力汽车的能量经济性试验遵循标准 GB/T 19753—2013《轻型混合动力电动汽车能量消耗量试验方法》，该标准适用于最大总质量不超过 3.5 t 的混合动力电动汽车。该标准是 GB/T 19753—2005 版本的修订版，该标准的制定参照了 ECE 2009 年提出的 ECE

R101 修订 2 -修改 2 -附录 8 中“关于混合动力汽车能量消耗量试验方法”方面的部分技术内容。

1）轻型混合动力电动汽车能量经济性试验

轻型混合动力电动汽车能量经济性试验采用如图 8－1 所示的 NEDC 行驶工况。

（1）可外接充电的混合动力汽车

对于可外接充电的混合动力汽车，即插电式混合动力汽车，分别对最高充电状态（条件 A）和最低充电状态（条件 B）两种条件进行测试，这两种状态能反映车辆在两种极端使用条件下的性能。

条件 A 和条件 B 下整个测试过程中的电池 *SOC* 变化过程分别如图 8－7 和图 8－8 所示。

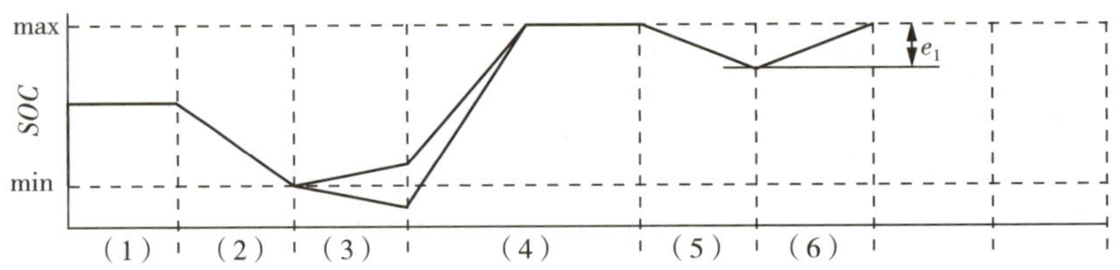

图 8－7　插电式混合动力汽车条件 A 下电池 *SOC* 变化过程

条件 A 下的测试过程依次包含了 6 个阶段，分别为：①初始阶段；②试验前放电；③预处理阶段；④浸车并对车辆进行充电直至充满达到最高荷电状态；⑤试验阶段；⑥利用外部电网按照标准的充电程序将电池充电至最高状态。其中，在预处理过程中，由于测试循环和车辆技术特点的不同，可能导致车辆处于充电或放电状态，在此阶段可能出现 *SOC* 上升或下降两种情形。由于第⑤和第⑥阶段 *SOC* 变化量相同，所以利用第⑥阶段测得的电网充电能量消耗可以确定试验过程中的电能消耗量，记为 e_1，单位为 W·h，显然，条件 A 下第⑤阶段的电量消耗即为 e_1。

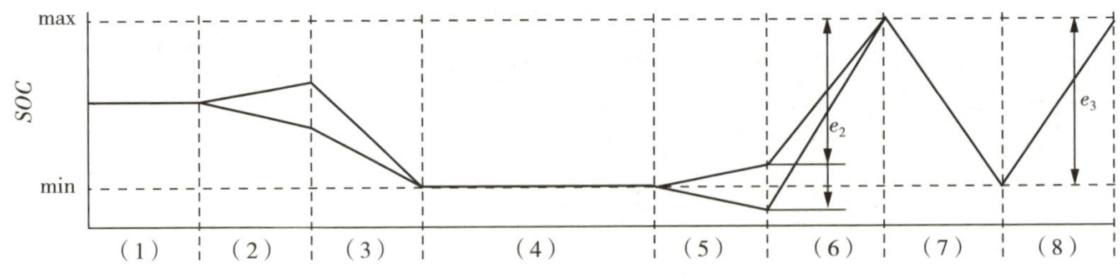

图 8－8　插电式混合动力汽车条件 B 下电池 *SOC* 变化过程

条件 B 下的测试过程依次包含了 8 个阶段，分别为：①初始阶段；②预处理阶段；③试验前放电；④浸车期间保持最低荷电状态；⑤试验阶段；⑥利用外部电网按照标准的充电程序将电池充电至最高状态，充电量记为 e_2，单位为 W·h；⑦标准放电程序放电至最低荷电状态；⑧再次充电至最高荷电状态，充电量记为 e_3，单位为 W·h，与条件 A 类似，在预处理及试验过程中，由于测试循环和车辆技术特点的不同，可能导致车辆处

于充电或放电状态，在此阶段可能出现 *SOC* 上升或下降两种情形，为了确定在第⑤阶段车辆的电能量变化量 e_4，在测试循环结束后利用外部电网反复充放电，第⑥阶段和第⑧阶段的电网能量消耗的差值即为 e_4，即

$$e_4 = e_2 - e_3 \tag{8-23}$$

条件 A 和条件 B 下的燃油消耗量均通过碳平衡法进行计算，结果分别记为 c_1 和 c_2，单位为 L。

在确定了最高和最低荷电状态下的能量消耗量之后，需要使用加权的方法对不同情况下的结果进行综合。我国和欧洲采用车辆纯电续驶里程和充电间隔车辆平均行驶里程两个参数对两种荷电状态下的测量结果进行加权，方法如下：

燃油消耗量的加权结果为

$$C = \frac{D_e C_1 + D_{av} C_2}{D_e + D_{av}} \tag{8-24}$$

式中：C 为燃油消耗量，L/100 km；

C_1、C_2 为分别为条件 A 和条件 B 下的燃油消耗量，L/100 km；

D_e 为按照试验规程测定的纯电续驶里程 km；

D_{av} 为设定的两次充电间隔的车辆平均行驶里程（km），假设我国普通驾驶员两次充电间隔平均行驶 25 km，故 D_{av} 设为 25 km。

C_1 和 C_2 是根据试验测得的燃油消耗换算至百公里油耗的结果，即

$$C_1 = \frac{100c_1}{D_{test1}} \tag{8-25}$$

$$C_2 = \frac{100c_2}{D_{test2}} \tag{8-26}$$

式中：D_{test1}、D_{test2} 分别为条件 A 和条件 B 试验中车辆行驶的距离（km）。

电能消耗量的加权方法与燃油消耗量相同，即

$$C = \frac{D_e E_1 + D_{av} E_4}{D_e + D_{av}} \tag{8-27}$$

式中：E_1，E_4 分别为根据试验测得的电能消耗换算至单位里程电耗的结果，即

$$E_1 = \frac{100e_1}{D_{test1}} \tag{8-28}$$

$$E_4 = \frac{100e_4}{D_{test2}} \tag{8-29}$$

（2）不可外接充电的混合动力汽车

对于不可外接充电的混合动力汽车，试验测量所得的燃油消耗量 C（L/100 km），需要用储能装置的电能平衡值结合制造厂提供的燃油消耗量修正系数 K_{fuel} 进行计算修正，修正后的燃料消耗量 C_0（L/100 km）对应于电能平衡点，燃料消耗量修正系数 K_{fuel} 由制

造厂在完成 n 次（不少于 6 次）测量后，按式（8－27）进行确定。n 次试验中至少应包括一个充电和放电循环的测量。检测机构有权对厂家所提供燃料消耗量修正系数 K_{fuel} 的有效性进行确认。

如果储能装置为化学蓄电池（或电量特性类似的储能系统，如飞轮电池），需测量试验过程中的电量平衡值 Q（A・h），并计算所对应的电能平衡值 ΔE_{batt}（M・J）

$$\Delta E_{\text{batt}}=0.0036QU \tag{8-30}$$

式中：U 为电池的额定电压 V；

Q 为正表明电池放电，负表明电池充电。

燃油经济性修正系数 K_{fuel} 的单位为（L/100 km）/A・h，计算方法为

$$K_{\text{fuel}}=\frac{n\sum Q_iC_i-\sum Q_i\sum C_i}{n\sum Q_i^2-(\sum Q_i)^2} \tag{8-31}$$

式中：C_i 为第 i 次试验测得的燃油消耗量，L/100 km；

Q_i 为第 i 次试验的电量平衡值，A・h。

则电能平衡值为 0（$\Delta E_{\text{batt}}=0$）时对应的燃油消耗量 C_0 为

$$C_0=C-K_{\text{fuel}}Q \tag{8-32}$$

如果储能装置为超级电容，需测量试验起始电压 U（V）和终了电压 U_{sa}（V），并计算试验过程的电能平衡值 $\Delta E_{\text{storage}}$（W・h）：

$$\Delta E_{\text{storage}}=\frac{1}{2}C\ (U_{\text{final}}^2-U_{\text{initial}}^2) \tag{8-33}$$

式中：C 为额定电容，F。

燃油经济性修正系数 K_{fuel} 的单位为（L/100 km）/（Wh），计算方法为

$$K_{\text{fuel}}=\frac{n\sum \Delta E_{\text{storage}}C_i-\sum \Delta E_{\text{storage}}\sum C_i}{n\sum \Delta E_{\text{storage}}^2-(\sum \Delta E_{\text{storage}})^2} \tag{8-34}$$

则电能平衡值为 0（$\Delta E_{\text{storage}}=0$）时对应的燃油消耗量 C_0 为

$$C_0=C-K_{\text{fuel}}\Delta E_{\text{storage}} \tag{8-35}$$

需要说明的是，如果在一个试验环中，储能装置能量变化（ΔE_{batt} 或 $\Delta E_{\text{storage}}$）的绝对值小于燃油消耗能量的 1%时，试验结果不需要修正。其中，燃油消耗能量计算方法为

$$E_{\text{fuel}}=c\rho H_{\text{u}} \tag{8-36}$$

式中：c 为燃油消耗量，L；

ρ 为燃油密度，kg/L；

H_{u} 为燃油的低热值，M・J/kg。

2）重型混合动力电动汽车能量经济性试验

国家标准 GB/T 19754—2015《重型混合动力电动汽车能量消耗量试验方法》适用于最大总质量超过 3.5 t 的重型混合动力电动汽车。该标准是对 GB/T 19754—2005 版本的《重型混合动力电动汽车能量消耗量试验方法》的修订，2005 版本的国标是我国参照美国汽车工程师学会 2002 年 9 月提出的 SAE J2711《重型混合动力电动汽车和传统汽车燃油经济性和排放污染物的试验方法》中关于燃料消耗量的部分技术内容和 ECE2003 年提出的“ECER101.01 修正草案的建议”中关于混合动力能量消耗量方面的部分技术内容制定的。

我国重型混合动力电动汽车能量经济性试验采用中国典型城市公交循环工况，如图 8-9所示。该循环总时长为 1314 s，行驶距离 5.8 km，平均车速 15.9 km/h，最高车速 60 km/h。怠速时间 381 s，占总行驶时间的 29.0%。标准规定，还可采用美国重型混合动力电动汽车燃油经济性试验推荐的工况循环。

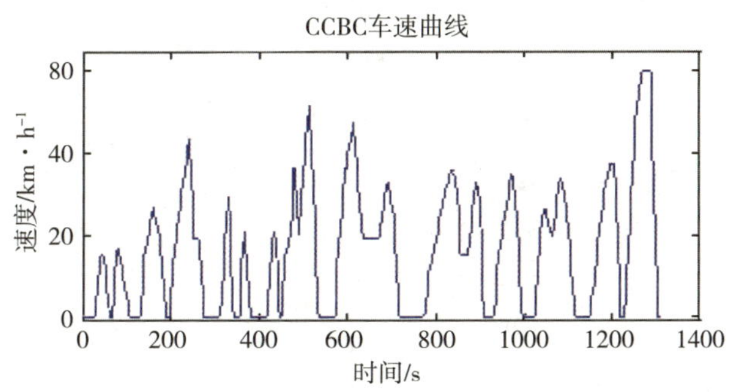

图 8-9 中国典型城市公交循环工况

对于重型混合动力电动汽车来说，单一的试验循环不足以使得发动机管理系统给电池等能量存储系统提供额外的能量，以影响 *SOC* 状态，因此一般需要较长时间的试验运转，增加循环初始及结束时低的净能量变化（*NEC*）出现的可能性，标准推荐采用重复运转的试验循环进行约 40 min 的试验，对于城市客车采用两次重复的中国典型城市公交循环作为试验的行驶循环。试验车辆为满载，乘员质量及其装载要求按照 GB/T 12534—1990 的规定。试验中，空调及其他汽车正常运行时不必须用到的车载附件应被断开或屏蔽，除非需要特别评估空调载荷影响的情况。试验开始之前需要对车辆荷电状态进行预置并进行预循环运转。

对于可外接充电的混合动力电动汽车，荷电状态的预置是指对车辆进行充电至规定的最高荷电状态或制造厂要求的荷电状态；对于不可外接充电的混合动力电动汽车，车辆应处于正常使用的荷电状态，否则进行动力蓄电池的电量调整，达到正常使用的荷电状态。

预循环运转是指在道路或底盘测功机上使用一个完整的行驶循环进行车辆的预热和预处理，循环结束后，关闭点火锁 20 min 进行车辆预置。

预循环运转之后按照行驶循环进行试验，试验至少进行 3 次，每次试验中均要求进行车辆荷电状态的顶置、预循环运转和行驶循环试验。

试验需要记录的数据包括：试验时的环境温度、大气压力、燃油密度、能量存储系统在实验开始和结束时刻的荷电状态和动力蓄电池电压、汽车实际行驶距离、燃油消耗量、整个试验循环过程中能量存储系统的净能量变化。其中，燃油消耗量采用油耗仪或称重法进行测量，并以体积（L）表示。能量存储系统的净能量变化基于试验数据进行计算，对于动力蓄电池来说，需要对电池的充放电电流和电压进行积分，即

$$NEC=\int_{initial}^{final} UI\,\mathrm{d}t \tag{8-37}$$

需要说明的是，动力蓄电池的充放电电流和电压的采样频率不得低于 20 Hz。

汽车能量经济性试验结果应表示为汽车百公里燃油消耗（L/100km）和百公里电量（W·h/100km）消耗，也可根据如下换算关系，将电量消耗量 E（kW·h）换算到等效的燃料消耗量 V（L）计算汽车百公里等效燃油消耗（L/100km）。

$$V_{\mathrm{fuel}}=\frac{3.6E_{\mathrm{k}}}{\rho H_{\mathrm{u}}\eta_{\mathrm{eng}}\eta_{\mathrm{gen}}} \tag{8-38}$$

式中：ρ 为燃油密度，kg/L；

H_{u}为燃油的低热值，M/kg；

η_{eng}为发电工况下发动机的平均工作效率；

η_{gen}为发电工况下发电动机的平均工作效率。

对于每种试验循环，至少要获得 3 次有效的检测结果，并以多次试验结果的平均值作为车辆的能量消耗量结果。

8.3 离线仿真技术

电动汽车模拟仿真软件种类繁多，但基本上都具有模型的模块化、模型建立的多样化、仿真环境的可视化、源代码的开放化等特点。

8.3.1 基于 Cruise 仿真平台的混合动力系统开发

由 AVL 公司开发的 Cruise 模拟仿真软件是研究汽车经济性、动力性、排放性等的高级仿真软件，可以对绝大多数结构形式的汽车进行建模和仿真，其完善的算法程序保证了运算精度及计算速度，并且 Cruise 软件可以利用仿真结果优化车辆系统参数，从而快速完成车辆系统设计。其灵活的模块控制理念和控制模块使得此软件在电动车尤其是 HEV 上广泛应用。相对于其他汽车仿真软件，Cruise 具有以下优点：

（1）车辆模型搭建简便，并且使用者可以按照需要搭建任意车辆模型，且可以在较短时间内改变车辆结构的布置形式；

（2）可以对动力系统进行优化，包括动力总成匹配优化、传动系统参数优化和动力总成子系统的集成；

（3）内部集成了强大的数据库功能，可以与 ORACLE 系统连接，方便数据管理；

(4) 具有黑箱子 (Black Box) 模块和 Matlab/Simulink 接口模块，使用户开发复杂控制算法更加方便，能够方便对新型动力传动模式及其控制策略进行研究分析；

(5) Cruise 内置大量的计算任务，并且具有智能化的驾驶员模型，可以模拟驾驶员的真实反应。并实现对车辆循环工况油耗、等速油耗、稳态排放、最大爬坡度、最高车速、原地起步连续换挡加速、超车加速性能、制动/滑行/反拖等一系列车辆性能的计算分析。

1) 研究对象

该混合动力系统属于双电动机同轴结构，主要由发动机、ISG 电动机、主电动机、电控离合器、动力电池组、主减速器和差速器等组成。整车控制器通过控制离合器实现串联与并联模式的切换；通过 CAN 总线实现与发动机控制器、主电动机控制器和 ISG 电动机控制器的通信，完成对发动机、主电动机和 ISG 电动机的扭矩和转速控制。

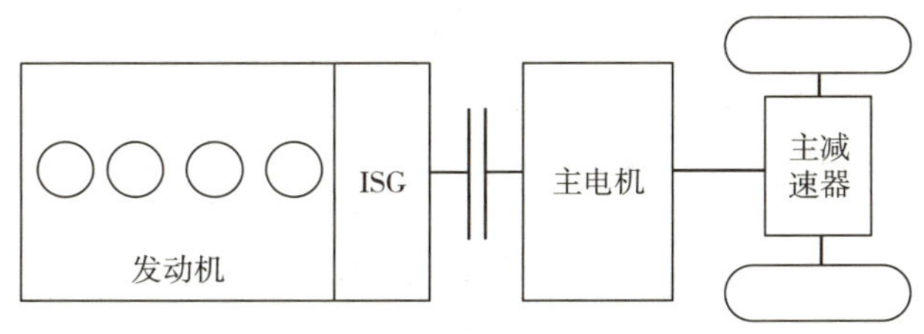

图 8-10　混联式客车结构图

该系统的动力传递有三种方式：纯电动、串联和并联。当离合器分离时，整车行驶的需求扭矩全部由主电动机提供，若此时电池电量较高，则实现纯电动驱动；在纯电动的基础上，发动机可以根据动力电池组充电的需要，通过 ISG 电动机发电，从而对动力电池组进行充电，既而实现串联驱动；当离合器闭合时，整车的需求扭矩可以根据当前车况，在发动机和主电动机之间合理分配，实现并联驱动。

由以上分析可知，该混合动力客车主要有六种工作模式：纯电动模式、ISG 电动机发电且主电动机驱动模式、发动机单独驱动模式、发动机驱动并发电模式、联合驱动模式和再生制动模式。

逻辑门限值控制方法由于其简单实用的特点而被广泛采用，故采用逻辑门限值控制方法进行能量管理。针对串、并联模式提出了不同的控制策略。首先，在串联模式下，需求扭矩全部由主电动机提供，控制策略相对简单，若电池需要充电，发动机启动并工作在高效区的某一固定点。其次，在并联模式下，提出限制发动机工作区间调节电池荷电状态 (state of charge，*SOC*) 的控制策略。即通过设定发动机的最大扭矩限值 T_{e_max}、最小扭矩限值 T_{e_min} 和最低转速限值 n_{low}，使发动机工作在高效区；同时设定电池荷电状态目标值 SOC_0，使得工作过程中电池 *SOC* 围绕目标值 SOC_0 上下波动，以维持电量平衡。由于电池的充放电效率都受电池 *SOC* 的影响，故目标值 SOC_0 的选取应使电池的充放电效率同时达到较高水平，根据电池的充放电特性应将其限制在 [0.5，0.6]。

从上述分析中可以看到，电控离合器处在主电动机和 ISG 电动机之间，通过对离合器的状态控制可以实现车辆串联或并联驱动模式的选择与切换。所以控制策略主要分为两部分：一是部件状态控制规则，二是扭矩分配规则。部件状态控制规则主要包括电控离合器的分离/闭合状态控制规则和发动机的起动/关闭控制规则。

部件状态控制流程图如图 8-11 所示，图 8-11 中的 V_{low} 和 $SOC_{\_m}$ 为设定的阈值。

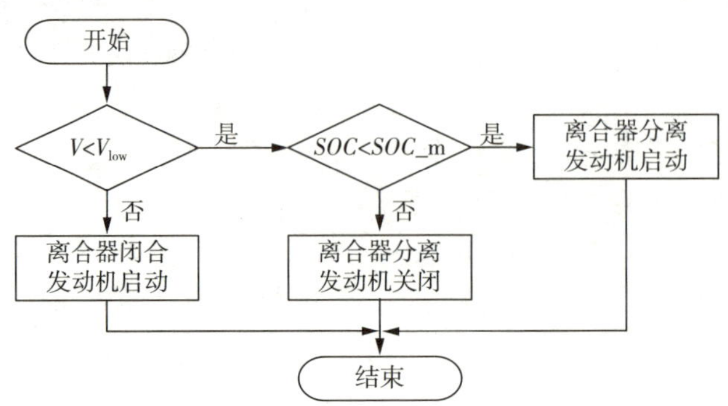

图 8-11 部件状态控制流程图

2）Cruise 整车模型搭建

依据混合动力客车构型，搭建混合动力客车的整车模型。在 Cruise 软件中，通过从模块库中直接拖拽部件模块的方式来搭建整车模型，并通过对属性的修改来快速完成整车模型的参数设定。然后通过部件之间连线的方式，完成部件之间的机械连接、电气连接和信号连接，如图 8-12 所示。

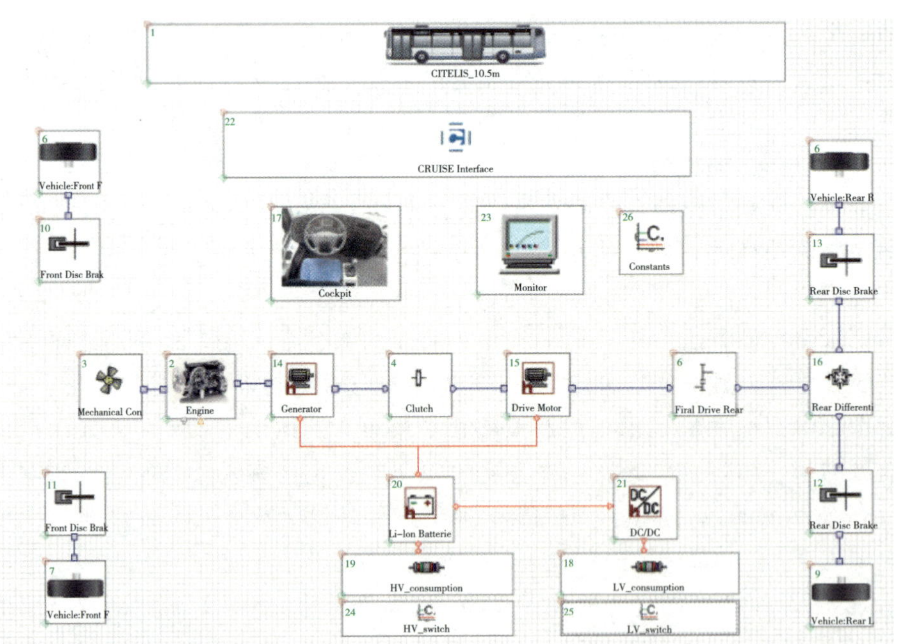

图 8-12 Cruise 整车模型

Cruise 软件提供了与 Matlab 交互的接口，Cruise 与 Matlab 有四种连接方式：

① Matlab DLL：通过 Simulink 的 RTW 生成动态链接库（DLL）文件，并集成在

Cruise 中进行耦合仿真；

② Matlab API：Cruise 与 Matlab 的在线联合仿真，Cruise 在前台，而 Matlab 处于被调用的状态；

③ Cruise Interface：Cruise 与 Matlab 的在线联合仿真，Matlab 在前台，而 Cruise 处于被调用的状态；

④ Cruise Interface CMC：Cruise 通过 CMC 编译后以 S－function 形式集成于 Matlab 中进行耦合仿真。

3）Matlab/Simulink 环境下控制策略建模

在 Matlab/Simulink 环境下对制定好的控制策略进行建模，并通过编译器编译成 DLL 文件。控制策略顶层模块如图 8－13 所示。

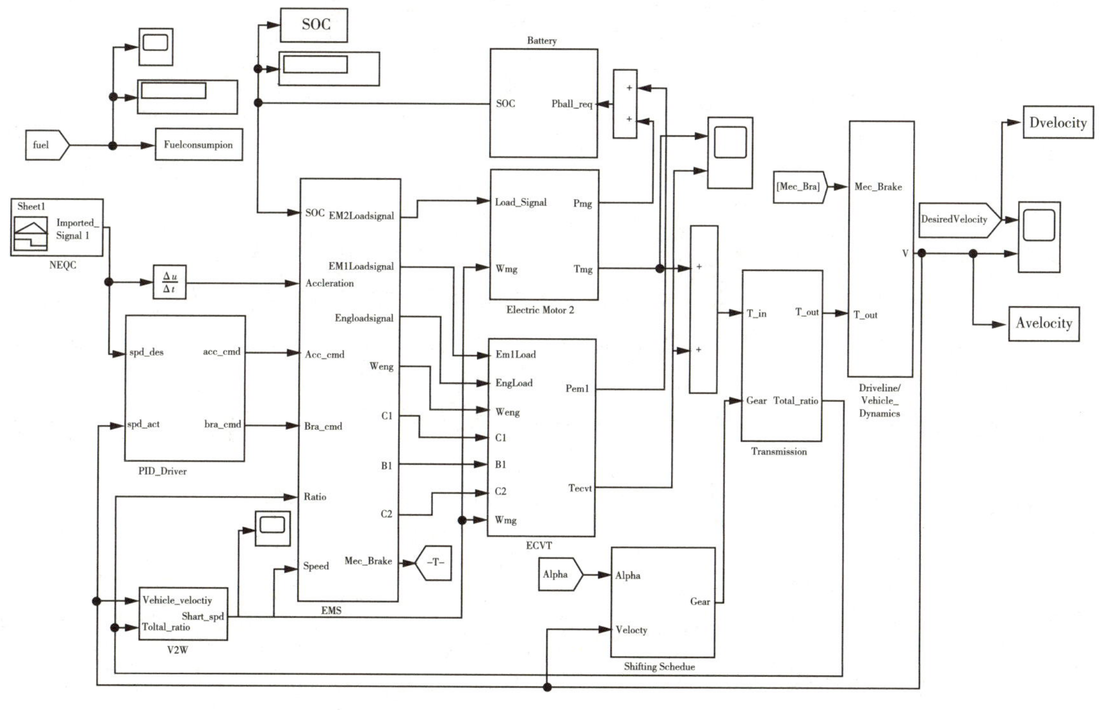

图 8－13　控制策略顶层模块

4）仿真结果分析

图 8－14 为整车的希望车速和实际车速之间的仿真结果，可以看到，整车实际车速与希望车速吻合得很好。

5）控制参数优化

本书是在车辆动力部件确定的前提下对控制策略参数进行优化的，故本书的优化目标是尽可能降低整车的燃油消耗量。因此，参数优化的目标函数 $f(x)$ 为

$$f(x) = \min [\text{fuel}(X)],\ X \in \Omega \tag{8-39}$$

式中：fuel（X）为百公里燃油消耗量，单位：L/100km；

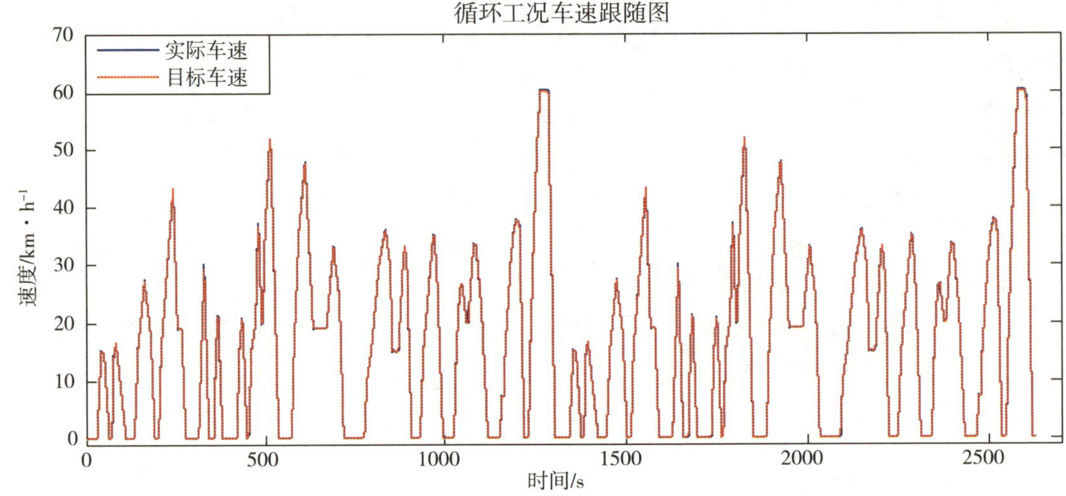

图 8-14　循环工况车速跟随图

X 为包含了控制策略相关参数的向量；

Ω 为可能的解空间，其定义了各优化参数的上下限。

混合动力汽车整车控制策略的参数有很多，如果对所有的控制策略参数进行优化显然是不现实的，因此只有选择对车辆燃油经济性影响较大的控制策略相关参数进行优化才符合实际情况。本节选择的优化参数见表 8-3 所列，其中优化参数的初值都是参考以往的设计经验和动力部件的性能制定的，优化参数的上下限是综合考虑整车基本性能的要求、设计经验和动力部件性能的结果。

表 8-3　优化参数

参数	初值	范围
高效区上限系数 η_{max}	0.9	[0.8，1]
高效区下限系数 η_{min}	0.3	[0.2，0.4]
串联模式车速限值 V_{low}/（km/h）	29	[27，33]
串联模式发电扭矩 T_{charge}/Nm	330	[300，330]
平衡扭矩系数 K	550	[520，550]
电池 SOC 目标值 SOC_0	0.6	[0.5，0.6]

采用遗传算法对控制参数进行优化，传统的遗传算法在进化过程中采用固定的交叉概率和变异概率，但是无论选择多大的概率都不能很好地适应不同进化过程中的所有个体，可能导致算法收敛速度降低，甚至会收敛于局部最优解。为了避免此类情况的发生，采用随种群适应度和进化代数变化的交叉概率和变异概率，以加快遗传算法收敛，提高遗传算法的优化能力。

采用模型在环的方式建立了混联式混合动力城市客车控制策略参数优化仿真模型，以此实现参数优化。参数优化过程如图 8-15 所示。此时的 Cruise 模型以 Cruise

Interface 的方式集成在 Simulink 环境中。

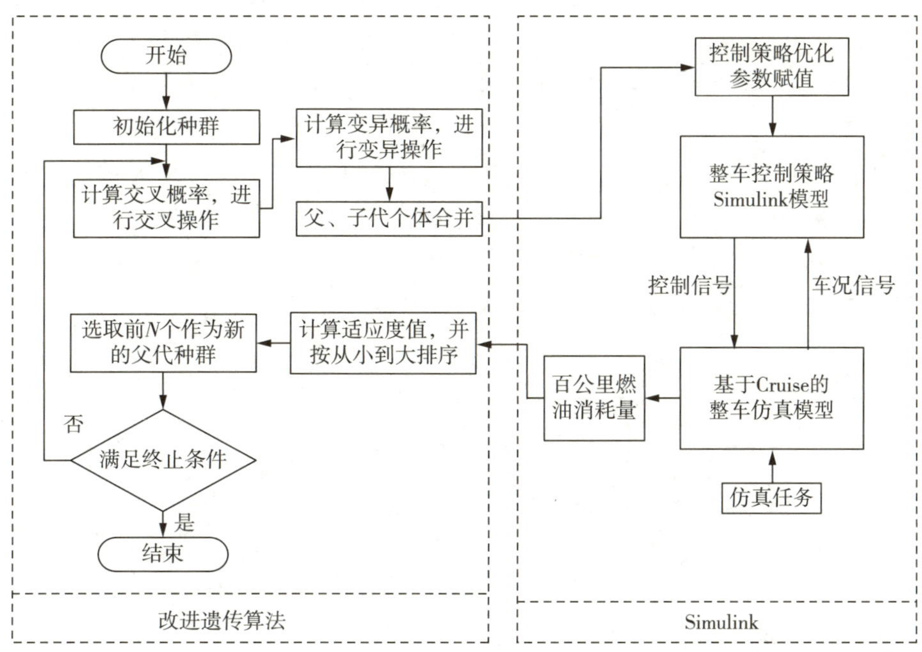

图 8-15 参数优化过程

优化前后比较见表 8-4 所列。

表 8-4 优化前后比较

工况	优化前油耗/L·100km^{-1}	优化后油耗/L·100km^{-1}	改善率
UDC	23.68	21.48	9.29%
CCBC	24.10	19.21	20.29%

6）小结

Cruise 软件只提供通用性、平台性的整车模型，完整的研发仿真平台还需要通用的控制策略。在精度方面与其他逆向仿真软件基本相同。

8.3.2 基于 Advisor 的混合动力系统开发

Advisor 由美国可再生能源实验室在 Matlab/Simulink 软件环境下开发的高级车辆仿真软件，目前最新的正式版本 Advisor 2002 可以对传统内燃机汽车、混合动力汽车和纯电动汽车的各种性能做出快速响应和分析，为了充分利用 Matlab/Simulink 的建模弹性和强大的数学分析能力，Advisor 也为用户定制动力系统部件提供了框架。同时，它的开放性也允许用户对自定义的汽车模型和仿真策略进行各种仿真分析。它的主要特点有：

（1）仿真模型和源代码全部开放。Advisor 内置的仿真模型和源代码完全公开，用户可以很方便地研究 Advisor 中的仿真模型及其工作原理，并在此基础上根据需要修改或重建部分模型，同时也可以设计更符合实际的控制策略，使得出的仿真结果更加合理。

(2) 采用模块化的设计思想。Advisor 分别建立了发动机、电动机、动力电池、离合器、变速器、主减速器、车轮等动力系统部件的仿真模型，各模块都有标准的数据输入输出端口，模块之间可以进行数据传递，各模块还可以进行扩充和修改，用户可以在现有模型的基础上根据需要对某些模块进行修改，重新建立整车模型，这样可以节省建模时间，提高建模效率。

(3) 混合仿真方法。Advisor 采用了以后向仿真为主、前向仿真为辅的混合仿真方法。下面以混合动力汽车模型为例来说明 Advisor 的混合仿真过程，图 8－16 为并联式混合动力汽车的 Matlab/Simulink 模型。该模型中箭头方向表示仿真数据的传递方向，数据自左向右传递表示后向仿真的路径，自右向左传递表示前向仿真的路径。

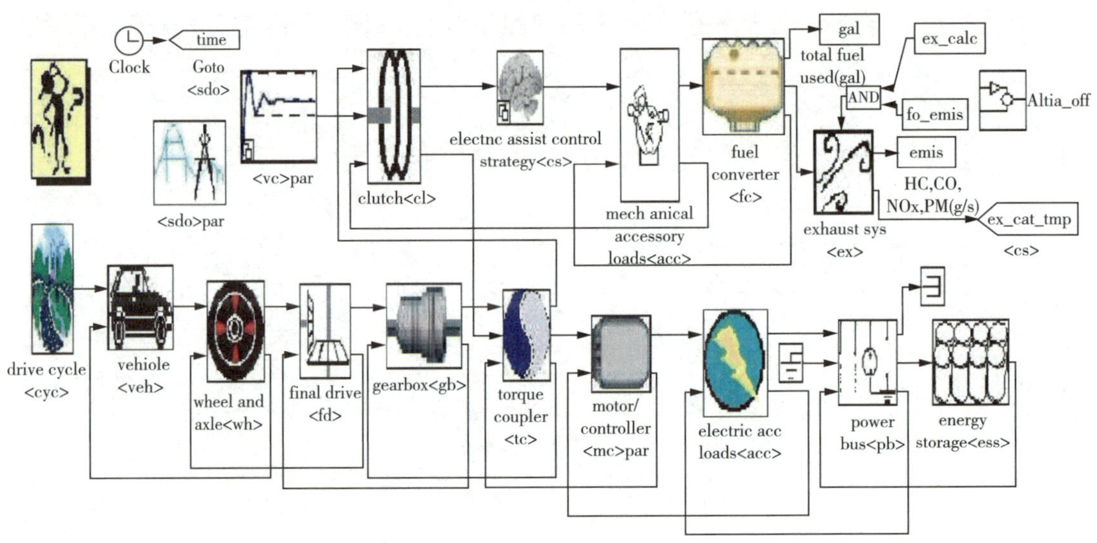

图 8－16　并联式混合动力汽车的 Matlab/Simulink 模型

Advisor 首先进行后向仿真，由道路循环（drive cycle）模块提供给车辆行驶轨迹，向整车（vehicle）模块请求所需的车速，然后通过汽车行驶方程式计算出满足这一车速请求所需的车轮转速和扭矩，继续向车轮和车轴（wheel and axle）模块发出请求，请求沿后向路径沿着主减速器（final drive）模块、变速器（gearbox）模块传递到扭矩耦合器（torque coupler）模块，此时传递路径分为两路，一路向离合器（clutch）模块传递，经机械负载（mechanical accessory loads）模块最终传递到发动机（fuel converter）模块；另一路向电动机（motor controller）模块传递，经汽车电子附件负荷（electric acc loads）模块最终传递到动力电池（energy storage）模块，计算出发动机和电动机实际发出的功率，由此便完成了后向仿真的过程。后向仿真的特点是计算速度快，整个过程中不需要驾驶员模型，但由于仿真过程中所使用的各种特性参数都是在稳态时测定的，所以并不适用于实际行驶状态下汽车的动态仿真。

在完成后向仿真后，Advisor 开始进行前向仿真。一路从发动机模块开始，将后向仿真计算出的发动机功率沿前向路径传递到扭矩耦合器模块，另一路从动力电池模块开始，

将后向仿真计算出的电动机功率沿前向路径同样传递到扭矩耦合器模块，两路汇合后将所获得的车轮转速和扭矩传递给下一级模块，所得到的仿真数据再逐级向下传递直至车轮和车轴模块，从而计算出汽车的实际行驶速度。前向仿真考虑了请求车速和当前车速，包括了驾驶员模型，更接近于汽车的实际状况，计算结果比后向仿真更准确，但不足之处是这种仿真方法会增加计算量，降低运行速度，并且传动系统的功率计算还要依赖车辆的实际状态，系统复杂度较高。

1）研究对象

某插电式混合动力系统结构如图 8-17 所示。该车具备发动机和电动机两套动力源，发动机与电动机均可以单独驱动车辆，也可以通过扭矩耦合器耦合后共同驱动车辆。其中，发动机为主要动力源，电动机为辅助动力源，电动机同时可以作为发电动机，给蓄电池充电。该车可以实现以下几种工作模式：纯电动驱动、发动机单独驱动、混合驱动、行车充电、再生制动及停车充电。此外，发动机的转速与传动系转速一致，且与电动机转速成一固定比。车轮需求功率等于电动机功率和发动机功率之和。

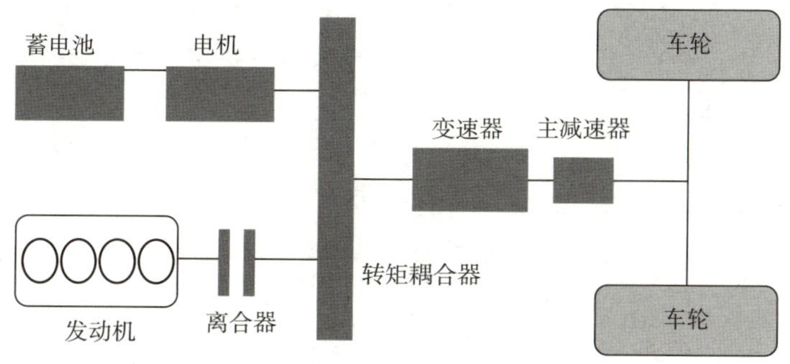

图 8-17 某插电式混合动力系统结构

2）配置模型文件

（1）顶层模块设置。将并联式混合动力汽车顶层模块 BD _ PAR 另存为 BD _ PAR _ example。

（2）配置装载文件。将原有的并联式混合动力汽车所配置的装载文件 PARALLEL _ defaults _ in. m（在 ADVISOR 的 \ data \ vehicle 目录下），另存为 PARALLEL _ example _ in. m，并将前两条语句修改为

```
vinf.name='PARALLEL _ example _ in';
vinf.drivetrain.name='parallel _ example';
```

然后将 optionlist. mat 文件，装载到 MATLAB 空间，在空间中会出现 options 结构变量。在其 options. drivetrain 属性中，添加一项名为 parallel _ example 的驱动链。

具体过程为，在 MATLAB 命令空间输入：

```
optionlist ('add', 'drivetrain', 'parallel _ example');
% 在动力系统中，增加用户自定义的驱动构型 parallel _ example
```

（3）修改相应的 M 文件。为使 ADVISOR 的 GUI 平台能够识别所增加的模块，确保

正确调用驱动顶层模块，在 ADVISOR \ gui 目录下 block _ diagram _ name. m 文件的 switch drivetrain 语句中，增加下面语句：

```
case  'parallel _ example'
bd _ name = 'BD _ PAR _ example';
```

另外，还需要修改三个有关图像输入输出的 M 文件，具体如下所述。

在 ADVISOR \ gui 目录下，找到 gui _ image. m 文件，复制 switch 语句中的 case'parallel' 语句及其子程序，粘贴到 switch 语句中合适的位置，并将 'parallel' 修改为 'parallel _ example'，以实现该构型对 gui 界面的调用。

在 ADVISOR \ gui 目录下的 InputFigControl. m 文件中，在 400 行或邻近的语句位置处，插入以下程序语句，即在 parallel _ example 驱动下，不需要加载发电动机：

```
case  'parallel _ example'
Fields2remove =  {'generator'};
```

在 ADVISOR \ gui 目录下找到 ImageInfo. m 文件，复制 switch 语句中的 case'parallel' 语句及其子程序，粘贴到 switch 语句中合适的位置，并将 'parallel' 修改为 'parallel _ example'，以实现在 parallel _ example 驱动下，能够通过整车输入模型的车辆图片进行部件选择。

按照上述步骤完成配置后，重启 ADVISOR，加载 'parallel _ example'，整车输入界面由图 8 - 18 所示。由图可以看到，车辆加载文件为 PARALLEL _ example _ in. m，与之相匹配的驱动为 parallel _ example。

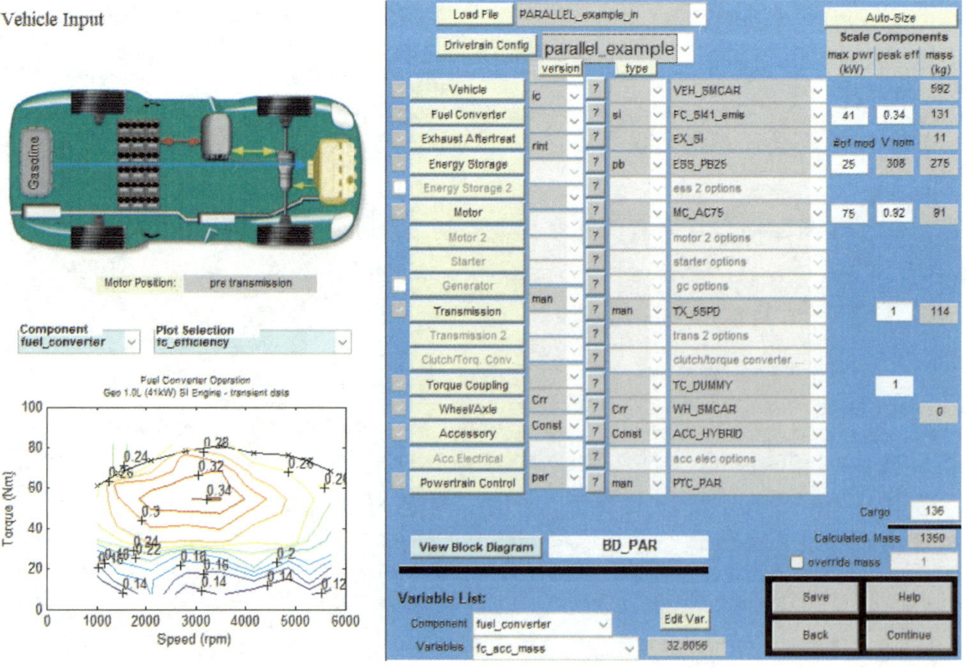

图 8 - 18　配置完成后的整车输入界面

3）整车及各部件仿真参数设置

在 ADVISOR 软件中加载文件 PARALLEL _ example _ in. m，对每个部件的参数进行设置，设置好之后，整车仿真模型的搭建即可完成。接下来就是对控制策略的二次开发。

（1）原控制策略模型。ADVISOR 软件中默认的并联式混合动力汽车模型中使用的是电动机助力型控制策略，该策略是一种逻辑门限控制策略，其主要思路是将发动机作为汽车行驶过程中主要动力源，电动机作为辅助动力源。根据实际行驶情况，对发动机扭矩输出起到削峰填谷的作用，同时将电池 *SOC* 调节在一定的范围之内。

电动机助力型控制策略通过表 8-5 所列的变量来调节发动机和电动机工作点，使各自工作在高效率区的同时满足整车需求功率，调节过程如图 8-19 所示。

表 8-5 电动机助力能量管理策略相关变量

变量名	含义及作用
cs _ hi _ soc	设定的 *SOC* 最高值
cs _ lo _ soc	设定的 *SOC* 最低值
cs _ electric _ launch _ spd	发动机工作转速下限。小于此值，发动机关闭
cs _ off _ trq _ frac	发动机关闭扭矩系数。当 *SOC* 大于最低值时，发动机关闭的最低扭矩值为 cs _ off _ trq _ frac＊（max torque）
cs _ min _ trq _ frac	发动机最低扭矩系数。当 *SOC* 小于最低值，电动机作发电动机时，发动机工作的最低扭矩值为 cs _ min _ trq _ frac＊（max torque）
cs _ charge _ trq	充电扭矩。当发动机起动时，附加充电扭矩为 cs _ charge _ trq＊（0.5＊（cs _ lo _ soc＋cs _ hi _ soc）－*SOC*）

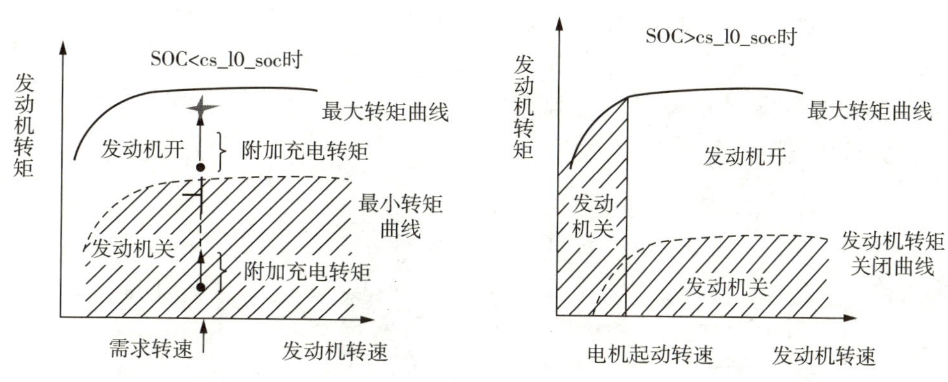

图 8-19 发动机工作模式调节过程

图 8-19 表示电动机助力能量管理策略工作过程，当 *SOC*＞cs _ lo _ soc，同时满足发动机转速大于电动机启动转速、需求扭矩位于发动机最低扭矩和关闭扭矩范围之内时，发动机工作。当 *SOC*＜cs _ lo _ soc 时，此时又分为两种情况：一种是发动机扭矩为需求扭矩和附加充电扭矩之和，且大于发动机最小扭矩曲线点；另一种是由于需求扭矩与附

加充电扭矩之和太小，发动机工作在其最小扭矩曲线上。

根据上述原理，搭建电动机助力能量管理策略扭矩 Simulink 模型如图 8-20 所示，模型输入为离合器输入端的请求扭矩与转速，输出为发动机请求扭矩转速。

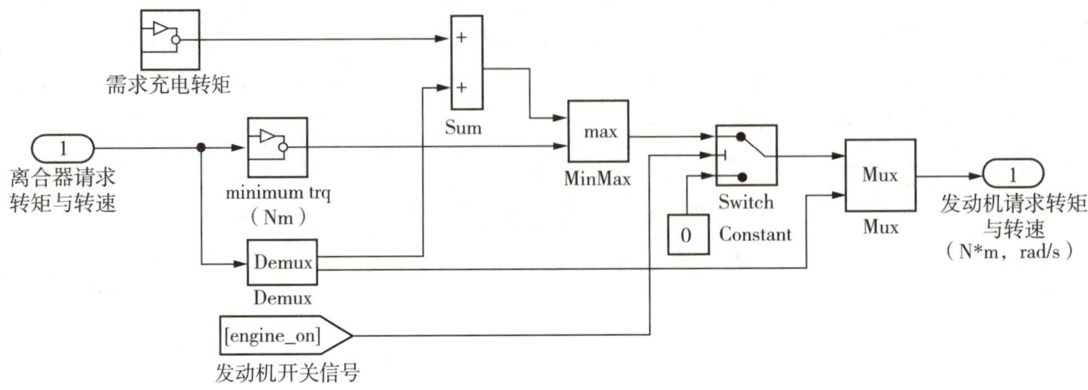

图 8-20　电动机助力能量管理策略模型

（2）控制策略再开发。国内对混合动力汽车核心技术之一的控制策略进行了最广泛的研究。针对混合动力系统的控制策略开发是当前的研究热点。ADVISOR 本身提出的控制策略及方法都已通过 Matlab/Simulink 模型反映出来。这种开放的编程方式，对国内进行混合动力汽车开发是十分有益的，也是值得借鉴的。

对于国内自主研发的混合动力系统，因为实际情况的多样性与复杂性，已不能完全照搬 ADVISOR 平台自带的控制策略，需要根据实际的开发需求进行再开发。这里通过实例具体介绍其开发过程。

① 搭建新的控制策略 Matlab/Simulink 模型。由研究对象可知，发动机和电动机的转速及扭矩均呈固定比，一旦确定了其中一个部件扭矩，那么另一个部件的扭矩也就确定了。在此基础上，利用机器学习的相关学习算法对全局最优控制策略的最优序列结果进行学习，以期达到最优的能量分配效果。基于此思想，建立了如图 8-21 的 Matlab/Simulink 控制策略模型。

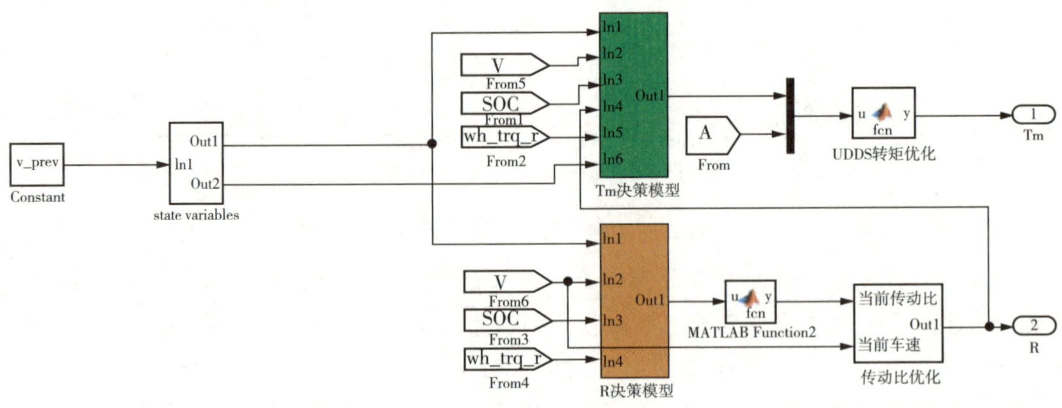

图 8-21　控制策略 Matlab/Simulink 模型

② 修改模块控制库。打开 ADVISOR \ models 目录下 lib _ controls 的控制库文件，选择 EDIT 菜单下的 UNLOCK LIBRARY，同时复制、粘贴原控制策略模块并命名（如按默认名后加“1”命名），然后断开 LINK 选项就可以修改。用 Matlab/Simulink 建立发动机需求扭矩和转速计算模块，如图 8 - 22 所示。

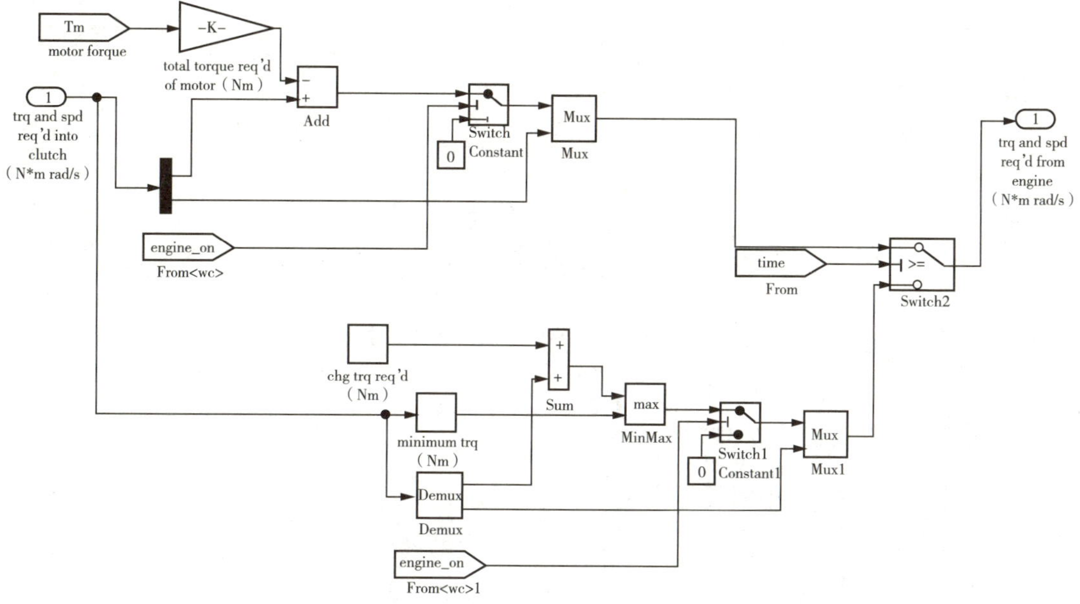

图 8 - 22　发动机需求扭矩和转速计算模块

③ 修改顶层模块。打开 ADVISOR 顶层模块 BD _ PAR _ example，复制、粘贴新控制策略模型。同时，将原来的输入输出常数模块替换为 GoTo Tag 模块，这样就可以将控制策略嵌入当前的顶层模块。

④ 修改 m 文件。打开 ADVISOR \ gui 目录下的 adjust _ config _ bds. m 文件，找到 case'par<cs>config' 语句，在其下面增加两条索引语句：

```
elseifstrcmp (vinf. powertrain _ control. name, 'PTC _ PAR');
set _ param (x, 'BlockChoices', BlockChoices    {block _ choice _ elec _ assist1});
```

这样，就可以从控制策略（Template）模板中，选择到上面所修改的库模块。

通过以上几个关键步骤，便可实现所修改模块嵌入 ADVISOR 的 GUI 界面中。用户通过这个界面，可方便地配置汽车参数，进行汽车的性能仿真。

4）仿真及结果

为验证所开发控制策略的可行性，选用美国城市工况 UDDS 作为测试工况进行仿真验证。仿真时汽车在前 150 s 由于数据量不够，无法进行工况预测，因此在前 150 s 整车控制策略使用电动机助力控制策略。为方便比较，将离线全局最优控制策略简称为“最优策略”；将电动机助力控制策略简称为“默认策略”；将新开发的控制策略简称为“在线策略”。

图 8－23 表示仿真车速对需求车速跟随情况；图 8－24 为不同策略下 *SOC* 轨迹图，图 8－25 为不同策略下的电动机扭矩轨迹图，图 8－26 为在线策略下电动机扭矩与需求扭矩对比图。

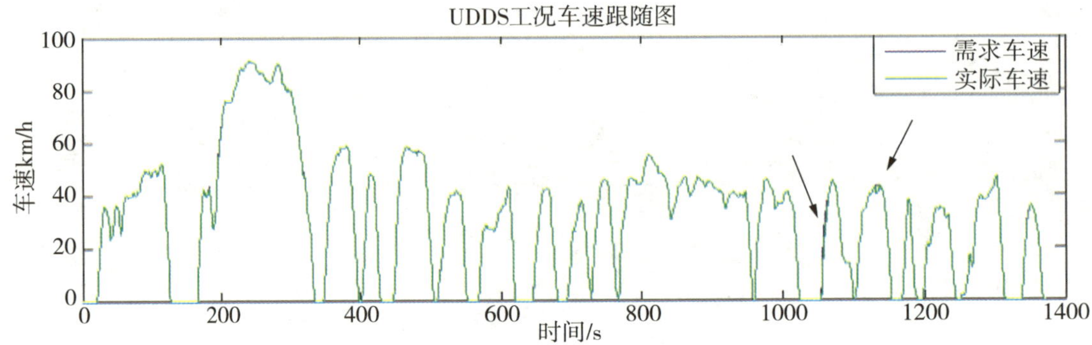

图 8－23　仿真车速对需求车速跟随情况

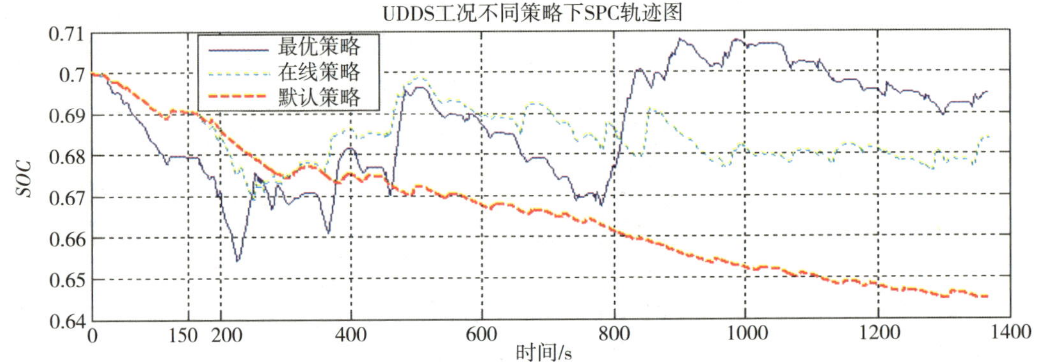

图 8－24　不同策略下 *SOC* 轨迹图

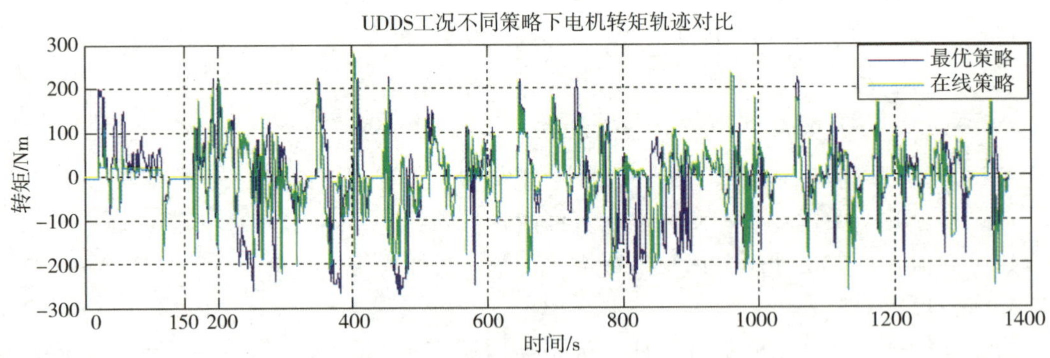

图 8－25　不同策略下电动机扭矩轨迹图

由图 8－23 中车速仿真结果可知，整个循环工况下车速跟随情况良好，只有个别点仿真实际车速没有跟上需求车速，其中 UDDS 工况是在 1056～1063 时刻及 1133～1137 时刻，其误差率为 0.9%，且实际车速与需求车速相差不大，因此认为误差满足要求，汽车

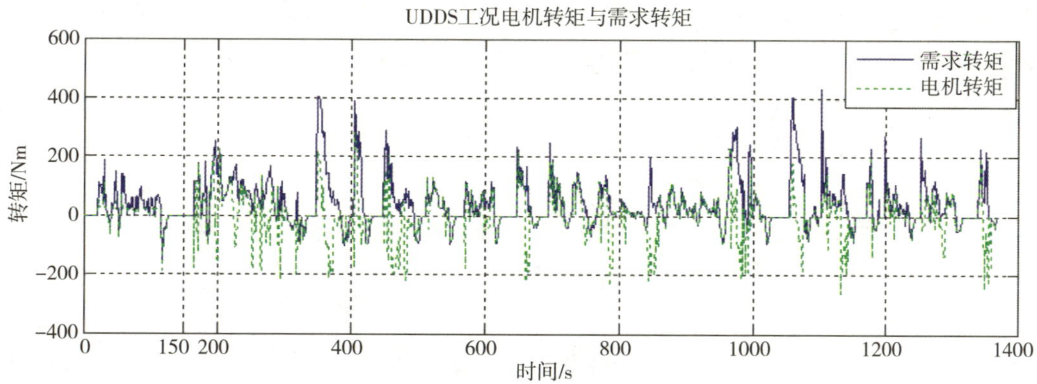

图 8-26 在线策略下电动机扭矩与需求扭矩对比图

动力性满足需求。分析其原因，在该时刻需求扭矩以及所分配电动机扭矩下，发动机扭矩不能满足要求。

分析图 8-24 测试工况在三种控制策略下电池 *SOC* 轨迹可知，在 150 s 之前，新开发策略下 *SOC* 轨迹与默认策略相重合，在 150 s 之后新开发策略 *SOC* 轨迹与离线最优控制策略 *SOC* 轨迹变化趋势相同，实现了能量的合理分配。进一步观察图 8-24 可知，测试工况在三种策略下初始 *SOC* 值均为 0.7，仿真结束时，默认策略 *SOC* 终止值为 0.645，而新开发策略下 *SOC* 终止值为 0.685，且 *SOC* 波动幅度均在较小范围之内，由此可见新开发的控制策略具有良好的电量保持水平。

图 8-25 表示了测试工况在新开发策略下电动机扭矩与最优策略下电动机扭矩对比图，由图可知，从 150s 开始，新开发策略下电动机扭矩轨迹可以较好地跟随最优策略电动机扭矩轨迹，这对图 8-25 中 *SOC* 轨迹跟随情况进行了进一步的验证。图 8-26 表示新开发策略下测试工况电动机扭矩与需求扭矩对比图，需求扭矩大于 0 时，即汽车驱动阶段：电动机扭矩小于 0 时，表明汽车工作在驱动发电模式；当正的需求扭矩较大时，总的需求扭矩由电动机和发动机共同提供，汽车工作在联合驱动模式；当需求扭矩小于 0 时，即制动阶段：由图可知电动机扭矩大于等于需求扭矩，这与电动机扭矩优化准则相符合；当机器学习算法的预测扭矩小于需求扭矩时，电动机扭矩等于需求扭矩以尽可能多的回收能量，提高了能量利用率，验证了策略的合理性。

由于各策略下 *SOC* 末值不同，因此还需要对其燃油消耗进行修正，测试工况在三种策略下燃油消耗及其修正结果见表 8-6 所列。

表 8-6 UDDS 工况下燃油消耗

UDDS	燃油消耗（L/100 km）	SOC_N	修正后燃油消耗（L/100 km）	燃油节约
默认策略	10.90	0.645	11.51	/
最优策略	7.30	0.695	7.30	36.6%
在线策略	10.09	0.685	10.21	11.3%

由表 8－6 可知，离线全局最优控制策略获得了最低的燃油消耗值，燃油经济性提升明显。新开发的控制策略，汽车燃油经济性相对于电动机助力控制策略也有较大程度的提高，燃油消耗节约了 11.3%。综上所述，新开发的控制策略能够实现燃油经济性的提升，且实现了电动机和发动机动力的合理分配。

5）小结

通过仿真计算，验证了所开发控制策略在 ADVISOR 平台上运行的可靠性和准确性，适应了国内混合动力汽车研究的现实需要。

8.4 硬件在环仿真技术

8.4.1 硬件在环仿真技术简介

硬件在环仿真又叫"半实物仿真"，是指在某些控制系统的研发过程中，将系统中的某些实际被控对象或系统部件用计算机实时仿真模型代替，系统中另外一些部件用实物和仿真模型连接在一块，对控制器的功能与逻辑进行测试和验证，即对系统的一部分建立数学模型，进行计算机运算，实现数学仿真；将系统中另外某些部分或环节，如控制器或部分执行机构等以实物的形式嵌入仿真回路，连接成系统进行试验、调试的过程。

硬件在环仿真技术自 20 世纪 60 年代问世以来，就得到许多国家科研工作者和政府的重视。据了解，美国主要的航天和国防承包商都有一个或多个硬件在环仿真试验室，这些实验室代表了当前世界先进水平。目前硬件在环仿真技术在航空航天领域和汽车领域应用较为广泛。

由于在仿真回路中引入了实物，所以硬件在环仿真与纯计算机仿真相比更具真实性和可靠性，对系统实时性要求更符合实际情况，虽然兼顾了实物测试与纯软件仿真的优点，但也增加了实时仿真模型建立的难度。硬件在环仿真克服了传统方法需要在真实环境下测试的缺点，可以根据需要模拟控制对象运行及故障状态。试验的重复性好，可进行极限状态下的测试，从而排查 ECU 算法错误，进行系统极限及失效测试，达到整个系统的完整性能预测与分析，进而缩短了开发周期，节约了人员、设备及资金的投入。其根本思想是用实时运算的数学模型代替传统测试中真实的实车系统，从而应用计算机仿真技术实现脱离被控对象的测试开发，是控制器 V 模式开发流程的关键技术。电控系统 V 模式开发流程，如图 8－27 所示。

目前硬件在环领域，著名的主要有德国的 dSPACE 公司，面向实时仿真和高速 I/O 处理的硬件系统，其产品已经被诸多汽车厂商广泛应用。该公司开发的 dSPACE 实时仿真测试系统能够和 Matlab/Simulink/RTW 实现完全无缝链接，是一种控制系统开发和性能测试的设备，dSPACE 将计算机支持工具贯穿于控制系统开发和测试的整个过程，具有实时性强、可靠性高、扩充性好等优点。dSPACE 系统所提供的软件 Control Desk 还可以帮助用户在产品测试阶段建立自己所需的仿真实时监控界面，用户不仅可以实时地监测测试结果，还能记录相关数据。正是由于 dSPACE 的优越性，使得 dSPACE 得到了

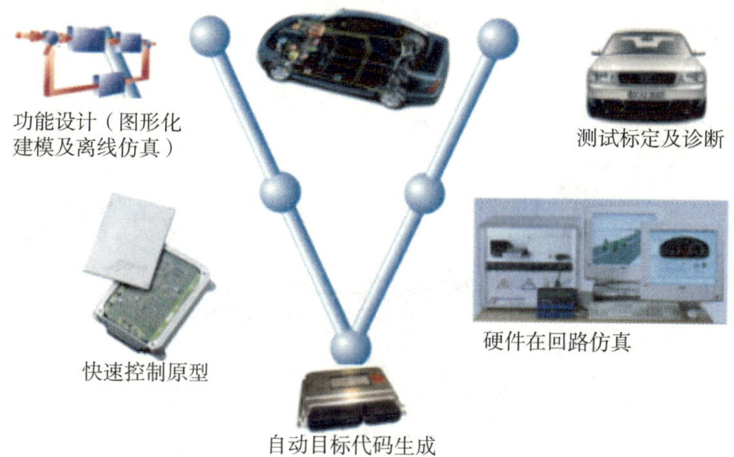

图 8-27 电控系统 V 模式开发流程

众多科研人员和工程技术人员的广泛关注和应用，目前，dSPACE 已经在汽车、航空航天、电力机车、机器人、驱动及工业控制等领域得到广泛应用。基于 dSPACE 的电控系统开发流程如图 8-28 所示。

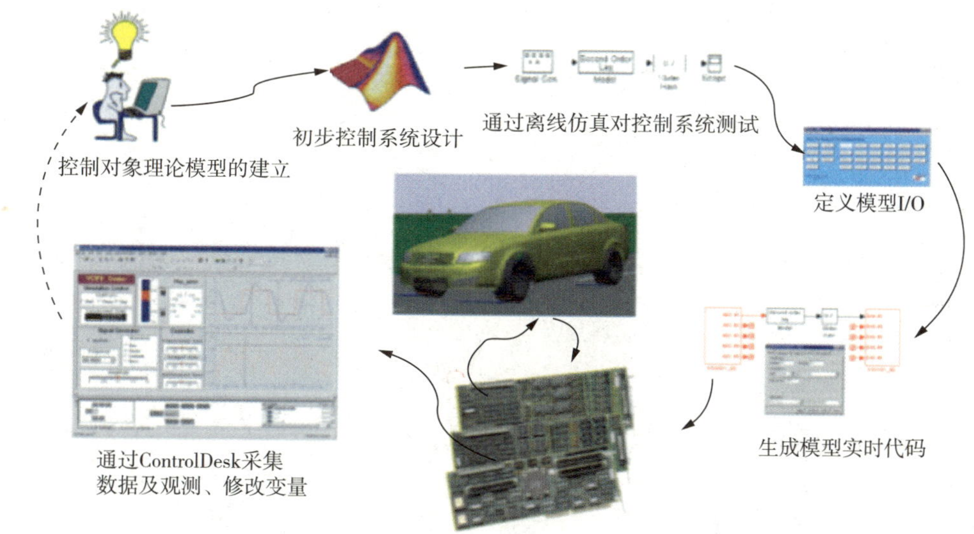

图 8-28 基于 dSPACE 的电控系统开发流程

BOSCH 公司下的 ETAS 的产品 Labcar 实时仿真测试平台是以控制器为实物开发的一个测试平台如图 8-29 所示：包括标定采集、接口模式、整车模型、控制单元以及其他通信拓展口。该平台与功能强大的标定软件 INCA 交互使用，已经成为 ECU 开发最有力的工具，它可以用于 ECU 开发过程的每一个阶段，不仅大大减少了开发工作量，更能及早发现和纠正错误。

图 8-29 中的实时仿真硬件系统就是 Labcar，它是一个专门用于动力总成 ECU 测试

的开放式可扩展的新型硬件在环系统。该系统可运行自动重复功能测试以发布软件参数版本，还可在 ECU 开发的早期阶段对电控单元的控制和诊断进行功能性验证。

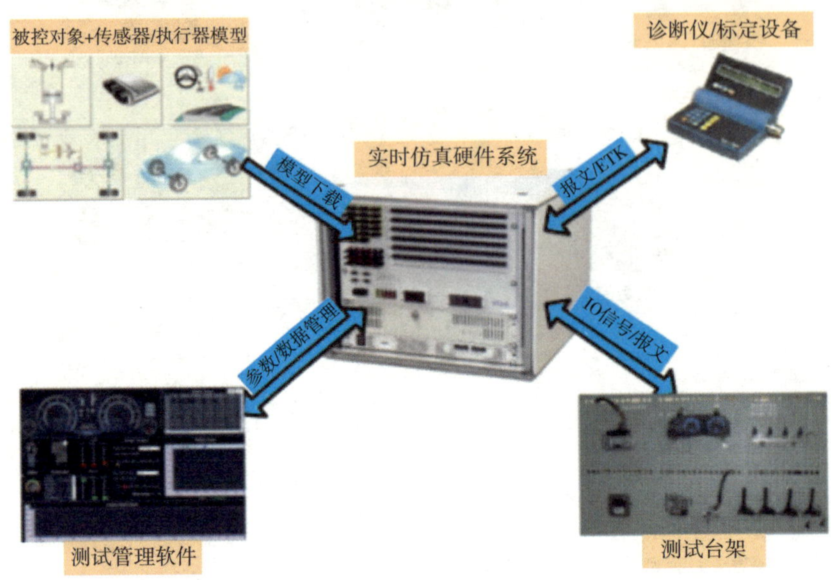

图 8-29　基于 Labcar 的实时仿真测试平台

除了以上两个公司外，基于硬件在环仿真技术的专业软件公司还有美国的 iLOGIX、Intergrated System 等，它们都能够提供汽车行业 ECU 开发所需的软件和硬件环境，但费用都较昂贵。

8.4.2　硬件在环试验台搭建

本节介绍基于 dSPACE 实时系统的增程式电动汽车整车控制器硬件在环仿真试验。台架结构如图 8-30 所示。

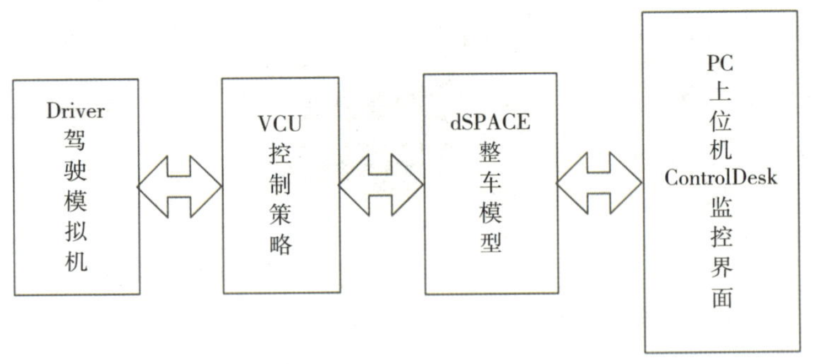

图 8-30　台架结构示意图

试验台架系统主要包括以下几个部分。

(1) PC 上位机：将 PC 机中的整车动力系统模型、驱动电动机、电池以及传动系统模型下载至 dSPACE 中，在试验过程中，通过软件 Control Desk 监控模型中相应的变量。

（2）dSPACE 整车模型：PC 机中的整车模型下载至 dSPACE 中后，dSPACE 可作为虚拟汽车与 VCU 控制器之间进行电信号的数据交换，模拟车辆的运行。

（3）VCU 控制器：需要验证的控制策略转换为 C 代码下载至 VCU 控制器，控制器将控制策略的控制指令转换为电信号，与 dSPACE 进行通信。

（4）模拟驾驶机：模拟驾驶机模拟整车模型中的驾驶员模型，产生踏板及挡位信号，控制汽车启停与行驶（图 8－31）。

图 8－31　模拟驾驶机

在 Simulink 中搭建的整车模型可通过 Matlab 的 RTW（Real Time Workshop）下载至 dSPACE，其具体步骤如下：

（1）在原有的离线仿真模型中加入 dSPACE 的接口模型，配置接口类型，与原来的仿真模型的输入输出信号连接；

（2）利用 RTW 将实时仿真模型自动生成 C 代码，下载至 dSPACE，实现从 Simulink 模型到实时硬件代码的 dSPACE 无缝链接。

本试验所用到的 dSPACE 硬件接口卡包括 DS1005 板卡，DS2002 板卡，DS4002 板卡，DS4302 板卡。其中，DS1005 为处理器板卡；DS2002 板卡为多通道 A/D 转换板卡，可将模拟量转换为数字量，支持 0～5 V 以及 0～10 V 的 12 位采样转换；DS4002 板卡为数字 I/O 板卡，DS4302 为 CAN 通信板卡，最多支持 5 路 CAN 通信。DS2002 用来采集加速踏板、制动踏板信号，并将模拟量转换为数字量。DS4002 用来采集挡位信号。DS4302 用来采集车速、发动机转速、电动机转速、电池状态等信号，控制驱动电动机扭矩、发动机节气门。dSPACE 的硬件系统框图如图 8－32 所示。

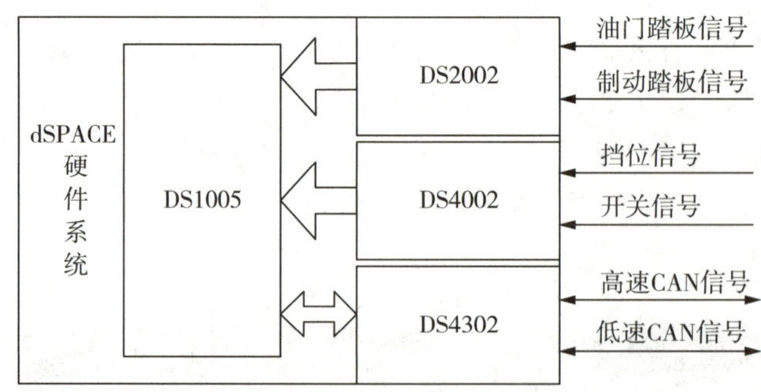

图 8-32　dSPACE 的硬件系统框图

8.4.3　实验结果分析

选用 NEDC 工况作为增程式电动汽车能量管理的硬件在环试验的工作循环工况，在控制策略上主要考虑的是 APU 与电池的功率分配，发动机和电动机的控制使用虚拟的模型控制器完成控制。在 Simulink 中搭建基于模型控制策略的实时仿真模型，完成板卡的配置，如图 8-33 所示。

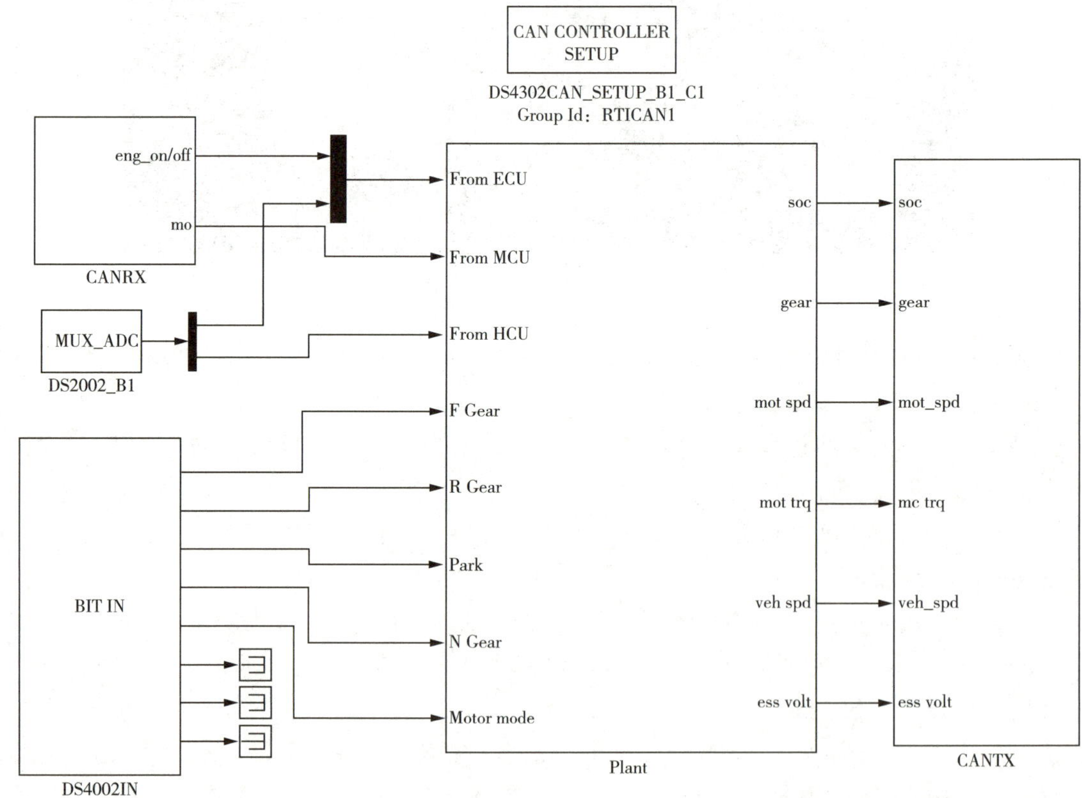

图 8-33　实时仿真模型及板卡设置

通过驾驶模拟机模拟汽车在 NEDC 工况下行驶，其加速踏板开度和制动踏板开度如

图 8－34 所示。在增程式电动汽车中，加速踏板开度和制动踏板开度反映了驾驶员的需求扭矩，以使得汽车按照预定工况的车速行驶。

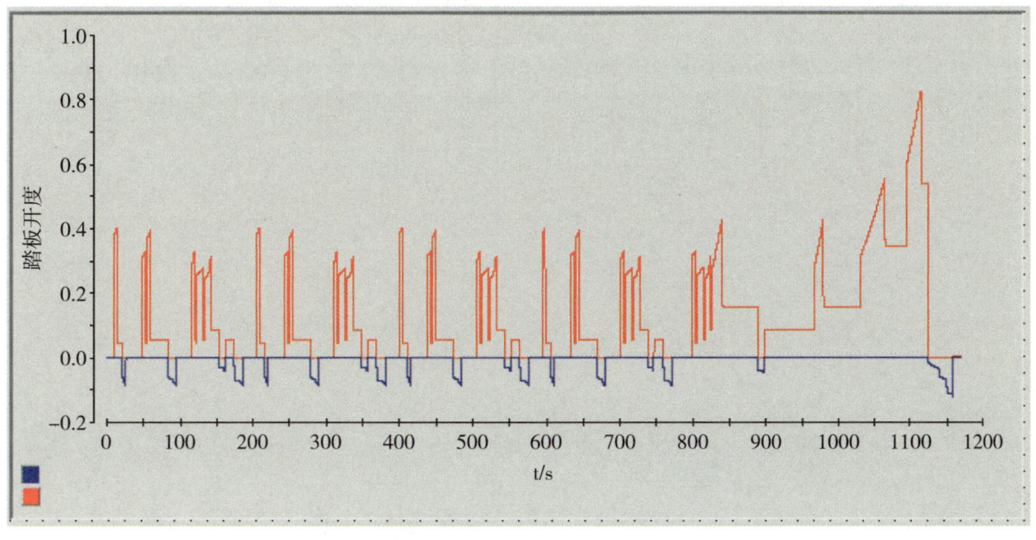

图 8－34　加速踏板和制动踏板开度曲线

整车控制器采集模拟驾驶机的加速踏板和制动踏板信号，采集 dSPACE 发出的整车状态参数如车速、电动机转速、电池状态参数，在此基础上进行运算，输出 APU 的功率信号和电池的功率控制信号，同时控制驱动电动机的工作模式，并进行扭矩控制。电池功率信号、电动机扭矩信号分别如图 8－35、图 8－36 所示。

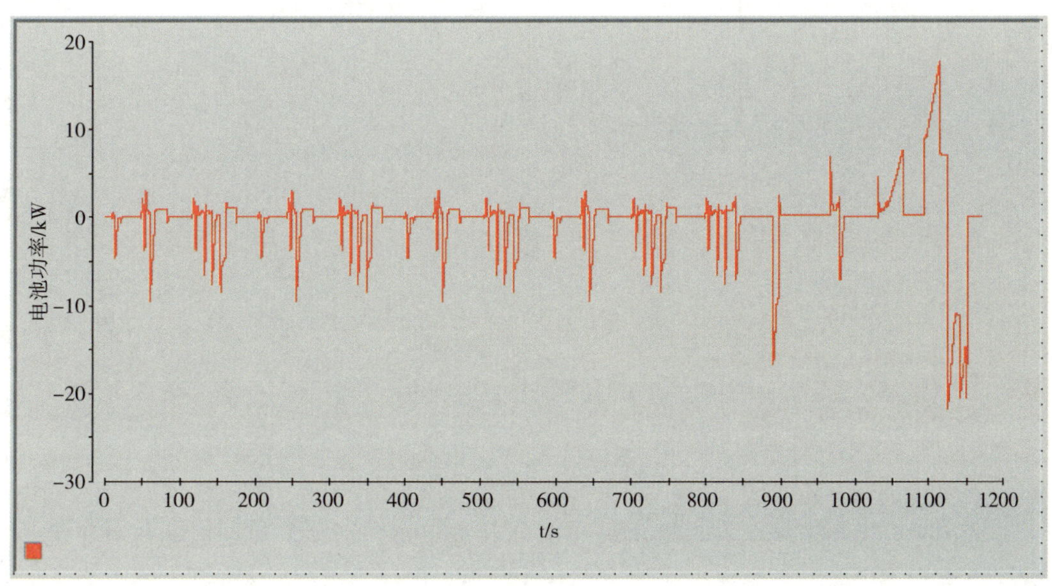

图 8－35　电池功率

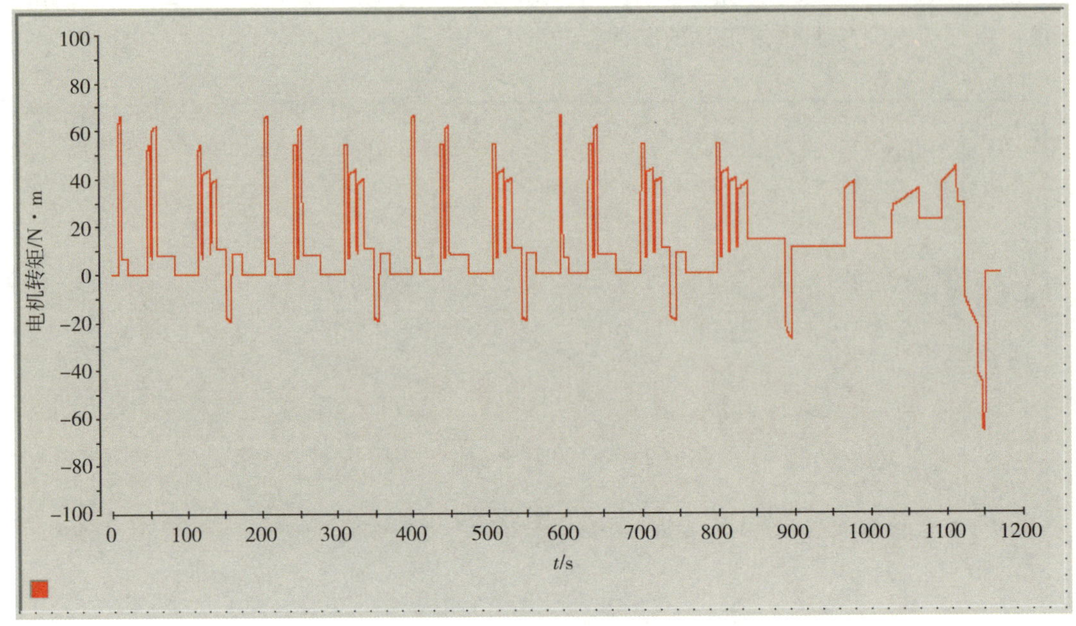

图 8-36 电动机扭矩

车辆在制动时，一部分能量会被回收，使得电动机工作在发电模式，给电池充电，剩下的部分由液压制动提供，液压制动力矩分别如图 8-37 所示。

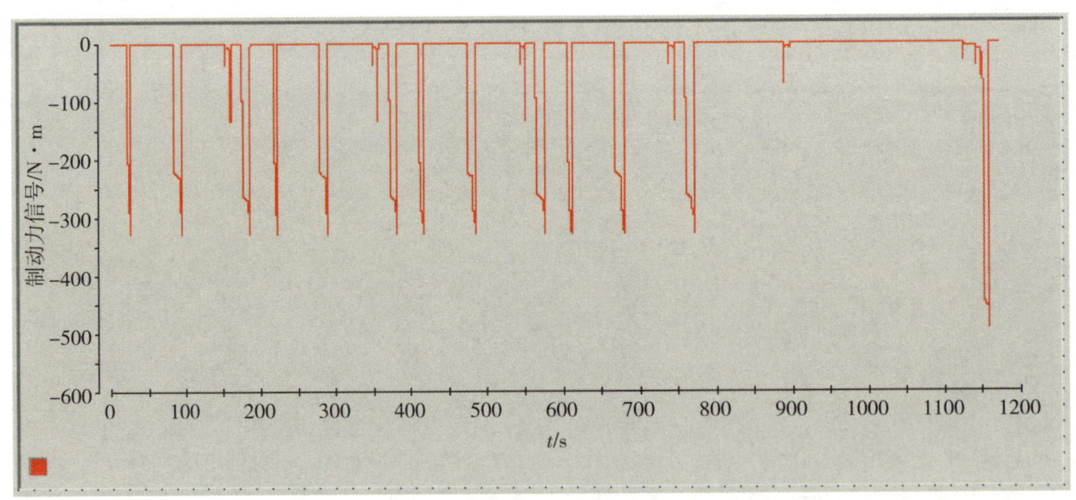

图 8-37 液压制动力矩

车辆的主要动力源电池在电动机处于电动状态下进行放电，而在电动机处于发电工作模式下进行充电，其充放电电流如图 8-38 所示。电流为正表示电池处于放电状态，电流为负表示电池处于充电状态。电池 *SOC* 值变化如图 8-39 所示。

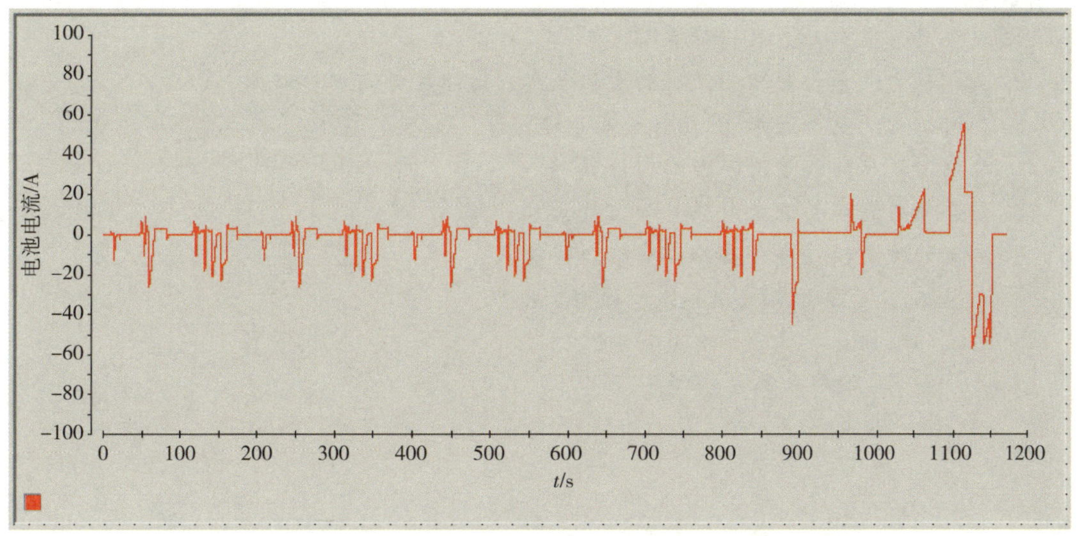

图 8－38　电池充放电电流

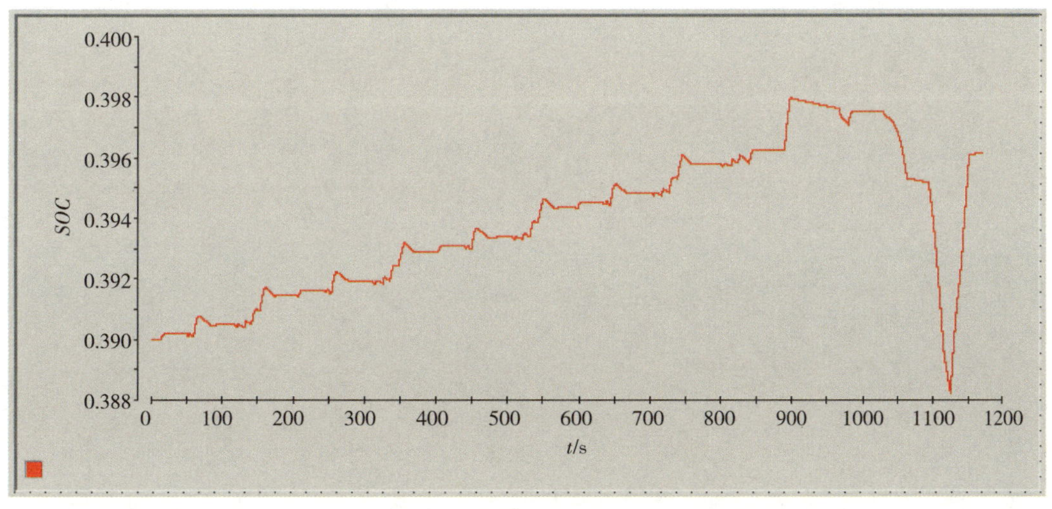

图 8－39　电池 *SOC* 值变化

8.5　本章小结

本章首先介绍了新能源汽车动力性和经济性的评价方法和指标，以及试验规范和方法，然后以目前比较流行的仿真软件 Cruise 和 Advisor 为平台，介绍这两个仿真软件的基本仿真步骤，最后以增程式电动汽车整车控制器硬件在环仿真试验为例，介绍了硬件在环技术原理。

思考题

1. 混合动力汽车动力性指标有哪些?
2. 混合动力汽车动力性测试时的车辆状态和道路条件有哪些规定?
3. 如何得到纯电动汽车 30 min 最高车速?
4. 纯电动汽车的能量消耗率如何计算?
5. 混合动力汽车的能量消耗率如何计算?
6. 主流的仿真软件有哪些? 各有什么优缺点?
7. 电控系统 V 型开发流程具体步骤有哪些?
8. 主流的硬件在环试验平台有哪些?
9. dSPACE 的硬件系统包括哪些?

参考文献

[1] 李浩．某插电式四驱混合动力汽车能量管理及协调控制研究［D］．合肥：合肥工业大学，2017.

[2] 张平平．并联式混合动力汽车控制策略的研究［D］．合肥：合肥工业大学，2009.

[3] 朱可．燃料电池城市客车动力系统关键技术研究［D］．合肥：合肥工业大学，2007.

[4] 张泓．新能源汽车发展现状分析与趋势［J］．内燃机与配件，2018（4）：213－214.

[5] 井泉．浅析新能源汽车产业现状及发展前景［J］．轻型汽车技术，2018（6）：30－33.

[6] 节能与新能源汽车技术路线图战略咨询委员会．节能与新能源汽车技术路线图［R］，2016.

[7] 胡明江．车用蓄电池低温启动容量的研究［J］．车用发动机，2008（3）：13－16.

[8] 顾大明．锂-空气电池性能的影响因素及研究进展［J］．化学学报，2012（70）：2115－2122.

[9] 贾永丽．锂电池储能特性及关键技术研究［D］．唐山：河北联合大学，2015.

[10] 任冰禹．锂电池单体及电池组散热仿真及优化［D］．成都：西南交通大学，2017.

[11] 崔胜民．新能源汽车技术（第2版）［M］．北京：北京大学出版社，2014.

[12] 麻友良，严运兵．电动汽车概论［M］．北京：机械工业出版社，2012.

[13] 吴骐．镍镉蓄电池充放电及电池容量修补探索［J］．装备应用与研究，2013（15）37－38.

[14] 王标．基于电池模型的汽车铅酸电池 *SOC* 在线估计方法研究［D］．合肥：合肥工业大学，2015.

[15] 蒋凯．车用铅酸电池 *SOC* 估算研究［D］．长沙：中南大学，2013

[16] 史国银．车用电机再制造现状分析与发展构想［J］．中国资源综合利用，2014（10）：46－50.

[17] 施小鲍．电机再制造技术探讨［J］．电机与控制应用，2012（12）：43－45

[18] 黄林．车用永磁无刷直流电机控制技术研究［D］．大连：大连理工大学，2016.

[19] 刘军．永磁电动机控制系统若干问题的研究［D］．上海：华东理工大学，2010.

[20] 周衍．无刷直流电机直接转矩控制研究［D］．南京：南京工业大学，2014.

[21] 周武，普清民，尚重阳．无刷直流电动机的反电势积分法位置检测技术研巧［J］．工矿自动化，2009（35）：63－65.

[22] 于庆广，刘葵，王冲，等．光电编码器选型及同步电机转速和转子位置测量［J］．电气传动，2006，(36)：17－20.

[23] 周斌．纯电动汽车动力电池 *SOC* 与续驶里程估算研究［D］．合肥：合肥工业大学，2014.

[24] 李开放．基于工况预测及离线最优轨迹的 PHEV 在线能量管理策略研究［D］．合肥：合肥工业大学，2018.

[25] 孟甜甜．基于行驶工况的电动汽车再生制动控制策略与优化研究［D］．合肥：合肥工业大学，2017.

[26] 丁传记．纯电动城市客车关键技术研究［D］．合肥：合肥工业大学，2012.

[27] 孙家永．纯电动汽车动力系统参数匹配及性能研究［D］．西安：长安大学，2012.

[28] 周翔．电动汽车电池剩余电量计算方法与管理系统的研究［D］．合肥：合肥工业大学，2013.

[29] 于广．电动汽车动力电池管理系统研究与设计［D］．济南：山东大学，2016.

[30] 马晨琦．混合动力汽车的控制策略研究［D］．上海：上海海洋大学，2014.

[31] 李庆锋．HEV 动力系统参数匹配与辅助再生制动系统研究［D］．长沙：湖南大学，2014.

[32] 邱先文．混合动力电动汽车发展状况分析及前景研究［J］．小型内燃机与车辆技术，2017，46 (3)：70－78＋96.

[33] 李美军．混合动力电动汽车动力耦合方式的分类与比较［J］．公路与汽运，2008 (2)：24－27.

[34] 张亿．插电式混合动力汽车动力耦合系统设计与仿真分析［D］．重庆：重庆大学，2014.

[35] 谷伟光．混合动力电动汽车用永磁同步电动机设计与研究［D］．天津：天津大学，2009.

[36] 杨芸芸．插电式混合动力城市客车设计与研究［D］．武汉：武汉理工大学，2010.

[37] 范坤．混合动力电动汽车的仿真与建模［D］．西安：长安大学，2016.

[38] 郑朝武．基于的混合动力电动汽车控制策略仿真与测试［D］．杭州：浙江大学，2011.

[39] 于潮，张林涛，陈红涛，等．本田 IMA 混合动力系统分析［J］．汽车零部件，2012 (1)：73－75.

[40] 张玉龙．高原地区混合动力出租汽车运行适应性分析［D］．昆明：昆明理工大学，2013.

[41] 沈海．增程式电动汽车控制策略的仿真研究［D］．合肥：合肥工业大学，2014.

[42] 周翔．增程式电动汽车整车控制器研究［D］．长沙：湖南大学，2014.

[43] 叶冬金．增程式纯电动车动力系统参数匹配及控制策略研究［D］．长春：吉林大学，2012.

[44] 秦昀．增程式电动汽车动力传动系统参数匹配及性能仿真［D］．哈尔滨：哈尔滨工

业大学，2012.
[45] 程飞．插电式四驱混合动力汽车动力系统参数匹配及控制策略研究［D］．合肥：合肥工业大学，2016.
[46] 李博溪．插电式混合动力汽车制动能量回收策略研究［D］．合肥：合肥工业大学，2015.
[47] 焦建刚．燃料电池汽车技术详解［J］．汽车维修与保养，2016（10）：97－99.
[48] 刘鹏．燃料电池汽车动力电池 SOC 估算及能量管理策略研究［D］．武汉：武汉理工大学，2014.
[49] 王盛，王宝琦，李晓磊，等．燃料电池汽车的研究［J］．无线互联科技，2014（2）：149.
[50] 阮辉平．中国电动汽车产业发展研究［D］．昆明：昆明理工大学，2012.
[51] 张丽彬，陈晓宁，吴文健，等．质子交换膜燃料电池发展前景探讨［J］．农业工程技术（新能源产业），2011（4）：15－19.
[52] 孙超．质子交换膜燃料电池建模与输出电压控制策略研究［D］．长沙：中南大学，2009.
[53] 王刚．燃料电池汽车动力系统匹配及仿真研究［D］．武汉：武汉理工大学，2008.
[54] 熊伟铭，张觉慧，任纪良，等．燃料电池汽车整车集成的关键技术［J］．上海汽车，2007（8）：3－6＋13.
[55] 胡骅，宋慧．燃料电池汽车（Ⅰ）［J］．汽车电器，2007（1）：51－55.
[56] 李晶晶．燃料电池与超级电容器混合驱动系统的研究与仿真［D］．武汉：武汉理工大学，2006.
[57] 陈明伟．燃料电池城市客车动力系统基本技术方案研究［D］．上海：同济大学，2005.
[58] 陈海清，王金全，薛洪熙，等．氢能与质子交换膜燃料电池［J］．兵工自动化，2005（1）：81－83.
[59] 于霞．燃料电池电动客车参数匹配与性能仿真分析［D］．合肥：合肥工业大学，2008.
[60] 何洪文．电动汽车原理与构造（第 2 版）［M］．北京：机械工业出版社，2018.
[61] 倪俊．电动汽车充电系统设计及其运营管理问题的研究［D］．上海：复旦大学，2010.
[62] 丁修乘．电动汽车锂离子动力电池快速充电技术研究［D］．广西：广西科技大学，2015.
[63] 汪晓茜．当前美国电动汽车充电设施的规划方法和实践［J］．现代城市研究，2017（1）：82－89.
[64] 汪晓茜，黄越．当前国际新能源汽车产业和充电设施规划发展综述及启示［J］．现代城市研究，2015（1）：107－116.
[65] 许挺．支持新能源及电动汽车接入的智能充放电站系统研究［D］．杭州：浙江大

学，2011.

[66] 王鹏．电动汽车充电站设计研究［D］．大连：大连理工大学，2016.

[67] 国家质量监管监督检验检疫总局，国家标准化管理委员会．GB/T 18487.1—2015 电动汽车传导充电系统第 1 部分：通用要求［S］．北京：中国标准出版社，2016.

[68] 国家质量监管监督检验检疫总局，国家标准化管理委员会．GB/T 20234.2—2015 电动汽车传导充电用连接装置第 2 部分：交流充电接口［S］．北京：中国标准出版社，2016.

[69] 国家质量监管监督检验检疫总局，国家标准化管理委员会．GBT 20234.3—2015 电动汽车传导充电用连接装置第 3 部分：直流充电接口［S］．北京：中国标准出版社，2016.

[70] 孙学武，吴昊，景凯凯，等．电动汽车充电设施现场电磁兼容特性及防护技术研究［J］．计算机测量与控制，2017，25（2）：208－212.

[71] 赵金萍．高效率电动汽车无线充电系统的研究与设计［D］．天津：天津工业大学，2017.

[72] 李均龙．两负载的谐振式无线输电系统设计与研究［D］．成都：电子科技大学，2016.

[73] 张坤．电动汽车无线充电关键技术的研究［D］．合肥：合肥工业大学，2016.

[74] 余志生．汽车理论［M］．北京：机械工业出版社，2000.

[75] 国家质量监管监督检验检疫总局，国家标准化管理委员会．GB/T 19753—2021 轻型混合动力电动汽车能量消耗量试验方法［S］．北京：中国标准出版社，2021.

[76] 国家质量监管监督检验检疫总局，国家标准化管理委员会．GB/T 19752—2005 混合动力电动汽车动力性能试验方法［S］．北京：中国标准出版社，2005.

[77] 国家质量监管监督检验检疫总局，国家标准化管理委员会．GB/T 19233—2020 轻型汽车燃料消耗量试验方法［S］．北京：中国标准出版社，2020.

[78] 国家质量监管监督检验检疫总局，国家标准化管理委员会．GB/T 18386—2017 电动汽车能量消耗率和续驶里程试验方法［S］．北京：中国标准出版社，2005.

[79] 国家质量监管监督检验检疫总局，国家标准化管理委员会．GB/T 19754—2021 重型混合动力电动汽车能量消耗量试验方法［S］．北京：中国标准出版社，2021.

[80] 张冰战，李开放．基于动态规划的插电式混合动力汽车全局最优控制策略研究［J］．汽车技术 2018，（7）：16－20，927.

[81] 周云鹏．增程式电动汽车整车控制的研究［D］．合肥：合肥工业大学，2014.